U0518196

新
思
THINKR

有思想和智识的生活

A MODERN HISTORY
OF JAPAN

现代日本史

从德川时代到21世纪

［美］安德鲁·戈登 著

李朝津 译

From

Tokugawa

Times

to the

Present

中信出版集团·北京

图书在版编目（CIP）数据

现代日本史：从德川时代到21世纪／（美）安德鲁
·戈登著；李朝津译.—北京：中信出版社，（2024.6重印）
书名原文：A Modern History of Japan: From
Tokugawa Times to the Present
ISBN 978-7-5086-6820-8

Ⅰ.①现… Ⅱ.①安… ②李… Ⅲ.①日本—现代史
Ⅳ.①K313.4

中国版本图书馆CIP数据核字（2016）第248046号

A Modern History of Japan: From Tokugawa Times to the Present
By Andrew Gordon
Copyright©2002, 2009, and 2014 by Oxford University Press
Simplified Chinese translation copyright ©2017 by CITIC Press Corporation
ALL RIGHTS RESERVED
The Simplified Chinese editions differs slightly from the English-language edition, which was originally published by Oxford University Press.
本书中文译文版权由香港中文大学拥有。
简体中文版对原英文版（由牛津大学出版社出版）略有修订。
本书仅限在中国大陆发行。

现代日本史：从德川时代到21世纪

著　　者：［美］安德鲁·戈登
译　　者：李朝津
出版发行：中信出版集团股份有限公司
　　　　　（北京市朝阳区东三环北路 27 号嘉铭中心　邮编　100020）
承 印 者：北京通州皇家印刷厂

开　　本：880mm×1230mm　1/32　　印　张：20.5　　字　数：448千字
版　　次：2017年10月第1版　　　　印　次：2024年6月第15次印刷
京权图字：01-2016-1556
书　　号：ISBN 978-7-5086-6820-8
定　　价：78.00元

目 录

| 第三部分 | 日本帝国的兴衰

| 第四部分 | 战后与当代的日本，1952—2012

表、图表

增订版作者序

2006 年本书的中文版面世，对我来说是令我惊喜的一件事。英文第三版问世时，香港中文大学出版社再度推出增订版，这让我备受鼓舞。此次中文版序言，有部分仍依照第一版，我只对增订版新增的题目及事件提出一些看法。当我在 20 世纪 90 年代末撰写此书时，我的目标读者主要是来自英语世界尤其是那些修读日本或亚洲历史的大学生，其次是一些对现代日本及亚洲历史怀有兴趣的人。我从未想到本书会被译成中文出版。

那么把一本由美国学者撰写的日本史译成中文有什么意义呢？到头来这个问题该由中国读者作答。不过，让我先试着谈一些感想。正如我在英文第三版序言中所说的："日本现代史是世界现代史的一部分，两者无法分割开来。"因此，最好是全世界的史学界都能共同考察及诠释现代日本历史，并将各项研究成果通过翻译公之于世；或各国史家共同参与合作计划，以达到确切地认识现代日本历史的目的。

学术研究和出版的世界性、历史研究的全球化近年来进展迅速，不少有关日本的英语著作被翻译成日语，而日本史家的重要典籍也被译成英语。本人曾参与两项日英翻译项目，包括 Kumazawa Makoto,

Portraits of the Japanese Workplace (Westview Press, 1996) 与 Nimura Kazuo, The Ashio Riot of 1907: A Social History of Mining in Japan (Duke University Press, 1997)，可惜只是双语互译，我相信多语种翻译以至真正的全球性交流将更为重要。比如可以举行国际会议，来自中日韩及欧美各国的史家济济一堂，就有关亚洲或日本的历史交流心得，这在今天已十分普遍。

以上研究项目大多属专门性质，像本书这样通论式著作的翻译则不多见。也许较以往及本书第一版出版时更为明显，即使是一个普通国民，无论是生长在中国、日本还是亚洲以及世界其他各地，了解现代日本的历史都会挑起政见上的争议，而这又正是智慧和教育的重点所在。从这个意义上来看，中文世界的读者在看到用英语书写和从事历史教育的美国史家如何诠释现代日本后，可能会从中受益。

近二十年来，日本有各种所谓"翻案派"的历史学者撰写另类通史作为课本及普及读物之用。如"新历史教科书编纂会"的宣传手册上写道："每个国家有自己阐释的历史，必然跟他国的看法不同。因此，各国不可能有共同的史观。"我不同意这个说法。我认为各国读者对他国的历史有兴趣，应尽力寻求对彼此历史的了解。这并不意味着全人类从古至今都有着同样的历史体验。史家的重要任务是在特定的社会结构和不同的时代思维中，找寻其中转变和回旋的脉络，但无论是对日本、中国还是美国，史家都没有必要去大力渲染其与众不同又不可捉摸的所谓"国粹"的独特性。本书认为日本现代历史是世界现代史长河中的支流。我尝试在强调个别史事的同时，指出其中共同的历史经验。至于成功与否，由读者判断最好不过。我十分庆幸不但英语读者，而且中文、日文、韩文甚至波兰文的读者们也同样有机会看到这本书。

至于本书初版及最新版本与当代日本史的关系，甚至可以说不算是历史而是时事，我想在此做一些说明。本书英文第一版在1997年至2001年撰写（出版于2002年）。"9·11"事件发生时最后校稿即将完成，并定于翌年付梓，我最后能赶上加插小段文字，预言"9·11"事件对日本的影响，但没能讨论2001年秋天以后发生的事。

英文第二版在2009年初出版，内容涵盖2007年。补充比较多的是19世纪及20世纪日本与亚洲的关系，因为部分读者表示本书谈及日本与西方历史较多，而谈及与亚洲的关系部分则较少。在最新版本中，我对这一方面的内容做了进一步扩充。第二版当然提及长达五年半的小泉内阁，强调小泉能够重振自民党的气运主要有赖于他直接向选民表达诉求，同时其选战所针对的并非是在野党，反而是自民党内部。书中亦检讨即将到来的后小泉时代，预言日本民主党在不久的将来有机会取得多数支持。这一看法在当时相当普遍，而事后亦证明了其正确性。英文第二版亦约略提及21世纪初有关修宪争论的爆发，它已再次成为日本的重要政治问题。第二版只能简单涉及2008年全球金融危机，因为本书当时已在出版过程中。当然本书亦无法讨论日本民主党当政时代及2011年"3·11"灾难与其后续事件。

当我准备修订第三版时，已经发生了太多的政治、经济及社会的重大事件，若只依照原来章节增补，很明显是不可能也不太合适的做法。因此，我把过去英文版最后一章的题目"超越战后时代"修改为"日本的'失去的二十年'"，另外则再增加全新的最后一章，主要描述由雷曼事件到"3·11"灾难及其后续四年间的事情。

对时事提出一个弥久的历史观点是不可能的任务，因此也许对不少读者来说本书最后一章所提出的解读是不成熟的看法，而且很快便会遭受考验。但上述事件的冲击力非常巨大，单看"3·11"大地震便十分清楚。它们不应只属于记者的关注范畴，亦不应只属于政治、能源政策、经济和环境问题以及灾难科学等方面当代专家的关注范畴。历史学家亦应该注意。只有把上述事件放到更大的脉络中，我们对它们的理解才会更深。我是否成功完成了此任务只能由读者评判，但我相信通过历史角度了解时事有其必要性，亦应有其他更多人的共同参与。

最后，我要向帮助完成这项工作的诸位致谢。我所在研究院的同窗、香港中文大学出版社前任社长陆国燊博士，首先向我表示有意翻译本书，更立刻付诸实践。译者李朝津教授快速而有效地翻译，其在翻译过程中还发现了少许错误，这些错误在本书及即将出版的日语版中得以更正。日语版的译者森谷文昭先生同样在翻译过程中发现了错误，这些错误也在本书及日语版中得以更正。香港中文大学出版社的责任编辑谢伟强先生帮助联系本书的照片、图表的版权，并处理其他相关编务工作。亦感谢叶敏磊女士为增订版的出版所付出的辛劳，她细心比较前后版本各章内文的差异，校对新增章节，重新确认所有图表的版权，还做了其他繁杂的工作。我对以上诸位及其他提供帮助的人皆深表谢意。当然，对于本书仍然存在的个别错误，本人要负全部责任。

安德鲁·戈登

于美国麻省康桥

2014 年 5 月 24 日

增订版译者序

当翻译本书第一版时，我感觉到戈登教授极其希望能抓住日本历史的脉动，直至最近的一刹那而后已。在补译增订版时我的这种感觉更为强烈，本书可以说结束于其出版前夕 2013 年，因此它已经不只是一本历史教科书而已。戈登教授希望编纂一本供读者了解现代日本的综合性书籍，其雄心亦见于他对本书内容的不断扩充，巨细无遗地收纳日本近现代事件。事实上他亦不讳言，历史学者需要参与对现实事件的解读，只有运用历史学的广大视野，才会有助于了解当代事件。因此若要了解日本现代发展，以至最近事态，本书可以说是了解日本研究不可或缺的著作。

增订版亦继承了上一版，作者不但希望由一种持平的态度了解日本历史，更进一步由同情的理解出发。因此在上一版中谈及珍珠港事件时，作者认为不必对日本过于深责，战争的奇袭性本就难以避免，要跳出美国人对日本偷袭的愤怒。在增订版中作者的态度更进一步。在谈及最近二十年日本经济不振时，他反对评价日本的极端态度，由过去日本事事第一的看法，陡然变为颟顸的日本，对金融恐慌举止失措，最后造成"失去的二十年"。作者认为日本由 20 世纪 80 年代的巅峰走向下坡，有其盛极而衰的必然性，亦是日本国内在繁荣后各种政治、经济、社会以及文化调整下的结果。事实上，日本应付金融问题的办法并非毫无建树，其应对 2008 年世界金融风暴的对策就极具参考价值。作者亦认为"失去的二十年"这一观念并不准确，踏入 21 世纪以后，日本经济已逐步走回正面，只是步子较慢，不易被察觉。

同情的理解，是史学家柯林武德（R. G. Collingwood）在其巨著《历史的观念》一书中所提出的看法。他主张历史研究必须回到古人的历史环境以及心理状态，所谓设身处地，才能真正掌握历史的脉络。同情的理解在探讨异国历史时特别重要，由于文化、时间及空间的差异，要确切理解另一国人民并不容易，甚至容易产生误会。中国对日本历史的理解，尤其是近现代历史，往往过分注重本身所受的伤痛，不容易深入近现代日本历史的复杂性。田中义一是对华强硬政策的代表，但不了解陆军在田中时代的处境，纯粹用善恶标准观察，便不易谈田中外交的意义。因此戈登教授提出的同情理解的方式，应可以作为中国了解日本的一个新的切入点，也是中日关系改善的一个途径。

当然，同情的理解也有它的局限，特别是戈登教授对日本现代化过分乐观的看法。现代化是本书的一个重要主题，作者希望强调日本 200 年来所走的道路是与全球同步的，他反对所谓"日本人论"的主张，亦即日本历史具有其独特性，与别地不同的观点。在增订版中，他对战争期间内容的补充更加反映了这一观点。战争期间是日本大东亚主义盛行的时代，日本对外国特别是西方事物均采取排斥态度，在文化上尤为明显。棒球是由西方传入的体育活动，在战争期间，日本政府数次要禁止棒球活动，但作者认为这仍无法阻遏民间对棒球运动的热爱；爵士音乐亦如此，虽然它被视为西方腐化生活的象征，但军队内仍摆脱不了爵士乐的影响。因此作者认为，当时日本反西方的力量只是历史潮流中的一个泡沫而已。

全球化是否是一条不可逆转的道路，目前仍有争议。但纵然它无法避免，其过程仍相当复杂，不会如作者所言的一帆风顺。亚细亚主义便是一个很好的象征。自明治中期日本知识分子提出以来，它一直是现代日本历史无法忽视的问题，亦成为第二次世界大战支撑日本最重要的意识形态。它不应该纯粹是个口号，它代表了日本接受现代西方文化的深层矛盾。要了解亚细亚主义的发展，不能用反抗现代的现代化论来简单解释，它事实上反映出日本文化中深沉不安的部分。有关这一点，学术上仍有可以发展的空间。作者在增订版中已加强了对日本与亚洲邻近各国关系的描述，在未来增订时，期待作者会在这一方向有更大发展。

第一版译者序

日本现代历史是个争论性甚大的议题，我们通常接触的，多半为日本与其周边国家有关历史的争议，其实这只是冰山一角。日本国内有关历史的论争，自明治维新以来便此起彼伏，连绵不断。光是明治维新，"二战"前的看法便有很多分歧，只是20世纪30年代在政治力量的干预下，各种史观的冲突被掩盖了。到战争结束后，历史问题便一发不可收拾。从明治维新到中日战争、太平洋战争以及慰安妇，各种问题均无法取得共识。最近所谓"教科书风波"，只不过是其中较为触目的争论而已。

本书作者戈登教授是哈佛大学日本史专家，身为美国人，他可以说是从一个完全不同的角度去观察上述日本历史的争议。当然，一个外国人能否真正掌握其他国家历史的脉动，是最近世界史以及中国史研究经常探讨的问题。坦白说，要掌握另一个地方的历史脉动并不是件容易的事。但美国作为20世纪的世界大国，它已经成为全球历史不可或缺的参与者，尤其在东亚，它的着力更深。在某种意义上说，美国已经是东亚历史脉动的一部分。另外，美国的东亚研究在"二战"

后发展迅速，可以说是除美国史及欧洲史以外最蓬勃的地域研究领域，本书的很多观点其实是美国日本研究的成绩展示。故要了解日本，本书提供了一个不可多得的切入角度。本文就本书特点做一简单介绍，作为读者阅读的一个引子。

作为教科书，本书的优点是全面性、时效性及生活性。本书涵盖层次甚广，政治、经济、社会、文化以及思想无所不包，有类百科全书。要掌握现代日本历史的发展，它是很好的参考及入门读本。而且本书叙述日本历史直至 21 世纪，这段时期适值日本政治、经济以及社会均面临剧烈变动，要全面掌握并不容易，而作者能提纲挈领地介绍日本最新发展，让读者紧贴日本现况。本书亦采取美国式教科书写作的特点，不只是刻板地描述日本历史在政治、社会上的结构变化，而是采取生活化写法，读者能借此感受日本人历史上的实践及感情层面。例如为了反映德川时期的社会经济发展，本书会花上不少篇幅叙述德川时期的交通及旅人在外情况；在第二次世界大战时期，本书亦引用当时文献，描写日本人民生活物资日益匮乏的状况。而且全书所引用的文献并不限于文字，书中的不少珍贵图片来自公私立机构，甚至是私人收藏，有些资料亦是作者直接向当事者访问所得。故书中呈现的是一个活生生的近代日本，而非枯燥的文本叙述而已。

本书亦不单是一本教科书，作为一个日本历史研究者，戈登教授有其独特看法。本书的日译本与中译本同时出版，对作者而言，本书是作者与日本史以及世界史学者交流意见的平台。当然，戈登教授在其序言中亦特别强调他的看法，认为日本现代化是整个世界现代化的一部分，强烈否定日本以及美国流行的"日本人论"或"日本独特性论"。所谓"日本人论",意指日本是一个岛屿国家,数千年来与外国往来不多,形成所谓日本民族的独特性。作者认为这只不过是在现代民族国家创立过程中所建构出来的假象,日本在现代的遭遇与别的地方并无不同,它只是现代化进程的一部分,这一观点贯穿全书。虽然作者对现代化进程稍觉乐观,但无可否认,日本现代发展处处与世界史连接,两者是个不可分的图像。

此外作者在本书中亦提出很多重要观点。首先是作者缔造"帝国民主主义"(imperial democracy)一词以描绘大正日本(1912—1926)。日本史上常以"大正民主"作为本时期的特点,它反映出日本自明治维新以来,初次踏入民主阶段,实行普选及政党政治,但不幸中途夭折,走上法西斯主义道路。在传统解释中,其导因是军部的野心,对外侵略,对内篡权,最后导致整个民主体制失败。但作者认为,大正民主到20世纪40年代并非完全中辍,政党在这期间的几次选举中仍拥有绝对多数;问题的重心是民主与帝国及代表帝国的天皇之间有根本上的矛盾,而所有民选出来的议员仍以效忠天皇及帝国为第一义,在此前提下,民主制度是无法建立的。

其次是所谓"跨战争"(transwar)观念。1945年日本战败投降,美军进驻,大事更张,学界向来把这一时间节点看作日本战后历史的起点。到20世纪70年代,不少学者开始检讨此一观念。如学者查尔玛·约翰逊(Chalmer Johnson)及伊藤隆均指出战争中制定及执行的各种政策,并非随战争结束而湮灭,它们对战后日本的发展仍有影响。不过本书的看法更为强烈,它进一步强调一个"跨战争"的历史断代,亦即跨越战争的时代——从20世纪20年代到50年代是一个完整时期,其特色是各种社会次团体先后崛起，反映日本真正进入现代性的多元阶段。20世纪30年代的政治混乱只不过是多元性冲突的结果，它们的矛盾到50年代才慢慢消失。"跨战争"时期是本书的一个重要创见，它抛弃了过去以美军占领为分水岭的看法。由一个历史观点重新探讨日本战后历史，是一个新的观察角度，值得研究日本史的学者进一步探讨。

日本向来被西方国家看作是个服从性很强的社会，故整个日本国家被视为"日本企业"。戈登教授则认为这是个误解，日本人并非天生服从，这种状况只是始于20世纪60年代，并称20世纪60年代至90年代这段时期为"标准化"及"共同体验"时期。"标准化"是指大规模化、官僚化及商业化，它是20世纪60年代高速成长后的结果。在政府及企业推动下，"跨战争"时期的多元矛盾逐渐约化为一种国民共同经验：借着教育及职场的制约，人民的行为渐趋一致，在各种集体记忆塑造下，共同意识得以完成。这种经验非日本仅有，亦见于世界各地的现代化进程中，这也是戈登教授全书现代化理论的主旨。

总括来说，本书为不了解日本现代历史的读者提供一个包罗万象的入门，而且通过活泼生动的描述，细致地反映了日本人在过去200年生活层面的各种面貌，是一部值得推介的大众读物。至于对日本史以及对历史有兴趣的读者来说，本书则提供了许多新鲜的切入角度，刺激我们重新思考。特别是戈登教授所提出来的世界共同体验的历史角度，无论现在还是未来，都是我们应该面对的一个严肃课题，阅读本书也许正是一个很好的开始。

序言（英文第三版）

面对现代世界急剧的变迁，日本人民在过去200多年的经验是个令人赞叹的故事。而本书以此为重点，开始于德川幕府统治的后期1800年前后，终结于21世纪初的日本。

这200多年间，正是现代世界史无前例的蜕变期。现代世界的出发点在1800年左右，这一时间点开创了世界史不平凡的阶段，亦象征日本巨大变化的初期，然而两者的联系是千丝万缕的。英国的工业革命急遽地改变全球经济及军事力量的现况，法国及其他地方的政治革命催生出现代民族国家及民族主义，不但推动连串的新观念的产生，为人类社会争取正义及机会，而且为全世界发展出各种全新的统治形式。本书第一部分便是检讨上述各种全球性变迁如何汇聚于日本，与此同时，日本德川幕府统治亦面临不断高涨的政治及社会危机。

在第二部分，本书转为关注日本的现代革命及19世纪末的惊人变迁。这一时期历史通称为"明治时代"，"明治"为睦仁天皇在1868年即位时所用的年号。在明治一朝，日本迅速由半殖民地变为帝国主义强权的一员，其成就令人吃惊。第三部分则叙述日本的帝国主义时代，始于日本一跃成为全球强国之一，终于第二次世界大战生灵涂炭的体验以及占领时期。最后一部分则探讨当代日本的战后历史，以及今天日本人民所面临的种种问题，当然这亦是世界各地问题的一部分。

各种主题的相互关联性与现代体验

本书的英文题目其实反映出两个重要的主题：现代性及关联性。通常这类书籍会题名为"日本现代史"（*Modern Japanese History*），如此一来，整个写作重心便会以日本为主，强调其日本特性，也就是说向读者诉说一段以"日本"为中心的历史，只不过它是发生在我们称为"现代"的这一段时间而已。本书则题名为"现代日本史"（*A Modern History of Japan*），目的是把重心由日本性转移至现代性，因此它是要诉说一段"现代"的独特历史，只不过发生在一个名为"日本"的地方而已。

换言之，日本现代史是世界现代史的一部分，两者无法分割开来。亦出于这个理由，本书不能不以关联性作为其主题。事实上，海外对日本一直有深远影响，它包括思想、事件、物质以及资源，无所不包。当然日本对其他地方亦有其影响，两者相互交流的结果有时是正面的，有时则是负面的。无论如何，在这个动态的过程中，日本人民与其他地方的人民有不少共同分享的东西。当我在以后各章中谈及政治史、经济史、社会史、文化史等各个领域时，这个主题会更为清楚。

德川政权的危机当然有它的内在因素，但国际环境的变化确实加速了德川统治的崩溃。一群新一代的领导人谱写出一个国家建设的剧目，反映出他们理解了欧美诸国军事及经济力量兴起的缘由。在反对及争论之下，他们所走的道路有一定的曲折迂回，但其现代化工程的确有很大影响。从他们的时代开始，日本与世界其他地方一样，民族国家的特质成为其现代史的核心主题，而本书讨论的重点则是其重组政治生活的斗争过程。这些矛盾所涉及的观念与制度都是现代世界政治生活的焦点：宪法与国会、君主与民主、两性权利、民族主义、帝国主义及军人的角色，等等，不一而足。本书一方面重视统治者执行的政策，另一方面亦关注一般大众的政治行动，这对各个政策也有影响。

与世界其他地方一样，19世纪及20世纪资本主义在日本的冒升是现代化的一个有关面貌。本书会讨论政府及私人的角色，还有工作人员与管理层的互动。日本与其他地方一样，其社会关系十分复杂，社会阶级之间、两性在职场及家庭之间、农民与城市居民之间，这些关系都是复杂且有重大影响力的。要求和谐相处的呼声不时发出，有时有效，但冲突依然是常态，而且颇为严重，本书会特别注意这方面。

现代世界史的第三个面貌是国家间的冲突，以及冲突后所唤起的国家意识。日本在亚洲及全球所扮演过的角色十分引人注目，主要是因为它的多样性，更重要的是日本曾于20世纪前期在国际上带来深重灾难。从19世纪50年代到80年代，日本原是个无独立性的半殖民地，为西方列强掌控。但到1905年，这个新国家却成为殖民强国，与西方列强平起平坐。在20世纪30年代及40年代，日本转而进行帝国扩张，并发动战争，要在整个亚洲建立霸权，结果以失败收场。自此，日本在全球政治上成为一个和平而消极的国家。日本、亚洲及西方这三者的关系不但变动不休，而且至今仍难有定论，这也是以后章节的重要焦点。

在现代历史的整个脉络中，关联性的另一面是多元性。任何地方的历史在宽广的世界史中都自有其独特性，日本亦不例外。如果关联性及全球互动为日本现代史的核心主题，无可否认日本人民的思想及行为也有其独特性。本书固然强调日本与其他地方分享共有的现代经验，但亦会指出日本与众不同的一些经验。举例来说，德川时代武士统治阶层的特性，无疑会塑造19世纪末现代化运动的形态。日本现代史的另一个特征便是国家强有力的角色，政府一直要求掌控社会及经济变化过程中所产生的混乱，社会阶级关系和两性关系均包括在内。政府的行动有时会触发意想不到的结果，其重要性亦不容忽视。

承认日本现代史的种种独特性固然重要，然而更重要的是，学者和学生不要用只此一家、与众不同甚至异国情调的眼光来看待日本历史。这种错觉的存在，部分原因是日本人自身孜孜不倦地要界定何谓"日本性"，并希望能藏之名山，传之万代。他们的做法有时近乎执着。至少从19世纪到今天，这种情况仍然存在，因此日本人这种对界定"日本"的热衷，成为本书在讨论精英及大众文化时的一个重要主题。本书会指出很多所谓的"日本传统"只不过是现代世界中所创造的神话而已，部分"日本传统"被视为进步的绊脚石，部分则成为日本的典型，并向世界展示。正如美国人一直要寻求一种独特的"美国式生活形态"（今后亦会继续下去），并誓言负保护之责，而法国人、中国人以至地球上任何地方的人类，其实亦同样会宣称他们有自己"独一无二"的特性，并要努力保卫之。因此在整个日本现代史中，要找出一种"日本性",并要保卫它,这种深沉的热心到今天仍然存在,并非稀奇之事。

谢　词

在准备本书第一版的过程中,我一直很幸运地得到很多人的帮助及建议。哈佛大学的几位研究生担任我的助理,替我搜集资料,准备图表,查考众多史实。我得感谢杰夫·贝利斯(Jeff Bayliss)、泰德·麦克(Ted Mack)、中野洋一(Yoichi Nakano)和埃默·奥德怀尔(Emer O' Dwyer)。贝利斯和麦克同时亦协助书写与他们自己个人研究范围有关的部分,如日本少数民族史、文学史与出版史。在处理泛亚细亚主义这一主题时,杰米尔·爱甸(Cemil Aydin)同样给予我建议。我的同事海伦·哈迪克里(Helen Hardacre)在20世纪90年代的宗教问题上给我提供了重要建议。在出版社要求下,很多同仁阅读整部书稿,并提出详细且极有帮助的建议,他们是加里·阿林森(Gary Allinson)、蒂莫西·乔治(Timothy George)、芭芭拉·莫洛尼(Barbara Molony)及两位匿名评审。牛津大学出版社编辑南希·莱恩(Nancy Lane)、焦亚·史蒂文斯(Gioia Stevens)和彼得·科文尼(Peter Coveney)极富耐心,为我提供支持并给予了重要建议。

在准备第二版时,我受惠于五位匿名评审人的意见,他们指出第一版中的各种缺失。哈佛大学历史系研究生杰里米·耶伦(Jeremy Yellen)给予必要的研究工作上的帮助及宝贵意见,使日本与东亚各地关系的叙述得到进一步改善,并调整了第17章的结构。另一位研究生费边·德利斯勒（Fabian Drixer）则协助人口史部分的写作。在准备第三版时，我同样受惠于另外七位匿名评审人，他们对最后一章的意见尤为珍贵。我在麻省理工学院的同业理查德·塞缪尔斯（Richard Samuels）亦为新章节提供了不少好的建议。哈佛大学博士后研究员尼基尔·卡普尔（Nikhil Kapur）根据实际使用教材的体验列出一份详细清单，供我修改及更正本书之用，令我十分感激。

我应该特别向森谷文昭先生致谢，他把本书第一版翻译成日文（2006年由みすず书房出版）。在其翻译过程中，他找出少许行文上的差错及一些更重大的错误，这些错误在本书中均已全部更正。他还根据自己的知识及研究，建议对一些课题进行扩充及修改，包括战前日本的棒球史、1959年至1960年修改安保条约的争议，以及20世纪90年代的经济。这些意见对我修改第三版的相关章节帮助甚大。

在诸位种种协助下这本书才能以更完美的面貌呈现给大家。当然，若书中仍有不足之处，我个人是需负全责的。

第三版改动之处

· 在第三版中，上一版最后一章已大幅度修改，并重新命名为"日本'失去的二十年'"，它涵盖的时间从1989年至2008年。

· 新增的最后一章从全球语境下讨论日本近年来混乱的历史。它始于2008年金融危机，并把读者带到2011年3月11日的悲痛事件，最后则涉及灾难之后续情况。章后附有彩色地图及照片，作为反映这次灾难的文献。

- 在说明史事过程中，会融入更多平民百姓的"声音"。
- 增加文化史课题，如卡通、漫画及爱情旅馆，等等。

第三版的评审人

- 亚历克西丝·杜登（Alexis Dudden），康涅狄格大学
- 杰弗里·迪姆（Jeffrey Dym），加州州立大学萨克拉门托分校
- 杰克·L.哈默史密斯（Jack L. Hammersmith），西弗吉尼亚大学
- 乔治·卡兰德（George Kallander），雪城大学
- 卡罗琳·尼尔（Carolyn Neel），阿肯色理工大学

网页地址

本书英文版的辅助网站是 www.oup.com/us/gordon，提供书中主要文献的英译、报告题目、学习问题及其他有关网址，有助进一步学习现代日本史。

绪论：历史长河的绵延烙印

日本领导层在1868年取得政权，其所推动的连串改革其实有若一次革命。然而要掌握明治维新前后的变动，则不能不了解日本在17世纪所形成的政治、社会以及文化体制，及其在18世纪及19世纪以后的变化。此一时期史称德川时代（德川为统治者的家姓），亦为本书第一部分的重点所在。但若使初学现代前期及现代日本历史的人理解此一令人目眩的时代，则必须追溯日本历史在地理、政治以及国际关系等各个重要方面的情况，这一切到现代仍为重要因素。

一、地理与气候

日本今天的疆域为一锁链形群岛，距朝鲜半岛最近约160公里，距中国则约800公里，四个主要岛屿是九州、本州、四国及北海道。（要到19世纪日本才真正掌控北海道的人民及土地）。群岛是东北至西南对角走向，全长约2000公里，略等于美国东岸的长度。因此可以说日本全国临海，内陆最深入的地区亦不会离海岸120公里以外。日本总面积略少于 38 万平方公里，约等于美国蒙大拿一州的面积。日本雨水充足，雨季在潮湿的春末来临，集中在夏季的 6 月及 7 月初。但与亚洲其他季风区相比，日本很少有大暴雨，然而水资源仍足够灌溉及种植稻米。

日本陆地表面超过 2 / 3 由崇山峻岭组成，低地平原面积不超过总面积的 13%，高原则占 12%。日本的高山有不少是火山，自古至今均如是。事实上，日本历史上有关火山爆发的记录不少（从公元 6 世纪开始到现在，日本的 94 个火山中，共约有 1 300 次火山爆发的纪录），其威力猛烈，故无论从次数还是强度来看，均超过世界其他地方。[1] 日本列岛位于所谓"环太平洋火山带"上，处于太平洋板块与菲律宾海板块交汇处，状态极不稳定。这个地震及海啸多发带沿太平洋周边，世界上约 90% 的地震都发生在该处。日本地震的年爆发率最高达 1 500 次，在 20 世纪及 21 世纪初，便发生了三次极度严重的地震。

除了地震及海啸的状况与可能性，上述日本的地理位置，有几方面与其近代发展有关。九州岛南部与亚洲大陆的距离之短足以令双方在 2 000 年前便能建立海上交通，而其长亦足为天然屏障，不易轻渡。是以近代以前，鲜有来自亚洲大陆的军事侵略，日本亦不易渡海远征。此种不短不长之距离，无论在近代以前还是近代，都使日本岛上的居民对亚洲大陆文化怀有一种矛盾的心情，一方面对中华文化的影响力引以为傲，另一方面又要强调其独立自主性。

日本气候温和潮湿，本州岛中部以南地区更为明显，故农作容易，人口繁衍。在中国东汉至南北朝时期，日本人口约 500 万，到 19 世纪初则增至约 3 000 万。其中两个平原地区最为重要，是经济、政治以及文化生活的中心。西面的关西平原，即今天大阪及京都地区，为上古至中古时期各闹市之所在。东面的关东平原，面积居全国平原之首。德川时期以前，关东平原沿岸只不过是渔民聚落，其后发展成首府江户。1868 年以后更名为东京，成为今天日本的首都。

日本气候固然宜人，平原亦适合耕作，但起伏的地形却将其人民分隔。日本各岛虽然位置上邻近，但岛上的森林、山脉及短急河流却有碍交通运输，政治上不易统一。今天的日本政治上团结，民族认同感强烈，乍看即会把此种团结及民族情感归因到其源远流长的历史，其实这是错觉。在近代以前，中央政权大都仅在首都周围，除此以外地区的统治能力十分有限。德川政权建立于 1600 年，在此之前约 300 年的历史最为混乱，甚至在德川时期，虽然政治稳定，兵甲不兴，但地方统治者仍具有相当大的自治权力。今天所说的日本共同文化，能见于当日一般民众者其实并不多。所谓日本是个万众一心的地方，人民因此能组成一个团结的民族，此种看法是现代才形成的观念，"日本性"其实只不过是硬拼凑起来的认同概念，与其地理实况并不相称。

二、政治制度

天皇在日本现代史中扮演重要角色。在现代革命浪潮中，天皇制度可以说是少数硕果仅存的君主政体之一。然而从历史来看，天皇在 19 世纪及 20 世纪所领导的转变及所产生的影响力，可以说史无前例，或可以说只有 7 世纪及 8 世纪时的天皇地位可以与之相比。

今天的皇室可以溯源至 6 世纪初的大和家族，约与中国南北朝同时，它由关西平原发展起来。皇室担任氏族内男女祭司之职（早期天皇中有 8 位是女性），并与邻族争夺霸主地位。到 8 世纪初，大和族已夺得政治及宗教权力。它打破过去新天皇必建立新首都的旧习惯，于 710 年，首次在平城（即今奈良）建立"永久"首都，后于 794 年迁都平安（即今京都），日本才有一个真正稳定的政治中心。奈良建都后，大和朝廷下令修纂史书，编造一个神话谱系，将天皇起源追溯至公元前 660 年，至修史时已历经 28 个天皇，但都是以传说为依据。此古代神话到 19 世纪末又再度复活，成为天皇正统历史的"现代"版。

日本的正史时间是以天皇"年号"的先后次序为标志。新天皇临朝即位会马上命名新年号，但每一朝的年号通常有好几个。直至近代睦仁天皇即位，改元明治（1868），才开创了一个朝代一个年号的习惯。

天皇拥有无上权力，在政治上举足轻重，然而这仅限于日本早期历史。自中国唐末到清中叶的一千年间，除了少数天皇，其他大部分天皇都无政治影响力。但在宗教上，天皇仍沿袭本土神道传统，担任神官角色，而实际统治日本者则另有其人。他们假借天皇的名义统治，最初是天皇的近亲贵族，其后是出身于不同政治及社会背景的武家。因此，19 世纪的现代君主制能有如此高的政治地位，实与其传统历史相异。

在 19 世纪的革命浪潮中，具有历史渊源的武士扮演了重要角色。他们各自出身不同，但日后都成为显赫人物。武士最早见于 10 世纪左右，即中国五代十国及宋朝初年。他们原为地方上的战士，服务于首都的贵族或皇室，靠弓箭闯天下，后来他们开始与贵族平起平坐，最后甚至反客为主。在 12 世纪 80 年代，在位于关东沿海地区的镰仓出现第一个武家幕府政权。其首领源赖朝虽以武力取得天下，但仍请求天皇赐封将军名号（正式名称是"征夷大将军"），使其统治合法化。其后的武家政权，如近代前期的德川幕府，亦自天皇取得将军名号，奠定其统治合法性。

至于武士之战斗技巧则与时俱进，由弓箭到刀枪，最后到 16 世纪时使用火器。武士的政治及社会组织亦不断演变。早期武士在战阵中多靠单打独斗，地区武士家庭则散布在乡间，不太能控制其辖下的人口。直至 15 世纪及 16 世纪（中国明朝时期），武士之组织才较严密，统归军事强人率领，号称"大名"（即最大名田之主的略称）。政治结构到 16 世纪中叶仍十分松散，日本各岛为数百个名藩割据，其首领大名各个拥兵自重，相互攻杀争雄。日本近代前期政治史的特征就是群雄征伐，多数大名屈服于少数有力大名之下。

三、早期对外关系

直到 16 世纪 40 年代，欧洲传教士及商人才首次来到日本，当时日本尚未开始其统一大业。西方人带来了枪炮及上帝：火器令各雄藩增广眼界，增加生力军，加速了各岛的统一进程；基督教的影响则较小，到 1600 年，在西班牙及葡萄牙传教士的努力下，信奉天主教的人数一度达 30 万。日本统治者由于害怕其子民因信奉外国宗教而反叛，于 16 世纪 90 年代开始禁止基督教，并进一步限制对欧贸易。对战国三雄之一的丰臣秀吉而言，锁国尚有另一个原因，即葡萄牙人贩卖日本人为奴隶，这使他气愤不已。到17世纪30年代，各项限制已全面展开。因此欧洲人在日本近代历史的前一个世纪中虽曾担当重要角色，但其影响仍然有限。

相反，亚洲其他地方的人，特别是中国人及韩国人，自古以来即在日本历史上扮演着重要角色，甚至可以说在前现代历史中，中国大陆、朝鲜半岛及日本群岛三者是分不开的。

近代以前的几个世纪中，亚洲各地统治者的关系主要建基在以中国为中心的朝贡制度上。南至越南，北抵东北亚，中国皇帝是整个地区中最具权势的人。他视疆域以外者为未开化之人，统治各地之国王会派人入使中国首都朝贡、叩头、贡献方物，以至歌颂天子圣明。同时，皇帝会给予列国保护，并特许其贸易牟利。朝鲜半岛及越南国王并不乐意朝贡制度中的臣属关系，他们接受此等义务只不过是迫于中国力量的强大。但是日本则不同，其精英虽长期吸收中国及朝鲜的文化成果，但他们大多不愿在此种朝贡制度下称臣。由于拥有海洋屏障，日本较易抗拒朝贡压力。虽然如此，日本在19世纪以前仍无法设计出另一种地区制度；直到近代，日本迅即接受了西方外交及国际制度，并运用西方语言，大玩其帝国主义的地缘政治游戏。对日本而言，这是其近代革命中的一环，也是其与邻近亚洲国家的不同之处。

当然，形式外交只不过是其中一部分，日本与亚洲各民族在近代以前可以说有着千丝万缕的联系。日本文化中的各个组成部分几乎无不以亚洲大陆作为其出发点。在公元前300年至公元300年，约当中国秦汉魏晋之世，中、朝移民为日本带来稻米农作。直到20世纪，稻米仍占据东亚经济的核心地位，新军事技术亦约于此时传入。其后数

月 = moon（tsuki）

上、下 = above,below（ue,shita）

権利 = right（kenri）
[as in political rights]

图 0.1　上图为现代日语中使用的汉字，它们在古代由中国传入日本。"月"是象形文字，象征半月形状；"上、下"两字是指事文字，其意义较抽象；"权（权）利"则是合字成词，与原来的图像已无直接关系，该词是日本人在 19 世纪创造的。

百年间，在移民及日本远游者的共同努力下，日本输入了以中国象形文字为基础的书写系统（见图 0.1），另外包括各种政治及宗教上的思想与制度。日本古代文明能在奈良及平安时期（8 世纪—12 世纪）开花结果，实奠基于此。到中古时代（13 世纪—16 世纪），日本与亚洲大陆间仍维持着重要的宗教及经济关系。因此在近代开始以前的 1 000 多年间，亚洲大陆各种文化通过日本人或移民输入日本，并融入当地。

在输入的各种文化中，佛教与儒学是特别重要的，它们在宗教、哲学以及政治领域都产生了巨大影响。佛教约在公元前 5 世纪在南亚出现，其后在东汉时期即公元 1 世纪或 2 世纪进入中国，并进一步传播到朝鲜半岛。在 6 世纪初，朝鲜的百济国王把佛教经典及佛像传至与天皇亲近的氏族，此为日本接触佛教之始。

原始佛教着重强调人生一切皆苦，其在印度发展，继而遍及亚洲各地，逐渐演变出思想及实践均不同的宗派，目的是引导世人达到涅槃或明心见性之境，以解决人的存在的痛苦。部分教徒强调禅定或苦行的方法，亦有主张诵经及求助超能力以获解救。

在 7 世纪与 8 世纪间，日本佛教首次出现高峰期，展现出其文化及政治影响力。不过各宗派很快便衰落，其后数百年间，取而代之兴起的是另一些新教派，如主张静坐的禅宗或强调信仰的净土宗及日莲宗。佛教亦逐步在社会中扎根，不但深入乡村，亦在武士、平民以至贵族间巩固地位。部分寺院发展成庞大组织，不但拥有武力，亦谋求得到政治地位。少数中古时期的教派独自建立起政治权力网络，成功地深入基层。德川幕府则将各佛教宗派置于严密控制之下。每一个乡镇和村庄都会有某个宗派的寺院，统治者亦利用它们掌控人口变动状况。经过数百年以上的发展，佛教已成为日本一个强有力的文化力量。有如中古时代的新儒学，佛教一方面引领新思潮的出现，一方面亦成为旧传统的守护神。

儒学的道德及政治思想，自古以来在日本即有重要影响力。儒学强调统治者选择官员应以道德情操及学问修养高者为上。道德修养应始于家庭，凡子女事亲必以孝，特别是侍奉父亲。圣人能成为他人的表率，是因为他们力学不倦，并因此培养出仁人之心。中国古代精英所创立的科举考试制度，以圣人留下的经典为范本，并以之为测试道德及学问的标准。直到 20 世纪初的一千多年里，中国皇帝及政治高层均以科举考试为选才必经门槛。儒学思想及其经典传入日本的方式一如佛教，都是经由百济国。儒学的政治影响力同样在 7 世纪与 8 世纪间的日本首次达到高潮，因为日本统治者有意模仿盛唐时期的各种儒学制度，中国式科举考试亦曾风行一时。

在其后数百年间，儒学思想及其政治地位日渐式微。不过在中古时代，约自13世纪至16世纪，亦即中国南宋至明，日本渡华僧人带回当时流行的新儒学，由于它强调直接解读古代经典，为儒学注入活水，使其得以再现生机。新儒学的创立者是朱熹（1130—1200），为南宋杰出思想家。他重振儒学，修改传统儒家学说，反对依傍汉唐注疏，主张直接返求孔子及其他古圣人的经典。日本中古时期，朱熹学说一直流行于僧人间，当时有所谓"儒佛僧人"者，悉心研究朱熹思想，新儒学得以在当时日本的丛林寺院中取得一席之地。到德川时期，新儒学复散播于世俗间，成为一股重要的文化及政治力量。

由于大家都在争取贵族护荫或政治地位，佛教与儒学信徒的关系有时候会相当紧张。但整体而言，就所宣扬的教义或所宗奉者来看，佛教与儒学在古代大致仍能和平共处。两个学派都不会单方面宣扬真理在己一方，因而排斥另一方。故儒学及佛教教义均能并存于日本，并生根于其文化中。

佛教与儒学亦能与日本的原始宗教信仰和平共存。日本早期信仰十分驳杂，各地都有不同的宗教活动及参拜寺社，到8世纪时统称为神道。神道内各个圣者均称神，不少神与农业及地方社区生活有关，平日被供奉于一个小神社内，一年中只在礼拜及节日时才被请出。神道礼仪及信仰，强调保持人类社会及自然中的纯洁性及活力。还有些神是专门保佑政治家族，最重要的当然是天皇家族。天皇家族号称是天照大神之后。另外一些重要神社，很早便成为皇室祭拜祖先之地，其中最重要的是伊势神社。

经过许多世纪，神官、佛僧及儒者（有时是一人兼三者）已将儒佛传统整合到神道庙堂之中。8世纪以后，佛寺与神社经常比邻而居，中世纪更创神佛垂迹之说，神祇只不过是佛的另一显相而已。德川早期的儒者，亦同样强调儒学与神道的共通之处。

虽然如此，三者在宗教上及伦理上的相异之处仍不会消除，何况信徒之间有时亦因意识形态或政治上的需要而发生冲突。由近代早期至今，日本历史上各个多元因素一直备受讨论，甚至被不断解释。人们有时视这些因素为接受现代性的障碍，又或视这些因素无关宏旨；另一方面，亦有人颂赞日本的多元性，视其为近代"日本人独特身份"的由来。

* * *

1800年的日本群岛居住着3000万农业人口，商业繁荣而蒸蒸日上，都市生活亦虎虎有生气，约有1/10的人口居于城镇。在德川半中央集权式的统治下，日本已成为东北亚外交及贸易体系中的一员。

然而就全球观点而言，日本仍为一个相对落后地区，它的政治及经济关系无法超越东亚范畴。资本主义虽略具雏形，政治危机亦随处可见，但在短时期内，似乎仍无法出现经济社会或政治文化上的革命性转变。

但到1900年，日本已历经一场复杂的革命。它成为欧美地区以外唯一的立宪制国家，它亦是唯一的非欧美帝国。在当时的非西方地区中，日本是第一个也是唯一一个能成功跨越工业革命的国家。

日本在20世纪的转变亦十分突出，生气勃勃的民主运动很早便出现，导致激烈的社会矛盾，劳工与资本家、佃农与地主冲突不断。现代也带来两性关系的改善及不稳定性。在20世纪上半叶，政治上是层出不穷的恐怖与暗杀，帝国则积极对外扩张，其所推动的战争杀戮不断，为该世纪最惨不忍睹的暴行之一。踏进21世纪，日本走向和平化，并成为世界上最富裕的国家之一，然而苛酷的新挑战接踵而来，日本人民面临着各种困难，包括重振经济、教育年轻一代、供养老年人，以及积极参与全球活动。

本书的目的是厘清这段历史中各个事件的前因后果，一方面不抹杀历史传承，另一方面亦留意激烈变化，希望能掌握日本人民如何理解他们自身的经验。上述各种议题虽具争议，但却十分重要，因为它们已成为世界人民共同遗产的一部分。

第一部分

德川政权的危机

第一章

德川体制

　　日本近代是一个急剧变动的年代，不过在近代之前的 200 年，日本却是史无前例的安定，史称这一历史时期为"德川时代"。德川武家一族于 1600 年至 1868 年统治日本，但后世给予它的评价却因时而异。德川的统治建立于苛酷的法律基础之上，其目的是严格限制社会不同阶层及地区间的人口流动。据说统治官员遵奉的座右铭是："百姓就像芝麻油一样，你愈用力榨，它就出得愈多。"[1] 与此同时，德川统治时代是个太平盛世，农村生产发达，商业繁盛，城市生气勃勃。17 世纪 90 年代，一个观察入微的欧洲人写道："日本各藩的交通要道每天熙来攘往，在每年的某些时日里，其拥挤程度有如欧洲稠密城市的街道一般。"[2]

　　在整个德川时代，一方面，法律多如牛毛，处处规范；另一方面，其治下人民虽间或粗鲁不文，但却积极进取，因此日本在这一时期产生极大变化。这些变化虽然重要，但却无助于德川体制顺利过渡至近代，因此到 19 世纪，幕府要应对许多严峻的难题：无所事事的武士产生身份认同危机，固有制度及思想无法应对内外交迫的压力。面对社会日益紧张的气氛，抗争活动不断；统治者则坚决维护既有秩序，最终难逃崩溃的命运。德川幕府于日本近代化起步之际垮台，要了解当时所面临的无法预估的困难，则必须回顾德川社会体制的源起及各种问题出现的过程。

一、统一天下

终德川一代，其最突出的特征是兵甲不兴，这与前面的战国时代大相径庭。战国时代可追溯至1467—1477年京都应仁之乱。京都建于794年，为历代天皇的居所，是一个寺院及豪宅密布的美丽城市，却毁于应仁战火中。其后百年间战祸频仍，号为大名的地方武人招揽数以千计的武士争霸，互相争夺土地及人民，控制商旅。

战争虽然为该时代的主轴，但不能说此百年完全乏善可陈：商业仍然兴盛，国际性商港相继出现，而且实行高度自治管理；一些佛教信徒亦组成一向宗[*]，不受大名管辖。

在16世纪70年代至1600年，相继出现三个卓越但不留情面的统治者，他们建立起一个垂教后世的政治秩序，使日本人在17世纪至19世纪中叶能享有250余年的太平日子。在此新制度中，部分大名与武士中的顶尖分子仍可以保留其政治统治地位，但其性质则发生大幅度改变，经济及文化生活也与以前大不相同。

---

[*] 一向宗，属净土真宗，亦称本愿寺教团。战国时期，本愿寺僧人把各地小地主组织起来，成为与大名对抗的力量。——译者注

号称开统一日本先河的是织田信长[*]（1534—1582）。他出身尾张藩，作为一个位于名古屋地区附近的大名，原来力量并不大。1555年他开始以残暴手段扩张其势力，首先对付境内的佛教力量，断绝各佛寺的粮食，屠杀数以千计的僧人，焚毁许多图书馆及寺庙。1580年，他征服一向宗，它是佛教的一支，亦是当时最有力量的寺院势力之一。1582年当织田信长被其下属谋杀时，日本已有1/3的土地为其所统一。

由于时人对织田信长又敬又畏，故史家对信长的评价向来颇为负面，称其"冷酷无情"，是"一个残忍且麻木不仁的禽兽"，甚至称其为"日本阿提拉"[†]。[3]但织田信长并非只是一介屠夫，他所创设的政治制度均为后继者沿用，为德川时期的和平盛世奠定了良好基础。对于地方村落，只要能纳税，信长都容许它们有较大的自治权力。由于他建立了税收官僚体制，其下属武士便不能直接向村落征税。收税官员把所收税项部分分配给武士，部分上缴给信长。与此同时，织田信长亦将中下级武士与其领地分隔，意在收回各武士的田地"所有权"；不过他会按照各中下级武士原有领地的大小及产量，实际发给他们俸禄。借此人地分离政策，信长成功拥有调动臣属的权力。

为推动人地分离政策，统治者必须掌握田地的面积、产量以及所有权。信长率先全面丈量农地，为德川时代的政治体制奠定基础。信

---

* 日语姓名称谓，通常是先姓后名，本书会按此方式称呼历史人物。因此织田是姓，信长是名。日本史家通常都以姓氏称呼其历史人物（例如佐藤首相），但对少部分著名或臭名昭彰的政治或文化人物则以名字称之，相当于英国人称呼其皇室成员为"查理"或"伊丽莎白"。织田信长、丰臣秀吉及德川家康均属此类人物，本书会按照日本人习惯，只称其名字。——译者注
† 阿提拉是入侵罗马帝国的匈奴王。——译者注

长亦没收各村落的武器，强化武士与农民的社会阶级差异。

信长去世前夕，他手下的一名将领即沿袭其做法，并因此雄踞一方，此人便是丰臣秀吉（1536—1598）。秀吉貌不出众，出身寒微，原来只属步兵中的"足轻"*，同时代的人甚至讥笑他为"猴子"，传说他的妻子亦以"秃鼠"称之。假如不以貌取人，秀吉其实是一个卓越的谋略家。信长的作风是恩怨分明，对敌人赶尽杀绝，对下属则恩赐土地。秀吉则不同，他采取盟好策略，虽然他对反对者绝不客气，但只要对方愿意投其阵营、宣誓效忠，他都会大度收容。故秀吉扩张甚快，到1591年便掌控整个日本。

秀吉一面继承信长所遗留的制度，一面亦增添新意，将其体系化。为保证各路大名无异心，他建立人质制度。为彻底解除农民武装，1588年他在治下领地中发出"刀狩令"，命令农民交出武器。他亦先后在1592年及1597年发动大规模战争侵略朝鲜，以致损伤无数，并扬言要征服中国。耶稣会教士在1550年前后到日本传教，徒众日多，秀吉亦禁止其在日本活动。到1598年，秀吉的权力达至巅峰，其势力遍及全日本，成为全国大名共主。秀吉殁后，将政事委托于一群他最信赖的将领，称为"摄政"，他们都发誓扶持秀吉后人，待其年长后即交回政权。但秀吉的计划最终落空，在他死后不久，权力斗争马上在各摄政间爆发。

---

* 日本武士等级甚多，"足轻"属俸禄200石至500石的中级武士，不少为农民参加战斗而升任。——译者注

二、德川幕府的政治设计

数十年以来不断的政治变动，最终导致德川家族或者说德川幕府的崛兴。德川幕府第一任将军是德川家康（1543—1616）（见图1.1）。

图 1.1 德川幕府创立者家康肖像。家康虽然是马上得天下，但在画内，他穿着朝廷衣冠，反映出他统治的合法性是来自天皇所赐的将军一职。（日光东照宫提供）

英国学者萨德勒（A. L. Sadler）在1937年出版了一本德川家康传记，他的政治立场是同情德国希特勒的所作所为，故他对家康的残暴一面亦采取恕宥态度，认为"以一般农民或资产者的道德标准，是无法衡量一个军事独裁者的"[4]。

家康是一个苛酷的统治者，但他也是一个有耐性的谋略家，懂得如何妥协。他是丰臣秀吉的盟友，亦是其最厉害的政治对手。不过家康愿意放下身段，不去挑战那位"秃鼠"。家康首先巩固他在关东平原的地盘，再观形势以待时机。以织田信长及丰臣秀吉为榜样，家康在16世纪80年代及90年代先在藩内建立有力统治。秀吉去世时命家康出任摄政之职，但家康却马上联朋结党，在1600年发动关原战役，击败另一群忠心于秀吉子嗣的摄政，奠定德川200多年霸业的基础。1603年，天皇赐封他为征夷大将军。

1605年，关原战役结束仅五年后，当时家康精力充沛，春秋仍盛，却急流勇退，把将军一职传给其子秀忠，目的是要保证德川家族不会步丰臣秀吉的后尘，令后人能顺利接班。事实上，家康在1616年去世以前，仍在幕后操纵政局，秀忠独揽大权的日子仅有七年。1623年秀忠便退位，由其子家光继位。不过秀忠仍监管他的儿子，直到他于1632年去世为止。

家康之孙德川家光是第三代将军，但他在历史上的贡献与家康不相伯仲。1623年到1651年他在位期间，德川政权的威望达到顶峰。在家康及家光两人手中，德川体制才得以确立，一直维持到西方列强于19世纪50年代入侵日本为止。

家康及家光建立的体制，实得力于信长及秀吉所做的各式各样的政治安排，本书称之为"设计"。这些政治组合五花八门，但它们确保德川家族维持其在政治权力顶端不堕，亦能化解来自各方面的反抗。反抗根源上自大名及天皇朝廷，下至武士、农民、商人及僧侣，都有可能。上述政治组合亦消除了数十年来以至数百年来的各种矛盾，带给日本史无前例的政治安定。当然，创造或支撑上述政治体制的历史动力不会停滞，17世纪出现的政治设计事实上造成了不少矛盾，并最终导致德川政权覆灭。但这是一个缓慢的过程，徐徐展开于日后200余年之中，当时是无法感觉出来的。

1. 大 名

德川实施的各种政策，大部分在信长及秀吉的统治期间都有先例可援，家康及其后继者只不过将其变得更有系统而已。有关大名的设计最为重要，家康规定每一个藩只能有一座城堡，各大名亦要向他宣誓效忠。家康严禁诸藩间互结盟好，并派出大员巡视，以确保各大名能遵守此规则。为加强监控，家康规定各大名联姻要事先征得幕府同意。

家康不时要大名捐助幕府各种宫室营造工程，江户城便是其中一个建设重点，日后成为德川幕府的权力中心。不过德川幕府并未向各大名征税，最类似税收的便是这种不定期的强迫性"捐助"。各藩在财政上自主性很高，成为对德川幕府权力最严重的限制。家康模仿秀吉做法，将幕府统治建基于各大名政治联合之上，他容许约180位大名在藩内有自主权力，并世袭藩位，前提是该大名必须效忠德川幕府，奉行将军命令。[5]

家康之孙家光，进一步扩大幕府权力。家光规定将军有没收大名领地的权力，并将其分配给他认为可靠的领主。他亦运用这项权力，变动各大名领地，目的当然是削弱力量太强的大名。家光有时亦没收大名的部分领地，转赠给直属他管辖的旗本武士，这些土地统称为德川幕府的家地。凡忠于德川幕府的大名称为"谱代大名"。家光多次没收有敌意的大名的土地，将其转赠给各谱代大名，通过此政策，家光得以确保德川家族的霸业。

上述各个政策的结果是，家光重新分配 500 万石的土地[6]，约为日本 1/5 的可耕地。在土地重分过程中，家光对"外样大名"特别苛刻。所谓"外样大名"，是指关原战役中与德川家康为敌的大名。家光即将军位后，为保卫权力中心的江户城，以此为圆心，将其周围划为德川家地，稍远则封赠给同一阵营的"谱代大名"及有亲族关系的"亲藩大名"。曾一度为敌的"外样大名"，则被分配至日本三岛最边远的地区。

家光另一个重要改革是参考德川以前的做法，建立"参觐交代"制度。参觐交代制能切实掌控其过去的敌人，这代表了德川霸业的完成。它根源于 1300 年前后的镰仓幕府，当时的将军为监视各藩，规定各大名必须到首都"参拜"，不能居住在藩地。到 16 世纪后期，秀吉亦好几次要求有力大名参拜，以维持双方紧密的关系，但秀吉并未将其转化成常规，或要求所有大名服从。一直到家光出任将军，在 1635 年到 1642 年此项政策才成为定制。

家光要求所有大名在江户及藩地均建造居所，在江户参拜将军，住满一年后即回藩内，藩内居住满一年再回江户。当大名回藩时，其亲属则要留住江户。这是一个十分厉害的政治控制手段，在江户的各个藩邸其实是一个人质集中营（当然，各个"人质"若不打算离开江户，其生活环境是十分优裕的）。在实行参觐交代制下，江户城关卡贴有下面的标语："不容妇女出城、火枪入城。"换言之，妇女出城，代表大名离心；枪炮进城，代表乱事将兴：两者均表示德川幕府的权力出现问题。不过在德川200多年的统治中，始终未见有真正挑战德川权威的大名。

参觐交代制的作用不只是监控，它也能严重削弱各大名的实力。首先为了维持江户及藩内的藩邸——江户藩邸有时不止一个——大名不得不增加开支；其次是往来江户与藩城间时，大名按仪制必须有庞大的队伍陪同，所费不菲；再次是江户藩邸编制人员所需支出通常占大名每年2/3的收入。总而言之，参觐交代制在政治上疏远了大名与其藩领的亲密关系，因为他们有一半时间在外。同时不少大名由身在江户的母亲或臣属抚养，直到长大后才有机会踏足本藩，对本藩的认同感很薄弱。

2. 天皇制度

第二个关键性的政治设计是天皇，它是日本最具代表性的政治象征，亦是幕府控制政局的重要手段。到15世纪及16世纪，无论在经济上还是政治上，天皇制度都陷入困境。家康继承织田信长及丰臣秀吉的政策，在经济上支持皇室，使其摆脱过去百年来的财政拮据状况。征夷大将军是武士的最高统帅，理论上它是由天皇赐封。因此德川幕府要提高其统治日本的合法性，前提当然是要稳稳操纵皇室。为达到该目的，幕府颁布一套《禁中并公家诸法度[*]》。根据上述法令，幕府有权委任朝廷公卿百官，赐予封地。天皇子嗣一人须居于德川一族在日光的家庙，以作人质之用。在日常小节上，幕府会奉朝廷为上，但又派遣官员一人驻守将军在京都的居所"二条城"，监视皇室一切举动。二条城离皇居仅一箭之遥。

上述政策实际上使幕府将军与天皇平起平坐。19 世纪中叶，西方人初到日本，便搞不清楚日本统治的主权所在。1857 年，美国代表汤森·哈里斯（Townsend Harris）到日谈判商务，在其代美国总统皮尔斯（Pierce）致德川幕府的信中，开头便以"日本皇帝陛下"称呼将军。[7]虽然如此，天皇拥有权力正统性的观念仍然很重要，当 19 世纪 50 年代及 60 年代部分武士联合反对幕府时，便以此为号召。

3. 武　士

16 世纪末期，在数百个有力大名的领导下，日本从事战争的武士人数达数十万。当时日本的政治制度类似欧洲封建时期，武士可以拥有一小块封地，称为"知行地"，在此土地上耕作的农民亦归其管辖，他们从土地上征税，补助其各种军事活动。不过武士生涯并非易事，一方面要控制人地，一方面又要防范邻近武士的兼并。为防范虎视眈眈的强邻及不安于室的农民，不少武士便向更有力的大名屈膝称臣，表示愿意承担各种战争任务。然而在统一战争完成后，这些武士便很少回到

---

[*]　自镰仓幕府至德川幕府，日本政制是二元统治，天皇所代表的朝廷称为公家，将军所代表的武士称为武家，两者各由不同法则管理。——译者注

自己的封地，他们大部分都定居于城镇中。由于各大名均在藩内建造城堡，不少武士便奉命聚居城堡内外，有些甚至被调到江户城的藩邸。亦有武士居于乡村中的小镇，成为名藩官吏，其任务是丈量田地、评估产量、收集赋税及维持治安。至于他们原来的封地，则由幕府或各大名委任专属官员管理。专属官员取代原来的武士，向土地征税，所得收入则上缴藩堡或在江户的藩邸。至于武士原来的田地收入，则由商人代理销售大名所征得的大米，再由各大名支给相等价值的俸禄。

居于城内的武士有权佩戴两把剑，部分仍担任警察或治安维持者的角色，但大部分都脱离其军人职务。他们大都被委任其他行政职务，只有少部分游手好闲。但无论如何，所有武士每年都会向大名领取薪水，称为"米禄"，顾名思义，其薪金是源于昔日封地的收入。但日子愈久，武士对封地的感情愈淡薄，最后只剩一个虚名而已。武士受德川幕府的武家法度或藩律管理，为了整体社会的安定，幕府严禁武士间的私下仇杀。

当统一战争结束不久，战事记忆犹新，居于城中的武士仍有浓厚的草莽气息。武士联群结党，上演电影《上海滩》的江户版，这在17世纪初是寻常之事。然时移世易，大部分的武士弃剑习文，他们逐渐成为一个精英阶层，为幕府或名藩处理日常事务。他们名义上享有特权，但实际上其职位是世袭的，不易出头或改变身份。出身中上级武士家庭的人会较易出任高官或升迁，不过他们仍需要一定的文化水平，故武士在德川时期逐渐由战士演变为官僚。至于下级武士，他们不但薪俸微薄，生存环境亦不佳，甚至可以说是贫困。终德川之世，武士占日本总人口的 6%—7%。

4. 村民及町人

支撑德川时期安定局面的政治设计的第四个部分是一般百姓,他们占人口的大部分,却完全受人宰制,同时他们更可以细分为若干阶层。17世纪30年代,德川家光曾命令所有百姓向佛寺登记。1665年幕府进一步收紧管控,要求各佛寺确认所有人的宗教信仰。在登记制度下,村民不许改变户籍,甚至其外出旅行亦要事先取得许可。故登记其实是一种政治和社会控制,另一个目的是禁止基督教的传播。自16世纪90年代以来,日本便先后多次下令禁止日人信仰基督教。

因此,农村的农民及城市中的商人、工匠的身份被固定下来,累世不能改变。日本人口约80%是农民,其余是各色各样的城市町人。德川幕府对每一阶层的活动范围虽有很多限制,但并未深入到日常生活之中。它容许一般百姓有一定的自主空间,例如外出旅行,德川规定要事先申请;移居到城市理论上亦不容易,但并未严格执行此等法规。按实际情况,只要各村如期缴税,幕府及藩政府便很少介入村中事务。幕府征税以全村为单位,不向个人直接收税,因此村是一个集合体,它主宰村中一切事务,包括内部事务、秩序维持及把罪犯交往幕府或藩所。

至于市町住民的管理,无论其职业是商人还是工匠,无论其居地是直属幕府管理的江户、大阪,还是直属各个大名的城堡,其管理方式大致与农村一样。在农村,武士委任村头担任管理职务;在市町,他们则委任有力的商人组成委员会,负责治安及规范各行业的商业活动。由该委员会选出市町领导人,负责执行法律、侦查罪案及收取赋税。[8]

5. 日本边缘人与日本

日本的正统秩序观是以中国儒家思想为本，故其社会根据道德标准及世俗权力分为四个社群：（武）士、农、工、商。但有许多社群无法按此标准归类。有些社群在社会上颇有名望或受到尊重，如佛教僧侣、演员或艺术家；亦有很多为社会所鄙视，如娼妓或各类三教九流之辈。其中最为人所知的化外社群便是"贱民"，他们的源起至今仍未有定论，但代代相传。他们散居在不同小区，从事一些被主流社会视为不洁的工作，如葬仪、刽子手及家禽屠宰等。除贱民外亦有所谓"非人"，他们本为罪犯，被迫从事一些如拾荒等的卑微工作。

17世纪当中国明清之际，一个名为"吉原"的酒色征逐之所在江户出现，它离将军居所不远，里面的娼馆、剧院以及餐饮业都为江户带来不少繁荣。吉原触犯正直官员的道德感，同时亦诱使武士流连歌台舞榭，荒废正事。不过德川幕府是务实的，对此无意全面禁止。相反，它利用1657年江户的一场火灾，把吉原移至市区外围，重新建造。娼馆以外，歌舞伎及饮食业亦纷纷进驻。江户外围不但为娼馆所在，亦是寺庙及刑场坐落之处，江户大部分的寺院均建于此，刑场亦由上述所说的三教九流之徒世代相传监管。德川幕府通过规划，把娼妓、僧侣以至各种三教九流者迁徙到城市的外围，使他们在实际上和观念上均成为日本社会的边缘人。

德川幕府特别重视各宗教组织，不单其治下人民要向寺庙登记，连寺庙本身亦受到其严密监管。寺庙的数量及地点均有限制，并且每年要向幕府或各大名报告，主要目的是防止寺庙力量膨胀。在德川以前，宗教常常成为俗世权力的挑战者。[9]

另一个边缘社群是虾夷人，他们可以说是日本列岛最早的原住民。在德川幕府以前，他们一直居于本州岛最北部及虾夷（今北海道）一带。德川时代的虾夷人口约 2.5 万，大部分以渔猎为生。松前藩藩主是位于德川幕府北方最前沿的大名，该藩一方面与虾夷通商，另一方面亦监视他们的活动。在各种边缘人中，虾夷人的地位最模糊不清，德川幕府不把他们当作受日本文明教化的子民，但亦未把他们视作蛮荒外人。

最后一种边缘人是外国人，他们一方面受到幕府重视，但另一方面亦受到严密监控。历史上通常以"锁国"一词形容德川幕府的对外关系。在 17 世纪，德川幕府的确对那些既要经商又要传教的外国人不假辞色，将其拒之门外。西班牙人及葡萄牙人便因为不肯因商业利益放弃其传教的神圣使命，虽然二者在 16 世纪 40 年代便开始经营其日本事业，最后仍要出局。

在 1633 年至 1639 年，家光当时正推动其参觐交代政策，他曾发布连串命令，禁止日人与外国来往，不许日人出航至朝鲜以西或琉球以南，禁止武器输出，同时严禁基督教传教活动及天主教徒来日本。位于长崎附近的岛原有不少基督信徒，在 1637 年至 1638 年，由于经济不景气及受宗教力量的驱使，他们称兵作乱。幕府认为基督教徒本性桀骜难驯，不分男女老幼，对其进行残酷屠杀，死亡数字据说达 3.7 万多人。家光驱逐葡萄牙商人，最后一条葡船于 1639 年离开长崎。家光由此禁止所有外国人到日本内陆，亦不许其贩赠书籍给日人。

英国人实际上在 1623 年便不再来日本贸易，西班牙人则在 1624 年离开，在葡萄牙人被迫离开后，最后留下来的只有荷兰人。荷兰人以经商为重，无意宣扬自身的宗教理念。在进行贸易时，他们被隔离在长崎港中一个名叫"出岛"的小岛上，不能进入日本本土。

家光的措施影响深远。从17世纪30年代至19世纪50年代，日本与西方的联系大幅度减少。而此200多年却是欧洲历史的关键时刻，工业革命、资产阶级革命和殖民美洲等历史事件均在此时发生。它亦包括北美洲的整个殖民时期及美国建国后前七十年。

不过仅用锁国眼光来评估德川时代的日本外交并不完全正确。我们所认识的锁国要到德川幕府后期——约18世纪90年代，才真正在日本社会出现。回到当时的历史节点，幕府颁布命令的初衷只不过是要排斥那些意图传教的西方人，以消除卧侧的政治威胁。幕府并不反对贸易，同时亦鼓励官方与亚洲各地来往。它禁止私人海外旅行，只准许官方外交接触及贸易，目的是由幕府包揽一切，维持其在国内至高无上的地位。

萨摩藩仍可以与琉球贸易，它是德川时期中国产品的一个重要来源地，甚至于1646年清朝建立政权之初，中国仍处在战火之中，幕府官员继续让萨摩藩维持原有贸易。在整个德川时期，长崎的对华贸易从未中断过，它不单是贸易，亦是接触外部世界的窗口。在1635年以前，长崎港不但有对华贸易，日本与越南的直接商业来往亦欣欣向荣。德川幕府准许商人向越南出口以铜钱为主的钱币及陶器，以换取丝绸及别种陶器。到1635年，德川幕府禁止日人从事上述贸易，但中国人仍出入长崎，继续做这种生意。[10]

德川幕府亦与朝鲜维持经济及政治关系。虽然秀吉曾发动朝鲜之役，但在家康建立政权不久后两国即恢复交往，并在釜山建立一个贸易点，其运作情况一如长崎的荷兰商馆。两国间的贸易量不小，当时负责此贸易的是对马藩。对马是位于九州岛与朝鲜半岛中间的一个小岛，土地贫瘠，但靠此贸易，到1700年它的财政收入即便与日本最大名藩的米禄相比也毫不逊色。

德川幕府亦利用外交手段巩固其统治的合法性，其中最重要的便是来自朝鲜的通信使。日本与朝鲜的关系约在17世纪初恢复，在1610年至1811年，朝鲜共12次派遣使节到日本，平均约每15年一次。使节团阵容庞大，人数达300到500人，其主要目的是恭贺将军嗣位或其子嗣出生。虽然日本积极邀请朝鲜人来访，但日本却从未派人出使朝鲜，一来朝鲜人不会主动邀请，二来日本纵使偶有提出要求，朝鲜亦断然拒绝。

琉球与日本的关系亦大约类此，在1610年至1850年，琉球共派出21次使节团。至于中国，德川则从未与其建立过正式关系。因为中国以天朝大国自居，而日本却不欲依照此种模式行事。

德川幕府通过上述几种外交手段，拒绝参与亚洲各国所奉行的朝贡体制，亦即否定以中国为中心的世界观。它企图创造一个地区性秩序，无论在思想及实际上均与中华体制不同。此秩序不一定是霸权，朝鲜便受到一定的尊重，朝鲜人无须跪拜或向某一象征表示臣服，双方互相以一定的平等身份对待。（但日本很明显自视为琉球的宗主国。）

因为外国来朝可以震慑诸大名，上述外交政策有利于德川幕府统治地位的合法化及建立国内霸权。其中以朝鲜通信使的作用最为明显，1617年和1634年通信使前来日本时，正值锁国令颁布前后。使节团共有428人，不仅受到德川幕府亲自接见，还拜谒了家康陵墓。所有外样大名及谱代大名均参加了各种仪典，他们目睹朝鲜使节带来的各种礼物，并聆听庆贺德川一统天下的祝词，自然心悦诚服。其后的日子中，朝鲜通信使对各主要大名及武士同样起到示范作用，它表示德川政权是受到世界各地承认的。

到 18 世纪后期，德川所实行的外交政策已转化成一种信念，即德川要排斥西方才算真正统治日本，此种信念牢牢深植于各幕府官员、大名、有教养的武士及乡士等人士的思想中。德川时期著名批判者会泽正志斋（1782—1863）在 19 世纪 20 年代便生动地指出：

> 西洋蛮人如附骨之疽，不自知其身份卑下，渡越四海，徘徊不去，屡屡践踏他人之国，今更不自量力，意欲挑战我国于世界崇高地位，其态度是何等傲慢。[11]

30 年以后，西方挟其坚船利炮入侵日本，并坚持西方文明是普世价值标准，终于与幕府的排外思想对决，而德川政权亦因此而分崩离析。

* * *

本章所述各种政治组合，由德川家康首创，再由其孙家光发扬光大。这些组合在当时被认为是宇宙的自然安排，甚至由天命所定，故万世不可移易。上一代美国日本史学者约翰·霍尔（John W. Hall）便称德川的政治制度为"身份统治"[12]。他认为各大名、武士、朝廷公卿、村人、商人或工匠、僧侣或娼妓、贱民或虾夷人各有其不同身份，因身份不同而各有法律管治，与德川幕府的关系亦因身份而异；理论上每个人都受其身份限制，不过每个社会身份都是一个自治团体，自主性甚高。

为了维持安定及保持自身地位，德川幕府可能十分苛刻及专断，但其政权却经得起考验，能适应现实的变化。它亦为日本列岛带来史无前例的和平及繁荣，无论市町还是农村，其文化生活均活力旺盛而具有创造力。与德川以前的时代相比，其成就相当可观。

但德川体制的弹性及临界点是有其极限的。西方各国的军事及经济力量在 19 世纪 50 年代进入日本，与其民族国家体制相比，德川政权显得颟顸而权力分散。它无法对全日本征税，有效利用经济资源；亦无法动员人民，举国一致；甚至不能再垄断对外关系。是以到 19 世纪初，各种社会经济及意识形态的内在冲突已严重削弱德川体制的政治及社会力量。

第二章

德川幕府社会及经济的转变

在 200 多年中，德川体制的外表并未有太大变化，但其政治制度下的社会经济基础其实是流动不居的。经过两个世纪的经济增长及社会变迁，昔日的社会阶级界线已受到侵蚀，作为社会主要支柱的武士及农民两大社会群体，彼此间出现新的矛盾，而新的矛盾又招致要求改革的压力。

矛盾究竟到达何种程度？19 世纪初的德川日本是否已经到达革命边缘？当然不是。若不是西方力量再度前来，引发动乱，德川政权也许可以苟延更长一段时间，不会在 19 世纪 60 年代崩溃。不过明治政权之所以能够推动近代化，而且速度快、范围广，这无疑仍与德川时期的文化及社会经济的变化有关，甚至可以说源于当时改革的要求。日本在 19 世纪的革命实际上是由外缘与内因两方面要素互为而成。

一、17 世纪的昌盛繁荣

当 16 世纪德川家康统一日本前夕，日本列岛市町的数目及面积已不断增长。由于大名互争雄长，要拉拢众多武士到其城堡服务，因此促进了市町的发展。除武士外，市町亦充斥着各种服务业人员，町人、工匠及商人等均群聚在城堡四周。[1]

　　然而由于 16 世纪末战争及权力斗争频仍，大名的财富亦时起时伏，连带使得各市町基础难以稳定，从商者难以发展；直到德川政权巩固，为其下各藩带来空前和平，各市町才能真正安定下来。当日本在 17 世纪走上轨道后，各市町的经济发展是史无前例的。大部分名藩的武士已转变成城市居民，就算在一个小藩城堡中，其居住武士亦不下 5 000 人，他们收受米禄，并以之在城市消费。

　　德川时代日本走上都市化的各种因素中，参觐交代制的作用最为重要，特别是江户及大阪，这两个城市把各藩的经济整合在一起。没有参觐交代，地方各藩会像独立小国，以其藩堡为中心，四周的农村则提供其所需物质，完全自给自足，藩与藩之间的经济交流会十分有限。

　　藩堡汇聚人口，固然有助于联系内陆农村，促进其发展，但更值得我们注意的是参觐交代制对各藩主上参及居住的限制，它促进藩与

表2.1　1720年前后主要城市的人口

城市	人口
东京	1 000 000
大阪	382 000
京都	341 000
金泽	65 000
名古屋	42 000
长崎	42 000

资料来源：关山直太郎，《近世日本の人口构造：有关德川时代の人口调查と人口状态に关する研究》（东京：吉川弘文馆，1969）。

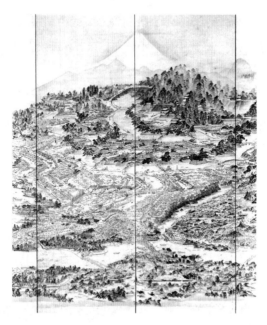

图 2.1 1809 年江户城鸟瞰图，背景是峰顶铺满白雪的富士山。将军的城堡在右上角，众大名及其他武士的住所则成一环状，沿城壕而建。商人、店家及艺术家等民众居于图画下方，最底下是隅田川，为当时江户城界。（津山乡土博物馆提供）

藩之间大规模人口、货币、物产以及各种服务的流动。（见表 2.1）由于大名要支付来往江户的费用，参觐交代制像一个无底洞，全面吸收各大名的财富。虽然如此，参觐交代制促进了各地城市发展——特别是江户城及大阪城，使地区间贸易及农业商品化进一步扩大。

江户是德川幕府府治所在，为当时日本最大的都市及行政中心，它以将军所居城堡为核心，其余人口为将军及各个大名的武士（见图 2.1）。大阪的规模与江户相若，但其活动是以各种买卖为主，是德川幕府的商业大本营。城内经济建基于十多名米商，米是来自各大名的米禄，

图 2.2 1640 年日本桥，为当时江户城中心。本图生动地描绘出江户民众及商业的繁荣情况，桥底下穿过的船只载有木材、米、鱼及其他商品，桥上行走着各色人等，如武士、平民、僧侣及街头卖艺人。（出光美术馆提供）

米商的任务是卖出实物米，换成现金交予大名，大名再用以支付居于江户的武士及工作人员的俸禄，而米商则卖米给城市居民。

在江户及大阪，以及在这两城市间的道路上，行人如织，生气勃勃（见图 2.2）。其时的一个证人便是德国医生恩格尔贝特·肯普弗（Engelbert Kaempfer），他在长崎的荷兰馆执医生业，1691 年及 1692 年曾随荷兰人的年度朝贡团进入江户，他写道：

这国家人口之众，真难以想象。我们实在无法了解它是如何维持及支撑如此庞大的一群居民。公路两旁之村庄及城镇，鳞次栉比。离开一村后，马上又得进入另一村。当你走了一段路程，还以为在同一村之路上，其实已经过好几村了。[2]

城市的居住环境并不好，既挤且脏。在18世纪，江户的一般地区十分拥挤，甚至比20世纪后期东京的住宅情况还要来得稠密，它是世界上人口最多的城市之一。

整体来说，到1700年，有5%—6%的日本人居住在人口总数为10万以上的城市中。以此标准来算，当时欧洲的城市化水平只及日本一半，约2%的欧洲人居住在相同规模的城市中。若把小城镇包括进来，日本的城市化水平更高。到1700年，日本人口有10%——约300万人——居住在人口1万以上的城镇中。江户的人口达到100万，是当时世界上最大的城市，只有清朝的首都北京堪与伦比，但它也是到18世纪才达到相同规模。京都及大阪的人口约35万，与伦敦或巴黎相当。因此在1700年，日本社会是世界上城市化水平最高的社会之一。

城市的发展有着深刻的经济效应。最明显的是各种交通及通信设施应运而生，除了要供应城市居民的各种物质需要，同时亦要供应大名来往江户队伍之所需。它们的行列庞大，随行人员数以百计。

陆上道路系统遍布全国，以供交通及旅行之用。两条干道连接江户与京都以至大阪，一条是沿太平洋的东海道线，另一条是穿过中央山脉的中山道。其他道路则以江户为中心，呈放射状向北方、西方及南方延伸。沿途旅社林立，为各商旅提供住宿。由官方设置的旅馆则类似今天的五星级酒店，品味高贵，设备豪华。它们主要位于东海道，

图2.3 著名浮世绘画家葛饰北斋在19世纪40年代的作品。18世纪及19世纪初期，由于各地制造业发达，地区间的贸易及旅行亦日渐兴盛，故陆上干道十分繁忙，从画中可以领会到当时的一些情况。（庆应义塾大学提供）

专门为大名或高级武士而设；至于平民百姓，则只能局处在较为简陋的地方。当大名上参队伍穿越干道而行，而道路上夹杂着各色各样的商人与参拜社寺的信徒，其热闹情景是可想而知的（见图2.3）。

到18世纪末旅行已成为一件寻常事，因此地图及旅行日志等的出版事业亦逐渐兴旺，甚至可以看到类似今天的德川版旅游手册。一位旅游作家在1810年出版的指南手册中的口吻颇似今天的游客，如："选择可靠的旅店住宿……饥饿时不要吃太饱……饮用干净的水，不要随便饮用池塘或山泉中的水。"有些提示则主要为某些特定地位的人考虑，如对一般武士，它会说："夜间投宿，必须把所有剑置于床铺下，戟枪置于身侧。"对地位高者的提示则更为体贴，它会指导如何维持健康，如"饮用白开水时，可略加姜汁"。读者最感兴趣的，可能是各种提示所显露的德川社会的特点——阶级分明，同时用各种方式来维系分际，例如：

> 旅店客人在入浴时，应遵守职员所安排之先后次序。有时候由于旅店过分忙碌，入浴次序会出现混乱，此时应观察其他旅客的外表，若有看似地位高者，应做礼让。入浴先后是最常引致纠纷者。[3]

道路不但载人，同时亦运货。马队运输事业亦应运而生，数以千计的马夫与商旅争用干道空间。史家曾检视此种运输队的记录，它反映出 18 世纪经济往来的频密程度。以中山道上的一个交通要点为例。中山道是江户及京都间的干道，道旁有无数支线以联系乡间的农村及小镇。饭田位于中山道的中点，根据记录，平均一年有 2.1 万匹货马由饭田出发，将本地货物运至远方市场，亦即平均每天有 60 匹马由饭田运出。假设马夫在晚上休息，亦即白天平均每小时有 5 匹马离开饭田。同时此记录只涉及由饭田出发的货马，真正的运输量可能是此数字的 5 至 10 倍以上。18 世纪时有种说法，认为每天通过的马有千匹之多，虽有点儿夸张，但可以反映出当时的盛况。饭田只不过是一个内陆的偏远小镇，假如在城市中心区域，其拥挤程度更可以想见。事实上，海运比陆运更有经济效益，故货船运输同样发达。江户人需要庞大的现金用来周转，因此日本各大名都急于将米禄运至市场出售，转化为现金，再用以支付其江户藩邸及上参武士之所需。在日本中部及西南部的大名将大阪港作为大米的集散及买卖中心，故18世纪初大阪的河流上挤满船只，沿岸的商用货仓林立，非常触目。米商是当时商业经济的灵魂，他们通过经营对大名的借贷业务而累积大量财富。

除了人与货的运转外，一个超越现金的复杂货币经济体系亦逐渐形成。大名在大阪出售大米，但米的消费却是在江户，故米商在江户都设有分号。他们在大阪收到各藩的大米后，即在江户支付米款。米商有时亦会在稻米收割之前，向大名预支米款，一个大米的期货市场因而慢慢出现。大名在收到预支米款时，会签发一张收据，保证在一定时间内交给米商一定数量的大米。其后收据会在市场流通，其价值则按大米的预估收购价而随时变动。

在这个日渐复杂的生产经济体系中，城市是商业经济的核心，而各个城镇、道路及海道则有如联结点及动脉，交互成为一个经济生活网络，而消费及制造业所需的各种原料则由农村提供。

值得一提的是德川幕府的权力下限，它通常不介入村内。虽然设有武士负责监管及治安，但他们很少会进驻村中，幕府和大名亦不会直接向各村的家庭征税，税收是以村为单位。至于村民的缴税份额，则由各村的村头及长老自行评估，故村民在决定自身事务上有相当大的自主性，同时只要他们依照规定缴纳赋税，即可按市场的需求自行生产。

因此江户时期的农民可以不断改良其耕作方式，农产品产量由此大幅度提升。今天并没有关于生产的可靠的整体数字，但个别田地的

图2.4　图中水车是德川时期广泛应用的技术之一，使农民更有效地灌溉田地，提高农业产量。（日本东京大学史料编纂所图书馆提供）

记录大约能反映当时的实际生产情况，在 18 世纪至 19 世纪初，有 50 年的产量增加约有 1 倍。[4]究其原因，并非是技术突飞猛进——它固然稍有改良——而是现有技术能得到广泛传播和有效利用。例如多用犁，选择一些更好的打谷工具，采用较优的水稻种子，大量使用肥料。在灌溉方面，水车比以前用得更多（见图 2.4）。

有效的耕作方式能广泛传播，教育是其中一个关键因素。学识丰富的武士、僧侣及农人（有时包括相当数量的女性）通常会在农村的寺院中设馆授课，乡下小孩儿，不分男女，受教育的机会越来越多。

一些有改良意识的农民开始撰写手册，宣扬各种有效的农业技术，到17世纪以后，耕作"指南"的出版已经是十分普遍的事。有关19世纪初日本人的识字率，目前仍缺乏准确统计，但相信男性的识字率在1/3与1/2间，而女性则约为1/5。[5]

由于社会安定及农业产量不断上升，日本人口在17世纪增长得十分迅速。不过由于德川统治初期缺乏可靠的统计数字，这时期的人口数只能靠历史学者推算。然而各个资深人口史学者的推算不同，故得出的数值差距亦十分大，从1000万以下到超过1800万不等。到1720年幕府实施第一次人口普查，我们才有一个较准确的估算，若包括武士、町人以及村民等所有阶级，人口总数应为3000万。若估算1600年的人口，则年增长率为0.4%—1%；因此可以合理推估日本人口在100年内增长率了1倍。以比较的角度观察，英国在17世纪中的人口增长率只不过是每年0.1%。

二、停滞与活力并存之谜

日本在17世纪虽达到高度繁荣，但在其后的150年间，无论社会方面还是经济方面，都出现了一个令人困惑的现象，即停滞与活力并存。从消极方面看，最显著的现象是本州岛内陆大城市萎缩，其中以藩堡最为突出。根据37个重要藩堡的数据显示，1700年到1850年，人口流失达18%，其中又以经济较发达的西南各藩情况最严重，只有在偏远地区的城镇，社会经济才出现增长。[6]

其次为全国人口数量。从18世纪20年代到19世纪60年代前后，

图 2.5　图中表现的是 18 世纪 80 年代 "天明大饥荒" 的部分情况。一个身体羸弱的母亲在啃皮革，而小孩儿则拼命在找奶水啜饮，其他家人不是在啃皮革便是啃动物尸体。由于当时连续出现水灾、寒冬及火山爆发，灾情尤以本州岛东北部最严重，有数以千计的人饿死。光是在弘前藩一地，在 1770 年有百姓约 25 万人，到 18 世纪 90 年代便减至不足 15 万人。（日本国立公文书馆提供）

日本人口实际上已停滞不前，而这个趋势会因地区不同而有很大差异。在日本西部，人口仍有少量增加；在日本中部，人口则停滞不前；在日本东部及东北部，人口更是实质性地减少。18 世纪后期曾发生好几次大饥荒，1786 年发生所谓 "天明大饥荒"（见图 2.5），导因于数十年来气候失常，以致农业歉收，粮食不足，农民相继逃荒。据史料记载，城市中灾民的尸体堆积如山，甚至出现人相食现象。19 世纪 30 年代又出现连续饥荒，在某些地方，因饥饿或相关疾病而死亡的人数以万计，这种情况在本州岛东部及东北部尤为显著。根据史料记载，人们要以吃树叶草根维生，官方亦发出指令，农民不必待政府批准就可以马上埋葬死者，这似乎颇能反映实际情况。

除了饥荒，另一个令人困惑与不安的现象便是杀婴。导致杀婴的原因至今仍无定论，不过对农村家庭而言，不论是男婴还是女婴，农民要弃养甚至杀死其不想要的婴儿并非罕见的事。纵使是当时的道学之士和20世纪70年代以前的大多数史家，他们均认为杀婴只不过是农民走上绝路，不得不选择的最后手段。但若仔细检视各种人口数据，如寺院登记记录等，则可能有另一种解释。至少在某些农村中，富农比贫户更常杀婴。因此这可能是一种节育手段，不单只为贫家所采用，连富户亦有实践。他们害怕如果不限制生育，一个原来安康的村庄，土地会随人口增长无限分割下去，最终导致无法养活自身。[7]

面对上述诸种情况，城市中的不满陆续滋长，武士官僚认为饥荒及杀婴的出现，无疑反映统治人君以及受治人民均德行有亏。究其原因，精英阶层不具备足够的仁义之心能让农民存活（即缴税），亦未能尽责发扬德川伦理。实际上，寄居城市的大名及武士的生活费用节节攀升，没有几个藩能有足够的财源支付。由于农村产量不断增长，他们本来可以借加税以提高收入，不过大名及武士不取此途，他们宁愿向商人举债，但在债台高筑后他们却无力偿还。因此到19世纪初，整个武士官僚的世界已变得脱节失序。当时对武士便有如下的风评：

> 今天的武士已经优游自在地过了两百年……在最近的五六代亦完全生活在歌舞升平中。他们不知战斗为何物，同时……他们十个中有七八个羸弱得如妇人一般。[8]

城市商人亦不好过。德川将军与大名拥有赫赫权势，他们干脆赖账不还，这种情况相当普遍，而商人只好徒呼奈何，自己承担损失，此外还要再发行新债务。另一个值得注意的是新兴的农村制造商与城市商人的关系，城市商人获官方特许，为城市提供各种产品及服务，彼此间的竞争十分激烈。冈山城是位于大阪西面的藩堡，人口原本约2万，但却在不断减少中。1789年，冈山城的人曾写下不满的文字：

> 本城之商业正逐步衰落，不少小商人陷入困境。另一方面，来自各藩船只仍陆续增加，不过它们却是停靠在西大寺村等村落以进行贸易，为农村带来繁荣。以前藩堡周围地区的人都会前来购物，但现在却相反，藩堡的人都到农村买东西。以前农村的店家会到藩堡寻找货源，但现在城里的店家反而要派人到农村求取货源……农民与商人的地位正逆转过来，无怪乎不少城里的人都变得穷苦。[9]

无论是出自何人之手，上述文字其实反映出武士、学者或市町商人的焦虑及挫败感，他们向来认为旧有世界的体制是顺天应人、万世不易，但现在却日渐改变。但从上述文字亦可了解到当时的情况，一方面是诸大名及官商等人的没落，另一方面则是农村的兴起。上文中冈山人所指称的"农民与商人的地位正逆转过来"，其实是德川经济另一个面相的证明，即18世纪及19世纪初农村生产及商业的活力。

举例来说，一个专门从事纺织业的小镇，从1757年到1855年，其面积增大了 3 倍，一份与该镇有关的文献指出："纺织商汇聚于此，雇用妇女纺织谋生。附近地方人士亦蜂拥至此镇，于此租房居住，有时甚至远租至周围穷乡僻壤的地方。"[10] 根据其他资料，当时纺织业会雇用 30 至 50 个工人，有时甚至达百人。

其他产业亦相继在农村出现，例如清酒、味噌、豆酱、醋、精油、干果生产等。由于丝绸、棉花及粗布纺织大行其道，以家庭为基础的生产网络亦逐渐出现。在整个生产过程中，中间商人可多至 12 层，每一层均掌控着一群实现高度分工的生产者。这种生产方式亦出现在很多日常用品中，如漆器、陶瓷、木具、纸张及纸制品、绳、蜡烛、木屐、染料、梳子及发夹等装饰物。到 19 世纪时，城市中的工匠及市场已无法垄断上述各项产品。此种变化可以称为农村的"原始工业化"，它的特点是生产规模的扩大，同时出现分工形态的生产网络，可以将产品销至远地市场。这些生产网络根植于农村中的社会及经济体系。少数农村男性及妇女外出到各种制造业工作，赚取工资谋生，人数虽不多，但不断增长，而且愈来愈重要。他们有些是按年或季度签约工作，有些则是流动性高的日薪工人。

农村经济的发展，不但使新兴农村制造商与传统城市工商业者之间出现矛盾，亦分化农村的内部结构，一边是一个富裕的商业阶级，另一边是挣扎求存的小农及佃户。对后者而言，新的社会状况固然提供了发展机会，但亦充满危机。

在德川时代，贫农并没有太多的合法抗议渠道。如果赋税或债务太沉重，只好一走了之，逃到别的藩去。的确有人出此下策，但无论在法律上还是经济上，此举都颇具风险性。由正常渠道向当局求助并

表2.2　1600—1867年的农民抗争

年份	抗争数	平均每年的抗争数
1600—1700	420	4.2
1700—1800	1 092	10.9
1800—1850	814	16.2
1851—1867	373	21.9

资料来源：Stephen Vlastos, *Peasant Protests and Uprising in Tokugawa Japan* (Berkeley: University of California Press, 1986), p. 46.

不犯法，不过若遭拒绝，诉愿者可能要面临处罚。正常渠道以外的任何诉愿均属非法，包括任何集体行动。不过随着时间的推移，非法诉愿行动日益增多。

抗争愈来愈多无疑是个趋势（见表2.2），其中包括群众请愿及示威，甚至攻击官员及有钱人。愈到后来，抗争行动愈具攻击性。从1600年到1650年，约半数的农民抗争行动是消极的，他们多采取出走或向官宪提出谦卑的诉愿；然而到了19世纪上半叶，上述的消极行动只占所有抗争的13%，约43%被称为"直接攻击"或"打毁"。[11]

有些抗争加强了城乡的对立，主因是农村制造商不满各种商业限制，因此反对官方特许的城市商人。不过很多抗争行动，特别是当时俗语称为"打毁"的行动，都是发生在农村中，甚至是农民阶层的窝里反，亦即贫农攻击他们自己的邻居。抗争者通常捣毁房屋，抢掠农村富有制造商的货仓，有时甚至会核算出一个"公平价格"，把抢掠所得拿出去拍卖，不过他们很少伤人。被攻击的对象则多为地主、高利贷者、商人或制造商（通常一个人会扮演好几种角色）。他们会提供高息贷款给小农，而小农为获得额外收入种桑养蚕，又不得不向他们告贷。然而当货价下跌，小农无法还钱，便会起而抗争。故当商业及农村制造业扩展时，小农一方面可以有牟利的机会，但另一方面又恐惧商业及市场渗入农村，使自身容易遭受剥削。他们不满富农利用其优势发财致富，以高息贷款牟利，牺牲告贷者的利益。

在上述社会经济环境下，原来规范男女行为的清规戒律与演变中的实际情况必然发生矛盾。德川社会的正统道德认为女子无才便是德，并认为女子只应该留在厨房里。这种态度最典型的反映便是《女大学》。这本书完全是儒家文化的产物，一般认为是由儒者贝原益轩（1630—1714）在17世纪70年代写成；但亦有观点认为是由他人所撰写，甚至有说是益轩的妻子，她本人也是一个学者。无论作者是谁，本书流传甚广，共有19章，除提出一些教导女性遵守的通则外，亦详录三从四德的具体细则。一个学者指出："（作者）要表达的意思是，女性性征除用来为男人传宗接代外一无是处，它意味着迟钝、懒惰、淫荡、冲动及斤斤计较。" [12]

社会的实际情况经常挑战上述各种规范。无论在家庭内外，女性在经济生产上常扮演关键角色。在城市工商业者机构或富有农家中，女性有时甚至会单独或共同负责业务管理。在一些中等农家或城市家庭中，妇女会向纺织业中间商领取计件工资。除此以外，年轻女性亦会外出工作，其薪水是以季度或更长的时限计算。传统的女性工作亦未消失，中上等农家女子会到京都贵族家中帮佣，贫穷家庭女子则会在城镇妓院中出卖色相，其父母事先会收取一笔相当于薪水的报酬，而该女子则要按合约工作3至6年，直至把债务还清为止。

除上述两种外出工作外，其他女性的工作都是新兴现象。农村的纺织中心欣欣向荣,而大部分的劳动力均为妇女。类似娼妓行业,女工大都远离家园,并居住于工作地点。她们的父母均事先与其所在企业订立合约,规定工作时间为一季或更长。各种受薪劳动形式——无论在家庭、妓院还是工厂——都一直存续,甚至到近代日本,它们在经济或社会领域都产生了重要作用。

上级武士以外的男性亦不完全遵奉性别等级或差异,这些意识形态在其日常社会生活中更具弹性。无论是德川还是明治初期,男性在照顾儿童及家庭上均十分投入。1610 年,一个富商写给其子嗣的家规中,包括替仆人烧饭、购买及储备木柴、垃圾分类等工作,家规中写道:"如果男子不扛起这些责任,他永远不能成功治理好家庭。"[13]家庭既是住所,也是工作间,因此家务不能仅仅归为女性专有范畴。英国人伊莎贝拉·伯德(Isabella Bird)于 1878 年在日本旅游时,曾记下日本农村早晨的情景:"十二到十四个男子汉坐在矮墙上,每个人都抱着一个不到两岁的婴儿,一面轻拍,一面逗他们玩,相互炫耀着婴儿的活泼聪明。"[14]

如果德川日本是如此充满活力,而农村的商业及生产又欣欣向荣,那怎样解释天灾、杀婴、城市人口下降以及不断的社会抗争这一连串的历史事实呢?有两个因素可以说明上述诸多矛盾现象,首先是在社会各阶层内外或地区之间,资源分配非常不均;其次是各个社会阶层及地区呈现出不同的发展面貌,实导源于德川经济体系不能有效整合到整个亚洲甚至全球的贸易网络中。

城市经济日衰而小镇蓬勃发展,其原因是农村地区有若干优势。它们的位置接近原料及水力、农村市场,甚至城市市场;贸易商与制造商间的关系亦较紧密，当商业法疏漏时，该人际网络实有助于经济关系稳定；它们亦得力于农村工人的弹性，他们可以在耕作及其他职业间随时调整；它们亦不像大城市商人那样受到德川或大名的严密监管，得以躲避各种赋税及行会限制。在农村，各地区亦有好坏之别，在本州岛中部的西南地区及北九州岛，农村生产及商业广泛发展，而本州岛北部则瞠乎其后。

德川日本虽有部分农村能富起来，但这却促使城市衰退。与17世纪及18世纪的欧洲相比，这种现象是颇为有趣的。在欧洲，与农村经济发展同时，各都市并未走下坡路。其差别主要在于欧洲积极扩大对外贸易，这促进都市就业，推动粮食输入，有助于整体人口增长及人口移居城市。

在德川日本，国际贸易并不算重要。17世纪及18世纪之际，日本通过长崎向中国输出一定数量的丝绸及铜，向朝鲜输出相当数量的银，而从中国进口相当数量的蚕丝。此等贸易无疑有助于长崎周边地区、矿区、九州岛向南及京都等产丝地区的就业。但若与同时期欧洲的情况相比，日本的对外贸易并非扮演其经济增长及都市发展的火车头的角色；相反，它呈现为一种内需型及以农村为主的成长。

富裕程度会因阶级及地区而异，因为经济发达，生产力固然增加，但机会与风险也同时存在，在这个变化过程中，社会并不提供有系统的福利政策，用以救援经济失败后所遗留下的恶果。是以农村中所得及权力分配变得愈来愈不平等，农村的上层阶级文化程度提高，面临更多的选择机会，因为富农坐拥良田，腰缠万贯，既可接受教育，又有丰富信息，自然能做更合适的决定。

德川社会并不平等。当其末年，改革者曾将德川家康时期赞美为黄金时代，倡言当时农村家家户户都是用同一手段谋生，其实这是错觉。为家康涂脂抹粉的人都是些不满分子，他们所向往的世界并不存在。德川早期农村并非没有贫农，不过在荒年时，或是藩主免其税项，或是村头贷予款项，故得以渡过。故德川早期贫农常成为大户人家的仆役或是家人，而他们的贫苦境况赖主人的照顾才得以缓和。

到 19 世纪，主人的照顾仍然存在，不过已不如以前可靠。要过活已不能单靠亲属关系，而必须靠出卖劳动力。这种情况越到后来越严重，生活更趋于不稳定。整个德川时期，社会反抗运动有增无减，它只不过是对不平等的回应而已。而所谓不平等并非新鲜事，但形式却有所改变，即导源于市场的不平等。贫农攻击统治及富裕阶层，并非因为他们高高在上的地位，而是因为他们不能履行高位者应尽的照顾义务。

第三章

德川晚期的思想世界

德川晚期面临的各种不安及衰退——包括诸大名及武士的长期债务、满目疮痍的灾荒及持续不断的武装抗议，无论统治阶层还是老百姓对此急遽变化都持强烈批判的态度。一般而言，他们的所谓改革既是前瞻，亦是后顾：其意是把今日世界恢复到往日的黄金时代。不过事与愿违，推动这种保守性改革的结果，却是再也无法回到昔日荣光。因此要了解德川晚期的文化及思想的内部因素，必须掌握改革者所要恢复的是怎样一个理想世界。

一、德川政权的意识形态基础

任何想要长治久安的政治体制，绝对不能只倚赖强权力量及死忠者，德川政体亦毫无例外。是以政权必须建基在一个公认的合法统治共识上，织田信长、丰臣秀吉与其他统治者一样，亦面临同样的难题。不过这难题对他俩来说更为严重，因为他们是如此赤裸裸地运用权力，故比平常更需要一种统治合法性以说服其治下民众。所以两人以及德川家康均曾尝试用一些宗教和世俗的符号与理想，以建立其统治基础。

信长虽仇视民间宗教团体，并不惜武力征讨，以至杀人无数，但他仍以神格统治者自居，要求属下武士崇敬他，他甚至声称可以给予其武士军事上和宗教上的保护。信长强调今世效忠他的臣子，来世亦会有好处。信长曾颁布命令，号称若要追求财富与快乐，就必须礼拜他。信长把自己当作"天下"的化身。有异于以前的军事强人，信长拒受将军封号，认为若接受此封赠，即表示成为天皇臣属。他命众将在效忠誓词中写下"为天下，为信长"的语句，他把自己等同于天下，隐喻天下一体之意。信长对主权的宣示，颇类较早时候法国国王路易十四"朕即国家"的看法。

秀吉亦有自我神化的倾向。他在京都居所以平等身份接待天皇，其妻儿所守礼仪亦与皇太后及太子等同。秀吉把其侵朝战争当作是神圣的国家使命，在神社举行大量祭祀活动。虽然神道以血为不洁之物，但秀吉却下令举办"血祭"。在临终前，他为自己建造丰国神社，其分社遍布全国。

德川一族进行同样的神化个人活动，要与朝廷的神圣一较轩轾。举凡有关皇室的公务起居，不分大小，德川都要监控。在接见外国使臣时，各王公巨卿亦要在旁观礼。德川家光本人在 1634 年亲率 30 900 人入觐天皇。

为了遵行家康留下的严格遗命，其子秀忠及孙家光在日光建造宏伟的神社。到今天，日光已成为日本观光胜地之一，但当时的家康却并非为区区蝇头小利。他考虑的是身后名，因此他仿效织田信长的夸张及文饰手法，以达到神化个人的目的。织田信长营建的壮丽的安土城虽然在其死后马上被踏平，但家康非常了解其作用，他亦有计划地清除秀吉的神社，并取而代之。家康指定日光为其葬所，这完全是个身后政治符号游戏。日光神社与江户城的距离，恰好等于伊势神宫与京都皇城的距离。家康自谥为"东照大权现"，一方面隐含佛教轮回再生之意，另一方面亦突出神道的圣光的含义。家康亦视自己为亚洲以至宇宙之神。故在家光之世，朝鲜使者、琉球的官方代表甚至荷兰人均曾前来日光致意。从地点、礼仪以至名号，家光均有意取代伊势，把日光营造为日本政治最神圣的象征。1645 年，他把日光神社升格为东照神宫，与伊势神宫并驾齐驱，连天皇信使亦要前往日光参拜，而非幕府信使前往伊势。

为巩固其统治，德川幕府一方面利用各种象征以神化历代统治者，另一方面亦从宗教及世俗传统中寻找哲学诉求，以建立其合法性。德川幕府在其最初百年中，从不同来源整合出一些核心观念，并将其作为政治及社会秩序的基础。首先是阶级，它是个自然及合理的秩序；其次是在这阶级社会中，无私奉献及各安其位是最重要的道德标准；再次是歌颂德川家康，他不但是创基立业的圣者，其言行亦足以垂教后代，他所创立的体制据云是根源于宇宙万物的秩序。

上述综合思想的意识形态，实为佛教、神道及宋儒的混合产物。此种意识形态的来源之一为铃木正三（1579—1655），他原为武士，后改趋禅宗，出家为僧。他认为今世是报答恩赐者（泛指主人或父母）的机会，人生在世并非为自己，而是为服务主人及社会，故应各安其位，殷勤事上。铃木呼吁民众每天都要尽忠职守，以履行其"本分"，如此来世方能得救。山崎暗斋（1618—1682）原为出家僧人，后来改趋神道，成为神官。他认为神道是日本思想的基础，亦可以用来解释世界万物。他用命理学比较神道及中国圣人学说，认为两者思想是并行不悖，甚至是互相呼应的。因此他认为德川思想是集大成者，凌驾于两者之上。[1]

到17世纪末，德川思想内部不断出现争论及分化，各个思想家均企图利用宋儒学说教导统治者及百姓思考怎样才是一个合理的政治秩序。宋儒朱熹一派在足利之世便传到日本，但朱熹所强调的回归古代儒家经典之说，在当时基本上只流传于寺院间，到德川时情形才稍有改变。首先是藤原惺窝（1561—1619）及其学生林罗山（1583—1657）创立学塾，并说服幕府支持他们的活动，成为政府的智库。1630年，幕府大兴土木，建造以"圣殿"为中心的建筑群，尊奉孔子，于1633年完工。1690年，林罗山的儒校正式被幕府认定为最高学府。林罗山是以现世为主的学者，他与家康及家光府中佛教徒的意见有矛盾；后者不满儒家学说过度受重视，远超佛门。林氏学派虽然在思想上克服佛教的优越地位，但却要面临来自其他现世学者及学术机构的挑战。就在这互相激荡的过程中，日本的学术逐步扩大其社会范畴，前来求学者已不局限于武士阶层，亦包括生活富裕的老百姓。无论是林罗山学派还是其敌手，均强调知识的实用价值，推动儒家思想，目的便是要经国济民。

各派学者所推动的宋儒学说，其核心价值是理。它是个永恒不变的自然法则，为学问与道德所本；它充沛于天地与人文世界之间，是以自然法则和社会法则均具相同的形而上基础。无论中国还是日本的宋儒学者均主张"格物"，不从自然及社会世界格物入手，就无法发现其中之理。他们认为若认真观察天下万物，可知其无不与理若合符契，如地在下，天在上，众星则环而拱之；如此类推，帝王在上，百姓在下，故人类同样亦有一定纲常，即所谓父子、夫妇、君臣、朋友、兄弟伦理。日本较为特别，将军君临万民，而天皇则为太阳后裔，由高天原下临人间，授予将军统治大权。将军之下为士、农、工、商四民，士为武士，辅助将军治理天下。在德川幕府早期，无论文字记载还是口耳相传，均视家康为创造此种秩序的圣人，而德川时期的所有改革者，无论他们的形而上理论为何，对此均无异议。

二、文化多元性及其矛盾

依照宋儒学说，自然及人类世界是浑然一体、上下有序的。不过德川时代的日本人了解到现实世界比理想中复杂得多，连儒家学者本身亦不例外。宇宙万物要融合在一起并非易事，人欲和义理常与日常社会中的正统观念相冲突。当儒者正在探讨这些矛盾时，在城乡的百姓及武士精英分子则积极参与创新各种思想及文化生活，衍生出多种流派。争论约始于17世纪60年代，当时的宋儒思想已受幕府护荫，成为正统学问。在其后200多年中，各个思想家及学派不断争论何者才是真正的儒家思想，亦有学者从不同学术渊源中汲取灵感，挑战号称为儒家正宗的学派。

在寻求儒学当代意义的过程中，古学派的影响最重要，对宋儒学说的冲击亦最大。钻研古学思想的学者很多，其中最著名的是荻生徂徕（1666—1728）。古学派之所以得名，是因为它认为正确的知识必须直接求之于孔子本人原来所编撰的典籍，由朱熹所创立的宋儒学说，或朱学在中国、朝鲜以及日本的传人均不能诠释古文字的真正意义。上述看法十分有趣，因为朱熹在 12 世纪所提出的主张，便是要重返古代儒家经典，反对倚赖后人解读。

徂徕尊崇孔子，亦颂赞那些遵奉儒家思想而建立各种政治制度的古代圣王。他强调武士必须以古代圣王为法，敦励品行，克尽义务。他亦要求武士以古代制度为师，改革今天的体制。徂徕认为，古代圣王所谓的"大道"是指政治伦理体制，它并非上天赐予，而是各个圣王以其高超智慧及前瞻性所创制的。言下之意，德川幕府的后代圣王皆可以改革政治体制，其前提是必须正确理解古代典籍、礼法以及制度。

对于徂徕及其同时代人，甚至包括其后继者而言，问题在于如何合理化各种制度改革，同时鼓励创造性的政治活动。他们很清楚社会正在变化，但其动能却是源于古代的思想及经验。它们最后归结于一个永恒"大道"，超越时间，其根源来自中国，此亦是徂徕所力奉不懈的。在 18 世纪初，徂徕出任幕府公职，他一方面建议幕府采用中国税制及文官制度，另一方面亦考虑到实际情况，建议幕府采取大胆措施，如容许农民买卖土地。[2]

18 世纪初，商人亦如徂徕等武士出身的学者一样，开始研读古籍，关心当前社会，并提出批判性见解。最突出的例子是，大阪地区出现一些由平民资助的学术机构。其中最著名的是怀德堂，它是获得德川幕府正式承认的。近年怀德堂的研究成果改变了过去对德川商人的看法。以前认为在儒家体制中，商人的地位一直很低下，不会在政治上产生作用。研究怀德堂的学者则指出政治与经济其实是不可分的，故武士与商人实际上是平起平坐的，只不过前者掌管官僚行政工作，而后者则经营经济事务，而经济同样是整个社会不可或缺的一部分。

　　当然，怀德堂的知识分子无意挑战武士的统治权。当时日本商人的想法与18世纪的欧洲城市资产阶级不同，他们无意反抗贵族权力。德川时代所强调的是商人与官僚间的相辅相成关系，同时两者的行为操守及社会作用都是等量齐观、无分轩轾的。在现实里，城乡商人均担任工商业的龙头角色，尽力发财致富，但国家亦得以富强，这些想法逐步成为德川文化传统的一个重要组成部分，并延续至近代。[3]

　　德川时代的文化因素不但见于规行矩步的武士学人、商人支持的严肃学院环境里，其流风所及亦见于各大城市的娱乐场所，其中又以江户城及大阪城最明显。在那里，剧院、书坊与茶楼、娼馆并肩而立，武士亦混杂在老百姓中，一起欣赏木偶戏及歌舞伎。戏剧的内容多半是飞短流长的八卦新闻及耸人听闻的罪案，不过亦反映当时社会中一些更深刻的矛盾，如责任与欲望、公法与私义等。

　　德川时代的各大城市是小说、诗歌及绘画汇聚所在，它们栩栩如生地反映出百姓及浪人的生活，亦间接挑战那些在现成体制中高唱仁义道德的老夫子。以井原西鹤（1642—1693）为例，他所写的通俗小说常以宗教、商人的贪婪以及世人的物欲为嘲弄对象，他亦爱写底层人物，并将其作为小说中的男女英雄。在《好色一代女》中，他用讽刺手法讲述一个追求宗教真理的故事。书中主角是一名艺伎，她希望找到一个理想的爱人。到故事结尾，那名艺伎站在一个寺庙内，环顾里面上百尊佛像，每一个都使她想起以前的一位爱人。另一位著名的江户作家是诗人松尾芭蕉（1644—1694），他具有敏锐的感知能力，其俳句歌颂自然及消逝中的过往。他虽然身处繁荣的大城市中，却不时避居到农村。他的作品充满乡愁，眷恋着宁静的乡村生活。他最著名的诗句是：

旧池飞蛙水声。[4]

由于文艺市场空前繁荣，德川时代亦有丰富的文化成果，其中最闻名于世的是"浮世绘"木刻版画（见图 3.1）。顾名思义，"浮世"是代表秦楼楚馆中追求片刻欢娱的世界。木刻版画约在德川中期开始

图 3.1　木刻风景版画在江户后期十分流行，其风格亦十分成熟。本作品名为"内川暮雪"，是著名浮世绘画家歌川广重在 1835 年或 1836 年的作品。（庆应义塾大学提供）

流行，艺妓及歌舞伎等的木刻像得以大量生产，画家亦因此在文化界中受到瞩目。他们稍后转向山水画，创作出不少名作，与芭蕉的农村作品相互辉映。版画常附有文字说明，故德川时代的版画事业，也许为日本 20 世纪的漫画首开先河。

在城市文化生活中，两个重要的戏剧传统兴起，即歌舞伎及"文乐"木偶戏。歌舞伎源起于男女娼馆为招徕客人寻欢作乐进行的户外表演，场地多半选择干涸的河床，再加上熊虎表演或相扑游戏，故洋溢着一片嘉年华气氛。1629 年，幕府禁止女性参加歌舞伎演出，目的是打击娼妓，但歌舞伎最后仍存活下来，而且因祸得福，表演方式得以进一步改善，成为具有特色的日本传统艺术。因为女性角色要由男演员扮演，更能让演员专心发挥演技，所以成为歌舞伎舞台中最耀眼的部分。同时一些后现代观念亦浮现其中，在 17 世纪及 18 世纪的舞台上，性别身份完全看当时表演的需要，并非由其生理特征所决定。

"文乐"木偶戏仅次于歌舞伎，成为江户时代最新的文化成果。它的演员是木偶，大小约等于真人的 2/3。每个木偶最多可由 3 人操纵，在音乐伴奏下，一个技巧甚佳的表演者会连说带唱地介绍剧情。木偶戏能够吸引众多文人学者，主要是因为它不需要对付自负的演员，可以尽情发挥想象空间，因此木偶戏常具有很高的文学性。最伟大的"文乐"作家是近松门左卫门（1652—1724），他的作品突出表现一般百姓生活中的悲哀，经常包括当时社会上流传的家庭凶杀悲剧。

近松的作品掌握到德川时代思想及社会中的矛盾对立所在，经常流露出人情与义理间的紧张性。《曾根崎心中》是他的一部名作，"心中"意指殉情，作品以曾根崎发生的一对恋人自杀事件为经纬。男主角是个卖纸商人，他爱上一名娼妓，结果招致家人不满，再加上生意失败，最后他把妻子的和服抵押，以所得金钱为该名娼妓赎身。由于遭妻子及家人唾弃，在罪恶感与人欲交相折磨下，他与恋人最终自寻短见。在故事结局里，人生责任毁灭了人欲，但观众对男女主角仍充满同情，希望有情人能终成眷属。

近松所探求的矛盾人生，亦发生在政治层面，最具代表性的是《四十七浪人》（浪人指失去主人的武士。1703年，四十七名赤穗武士为其主复仇后被判死刑）。1706年，近松将其写成木偶戏。18世纪40年代，赤穗武士故事又被改编为歌舞伎剧目，名为"忠臣藏"。它是德川时代舞台上流传最广的剧作，即使到今天，它仍是日本电影及舞台上甚受欢迎的题材。虽然它的出处广为人知，但木偶及歌舞伎剧作均没有直接提及1703年的事件，而是把场景移至数百年前。整个故事歌颂武士的忠义，他们的主人被政敌冤枉致死，为了报仇，他们罔顾法令，攻杀其主人的政敌。与家喻户晓的《曾根崎心中》一样，破坏法律及秩序者必须受到惩罚，因此四十七名武士被幕府赐以自尽，作为其报复私仇的代价。虽然无论在现实事件中还是在戏剧中，武士们均死得轰轰烈烈，但这亦突出德川政治世界中的一些重要矛盾，即武士究竟是向谁效忠？

剧作家及演员均有意探求上述各色各样的矛盾，但最终仍以娱乐观众为目的。同时德川的政治顾问及御用学者亦设法限制这些文化形式，并谋求解决各种矛盾。因此剧场与妓院这些娱乐场所四周都围以高墙，它的位置亦常限于城市边缘，远离人烟。武士被禁止进入。幕府与诸大名又订立《奢侈禁止令》，规定社会行为必须符合其世袭地位，例如各级武士、商人以及平民均有一定的服色要求，亦规定谁才有资格乘坐舆乘，房屋大小面积亦要与屋主的身份及地位相配。法令甚至规定饮食习惯，农民不许饮用茶，只能喝白开水。

在整个德川时代，幕府不断重申上述各种禁令，亦反映出执行禁令的难度，很多人根本没有遵守。由此看来，幕府的专制权力是有其限度的。然而无论如何，法律定出一个肃杀的调子，其所隐含的矛盾稍后便显露出来。不过直到今天，日本与其他社会一样，一方面在文化生活及公共政策上道德标准倾向于排斥奢华生活，歌颂克己节约；另一方面大众文化仍鼓励发财致富及有品位的大量消费。

当政者亦严加限制歌舞伎演出的剧目、时间及次数，这反映出德川幕府要全面防堵其统治下的各种矛盾。荻生徂徕曾向幕府献策应付四十七名浪人的复仇事件，亦提及尽忠某一大名与维系整个社会的秩序价值，两者会有冲突。荻生承认他们是义士，因为知耻近乎勇，他们是下定决心报仇，以维持自身的清白。尽管如此，荻生仍认为国家法律必须维持，故四十七名浪人应受惩处。以武犯禁是不能宽恕的，如果原则因特例而受到损害，国家纲纪便不再会受到尊重。[5]

还有其他最后无法解决的矛盾，其中之一便是世袭与个人才德的冲突。按照儒家传统，统治者是有才德者居之。在中国，所谓才德是指个人通过不断学习，最后凭科举攀上高位。日本在奈良平安之世曾一度实施过科举制度，但德川时期的武士却无需参加考试，他们的地位及收入来自世袭，官吏任用亦大致与其世袭地位高下相关。故终德川之世，大部分时间无需为才德与世袭的矛盾烦恼，学者及统治阶层虽然口头上强调要为名藩及幕府选贤任能，但实际上，家世仍是决定武士仕途最重要的因素。

到 18 世纪，当社会逐渐觉醒到危机的来临，有人开始抱怨统治阶层不能选用"才德之士"任高位。因此在"服务大名"一词被提及时，常被当时社会视为笑柄。在 18 世纪及 19 世纪，一些被史家称之为贤能改革者的思想家，呼吁统治阶层任用人才，改革制度。他们的目标基本上是要保存及强化现存政权，不过他们的批判却另有一层含义，意指当政者若继续漠视才智之士，他们政权的合法性及生存终将不保。[6]

第二个具有颠覆性的冲突环绕在天皇与将军的关系上。一方面，德川幕府密切监管朝廷所有活动，同时亦利用各种象征——从日光等神社以至外交仪礼——以强调另一种统治合法性的根据；但另一方面，将军名号理论上仍由天皇授予，此种大义名分终幕府之世不断为人所指出。倡议者有些固然是位于德川统治阶层外围，但亦有位于权力结构边缘者。他们主张德川幕府只不过是代天皇摄政，其地位完全由天皇委任。以水户藩为例，其藩主是德川家族分支，将军若无子嗣，理论上其可以入承将军大统。在 17 世纪末，水户藩主光圀每逢新年，便会身穿朝服，向京都膜拜。他向从臣表示："天皇为君，当今将军为德川一族之长。"[7] 在这种思想影响下，一旦日本出现动乱，不满德川统治的人很容易便会利用天皇作为他们造反的凭借。

三、改革、批判及叛乱等各种思想

从 18 世纪初开始，统治阶层负债累累，不少官员认为是源于道德及财政问题，因而推动一连串改革运动。但改革浪潮的持续时间是一个比一个短，而且成效不彰。八代将军吉宗是率先领导改革的统治者，他于1716—1745年在位，史称"享保改革"（享保为1716—1736年的年号，但改革则延续至1745年）。稍后1767—1786年，辅佐十代将军家治的田沼意次（1719—1788）为改善政府收入，实施了一系列逾越常规的经济政策。不过田沼生活豪奢，为保守政敌所攻，最后被弹劾下台。松平定信（1759—1829）为田沼的对头，继田沼之后出任首席老中之职，他在1787—1793年实行"宽政改革"，主要政策是稳定米价，削减政府开支，增加财政收入。最后一个改革发生在1841—1843年，史称"天保改革"，目的同样是重振德川体制。总体来说，幕府的改革并无太大成效，反而是一些大名实行的改革效果不错。

改革方式大致分两种，一种可以称为"儒家死硬派"，最具代表性的是18世纪初的德川吉宗及稍后的松平定信。他们的政策是鼓励节俭、反对奢侈、尽量减省政府开支，此外加强道德说教以巩固封建体制。武士既要努力学习，亦要重新重视武艺训练。松平定信亦答应下级武士，以后不论高低级别，只要勤奋及有所表现，即可以晋升到实职。18世纪90年代，松平颁令排斥异端思想，重申朱子学在幕府中的正统性；同时命令推行严厉的监管制度，包括禁止各种色情作品。负责训练高级官员的幕府学塾会每年举办考试，理论上对幕府所有才智之士广开门径，但实际上对下层武士仍未能一视同仁。[8]

另一种改革方式则以田沼意次为代表，他先于松平在1777—1786年任职幕府。稍后的天保改革亦属此类，他们鼓吹掌握或利用时势。与欧洲历史经验相比，此种改革类似重商主义或是国家主义，由国家诱导经济发展，目的是巩固国家权力。田沼一方面学习松平，鼓励农民开垦荒地以增加税收；另一方面比松平更进一步，主张幕府承认商人地位，但商人必须获幕府特许或向幕府缴税得经营。田沼亦推动对华贸易，借扩大制成品出口以换取白银。他同时鼓励发展科技及翻译西方书籍。

死硬派主张重返先王之道，在意识形态上较具吸引力，但实际上并不可行。时势派主张接受现实，并从中渔利，做法虽然务实，但在意识形态上则备受质疑，难以服人，因此德川统治阶层既意见纷纭不一，亦无决心贯彻时势派的主张。反而一些外藩在政策上更具改革弹性，到19世纪中叶危机来临之际，这些外藩在权力斗争中因此获得优势。

要进行大规模改革的危机感并不限于统治阶层及其官员。到18世纪初，由于商业与教育蓬勃发展，农村中的富农及上层知识分子与城市的武士、商人交往日多，农村的精英阶层的注意力已超出本地范围，渐及于全国政治经济事务。

这些精英阶层热心于在村中寺庙兴办学校，有时亦会送学生到藩塾学习，打破过去由武士垄断教育的做法。一旦掌握学问，这些乡巴佬——有时候亦包括一小部分女性——便会与城里的老师及作家通信，谈论文艺，上至日本古典文学，下至儒家思想，一应俱全，有时甚至唱和、品评汉诗。他们亦会送小孩到京都朝廷或大阪、江户的商屋见习。

很多地区的农村精英后来参加了国学派，本居宣长（1730—1801）是该派创立者之一。国学派出现的原因，部分可以追溯至日本儒者如荻生徂徕等过分推崇中国思想。本居宣长及其他国学者同意荻生以古文为依归的主张，亦仿效荻生利用古代典籍批判时政，要求改革。但本居认为日本人不应求诸外来的汉籍，应从本土知识传统中寻求答案。

由于本居宣长热衷于寻找纯正的日本文化，他不得不转向日本古代典籍，包括712年写成的《古事记》、11世纪出现的《源氏物语》。本居歌颂这些作品，认为它们才真正代表日本民族的核心价值：以同情感性理解别人，所谓善恶之辨不在乎理性而在乎直觉。他把神道提升为人类与诸神间的桥梁，神道虽界定一个神秘境界，但并非完全超越人间，与人间仍息息相关。天皇在此扮演一个关键角色，他是精神与现世连接的中介。

到19世纪初，国学者与其农村信徒间的网络发展得十分迅速。本居宣长的作品并未多谈政治，但他的徒众，特别是平田笃胤（1776—1843），把本居的思想进一步政治化。他们突出忠义这一价值，但却将其广义化。德川时期大部分人都以大名及名藩作为尽忠的对象，但在国学者的提倡下，现在他们已将尽忠对象转化为"日本"。举例来说，德川时期日人多认同自己所居的名藩，故汉字"国"是用以称呼各藩，而非以日本全国为对象。平田提倡超越各藩的忠义，有类今天的民族主义，当日后西方列强入侵日本时，它成为日人回应侵略的基础。平田约在19世纪50年代去世，根据当时的记录，他的信徒约有3 745人[9]，他们很多是老师或国学的热心倡导者。

平田以日本为神道诸神所居之地，因此在宇宙秩序上占有超越地位，日本当前面临的各种内忧外患，证明统治阶层无法履行其对诸神、天皇以及人民的义务。国学派无意直接推翻德川幕府，但他们的言论却造就一种气氛，一旦大动乱及改革条件成熟，便能超越德川体制，举国一致。

对现状批评最深刻而影响又最深远者为水户藩儒士，该藩属德川家族之一，具有继承将军大统的身份。其中最著名的学者是会泽正志斋（1782—1863），他担任水户藩公职，曾著《新论》一书，常为当时倡乱者所引用。该书反对西方，同时亦反对幕府，1825年出版后即在私底下被传抄，19世纪40年代及50年代间在志士中流传甚广。

《新论》指出统治阶层的弱点，大名及他们的高级官员据说生活在恬不知耻的奢华中；面对西方船只年年有增无已的入侵，他们束手无策。书中指责幕府为维护其霸业，有意令各藩萎弱不振，结果整个日本不能应付外国侵略者。群众被视为无知与不忠之人，会泽在书中常讥讽人民的愚昧。当时基督教士可毫不费力地说服大众入教，他为此忐忑不安，深信日本终有一天会失去其神国特质。

会泽希望统治阶层能任用贤人，并以身作则，重振民间道德风气。对一个改革者而言，这种看法并没有什么特异之处。会泽支持将天皇作为日本象征，拥有实权者应团结在天皇之下，共御外侮。为此书中建议德川加强自身及其权力范围。虽然会泽看似要巩固德川体制，但由于他呼吁进一步尊奉天皇及全面改革内政以应付外患，故实际上有颠覆德川政体的可能性。

德川时期的西方学问被称为"兰学"，原因是荷兰人能在长崎进行贸易，这成为西方学问输入的唯一渠道，亦是另一个催化思想变革的来源。从17世纪40年代开始，幕府禁止输入基督教书籍，不过诸如医术或航海等实务著作，则不在此列。故锁国以后数十年中，仍有一些西文书籍流入，其中有部分更是中文翻译本。[10]到1720年，书禁开始松弛，以荷兰文为中心的西学开始形成，其在长崎特别昌盛。兰学者最关注的是西方的自然科学、医学及植物学，他们也编撰了不少有关这方面的字典及地图。兰学原本是一门冷门学问，一直到19世纪40年代，兰学者转为研究西方的军事技术，情况才有所改观。

国学、提倡改革的水户学、以兰学为中心的西方学问，对农村上层的半精英者及中下级武士都具有一定吸引力。其诉求亦影响到德川幕府体制下的各边缘部分，如农村、一直与幕府关系恶劣的外样及谱代大名、长崎南端等。

另一个具有颠覆性的思想则孕育在穷苦农民之间。上章已经提及，德川中期以后农民造反案例日渐增多，新宗教运动亦蓬勃发展。几个在德川后期新成立的世俗宗教团体，其徒众数以万计，比较著名的宗教有黑住教（1814）、天理教（1838）、金光教（1857）。各个宗教的创立都是因某些善男信女的神迹启示或重病起死回生，而其教义则从神道或佛教中拾取。入教农民都相信大变乱即将来临，社会应被重新改造，改造后的世界会更公平，人人安居乐业。有些宗教会扮演稳定角色，劝说教众少安毋躁，等待美好的明天；但亦有宗教鼓吹信徒揭竿而起，尽快实现世界救赎。当权者对这些宗教团体是颇为焦虑不安的。

除此之外，德川时期亦曾出现过几次大规模的朝拜运动，进一步松动了农村结构。这些朝拜运动称为"御荫参拜"或"伊势参拜"，因为很多朝拜团的目的地是伊势，希望借此祈求福荫。终德川之世，朝拜事件约60年出现一次，而最后两次的规模尤为庞大。旁观者在1771年曾做过报道，约200万名农民束装上道，前往伊势，神庙中护身符物从天而降。1830年的朝拜规模更庞大，当时日本人口约3 000万，据说4个月内有500万人上道前往伊势，朝拜者在路上推挤、唱歌、吵嚷、行乞、偷窃、互相殴打。大规模朝拜行为本身并不具革命意义，但却提升了求变的气氛。

＊ ＊ ＊

总括来说，到 19 世纪初，时代的错位这种感觉成为德川思想家的著作及其批判者的一贯主轴。世上事物本不应如此，要赶快采取行动改正过来。所谓改正，意指回到德川初期所刻画的古代先王之道，甚至会泽正志斋在书中亦有意帮助幕府重振声威。但事情并非如此简单，若稍深入到历史背后，很多人思考的对象或利益并不止于幕府，天皇反而成为改革的聚焦点。到 19 世纪 50 年代，历史情景又有急遽变化，幕府在屈辱的条件下被迫进入西方世界，向来所企求的行动再加上许多人的不满与野心，民族主义情绪因此发酵滋长，原来的改革思想最终转化成革命。

第四章

德川幕府的覆亡

18 世纪及 19 世纪交汇之际，由欧美前来的捕鲸船、商船、炮舰相继出现在日本水域，次数日增，而且不断提出许多要求，令日人疑惧。日人的猜疑并非完全没有理由，西方列强事实上是国家强权的象征，亦代表资本主义及民族主义革命，这些革命已在欧美进行，亦逐渐伸展到其他地方，最后要彻底改变整个世界。日本亦无法摆脱此种命运，它们把日本的一些本来只不过是陈年旧账的问题引爆成一场革命。维持德川秩序的人面对这些问题已有数百年，每当遇上社会中农民及武士间的不满或财政危机时，将军及诸大名都会运用其库藏解决，尚能勉力稳住大局。但在这趟浑水中却来了一些不知所以的外国强权，挟其军事、经济及文化的优势，要求一种闻所未闻的新式国际秩序，德川幕府的统治合法性因此突然受到质疑。

幕府虽面临重大威胁，但它仍一度有挺下去的可能。在 19 世纪 60 年代中期，幕府曾尝试推动军事改革，调整江户与各藩间的关系，接受最新科技。但驻日外交人员却各怀鬼胎，英国表面上中立，私底下却与反叛的外藩暗通款曲，有部分英商甚至直接援助诸大名；法国则支持德川改革者，希望借此扮演一个主导角色，把日本整合到西方的外交及经济圈。

结果还是英国人比较善于运筹帷幄，决算千里。幕府倚赖旧秩序太深，无法摆脱其沉重的传统负担，至于各外藩大名，他们虽与幕府同样小心翼翼，有时甚至会镇压藩内反叛者，但在关键时刻，外藩仍敢支持较富创造性的人。这些人多半来自低下阶层，自命不凡，勇于行动。他们揭橥"尊王攘夷"大旗，逼幕府交出大权，最后发动近代史上最伟大的革命。

一、西方列强与不平等条约

第一个重新对日本产生兴趣的西方列强是俄国。到18世纪80年代，俄国探险家便到达西伯利亚东部的广大林区，猎人与商人的活动亦遍及库页岛及千岛群岛北部，甚至涉足北海道，俄国政府亦对沿海地区进行探测。1792年及1804年，俄人进一步前来北海道及长崎，要求幕府给予通商权利，但幕府委婉地拒绝所请。这只是一个前奏，此后数十年间，类似要求接踵而至，间或出现武装冲突。1806—1807年，俄国海军便曾攻击日本人在北海道、库页岛及择捉岛上的殖民区。

一年之后英国亦加入这个需索行列，1808年，英国战舰"马车"号进入长崎港，宣称当时英国正受拿破仑封锁，要攻击港内荷兰人。1818年，英船开进江户附近的蒲贺湾（今千叶半岛西部），但幕府马上拒绝其通商要求。为应付此等不速之客，幕府在1825年发布《异国船打拂令》，凡外国船进入日本海域者，一律以武力驱逐，这是实行锁国政策以来最严厉的一次规定。1837年，美船"莫里森"号前来，本拟提出同样要求，却遭无情炮火轮番轰击。1844年，在长崎进行贸易多年的荷兰人，在其给幕府的年度报告中附上荷兰国王威廉二世致幕府的书信，信中指出世界形势已变，西方的外交体制及通商活动遍及全球，日本将无法独善其身，应积极参与。

震惊中外的鸦片战争成为荷兰人书信的一个有力注脚。1839年，由于鸦片为害甚巨，中国政府曾尝试禁止此种贸易，但英国借口保卫"自由贸易"，发动战争。1842年，中国终于屈服，在《南京条约》中，中国被迫开港通商，并接受英国人建议的关税率，英国人亦在中国领土上获得治外法权，其子民在华若有法律纠纷，会由英国官员处理。凡此种种，均开以后日本对外关系的先河。

当得知鸦片战争的消息时，部分日人深为忧虑。幕府老中水野忠邦（1794—1851）便表示："战争虽发生于国外，但于我邦仍是一种示警。"[1]然而德川官员并未接受荷兰人的劝告，无意为躲避战争而缔约通商，不过他们仍采取了一些新措施。1842年，幕府放宽了1825年的《异国船打拂令》，规定西方船只若因海难进入日本水域，当地官员可以提供燃料及食物，并保护他们平安回到海上。除此之外，幕府亦接受水户藩等改革者的建议。阿部正弘（1819—1857）在1845年出任首席老中后，便开始在幕府要地建立海防，他亦容许其他大名发展军备。

幕府对列强压力的响应并未能纾解困厄，反而削弱了其地位。因为当时日本政坛有些政治活跃分子正崭露头角，幕府的措施强化了他们的国家意识。事实上，鸦片战争证明了他们心中最害怕的状况，来自西方的蛮夷贪得无厌，他们不但要通商牟利，更要掠夺领土。在此情形下，日本似应仍坚守原来的锁国政策，但从现实层面考虑，避免战争是当时较合理的选择，可以让幕府及诸大名有时间巩固防务。因此幕府对列强应至少做短期让步，不能死硬锁国，否则无法马上输入西方科技，作为国防之用。幕府是以处在一个进退维谷之境，若采取强硬立场，则必须马上面对战争，但若要争取时间建立国防，则又显得懦弱怯战。

从今天的角度看，当时日人所提的各种攘夷理论似是废话，极不理性。至少在亚洲，西方列强并非以征服为唯一目标，他们更看重商业利益，而非领土。但日本人的恐慌性忧虑亦非全无根据，西方的自由贸易是一种意识形态，它建基于一种自以为是的道德信念，凡所到之地，绝对不肯让步，在必要时候，亦会毫不客气地实施殖民政策。因此德川时代日本人的看法也有其道理，他们认为西方夷人所贩乃奇技淫巧，得之无所益，失之亦不足惜，故列强的到来的确威胁到他们的生活方式，无论是实际生活还是政治生活，日本都将面临新变化，从此走上一条不归路。

1853 年，美国海军准将马休·佩里（Matthew Perry）来日，带来了西方列强历来最明确有力的信息：若不愿和平签订商约，则只有付诸武力一途。佩里之行是美国向西扩展的里程碑。首先是美国的捕鲸业已竭尽大西洋的渔获，当时正进入太平洋深处的渔场；其次是美国在 1848 年美墨战争中取得加利福尼亚州后，对太平洋商业及军事上的野心油然而生，甚至有意与英国竞一日之雄长。不过佩里当前最迫切的需要，则是要日本保证出售煤炭给美国海军，并为捕鲸业者提供补给港口。

佩里 1853 年 7 月的东京湾之旅及翌年的重访日本，是划时代的历史事件，其过程既有趣，亦处处存在沟通问题。当佩里在 1854 年重访日本时，日本人为其举办相扑游戏，目的是向美国人示以兵威，但美国客人却毫不在意。其中一位客人在其日记中描述，相扑是个"挤推、叫骂、拉扯、呼喊、扭打和蹦蹦跳跳的玩意，但看不出他们要干些什么"，因此他下了一个结论："这玩意是要展示力量，但毫不成功，我只看到一两个扑跌。我所认识的摔跤手很多块头只有一半大，但他们若看见这些比赛，一定会捧腹大笑。"[2] 另一方面，美国人亦力图展示西方最新科技，其中包括一辆比例1/4的火车头及一道全长约113米的圆形火车轨："蒸汽在冒升，一个工程师已登上驾驶室，而幕府派来的官员亦已就位车厢中，火车风驰电掣，时速达每小时约30公里。"[3] 日本官员的长袍在风中翻飞，据说他颇惬意于此次火车之旅。

上述事件无法掩盖佩里是一个硬绷绷且毫无幽默感的人，他在1853年7月离开日本前，留下一封措辞严厉的信，表示会再回来等待回复，信上说："敝人为示友好之意，是次只带同4只小型战舰，明春再回江户时，若有需要，必会带同更大型的舰队。"[4] 佩里之行引发江户内外的恐慌，它亦促使幕府做出一个史无前例的决定，即为了向美国让步以避免战争，幕府必须取得国内共识，因此幕府下令各大名以书面形式提出应付美国人的最好办法。

1854年初，佩里如约率领9条战舰重回日本，其中3条是蒸汽船。幕府同意美国船只可以停靠在较偏远的下田和函馆，美国亦获准在伊豆半岛南端的下田设立领事馆，这个所谓《神奈川条约》亦陆续适用于法国、英国、荷兰及俄罗斯等欧洲列强。不过幕府仍不肯答应马上开港通商，然而西方各国仍锲而不舍，继续要求。美国首任领事汤森·哈里斯在1856年到下田履新，他恐吓幕府，表示若不答应美国的商约要求，英国可能会提出更苛刻的条款；若幕府同意其所请，它可以成为各国仿效的模式，这样反而有利于日本。

1858 年 7 月，美国终于不费一枪一弹，与日本签订《日美友好通商条约》，其内容大致与中国在鸦片战争后所订条约相仿。幕府官员了解到国内政敌会趁机大肆攻击，不过他们认为除此之外别无他选；若诉诸战争，不会有什么效果；若把寄希望于新的谈判对手，要求也不会变得更宽容。

《日美友好通商条约》内容包括开放 8 个通商口岸，更值得注意的是日本放弃关税自主权，亦允许条约港口的治外法权。条约中硬性规定进出各条约口岸货物的通关税率，日本政府以后无权更改；外国国民若在日本触犯法律，会在领事法庭审判，审判法官是外国人，所用法律亦是外国法律，这通称为"治外法权"。幕府其后与其他西方国家订立相同条约。

这些"不平等条约"无论从理论还是实际层面来看都可以说是国耻。如果要找些光明面，则只是美国同意日本的要求，不进行鸦片贸易，贩卖者会受法律制裁，而英国亦不反对此项约定。假使鸦片能自由进入日本，日本历史的进程也许是完全不同的面貌了。虽然如此，这些"不平等条约"仍置日本于半殖民地地位；从法律角度而言，日本在政治及经济上均成为外国政府的附庸。在此后数十年间，屈辱事件层出不穷。很多令日人愤恨的罪案，其结果最多是罪犯从轻发落，甚至无罪释放。在 19 世纪 70 年代及 80 年代，全国报纸的版面中常会出现很多令人气愤的新闻，例如强奸者无罪、伤人者获开释，等等，每一次的事件都严重打击日本人的自尊心，这亦可以说是损害日本主权的另一种方式。

但如果说"不平等条约"所践踏的民族尊严及主权早已存在于日

本 1000 多年的历史中，这种看法则是错误的。事实上近代日本民族主义的创立并不早，它是在 19 世纪初至 60 年代间洋人势力东渐后，在日本与其不断交往的过程中逐步形成的。在此期间，从幕府官邸、大名城堡以至各个私人学塾中，关怀时势的武士希望从历史及时政的辩论中找出对策，由此一个新的"日本民族"的概念才得以慢慢形成，成为守护以及统治的对象。另一方面，德川幕府一向宣称的只有它才是日本的正统"守护神"这种观念亦日渐削弱。

二、德川统治势力的瓦解

通商口岸贸易对日本经济造成的冲击是立竿见影的。外商发觉在日本可以用银块换取黄金，而其黄金价格只是当时世界价格的 1/3，他们自然欢喜若狂。在首年的贸易中，外商大量购买黄金，以 3 倍价钱在中国市场出售。1860 年，幕府为控制财政上的损失，不得不降低金币成色，与世界其他地区的价格看齐。但黄金成色的减低却促使货币供应量大增，最后导致通货膨胀。另一方面，丝价亦因外商需求而上升，到 19 世纪 60 年代初达到原来价格的 3 倍，无论外销还是内销，其价格均无差别。与此同时，外国商品由于价廉税低，得以大量进口，其中以棉织成品最明显，消费者固然可以享用低价商品，但不少日本生产商却因此而破产。

消费者及制造业者均表示不满，并采取暴力手段抗议。1866 年通货膨胀达到高峰，城市居民忍受不了米价持续上升，便在江户及大阪发动暴动，捣毁数以百计的米店，各地城市附近的乡镇亦出现类似暴动。1866 年，制丝工人间亦酝酿着不安情绪，江户西部地区约有 6000

名农民及制丝工人发动暴动，为期达一周之久。他们由村过村，沿途吸引不少人加入，债主、地主、村中的领导层及放贷者等人的房屋均遭破坏，最后幕府不得不出动军队镇压。[5]

上述的抗议活动通常以日本人为目标，特别是都市中的米商及农村里的放贷者，参与抗议的人都认为这些人是剥削阶级。但到 19 世纪 60 年代则不同，不少人开始指责外国商人是造成人民生活困苦的罪魁祸首，制丝工人其实在丝织品需求增加及丝价上扬中得到不少好处，但他们亦加入反对行列，而且矛头渐转向日本当局，因为是当局准许外人前来经商的。国学者平田笃胤的门徒便借诗歌发泄其不满情绪，一名在日本中部伊那河谷制作蚕丝的女子，闺名尾松多势子，写下一首著名诗歌：

真令人讨厌

为丝绸而搅动

今日的世界

自从那些船只

由外国开到

诸神及天皇国度来

为的是寻找

珍贵的蚕蛹

人心

虽敬畏交加

已纷乱如丝

充满愤怒[6]

无论是用行动还是诗歌表示不满，民众的愤怒并未真正导致德川幕府的覆亡，不过幕末志士一直攻击幕府虐害百姓，轻蔑天皇，民众种种抗议无异于为倒幕浪潮火上加油。

　　强迫开埠还造成更直接的政治冲击。幕府对外政策的最终目的仍是限制外人活动，但其做法却一反常规，对全国的武士及大名采取协商姿态，结果削弱了幕府统治的合法性，加速了自身衰落。

　　1853 年，幕府老中阿部正弘在面对佩里初次访日时，要求各大名提出对策。表面上阿部是广开言路，实际上他了解幕府的做法会招致国内极大反弹，故希望事前取得共识。在某种程度上这可以说是日本国内政治的"开国"，与对西方"开国"同样重要，但我们一般只知道佩里访日的影响，而忽略国内层面的变化。所谓无心插柳，它暴露了幕府的弱点，亦为过去一直遭受政治压迫的雄藩开启了权力大门。这些雄藩包括萨摩、长州及土佐等，它们是所谓的外样大名，在 1600 年关原战役中便对德川家康采取敌对立场，虽然经过 200 多年，但各藩大名及武士的反德川情绪仍不绝如缕。至于德川内部，身为亲藩大名之一的水户藩对幕府有极大影响力，它亦力主改变现行政策，重新调整幕府、诸大名及朝廷三者间的权力关系。水户藩的看法亦受到会津及越前等亲藩大名的支持。水户藩主是德川齐昭，他是一个死硬的攘夷论者，水户藩亦成为尊王攘夷（当然表面上仍是尊德川幕府）的大本营，集结了不少如会泽正志斋这样的学者在其麾下。

　　对德川幕府造成更严重打击的是 1857 年与 1858 年的两个事件，即有关将军继嗣问题与签订《日美友好通商条约》的争议。将军德川家定年纪不大，但体弱多病，本人亦无子嗣。原本由阿部正弘担任老中一职，他身负幕府行政最高负责人的重任，但在处理佩里要求时深受诸大名的批评，不得不在 1855 年引咎辞职，其继任者为堀田正睦（1810—1864）。堀田马上要面对上述两大难题。一方面是将军家定身染重症，堀田必须马上解决继嗣问题。另一方面居于下田的美国领事哈里斯正积极策划订立日美商约，堀田亦需要考虑与美国及西方各国再订新约，但不能触犯正满腔怒气的大名。堀田是属于所谓谱代大名的一员，该集团掌控决策权力，因此偏向一个较易受控制的继承人，最后他们选中了亲藩大名纪伊藩主德川庆福，年方十二岁，政治上不构成任何威胁。但水户、萨摩及其他几个比较倾向改革的大名却联合起来，不但反对与外国再订新约，亦反对立嗣德川庆福，他们属意于德川齐昭之子，以其年长及贤名闻于国内，已过继给一桥家，故又名一桥庆喜。

在此关键时刻，堀田为强化其在外交及将军继嗣问题上的发言权，便上奏天皇，请求批准与美国签订的商约。堀田更打破惯例，亲自带上大批礼物，在众多扈从的陪同下入觐孝明天皇，希望能得到朝廷支持。孝明天皇亦打破朝廷一向不过问外交内政的惯例，反对日美商约。孝明此举得到朝臣及改革派大名如水户藩的支持，他不但否决日美商约，同时亦暗示赞成一桥庆喜为将军继嗣。

堀田两头落空，可以说是遭受极大挫败，唯一的出路便是辞官归里，然而损失已无法挽回，朝廷公开表示不再无条件支持德川政权，这对幕府威信不啻是个空前打击。从此之后，日本开始了一个长达十年的三足鼎立的政治游戏。主角之一是幕府中的死硬派，他们主要是参与幕府的谱代大名，虽然主张开国外交、军事及财政的各种改革，但坚持以幕府原来的行事作风达成，其目的是巩固幕府传统权力。另一主角是若干有力外样及亲藩大名的领导层，亦包括部分朝廷官员，其立场与前者针锋相对。他们以尊王攘夷为口号，欲借此转换整个领导中心，夺取权力。第三个主角的社会地位较低，他们是所谓以忠义自诩的勤王派，或称为"志士"，为达成他们的政治目的，不惜对其国内政敌或夷人使用恐怖手段。

这些志士通常都是愤世青年，出身于中下级武士阶层，不过亦有不少热衷政治的农村及都市精英加入他们的行动，甚至包括一些积极的女性。在整个日本革命过程中，他们在理念及行动上都扮演十分关键的角色。这些志士大都自视甚高，认为无论从先天背景还是后天学养，他们的学问均足以为其藩主或整个日本安世济民。虽然他们口中的日本仍是一个未能清晰界定的概念，但天皇无疑具有代表性的象征。在传统的德川仕途养成过程中，文武训练是合而为一的。武士在学校一面诵读儒家经典，一面亦学习剑术及武道。由于此种双重训练，他们认为自己在思想和行动上均负有责任：一是要为当前社会问题求取解决方案，二是以大无畏精神将其付诸实践。

大盐平八郎（1793—1837）是上述精神及实践最具代表性的人物。在19世纪30年代，他是大阪町奉行（市政府）的一个下级武士，在思想上属于阳明学派，主张正义之士必须以行动体现其理想。1837年日本出现所谓"天保大饥荒"，大盐痛恨高层武士不理睬他的请求，未能及早赈济受灾平民，因此他率领大阪市民揭竿而起，把大阪 1 / 4 的房屋夷为平地，最后为幕府军队所平定。

到19世纪50年代，日本各藩亦出现类似愤怒且力求实践的异议团体，而且有互相呼应联合起来的趋势。其中尤以萨摩、长州、土佐及肥前等藩最具影响力，因为这些藩的藩主及高级官员对勤王派均采取同情态度。在各个勤王派团体中，最著名的是吉田松阴（1830—1859），他是长州出身的儒学武士，声名远播。1859年，幕府大举镇压全国异议者，吉田因而被杀，不过他的信徒仍继续致力推翻幕府，而且不少人在日后成为明治政府的中流砥柱。京都以及各地城堡的庙宇及旅馆，均成为此等志士秘密聚会的地方，最后演变为革命的温床。

志士的思想来自理想主义与实际改良主义的折中，他们主张直接诉诸武力行动，认为现存制度不尊重人才，让他们投闲置散，这当然有些自我投射的味道。他们推崇天皇，反对夷人以武力入侵日本。他们把仇恨转化为行动，以暗杀方式对国内政敌及外人进行报复，受害者包括美国领事哈里斯的荷兰翻译员及一位著名的英国商人。不过有一点值得我们注意，虽然他们最初的政治理念是以抗衡外国坚船利炮为出发点，要利用刀剑把夷人马上赶出日本，但不少志士了解到这只是一时气愤，成功的希望微乎其微，故很多人一早便放弃极端做法，改以实际手段应对。

是以时间一长，不少志士开始了解到西方有许多地方值得学习，不能无视它的存在。土佐藩的坂本龙马（1836—1867）是最典型的例子，直至今日他的故事仍是日本历史剧中的常见题材。最为人传诵的故事发生于1862年，当时坂本偷入一个幕府官员胜海舟（1823—1899）的官邸，胜海舟力主用西法改造幕府海军，故坂本决意要取其性命。当时已拔剑相向，但胜海舟却说服坂本先听他说明要实行海军现代化的理由。经过一个下午的长谈，坂本不但没有杀他，而且被其现代化是改革必由之路的说法说服。随着时间的推移，越来越多的志士像坂本龙马一样，开始

图 4.1 本照片摄于 1869 年东京，最左边的是长州的伊藤博文，最右边是萨摩的大久保利通，中间两个年轻人是萨摩藩藩主的儿子。其时年轻武士以尊王为口号，成功推翻德川幕府。然而目前多数学者已不认同此观点。（石黑敬章提供）

深入了解西方的思想、制度及科技，并逐步将其根植到日本土壤。

三、暗杀与协调的政治

德川幕府面临的威胁有三个：列强、桀骜不驯的大名及头脑发热的武士。但幕府却手足无措，政策前后矛盾，无法应付此种新局面。幕府领导人在开始时采取妥协态度，但不如意时又采取强硬路线，以后一直在两者之间举棋不定。他们希望发奋图强，振作幕府，但又不愿下放权力。堀田的继任者井伊直弼（1815—1860），是德川幕府创立以来少数获得大老职位以统辖幕府的人，他放弃堀田的妥协政治，企图重建德川的垄断权力，因此不顾朝廷反对，在1858年7月径自与哈里斯签订《日美友好通商条约》。在继承问题上，他选择德川庆福为世子，并向朝廷及诸大名明确表示不要插手幕府的内政外交，当然亦包括将军继嗣问题。1858年，井伊兴起著名的安政大狱，很多改革派大名被迫退出幕府，德川齐昭亦遭软禁，约69名倒幕志士被杀或入狱。

不过为时已晚，倒幕的瓶口已打开，镇压行动亦无济于事。1860年3月，水户志士于江户城的樱田门外刺杀井伊，宣称井伊是个专横无道的大臣，不但杀戮同志，而且轻蔑天皇，大逆不道。井伊之后继者再次回到妥协路线，为了取得朝廷及有力雄藩的支持，幕府在某些关键地方做出让步，不过对急进派武士则未手下留情，继续镇压。而朝廷首都京都，无论在象征还是实质意义上，已变成各方力量竞逐权力的地方。

幕府的新领导人为推动其妥协政策，提出“公武合体”的口号。所谓“公”是指朝廷，“武”是指武家，但其实质意义则因人而异。对幕府而言，“公武合体”意指朝廷与幕府关系水乳交融，其象征是促成皇妹和宫下嫁新任将军德川庆福（出任后改名家茂）。对萨摩、长州及土佐等雄藩与水户、会津等亲藩大名而言，“公武合体”则别具含义，其意指政治权力由江户转移至京都，于此成立大名会议作为决策中心，因此将军降至与其他大名无异，最多只能说是首席大名的地位，但仍以天皇为侍奉中心。

幕府没有其他办法，只好接受部分大名改革的要求。1862年，幕府同意停止实行多年的参观交代制，让大名可以改善其拮据的经济。幕府向来在政治上监管诸大名甚严，现在亦愿意松绑，允许诸大名可以使用余款加强各藩海陆军，以助国防，不过其结果却是增强了大名的反抗力量。幕府亦同意委任三个有力大名为"三大老"，成为将军的特别顾问。

幕府原来是希望借对大名让步以分化急进派武士与其藩主间的关系，得以全力对付急进武士。但这个愿望未能马上实现，反而在1862年与1863年，日本各地勤王志士大举在京都汇集，交结朝廷公卿。在尊王攘夷的口号下，他们不惜牺牲，用暗杀方式消灭政敌，京都顿时成为急进政治的温床。由于这些冒险犯难的武士不计成败，亦全无政治野心，他们的精神以及所策划的各种义举，在近代日本政治史上留下非常深远的影响。而幕府亦不得不再冒大不韪之风险，推动另一波颇具争议的新政策以夺回主动权。

1863年，志士说服孝明天皇，向幕府提出马上攘除夷狄的要求。幕府被迫由将军亲到京都商议此事，这是自1634年德川家光到京都以来幕府将军的首次上访。此行象征地缘政治中心已渐由江户转移到京都。幕府本来寄盼在"公武合体"的名义下，同情幕府的大名能助其一臂之力，说服天皇取消攘夷。但结果令幕府大失所望，虽然各雄藩均了解到攘夷是天方夜谭，在朝议上却保持缄默，特别是举足轻重的萨摩藩，在商议的关键时刻却偷偷溜走，故朝廷被攘夷派压倒性操纵。将军没有其他选择，只好接受1863年6月25日为攘夷日期，最后黯然离开京都。

幕府官员很清楚其自身力量实不足以执行所谓"攘夷令"，故到此日，江户什么事都没有发生。但远处九州岛南端的长州藩却不同，藩军队伍中的勤王志士向美舰开炮，美法军舰马上还击，战斗持续了好几个星期，最后美法军队在下关登陆，捣毁沿岸一些炮台作为报复。列强本还打算进一步采取行动，但幕府及萨摩在京都已先发制人，联手把长州志士及倒幕的朝廷公卿逐出首都。

幕府接下来的工作是巩固其胜利果实。幕府命会津藩组成一支队伍，监控京都内外一切活动，不过又答允天皇"马上"实施攘夷，其方式是在日后关闭横滨港口。朝廷由于其激进派已遭剪除，除了接受幕府所言外，亦无其他办法。然危机仍未完全化解，1864年，各地的勤王志士聚集于长州，而长州藩主亦容许他们活动。以长州为基地，他们策划下一波行动。新攻势是组织勤王军队向京都推进，另在京都发动政变，希望内外配合，将天皇从德川幕府势力下挽救出来。不过由于萨摩及会津两藩仍忠于幕府，结果激进派功败垂成。幕府乘势征伐长州，并明言长州若不想灭亡，藩主必须将攻击京都的为首者处死，长州藩主最后不得不屈服。由于激进者被遣散，温和派重掌长州藩政，幕府遂志得意满，下令撤军，一时间主张"公武合体"者似乎占了上风，日本政局重新走回温和路线。

四、幕府复兴、萨长反叛及国内动荡

由今日回顾，幕府的胜利很明显只不过是昙花一现，但在当时却不这么看。长州藩一败涂地，而德川庆喜则刚接任将军之职，年轻有为，颇有中兴气象。不过影响日本历史更重要的因素是过去数年的动荡不安，它逼使日本走上改变的道路，无论任何人当政都不能够再走回头路了。幕府及几个重要大名（尤其在九州）都已实施各项影响深远的政治及社会改造工作，其核心是广招人才，不论其出身背景，均能容纳至各军事及内政机构，进一步达成政治架构改造。

在幕府内部，戡定奉行（财政专员）小栗忠顺（1827—1868）从1865年便开始推动西式军事改革，其后更直接参与军务。小栗甚至考虑废除各名藩，成立一个全国中央政府。法国公使莱昂·罗什（Leon Roche）对此态度十分活跃，他积极提供小栗各种意见，甚至提供财政援助。但幕府中的保守派及旗本为了保护其传统利益，横亘在任何革新之中，因此小栗的军事及政治新政反而比不上一些地方大名改革的速度。1866年夏天，德川庆喜接任将军之职，支持小栗的改革计划。德川庆喜在1857—1858年的将军继嗣问题之争时，曾受当时改革派大名的支持，如今入继大统，决意与小栗及罗什合作，把幕府改造为一个西方民族国家政府。虽然幕府的保守力量仍不愿有任何改变，但革新已着手进行。整个改革方式与数年后的明治维新其实相当类似，假使幕府有幸"存活"下来，它的政治体制也许与其取代者不会有太大差异。

德川幕府的失败归于两个因素。首先是权力难以分享，各个外藩领导人大多不愿再回到昔日为德川臣属的状况，其中以长州及萨摩尤为明显；其次是各藩武士均已推动大规模改革，并取得军队领导权，有时连藩主亦无法控制他们，他们直接挑战德川权力，并将之击败。

长州志士在1864年的确遭遇滑铁卢之役，被赶出权力圈，但幕府并未彻底击溃他们，志士余党仍然活跃。他们利用西方武器及西法组成非正规部队，而且在兵队组织上有一重大社会突破，即容许农民参军（虽然有时农民是被胁迫的），其中又以长州藩高杉晋作（1839—1867）的奇兵队最为著名。在德川约260年的统治中，农民一直被严禁参军甚至持有武器，但现在却有机会上战场。农民参军的动机也许因人而异：有以参军为荣，亦有以参军是为天皇或国家服务。然无论如何，农民与武士所组成的军队具有高昂士气，战斗能力亦强。1865年，高杉晋作的奇兵队首先在长州藩内战中旗开得胜，藩的领导权再次落入急进派手中。由于长州类似萨摩，在十数年前便开始改革藩的财政，故藩内收支一向有剩余，长州军人有经济能力向英国购买武器及军舰，逐步发展成一支战斗力甚强的军队。

萨摩虽没有长州激进，直接挑战幕府权威，但亦一直促进其军队的现代化。由于萨摩实行重商政策，鼓励出口及种植如甘蔗一类的经济作物，故藩库收入甚丰，财政状况良好。同时萨摩亦如长州一样，拥有比例甚高的武士，一方面是防范幕府，另一方面亦因该藩离江户较远，幕府鞭长莫及。因此在先天背景上萨摩与长州十分相近，似乎应有合作空间，不过事实却不然，要把两藩牵引在一起并不容易，需要有一个无利害关系的第三者来催生。

土佐藩的坂本龙马担任了这个历史性的使命。前面提及坂本要刺杀胜海舟，但在胜的游说下，坂本由一个攘夷刺客转变为一个开国论者。1866年坂本秘密为萨摩及长州两藩作中介，助其结成秘密同盟，盟约规定若幕府攻击两藩中任何一方，另外一藩会给予支援。对付幕府的时机很快便到来，1866年夏天，幕府眼看长州的勤王志士日渐取回藩内控制权，它绝对不能忍受长州的第二次威胁，因此下令再次征伐长州，并命各大名参加。然而由于有盟约在先，萨摩拒绝参加，有些大名亦跟进。幕府因为师出无名，士气不振，结果为长州大败。

幕府不但战败，更严重的是幕府军队在众目睽睽下由本州岛南端溃散回来，威信大失，德川幕府的瓦解似乎指日可待，人民对未来浮想联翩，甚至有种大乱将至、末世即临的感觉。在幕府统治的最后两年中，农民反抗事件层出不穷，有些是反对苛捐杂税，有些则直接攻击农村的领导精英。其中以1866年最为突出，当年共有35次都市暴动，106次农民起事，大部分都发生在第二次长州之战以后。

最不寻常而又饶具趣味的是，在1867年末日本出现大规模的庆祝活动，范围由江户至大阪遍及整个本州岛中部，参与者极尽欢乐之能事，类似嘉年华会。事情起源于大阪、京都、名古屋以及很多城镇突然从天降下吉祥符咒。在少数地方，当局抓到一些人从屋顶撒下符咒，目的是要制造气氛，但是不是所有符咒都是有人故意制造或真的来自天意，现在无从稽考，但它却产生了强大效果。只要在有符咒降落的地方，人们都会跑到街上，尽情唱歌、跳舞及纵酒。他们的所作所为，是要挑战现有秩序。仔细看当时所留下来的歌曲内容，它们强烈反映出德川幕府覆灭前的政治斗争气氛，而大部分人都是站在倒幕一方。一个在大阪居住的英国人曾在1867年记下其所见所闻：

> 群众都穿上节日衣服，一面跳舞，一面唱着"这不是很好吗，这不是很好吗？"的歌曲，房屋用各色米饼、蜜柑、香袋、稻草及花朵装饰得一片热闹。衣服则是红色庆服，间中亦有蓝或紫色，很多舞者的头上都戴有红灯笼。群众如此狂热的原因，据说是天上掉下来无数纸片，上面写着伊势神宫两位神明的名字。[7]

在上述极不寻常的突发性风潮影响下，无论幕府还是大名阵营，其重要人物均了解到后德川时代即将来临，他们必须谨慎计算出下一步的走法。问题的核心是谁能掌握发言权：是否由一个包容性强的大名会议取代幕府，最后走上类似西方议会制度的形式？或是由少数倒幕人士垄断新政权，形成寡头政治？答案当然不会马上出现，这些问题不只在倒幕时期存在，它亦是以后数十年间日本政治史上极为重要的问题。

在此关键时刻，土佐藩的坂本龙马及后藤象二郎（1838—1897）再度发挥其中介角色的作用。土佐的构想是以英国模式取代幕府，即以贵族及平民二院作为政权基础，贵族院由大名组成，平民院则由下级武士以及平民组成。1867年11月，将军德川庆喜终于被说服接受该建议，他向天皇上表，实行所谓"大政奉还"，同意卸去将军之职，天皇拥有主权名义及最后裁决权力。不过德川家保有原有领地，仍是最有影响力的大名，故在未来的大名会议中，幕府估计仍可继续扮演领导角色。

对幕府而言，它已经做出最大让步，但萨摩、长州及朝廷内的倒幕力量仍不满意，1867年12月，萨长联军进军京都，取得首都控制权。在萨长进军京都以前，孝明天皇崩殂，明治天皇新任帝位，联军入京后促请天皇维新。1868年1月，明治天皇宣布废除幕府，设置总裁、议定、参与三职，由朝廷公卿、大名及武士担任，对天皇负责，而德川在新政府中则无任何实职。这自然引致幕府怨恨，幕府与萨长军队遂发生冲突，但节节败退，由京都退回江户。1868年4月，胜海舟不经一战而举江户城投降倒幕阵营，对他而言，幕府实已日薄西山，不值得拼力死战，相反，如何和平建立新政治体制才是当前最重要的问题。

并非所有幕府派都效忠天皇，认同一个民族国家的政治实体。本州岛北部的大名对倒幕派尤其不信任，他们害怕会被萨长派摒斥于新政权之外，故誓死反抗到底，因而引起一场死伤颇重的战争，成为幕府及其效忠大名的最后堡垒。故明治天皇虽在1868年1月正式宣布"维新"，但战事真正平息则要到18个月以后，会津之役伤亡最为惨重，据说有3000人死于战事中。

因此幕府的败亡并非兵不血刃，这在政治上其实是一场相当大的震动，引起不少混乱。然而经过攘夷派及倒幕派的多年活动，各地的勤王志士对政治及社会体制均已有新认识，大异传统。例如在19世纪60年代初，幕府及大名均派出代表团出使欧美，大部分代表在实地考察后，均放弃所谓立即"攘夷"的妄想。虽然各人之反应仍有差异，但这已反映出他们开始了解到西方科技以及政治制度的优点。

到1868年，有些人的想法更大胆，他们主张师夷长技以制夷，打算生聚教训十年后再驱逐洋人，现在他们连这种战术让步也放弃了。他们认识到日本最终无法自外于这个全球性的民族国家体制，这反映出志士们已出现某种民族自觉，至少在武士阶级中民族主义已经滋长。就民众方面而言，他们亦非如一般武士所认为的那样愚蠢或无知，他们对时局的变动抱有期待，甚至可以说有解放的感觉。很少人会为幕府的崩溃而悲哀，不过亦有很少人马上认同新政权。究竟谁会成为新的政治领导人？新政权会是如何的样子？当明治天皇在满天飘舞的符咒中宣布维新政府成立时，各种基本问题其实仍悬而未决。

第二部分

近代革命：从明治维新到日俄战争

（1868—1905）

第五章

武士革命

　　明治天皇在1867—1868年发动的"维新"，其实仅能称之为政变，因为推翻德川幕府的只是一小撮倒幕派，他们号称"王政复古"，要恢复天皇亲理政事的传统。但睽诸史实并无其事，在日本历史上没有几个天皇是有权力而且可以亲自处理政务的。以此为号召的原因，是当时各政治派系害怕萨长两藩武士挟天子以令诸侯，再建立另一个幕府，使日本政权依然由少数集团操纵，仍然换汤不换药。事实上"王政复古"后，政治架构并没有改变太多，除了京都及江户发生若干纷扰外，整个日本仍有近200个大名，他们互不统属，各自拥有独立的财政及军事权力。武士依旧根据其先天身份地位接受俸禄。无论城市还是农村，的确一度陷入混乱，但农民起义多半是短促而且零散，未构成真正威胁。

　　然而若将1868年的政治、经济、社会以及文化各方面的情况，与10年后的日本再做比较，其转变是如此令人大吃一惊，完全可以称之为"革命"。所谓"革命"，并非说与过去一刀两断，没有一个社会可以这样，日本亦不例外。但其在深度及广度上的转变，不但令当时人讶异，就算在近150年后的今天，亦足以令人目眩。英国学者巴兹尔·霍尔·张伯伦（Basil Hall Chamberlain）便是日本历史性变化的见证人，他从1873年开始在日本居住，前后长达30年，他在1891年便写道：

> 一个人若活过近代日本的过渡阶段，他会有一种与众不同的老迈感，因为他目下完全活在一个现代世界，上下周围尽是谈论着脚踏车、杆状菌及"势力范围"等现代事物，但其脑海里仍可以清晰记得中古时期的事情。那些亲爱的老武士曾引领我进入日本语的神秘领域，当时梳的是辫子，身上带着两把刀。这些封建遗风现在已沉睡在涅槃中。
>
> 老武士的现代继承人，现在可说颇流利的英语，日常穿着高领绅士服，望之与欧洲人无大不同，所差者只不过是日本人游移不定的眼光与稀疏的胡子，旧东西好像在一夜之间便消失得无影无踪。[1]

虽然张伯伦强调这"过渡期"的开展是不同凡响的迅速，但他的文章其实亦指出日本的变化只不过是全球变迁的一部分而已。的确，若由近代革命的全球视点来看，日本在19世纪60年代开始的变化只是其中一个环节而已，从19世纪到20世纪世界各地所发生的改变，亦一一反映在明治维新中。

在世界史上，日本固然与其他近代化社会有着共通点，但其过程仍与18世纪末及19世纪的欧洲革命有所不同。在欧洲，推翻贵族特权的动力来自新兴阶级，特别是城市资产阶级；在日本，明治时代带头攻击旧有秩序的人却是武士，属于原来体制内的精英。由于武士的特殊角色，不少历史学家称日本19世纪的"维新"为"自上而下的革命"或"贵族式革命"。[2]

在20世纪的各国革命中，不少社会精英在旧社会中享有崇高声望，在改革其政治架构时，却不惜弱化其自身地位，因此日本的革命模式并非独一无二，它与早期欧美革命有所不同，较类似后起的一些革命。这种精英式的革命在日本出现，与其武士阶级的特性有关，也有其优点及缺点。由消极层次而言，精英革命之所以可能，是因为武士并非地主阶级，缺乏安全保障。一方面，他们基本上只是领主的受薪队伍，虽然是世袭，但完全没有土地所有权，有异于欧洲封建庄园主、中国的乡绅地主，甚至朝鲜的两班贵族。故与其他社会精英相比，武士可以说是一无所有。另一方面，当新政权要取消封建特权时，他们却是封建体制下一定程度的受益者，又不得不极力维护这些特权。维新后有些武士的确痛恨昔日同志的做法，要以行动反抗；不过大部分则没有采取任何行动，原因也许是没有办法，也许是不愿意。由积极层次而言，在维新运动过程中，不少勤王志士已不再以单一大名为其效力对象，他们把层次拉高至全国，这种急速上扬的民族意识亦为他们的行动留下注脚，说明他们为何愿意接受明治政府各种影响深远的改革计划。

一、民族革命下的各种政策

1868年明治政府成立后，其领导人沉浸在轻而易举打败德川政府的兴奋中。虽然在对外关系上，不平等地位及列强扬威耀武的耻辱历历在目，外力蚕食的忧虑挥之不去。在国内也仍有各种反对势力，但至少主要军队保持稳定，有些甚至还有不少西式装备。

上述挑战实为刺激明治革命者的动力。另一个刺激革命的动力则为德川遗留下来的问题，这些议题自幕末以来便一直为志士所热烈讨论，它们包括军事及经济力量的衰落、缺乏政治统一、无法让贤者出头的僵化社会结构等等。在对旧政体恐惧及不满的双重因素下，明治领导人雄心勃勃，设计出一个涉及面甚广的计划，在不断修正与尝试中，要把日本变成一个新式的民族国家。

1. 政治统一及中央官僚制度

第一个激烈行动便是"废藩置县"，一个实行了 260 年的政治制度马上完全解体。在 1868 年，维新派发动政变后，临时政府的领导人如长州的木户孝允（1833—1877）、萨摩的西乡隆盛（1828—1877）便立刻决定要结束四分五裂的藩阀体制。在经过小心翼翼地策划后，他们在短短三年内便实现其目的。一个英国观察家在 1872 年便惊诧于各种变化："四年前我们仍在中古时代，但现在已大跃至 19 世纪，犹如由诗歌时代进入平易实用的散文时代。"[3]

建立中央集权政权的动作始于 1869 年 3 月，当时新政府游说一些具有影响力及权势的大名，特别是萨摩、长州、土佐及肥前等藩，希望各大名能自动把领地奉还给天皇。由于他们多半身为发动政变的武士的藩主，深信各武士所言，即在奉还领地后，其原有地位仍受尊重，同时只要愿意，在新政府中亦会获得发言权。事实上，在奉还土地后，各藩主都重新被委任为藩知事，其收入仍然可观，自主权亦一如往昔。

到 1870 年初，所有大名均在形式上把土地交还天皇。虽然如此，这个史称为"版籍奉还"的决定，建立了"普天之下，莫非王土；率土之滨，莫非王臣"的近代日本天皇直接统治原则。

为了进一步彻底废除大名制度，明治改革者尝试在各藩布置心腹亲信。他们敦促各藩任用有才干的下级武士，这些人一般都比较容易接受改革。为争取各藩有力者的支持，木户孝允及其他明治政府领导人亦实行软硬兼施的政策，一方面承诺授予各大名及其追随者在中央政府的职位；另一方面则以萨摩及长州武士为基础，成立天皇亲兵。亲兵虽然从未真正使用过，但其力量不但大于任何一藩的武力，亦大于任何雄藩的联合力量，因此构成震慑力。

用上述政策安抚了潜在反对领袖，并在主要名藩中建立支持力量后，明治政府在 1871 年 8 月借天皇宣布"废藩置县"，县知事不再由原来藩主出任，而由中央政府直接派出。故它已不只是藩名号的改变，而是一种根本改造，其结果十分明显，中央政府向各藩领地直接收取税项，各大名则要移居东京，其原居藩堡亦被夷为平地。在命令发布后短短三个月内，日本的地方制度迅速变化，由原来 280 个藩变为 72 个县，大部分新任县知事都非原来藩主，他们都是倒幕派名藩中的中级武士，维新后在明治政府中担任重要职务。

废藩置县后，明治政府对大名实施巨额补偿。大名每年可以向政府领取一笔可观的报酬，约等于原来藩税年收入的 1 / 10，但大名却无须为藩的开支操心，一切均由中央政府承担，因此不少大名虽被迫退出政坛，但并无任何怨言。在短短三年之中，德川幕府建立了 200 多年的藩幕体制全然消失，幕府以及数百个半独立的藩不复存在。

明治领导人同时亦要建立一套中央政府架构，以管理新成立的各县。因此在前几年摸索的过程中，政治组织屡次变动，有时会令人糊涂。为了坐实"王政复古"之名，维新者使用日本平安时代（794—1192）的官制名称，作为新政府的职位名称。首先在1868年初设三职，三职为总裁、议定、参与，由公卿、藩主及武士担任，虽以天皇名义，实际上由三职掌握临时政府大权，其中又以萨长最具影响力。稍后维新派又设太政官，作为最高权力机关，但仍由维新派占有最重要位置。而太政官组织在1869年及1871年被先后修正过，到1871年末，置太政大臣及左、右两院，左院负责立法，右院负责草拟政令，太政大臣下辖大藏、外务、工部等省。

明治维新体制显得颇有效率，一直能维持到1885年，其后因为模仿欧洲，改为内阁制。内阁由总理大臣统率，下面为管理实际行政的官僚部会。1889年明治宪法通过，正式确立内阁制为政府制度，本章稍后会讨论这部宪法。这部宪法亦设立一个具有审议权力的国会，但内阁并非向国会负责，而是向天皇负责。

在明治初期，各省官员的任用多通过私人关系，故位置大半由萨长武士及其盟友占据。不过一个无私、用人唯才的文官制度很快便出现。1887年，明治政府开始实行考试制度，从此日本帝国各部会的用人便完全以考试成绩为录取标准，而考上者亦获得社会上极高声誉。

官僚国家的出现是日本近代史上非常重要的一步。首先，德川幕府的传统是以文人化的武士出任官僚，明治政府继承此项遗风，并进一步发扬光大，废除各藩，扩大用人范畴。其次，德川的官僚体制因为权责重叠，是以行政效率不彰，近代明治政府用功能较清楚的部会替代，亦实现了德川体制中贤能者在位的理想，明治政府的合法性得到进一步巩固。最后一点，明治政府鼓吹出仕即为服务天皇，是无上光荣，亦为增强明治政府地位的方法。总括来说，明治领导人为其国家建立一个亘古未有的政府，比以前更具合法性也更有力量。

2. 四民平等

明治维新初期第二个改变更为突出，不过其代价亦更大。1876年，维新成功才过八年而已，武士的经济特权即被一扫而光。武士是一个半贵族式的社会阶级，亦是维新领袖出身所在，却被完全消灭。在整个过程中并非没有反抗，有时反抗亦会相当激烈，甚至血流成河，但维新领袖最后仍能克服各种困难，完成类似社会革命的任务。

明治政府决定要废除武士阶级，其主要原因在财政问题。在废藩置县时，政府乘势削减武士俸禄。但到19世纪70年代中期，武士俸禄支出仍很大，约占财政支出半数。而新政府建立之初，百废待兴，在在需财，领导层认为武士的花费太大，回报却不高。武士中的确有不少才智之士，却投闲置散，他们原来所受的刀枪剑戟的教育，在当时则毫无用处，因此俸禄变相成为社会福利，为特定家庭出身而设。

维新之初，各领导人已深知废除武士阶级的必要，势在必行。但要付诸实行则为一艰巨工程。它前后花费约10年时间，最后政府丧失了不少武士的支持。这些武士原来很多都支持维新号召，不过在1868年后仍留在原来各地名藩中，主持明治政府的领导人都是他们的昔日同志，他们因此大为不满，认为遭同志出卖。明治政府在推行此政策时，与废藩置县一样，开始非常谨慎。1869年，政府将武士分为两类，上者为士族，下者为卒。到 1872 年，又实行所谓"四民平等"政策，把下级武士的身份转变为平民，虽然当时仍保留其俸禄。

1873 年，政府宣布征收武士俸禄税，次年又鼓励武士将其俸禄改为债券。政府发行债券的价值约等于武士 5 年到 14 年的收入，武士若用俸禄换债券，则可按 5%—7% 的利率收取利息，理论上俸禄愈低者，其利息会愈高。不过若收入真的是靠债券，就算用最优惠的债券计算，其金额仍会稍低于年俸禄，故只有少数武士愿意参加。

1876 年，政府终于下令强迫武士参加，所有俸禄均转换为债券，很多武士因而损失惨重，与大名的优厚待遇有云泥之别。他们的收入最多只到原来的 90%，有的甚至低至 25%。不单如此，带刀原为武士特权，而新规定是所有人民均不能带有武器，唯一例外是军人及警察，武士的尊严又受到了打击。

废除武士特权一方面可以让新政权重新分配财政及人才资源，亦促使社会转型，将过去一个身份地位僵化的封建社会，变成一个流动性强及用人唯才的社会。另一方面，废除武士阶级意味着武士以外人口的解放，让他们同样享有武士过去的特权。因此，日本理论上已成为一个自由社会。1870 年，在法律上所有非武士的日本人均被视为平民，德川时代有关旅游、衣服、发式的限制均全部取消，有关职业的限制亦然。德川时期有所谓"秽多"或"非人"，他们是世代相传的贱民，如今法律亦规定禁止歧视他们；由于原来的称谓颇不雅，政府将其更名为部落民，原因是他们与社会仍有隔阂，多集中居住一处，故以此为名。事实上，部落民的后代到今日仍受到社会歧视。另外在性别上仍然不能完全平等，此点书中会稍后提及。

有些平民随之而发迹，其实这并不意外，特别是原来的地主、借贷者、农村小生产商等。他们在德川时期便颇富有，亦受过一定程度的教育，在明治时代较为开放的社会环境中，自然很容易冒出头来。但有部分人则十分贫困，生活过得十分吃力，特别是那些身无寸土的人。他们只能倚赖地主不可靠的善心，才可以在疾病、歉收、农价下跌中生存过来。至于武士，他们虽失去俸禄及社会地位，但他们具有一定受教育程度及企图心，很多武士可以自立自强，亦有些武士用其债券投资到新企业中，不过多半以失败告终。亦有些人反抗新政府，或以武力，或从事政治运动，要求召开国会、订立宪法。

明治时期是个转变的时代，要了解其所带来的发奋精神、各种机会及危机，阅读当时的文学作品是个非常好的渠道。作家德富芦花（1868—1927）以19世纪80年代为背景，在1901年写出《回忆》一书，生动地反映出当时情况，广受读者欢迎。其中一段写到老师与他的对话，他的老师是一个自由民权活动家，面对这位充满理想情操的学生，指出：

> 此后的日本，再不会像以前马马虎虎便可以了事，完全是靠实力决胜负。就算在政界，1890年以后才是真正困难的开始。*其实不只政治，其他方面亦如此。现在日本正争取加入世界各国行列，能争取多少便争取多少，考验国家实力的机会愈来愈多，此亦不正是有志之士自爱之秋？能不修身奋发吗？我所谓志士不限

---

* 1890年日本正式选举国会议员。——译者注

于政治家，它包括各方面，只要有志贡献国家的人便可以。[4]

3. 征兵令

远在武士失势以前，明治领导者便决意要从基层开始改革军队。长州出身的几个主要领导人，如木户孝允、大村益次郎（1824—1869）、山县有朋（1838—1922）等等，对长州军队以武士－农民合作为基础，在维新战争中发挥重要作用深有体会，因此他们极力主张军队应向全国招募，而且是强迫征集。他们的观点引起很大争议，一些武士极端反对征兵制，1869年12月，他们暗杀大村于京都。至于在政府高层里，来自萨摩的武士则有不同看法，由于萨摩藩人口中武士的比例甚高，约占1／5，故对百姓采取较为敌对的态度，认为他们多半是无知，而且反叛性强，主张武士在明治政府中应有重要地位。萨摩的灵魂人物是大久保利通（1830—1878），他是明治政府头十年中最具影响力的领导人之一，与长州的木户孝允并驾齐驱。刚开始时，大久保所代表的萨摩观点取得优势，而且得到当时政府中最有力的朝廷公卿岩仓具视（1825—1883）的支持。1871年4月，明治政府创立亲兵队，人数约万人，主要是从参加维新的武士群中选出。

因此在军队中，保守观点似占上风，不过并不长久。其后山县有朋由欧洲访问归来，根据欧洲经验，他主张全面推行征兵制，认为这不但有助于增加军事力量，同时亦有利于巩固人民对政府的向心力。1873年，山县的看法获得政府认同，政府下令推行全民征兵制，凡20岁及以上的成年男子均有义务入伍3年，退伍后担任后备兵役4年。

征兵令并不受民众欢迎，同时它的普遍性亦受限制。1873年，政府列出若干免役规定，免役人员包括一户之长、有刑罚在身者、体格不合规定者、若干规定学校的师生以及公务员。它亦容许人民纳款免役，不过金额巨大，约为270日元，超过当时一个普通工人的全年收入。由于人民想尽办法逃役，不是寻找迎合免役资格的方式，便是凑足款项付钱消灾，因此征兵常出现不足额的情况，但政府则称其为"血税"（模仿欧洲当时用语），认为是人民必须履行的义务。在1873—1874年，出现16次民众暴动，许多征兵站被愤怒的人民捣毁，约有10万人因此被捕及受罚。

近代以来，日本军队给人的形象总是纪律严明、尽忠报国，上述反抗事件反映出这种形象并非日本的"国民性"，亦非自古以来的传统。在欧洲及美国也同样出现过反抗，美国内战时期即出现过大规模的反征兵行动。日本与其他地方一样，爱国精神是现代民族主义运动下的结果，它吸引无数青年自愿从军，但要民众真正接受，其实需要数十年的时间。日本军队的第一个考验是1877年的"西南战争"，不过它最终平定了武士的大规模反叛。忠君教育其后逐步展开，1882年的天皇谕旨谆谆教诲海陆军人，年轻人应以赤心及勇敢报答君主。公共教育系统在教科书及老师的倡导下，成为忠君教育的支柱。日本海军在19世纪80年代及90年代苗壮成长，到90年代中期，陆军已不只是守土卫国，而是开始向海外扩展。到此时，参军才开始被许多壮丁及家庭视为男子爱国责任的表现。

4. 义务教育

与军事改革同时进行的是新式教育制度的移植，它发展得十分迅速。1872 年，明治政府发出豪言壮语，要实行四年义务小学教育，凡男女学童均有资格入学。它夸言"在村中无家不入学，在家中无人不读书"。这亦反映出明治领导人对西方富强的原因有一定了解。事实上，当木户孝允等领导人切身考察过欧美社会后，体会到全民教育与全民征兵一样，都是西方经济及军事力量的基础。他们最初是以法国及美国为楷模，于 1872 年在全国设立中小学及高中系统。刚开始时，政府明言学校是以实务学习及独立思考为目的，只有这样一般人民才能够发挥个人所长以效忠国家。

对明治政府来说，全民义务教育是一个大胆的尝试，亦是一种冒险。德川思想家如会泽正志斋等多次指责老百姓为愚民，常轻易被口舌如簧的传教士欺骗，最后背叛其领主以及天皇。明治领导人若接受他们的想法，以安定为先，肯定不会让其臣民有接受教育的机会，更不用说学习那些宣传自主的启蒙思想，因为臣民是以服从为第一义。事实上，明治领导人并非不了解其中情况，但他们认为日本若要走向富强之道，必须要消灭愚民。不过他们亦发展出一套教育理论，即男女两性的学习目标不应该一样。前者学习知识，是以服务大众，富强国家为目的；后者则除了身为天皇臣民外，学习的最重要目的是如何在家庭中担任贤妻良母的角色。

社会对义务教育的反应是好坏参半。当时的文学作品反映出某些年轻人对义务教育的期待，认为这是一个上进的好机会，同时若能到新首都东京工作，尽忠国家，亦是他们梦寐以求的事。德富芦花在《回忆》一书中亦记述 19 世纪 80 年代初期年轻人热衷学习的情况：

八月底收到松村一封信，带来一个大消息。在那些日子里，对我们这些年轻人来说，所谓的"大消息"其实就只有一件事：松村下个月要出门，上东京学习去。你可以在他那笔走龙蛇、上下飞舞的字里行间感觉出他的兴奋。他的字从来是有气无力，但这次却截然不同。信上的字每行一气呵成，欢欣之情跃于纸上。[5]

不是每个人都兴高采烈地尽义务上学，最后完成学业。小学经费是由地方政府补助，财源来自地税附加税，约为10%。因此19世纪70年代纳税人对义务教育的反应如同对征兵令一样，用暴行发泄其不满。被群众捣毁的学校至少2 000所，大部分是遭烧毁，约占当时全国学校数目的1/10。消极者则以拒绝上学作为反抗手段，这种情形更普遍，因此在新制度的第一个十年（1872—1881）间，男女学童的入学率甚低，为适龄儿童的25%—50%。

不过上学最后如同征兵一样，成为效忠天皇的臣民应尽的责任，为广大日本人民所乐意接受。到19世纪末，小学的入学率达90%以上。到1905年，在法律规定下，小学的适龄学童入学率，男性是98%，女性是93%。随着义务教育的深入发展，新的社会价值亦逐渐形成，每个人的生命从小便应该在一个开放环境中成长，让他的天分得以自由发挥。这种思想对年轻人尤具吸引力，它成为以后日本社会一个最受人认同的基本价值。选贤任能与世袭交替两种价值，在德川幕府时期一直处于冲突状态，明治政府的社会革命则把这个意识形态问题解决掉，强调用人以才能为主。

5. 一君万民

明治革命诸多崭新政策中，其中一个便是有关天皇，其结果是将天皇建构为政治秩序的核心。维新派志士是用天皇名义发动政变的，但当政变成功，一旦大权在握，他们对天皇便各有不同主张。一般老百姓并不特别把天皇当作一个效忠的政治符号，而明治天皇本人无论是穿上传统礼服还是西式军装，看起来也不是一个令人印象深刻的年轻人。

当倒幕派节节胜利，最后攻陷德川幕府大本营江户后，明治天皇亦临幸其地。其时明治政府内部仍未能决定未来首都的所在，有人主张把首都移至江户，并更名为东京；有人则主张天皇还驾京都，仍以该地为全国首府；有人甚至建议同时建都于江户及京都。事实上在明治政府成立后，天皇在东京的居所一直被称为临时行在，到1889年正式定都东京，天皇居所才改称为"皇居"。[6]

从1868年到1889年这二十多年间，当首都逐步由西移到东时，天皇的形象亦在改变中，明治政府不断地为天皇与皇后增添象征意义。在19世纪80年代，皇后及其侍从均穿着西式服装，目的是要显示君主制是一个现代产物。为呈现明治天皇是一个现代化君主，他本人亦有个令人吃惊的变异过程。其中最突出的例子便是明治天皇的肖像，1888年一位意大利著名艺术家为天皇画像（见图5.3），若与天皇早期画像相比，其差异之处是颇为惊人的。这幅画像最后摄制成照片，在全国各学校中供奉，亦成为日后明治天皇的官式画像。

在同一时间，宪法亦提升天皇的法律及文化地位。在19世纪80年代到20世纪30年代间，天皇制度成为有力的统合力量，影响力大得异常。它是国家、社会、个人等认同的共同起点。通过天皇制度的

图 5.1　1872 年明治天皇穿上朝服，坐在一张日式椅子上，神情颇不自在。须藤光晖《明治天皇御传》(东京：金尾文渊堂，1912)。(T Fujitani 提供)

图 5.2　1873 年明治天皇穿上西式军装，发型也是西式的，嘴上留了胡须，坐在一张西式椅子上。照片描绘出一个新皇帝及新国家的西化及近代形象，反映出当时日本政府热切追求的方向。从明治天皇的姿势可以看出，这位年轻人仍未完全习惯他的新角色及新形象。须藤光晖《明治天皇御传》(东京：金尾文渊堂，1912)。(T. Fujitani 提供)

图 5.3　明治天皇在 1888 年所画的成年肖像，当时日本全国学校都供奉此照。这幅肖像是意大利著名画家爱德华多·奥奥索内 (Edoardo Chiossone) 的作品，并成为这位日本近代新君主的官方画像。与 15 年前的年轻形象相比，明治天皇显然变得更有威严。这种差异不单代表明治天皇比以前更成熟，亦反映出当时日本政府要利用这一形象来凸显它的新权威及力量。渡边银太郎编《御大葬御写真帖》，第一卷 (东京：新桥堂书店，1912)。(T Fujitani 提供)

图 5.1　　图 5.2

图 5.3

运作，个人因而可以联系到家庭、工作场所、邻里各个社群，最后形成一个想象出来的民族与帝国的有机体。

二、富国强兵之道

明治领导人非常欣赏西方工业资本主义所带来的爆发力，对曾外出访问的领导人而言，其印象尤为深刻。他们了解到欧洲列强能够国富民强，其原因不单是船坚炮利，更在于工商业的发达。欧洲各国的军事力量只是表面现象，经济力量才是真正的基础。在整个明治政府领导层中，木户孝允可以说是个典型，他在1872年出游欧美，当参观过西方建筑物、教育、工业等各项成就后，在其日记中便充斥着"惊人""无法形容""宏大规模"等字眼。[7]

震慑于西方的学问及工业成就，明治领导人提出"富国强兵"口号，作为治国的优先目标。他们采取许多策略以实现此口号，有些是间接措施，主要是推动工业经济各种基本建设；有些则是政府直接投资，用以建造工厂，开发天然资源。

19世纪70年代最重要的经济改革是建立新税制。明治政府刚成立时，财政十分拮据，其税收只能倚赖德川原有领地，但收入并不足以应付支出，要靠向大阪的有力商人借贷度日。1871年废藩置县后，政府一方面固然要承受发放武士俸禄及诸大名退休金的责任；另一方面亦趁机接收各藩税金，使之成为中央政府收入的一部分。1873年，大久保利通订立一个新的全国土地税法，原来的目的是统合幕府及大名税收，让中央政府有一个稳定财源。

不过新税制的重要性超越了财政作用，它改变了地主与国家的根本关系，亦改变了地主间的相互关系。在德川时代，土地所有权是建立在各村的不同习惯上，同时税收亦非向个人征收，税金缴纳是以全村为基本单位。至于国家本身则没有既定机关管理土地登记或契约，因此土地买卖并无正式政府机构监管。税率方面则不以土地价值为计算基础，而是按土地产量抽取田赋。田赋以实物缴纳，通常以米为主，因此政府收入常因物价波动受到影响。假设米价上升，则政府收入增加；若米价下跌，政府收入则下降。

1873 年税制改变了整个税收的性质。由于它是一个全国性的统一税制，政府在 19 世纪 70 年代中期便开始丈量土地，确定每一块土地的所有权，并发给地主契约，近代日本土地私有权得以确立；其次，它替每一块土地估计其市场价值；最后它将田赋定为土地价值的 3%。新税制不但给予明治政府一个稳定财源，使其不再受物价波动影响，更重要的是它确立了土地的私人所有权，中央政府得以越过大名，直接与各户家长联系。在新税制下，付税的农民固然要承担物价波动带来的风险，但也享受它带来的机会。若米价下跌，农民为了付税，必须多卖一点儿米；反之，若米价上涨，他们则可以多赚。不过人民亦开始意识到其与国家间的政治及经济关系已与过去截然不同。因此，税收与财政预算成为明治时期争议性最大的两个政治议题。

在 19 世纪末，明治政府将新税制所得的部分收入用于公共工程及各种制度建设中，它开拓商港，建造灯塔，改善沿海运输；它从 1869 年开始铺设电报线路，1871 年模仿英国设立邮政；它鼓励私人投资者用合股方式开设公司，在 19 世纪 80 年代中期，它模仿欧洲设立中央银行，发行纸币，统一全国货币。故可以说明治政府为日本近代资本主义工业经济奠定了各种基本设施基础。

其中最重要的便是铁路建设，政府在这方面是首开风气者。第一条铁路是东京—横滨线，约在1872年完工，1889年延伸至神户。政府亦鼓励私人兴建铁路，19世纪80年代出现一股铁路投资热潮，原多原来的大名及上级武士将其退休金投资到一些有财力的私人公司中，日本近代股票市场因而慢慢形成。到1890年，日本已拥有约2 000公里铁路，约有40%由政府投资及经营，其余则为私人所有。

铁路对日本的影响和世界其他地方一样，不但体现在经济上，亦在文化上。它改变了人们的时间观念、距离观念，甚至社会行为方式。火车到今日已极为普通，但19世纪70年代及80年代的日本人好像数十年前的西方一样，火车牵动其无限遐思：其行如飞，"快逾箭矢"；无远弗届，"缩地成寸"。他们亦留意到火车是按时间表行驶，因此需要精确的时间观念。变化是缓慢的，不过亦逐步显露出时间观念的改变。首先是对火车服务的投诉，在20世纪初，不少乘客指责铁路公司误点及工作散漫。不过当乘客表示不满时，其实已反映出其观念上的改变。铁路时代的来临，代表以分为单位的时间已出现，不再是过去以半小时为核算单位，因此钟表的使用变得重要。慢慢地，所有日本人都开始留意要准确遵守时间。[8]

除了基本建设外，明治政府亦在发展及经营工业企业上扮演重要角色。政府领导人相信民间商人不会积极投资近代工业，亦无足够知识经营。但外国资本不可尽信，他们曾仔细研究过"夷务"，了解中东之所以成为英法两国殖民地，主要原因是当地统治者向两国贷款，最后尾大不掉，逐步被蚕食。这个教训十分深远，故外国资本固不会被全面禁止，但亦不会太受欢迎。

因此日本近代第一批工业企业基本上由国内投资，其中又以政府为主。在19世纪70年代，明治政府先后设立一批企业，直接经营，称之为模范企业，它们包括造船、煤铜矿、工程、军火、棉纺、丝织、玻璃、糖，甚至啤酒，总数二十多个。虽然明治政府不乐意接受外来投资，但一度大量雇用外人担任顾问及经营工作。特别在19世纪70年代，它不惜耗费庞大预算，从二十多个国家招募数千名被称为"外国雇员"的外籍人士。顾名思义，这些外国员工只做细部技术指导，没有更高层次的作用。他们的薪水高昂，大部分与明治政府高层官员同酬，不过这些技术人才和顾问的确在经济及社会各方面提供了不少宝贵意见。

在日本近代经济发展过程中，政府的角色究竟有多重要？经济史家到今天仍有不同看法。有些人认为政府只不过建造了二十多个企业，开采资源，发展了电报网络及铁路，其总投资额仍远远比不上军事方面，而且大部分是亏本。这当然是事实，大部分国营事业都不赚钱，因此到了19世纪80年代，政府都以低价把国营事业卖给商人。比较成功的是煤矿及金属矿事业，不过政府稍后亦将其出售，价格则稍高。日本近代史上称这个国营事业计划为"殖产兴业"政策，若仅以成败论英雄来评价这个政策，很容易忽略其重要性。在明治政府的努力下，国有企业训练出第一代的经理及工程人才，一个小规模的产业工人队伍亦已成形，因此国有企业为日本未来的发展奠定了一个良好基础。

事实上，明治政府原来是鼓励私人企业投资到新式工业范畴的，但它无法强制江户时代的商人或地主花钱冒险。大久保在1874年便写道："货物增产，固有赖百姓的辛勤努力，但更重要的是政府及其官员的指导与鼓励。"十年之后，政府决定出售各国有企业时，内部官员并不乐观。一个有影响力的外国官员在1884年写道："日本人一般来说不懂操作外国机器，他们对机械科学是如此愚昧无知，甚至连开个西式锁都一窍不通。因此只要我们的机器稍微复杂一点儿，他们就不知道怎么操作它们了。"[9]语气是稍微悲观，说日本人愚昧或无能也有点过分，他们只不过是缺乏经验，一切均从零开始，冒险是免不了的，故谨慎亦是自然而然的态度，不能过于苛责。总括而言，有关国营事业最稳当的评价是，所谓"模范工厂"若完全依赖私人企业投资，它们肯定不会那么快出现。

国家的积极措施还有另一个重要作用。由于国家地位尊崇，而且发挥潜力大，故它的参与可以在政府内部或外部产生信心，成为经济发展的助力。在整个20世纪中，日本人有一个强烈信念，即国家不应只是个中介者或指导者，它应该积极介入经济发展，这种想法可以说完全源于19世纪。当然，萨摩藩与长州藩在德川时代已实行专卖政策，也许对日后明治政府的经济措施有所启发。然而严格来说，国家积极政策并非源于日本传统经济思想，它是明治领导人反复思考下所做的决定。他们认识到当前世界经济结构是以国家为单位，而日本是一个后进者，需要不惜一切赶上，否则会沦为半殖民地。为达成这个目的，他们拒绝接受英国亚当·斯密（Adam Smith）的自由放任学说，转而倾向于德国的国家领导发展哲学，尤其是弗里德里希·李斯特（Friedrich List）的经济思想，更受当时日本领导人欢迎。其他亚洲政治精英亦跟随明治领导人的脚步，其结果如何，到今天仍在争论中。

三、开国进取

明治政府在 19 世纪 70 年代进行革命性的改造，其构思源于对欧美科技及思想的热衷。与 19 世纪 50 年代及 60 年代的排外言论及行为相比，明治政府的开放可以说是有天壤之别，这当然亦与政府领导人大力推动有关。他们之所以接受外人来日及外国科技，是基于时势需要，即所谓"师夷长技以制夷"。然而当西化日深时，明治领导人开始真正欣赏西方各种事物及思想，了解到它们才是西方富强之所在。

对年轻的明治政府领导人而言，真正切身的西方体验来自海外游访中的耳闻目见。早在 19 世纪 60 年代，萨摩、长州以及幕府均派学生到欧洲留学，其中最著名的是长州的伊藤博文（1841—1909）与井上馨（1835—1915）、萨摩的大久保利通，以及涩泽荣一（1840—1931）等商界杰出领袖。他们不但带回第一手的西方知识，亦成为日后明治政府的决策者。最重要的一次海外访问是 1871—1873 年的岩仓使节团，数十名政府领导人在欧美游历了一年半，成员包括岩仓具视、大久保利通、木户孝允及伊藤博文。他们实际参观西方各种制度及措施的运作情况，如国会、学校和工厂等，深深体会到近代工业培养出来的经济力，也体会到民族国家下教育发达，以及其主体公民所创造的社会力。故西方之游有如刘姥姥入大观园，眼花缭乱，他们如饥似渴地在西方社会中寻求需要的各种制度，包括中央银行、大学、邮政及警政。

日本一方面极度推崇西方思想所代表的各种力量及价值，另一方面又非常不满日本与西方间的不平等政治关系。岩仓使节团外出的最初目标是要修订 1858 年与各国签订的不平等条约，但结果却到处碰壁。

欧美各国都拒绝日本要求，认为在短期内要修改的机会是微乎其微，原因是日本国内的法律及政治制度仍未达到西方标准，日本若不改革，条约是无法修改的。

在这种情况下，西方固然是日本仿效的对象，但亦是潜在敌人。双方的敌对不只来自外国的海陆军事力量，亦来自民主思想，它一直是明治领导人的关切对象。他们认为国会是个分裂力量，不会替国家带来统一及富强。因此从明治政府成立之始，他们虽然一直希望鼓励群众支持，但亦害怕群众的过度参与会造成危险的政治性挑战或大规模叛乱。

西方不但可能是政治动乱之源，亦可能破坏社会秩序。这种忧虑最常见于颠覆男女两性关系之中。在幕末以及明治初期的西方旅行日记中，日人常指责西方男女间过分随便的亲密关系，男性的大胆积极态度，亦令他们十分不满。根据他们的观察，西方妇女的地位通常比日本女性高，这种看法其实颇有商榷余地，但明治时的男性的确担忧女性会要求婚姻平等，甚至整个社会地位要一视同仁。

在亚洲方面，明治领导人及当时精英知识分子同样采取一种爱恨交集的态度。有时候他们会提出"泛亚细亚主义"，呼吁亚洲各国团结一致，共同抵御弱肉强食的欧洲帝国主义侵略。有时候又采取一种专横外交方针，自视优胜于亚洲各邻国，这种心态在19世纪70年代便露出端倪。他们认为日本是亚洲的当然盟主，有责任领导亚洲邻国走向近代化，与西方争一日雄长，完全忽视亚洲各国的想法。

日本的亚洲政策终于在1873年有突破性进展。当时岩仓具视使节团正在外访中，萨摩的西乡隆盛留在东京，负责处理日常事务。西乡为一民族主义者，主张攻打朝鲜。在 19 世纪 70 年代，日本商人一直希望朝鲜能开港通商，但遭朝鲜政府坚决拒绝，西乡希望用武力解决，一雪遭朝鲜回绝之耻。促使西乡动武的另一个原因是，对朝战争可提高武士在明治政府中的地位，不少西乡的支持者，如土佐藩的板垣退助（1837—1919）等亦赞同这种看法。

当时明治政府内部就侵略朝鲜问题，有赞成及反对两派，然讽刺的是，无论哪一派，都不认为日本侵略朝鲜的行动与 19 世纪 50 年代西方对日本的扩张行为并无轩轾，而日本却正要与西方力争修改不平等条约。岩仓使节团成员大都反对西乡的计划，但其理由主要在战略方面。外游中的所见所闻使他们相信日本必须先进行大规模内部改革，才能对外发展。然而西乡的侵朝计划似乎势在必行，这不能不引发岩仓使节团的忧虑，大久保及木户因此缩短行程，提前返回日本，希望能及时阻止西乡的行动。虽然如此，他们并非完全反对施加武力于亚洲邻国。

因此，大久保及木户在第二年（1874）便在台湾发动一个小规模战争，日本史上称为"台湾事件"。该事件源于 1871 年，有数十名琉球人在海上遇难，漂流到台湾后遭原住民杀死。当时日本正要合并琉球，因此向中国政府要求赔偿，中国政府则以琉球为其藩属，拒绝日本所请。大久保当时已取得明治政府的控制权，1874 年决定派 3 000 人的军队前往台湾，惩罚原住民。不过日军在台湾并未取得重大进展，同时由于水土不服，有 500 多人病亡，故出兵台湾，可以说一无所得，最后由中国政府赔偿一笔数额不大的款项，军队才退出台湾。

琉民遇害是 1871 年，但日本在三年后才出兵，故出兵的决定基本上是战略上为安抚政府内部的征韩派。日本出兵台湾还有另一个原因，明治政府准备在台湾建立殖民地，开化岛内的原住民部落。这种想法完全是西方外交思想影响下的结果。当时西方各国发展殖民地，其中一个理由便是白人有责任开化各地原住民。在出兵之际，明治政府并未公开其殖民台湾的想法，事实上这计划很快便被束之高阁，原因是中国的强烈反弹，日本怕因此触发战争。[10]虽然师老无功，但出兵台湾仍为日本外交开创一个新阶段，明治领导人不单只开近代日本炮艇外交的先河，同时亦首次提出日本外交的责任，就是要把文明传播到亚洲各地。

在明治政府头十年中，其领导人亦有意扩张日本传统领土，为近代日本民族国家划定疆域范围。北海道在德川幕府时期称为虾夷地，是今天日本少数民族阿伊努人（Ainu）*的居所。1869 年，明治政府正式宣布合并北海道，设立开拓使。其后明治领导人遣送大批旧日武士及其他职业人士到北海道开垦耕地。另在 1879 年，日本强迫琉球王逊位，合并其土地，改为冲绳县。合并土地、重划疆界是比较容易做的事，然而合并后如何整合原来土地的人民为日本臣民则难度较高。1872 年，日本实行新的户籍制度，住在北海道的阿伊努人亦可以登记。根据日本的户籍法，阿伊努人在法律上已成为日本人，但在户籍上他们仍记有"旧土人"等字样，与其他日本人不同。阿伊努人直到 19 世

---

* 阿伊努人原居住于北海道及库页岛，为高加索与蒙古人种的混血人种。日本古代称本州岛北部以北的居住者为虾夷人，地方为虾夷地。到 14 世纪以后，改称为阿伊努。至于虾夷人与阿伊努是否为同一人种，目前学界仍有争论。然而明治以后，由于与日本人杂居的关系，目前纯种阿伊努人已几乎消失。——译者注

纪90年代才开始被征召入伍。[11]琉球人的同化过程更慢，原因是怕实施全面"日本化"政策后，会招致中国方面的反弹，征兵及新土地税一直要到19世纪90年代末20世纪初才在琉球实行。因此明治初期很早便承认新辟领土中的人民为日本臣民，但国家政策却一直摇摆不定，要到很晚才真正把他们纳为实施对象。

＊＊＊

明治政府成立后头十年中，日本发生翻天覆地的变化，究竟如何评估它的历史地位，历史学家在过去100多年中一直争论不休。早期历史学家多半以18世纪末以来法国或其他欧洲革命为蓝本，认为明治维新所推动的各项改变为一个不完整的革命。当然，若以法国大革命为准，它在18世纪90年代所做的一切才算真正革命的话，则明治维新显然是个不完全的革命，逸出历史的常规。按照欧洲模式，所谓近代革命是指资本主义下资产阶级的出现，它的崛起是顺应历史潮流，贵族旧政体只能俯首称臣，别无他法。而明治维新的确有异于此模式，因为明治时期的各种变化，主要来自武士"贵族"中一部分人的推动，非由资产阶级主导。

上述西方模式影响非常大，甚至到近年，无论是日本人还是非日本人的历史学家，很多都或明或暗地使用这个模式来理解明治时代及20世纪初的日本历史。然而要真正了解日本近100多年的变化，这个模式不会有太大帮助。它武断地把欧洲经验放到世界史中，没有真正尝试理解世界其他地方，亦即它们如何处理自身历史。

明治时代的各项重大变化，实际反映出近代革命的一种形式，即"自上而下的革命"，它的发动者的确是旧政权中的精英武士，拥有世袭特权。但到明治维新前夕，这群出身中下阶层的武士一方面雄心勃勃，另一方面却又郁郁不得志，极度缺乏安全感。与平民百姓相比，他们是拥有特殊权益，但把他们看作是贵族革命者则是大错特错。所谓"自上而下的革命"，是指先天便有各种特权的贵族，最后毅然把特权抛弃掉。事实上，他们只是位于夹心阶层，连薪水亦因时因地而变，名义上虽是统治阶级的一部分，但雄心壮志屡屡不能发挥。这种不平之气是明治维新的原动力，亦触发各种影响深远的改革计划。故明治维新实际是个不得志的下层精英革命。[12]

要真正了解明治维新，除了避免上文所提及的欧洲中心主义看法外，亦要了解近代革命是一个持续而且波涛汹涌的过程，是世界共同现象，明治维新亦不能例外。明治政府所推动的种种改革，如征兵、义务教育、新税制等，都是自上而下，强加在充斥不满情绪的民众身上，同时不平等条约仍在国内有很大争议空间。当明治政权一诞生，社会各阶层均热情投入，他们极度关注什么人有权参加新政府，而且在什么条件下能参加新政府。是以明治政府改变了许多现状，但不表示它已解决了各种问题。

第六章

明治初期的参与和抗争

在德川幕府时代，人民能够在政治舞台上有合法角色这种想法是天方夜谭。人民通常被视作政治活动的客体，本身是无任何主体能力的。仁心仁德的统治者的责任是让其子民能活下去，但亦仅此而已。据说德川幕府时，德川家康曾下过一道严厉命令，里面便指出"农民过的生活应该是不死不活"，他们就好像制油用的芝麻一样，"你愈用力榨，它就出得愈多"。[1]当精英武士讨论政治事务时，他们亦集中谈及所谓"愚民"问题。1825年，会泽正志斋便曾写道：

> 夫天下万民，蠢愚甚众，君子甚少。愚蠢之心一旦有所外骛，则天下由始不可治……昔夷教（指基督教）入西边之时，诳惑愚民，蔓延在所，未及百年，诖误陷戮者凡二十八万人，由此岂不明其入民之速乎。[2]

要防止蛮夷异端思想在愚民间传播，应采取什么样的措施呢？生活在19世纪初的会泽正志斋当然不会建议积极招引人民参与政治，以增强其向心力。他提高人民忠诚度的方法是宣扬天皇理念，让他们了解天皇本质上的尊崇，自然不再会有异心。

明治政府的政治精英在某种程度上延续了会泽正志斋的想法，他们心目中的政治秩序是建立在天皇制度的超越性及绝对主权理念上。为达成此目的，明治政治精英刻意将天皇置于政治之外，甚至超然其上。这种做法的背后不单隐藏着矛盾，而且具有一定的危险性，因为以天皇作为政治核心，而他又不涉及实际政治，故日后谁都可以宣称他的想法代表了天皇的意志。

虽然明治政府力图封闭人民的思想，并用各种方法灌输正统意识形态，但日本的政治领域却很快便向一般民众开放，其速度之快，不要说是会泽正志斋，连明治政府早期领导人亦无法想象。19 世纪 80 年代早期便有所谓民权运动，它的影响十分重大，最后促使了明治宪法的颁布。1880 年后期，东京街头接二连三的骚动，亦阻挠不平等条约的修正，日本与西方各国的外交谈判不得不中途作罢。1890 年，日本正式召开国会，民选代表马上成为政治舞台的焦点，这些都是明治初期各种政治争论及实践所产生的结果。

一、政治论述及其争论

早在幕末，参与各种政治决策的传统门槛已被打破，无论在理论还是实践上，处处都可以看到破绽。当佩里及其野心勃勃的伙伴乘坐"黑船"来到日本时，幕府便不得不邀请各大小名藩提出意见，以助解决美国的需索。慢慢地，要让更多人参与政治这种想法已经不限于大名间，而且开始扩散到社会上。早在19世纪50年代及60年代，各级武士或城乡里较为富有的人都会在各色各样的地方聚会，商谈当前时势。聚会的形式有很多种，较重要的是学校、学社或是诗社等文化组织，在幕末的农村社会中，它们扮演唤醒政治意识的作用。当时大部分的人都嗅出变动的气息，了解大时代即将来临，连不在高位的人都在关注，甚至有时要采取行动。

特别是在1866—1867年幕府即将崩溃的前夕，社会各阶层的人都相信一个不可知的变动即在眼前。在德川幕府最后几个月中，问卜前程的符咒纷纷从天而降，城市街道上的嘉年华欢乐气氛，着实反映出对未来的朦胧憧憬。有几个藩的活动则较具体，而且与当前形势有关，他们构想出一个具有审议权的议会，若成立新政府，它便可以发挥其功能。在各种计划中，最突出的便是坂本龙马所拟订的两院制议会，并获得土佐及越前两大名的支持。在坂本的设计下，上院是由朝廷公卿及大名组成，而下院则由武士及平民组成。

1868年初刚成立之际，明治政府急需巩固其权力基础，而其领导人亦十分了解政治各阶层——无论是敌是友——均存在上述类似政见，亦反映出他们对政治的热情参与。故当前首要工作便是善诱这股热情，不让它肆虐为患。所谓《五条誓文》便在这种情况下出现，它经过新政府内部反复讨论，最后在1868年3月以天皇名义公布，其内容如下：

一、广兴会议，万机决于公论；

二、上下一心，盛行经纶；

三、官武一途，下及庶民，各遂其志，无使人心倦怠；

四、破除旧来陋习，建基于天地之公道；

五、求知识于世界，大振皇基。

《五条誓文》反映出一种改革精神，亦预示明治政府以后 10 年要实施的革命性变化方向，这点在第三、四、五各条表现得最清楚。第一条亦十分重要，通过所谓"公论"，明治政府承诺扩大人民的政治参与程度，这体现在所谓"广兴会议"；不过会议究竟有多大权力，则没有具体说明。这些含糊不清的承诺成为以后数十年政治上争议之所在。无论是政府内还是政府外的政治积极分子，为符合他们的利益及视野，一直企图为誓文内容做具体解释。

至于政府方面，它根据《五条誓文》，于 1868 年创立一个两院制的"公议所"。"公议所"原来是土佐藩在两年前所建议，其成员均为委任，并非民选，但具有立法权。明治政府以后曾多次修改政府架构，公议所在 1869 年 7 月被废，改称"集议院"，功能降为一咨询机构，到废藩置县后成为一空头机关，1873 年正式被废止。不过各种咨议机关的出现，起码代表明治政府初期同意设立有广泛基础的审查机关。

在政府外部，民间更热衷实现《五条誓文》所应允的"广兴会议"，因此在明治时代初期，公众舆论范围不断扩大。其中争论最激烈的一点便是要不要成立宪法体制，其目的便是要在宪法架构内设立民选代表及议会。19 世纪 70 年代在近代日本史上称为"启蒙时期"，当时新发行的杂志及报章如雨后春笋，形成一股讨论公共事务的热潮，而议会又是其中讨论最激烈的话题。

在 1868—1879 年，日本舆论界都有强烈主张，而且各有立场。第一份日报是《横滨每日新闻》，创刊于 1871 年。翌年《日日新闻》在东京发刊，它是今天《每日新闻》的前身。这些刊物很快便成为公共讨论的中心，话题多集中在明治政府的未来方向。它们多半要求设立议院。到 19 世纪 70 年代末，商业性较浓的报纸开始出现，首先是 1879 年创刊大阪的《朝日新闻》，它到今天仍在继续出版。这些报纸的销量增加得很快，但竞争激烈，不少小型报纸因而被吞并。到后来，东京及大阪成为大型报纸的中心，而小型报纸则只能在地方各县中发行。

翻译西方书籍是明治初期文化活动的一个重要组成部分，通过译书，政治思想蜂拥而至。一个好学不倦的读者，他在 19 世纪 70 年代末所读到的书，上至穆勒（John Stuart Mill）与卢梭（Jean-Jacques Rousseau），下至德国保守的国家主义及斯宾塞（Herbert Spencer）的社会达尔文主义。而且由于日本受教育人口增长迅速，故各种作品的市场亦扩张得很快。

在 19 世纪 70 年代的"启蒙时期"中，影响力最大的出版物无出《明六杂志》之右。而在这本杂志中，言论最受注意的则为福泽谕吉（1835—1901）。《明六杂志》创刊于 1873 年，亦即明治六年，故以此为名，它由一个知识分子团体"明六社"所办，福泽谕吉亦是创社成员之一。"明六社"的重要性在于介绍西方思想到日本，并大力倡导。福泽谕吉是明治时代极具影响力的知识分子，他从 19 世纪 60 年代到 90 年代写过许多部著作，销量达数百万部。1866—1870 年，他出版了三册《西洋事情》，介绍西方各种制度、风俗习惯及物质文明，是当时最佳畅销书。在 19 世纪 70 年代，他亦写了《劝学篇》及《文明论概略》两本著作，重点是要为日本未来刻画出一个方向。他主张学问以实践为基础，研究则应以自由及怀疑为出发点，近代日本社会则应该建基于个人自主及机会均等之上。

无论是福泽谕吉，还是同道者如西周（1829—1897）、中村正直（1832—1891）（两人将穆勒的功利主义思想介绍给日本读者），都绝对拥护当时西方流行的"进步"观念，视其价值及必然性是走向"文明"的不二法门。他们都接受当时西方的民族国家概念，认为这是进入世界文明的敲门砖，因此所谓日本个人的奋斗，并非意味着争取个人快乐，最后只不过是争取民族进步及富强的一个方法而已。

二、自由民权运动

从19世纪70年代到80年代，日本所追求的民主参与及社会改革，和上述启蒙时期所追求的理念并不一致，因此引发许多政治性争论。其中最重要的政治运动便是所谓"自由民权运动"，这个运动源于全国各地桀骜不驯之辈，亦是许多群众推动的结果，因此对明治政府极具挑战性。卷入自由民权运动的人为何有如此高的政治觉悟？其中最关键的是两个基本问题：首先是日本应采取哪一种政治体制？其次是哪些人才可以参与？有关这两个问题的争论，很快便归结到制订基本法，亦即宪法，只有宪法才可以回应上述两个问题。

到19世纪70年代初，无论在政府内还是政府外从事活动的人，纵然看法有异，但都同意如下的简单逻辑：西方是当时世界上最富强的地方，而西方各国都有宪法，日本人民也希望日本富强，故日本亦需要一部宪法。这种三段论有一个前提，就是以追求国家富强为最终目的。无论是统治者还是那些反对明治寡头政治的人，他们都接受宪法，但并非因为宪法能保护个人自由、快乐或福祉，而是宪法能维系及发挥人民动能，最后可以达成建设富强国家的任务。

因此在1872—1873年，政府内部达成某种共识，同意订立宪法。与此同时，非政府甚至反政府组织间亦结成联盟，要求成立民选议会，制订宪法便成为他们的共同纲领。支持民选议会者原来散处全日本各个地域，但经过相互联络后，渐渐出现全国性网络，最后成为自由民权运动的核心力量。由于明治政府成立后，其权力逐渐集中在前萨摩及长州两藩武士手上，民权运动者便指控"萨长藩阀"已取代昔日的德川暴政，这种看法在当时有一定的说服力。

1874年，以板垣退助为首的土佐藩昔日武士组成第一个高举"民权"旗帜的政治组织，称为"爱国公党"。把爱国放在公党之前，已清楚显示出国家的重要性。板垣原来是明治政府重要领导人之一，但1873年因为征韩论争议，攻打朝鲜计划遭到否决，遂愤而辞去参议一职。板垣虽然不满明治政府，但不像西乡隆盛用军事作乱的方式泄愤。板垣向政府呈递建议书，要求召开全国性民选国会。他主张只有自由讨论及民选政府才能够富强国家，1874年1月，板垣提出著名的《民选议院设立建白书》：

> 然为达成此目的，今日我政府应为之事，则要立民选议院，在使我人民振起其敢为之气，辩知分任天下之义务，得参与天下之事，则阖国之人皆同心焉。[3]

板垣的建白书引起各方面注意，他亦因此一直被称为立宪代议政府的守护神，不过这有点过誉。板垣实际是个机会主义者，当他的战友陷入困境时，板垣曾三番四次投向政府怀抱，为的只不过是高官厚禄。他的政治运动开始时并未受到广泛支持，追随者多半是昔日武士。除了政治改革外，板垣亦致力解救一度为天之骄子现在却一贫如洗的武士。虽然板垣采取温和路线，但不少支持他的昔日武士继承幕末志士的暴力精神，以为只要动机纯正，诉诸政治暴力手段亦未尝不可。

板垣组织的爱国公党很快便瓦解，不过到19世纪70年代末却出现另一场群众政治运动，虽然同样要求议会与宪法，但主要力量来自社会草根阶层，其中以1879—1881年尤甚。全国地方人士组成近200个政治团体，参加者多半为农民及昔日武士，他们的政治动员既深且广，可以说史无前例，最后组成两个全国性政治团体，它们极类似今天的政党，所差者只不过是没有全国性大选而已。政党成员均要缴纳党费，他们自己拟订地方党部组织章程，依照规定选出代表出席全国党大会，然后再敲定政纲及行动。地方团体会举办各种活动，发行刊物，主要领袖亦会巡游到四周乡村演说，甚至与地方支持者推动大型筹募经费的宴会。为了敦促政府订定宪法，召开国会，他们亦会举行署名请愿运动，签名人数有时达20多万，成为政府莫大压力。

除此之外，自由民权运动亦能利用传统象征以增强其号召力。他们利用德川时代"文乐"木偶戏宣传，例如把"自由"两个汉字绣在木偶的戏服上（见图6.1），以增加能见度。新的童谣亦掺杂很多自由民权的理念。部分自由民权运动家，亦将儒家中统治者实行仁政义务的理念，引进西方自然人权的政治思想中，加强其宣传效果。

图 6.1　图为民权运动的木偶，和服上绣有"自由"二字，这些木偶在德川时代普遍用于木偶戏表演。这种新式服装设计显示出民权及自由的号召力，它已经深入民间文化及宣传中，不单仅限于知识分子圈内。（濑沼卜才尔提供）

不过当时日本政治状况最值得注意的地方是，上述活动都属于草根阶层，而且都是自发性质。他们在需要时组成各种学习小组，成员定期聚在一起读书讨论，商议请愿书或宣言，甚至起草宪法。有些是在东京的华厦中碰面，有些则在乡村中的茅屋会商，他们商议的结果很多被束之高阁，其付出的心血一直为历史所遗忘。到近年来，日本史学界出现所谓人民史学，要了解普通人民的政治创造能力，上述文献经过近百年的失落，最近才陆续被发掘出来。

自由民权运动以许多不同的形式出现，在农村曾出现一些所谓"产业结社"的组织，谈论农村技术改造问题，如新的农耕技术、合作实验站，甚至提高税率。发起人多半为地主及地方上有声望的人物，参加成员包括村长、教师、地方商人、神社神官及医生。1881年，明治政府决定成立农工商省，其目的是要把这些人纳入控制范围，不让其活力失控。

城市的学会亦推动各种活动及自由民权教育，它们的成员基本上是新闻从业者及教育人士，背景大多是昔日武士。因为在明治维新后，不少武士聚居城市，成为都会知识分子的来源。有些著名学会日后演化为日本著名的私立大学，其中最著名的便是福泽谕吉的庆应义塾大学及大隈重信（1838—1922）的早稻田大学。

与都会学会类似的是农村中各种文化及政治组织，事实上在自由民权运动中，它们的数目是最多的，在整个运动中占有相当重要的位置。它们的成员出身与"产业结社"的成员不同，参与者大部分是昔日武士。他们政治性较强，喜欢谈论政治思想，当然亦阅读有关经济及农业的文献。经过一段时间的讨论后，他们通常都会采取行动，最常见的是向明治政府提出请愿书，要求制定宪法，召开国会。

从日本的总人口来看，这些组织成员占极小的比例，不过我们应从它的积极影响来看，才能了解其历史意义所在。特别是与德川时代相比，19世纪70年代及80年代的政治活动反映出日本的参与人数是前所未有的，而且关注的都是近代日本最亟待解决的政治问题。

最首要而又争论得最激烈的问题便是天皇的地位。天皇与官僚、国会以及人民的关系是怎样的？究竟他的权力要有多大？他的角色是什么？在明治日本，西方古典意义上的"共和"几乎不存在，只有极少数知识分子，因为受到法国模式影响，接受人权宣言及法国大革命的看法，才会主张真正的"共和"。大部分日本人仍然希望天皇能维持其主权形象，继续扮演政治体制的核心角色。但至于政治体制如何安排则众议纷纭。然而当时对天皇问题的讨论，并不会像日后成为一个禁区，不能碰触。当时有些地方组织甚至公开谈论大力限制天皇权力。1967年，在东京都五日市城外一个农庄发现一份明治时期草拟的"宪法草案"，其中便有一条提及国会权限，它可以审查及修改政府官员及天皇所提出的各项计划。[4]

第二个激烈争论的问题是人民应享有的权利的范围。民间私下草拟的宪法一般都主张民选议会有财政权，同时亦可以有与外国缔约、起草法案及监督行政部门等某种程度的特权。以五日市宪法草案为例，在几个新发现的宪法草案中，它算是一个比较温和的方案，其中一条便规定：

> 政府于原则上不遵奉诸民平等，或违背财产所有权，或伤害

邦国之防御，设若有此等事，国会得有权竭力主张反对之言论，并得溯其根源，拒绝公布之。[5]

当然，此条文并不实际，因为它没有具体说明何人能决定政府"原则上不遵守宪法"，不过这是一个草根阶层要限制国家权力的典型例子。

自由民权运动在1880—1881年达到最高潮，全国各地总共收集到25万个署名，分在100张请愿书中递给东京的中央政府，各地方团体组成全国性的"国会期成同盟"，并在东京先后召开三次预备会议。1881年10月，第三次预备会议召开时，参加代表宣布成立"自由党"，并马上召开全国代表大会，提出党纲，内容主要为主权在人民及召开立宪会议。

到1882年初，以大隈重信为首的另一个政党亦相继出现。大隈出身肥前藩，当时在明治政府中任参议及大藏卿之职，身居重位。但由于大隈支持明治宪法以英国为楷模，亦即国会拥有较行政部门更大的权力，因此触怒伊藤博文等其他明治领导人，于1882年10月被免官，史称"明治十四年政变"。大隈成立"立宪改进党"，支持者主要来自新兴商人阶级，而其党纲亦因此较自由党更温和。

无论从深度还是广度看，自由民权运动在1881年10月达到其史上最高潮，这点并非偶然，是有其历史背景的。天皇之所以于是年10月宣布制定宪法，并预期在1890年公布，主要是因为明治领导人深切体会到自由民权运动所引起的危机。1879年，山县有朋便曾写信给伊藤博文："我们多等一天，民权者所散发的毒素便会进一步传播到各地方，更会深入年轻人的内心，最后产生无休止的大害。"[6]两年后，即在1881年，伊藤极为亲近的书记官井上毅亦有同样想法，他希望政府能尽快完成一部保守的、以国家为中心的宪法：

> 若失今而就因循，以至两三年后，天下人心既已胸有成竹……纵使政府提出，百方辩解，而宪法成案终为舆论所唾弃，以至民间私拟宪法全胜。故今日宪法制定之举，宁失于早，莫失于迟。[7]

明治政府决定制订宪法，自由民权运动在时机及方向上都是一个重要因素，不过这并非表示明治领导人完全屈从于反对运动。他们自有其主张，立宪的目的是要赢得国际尊敬，确立日本在世界上的地位，同时汇聚全民力量于此，作为"富国强兵"之用。他们朝此方向前进的第一个步骤是在1878年建立民选县议会，不过权力只限于咨询。由于选民资格只限于缴纳高地税的富农，明治政府是想借此获得农村有产精英阶层的支持，不过事与愿违，地方议会却成为自由民权运动发展的温床。

自由民权运动请愿及到处宣传演讲的活动可以说是日本历史上的创举，它对制定宪法的决定有两方面的影响，虽然今天看来有点儿讽刺。首先是自由民权运动加速政府订立具有压迫性的审查法规。1875年该类法令首次出台，翌年进一步收紧，到1887年法令更见严厉。其次是自由民权运动强化政府内统治者倾向保守的决心，一意以1850年颁布的普鲁士宪法为蓝本来制定明治宪法，该宪法一方面增加君主及

图 6.2 图中显示在 19 世纪 80 年代的一次民权运动集会中，警察打断演说，企图镇压反政府言论，因而引起群众的愤怒。当时政府为应付民权运动，立法收紧言论尺度，并在所有政治性集会中派出警察监视。若演讲者的讲话内容过分反政府，越过尺度范围，第一次会受到警察警告，再犯，其讲演便会遭警察强行中止。对群众而言，他们之所以参加集会，部分原因便是希望能观看这个冲突场面，甚至有人想参与进来。(东京大学法学部附属明治新闻杂志文库提供)

其阁员的权力，另一方面则限制人民的权利。明治统治阶层看法一向是要限制民权，并尽量不许民众参与政治，他们要撰写这样一部宪法当然并不困难，但若真要借明治宪法来推动他们的想法，事后证明是困难重重。

三、武士叛乱、农民起义及新宗教

在这个时期，还有其他几个挑战明治政府的势力。他们是没有固定立场的保守者，主要是出于对19世纪70年代新事物的恐惧，故希望阻止进步的车轮，甚至恢复旧时体制。有平民百姓反对征兵，因而捣毁新兵登记处；亦有反对义务教育及因此而征收的地方学校税，不少新建学校遭破坏。此外，在19世纪70年代中期出现了一些昔日武士的叛乱。

这些武士叛乱的动机及要求与自由民权运动有类似的地方，虽然一个是诉诸武力，另一个则较平和。两者共同不满的地方，首先是未能参加明治政府的决策过程。在19世纪70年代，郁郁不得志的昔日武士发现两个影响政府的方法，一是重订参与政治的游戏规则，一是用武力解决。另一个共同之处是外交政策，无论自由民权运动家还是叛乱武士都比政府具有侵略野心。1873年因为征韩论导致政府内部分裂，板垣退助及西乡隆盛均辞去政府官职，板垣发动自由民权运动，而西乡则最后领兵作乱。

西乡作乱，史称"西南战争"，是明治时期武士作乱中规模最大的一次。事实上武士起事作乱可远追至1874年，与西乡同属征韩派并一起辞职的江藤新平（1834—1874），在是年便领导12,000名武士攻击九州岛的佐贺县政府，目的是要恢复原来大名及武士的俸禄。在1876年，九州岛的熊本县及福冈县亦出现同样骚动，不过规模不大，只有数百名武士参加而已。明治政府迅速派出军队，平定乱事，而率众闹事的首要武士亦被处死。

征韩论争议后，西乡便回到其九州岛家乡萨摩藩，但现在已改名为鹿儿岛县。西乡创立一家私人军事学校，不过跟随的人甚多，在他的影响力下，鹿儿岛县到1876年实质上成为明治政府内的独立王国，既不上缴税金给东京，亦不执行明治政府的各项社会改革。1877年冬天，西乡带领15 000名武士离开鹿儿岛，扬言进军东京。然而西乡领军前进时，从未明确宣示他的起兵目标，顶多是质疑东京政府的政策，而他的手下则明确表示不满政府的武士改造工作，剥夺武士各种特权。当叛军进入邻县熊本时，由于当地亦为反政府大本营，故人数马上扩充为4万，他们还进攻当时日本六大军区之一的熊本镇台。明治政府迅速派出6万以上的军队救援当地守军，经过三个星期血战，终于击败叛军。双方均伤亡惨重，叛军死伤人数达2万，而政府军方面亦有6 000人阵亡，受伤者达9 500人。西乡则不愿投降受辱，最后自杀身亡。到今天，日本民间仍尊西乡为英雄，认为他的出发点毫无私心，而且坚持原则，宁可牺牲性命。不过西乡的失败，亦反映出日本已无复辟旧社会秩序、再走回头路的可能。另一方面，征兵组成的军队旗开得胜，亦证明农民的作战能力不输武士，明治政府可倚赖其平定任何武装反抗。

虽然如此，农民并非完全雌伏于明治政府，日后由于为贫苦所逼，农民好几次揭竿而起，与装备优良的政府军队对抗。农民频传起义的原因，是当明治维新之初，政府走向市场经济，不少雄心勃勃的小地主以为可以趁此机会多赚点钱，便借贷开发山间土地，大事种桑养蚕，其后明治政府开征各项税收，他们更要借贷付税。到19世纪80年代初，明治政府实行通货紧缩政策。1884年，整体物价比四年前下跌约25%，米价与丝价则下跌 50%，故米农及养蚕户损失特别大，而税项并未随物价下跌而减收，故负债情况达到历史新水平，不少米农及养蚕户因此失去田地，为借贷者所没收。

在全国各县，破产农民组成"借金党"或"困民党"等组织，要求当地债主减少债项，最好是免其债务，延期偿还亦可。这种情况以养蚕业发达的关东地区最为严重，在那里爆发了规模最大的农民反抗运动"秩父事件"。秩父在埼玉县，约东京以西 80 公里。1884 年 11 月初，6 000 名下层民众汇聚一起，袭击政府官厅，销毁债约。他们由村过村，招纳群众，焚烧借贷者的房屋，地方警察完全被他们震慑。中央政府最后不得不派出军队，花了 10 天时间才平定整个动乱，5 名为首者在审判后被处决。部分地方自由党党员参与作乱，一些起事者自称为"自由党军队"，事实上自由党中央并未参与，但最后仍决定解散自由党，以免被指责为支持叛乱。

除了武士和贫农外，第三个挑战明治政府的力量则来自新兴宗教团体。明治时期的宗教团体，有些早在德川幕府后期时便成立，如天理教及金光教；有些则是维新以后才出现，如丸山教及大本教。到 19 世纪 70 年代末期，丸山教及天理教各自宣称拥有徒众数十万，创教者通常是女性，自称得到神灵启发，并亲自书写或口述该宗派的圣典；其教义多半劝人在今世节制忍耐，目的是在来生求得救赎。与德川晚期的宗教类似，它们有时候也会宣扬今生的解放，方式是通过一个所谓"世直"的过程，意即马上平分财富的社会改造。因此这些新兴宗教团体亦同情"借金党"或"困民党"等社会组织，也不满社会及经济制度种种不公平现象。有时候这些不满会引发类似暴力事件，因此宗教团体与政治组织串联的谣言不胫而走。以 1884 年的一个事件为例，时间仅在"秩父事件"发生后一星期，静冈县（在本州岛中部，东京西南方）的丸山教徒众要求财富平分，最后以群起捣毁政府机构告终。

对明治政府的各种挑战实源自深刻的社会及地区背景。自由民权运动的基本群众主要属于昔日武士、富农及贫农三种社会阶层。昔日武士及负债累累的农民最支持武装反抗或新宗教活动。有趣的是，昔日武士参与反抗的程度与其支持明治维新的程度成正比，亦即武士最积极参与武装反抗或自由民权运动的地区，也是最支持明治维新的地区。这种情况以九州岛及土佐地区最突出。这些地区的武士以为帮助明治政府夺权成功，他们应可以在新政权中有一席之地；然而随着时间推移，他们开始感到失落，甚至觉得被排斥于权力圈外，因此态度转向激烈，要用行动表示不满。农民反抗的地区则多集中在农产品商业化程度较高的地方，特别是产丝地区，因为丝价最容易受到国内及国际市场的影响。

四、妇女的参与

明治革命所带来的社会混乱，亦影响到两性议题及其意识形态基础，有人开始质疑男女的社会基本角色。早期日本人往国外旅行，对西方男女毫无规矩地混杂在一起的现象，在文字上常流露出莫名恐惧。举例来说，1860 年幕府派出使节团访问美国，美国国务院邀请使节团参加舞会，其成员之一的村垣范正（1813—1880）便写道：

一对对男女踮起脚尖跳舞，随着音乐节奏在大厅中转动，就像一群老鼠在追逐溜转。国务卿居然邀请外国大使出席这种场合，真是不可思议。我的烦厌是不言而喻的，真是不知尊卑、礼教及责任为何物。[8]

更令他害怕的是美国妇女的粗鲁不文，一个年轻女子对日本一窍不通，居然在国宴中追问他有关日本的政治及社会习俗。

虽然不同意西方的女性观，明治政府在各种改革中，仍鼓励一定程度的妇女参与，以示女性的支持。岩仓使节团的学生代表中便有5名女性，年龄跨度从9岁到16岁。她们都留在美国，接受美式教育，成为日后建设新日本的女性楷模。但与同行的使节团年轻男性相比，她们被忽视，得到的支持亦不多。上述5位女性，一位马上回国，另一位在美国去世，两位则在回国后与统治阶层精英结婚，没有遗留任何独立自主的风范给后世。只有最年轻的津田梅子（1864—1929）能投身妇女运动，致力于提高妇女的社会地位。她去美国时只有9岁，回国后，她创办津田女子义塾大学，成为女子教育的领导人。

在这些年间，民间正展开讨论，究竟如何定位男女各自的角色与权利。从今日留给史家的记录看，讨论开始时只谈到男性应如何对待女性，《明六杂志》就此议题谈得最热烈。当时最著名的知识分子如福泽谕吉、森有礼（1847—1889，日后出任文部大臣）等都曾参加讨论，议题包括男女平等的意义、女性教育的价值、在法律上承认妾侍身份及其子女的继承权有无弊端。[9]各方面意见的差别很大，不过与19世纪的西方类似，改革者的主流态度是小心翼翼。《明六杂志》的作者花了不少时间讨论男女问题在各自范畴与社会整体间是否应有不同的对待办法，事实上他们鼓励男女对各自范畴互相尊重，至于政治及法律权利则属社会整体，其态度便趋向保守。因为评论者都认为社会平等会造成两性间分裂性的矛盾，破坏社会和谐。1875年阪谷素（1822—1881）便写道：

> 目前"同权"这个词，用于闺房之内并无问题，但却万万不可使用在一般生活中。今天如果我们在生活所有方面都建立两性平等，我们的社会最后会变成男人想尽办法压迫女性，而妇女亦会想尽办法压迫男性……总而言之，"权利"一词弊端甚多。[10]

当男性首先按照文明与启蒙的观念展开具体实践后，有些妇女亦开始对这些观念赋予不同意义。以服饰为例，1871年，明治政府鼓励武士全面改变个人服饰，并且发出命令，要武士放弃传统剃发，改为西方发式。当天皇率先改换发型后，大部分的武士亦跟进。东京一些妇女稍后亦打算做同样改革，她们组织一个团体，鼓励女性发型应以简短及实用为上，这些妇女亦走在风气之先，把自己的头发剪短。不过政府却对此采取打击措施，在1872年禁止妇女剪短发。根据政府公布的法令，即使年纪大的妇女因健康理由要剪短发，亦要先得到政府的批准。当然在现实生活中，所谓批准是指到理发店或发型屋剪短头发。

有些妇女则直接通过参与自由民权运动以要求改革。从19世纪70年代末至80年代初，妇女曾有一阵子非常活跃，在各种自由民权运动的集会中，女性人数不但相当多，她们甚至会成为演说家。少数中坚者大力鼓吹男女平等的政治及法律权利，其演说吸引不少听众，当中最出名的是岸田俊子（1864—1901）及福田英子（1865—1927）。岸田公开指责"蔑视妇女，独尊男性"这种观念，认为这已经完全过时。她描绘一个"进步"及"文明"社会的蓝图，在那里妇人和男子完全有平起平坐的政治及经济权利，她呼吁给予妇女教育机会及家庭内的平等权利。岸田亦攻击妾侍身份的合法性，它使得一个情人可以与正式妻子及其子女具有相同权利，继承丈夫一切所有。

福田其后在其回忆录中写道：

> 听到她（岸田俊子）的演说，在其生动活泼的说话技巧下，我无法按捺心中的恨意与愤怒……因此马上开始把妇女及其女儿组织起来……积极向外界说明什么是自然权利、自由及平等，并进行大力推动……是故我们可以汇聚情感，一起打破那些与妇女有关的旧日陋习。[11]

对自由民权运动的男性而言，像岸田这样的女性，既代表威胁，也代表机会。她的激进态度无疑会招来政府的镇压，但她也有足够的吸引力，把热情及好事的群众呼唤到演讲堂，甚至是参加公开聚会。

对19世纪80年代的明治领导人而言，他们无疑已接受其妻子在半公开场合担任一定角色，成为全国模范或日本在世界舞台上的代表。上流阶级的绅士淑女在舞厅中翩翩共舞，与外国嘉宾乐聚一堂。所有活动都在富丽堂皇的西式大楼"鹿鸣馆"举办，它位于东京市中心，是 1883 年外务大臣井上馨下令建造的，目的是让外国人感受到日本西化程度的迅速，有助于不平等条约的修正，史上称为"鹿鸣馆时代"。当然，不是每个人都同意连女性都要接受西化生活。新渡户稻造是早期到美国留学的学生，他在 1905 年便写出那本举世闻名的《武士道》，向英语世界介绍日本，甚至创造"武士道"这一概念，连老罗斯福亦受其影响。新渡户在 1891 年出版其第一本书时，把西式舞描绘成"好像一群醉醺醺的男女在耍杂技一样，跳来跳去"，而那幢巍峨耸立的鹿鸣馆则是令人望而生厌。[12]

在公开场所，女性作为男人的伙伴，她的恰当角色是什么？这个问题固然引起热烈争论，然而接踵而来的公开讨论（主要在男性之间）便是妇女参政的界限在哪里。有些人会同意动员妇女，让她们扮演一定的政治角色以发展国家。高级政府官员以及记者亦讨论皇室公主入继大统的问题，研究她们能否与太子享有同等权利；在 19 世纪 80 年代中期，有些居高位的官员并不完全反对这种想法。

自由党及改进党两个自由民权运动的主要政党在 1884 年瓦解，其原因可以归结为内部派系斗争、背上与农民运动勾结的黑锅以及政府镇压等。然而经过纵横捭阖后，两党又再重组，但以前男性政治家与女性妇女运动的积极分子的同盟已无法重现，即使日后宪法通过，盛况也已不再。妇女对政治及社会活动的兴趣逐渐转移至教育、文学方面，至于组织活动则为非政治性质，如东京妇女改革会等。

对妇女参政热情的减退，政府应负大部分责任，它把皇位继承权限于男性。1889 年颁布明治宪法前夕，它实施一连串歧视妇女的法令，如禁止妇女参加政治组织，妇女不得参加政治集会，更不得发表演说，连在国会旁听亦在禁止之列。明治政府的苛刻措施引发连串愤怒的批评。女性教育家及改革家如清水紫琴、矢岛楫子尤为不满。特别是禁止女性旁听国会议事，更是滑天下之大稽。她们嘲笑政府，认为不许女性旁听是日本男性精英了解自己的行为不堪，怕被旁观席目睹。部分男性政治家及媒体人亦反映出不满，政府不得已，只好在这点让步，准许女性在国会旁听。不过自由民权运动中大部分男性的立场较接近政府，与他们的昔日女性盟友看法反而互相抵触。对于妇女参政这回事，他们一直是不太接受，遑论其他更具体的妇女权利问题，在这里传统禁忌仍有巨大作用。

是以日本统治阶层一面推动改革，一面仍企图把改革置于一定限制之中。妇女运动可能会突破社会界限，逾越女性规范内的本分及行为，这种恐惧仍然广泛存在于统治阶层。他们对改革的爱憎交织态度在界定妇女角色时特别明显，而由发式等的个人范畴以至公众集会演讲的政治范畴，都成为改革立场的试金石。

五、条约改正与国内政局

因自由民权运动而崛起的两个在野党，虽然在 1884 年瓦解，但其民间活力仍在以后十年中不绝如缕。明治政府在自由党及改进党消亡后，并不能强加其意志于民众身上，其控制力在 19 世纪 80 年代末期更日见衰弱。其中最明显的例子便是日本与西方谈判修改不平等条约的问题，其过程迂回曲折，可以说是好事多磨。明治政府原来的计划是先在 19 世纪 80 年代中后期修改部分条约，结果触发反对运动，而问题重点亦由条约修正转移到日本在世界中的恰当地位。另一方面，19世纪80年代的条约改正，亦如19世纪70年代的宪法问题一样，引发政治体制改革的强烈吁请，要求尊重民意。

条约改正起于1873年的岩仓使节团，希望与欧美国家修改"不平等条约"，结果以失败告终。在以后整个19世纪70年代，政府遂将目标缩小，希望西方列强把部分关税权交还日本，而日本则答应开放更多通商口岸。但英国拒绝让步，故谈判未果。井上馨在19世纪80年代初出任外务大臣，他宣言要在东京召开多国会议，解决不平等条约问题。当西方人士与日本人在鹿鸣馆的高贵舞厅中翩翩起舞时，与条约有关的各国公使亦于1886年5月在东京聚首。经过近一年努力，各国公使最后在1887年4月草议一份协议。根据该草约，日本可以取得关税自主，同时亦大致取回各通商口岸的治外法权，不过日本则要同意开放全国，外人得以自由居住及通商。

除此之外，该草约还有两个附加限制，内容相当重要。首先列强要求日本订立一部新法典，这点本不成问题，事实上当时日本亦正在草拟一部新法，但列强要求新法典必须先经各国审查，经同意后新通商条约才能生效。其次，新通商条约规定日本法庭必须雇用外籍法官审理有关外国人的案件。这样的要求引发日本国内的反对声浪，反对者认为列强的要求仍是继续原来对日本主权的侵犯，是可忍孰不可忍。农商务大臣谷干城（1837—1911）认为西方列强所提建议，比当时的现状还要糟糕，因此愤而辞职，顿时被社会视作英雄。前自由党及改进党党员亦重新在全国组织活动，向中央呈递的请愿书有如雪片，反对按照列强立场修改条约。各主要报章评论亦火力十足，批判新条约内容。约有 2 000 名年轻人前赴东京抗议，他们举行示威及大规模造访官厅运动，用一位政府官员的话说："人心已被刺激到极点，有招致内阁倾倒之可能。"[13] 面临如此强大的压力，政府最后只得放弃原有修订计划，而外务大臣井上馨亦只好引咎辞职。

继任外务大臣的是大隈重信，他亦好不到哪里去。大隈在 1889 年希望与列强协商一个较为有利的新约，并且已获得一些成果，但政府内部及外面的反对派的看法仍好坏参半，要求完全平等条约的请愿书依然大量涌入首都。1889 年 10 月，极端民族主义组织玄洋社的一个成员用炸弹暗杀大隈，后剖腹自杀。大隈活了下来，不过却失去一条腿。明治政府只好放弃修约计划，并解散内阁。

在条约改正的政治漩涡中，参与方式可以说集各家大成，一方面继承幕末"志士"的强烈暴力手段，另一方面又运用西方政治模式，以舆论、请愿及游说为后盾。参与者的背景亦十分复杂，从具有丰富民主知识的民族主义者到只顾眼前行动的草莽皆置身其间，不过他们确实反映出社会背后的一股潮流，亦即排外情绪及幕府末年出现的尊王思想。参与者用新瓶装旧酒，相信只有建立一个给予人民自由及政治权利的体制，国家才有富强可言，在国际上才能有立足之地。

六、明治宪法

当条约改正引发接二连三的政治风潮时，明治政府亦正在审订宪法的最后草案。大众政治参与会带来什么样的恶果及混乱，明治领导人是亲历其境，两个内阁大臣因条约问题被迫辞职，这种记忆仍栩栩如生。因此当 1889 年正式通过宪法，并以盛大仪式颁布，这部宪法的实质重点是强化国家权力，尽量减少人民的干涉。

明治政府在 1886—1887 年已进行秘密草拟宪法的工作，实际工作由一批才智之士担当，但真正的大方向则是在伊藤博文及井上毅指导之下。伊藤曾在欧洲研究过宪法，并为日本雇用大批一流外籍法律顾问，其中最著名的便是德国法学教授赫尔曼·罗斯勒（Hermann Roessler）。1888 年，明治政府为商议宪法，成立一个名为枢密院的咨询机构，参与者都是当时政府最高层人员。然而当明治宪法颁布后，枢密院仍然继续存在，成为一个宪法体制外的机关，其成员以供天皇顾问为理由，操纵整个政局。1892 年日本报章以"元老"称呼任职枢密院的明治领导人，此为日本近代元老政治的起源。原来的元老如伊藤博文及山县有朋等，都在政府中任要职，特别在 19 世纪 80 年代，他们均掌控内阁或官僚体系。"元老"虽不是正式组织，不在宪法体制之内，但并不表示这是个模糊不清的角色，谁是元老，大家都有一种不成文的默契。[14] 一旦成为元老，他们的一生便要为复杂的政治穿针引线，只不过当年纪更大时，便不得不退居幕后，担任如枢密院等机构的领导职位。

明治宪法于 1889 年 2 月 11 日正式颁布，由文字上来看，它是天皇给予其总理大臣及人民的恩赐。宪法发布敕语中毫不含糊地说："朕以国家隆昌及臣民庆福为欣荣中心，根据承自列祖列宗之大权，对现在及将来臣民宣布此不磨大典。"由于天皇手握最后大权，故内阁成员对天皇而非对国会负责。虽然如此，宪法中亦有文字防止天皇有超越一切的直接权力，不过语意并不十分明确，发布敕语中说："朕及朕子孙，将来必遵循此宪法条章，实践时无逸出之事。"宪法中亦规定所有天皇敕令必须由内阁大臣副署，官僚借天皇取得的权力因此而得到巩固。宪法第 11 条中规定"天皇统帅陆海军"，陆军参谋本部便借此取得特别独立地位。宪法亦给予人民各种公民权利，"我臣民之权利及财产安全会受注重，亦会受保护"，不过是在"此宪法及法律范围内"。

国会本身包括众议院及贵族院两院，众议院议员由选举产生，而贵族院议员由天皇委任。为替贵族院铺路起见，日本在 1885 年引入欧洲形式的贵族制度，成立所谓华族。该制度将华族分为公、侯、伯、子、男五等，接受勋位者有 500 余人，大多为朝廷、政府及军队中的显赫人物。贵族院成员主要由天皇从华族中敕任，但也包括其他有突出成就的个人以及一些缴纳高额所得税者，贵族院的目的是制衡人民的政治参与。

虽然如此，宪法仍给予选民相当重要的空间以表达其想法。选民的资格由法律界定，而国会则掌握草拟及通过法律的权力。国会更关键的权力是通过或否决国家年度预算。但在设计宪法时，政府故意留了一手，宪法其中一项规定：如果国会无法通过新预算，则上年度的预算可以自动继续生效。不过由于政府花费不断增加，这个漏洞对政府的帮助并不大。因此明治宪法实行后，日本政府内少数有力者对议员的要求不得不做出让步，这与他们在召开国会前所期待的完全不同。

* * *

宪法的颁布及民选国会的召开，象征日本已成为一个由公民主体组成的国家，民众一方面要承担国家义务，另一方面也获得政治权利。义务包括男性要服兵役，所有人都要上学，每个人都要付税。权利包括少数人得到选举权，能够在政府预算表决中表达意见。不过值得注意的是，这些权利只限于男性，而且要有相当财产。第一次选举法实行时，能缴纳规定赋税而可以投票的人，只占日本总人口的1%。很明显，草拟宪法的人只不过想用它来制衡反对派。然而不能过分强调明治宪法的负面意义，说它只是限制人民权利，这样会忽略它的历史意义，明治宪法是未来改革的一个重要基础。最重要的一点是在宪法规定下，一个民选国会出现，它的职权不只是个咨询机关。另一方面，宪法背后亦象征主体或公民的存在，他们在政治上是活跃的，而且有无限发展的可能性。事实上，当寡头体制决定实施宪政时，他们已非常清楚这样的一个现代国家政体正在形成，它自身亦要发展出一套有自己独特性的政治体制。

第七章

明治初期社会、经济及文化的变迁

从 19 世纪 60 年代到 90 年代，只不过 30 年的时间，日本便崛起为亚洲经济的火车头，有人称之为"亚洲工厂"，这种特征直到 20 世纪仍然存在。到 19 世纪 90 年代为止，日本的纺织业便掌控国内市场，并开始与英国公司在中国与印度竞争，可以说是相当成功。日本船队亦能与欧洲贸易商一较高下，其货运能力甚至远至欧洲。

就长期发展而言，明治日本的经济成就更令人肃然起敬，无论在国与国之间比较，还是以 19 世纪 60 年代以前与之后的生活水平比较，明治日本无疑创造了一个先例。不过对 19 世纪末的日本人民而言，工业革命所带来的冲击，其立竿见影的效果是重重灾难。受害最深的是两类人，一类是小家庭农民，另一类则是年轻女工，他们数量庞大，其身份也许会重复。在经济发展过程中，大批农民失去土地，为债权人所取走，而数以十万计的青少年女性受雇于棉纺、织布、火柴等企业以及欣欣向荣的娼馆，其所遭受的痛苦是不为人知的。

上述落差甚大的评价亦适用于这数十年间的文化变迁。明治日本时代，新旧文化似并行不悖，从小说到油画，作家及艺术家都热烈拥抱新文化形式。另一方面，诗歌以及文乐歌曲等传统文化亦展示其坚韧的生命力。不过在19世纪80年代及90年代，文化焦虑已浮现，而且紧张程度日益加深，其根源是恐惧在盲目崇拜西方现代性的热潮下，日本可能失去某些东西。在这种忧虑下，日本知识分子不得不加工赶制一个全新的日本"传统"。新日本"传统"的出现亦与社会骚乱及政治不安有关，政府官僚为应付各种挑战，决定要将个人思想及行为限制在框框内，甚至不惜使用高压手段。

一、地主与佃农

在明治时期日本的经济变迁中，农业扮演十分关键的角色。它是人力、粮食、税收及出口创汇的重要来源，没有它，工业革命是不可能的。

1880年至1900年，日本人口从3 500万增至4 500万。同一时期，农村及农业人口则稍降，因为数以百万计的人口从农村流向城镇，或从城镇流向大都市，这种流动亦出现在职业上，人口从农业转向工商业。在这种转变下，粮食危机的出现是无法避免的，要避免粮食不足有两种方法：依靠进口或提高国内生产。直到1920年为止，日本农业是用增加产量以支撑不断增长的人口。农业能够维持粮食产量增加的原因有二：首先是有效利用现有耕地，过去这种有效性局限于高度发展区域，现在则逐步扩散到全国。其次是选用新作物、新种子，以及使用更多肥料。土地生产力的增加幅度到底有多少？到今天这个问题仍在争论中，目前估计的年生产增加率为1%到3%不等，数字并不一致。[1]但即使采用最低增加率，其增长仍是可观且重要的，因为它足够支撑增长中的人口，使其免除粮食问题，因而可以保留贵重的外汇以支付工业及军事技术的进口。

事实上，农业是国家税收的一个关键财源，没有它，不可能进行大规模现代化计划。在19世纪70年代及80年代初，田赋约占政府收入的80%。到19世纪90年代，政府开始征收消费品税，包括酱油、盐等民生必需品及糖、清酒等日常用品，田赋的比重便开始下降至60%，不过田地收入仍为政府税源之最大宗。

另一方面，农业出口茶叶及丝织品亦为日本创造重要外汇收入。1868年欧洲出现蚕桑自然灾害，有利于日本的蚕茧出口，为以养蚕业为主的小家庭事业带来荣景。当欧洲的蚕害消失，日本转而出口蚕丝，在1868—1893年，生丝产量由230万磅增至1 020万磅，增幅达5倍，大部分以出口为主，主要出口欧美。在19世纪最后25年里，丝出口占日本出口总值的42%。日本对中国及朝鲜的出口亦有一定数量，输出产品主要为农村里的传统食物及手工艺品。

农业还有一个间接贡献，就是输出劳动力。事实上劳工输出是继茶与丝之后，日本创汇的第三个重要来源。1900年前后不少日本人前往夏威夷、加州，或拉丁美洲工作，再汇款给其农村中的家人。

蚕丝的纺与织通常都在农村中的小型工厂进行。老板及管理人员都属于农村企业的精英阶层。事实上，在日本资本主义经济的发展中，农村社会的上层阶级担当十分重要的角色。他们投资工厂，不断发展经营，一方面缴纳大量税收给政府，一方面又培养家中小孩接受高等教育。学业有成的下一代又继续在政治、经济以及官僚领域占有领导地位。在农村中，他们放高利贷给附近农民，若其无法还债则没收土地，又雇用农家少女纺织蚕丝，工作时间有时长达每天 14 小时。因此从整个经济政策及社会效果来看，这些地主的重要性是不容忽视的。

在政府方面，它除了要负担大量造价高昂的经济及军事计划外，更使其喘不过气的是西南战争的庞大军费，故在 1878 年，明治政府便要面临巨大的预算赤字。它先以发行纸钞以应付急需，然而却引起剧烈的通货膨胀。由于明治政府的收入以预估地价为主，地价并未自动随通货膨胀而上升，故财政实质收入是降低的，这使收支赤字进一步恶化，唯一的好处是农产品价格上升，农村暂时得以景气。

1881 年大藏卿松方正义（1835—1924）实施严厉的财政及货币政策。松方出生于萨摩，19 世纪 60 年代时以志士身份活跃政坛，明治以后，一直担任领导工作。1881 年"明治十四年政变"后，松方出任大藏卿，为了抑制通货膨胀，他大量削减国家预算。上述财政政策，无论是好的影响还是坏的批评，传统都归因于松方正义，事实上他的两位前任大藏大臣已经开始实行类似政策，亦即削减政府开支，增加税收及减轻政府债务。到 1880 年，政府已解雇大部分在 19 世纪 70 年代聘用的外国顾问，松方只不过是加快及扩大实行这些政策。松方上任后，便大力整顿由外国顾问协助设立的国有企业，把无利可图的加以出售。他亦收紧货币供给，首先是关闭造币厂，不再大量生产廉价纸币，改回原来的银本位政策。到 1883 年 6 月，只不过一年半的时间，他把日本货币供应量缩减 14%。结果是物价迅速下跌，由于同时期遇上全球性不景气，通货紧缩更为明显。[2]

由于 19 世纪 80 年代初的国内政策及国外压力，其所产生的经济状况便是所谓"松方紧缩"。在 1880—1884 年，农产品价格暴跌一半多，为了生存，小自耕农不得不向附近富有的地主借钱，在无法偿还的情况下，土地兼并便大量出现，亦是所谓"借金党"或"困民党"走上反叛的原因，"秩父事件"便是最好的例子。[*]

经济紧缩政策下最明显的一个结果便是土地所有权的大转移。但与农业增产数字一样，这时期失去土地而变成佃户的人数，一直是学者争论的话题。根据保守估计，佃户耕种面积从 19 世纪 70 年代末的 30%，增加至 19 世纪 80 年代末的 40%。若用此统计数字换算，则日本约有 1 / 10 的土地转换了所有权，而且仅在 10 年之内。到 19 世纪 80 年代末，松方财政改革的确把日本经济稳定下来，但却为数百万的日本人民带来了深重灾难。

二、产业革命

到 19 世纪 80 年代初，明治政府已为近代工业经济安排好各种基本建设，以后 20 年中的日本便在这基础上进一步发展，陆续出现了铁路网、新商业法，以及为工业提供贷款的各种专业银行。而一小撮私人投资者则在制造业上发展，过程虽相当艰苦，但到 19 世纪 80 年代末，已具一定获利能力。接着在世纪之交的 20 年中，日本的经济便正式起飞了。在这段时间内，日本工业产量每年约以 5% 的速度增长，

---

[*] 秩父位于东京西北方的埼玉县，1884 年 10 月，该地数千农民要求减少杂税，延长债务期限，发生武装暴动，波及群马及长野等县。详见本书第六章。

与同期世界的 3.5% 相比，它的表现是相当优异的，甚至比美国还要好。美国的工业产量从 1895 年至 1915 年增长 1 倍，而同期的日本则为 2.5 倍。

日本的工业化由纺织业带动，从 19 世纪 90 年代到 1913 年，日本丝出口增长 4 倍，传统日本丝绸是手工纺制，但到第一次世界大战前夕，日本的蚕丝已有 3／4 用机器制造，同时每年 3／4 的产量是以出口为目的。棉纱的生产亦如此，其产量的增长率与丝相同，机器亦逐渐取代手工。不过棉产品的出口则以亚洲为主，约 50% 输往中国及朝鲜。

工业化中的第二个主要项目为煤及金属资源的开采。从 1876 年到 1896 年，日本金属生产增加 7 倍，矿区雇用劳工数目亦仅次于纺织业。煤产量约半数来自九州岛及北海道的煤田。煤亦成为日本工厂燃料的主要来源，其余则大部分供各海港蒸汽船之用。除此之外，日本的足尾铜矿及其提炼厂，亦是 20 世纪初世界最大的铜生产地之一。

第三个项目为运输革命，它亦成为新工业的支柱。到 19 世纪 80 年代末，日本铁路已超过 1 600 公里，到 1900 年，总长度约 5 500 公里。日本是一个多山国家，故兴建铁路是个艰巨任务，需要巧夺天工的技术。另一方面，铁路系统亦有助于其他工业的发展，它降低原料运输成本，亦可以低价把工业成品运到国内市场，或运到港口再送往世界各地，新运输系统对煤矿及纺织业尤为重要。

工业化亦为社会及经济组织带来重要改革，19 世纪 80 年代末的铁路投资热潮助长了一股更全面性的“私营公司浪潮”。在 1886—1892 年，私人投资者建立 14 家新铁路公司，私营铁路的总长度是政府的 2 倍以上，这股投资热延伸至纺织业、矿业及其他事业。不过到1890 年，由于"投资过热"，日本出现第一个金融危机，这也给日本投资者一个非常好的教训，令其终于了解到组织股份公司及股票市场的经营法则。在股市崩盘后，许多抱着投机心态的公司倒闭，不过也起到汰弱留强的作用，大部分的铁路公司均体制健全，它们与其他新公司经过 1890 年金融风暴考验后，更能茁壮成长，成为私营领域的佼佼者。

日本新兴资本主义体制中，最具特色的是财阀的出现，它在垄断过程中担任重要角色。有些财阀可以追溯其历史至德川时代的"两替商"，三井及住友便是其中的佼佼者；有些则是白手兴家，在明治时代才崛起，三菱是其典型例子。不过无论哪一种公司，到 19 世纪 70 年代及 80 年代才逐步发展出今天的形态。它们的创办人利用其长期的政商关系及主要企业间的依附联络网，建立起庞大的商业帝国。以三井家族为例，从 17 世纪 70 年代开始，他们便在江户及京都建立干货零售据点，同时也是幕府将军的金主，双方关系一直维持到幕府覆灭为止。另一方面，三井的经理人亦在 19 世纪 60 年代接近倒幕势力，培养彼此关系，故在 1868 年后，三井家族能继续发展。三井负责处理明治政府部分税收，故在 1876 年创办三井银行。同年，它亦创立三井物产，负责贸易业务。其后伊藤博文出任工务卿，与三井物产签订合约，使其独占官营三池炭矿的销售业务。伊藤很直截了当地说："我们不会苛

---

* 江户时代的金融业者，原来以汇款为主要服务项目，后发展为存款、贷款及票号发行等业务，甚至幕府的公款亦存放于此。——译者注

刻，贵公司可以用成本价取得煤炭，再用它发展你们的事业吧。"[3]
三井无疑从这个协议中获得大量利益。1888 年，三井干脆把三池买
下来，虽然收购价格相当高。三井亦利用三池煤炭与英国公司签订合
约，三井物产出售煤炭给英国蒸汽船，以此取得在上海、香港以及伦
敦开设分公司的权利。这种银行、矿产及贸易三方面的结合，于 19 世
纪 80 年代出现。在以后的日子里，三井以此为发展基础，再利用其利
润收购或创办其他公司，其中比较著名的包括芝浦制作所、钟渊纺织、
王子制纸。

其他财阀的发展方向稍有不同，如三菱便专注于海运、造船、铁
路，不过兴起的过程差不多，时间亦在 19 世纪 80 年代及 90 年代。各
创业家庭大都保留对财阀复合体的财政控制权，不过从一开始便避免
"一人得道，鸡犬升天"的家族企业毛病，雇员都是年轻人，从家族
以外招募，同时委以重大管理权。在近代工业发展史上，日本企业算
是较早实行所有权与经营权分离的政策。

为何这些高度垄断的财阀能够发展得如此迅速？部分原因当然
是归结于资本主义经济体制，它必然会走上垄断方向。看看美国的
铁路、钢铁、石油、烟草及金融等帝国企业便很清楚，范德比尔特
（Vanderbilt）、卡内基（Carnegie）、洛克菲勒（Rockefeller）、杜克
（Duke）、摩根（Morgan）等大公司的出现并非偶然，因此日本的有力
垄断财阀与它们具有同样性质。但财阀仍然有它们的特性，就是经营
范围无所不包。它们不只是横跨各行业，更横跨各领域，从金融业到
制造业，无所不在。每一个财阀似乎都要鲸吞所有数得出的事业，从
贸易与航运，到金融、开矿及各种制造业。单单用资本主义经济似乎

无法解释这种现象。

有人认为财阀这种企业不只出现于日本，19世纪末德国银行主导的独占公司，或俄国的国有企业均有相似之处，其原因可以归结为上述三个国家经济发展的"后进性"。一个后进国要赶上去，同时在国际上又要有竞争力，必须发展新工业。要达成此目的，则要在短时间内动员稀有资本、技术人才及技术，但只有大的组织方能完成上述任务。在某些后进例子中，国家会担任此种角色，但在日本，其动能则来自政府计划与大型私人公司的合作。[4]

后进因素也许能解释日本财阀兴起的原因，但却无法解释明治时代日本资本主义为何有如此优异的表现，在西方以外，似仍无法找出相同案例。德川时期的经济及社会因素也许是其中一个原因。在明治维新以前，日本已存在相当程度的企业管理及生产技术，它有可能直接应用到现代工业，或转换到一个商业金融及近海运输的复杂网络中。除此之外，日本的人口增长并不快，故农业收入可以移用到其他新的领域中。

在上述社会及经济基础上，日本还有一个相当关键的因素，就是工厂雇主可以招募到一群廉价劳工。在19世纪后期及20世纪初期，日本工业已日趋机械化，然而与先进的西方国家相比，日本的个人生产力仍相差甚远（个人生产力是每个人平均生产的货物或服务价值）。由于生产力赶不上，日本经济要具有竞争力，唯一的方法便是降低工资水平。在这段时间中，非技术性工人的低工资是日本制造业有强劲表现的重要原因。

国家的积极作为也是一个重要原因。明治政府在19世纪70年代及 80 年代实施各项基本建设，为早期财阀提供良好基础。稍后，国家表面上只是推动工业层次的提升，实际上直接参与，促使制造业转向资本密集及高技术生产。在这方面，日本的廉价劳力是无法成为相对优势的。举例来说，日本铁路公司在 19 世纪 90 年代发展，火车头及铁轨是必需品，但由于铁厂及工程公司或是不存在于日本，或是价格太高，因此不得不从西方进口。到 20 世纪初，明治政府采取关键性措施，把经济上的供应方与需求方两者关系扭转过来。在供应方面，政府在 1896 年出资兴建八幡制铁所，亦拨给预算贴补海运业乃至机械制造、工程及造船等私人工业。在需求方面，政府在 1906 年几乎将所有连接大都会的铁路收归国有，并利用这个机会，规定铁路使用的火车头及路轨必须向国内厂家订购，而且凡具竞争力的进口货均抽以重税。[5] 在这几个政策下，私营重工业得以受惠，否则那时候它们是无法生存或成长至日后规模的。

最后一个因素是私营领域中的相互竞争及企业精神，为日本式的资本主义锦上添花。明治时期的年轻人一直梦想发财致富，不少独具慧眼的财阀亦愿意送他们到海外学习，在欧美的纺织厂、造纸厂、工程建设或类似地方实习，学成归国后，就在财阀下的企业管理工厂，担任要职。另外日本国内工程及造船公司林立，互相争取政府的铁路或海军采购，亦有不少私人钢铁厂是由八幡衍生出来，却又成为八幡的对手。因此关税虽然在 20 世纪初为日本公司提供保护网，减少外国货的竞争力，但日本能真正增加其生产力及生产质量，却是靠国内互竞争所致。

是以日本的经济增长，主要倚赖国家与私人企业积极地互相配合，而企业精英的心理则是把服务国家的理想与个人发财的梦想编织在一起，两者好像无须偏废，亦不会冲突。日本的资本家亦类似国家官僚，没有过分歌颂市场的创造能力，以为市场只是个简单而直接的机制；他们亦无意推崇毫无限制的利润追求，不认为这就是最有利于社会的做法。相反，他们仍继续使用儒家语言，宣扬一种"无私"牟利的哲学。

涩泽荣一是推动上述想法最有力的人，他是明治时代最重要的金融家及工业家。作为一个活力充沛的企业家，他把股份公司的概念引进日本。涩泽亦率先为日本创立一些大型纺织厂、造纸厂及私人银行，而且相当成功。涩泽一方面宣扬自立美德，一方面反对"国家与社会进步要倚赖个人主义或自我主义"的看法，他的反驳论据是："我无法赞同这个说法……虽然每个人都希望出人头地，荣华富贵，但若都只从个人立场出发，国家的秩序与安宁便会因此被破坏。"明治时代陶瓷业巨子森村市左卫门亦表示："在商场要获得成功，其要诀便是要决心为社会、人类以及国家的未来而努力，有时甚至不惜牺牲个人自己。"[6]

三、工人队伍及工作环境

上述想法也许真的反映出很多企业界领袖的信仰，但为国发展实业却不一定能转换到好好善待工人这一层次，其中尤以女工的待遇更为明证。她们多半是出身农家的青少年，在"松方紧缩"中所受苦难最深。

表7.1　20世纪初的劳工人数

	1902年			1911年		
	男性	女性	总数	男性	女性	总数
纺织业	32 699	236 457	269 156	67 128	408 257	475 385
机器／工具制造业	33 379	983	34 362	67 271	3 817	71 088
化学工业	38 615	43 683	82 298	47 159	22 414	69 573
饮食业	16 837	13 316	30 153	34 202	12 922	47 124
杂项	20 729	11 579	32 308	37 831	20 123	57 954
电力或天然气公用事业	475	21	496	4 476	40	4 516
开矿及提炼业	42 888	7 230	50 118	59 321	8 924	68 245
总数：所有行业	185 622	313 269	498 891	317 388	476 497	793 885

资料来源：《日本劳动运动资料》，第10卷统计编，劳动运动资料委员会编（东京：中央公论事业出版，1959），第104、106页。

根据政府统计，到1911年，日本10人以上的工场或矿区所雇用工人总数约为80万人（见表7.1），其中有47.5万人在纺织厂工作，包括棉或丝的纺织，而女性所占的比例达80%。她们通常都居住在工厂的宿舍，到晚上便会锁起大门。故一旦发生火灾，宿舍便成为死亡陷阱。虽然当时的上层阶级一般认为女性比较柔弱，但这种看法无助于改善女性待遇，她们每天工作12到14小时，甚至更多，而男性产业工人则只不过平均每天12小时左右。与同一工种中的男工的薪酬相比，女性是其50%—70%而已；与重工业的男工相比，更只有30%—50%。薪酬是计件制，用竞争方式，以其产量及质量作为计算基础。工厂的规定相当苛刻，执行时常因人而异，男上司常有性骚扰行为，虽然不能从文献中考订出确实数字，但在女性的歌谣中，经常会反映出这个问题。

最后要提及的是工厂的恶劣通风环境，它是疾病的温床，特别是肺结核，有若今天的艾滋病，它令人身体虚弱，无药可救，最后导致死亡。肺结核在德川时期便存在于日本，不过范围仍有限，直到19世纪末20世纪初，问题才日趋严重。传染的过程并不清楚，工厂女工一旦染上肺病便被送返家中，坐以待毙，她们亦同时把细菌传到家乡。

不过当时日本生活困苦，一般妇女若不在纺织厂工作，也没有其他更好的出路。她们若留在农村，与家庭一起居住，亦要帮助农事，工作量至少与工厂一样，甚至更为繁重。究竟她们是否乐意接受工厂生活，许多纺织女工的回忆是互相矛盾的。有些人认为工厂的规定苛刻，靠严厉的赏罚制度刺激工人拼命赚钱，在她们的描绘下，工厂是个不快乐的修罗炼狱。亦有人认为与其他工人相处甚欢，温饱有保证，食物至少比农村好。薪水与男工相比是相当微薄，但与其他女性工种比较，仍算不错。当时的女性若留在农村家庭中，通常是无偿劳动，若从事家庭手工业，由中间商人转发，按件计酬，所得亦不会高。

妇女若要取得高薪，唯一的途径便是沦为娼妓。在19世纪后期，娼妓行业雇用妇女之多，仅次于纺织业。娼妓在当时的日本是合法事业，政府会发给执照，并订立各种法规管理，不过仍然有不少非法娼妓存在。在20世纪初，日本约有5万名合法娼妓，当时从事棉纺业的女工只有6万（棉纺女工数目位居第三，第一是织丝，第二是纺丝）。如果说娼妓的回报不薄，其代价也是相当高的，她们要付出健康、尊严，甚至自由。家庭在"出卖"少女到娼馆时，通常先收取一笔相当可观的订金，该少女则要全部偿还订金后才能够离开，一般要3到5年的时间才能付清该笔账目。

图 7.1　图中是明治后期长野县缫丝工厂内一景，工人都是年轻女性，亦是她们唱出由政府或自己编曲的歌曲以反映工厂生活。在她们前面是一锅热水，要从里面的蚕茧中抽出蚕丝。照片中女工的仪容都经过打扮，头发也梳得十分整齐，看起来是工厂拍摄的公关照片，用以宣传职场的积极正面形象。(冈谷蚕丝博物馆提供)

　　要真正了解工业时代初期的女工如何回顾自身地位并不容易，她们只接受过初等教育，因此没有留下太多的回忆文献，历史著作一直以来亦未尝把女工当作一个重要主题处理，只有在社会改革者、记者及政府报告中才留下蛛丝马迹（见图 7.1）。根据有关的工厂工人统计报告，不少女工以辞职来应付恶劣的工作环境，故工人的年转换率达 100%，这是十分稀松平常的事。著名的政府报告《职工事情》在 1903 年出版，它搜集日本全国各地工厂的资料，包括当时日本最大的纺织厂"钟渊纺织"，为我们提供了一些令人印象深刻的数字。在 1900

年初，该工厂雇用 4 500 名女工，到该年年底，女工人数裁减至 3 500 人，但在同一时期，由于女工大量转换，结果在 1900 年内雇用了 4 762 名新女工。女工流失的原因，有 4 846 名是从工作中"逃走或出走"，692 人被辞退，255 人因病离职，31 人死亡，死亡率接近 1%。[7]

有时候工人亦会聚众生事，用集体形式抗议。从 1897 年到 1907 年，在纺造厂与大小织造间中，总共有 32 次纺织工人罢工事件，诉求是提升薪酬或改善工作环境。罢工多半只持续一至两天，甚至只有几小时。能实现诉求的很少。事实上，女工都集中住在宿舍，公司管理又十分严格，她们要组织起来抗议或与工厂外的社会改革者联系，并非是件容易的事。如果真的举行抗议，她们一般都会被辞退，最后别无选择，只得回老家。

纺织女工即兴唱奏的歌谣都是由旁观者记录下来的，这些歌曲反映了女工愤怒与失望的情绪，结果导致高流动率及罢工。女工一方面希望追求更高水平的生活，另一方面也为自己的贡献感到骄傲，因为她们知道自己的努力有助于提升国家的财政收入及国力。女工的骄傲是工厂经理及招工者促成的，当女工穿山越岭前往应募工厂时，厂方沿途每天都会传播同样的冠冕堂皇的话：

> 翻转又翻转的生丝
>
> 纺动中连串成线
>
> 它是帝国的财源
>
> 出口价值超过亿元
>
> 有什么更好于丝线

我们是和平时期的军人

妇人贡献效果高

帝国自身两皆好

艰难辛苦不在乎

但经过女工的即兴删改，歌词内容却大为不同：

女诗人如紫花，事务员即如杨柳

女教师如兰花，女工即如路边草

另一首即兴谱出的歌词：

宿舍淹毁，工厂烧毁

看门公霍乱病死

那真的大快人心

招募员舌灿莲花

"这样的公司不来真可惜！"

骗得女工团团转

早上六时愁眉苦脸

晚上六时笑逐颜开

可怜的蚕虫，被丝赤裸裸缚住

真想插翅飞出去

直到远方的陆地[8]

图 7.2 图为 1896 年芝浦制作所一个制模车间中男性工人的情况。工头穿着西式帽子及制服站在中间，他是整个车间的最高领导人，而工头与一般工人的紧张关系是司空见惯的事情。在运用传统技工方式的操作岗位上的工人常穿上江户时代工匠的衣服（左下）。（东芝株式会社提供）

在日本的工业时代初期，男性熟练技术工人团体亦逐步形成，不过他们的数目远少于女工。到 1902 年，约 3.3 万名男工在造船业、机械及工具业、铁路公司工作。在矿业及金属提炼业中，男性工人约有 4 万人，不过在矿业中，女性所占比例甚低，另外 10 万名男工则在其他各工业门类干活。

男工的个人感受是复杂的，他们一方面不满意自己的生活环境，甚至有点自惭形秽；另一方面又有强烈的自尊心及决心，一心一意要自力更生，因此他们的生活状态是颠簸不堪。在第二次世界大战以后，日本工人是以其"终身雇佣"制度出名，但在日本工业时代初期，男工就业方式是截然不同的。他们认为要成为一名熟练工人，而且真正获得大家信任，就必须在不同工厂工作以取得一定经验，才能学到更多技巧，在专业上有所进步，其时男工转换工作的速度就如纺织女工一样。不过女工在离职后，通常都不再回到工厂做事，而男工则成为"游历职人"，由一个工作跳到另一个工作，是其生涯规划不可或缺的一部分。他们通常希望存一笔钱后便创立自己的小型工厂，有少部分人最后能成功创立事业。

男工亦曾组织一些罢工活动，甚至尝试在19世纪90年代组织工会，不过工会寿命通常十分短暂。金属工人在1897年成立铁工工会，会员人数在最高时有5000，不过只是昙花一现，由于会员变动频密，到1898年，该工会已经失去支持力。1900年，政府通过《治安警察法》以限制工会活动，工会最后终于瓦解。无论罢工还是工会活动，都反映出工人的愤怒，他们除了希望获得高薪报酬，也不满工人尊严遭到忽视。组织最完善的罢工发生于1898年，由日本铁路公司的火车头技工发动，罢工者主张："我们的工作高尚，并不卑下；应受到尊重，不应被蔑视。"工人的一个重点要求是变更他们的职称，他们自认为比普通文员及站务员有更高的技术要求，所负担的责任更重，但火车头技工的职称听起来却是低人一等，毫无尊严。[9]

老板则认为这些技工桀骜不驯，难以倚靠。一家颇具规模的工程公司的经理在1908年访问美国，回来后在一份杂志上大吐苦水，批评时下的年轻工人，认为他们虽受过良好教育，但自以为是，毫无反省精神。至于老一辈工人则冥顽不灵，只知抱残守缺，维护过去的经验，因此"教他们任何东西，无异于对牛弹琴"。他认为美国的工人比较驯服，"只要一个命令，便会自行完成任务……但在日本，不只要三令五申，而且要不断督促，否则事情是无法办好的"[10]。

上述对工人的负面印象，与工人本身所留下来的记录可以说是南辕北辙，大相径庭，因此必须批判性地重新审视。根据工人自己的说法，他们有学习的决心，希望不断改进自身技术，最后有一天能开间小型工厂，当上老板。故管理层认为工人都是冥顽不灵，态度散漫，并不表示工人都是无知或死气沉沉，这只不过反映出管理层不能善待工人，他们才无意为公司尽心尽力而已。

四、平民教育及高等教育的发展

到 19 世纪 80 年代及 90 年代，反抗义务教育的浪潮已逐步减弱，入学率亦不断上升，另一方面，政府则开始改革教育课程。由于教育逐渐普及，人民可以运用其知识阅读报纸，甚至签署请愿书、批评政府政策，文部省因此实施一项更以国家为中心、充满道德性的教育政策，走上与 19 世纪 70 年代的自由及实用教育气氛截然不同的道路。推动新教育政策的领导人是森有礼，他出身萨摩，1886—1889 年曾任文部大臣一职。在他领导下，文部省加强教科书的中央管控，在公立学校内亦引进一种军事式的教学训练，完全吻合当时的军事精神。政府另一方面提倡儒家忠孝、恭顺及友悌等价值观念，同时又接受德国顾问的建议，加强学校的德育课程，强调忠孝对国家的重要性。

这种保守政策最明显的结果便是教育敕语的出现，它于 1890 年 10

月 30 日以天皇名义颁布。敕语内容清楚反映出政府内部高层官员及其顾问的观点，教育应以服务社会及国家为目的。他们认为明治初期的教育政策过分注重个人解放，违背维新初旨。不过在如何服务国家上，官员间则有不同看法。他们的分歧出现在拟订教育敕语的过程中，争议点在于是否以儒家传统论述表达国家主义教育目标。当时担任明治天皇讲读的元田永孚（1818—1891），便主张突出忠孝两点作为基本社会价值；但伊藤博文等实用派反对以天皇名义树立一个道德上的法统，怕因此把天皇牵扯进政治纠纷中。

由于两派观点不同，教育敕语便成为一个杂糅各方意见的文献。敕语的一部分引用儒家思想中有关人文关系的价值：

> 尔臣民继述祖先，孝于父母，友于兄弟，夫妇相和，朋友相信，恭俭持己，博爱及众。

也有些敕语推动尽忠国家的精神，反映出 19 世纪欧美政治体制中流行的民族主义：

> 进而广公益，开世务；常重国宪，遵国法；一旦有缓急之际，义勇奉公。

在忠孝之道与爱国主义两个截然不同的道德领域中，敕语则用天皇及祖宗等价值把两者联系起来，因此敕语开宗明义便指出：

朕惟我皇祖皇宗肇国宏远，树德深厚，我臣民亦克忠克孝，亿兆一心，世世厥济，此我国体之元素，实教育之本源。

其结尾为加强敕语之力量，更表示：

斯道实我皇祖皇宗之遗训，子孙臣民俱应遵守。通之于古今不谬，施之于中外不悖。

在教育敕语颁布后，它更被供上圣坛，成为权力的象征。在全国每一所学校里，教育敕语都被放在坛席上，旁边再加上一幅天皇肖像（见图7.3）。凡举行任何典礼，都要对集会学生朗诵一遍。誓死保护教育敕语及天皇肖像的故事亦不断流传，说校长在学校发生大火时，不惜冒险甚至牺牲性命，亦要把教育敕语或天皇肖像抢救出来。学生们很难完全理解这些文言，但能明白一个基本信息，就是天皇制度使日本与众不同，人民应该感激权力者，无论对父母还是天皇，他们都应当尊重。

与教育敕语及小学相比，中高等教育则是另一番天地，其精神及构造完全不同。到1905年，约有10.4万名学生进入各色各样的中学，为当时入学学生总数的10%。"师范学校"是男女生并收，主要功用是培养师资。除此之外，还有一大批不同种类的职业学校，目的是培养年轻人成为技术员、文员以及工程人员。中学生毕业后，有一小部分人仍会努力往上爬，继续在公私立高中深造。有些高中特别为女子而设。1899年，政府要求每一个县至少都要设立一所女子高中，另外

图 7.3 艺术家笔下日本 20 世纪初恭读教育敕语的情境，一个小学校长恭捧敕语，高声朗诵。天皇肖像则供奉在讲坛中间，深挂在帷幕之后。这个仪式完全模仿 1889 年的颁宪大典，当时天皇把宪法作为"恩赐"，亲自交予首相及国家。（东京汤岛小学提供）

西方传教士亦为女性开设高中教育。不过最出名的还是 7 间为男性而设的国立高中，其中最著名的是东京的第一高中，在 1886 年创立，其他 6 所则先后在 1901 年以前成立，每年入学人数约为 5 300 人。

站在整个教育系统顶端的是 7 所帝国大学，只招收男性学生。在这 7 所大学中，东京帝国大学更是顶尖中的顶尖，尤以法学部为然，它是通往政府及商界领导阶层的捷径。

初等小学以上的教育不是义务，而是自愿选择。故向上升学的人都要通过入学考试，而且家庭条件还要不错，能够负担学费及不需要孩子工作赚钱。另一个比较矛盾的现象是学风，当学生越接近教育金字塔的顶端时，学风愈自由，学生通常会有较大思考空间，高中及大学更给予学生一定程度的自治权，学生可以自行组织课程以外的活动。在教室里，他们亦可以广泛阅读西方的哲学及政治思想书籍。这种开放精英阶层思想亦见于文部大臣森有礼，他当时正推行高中教育，为日本培养未来的爱国领导精英，他认为接受高等教育的学生必须学习如何发挥所长及认识责任所在，因此在他们的成年阶段必须给予足够的自治空间。

文学作品可以反映这一代学生的社会及心理世界。当代最知名的作家之一夏目漱石（1867—1916）在 1914 年出版了一本自传体的小说《心》，里面谈及两个角色，反映大学中两个不同世代的经验。在这个死亡与自杀的故事里，夏目漱石不留情面地直接揭露现代人那种疏离的生活，给读者带来无可比拟的震撼。夏目的写作并非无所依据，在其小说出版之前，一个名为藤村操的第一高等中学*的学生于1903年在日光著名的华严瀑布跳下自杀，并留下一封遗书，《心》里的主角也同样留下一封信：

> 悠悠哉天壤，辽辽哉古今，以五尺之小躯而欲测此大，何尔杰（Horatio Alger, Jr，1832—1898）†之哲学竟有如此权威之价值。万有之真相，唯一言以蔽之，曰不可解。我怀此恨而烦闷，最后决以一死。既已站立于瀑布之前，胸中无有不安之感，始知大悲与大乐竟无二致。

这个自杀事件在当时成为一个重要新闻，由此产生了大量的明信片、图画书、纪念品，亦有不少仿效他的人。一位历史学者称，在自杀事件出现后8年之中，约有200人在同一个瀑布跳下自杀。[11]

这些事件只不过是明治后期日本文化的一个面相而已，其他回忆录及小说（如夏目漱石比较轻松的作品《三四郎》）都显示出城市及大学是各种梦想、冒险以及欲求的所在地。年轻的男性，以及少数私立高中的女性，都在上进心与进取精神的驱使下来到城市。他们喜爱城市的各种新奇事物及其开放性，忘不了那种流动及变动的感受。当时高等教育界流行阅读西方文学及哲学书籍，包括康德、卢梭、穆勒等

---

* 第一高等中学，简称"一高"，战前日本最出名的大学预科学校，1949年改为东京大学教养学部。——译者注

† 何尔杰是19世纪末美国小说家，与马克·吐温同为当时最受欢迎的作家，他受进步主义思想影响，对人生抱有积极希望。——译者注

人的作品，这些作品激发想象，鼓励年轻人追求反叛及坚持自我。因此在 19 世纪与 20 世纪的转折期，对那些有幸升学的年轻人而言，是个令人兴奋的年代，令他们好好思考在"新日本"中应该要做出什么大事业。

五、文化与宗教

要打造一个"文明开化"的现代国家是明治时代的一个重要诉求，这股力量不但改造了日本的文化面貌，亦改造了其经济及政治体制。从 19 世纪 70 年代开始，政府官员、教育家及艺术家等便探讨各文化层面在西化后会产生什么影响。这个问题出现的原因，是当时如火如荼地提倡"全盘"近代化。举例来说，由于西方军队都附有军乐队，日本军队主管在 1871 年亦决定成立日本军乐队，认为这才符合军队的西化政策，而日本军队很快便发展出一套西式军乐，日后成为日本军人的一个新传统。在同一方式下，1880 年明治政府聘请一位波士顿公立学校的老师，负责为日本新成立学校策划一套"正规"的近代音乐课程。1881 年，该老师为日本编出第一套学校儿童歌本，约半数歌曲是西方乐谱，由日本诗人填词，故诉说离情的《友谊地久天长》，被改写为甜蜜的怀旧老歌《萤之光》，另一些歌曲则是沿用日本旧歌乐谱，但配以西式和音。[12]

在这种实用精神下，富国强兵与艺术家的专长形成奇妙的结合。19 世纪 70 年代及 80 年代，政府支持知名画家用西式油画创作。德川时代已有画家采用西方画具及运笔方式，譬如 18 世纪的木刻画便曾使用消点法，明治画家得以作为借镜。为了推动西式画法，明治政府举办艺术比赛，设立学校。故到 19 世纪 80 年代末期，日本作家如二叶亭四迷（1864—1909）、森鸥外（1862—1922），以及日后的夏目漱石，均开始创作散文小说，其形式与西方小说接近，亦广受读者欢迎。

在戏剧方面，虽然传统戏剧已开始受到批评，但新的戏剧形式仍发展缓慢。在德川时代，重要的能剧剧团都得到德川将军或诸大名的资助。明治维新以后，这些财源被切断，能剧只挣扎了一段很短的时间便没落了。歌舞伎的群众基础比较好，但它在明治初期也面临许多困难。由于歌舞伎很多情节都是以娼馆为背景，西化派改革者一直批评它腐化及封建，因此在 19 世纪 80 年代及 90 年代歌舞伎便进行"改革"，剧作家把西式服装及现代生活各种情节引进舞台，但新剧种并不受观众欢迎。

日本文化的西化或近代化，其深度及广度是史无前例的，但传统文化形式仍继续存在，虽没有国家的支持，亦能进一步开花结果。目前虽缺乏明确的统计数字证明，但在西方音乐成为学校主要课程之后，传统音乐如木偶戏净琉璃的唱曲或三味线、日本琴，它们不但仍存续下来，其受欢迎程度更有增无已；歌舞伎亦未因批评而倒下来。著名演员一直呼吁保存古典戏剧，同时江户时代的表演艺术仍在民间流行。

从 19 世纪 80 年代中期开始，一场要求保存或振兴日本传统文化的运动逐步出现，与西化派改革者形成两股冲突的力量。这个负有文化使命感的运动的领袖有欧美人士，也有日本人，其中最为世人所知的是欧内斯特·费诺罗莎（Ernest Fenellosa）及冈仓天心（1863—1913）两人。费诺罗莎是哈佛大学毕业生，主要接受艺术史的训练，1878 年应聘来日本教授哲学，其后沉醉在日本文化及艺术中；冈仓天心原来是他的学生，后来则成为同事。

两人共事多年。他们的情况有点像18世纪的本居宣长，本居面对的是日渐普及的中国思想，而他们面对的则是西方文化。两人极力鼓吹东洋思想，认为东方文化着重精神，对美学着重直接体验，与西方的物质主义截然相反，这点在日本文化中尤为明显。冈仓与费诺罗莎受到黑格尔的世界观影响，认为东西方文化的相互作用会综合成一个更高级的全球性文明，不过两人的表达方式则没有黑格尔那么尖锐。其他的保守文化主义者则利用这个题目，直接攻击西方文化对日本的影响。[13]

从文化史的角度而言，明治中期到晚期是一段重要的糅合时期，日本本土文化具有很大的弹性，与各种西方进口因素并存、混合，有时则互相冲突。在这个过程中，很多旧文化形式被急遽改造，但日后世代则视这些改造过的形式为"传统"，代表日本。其实所谓"日本性"，已经是一个全新的概念。以能剧为例，它之所以能够存续，是因为日本政府把它等同于西方戏剧，因而大力提倡。1879年，美国总统尤利西斯·格兰特（Ulysses Grant）访问日本，为了招待客人，能剧便成为格兰特的参观项目之一。而当时能剧所展示出的各种仪式，以前根本从未实践过，在某种意义上它是被重新创造的。现代功夫如柔道，运动如相扑，艺术如盆景，均可作如是观。它们一方面在表演层次上有改变，另一方面在象征意义上亦首次成为日本性的代表。[14]

日本在近代化过程中，创造了各色各样的文化传统，包括"万世一系"天皇统治的政治传统，都令人目眩。然而这并非日本所独有，甚至连要在现代化物质下一心一意保存精神价值的现象亦非日本所独有。在中国，民族主义者于1911年现代化的辛亥革命中推翻清朝，建立新政府，他们所用的辞藻、所倡导的精神，与明治天皇1890年的教育敕语并无二致。当新时代领袖以汉民族为中心创造一中华民族时，新与旧便混在一起。他们宣称4000年的连续性可以追溯至传说中的黄帝，自此之后便建立起一个抵抗外侵的传统。[15]欧洲在近代化中亦与日本一样，很多人在面对近代性时，认为它不人道，过于物质主义，因而转向昔日以寻找或发明精神传统，艺术家及诗人可说是其中的佼佼者。

明治时代的宗教亦要面对同样的混乱与变迁。德川时代已创立不少本土性的宗教团体，以传播福音为主要任务。到明治时期，它们扩张得更快。明治时期另一新兴宗教则是基督教，它曾在德川时代遭受残酷压迫，但仍有为数约6万的"隐匿基督徒"存在。在1868年幕府崩溃时，他们依旧举行基督教各种仪式。1873年，明治政府废除幕府的反基督教法令，但未有明言如何保护宗教活动。1889年宪法保证宗教自由，但并非是无条件的，前提是"限于无碍和平及不妨害公民义务"。

在这种模棱两可的背景下，天主教、东正教、基督新教传教士在19世纪70年代纷纷回到日本，只是信徒数目的增长差强人意，基督教徒人口不足日本总人口的1%。不过这些男女信徒的作用相当大，在日本的文化及政治生活中发挥着不成比例的影响。在19世纪末与20世纪初，无论是社会主义运动还是劳工运动，基督徒的活跃分子均在各个改革领域中扮演领导角色。他们都相信个人道德良心的指导，理论上甚至可以超越或抗衡国家的指导。由于当时政府强烈主张帝国臣民要全面效忠，不容许有二心，基督教的看法无疑是勇于挑战现状。事实证明要坚持下去并不容易，很多基督徒宁愿视宗教为一种非政治性活动，以避免与国家发生冲突。[16]

虽然明治政府的宗教政策并不一致，但它对各种宗教活动采取积极态度，目的是借此建立其统治合法性。在神道方面，伊势神宫自古便与天皇关系十分密切，但在 1868 年以前，所谓神道活动主要是到本地神社参拜，表示对小区神祇的崇敬，与国家无丝毫关联。在明治初年，政府创立一个全国性神道组织，这是日本历史上首个类似组织。1868 年明治维新时，政府设立一名神祇官。1869 年，明治政府发布声明，表示国家应遵循"神道"指导。1871 年正式规定神社为国家机关，扮演"国家宗祀"的角色。

新政府同时亦采取两个步骤把神道与战争牺牲者关联在一起，其影响至于今日。在征讨幕府的战役中，总共有 7 700 名士兵为天皇捐躯，1869 年明治政府为他们建造一中等规模神社，称为"东京招魂社"，作为纪念。1877 年的西南战争，在讨伐萨摩藩的过程中约有 7,000 官兵战死，死者灵位全部移入东京招魂社，1879 年该社改名为"靖国神社"。

不少政府官员及宗教人士质疑把神道与国家紧紧连在一起的做法，然而在此后数十年中，政府依然继续操作神道，不过其在国家中的地位则较以前有所下降。从 1871 年至 1877 年，开始时神祇部官的职权被拆分，到最后则完全被废除，1877 年更名为社寺局，归内务省管辖，到 1900 年再更名为"宗教局"。*虽然在官僚制度内的位阶不断下降，国家的角色依旧不变，它认证神道僧侣，强调神道与皇室不可分的密切关系，用以强化天皇制度新的地位。

日俄战争结束时，政府给予靖国神社一个较显著的角色，即负责国家典礼。甲午战争及日俄战争中战死的 9.2 万名士兵，他们的灵位全部入祀靖国神社，使其重要性日增。另一方面，日本亦在其殖民地内建立神社，殖民地人民在某些情况下亦要参加神社典礼。总括来说，神道的地位虽然一直在变化，但当明治时代建国者创造出日本民族认同时，神道便成为民族古代起源的一个象征。[17]

当神道与国家互相拥抱之际，佛教僧人及其信徒则遭受批评及迫害。1868 年，明治政府颁发"神佛分离令"，终结江户时代佛寺的半官方地位，它亦禁止僧人同时兼任神社职务。江户时期，每一个人都要向佛寺登记户籍，现在则规定在本地神社登记，各种措施让一般人了解到神道与佛教在礼拜仪式及信仰神灵上都不相同。政府的政策亦触发民间一股攻击佛寺的风潮，此风潮到1871年达到高峰，很多寺庙、佛像及遗物都因此遭毁灭。

有部分佛教信徒采用以牙还牙的方式回应，他们举行示威，甚至采取暴力活动，要求传播佛教的自由，亦要求驱逐基督教。从 19 世纪70 年代到 90 年代，佛教僧侣及思想家为了保护自己及再度获得人民

---

* 1869 年明治政府颁布职员令时，神祇官的地位原在太政官及各省之上，1871 年降为神祇省，与各省并列。1872 年又分神祇省为教部省与式部寮，教部省继承神祇省的宣教及宗教事务，式部寮则管理皇宫中的一切祭祀活动。1877 年改教部省为社寺局，不再插手宣教事务。1900 年社寺局又分为神社局与宗教局，神社局专管神道，佛教及基督教则由宗教局管理。——译者注

与政府的支持，很多人随波逐流，跟着社会交错甚至矛盾的潮流奔走。有些人发出强烈呼吁，要求国家尊重宗教自由；有些人则为求取合法性，因而跳上反动的民族主义列车，指责基督教及物质主义西方摧毁了亚洲的精神性；更有些人撷取对手的余绪，指责基督教缺乏现代性的理性精神。其中声音最响亮的便是井上圆了（1858—1919），他是哲学家，亦是老师。1885 年，他创立了一个非常重要的哲学研究所。他认为基督教信仰提倡一神，与佛教的无神论想法相比，基督教显得更缺乏理性及现代性。

六、强化日本人的认同及一体命运感

明治时代日本令人目眩的改革引发各色各样的响应。有些人认为改革会带来解放及个人机会，有些人认为改革会带来整体国家光荣。对另一些人而言，改革等同危险、堕落以及道德沦丧。对改革的恐惧至少呈现在三个方面的政策及争论：恐惧政治权力失控、恐惧性别失控、高度关注"日本人是谁"这样的文化问题。

第一种恐惧源于政府领导人害怕活跃的民众会挑战他们的权力，最后决定以普鲁士为蓝本，制订一部保守的宪法，保守政策的结果导致学校实行军事训练，教育敕语强调为国牺牲的精神。第二种恐惧是害怕为了急着走上近代化道路，造成男女两性间的无政府状态，明治领导人早在 1872 年便下令禁止女性蓄短发，到 1890 年，这种恐惧再次导致禁止女性参与政治。

明治时代因转变而产生的第三种恐惧，其实早在佩里来日前便存在，它可以用"攘夷"两字总括。所谓"夷"是指由海上来的外人，他们会毒化日本人民，传入基督教精神，破坏日本人的真正认同。在明治初年，由于政府领导人忙于近代化工作，这些恐惧大都被抑制下来。从19世纪70年代到80年代初期，主流思潮认为只有支持改革才算是一个真正的日本人，故真正的爱国者必须以西法为师，建设富强的日本。

然而在各改革计划之中却隐含着一个问题，这个问题在几个叛乱中已有人明确提出，它亦使得日本人民与其他地方的人民不同。这个问题就是日本人努力不懈的改革，最终目的究竟是什么？如果我们日本人大力兴建铁路，采用欧式宪法，与欧洲一模一样，那我们日本人还有没有自己独特的身份认同？若有，则又是什么？

这些问题在19世纪80年代中期以后更常被提起，所提问题可说相当尖锐，可见是深思熟虑的结果。其中一群年轻人在1888年组成政教社，发行杂志《日本人》，他们可说是最早提出这些问题的知识分子之一。他们认为日本是一个民族国家，但现在却跟着一条所谓"文明开化"的路走，它会"使我日本失去民族性格，日本本土因子悉被打破"。《日本人》创刊者之一的棚桥一郎（1862—1942）曾写道："呜呼！今日之日本是何种之日本？旧日本已亡，新日本今仍未兴。余辈应奉何种宗教？应持何种道德主义？将来又承受何种主义之教化？一想至此，茫茫然如彷徨于五里雾中，仍未知归着之所，宁不无感也。"[18]

到20世纪初，对于政治失控、性别的失序及文化精神的失落的恐惧好像略为减缓。虽然不能说已完全解决，至少政治领袖如伊藤博文以及重要的媒体人员、记者，已建立起某种政治、社会及文化的正统原则。

第一个且最重要的原则，就是天皇被建构为一个政治及文化中心，它可以稍微纾解各种焦虑产生的压力。明治的精英统治者亦毫不含糊地高举以天皇为尊的政治大旗，主张天皇"发动继承自列祖列宗之大权"，用宪法形式颁布一个"永恒大法"。

把皇室当作象征操作是一个风险颇高的尝试。精英统治者一方面希望把天皇高捧至神座，远离政治，故政敌不会再如幕府末年，利用天皇夺取权力。另一方面，由于他们举全力利用天皇的象征及一言一行以巩固政治体制，有时候不免流于僵化，容易产生矛盾，教育敕语便是一个很好的例子。在教育敕语颁布不久的几个月后，一个偶发事件掀起了轩然大波。1891 年 1 月，东京第一高等中学举行教育敕语的"安奉大典"，敕语并有天皇的亲笔签名，因此校长命所有出席人士向天皇的御笔行礼。但学校的一名英语老师内村鉴三（1861—1930）是基督教教徒，以宪法保证所有人民有"良知自由"为由，拒绝向天皇御笔行礼。他认为行礼便是等同"崇拜偶像"，是基督教所不容许的。

这在几天之内便引发报纸上一连串抗议声音，内村不久亦放弃其坚持，在其他公开场合多次向敕语行礼，但反对声浪终于迫使内村辞职。这个事件促使当时日本一些最著名的哲学家及教育家出面为行礼一事辩护，主张强制向敕语行礼合乎宪法，因为无论教育敕语还是宪法的道德意义都属于公共范畴，故遵从国家或天皇是最基本的世俗义务，它是超越任何个人伦理或宗教信仰的。

除了提高及加强天皇的最终权力外，第二个新观念涉及女性，因为国家一方面要处理对性别失序的恐惧，另一方面又要应付其两性臣民的欲望，不得不提出一个"贤妻良母"的理想模式。明六社的成员中村正直首先倡导这个理想模式，其背后的含义当然是以限制女性为主。妇女的职能被限定为哺养者，她的角色是以家庭为中心，妇女不得参与政治，不得继承财产，甚至在民法上不能得到任何独立自主的地位。

在某些意义上，妇女的基本义务是担任贤妻良母的双重角色这种想法，并非是全然反动或有限制性的，它仍然有意在一个新时代中改善女性的地位。在德川时期，妇女一向被视为不可教，因此亦无须接受太多正规教育，这种看法对武士家庭中的妇女尤为明显，妇女在公共生活中无任何重要性可言。然而在明治体制中，才女需要教育，因为在新时代，只有知书达礼的母亲，才能教养好下一代，她需要稍微了解家庭以外的世界。如果儿子要从军卫国，母亲的家庭责任也就更重，成为培养军人的半公共角色。是以在20世纪初，明治政府官员所积极推动的"贤妻良母"口号有其新意，即妇女亦应接受教育。同时妇女治理家务，甚至在工厂做事，其意义亦有异往昔，已被看作对国家服务的一种。

值得注意的是"贤妻良母"这种意识形态并非独限于日本，在20世纪初的中国，知识分子及教育工作者便开始争论"贤妻良母"角色，究竟它对打造近代国家有多大的重要性？"贤妻良母"这个汉字名词在东亚各国成为一个常见的口号，虽然有时会有些异议，但究竟是否一定妻是"贤"、母是"良"？两者其实差别不大。

在近代日本，天皇制度的重要任务就是事先规范男与女的性别角色。在天皇的身体力行下，男性的发型可以向西方看齐；而皇后的个人服饰则是新旧混合，因此她的传统发型无异向全国妇女暗示应该保留原来的长发及高髻式样，她的西式面部妆容则鼓励全国女性不要剃掉眼眉或染黑牙齿。高髻黑齿自古以来便被视为女子美丽的象征，直到德川时代仍如此，但在西方的批评及其掌控的主流价值观下，王室一直支持改革黑齿习惯，风气自此方逐渐改变。

在政治及性别外，第三个想法便是重新界定"日本文化"，作为认同日本的基本标准。20世纪初，保守人士如冈仓天心、费诺罗莎以及杂志《日本人》的作家群均开始从事此项工作。然而正如"贤妻良母"这种意识形态，"日本文化"也并非完全是个反动概念。政教社的成员其实亦同意日本必须借用西方科技，方能达到富国强兵的目标，但他们要追寻一个独一无二的"日本"价值，而且在追寻过程中要把它发扬光大。在所有日本的独特价值中，他们最强调的便是日本具有与众不同的美学观念，这种美感根源于艺术及自然环境。他们认为在一个大转变时代，一种特别的美感及道德感，可以成为文化稳定的力量。由于极度关注捍卫"日本性"，他们亦进一步理想化女性美德的典型。对上述作家而言，可以用赞美女性的字眼来说明日本传统文化的特性，亦即"美丽"与"优雅"。从19世纪末到今天的日本，知识界及文化界无不日夜思索如何界定日本文化的本质，这种情况有时会到走火入魔的地步。

由政府建立的统治法统并非稳如磐石，它亦会面临挑战。我们看到教育敕语颁布的目的是加强人民的忠诚度，但对它的解释及实践过程具有压迫性，因此在其后数十年中，异议者此起彼伏，不绝如缕。

异议者的成分复杂，从女性主义者到社会主义者及共产主义者都在其中。他们反对天皇至高无上的法统，亦获得不少附和者。然而他们的发展受制于明治后期的政治及文化反应，这些反应界定及限制各种文化、社会及政治讨论，日人到今天为止，仍然强调变化的连续性，并希望从中寻求意义。

明治时期的各种变化仍是日本历史上争议最大的课题。1968年，当明治维新满100年，究竟要不要纪念它便成为激烈争论的话题。第二次世界大战的阴影影响了这次争论，它的影响到今日依然存续。批评者认为明治体制是以天皇为中心的一个极权政治及文化制度，再加上经济制度是剥削农村，限制国内市场发展，日本日后不得不走上灾难深重的战争道路。然而在20世纪60年代以来，无论在日本还是海外都出现较为正面的明治史观。它从乐观进步的角度评价明治历史：日本在1889年是第一个实行宪法政治制度的非西方国家，在同一时期，它亦是第一个走向工业及资本主义经济制度的非西方国家。日本的政治及经济成就令人印象深刻，而其他非西方国家在这一时期却受制于欧美民族国家的霸权扩张，成为其政治及经济的附庸。有些西方国家虽然"先进"，其极权程度却无异于明治新体制。无论如何，明治维新就如近代其他革命一样，它的各种改革会留下进步的轨迹，亦会留下痛苦的轨迹。

第八章

帝国与国内秩序

明治维新改造了日本的国内空间，铁路把农村和东京、横滨、大阪、神户等港口或都会中心连接起来。明治革命亦改造了日本与世界的关系，到 19 世纪末，日本已经从亚洲边缘位置，逐渐成为地区强权，它一步一步掌控朝鲜，中国的台湾则成为其殖民地。在修改不平等条约后，日本已与西方列强取得形式上的平等，它亦与英国结盟，虽然只是次要伙伴，但战略上则十分重要。无论在人口还是货物方面，日本都已有一定流动数量，它从朝鲜进口粮食，向中国输出纺织品，在亚洲及美洲两地，亦有不少男女以学生或劳工身份往来其间。因此日本人民正在对外发展，成为东亚以至全球体系的一部分。

日本的社会变迁有其全球因素，也产生一定的全球性影响。同样情况，日本帝国的建立亦有其国内根源，也衍生许多国内效应。上章曾提及明治时期的民族国家建设运动，它引发日本人的一种新爱国主义，支撑日本政府的对外积极措施。同样的运动亦引发人民的参与及改革，但对统治者来说却是好坏参半的事，因为它可能威胁到其统治权，甚至可能具有颠覆性。统治者为了巩固国内社会及政治体制，不得不推动各种有关措施，他们把帝国打造成一个日本人民认同及团结的有力象征。在这种情况下，帝国主义其实亦是日本人民与其国家关系变化的反映。

一、帝国的进程

在19世纪70年代及80年代日本的对外关系中，最重要的地区便是朝鲜半岛。1876年，日本利用炮舰政策，强迫朝鲜签订《江华岛条约》，开放3个通商口岸，给予日本人治外法权，事件的整个过程和结果与20多年前佩里来日本的要求无甚差别。日本商人趁机牟利。在新的条约下，日本靠转口欧洲工业制成品，快速扩大对朝输出。日本亦由朝鲜输入稻米及大豆。在整个19世纪70年代，朝鲜的出口约有90%输往日本。

在19世纪80年代，日本政府希望与朝鲜进一步发展出更亲密的政治关系，这无疑会影响中国和朝鲜。在数百年的朝贡关系下，朝鲜不但与中国往来密切，而且倚赖甚深，而日本的政策则是鼓励朝鲜建立一个独立于中国及俄国的政权，唯日本马首是瞻。明治领袖中最具地缘战略观念的山县有朋便曾提出过一个战略想法：朝鲜应该属于日本"利益线"的一部分，其重要性在于保护日本本岛的"主权线"。

为了确保所谓"利益线"，日本在1881年派遣军事顾问到朝鲜，帮助其陆军近代化。朝鲜当时是高宗在位，他颇富改革思想，与其廷臣亦留意到日本各种近代化计划，而且印象深刻，因此有意仿效。不过其时朝鲜内部保守及排外力量正盛，改革与保守双方对峙严重。此后因为内部连年不和，政治混乱，朝鲜无法抵御外来压力。这时候日本政府、日本主流反对党的成员、与政府有千丝万缕关系的日本政治冒险家及浪人，纷纷利用朝鲜的混乱局面争取利益。1882年，与高宗为敌的排外分子发动政变，并杀了好几个日本军事顾问，史称"壬午兵变"。事后日朝双方签订了《济物浦条约》，日本要求新政府赔偿损失，并容许日本军队驻守汉城，以保护当地的日本外交人员。

日本政府及民间仍然支持倾向改革的"独立党"，但朝鲜的所谓独立与日本是意义不同的。朝鲜人不但希望从中国独立出来，亦希望与所有外国保持独立关系，日本当然亦在此列。但朝鲜人依然愿意接受日本的援助，部分"独立党"成员曾在日本受教育，并接受日本的经济援助。由于日本积极支持改革派，而朝鲜政府则倾向于保守，双方关系日趋疏远。朝鲜的保守派仍希望与中国维持亲密关系，日本的政策则触怒中国的统治者，中国因此开始摆脱其传统政策，以朝贡制度宗主国的身份积极介入朝鲜事务。

1884年，改革派金玉均发动政变，他事前曾暗中得到驻汉城日本公使的支持承诺。金玉均在好几年前便与日本的福泽谕吉交往，福泽劝金玉均以日本为楷模，在朝鲜推动近代化及民族运动。政变爆发后，金玉均的反叛部队刺杀保守的丞相，胁持朝鲜国王高宗，不过2000名清军介入后，终于把乱事平定。愤怒的朝鲜群众不满日本在整个事件中的角色，参与平乱过程，杀死了10名日本军事顾问及约30名居朝日人，史称"甲申事变"。

日本的舆论界及政治组织对甲申事变反应强烈，要求政府采取报复手段，中日两国已处在战争边缘。部分前自由党积极分子甚至组成民间军队，打算亲赴朝鲜，帮助其"独立"。但政府内部对派兵海外非常犹豫，首先是力有未逮，西南战争所造成的人力物力损失，记忆犹新；其次是扩军计划尚未完成；再次是民间出兵海外，很容易失控。1885年发生所谓"大阪事件"，大阪当地警察破获一起秘密行动，其目的是准备派遣民间志士到朝鲜，为首者是自由民权积极分子大井宪太郎（1843—1922）及女性运动支持者福田英子，他们均被警方拘捕。国内反对者亦不满政府与中国在1885年达成的所谓《中日天津条约》，它是伊藤博文亲赴天津与李鸿章会晤后签订，双方均承诺由朝鲜退兵，并同意以后若出兵朝鲜，应先行知照。

1885年亦见证了日本报纸刊出《脱亚论》这篇文章，作者未署名，其后知道是福泽谕吉的作品。由于他的党徒在去年朝鲜政变中一败涂地，福泽失望异常。福泽认为朝鲜及中国无法走上"文明"之路，因此主张日本应该"脱离亚洲国家这一群体，转而加入西方文明国家之列"。福泽在他的自传中回忆，他当时其实希望"远东各国能合并成为一大国，一方面对抗西方的大不列颠，一方面参加世界迈向进步之旅程"。[1]

1881—1885年发生的各个事件，在此后25年间不断重复出现，成为日本打造亚洲殖民帝国时的一种既定行为模式，而福泽谕吉的看法则为日本帝国主义的崛兴提供意识形态基础。首先是日本舆论界及反政府人士一面高唱亚细亚主义，一面鼓吹各种正义口号，譬如朝鲜从中国独立，或亚洲与西方平起平坐等。事实上他们口中的"亚细亚团结"是指以日本为师，甚至是由日本领导的霸业。其次是日本政府的响应方式，它对上述民间意见加以限制，但没有完全禁止，因为政府的行动方向与他们并无二致，只不过更为小心谨慎而已。海外发展的目的地虽不止朝鲜一个国家，但朝鲜半岛仍然是最重要的，它成为日本军人、外交官以及民间"志士"汇聚的地方，在那里他们反抗中国人、俄国人、英国人，甚至朝鲜人。不少民间"志士"其后发展出一套有力的新民族主义，用以反抗中国的霸权，亦反抗日本、俄国以及所有外国的霸权。

要理解日本对外扩张的历程，必须注意其军事扩张计划，它自明治维新以来便持续不断，目的是建立一支内可平乱、外可称霸的武装队伍。在19世纪80年代及90年代初，政府拨出大量经费，建立一支颇具实力的海陆军。除此之外，山县有朋重新规划军事指挥系统，使其尽量脱离民间及国会的监督。以德国模式为蓝本，他创设各种军事学校，训练出一批军事精英，同时亦设立参谋本部，直接对天皇负责。这种军事体制，使作战系统相对独立于内阁之外，有时连海陆军大臣亦无法指挥。

从短期而言，山县的各种措施有止战作用，各级指挥人员都小心谨慎，他们反对民间的好战声浪，主张在有利环境下才派兵海外。但从长期而言，由于整个军事结构缺乏外在制衡力量，军人很容易为了扩张轻率出战。

在1885年《中日天津条约》缔结后的10年中，日本政府一直在朝鲜保持低姿态，中国的影响力则相对增加，它派出不少"顾问"留驻朝鲜朝廷，指导其进行军事及通信网络改革。除此之外，俄国外交人员在朝势力亦有所增长，主要是朝鲜人希望引入俄国以制衡中国的力量。但俄人的南进却引发英国不满，他们以占领朝鲜半岛沿岸巨文

岛表示抗议 *，1887 年俄国承诺保证朝鲜领土"完整"，英国方肯退兵。美国也加入竞逐朝鲜半岛势力的行列，好些美国人在 1886 年到 19 世纪 90 年代被高宗任命为外交顾问。

外部压力可以说来自四面八方，朝鲜领导人力求获得一些转圜空间，并同时维持国家独立，但这似乎并不容易。由于经济不景气及外力入侵，朝鲜农民酝酿很久的不满，终于在 19 世纪 90 年代初爆发，这就是历史上著名的"东学党之乱"，它成为 1894 年中日甲午战争的直接导火线。

东学党是个宗教组织，其信徒认为他们之所以贫苦不堪，应归咎于朝鲜的精英阶层及外人。所谓"外人"，主要是指日本人，但中国人亦在指责之列。东学党徒攻略不少地方，包括一个省府，朝鲜政府不得不向中国求助，要求其派兵平定乱事。

中国承诺出兵给予日本政府一个渴望已久的借口，最后导致 1894—1895 年的中日甲午战争。日本的海军实力到战争前夕已大致与中国相等，山县有朋及其他领导人认为确保日本在朝鲜优势地位的时刻已到，决定放手一搏。在 1894 年 6 月，日本以"保护日本居留民"为由，派出 8 000 人的军队到朝鲜，要与中国争取在朝鲜内政中平起平坐的地位。中国拒绝所请，日本在 7 月占领朝鲜皇宫，并成立一个亲日本的内阁。它强迫新内阁终止与清朝的朝贡关系，要求中国军队撤出朝鲜。以与朝鲜傀儡政权合作为借口，在朝日军攻击中国军队，数

---

* 1884 年甲申事变后，朝鲜为平衡中国力量的扩张，一度求助于俄国，并商议租借近朝俄边界的永兴湾与俄国。1885 年 11 月，英国出兵占领位于对马海峡的巨文岛，以抗拒俄国力量南下。——译者注

天之后向中国宣战。

中日甲午之战其实是两国争夺朝鲜半岛控制权的战争，它包括几个陆上战役，但主要是海战。1895年4月，战争以日本大获全胜告终。其后日本与中国在下关进行和平谈判，签订《马关条约》。*日本清楚表示其要攫取的利益不只是朝鲜，它还要取得台湾本岛及其附近岛屿，亦要中国割让辽东半岛，获得南满洲地区的铁路建造权。台湾最后沦为日本殖民地，不过日本并非毫无代价。台湾的抵抗十分激烈，结果日本要派出6万军队才能确保这个日本帝国的第一个殖民地，代价是4.6万名将士伤亡。南满洲铁路日后的确成为日本在中国东北地区发展的重要基石，但在1895年，俄国联合德法两国外交人员共同介入，最后日本被迫归还辽东半岛给中国。

中日甲午战争的结果对日本及世界都有重大影响，西方各国政府及人民本以为中国会取得优势。清帝国的失败催化西方帝国主义对中国的瓜分，要在衰弱的中国内部划出本国的势力范围。他们对日本则另眼相看，认为它是非西方世界的模范生，能成功达到近代化。伦敦《泰晤士报》便是一个好例子，它对日本能在短时间内晋身到全球强权之一，表示十分讶异。1895年4月，它引用查尔斯·贝雷斯福德（Charles Beresford）公爵的话说：

> 日本在过去40年所遭遇的各种行政变化阶段，等于英国在800年间与罗马在600年间所经历过的。我只得承认，对日本而言，

---

* 德川时代，下关被称为马关。——译者注

没有什么是不可能的。[2]

在日本国内，甲午之战触发一股巨大的民族荣誉感。原来因为预算问题，政府与国会产生了严重摩擦，现在国会却全力支持政府。新闻界齐声讥笑中国人，说他们"穿着女人的衣服，乔装后从战场逃跑"，他们歌颂日本发扬"文明"。1894年12月，著名新闻记者德富苏峰（1863—1957）意气风发地说："现在我们不必再以身为日本人为耻，我们能挺直腰杆面对世界……在此之前，我们不了解自己，世界也不了解我们。但现在我们已测试过自己的实力，我们已了解自己，亦为世界所理解。更重要的是，我们亦知道世界已意识到日本的存在。"[3]政府亦完全了解到对外扩张会产生团结效果，事实上他们之所以发动战争，其中一个原因就是要巩固国内的支持力量。

对日本而言，中日甲午战争不但有政治上的效果，经济上亦有很大收获。和约中规定日本可以从中国得到3.6亿日元（按当时汇率）的巨额赔偿，这约等于日本战前年度预算的4.5倍。赔款中约有3亿日元花在军事用途上，一小部分则投资位于九州岛的国营八幡制铁所。间接得到的利益可能更重要，军事扩张有助于工业发展，其中最明显的是武器生产。赔款亦减轻政府其他预算的压力，它容许政府拨出巨额津贴给运输业及造船业。

在19世纪90年代，日本除了成功走上帝国道路外，它亦达成拖延许久的条约改正。条约改正从19世纪80年代开始进行，但并无结果（参看第六章），另一轮新的谈判在1890年开始，直到1894年7月，就在甲午战争爆发的两星期前，日本方与英国签订新约。新约规定到

1899 年全面终止治外法权，至于关税自主权则没有马上归还日本，又规定到 1911 年以前，大部分日本进口货物的关税率不得超过 15%。与 19 世纪 80 年代的条约修正谈判相比，新约没有所谓过渡期，在此期间外国法官有权出席日本法庭，这是 19 世纪 80 年代条约修改饱受批评的原因。当日英新约签订后，其他列强亦跟进，签订同样的条约。

当时宪法已经成功实行，日本政府最急需的是要社会支持条约修正，虽然宪法把缔结条约大权赋予天皇，但它也承认国会"有权代表政府及法律以至所有人民"，一个不受欢迎的条约会严重妨碍国会的程序进行，亦会阻止其他法律或预算的通过。

不过由于中日战争正在进行，事情结果出乎意料的顺利，公众舆论及各政党均热烈欢迎修正的新约，其中有所保留的只有一条。旧约给予外人各种特权，但亦限制外人的活动范围，他们只能居住在所谓条约港口之内；所有外人都不准居住在日本内地，也不能购买地产。为了废除治外法权，新约同意在 1899 年终止上述限制，接受所谓混杂居住。新规定引发各式恐惧，包括西方物质主义及性别平等会泛滥成灾，以及"外国害虫会毒化日本"。[4]

这种莫名的恐惧很快便消失，新约与混杂居住进行得非常顺利，没有任何意外。"害虫入侵"亦未出现，虽然资本主义及女性主义的确有深远影响（前者比后者影响更大）。19 世纪末 20 世纪初，日本民间或官方都与明治初期一样，认为西方制度及科技是富强之源，但西方本身及西人仍是威胁。1895 年三国干涉还辽事件更助长了这种看法。战后的痛苦程度与其在战争期间的兴奋并无二致，德富苏峰回忆当时情况说："辽东归还事件影响我整个后半生，当一听到这事件，我心理上完全变成另外一个人。无论你怎样解释，它之所以出现，只不过因为我们不够强大。归根到底，如果你不够强大，真诚与正义不值半文钱……日本的进步……最后都要倚赖我们的军事实力。"[5]

虽然有这样的悲观论调，但19世纪末20世纪初仍有其他国际潮流让人较为放心，相信在和平环境中可以实现国家富强。日本的对外贸易在中日战争前后迅速增长，其中一个结果便是贸易港口大量增加，反映出日本国内热衷于自由贸易，而主要的推手则是全国各地的在地商人。19世纪50年代的条约强迫德川政权开放5个贸易港口给西方列强，但没有禁止日本开放更多港口。从19世纪80年代后期至90年代，日本政府加开27个所谓特别贸易港给外商，主要源于国内压力。[6]在这个不断发展的海洋网络下，日本从1880年到1913年进出口量增长8倍，几乎每10年便增加1倍，是当时整个世界贸易量增长率的2倍多。在这种情况下，日本每年的进出口总额占国民生产总值的百分比不断提高。在1885年，它只不过占国民总生产值的5%；到第一次世界大战前夕，便上升至15%。[7]从日本的进出口项目亦可以了解其经济增长的原因，进口的主要项目是原料及精密仪器，出口的则是工业制成品，其中纺织品尤为突出。

日本经济增长另一个重要国际因素是对外移民。从19世纪80年代开始，日本的商界领袖及知识分子便主张对外移民，认为它可以让贫困的日本人改善生活，日本亦可以因其汇款而增加收入。不过起初移民数量不多，到1890年，夏威夷的日本移民人数不超过5000人，加州约有1000人，中国和朝鲜亦有一些。到1907年，夏威夷的日本移民已达6.5万，美国本土则有6万。大部分的移民都是农业劳工，他们汇回日本的款项约占日本这段时间内外汇总值的3%[8]，当时一些著名的日本人便认为和平移民及贸易可以取代武力殖民政策。不过大部分的记者、知识分子及政府官员则认为经济扩张及移民只能辅助但无法取代殖民帝国的发展，强大的军事力量仍是必要的。[9]

从1895年到20世纪初，朝鲜仍然是日本战略上的主要关注点。1895年的《马关条约》迫使中国承认朝鲜为"独立"国。依据该条文，日本预估可以将中国排除在朝鲜半岛之外，进一步控制朝鲜政府。日本派遣顾问驻在汉城，指导朝鲜实行明治维新式改革，但朝鲜领导人不满日本的操纵及改革方向，他们继续实行以夷制夷政策，向俄国求助。在此后10年中，俄人成为日本在朝鲜的主要敌手，不单如此，俄国在1898年租借辽东半岛南端的大连港，威胁到日本在中国东北的利益。

为了重新掌握朝鲜及建立日本在亚洲的霸权地位，日本领导人采取一些积极措施以回应俄国。在1900—1901年的义和团事件中，日本派出1万名士兵参与八国联军镇压，这是八国中人数最多的一支军队。义和团攻击居住于北京及天津的外国人，事件持续了好几个月。义和团团员都是秘密会社成员，他们修习传统拳术及其他仪式，自称不怕西式枪弹，故又称义和拳，但事实证明他们无法抵抗西式军队。当乱事结束，日本得以与西方列强平等地参加和平谈判，并获得在北京地区派驻"维和部队"的权利。

在义和团起事前夕，俄国派遣军队驻守东北地区，并希望在撤军以前，能向中国攫取更多的独家利益。俄国的行动促使日本接近英国。1902年，日本与英国正式结为同盟。根据双方协议，英国承认日本在朝鲜的特殊权益，如果俄国及第四个国家共同攻击签约国的任何一方，两国应互相支持。联合攻击并未发生过，但到 20 世纪初，日本已占领台湾，驻兵北京，并与英国结成同盟，无疑已确保其亚洲强权帝国成员之一的地位。

其后数年中，日本领导人的首要任务便是致力于巩固其在朝鲜的霸主地位。日本有两个选择，其中一个是与俄国在外交上达成协议，伊藤博文对此特别有兴趣。其方式是日本保证俄国在东北的优势，但俄国相应从朝鲜半岛撤出。日本与俄国的谈判延续至 1903 年仍无结果，事实上日本政府并未全力投入谈判，它不愿俄国完全掌控东北，而俄国亦同样坚持要在朝鲜保留一定地位。除此之外，各个政党、记者及包括东京帝国大学教授在内的一些主要知识分子，都主张强硬政策，他们举行集会，发表声明，要求对俄宣战。日本政府内部另有一批强硬派，因民间的支持而声势大涨。因此当时日本的气氛有点类似 1898 年美西战争前夕的美国，开战舆论是压倒性的，而好战的传媒则在旁敲边鼓。到 1904 年 2 月，日本政府决定以武力确保其在朝鲜及东北的地位，接着便向俄国宣战。为保有朝鲜，日本在 10 年内第二次发动大规模战争，即历史上著名的"日俄战争"。

日本的陆海军领导人从一开始便了解到这次战争是一场冒险。他们的害怕并非没有道理，故日俄战争的战果是乍忧乍喜。当日军由朝鲜半岛向北挺进中国东北时，连战皆捷。到 1905 年，俄国在辽东半岛南端的旅顺港已被围半年，终于在 1 月被攻破。同年 5 月，日本海军亦在对马海峡附近歼灭俄国舰队。但日本无法完全消灭俄军主力，其本身的人力物力消耗却十分大，弹药也几乎消耗殆尽，难以为继，军费亦开始不足。俄国亦希望停战，它害怕战争若再继续下去，会触发国内的革命运动。

1905 年 5 月，日本精英统治阶层私下要求美国总统西奥多·罗斯福（Theodore Roosevelt）出面调解。1905 年 9 月 5 日，双方在美国新罕布什尔州朴次茅斯（Portsmouth, New Hampshire）签订和平条约。条约内容反映出战争结果的不确定性，日本取得俄国在南满洲建造的铁路，亦取得俄国原来从中国租借的大连及旅顺两港口，俄国亦承认朝鲜为日本的特殊势力范围。然而在领土方面，日本只取得库页岛南部，它是一个无人居住之地，除此以外，日本没有得到任何土地，在赔偿方面更是一无所获，这与中日甲午战争不可同日而语。由于日本人民在战争期间得到的都是令人鼓舞的消息，他们不了解本国力量在军事上及经济上已到极限，战后国内舆论因此极度失望。

虽然如此，日本已确定取得朝鲜控制权，它的朝鲜顾问实际上掌理政局，日本军人则通过驻朝武官决定其外交政策。1907 年日本迫高宗退位，并解散朝鲜军队，驻朝武官的权力进一步扩大。1910 年，日本片面实行合并，朝鲜统监的地位为朝鲜总督所取代，并由天皇直接任命。到 1945 年为止，朝鲜总督所领导的殖民地政府拥有军事、司法、立法及内政权力。

从日俄战争结束后到并吞朝鲜，日本在这一期间的对外关系可谓四面楚歌。朝鲜人及中国人对日本心怀怨愤，不断反抗日本的霸权。美国亦在 19 世纪 90 年代成为太平洋地区的一个海军强国，它自 20 世纪初便对日本移民采取敌视政策，1907—1908 年，美国强迫日本接受所谓"君子协定"（Takahira-Root Agreement），只准日本人近亲者移民。除此之外，美国又在 1899 年提出"门户开放政策"，主张所有国家都应有平等机会进入中国任何通商口岸经商，美国的这种看法有违日本强调其在东北有特殊权益的立场。

不过至少日本在中国台湾及朝鲜的地位已经得到确保，并获得国际承认：朝鲜原属于所谓"利益线"，转而成为"主权线"的一部分，到现在日本又需要寻找新的"利益线"。各个领域的外国人均颇欣赏日本的诸多成就，有时甚至使用令人讨厌的种族比较。英国著名社会主义者比阿特丽斯·韦布（Beatrice Webb）在1911年曾东来亚洲旅行，根据她的记载，中国人是个"可怕的"民族，她用同样的语气指责朝鲜人，但对于日本人，她则认为，日本人总是"以我们的行政能力为耻，以我们的发明能力为耻，以我们的领导能力为耻"。[10]

亚洲对于日本崛起为强权的反应不一，可以说从愤怒到钦佩。最愤怒的是朝鲜，1909年追求朝鲜独立的志士安重根暗杀了日本委派的首任朝鲜统监伊藤博文，伊藤曾先后4次担任首相，亦是明治宪法的主要缔造者。有关此次暗杀，安重根在朝鲜近代历史叙事中赢得了光荣地位，但在日本历史中则被痛责。但从日俄战争进行以至结束后，在朝鲜有部分民粹主义者或近代化改革者组成一个名为"一进会"的组织，向日本寻求支持。大部分韩国史学者都贬斥这些人为"叛国者"，出卖国家，但这个观点过分简化。一进会并非只与日本结盟，他们亦不满传统朝鲜儒家政府的腐败，他们推广西式服装，割去高髻，一改传统精英的服色。一进会要求地方分享更多税源，对于这一点，无论朝鲜精英还是日本人都不喜欢。[11]

日俄战争结束以后的几年中，土耳其、伊朗及印度等较为遥远的地方的反应却不同，当地的近代化推行者或反帝国主义活动者都受到日本战胜俄国的刺激，认为日本是向西方争取独立、走向建国道路的好榜样。有 200 多名越南学生留学东京，组成反法独立组织。而清政府自 1900—1901 年义和团暴动平息后便开始派遣留学生出国学习，希望能把近代化知识带回来。日本由于其改革成功及使用汉字文化，成为最合适的留学地点。中国留学生数目从 1905 年的 500 人急升至 1906 年的 1.3 万人。1911 年辛亥革命最重要的领袖孙中山，从 1905 年开始便居住在横滨，直至 1907 年初，日本亦成为其转化学生力量、发展革命运动的地方。而这群学生亦是在其留日期间，开始欣赏日本建国方法的成功，因此接受了急进民族主义，虽然他们也对日本的高压手段渐渐产生不满，甚至提出尖锐批评。

这群革命者亦获得日本一些重要政治人物的同情，他们向孙中山提供重要的经济援助。但日本政府却不愿意为了支持反帝国主义革命的年轻人，而牺牲与西方列强的友谊。故在 1907 年法国政府要求下，日本在两年后把所有越南学生都驱逐出境。亦是在 1907 年，北京政府接到孙中山反清活动的报告，便向日本施压，并最终成功将其赶走。在第一次世界大战期间，亦由于英国政府要求，日本终于勉强同意交出印度著名民族主义者博斯（Rash Behari Bose），然而最后仍被他逃脱。[12]

在此情况下，日本崛起为亚洲的一个强权国家，台湾成为其正式殖民地，朝鲜则实际由其掌控，其在中国东北则取得经济优势。它先蚕食其他民族的政治自主权，接着根除之。日本之所以逐步走上帝国主义道路，背后有几个因素在起作用。首先是国学学者或水户藩知识分子所建立的本土文化传统，它对传统中国或近代西方的国际秩序均采取排斥态度。这些知识分子宣称日本是神国，"为宇宙之首肩，应掌控世界各国"[13]，故在世界上具有特别地位。明治日本的新领导人一方面要确保日本在亚洲的地位，另一方面要高捧天皇为国内秩序的支柱，很容易便吸取这种看法。新闻界、公众及冒险家亦一面主张对外强硬，一面要求结成以日本为首的亚洲同盟，以上观念也是受传统本土思想的启发。

其次是明治领导层接受地缘政治观点，认为近代国际关系是帝国主义与殖民地二者择一的体制，没有所谓中间路线，他们看见西方强国正逐渐吞并非西方国家为殖民地，别无选择，为了本国独立，只好努力转为帝国主义阵营的一员。这也是山县有朋战略思想出现的背景，要保卫主权线，必先保卫四周的利益线。当时列强正竞逐世界舞台，这种想法背后隐藏的逻辑便是骑上虎背后，只能勇往向前，无法后退。日本领导人本来可以利用与近邻及远方国家的贸易或移民机会，以维护日本的独立及经济利益，不一定诉诸帝国主义扩张，但没有一个领导人相信这种方法。眼看其他强权的做法，他们大不可能改变其理念。

第三是有影响力的日本人在海外已建立相当重要的商业利益，其中在朝鲜尤为突出。日朝间的贸易关系自19世纪80年代便增长得十分快，金融事业巨子亦有同样的利害关系。1878年，商界领导人渋泽荣一推动日本第一国家银行在朝鲜开设分行，结果成为朝鲜当时最大规模的金融机构，它合商业银行与中央银行为一体，负责处理海关业务、发行货币、提供债务及保险各种服务。航运业及铁路业亦在朝鲜经济中担当重要角色。当然，海外活动的总值仍未能占日本整体经济太大比重，但参与朝鲜各种活动的商人均具有政治影响力。他们与伊藤博文的关系特别密切。1907年，伊藤迫使朝鲜国王高宗逊位，为日本正式吞并朝鲜奠定基础，而伊藤也在1909年为朝鲜志士安重根刺杀。

军事控制与经济控制其实是一枚钱币的两面，日本的所有知识分子及发出强烈声音的舆论界，他们都视朝鲜为日本光荣与权力扩张的疆域，有待开拓，有时甚至整个亚洲亦包括在内。因此走向帝国的道路可以说是"坚定不移"的信念。总而言之，军事力量、地缘政治竞争、扩展中的贸易与投资、日本第一的本土理念，上述种种看法交织成为互相关联的逻辑，驱使日本走向帝国主义。当时流行于西方的种族思想，更进一步强化了这种看法。

二、帝国主义、资本主义与民族国家的脉络

从明治维新到1890年，官僚与军人以天皇名义统治日本。到1889年，伊藤博文与其同僚颁布明治宪法，允许国会的下院以选举组成，总算给日本人民一些发声的空间，虽然仍有许多限制。不过他们的观念未改，仍认为官僚及将军会一如往昔地把持政局，不必对广大人民负任何责任。

然而事与愿违，从19世纪90年代开始，一个轰轰烈烈的国会政治运动便出现，而且参与度很高，它一直延续至20世纪初。国会支持者并不反对天皇主权，甚至可以说是拥护，同时亦支持日本以帝国主义强权的面貌纵横亚洲舞台，但他们挑战官僚及军人的领导。故到19世纪与20世纪之交，明治维新领导人希望能凭借苦心孤诣所奠定的基

业把日本人民团结在一起，但现实已无法如他们所期待。

从 19 世纪末到 20 世纪初，日本政局出乎意料的混乱，其背景因素与日本统治精英所推行的三个近代化措施有关，它们分别是帝国主义的实现、工业革命及民族国家打造政策。

帝国主义能影响国内政局，主要因素是帝国发展需要大量经费。1896 年以后，政府一直寻求新税源，以维持日本在亚洲大陆的据点。人民虽然同意扩张，但却不满随之而来的征税。帝国扩张更带来一个间接政治影响，在中日战争及日俄战争时期出现大量游行及示威以支持政府，公众集会的合法性由此得以确认，之后城市集会的增加更明显。因此政府动员人民支持战争，意想不到的结果是加强了人民的自我信念，国家在人民的投入及牺牲下才能发展，故在政治决策过程中，人民的意愿亦应受尊重。

工业资本主义兴起于 19 世纪末的日本，带来一连串重要政治变迁。在中日战争与日俄战争的 10 年间，重工业开始发展，原因是帝国向外扩张，需要生产大量武器，同时中国的赔款也转化为工业投资，对造船业及钢铁业的帮助特别大。工业化亦造就一个受薪工人阶级，里面有男性技术工人，也有女性纺织工人，这些人汇聚于东京及大阪等大都会，成为 20 世纪初政治骚动的重要角色。

随着工业及贸易的发展，新式或传统行业中的零售商店、批发公司以及小型工厂的数目亦相应增加，这种小商人在欧美地区称为小资产阶级。他们负担各种地方税及国税，然而有义务无权利，在国会开设的前 30 年里，他们完全没有投票资格。只要读过历史的人都知道，要付税却无代表权肯定会激怒这些人。从 19 世纪 90 年代到 20 世纪 20

图 8.1　甲午战争中，一位母亲及其小孩接到他们的丈夫／父亲的死讯。这幅画是松井升（1854—1932）1898 年的作品，它一方面传达出生存者的伤心，另一方面亦企图点出为国牺牲的光荣，并升华遗族家眷的严肃反应。讽刺的是，这幅画本属宫内厅所有，20 世纪 60 年代被著名史学家家永三郎采用，收入其编纂的教科书中，想借此说明战前的社会及政治特色，但文部省审查时却没有通过此书，家永因此控告政府，这宗官司缠讼经年，引发很多争议。（宫内厅三の丸尚藏馆提供）

年代，他们发动好几次抗税行动，表现出不小的活动能量。

　　打造民族国家的措施对政治亦有深远影响，最浅显的道理就是宪法缔造了一个民选国会，只要留心时务，每个人都可以从这里了解到日本已经是一个由主体人民组成的国家，每个人有他的义务，也有他的政治权利。个人对国家的义务包括入伍当兵、接受教育、付税；个人权利则包括选举权、决定国家预算时的发言权。选举政治亦有利于发展各种政党报纸、政党及其他民主选举活动，故演说、游行、聚会、示威等渐成常态。到 19 世纪 90 年代，各大城市每年都会有数以百计

图 8.2　1905 年 9 月 5 日，日比谷公园发生暴动，抗议日俄战争后所订和约的内容。图中是个政治活动者在东京一间戏院的阳台上向群众做演说。这种政治集会过去通常不会演变为暴力事件，在 19 世纪 90 年代及 20 世纪初，每年均有数以百计类似活动在各大城市出现，有些在室内，有些在户外，当选举期临近时，其活动更是频繁。转自《东京骚扰画报》（《战时画报》临时增刊，第 66 号，1905 年 5 月）。

的政治聚会，它们合法而且公开，在日本历史上，这是个新生事物。

　　选举国会议员虽然只是少数人的权利，但亦表示已存在着一群政治上颇为活跃的人民，而且他们的数目正在不断扩展。在 20 世纪初期，所有政治领导人及其追随者均是腰缠万贯、学识渊博，他们中有地主、资本家及都市新兴专业人士，包括律师及记者等。但后来陆续参加各种聚会及运动的人很多是平民，有男性，也有女性，他们原来居于偏远地区，不关心政治，经济能力也较差，然而在自觉身为国家一分子后，他们准备发声，对外交内政提出自己的看法。

三、国会政治的纷扰

日本国会是根据明治宪法召开的，分为众议院及贵族院两院，其权力是通过法案、核准政府年度预算。然而在 1890 年第一届国会召开后，它马上成为日本政治生活的焦点。

选举法在 1889 年与宪法一起颁布，它对投票者及候选人资格均有财产限制。众议院选举分全国为 257 个选区，从中选出 300 名代表（有些大选区可以选举 2 名代表）。第一批当选的众议院议员多半出身地主，除此之外，零零星星有些商人、前任官员、都会专业人士赢得席位，专业人士包括记者、出版者及律师等人，出身于昔日武士阶级的人约占议员总数的 1/3。

贵族院则不由选举组成，其成员是由天皇从一些特定类别人群中委任，其中包括 1885 年创立的世袭制华族、皇室男性成员、全国纳税最高者。天皇亦会委任对政府有功或在学术上有成就的人。整体而言，贵族院由前任高层官员、昔日大名、德川家族一小部分成员及国内富人组成，它是个特权阶级，政治态度极端保守。贵族院的作用是抑制众议院提出来的自由化议案。

国会议员有法案表决权，而法案则由内阁各部会或由议员自身提出。除此之外，国会亦表决预算及其他一些事务，其中一个议题是选举资格的扩大。从 1897 年末开始，部分国会议员亦与新闻界的积极分子合作，共同推进普选运动。1900 年，政府降低投票资格，由原来每户年缴 15 日元改为 10 日元，新选举法扩大了日本的选举人数，选举人口由 1% 增至 2%。

国会议员从 1890 年第一届国会开始便谈及社会问题，他们讨论过工厂工人的工作环境及健康，也谈到师法欧洲的《工场法》是否真的起到保护作用。政府官员倾向于限制女工及童工的夜间工作时长，议员则与纺织界巨头及其他工业家站在同一阵线，反对通过这样的法案。到 1911 年，双方达成协议，通过一个内容比较缓和的《工场法》。国会议员亦谈及外交政策，当日本发动扩张战争时，他们都会一致拥护国家立场；但到和平时期，他们通常挑剔军费太高，反对扩大军事规模。

在早期议会政治中，谈论最多的是国内问题。其中税收及其用途是最具争议性的题目。国会中的地主们要求政府不要光倚赖地税作为主要财源。1896 年国会通过"企业税"，它废除了 1878 年以来由各县向商界征税的制度，代之以中央征收的税项，并根据企业的员工多少、房屋数目以及收入多少来征税。故经过一段时间后，地税占国家财政收入的比例便逐步下降。另一方面，与重要资本家有联系的国会议员，则发起运动要求废除企业税。

除了税源是一个争论点外，如何分配国家财政亦是引起各部会大臣与议员争议的问题。财政是否主要供海陆军之用，或是应用在改良港口及道路等地区工程？若是，则哪一个地区优先？正如其他国家一样，这种国会政治大戏每天都会在近代日本上演。

头六届国会举行于 1890—1894 年，它是国会恶斗政治最典型的例子。一方是政府，它由天皇委任的内阁大臣组成，内阁下面则是一个庞大的国家官僚机器，根据新出炉的文官考试制度运作。与政府对着干的则是反对党，其主要成员是昔日自由民权运动的活跃分子，1890

年7月第一届国会选举时，他们重组为自由党与改进党参选，并以171席取得多数席位。而明治政府统治阶层亦组成一个亲政府党派，但只取得79席。反对党马上要政府削减次年年度预算，当时首相是山县有朋，他原本打算抗拒提议，甚至不惜解散国会。但山县并非一个全无警觉性的人，为了让第一届议会能顺利进行，他终于同意在数字上做出让步，最后通过预算。

直到1894年前，连续几届国会的情况都一样，自由、改进两党的国会议员与明治领导人的强硬派相持不下，冲突不断，其中尤以山县有朋及松方正义两任首相期间，双方的对抗最激烈。对明治统治精英而言，国会是毫无帮助的，他们曾挟用天皇名义，迫使若干政治家支持政府，有时相当成功。另一方面，内务省本来的任务是督导选举，但却常利用其警察力量或贿赂方式，迫使选民支持政府的候选人（历任首相名单见附录）

1892年的第二届国会选举尤其血腥，在投票时警察与党派支持者之间屡屡发生打斗事件，至少有25名选民死亡，数百人受伤。虽然如此，反对党仍在国会中掌握过半议席，政府在这段时间中用尽各种方法让国会通过其议程，包括恐吓、贿赂、由天皇发出警告、解散国会等方式，故议会政治在日本开始得十分艰难。

甲午战争爆发以后情况稍有改变，议员都热烈支持战争，国会采取一个比较合作的妥协态度，暂停与政府的政治斗争，统一在首相伊藤博文的战时内阁下。伊藤同时亦采取合作政治战略，为换取议员的支持，伊藤同意议员出任官僚职位，在经费分配上亦给予他们一定发言权。

战争结束后，双方的友好气氛略为退却。虽然第二次松方正义内阁（1896 年—1898 年 1 月）任命改进党领袖大隈重信为外务大臣，但却不愿意对改进党做太多让步。在一次不信任投票下，松方决定解散国会。山县有朋在1898年11月到1900年第二次组阁，亦采取强硬路线，拒绝与政党分享政府职位，最后内阁倒台。

　　1900 年是一个转折点，伊藤博文第四次出任首相，是明治领导人与国会关系的最后一次尝试。在某种意义上，伊藤是成功的，因为他采取了协调和结盟的政策。因此踏入 20 世纪象征一个新时代的开始，内阁大臣与民选国会议员走上一条比较妥协的道路。1900 年，伊藤组织成立一个名为"立宪政友会"的新政党，其核心成员是板垣退助所组成的自由党党员。1901 年伊藤卸任首相，在此后 12 年中，首相职位便由桂太郎（1848—1913）与西园寺公望（1849—1940）轮流担任，史称"桂园时期"。桂太郎出身长州军人，是山县有朋的左右手；西园寺公望出身贵族，曾留学法国，颇富自由思想，与伊藤关系密切。桂太郎任职首相的时间为 1901—1906 年、1908—1911 年、1912—1913 年，西园寺的任职时间为 1906—1908 年、1911—1912 年。政友会在这段时间逐步成为众议院中的核心力量，两人都依赖它以顺利执行政策。西园寺比较支持民主制度，他事实上担任政友会党魁之职。西园寺认为把有能力的人组成政党，会有助于日本政治及社会稳定；但桂太郎则不信任政党政治，他之所以与政友会结盟，只不过因为事实上的利益及需要而已。

　　这时期另一个重要政治人物是原敬（1856—1921），他出身昔日武士家庭，家境尚算富裕。原敬由 1904 年开始便担任政友会领导人，能力不错。[14]他之所以能够成为一个有力沟通者，得益于其历练丰富。开始时原敬在政府工作，为时甚短，接着转到新闻界，成为一个颇出色的编辑。19世纪80年代，原敬应征考进外务省，但到90年代后期又回到新闻界。1900年担任政友会的书记长，1902年当选为国会议员，直到1921年去世前，原敬仍然担任这个职位。

一位史家称原敬为"妥协政治"的推手，经常在幕后纵横捭阖，强化政党及当选政治人物的力量。[15]原敬说服其政党支持政府预算，目的是换取一至两种政治利益，首要利益是让政党成员出任官职，特别是内阁职务。第二种利益是政党选区的公共开支，举凡道路、海港修筑、学校、铁路均属之，若党员能出任中央官职，更有助于攫取地方利益。原敬可以说是日本版"分赃"政治之父，这种政治作风遗留到今天。

最重大的利益交换出现于1904年末，原敬主动支持桂太郎的战时预算，以换取西园寺公望出任下届首相的承诺。日俄战争后，桂太郎履行约定，政友会则利用此机会安插党员到内阁各个位置上，直至1912年为止。在此种操作过程中，一方面政友会变得更一体化，更官僚化；另一方面官僚则变得更政党化。一个如原敬的政党领袖出任内务大臣，只要各部会官员能效忠其政党，他们便马上有机会晋升至县府或警察部门的高级职位，前途将一帆风顺。为了投桃报李，他们亦会在监管全国选举或地方选举时，为执政当局提供有利环境，成为政友会在选举中的重要工具。

政友会由1900年创立到1912年为止，一直是国会内唯一有组织的政党。不过到1912年，日本却爆发了1890年国会成立以来最大的政治危机。事件发生于 1912 年 7 月，当时明治天皇去世，由其子嗣大正天皇继位，到是年秋天，一场政治风暴便出现，历史上称为"大正政变"。

作家夏目漱石在其 1914 年的著名小说《心》一书中，深刻地描绘出明治天皇去世时的情境，那象征一个时代的结束。小说的主角便说："我的感觉是明治时代精神随着天皇而开始，今天他去世，亦跟着结束了。"[16] 数千万的日本人亦与他同感，近代化中的日本正站在十字街角，向一个新时代过渡。乃木希典事件更加强了这种变动感。乃木希典大将（1849—1912）与其夫人在明治天皇葬礼那一天双双自杀。乃木在中日甲午战争中一举成名，但在日俄战争时，乃木所指挥的战役常常师老无功，伤亡惨重。他的自杀似乎是为其战争责任赎罪，不过舆论界则以醒目标题渲染，乃木夫妇之死是向最高军事领袖表达其鞠躬尽瘁之意。

大正天皇即位之初马上出现重大政治斗争，使民众更加相信新时代的来临。政治风暴在 1912 年 11 月爆发，西园寺在接任首相后，陆军一直施加压力，要内阁拨款增加至少两个师团的预算。这原是 1906 年扩军纲要中的规定，内阁当时亦同意，但西园寺要缩减政府开支，拒绝增加军费，陆军大臣因而辞职。根据现行法规，海陆军大臣必须是现役军人方可担任，但军方有意使西园寺难堪，拒绝提出后继人选，西园寺无法组阁，只好辞职。

政友会不满陆军增加经费的要求，当时它在国会拥有多数席位，亦得到民间的广泛支持。舆论及著名知识分子认为陆军的策略侵犯了"立宪政府"，所谓立宪政府是指尊重民选国会议的权力，经费拨给是是国会的预算权。商界领袖没有这样的意识形态，但他们也赞成政友会的削减预算运动。在军方与政党的对立下，桂太郎继西园寺为首相，他拒绝向政友会让步。结果桂太郎的政敌联合一致，发起"拥护宪政运动"，包括发表各种声明，举办室内及户外活动，出席人数颇众，到1913年2月达到高潮。

桂太郎本身亦了解到要解决政治风潮，他需要国会内部一定程度的支持。桂太郎自信可以拉拢到一些民族主义者，其中包括无党派人士，也包括那些由政友会或国民党脱党的议员。国民党于1910年创立，主要由国会中反对政友会但却不属任何党派的议员组成。然而当桂太郎在1913年2月7日发起新政党，组成"立宪同志会"时，参加者只有93个议员，其中大半来自国民党，由政友会叛降而来的一人也没有。因此桂太郎可以说弄巧成拙，在国会外被请愿群众包围，在国会内要面对政友会的不信任票，十分狼狈，不得不如以前其他明治精英统治者一样，向天皇求助，他希望天皇能下诏命西园寺率领其政友会在国会合作。

当示威者继续在国会外聚集时，一些不寻常的事情发生了，政友会议员直接挑战桂太郎。被称为宪政之神之一的尾崎行雄（1858—1954），在1913年2月5日发表一篇演说。该演说成为日本国会史上最重要的文献之一，尾崎指责桂太郎及其同伙

天天自称忠心耿耿，好像只有他们才真正了解何谓尽忠天皇、尽忠国家，实际上他们只不过是躲在天皇背后，向其政敌施放冷枪。他们的所作所为，难道不是仅利用天皇作护身符，或者把圣

谕作子弹，借此消灭敌人吗？[17]

桂太郎曾一度尝试说服天皇助其在政治斗争中压倒政党，但并未成功。据其中一个文献记载，桂太郎"面色马上发白，如死人一样……他的面部表情就像一个人正要被判死刑"[18]。

几天之后，东京及其他城市相继发生暴动。2月10日，群众焦急地聚集在国会外，等候桂太郎去向的揭晓，当时大部分人认为桂太郎辞职是无法避免的。然而当国会不能即日召开的谣言传出后，群众马上闹事，东京有38个派出所被毁，亲政府的报纸亦受到攻击，有人被杀，更有数以百计的人被捕及受伤。原敬在其日记中写道："若桂太郎仍拒绝辞职，一场等同于革命的暴动恐怕无法避免。"[19]

桂太郎的确辞职了。硕果仅存的元老山县有朋、松方正义及西园寺公望要求海军出身的山本权兵卫（1852—1933）组阁，同时答应政友会在新内阁中占有一定分量。原敬同意元老的建议，他为政友会争取到3个内阁的职位（包括他自己出任内务大臣），另外有3人一向同情政友会，答应在入仕内阁后会加入政友会。但首相、陆军大臣、海军大臣、外务大臣4个最关键的职位还在无党派人士手中。山本权兵卫在组阁时，确实向原敬做出一些重要让步。他同意修改规则，原来规定现役军人才能出任海陆军大臣，实际上赋予军方有否决内阁的权力，新规定则是退伍军人亦可以担任海陆军大臣。山本权兵卫同时亦规定各省次官为政治任命，为政党进入官僚体系开拓更广的门径，山本亦削减预算及官僚人数。

政党的收获相当丰富，但护宪运动的支持者对结果却十分失望，他们似乎认为这是一种无力的妥协，完全因为原敬希望拉拢萨摩派领袖山本权兵卫。在过去几个月，他们辛辛苦苦组织运动"打倒藩阀政府"，现在的结果与他们原来的期待相差甚远。[20]

大正政变带来的清楚信息是，到了明治时代末期，政治领袖已无法无视国会民选议员的力量，政友会虽然只是唯一政党，但它已经成为一个团结力量，控制国会的多数席位。另一个值得注意的地方则是同志会的成立。桂太郎虽然在1913年的政治斗争中一败涂地，但仓促成军的同志会却存活下来，而且渐有起色，成为另一股政治力量。在这些纷扰的日子里，两党政治隐然成形，一直发展到20世纪30年代才终止。

四、民众抗争的年代

暴动是大正政变一个非常突出的面相，它亦解释为何原敬愿意接受妥协令"护宪运动"的强硬派十分失望。原敬无疑主张地主及商界在政治上应有一定的发言权，政友会是代表他们发言的渠道之一。另一方面，原敬与其政敌山县有朋或桂太郎有类似的地方，对群众的冲动及政治化，他是感到害怕的，原敬不想助长在群众或其领导者中的此种风气。

这种恐惧并非无的放矢，在20世纪的头二十年中，一方面是国会及其议员在精英政治游戏中节节得胜，另一方面社会大众的骚动也是连续不断。一位历史学家便称此为"一个民众暴动的年代"。[21]民众蠢蠢欲动，再加上新出现的政治激进主义，终于迫使元老及政党政治人物联手，以维持社会安定及自身的特殊权利。

除了1913年大正政变中的暴动外，东京群众在1905—1918年曾先后8次使用暴动形式以表达他们的不满（见表8.1，图8.3）；在同一期间，日本其他城市亦出现同样暴动。

表8.1 1905—1918年发生于东京的骚动

日期	主要诉求	次要诉求	出事地点	事件要点
1905年9月5日—7日	反对日俄战争的和平协议	反对藩阀政府；要求"立宪政府"	日比谷公园	17人被杀；70%的警察岗亭、15辆有轨电车被毁；亲政府的报纸被攻击；311人被捕；神户及横滨出现骚动；全国发生游行
1906年3月15日—18日	反对有轨电车加价	反对官僚及政友会的"违宪"行为	日比谷公园	数十辆有轨电车被砸毁；有轨电车公司职员遭攻击；多人被捕；取消有轨电车加价
1906年9月5日—8日	反对有轨电车加价	反对"违宪"行为	日比谷公园	113人被捕；数十人受伤；数十辆有轨电车被损毁；警察岗亭被毁
1908年2月11日	反对加税		日比谷公园	21人被捕；11辆有轨电车被掷石
1913年2月10日	要求成立立宪政府	反对藩阀政府	在国会外	38个警察岗亭被砸毁；亲政府的报纸被攻击；数人死亡，168人（含110名警察）受伤；253人被捕；神户、大阪、广岛、京都均出现骚动
1913年9月7日	要求强硬对华政策		日比谷公园	警察被掷石；外务省被砸乱；代表进入外务省谈判
1914年2月10日—12日	反对海军腐化；要求成立立宪政府	反对商业税；要求强硬对华政策	在国会外	国会议员被攻击；国会及报馆被砸乱；有轨电车及警察岗亭被砸毁；435人被捕；大阪出现骚动
1918年2月11日	要求普选		上野公园	示威者与警察发生冲突；19人被捕
1918年8月13日—16日	反对高米价	反对寺内正毅内阁	日比谷公园	抢掠米粮；商店被砸毁；578人被捕；全国均出现骚乱

图 8.3 在 1905 年日比谷反日俄条约暴动中，群众冲击内务大臣官邸，并纵火焚烧。日本当时类似《生活杂志》的《日本图画》杂志曾出版专号，题为"暴动图集"，将当时的情况如实反映。该图便收录于该专号。暴动发生的原因，表面上看是因为日本外交软弱的表现，而内务大臣却成为愤怒群众的发泄对象，这正是因为他负责治安及镇压政治组织，连警察本身亦成为攻击对象。转自《东京骚扰画报》。

第一次暴动出现于 1905 年，原因是日本人民不满日俄战争结束时所缔结的和平条约。日俄战争的军费 8 倍于十年前的中日甲午战争，战争死亡人数高达 6 万，再加上 2 万人死于疾病，故总牺牲人数为甲午战争的 4 倍。政府及舆论一直让人民相信战争结束后，日本可以在赔款及领土上得到补偿，结果却是一无所获。

自国会议员以下，知识分子、记者、群众等整个民间都充满怨愤之气。国会议员组成各种团体反对和平条款，1905 年 9 月 5 日他们准备在东京市中心的日比谷公园召开请愿大会，但警察不批准。而群众仍自行聚集，发表演说，参与群众并四处散溢，一连三天引发暴动。全国其他城市亦出现同样暴动，东京据称成为无政府状态，有 17 名群众被杀，整个城市的派出所 70% 被砸毁。

对日本的官僚及军人而言，日比谷暴动是个令人震惊的事件。人民借由事件中的行动及演讲词，似乎要诉说他们为帝国的牺牲、为帝国的尽忠，因此他们的心声亦应在政治上受到尊重。他们对帝国及天皇忠心耿耿，但认为各省大臣漠视他们所谓"人民的意志"。暴动的组织者及领导者在演说中表示天皇与人民的要求是一致的，但现行的政治体制却对此视若无睹。有些"要求"是相当具体的，他们希望降低税率、称霸亚洲、受西方尊重、有集会自由以及提出诉愿的自由。

国会中有身家地位的议员在一定时期十分鼓励这些声音，他们在 1912—1913 年以及 1913—1914 年的政治风暴中都曾号召各种活动。虽然他们很清楚这会引发暴动，不过若民众把矛头指向元老，他们肯定会从中得利。但这只是个临时利益的结合，到第一次世界大战结束，精英政治家开始看到他们与官僚及军方有共同利益，威胁社会的力量正从四面八方出现，他们需要的是安定及规范。

他们认为日本第一代社会主义者属于这类颠覆力量。西方社会主义的影响力在 19 世纪 90 年代后期已开始滋长，很多社会主义书籍亦被翻译成日文。1901 年社会民主党创立，核心人物包括安部矶雄（1865—1949）、片山潜（1859—1933）及幸德秋水（1871—1911），但在其成立那一天便马上被桂太郎禁止。但社会主义者仍继续活动，1903 年创办《平民新闻》，该报纸除报道工人运动的情况外，亦是当时唯一反对日俄战争的声音。

日俄战争结束后，这一小部分社会主义者逐渐变得更激进。1906 年他们领导群众反对东京市有轨电车加价，结果引发一场小型暴动。1908 年发生所谓"赤旗事件"，他们在活动中挥舞绣有"无政府主义""共产主义"等字样的红旗，结果有 16 人被捕。1911 年更发生所谓"大逆事件"，该事件源于部分社会主义者策划暗杀明治天皇，结果被警察发现，警方趁机大举逮捕社会主义者，有 12 人被处以极刑。由于政府使用强力手段镇压，并且大事宣传，在此后数年中，左翼运动一度走入低潮。

1911 年"大逆事件"中被判死刑者有一名女性，名为菅野须贺（须贺为音译，1881—1911）。菅野为一女性主义者，除支持社会主义运动外，她亦与其他女性共同推动日本 20 世纪初的女性主义运动。正如社会主义一样，女性主义者触发男性领导人的恐惧及排斥。菅野与其同志在 1907 年创办《世界妇人》，报道女工在矿区、纺织厂及娼馆的生活情况，它亦谈及世界各地的女性参加争取选举权运动及和平运动的最新消息。

早期大部分女性主义者均从母亲或妻子的立场提出妇女的要求，她们认为妇女身为母亲及妻子，应受到特别保护。她们的这种论说不一定直接挑战传统男女性别角色，但却挑战国家权力，亦即政府是否有权力征召她们的丈夫及儿子出征，为国牺牲。政府因此认为这些妇女活动是想颠覆国家。由于警察不断骚扰，《世界妇人》被迫于1909年停刊。[22]虽然如此，女性主义者并未因此消失，日后仍继续发声。

女性主义者也关注妇女的工作环境，因此进一步挑战当权者的第三个领域。矿工与工厂工人在20世纪初便开始反抗他们或她们的上司与公司老板，而且次数不断上升。在东京，1870—1896年，劳工纠纷仅有15宗；但在其后20年间，即1897—1917年，劳工纠纷高达151宗。组织这些罢工行动的主要是纺织厂的女工，以及在煤矿、铜矿、军火厂、造船厂及建造工程中工作的男工。他们的要求不只关乎薪酬，亦在于工作尊严及合格的食物供应。举例来说，全日本最大军火厂的一群工人在1908年发动抗争，社会主义者片山潜曾在美国旅游时学习过英文，便在一个英文专栏中描述这场发生于东京的工人运动：

> 一直以来，国营军火厂用最不人道的方式对待它的员工。连在休息时，工人要上厕所也得领取通行票，而通行票在每百位工人中只有4张，结果许多人要等上5小时才能上厕所……任何轻微错误都要罚款，罚金至少等于5小时工作的报酬；如果他们忘记带走自己的私人物品，则要罚上10小时工作的报酬。现在连吃饭时饮热水也受限制……由于忍受不了这种待遇，这间工厂的1.5万名员工一起组织罢工行动，向当局请愿予以改善。[23]

整个事件并未发展成真正的罢工，他们的要求亦没有得到回应。不过随着时间的推移，这些抗争愈来愈有成效。到第一次世界大战期间，罢工已经可以连续几天，而不是几小时而已，因为每间工厂的罢工在事前已有较详细规划，参与工人的比例亦愈来愈高。

劳工运动结合增强的另一个象征是工会，它比以前稳定得多。在19世纪90年代，一些行业因为在传统时期便存在，因此可以组成较有效率的工会，造船匠便是一个很好的例子。除此之外，一些重工行业的工人在19世纪80年代及90年代亦会偶然兴起组织工会的念头。但到1900年，工会运动可以说是完全瓦解（详情请见第七章）。真正的工会组织运动始于1912年末，发起人是铃木文治，他是一个基督教教徒，也是东京帝国大学毕业生。铃木模仿英国传统工人运动方式，以组织一个小型工匠及工人自助团体为目的，开始时称为"友爱会"，位于东京市中一个教会的地库中，人数只有13人。到1915年，人数发展为1.5万多人，而且都要缴纳会费。其后友爱会进一步在日本大城市的工业区发展，不分工厂大小，都设法建立支部。

平泽计七（1889—1923）是友爱会会员，也是一个具有创作热诚的作家，他在一个剧本中栩栩如生地反映出友爱会的温和精神。在剧本中，平泽用同情口吻描绘一个工人拒绝参加罢工，借用剧中人的口，他表达了工人应如何保有他们的尊严：

> 日本人的血缘不适合社会主义呼唤……现在是时候了，日本人应重新振作他们作为日本人的灵魂。日本工人的敌人不是政府，也不是资本家。日本工人不应以工人身份行动，他们应以人类及

国民身份行动。[24]

换句话说，平泽与铃木认为工人阶级若以温和姿态及日本同胞身份向其雇主提出诉愿，他们应获合理响应，他们的待遇亦应得到改善。

在 20 世纪初，无论是有产的政治活跃分子，还是公民抗争分子，他们都开始使用新的政治语言，使用新式空间的场所，包括国会、公园等地方，行动方式也是新形式，由选举、游行以至暴动、罢工。由平泽的剧作中，我们可以看到这些政治语言的关键词，那就是"国民"。"国民"一词，就字义可以解释为国家的人民，但亦可以翻译为"民众"或"民族"。到 20 世纪初，"国民"一词的流行度可以与"帝国"一词并驾齐驱，它们都成为日本民众运动的口号，并以之迫使政府开放其政治决策过程，其统治亦需照顾到各民众心中的利益。而讽刺的是，"国民"与"帝国"这些观念之所以能生根立足，完全由于政府在 19 世纪 80 年代推动各种建设国家计划。明治领导人已建立起一个以天皇为中心的立宪政府，并发展出资本主义式的工业化经济，带领日本成为亚洲帝国强权。在这些成就之下，他们却触发各色各样的运动，挑战他们的政治垄断权力。

五、操控民族主义

从 19 世纪与 20 世纪之交到第一次世界大战这些年间，我们可以看到各种相互矛盾的政治趋势。一方面，统治阶层与民众都为帝国的骄人成就兴奋不已，与当时世界最强国英国结盟更是一件锦上添花的美事；另一方面，官僚及军队领导人亦不满四面八方而来的挑战，包括在野政党领袖、工人、社会主义者、女性主义者。从19世纪与20世纪之交到20世纪10年代，内务省、陆军省及文部省是三个最积极响应上述挑战的机构，它们的做法是全面推动涵盖面更广的民族主义，倡导对国家及当局更高的忠诚。

内务省从19世纪80年代末便开始急剧改造地方政府，强迫小村落合并成较大的行政单位。到19世纪90年代初，它已经把日本全国7.6万多个小村重组为1.2万多个大村。政府认为减少村落数目，有利于中央控制地方。出于同样理由，内务省1906年亦下令重组全国19万个神社，不少神社原位于偏远地区，只由当地村民供养，没有神官管理；重组后的神社约有1.2万个，是国家正式认可的寺庙，亦成为1900年国家创立神道体系的一部分。内务省亦成立各种由中央控制的社会团体，鼓励男女性参加，借此培养向心中央的集体精神，农村的信用会即其中一例。内务省在1901年创设妇人爱国会，到日俄战争时，全国有会员50万人。

日俄战争后，1906年内务省亦将分散全国的"报德会"组织起来，由政府监督。报德会是明治初年成立的，原来由地主组成，目的是改良技术及加强小区合作，他们尊奉一位德川时代名为二宫尊德（1787—1856）的农民道德家。到1907年，各地的妇人报德会亦相继建立。但内务省仍不满意制度改革及道德劝说的效果，它仍然害怕中央政府若继续在农村实行重税政策，地方精英会起来拦阻。为加强国家对地方社会的掌控，内务省在1908年推动"地方改良运动"。所谓"地方改良运动"是鼓励并认可模范村，让它成为地方行政的良好榜样，同时在全国各地推广道德讲习会，教导人民支持政府的责任所在以及实现日本作为世界强国的目的。[25]

　　陆军方面，1910年亦成立自己的"帝国在乡军人会"，为自愿性质，会员多半是通过征兵考试的年轻人。到1918年，在乡军人会实际在日本每一个乡村均有支会，会员人数达200万。其创办目的是汇聚那些在紧急时会应召当兵的人，作为提升军事力量的手法之一，不过它有更广泛的总目标，就是在社会动乱时加强社会秩序。田中义一是在乡军人会创办人之一，他在1913年写道："如果我们能虑及未来，又能正确指导后备军人……则我们可以完全掌控群众的理想，亦可以巩固国家基础。"[26]

　　文部省为强化民族主义及对权力当局的尊敬，亦在1907年把义务教育延长两年。它更进一步地稳定学校财源，同时改变课程，加重强调民族主义以及天皇。文部省亦提高老师的地位，视其为国家公仆及地方的社会与文化领袖。

　　政府为了维持社会秩序，把力量深入至地方。最后一个例证是文部省重建地方传统青年团体，这些团体在德川时代便存在，以性别划分为男女不同所属，它们与西方大学的兄弟会或姐妹会有类似的地方，团体会员经常在晚上聚会饮酒、唱歌或赌博，男子团体会到乡村拈花惹草。1910年政府进行的一项调查显示，这些团体缺乏纪律，甚至有时候会轻微触犯法律。调查亦指出团体成员好逸恶劳，"纵然下一点点雨，便要求农地停工一整天"，同时"其中一个若因事被捕，其他人会协助其逃亡"。官员亦感叹地指出他们"在节日期间，由早到晚纵情跳舞，甚至在节日前几天便如是，他们强迫村中年轻女性一起跳舞，有时更强拉她们加入"。[27]

在日俄战争后，文部省有意取代这些团体，于是在全国发展年轻人团体，它们由官方支持，在各村落积极拉拢青年，再联合组成一个全国性网络，政府便可以加强控制。日本的做法与英国建立童子军的理念相近，虽然英国的推动者来自民间，而日本则以政府为改革动力。新青年团体的目的是向全国传播政府的信息。在地方市长及学校校长的推动下，青年团体举办各项节日活动、运动赛事，以及宣扬良好公民道德的讲座。

20 世纪初期，在地方精英的协同办理下，政府推行各色各样的运动，目的是强化社会秩序，加强地方与中央政府的联系。在农村的山野间，原来存在着各种独立的小团体，政府亦希望能取得他们的效忠，因此设法在各村镇成立由国家控制的团体，以借此掌控这些山间野民。到第一次世界大战时，国家与日本人民已发展出千丝万缕的联系。由理论层面看，在乡军人会与义务军人、妇女团体与三从四德的妻子及女儿、信用会或报德会与受人尊重的佃农、地方神社与虔诚村民、青年团体与热情学生，近代日本国家借此与其人民建立起紧密的关系。

夏目漱石在 1914 年便冷嘲热讽地讥笑政府做出的"可怕"事情，它鼓励日本人民"为国家吃饭，为国家洗脸，为国家上厕所"。[28]不过人民与国家的关系并非百分百的紧密，官方报告经常表示不满意人民的冷漠，认为人民对政府毫无反应。1913 年地方军队组织对近 1 600 位年轻人进行调查，其结果令人讶异，只有 20% 的年轻人准确无误地知道天照大神的重要性所在。[29]很多政府官员亦认为农村青年都羡慕城市的新鲜感，以它为楷模，把农村放在一旁。事实上在国家范畴以外，我们仍可以看到不少民间活动，内容五花八门，而且活力充沛，因此政府虽然下了不少功夫，借此操控及培养一种新的国家忠诚，其效果显然是有限的。

明治后期各种运动并不是完全没有效果，它的确建立了许多组织及制度，为民族及爱国理想带来新的冲击。它建立了一个日本正统标准，基础是一套忠诚的价值系统，如青年对成人、女性对男性、佃农对地主、工人对老板、士兵与臣民对天皇及国家。很多时候，人民仍有一些操作空间，甚至挑战这个系统，但日本帝国的政治秩序仍产生了一定的抑制效果，不容忽视。

第三部分

日本帝国的兴衰

第九章

"一战"后的经济与社会

　　20世纪10年代及20年代，日本经济史及社会史的特征是多元化及充满矛盾。在经济上，战争带来史无前例的繁荣，但紧接着却是漫长的战后衰退。至于经济的表现则因领域而异，工业领域与农业领域、技术先进的财阀企业与生产力较低的小型公司，它们之间存在相当程度的差别。社会生活上亦有类似情况，男性与女性、城市居民与农村人口活在两个截然不同的世界。甚至仅在农村，大地主、小地主以及身无一物的佃农，他们的生活方式便有天壤之别。大城市及市镇出现许多社会群体，受薪工人、店员与大公司上班族及公务员等"新兴中产阶级"，他们性质各自不同，却被迫站到同一阵线。一小撮财阀老板及政界最高领导人所拥有的华丽大楼，则点缀着整个城市的外貌。

　　新兴出版产业正蓬勃发展，杂志、书籍以及报纸如雨后春笋，销量亦大，它们歌颂现代男女中产者的生活。新闻亦不停地报道现代人的焦虑，他们怕逆水行舟，不进则退，决意要在社会上出人头地。大众传媒所凸显的主题，成为近代日本人生活的一种共同经验，也给予民众一种共同参与感，无论是日本帝国的功业，还是经济转型，参与者都因此而感到骄傲。它亦建立一个共同空间，各方都可以在此抒发其对社会及政治的紧张感，这亦是近代多元社会不可或缺的一部分。

一、战时景气及战后衰退

第一次世界大战对欧洲造成史无前例的创伤，但在亚洲，它则送来了意想不到的机会。战争阻隔了欧洲贸易商与亚洲市场的联系，给予日本新兴工业经济一个可乘之机。在1914—1918年，日本工业产品的出口额由14亿日元增长至68亿日元，它的增长速度是惊人的，日本棉布在这段时期的海外销售量上升了185%。[1]工厂开工率随之而上升，劳动力供应突然不足，薪金因而急速上扬。但大多数工人及消费者并未受益，因为物价上涨得更快，日本面临其在近代最恶劣的通货膨胀。在1914—1920年，米的零售价格上升了174%，而批发价格则整体上升了150%。[2]"暴发户"成为这次战时繁荣的社会象征。日本和其他地方一样，用漫画尽情冷嘲热讽这种"暴发户"，他的形象就是一个脑满肠肥的商人，大手笔地用金钱点亮房间（见图9.1）。在大亨底下工作的白领阶层亦蒙受其利，他们领到的奖金有时是其原来薪水的4倍。

战争结束后，好景仍持续了一段时间，但到1920年4月经济繁荣便突然终止。股票市场大幅下落，日本最重要的出口产品——丝绸——亦面临同样情况，不少银行倒闭。在短短一年内，几个主要工业的生产值急剧下降，最低达到原来的60%而已，大公司因而大量裁员。

在整个20世纪20年代，日本颠簸而行，面临一个又一个的经济

图 9.1 上图为著名漫画家和田邦坊所创作，名为"繁荣时代的新富"，它讽刺第一次世界大战景气时期有钱商人的生活方式。图中的产业界大亨正步出宴会场所，一名艺妓或女侍应抱怨说："太黑了，我找不到您的鞋子。"他马上点燃一张百元日钞，并说："怎样，现在应该亮点了吧？"（灸まん美术馆与さいたま市立漫画会馆提供）

危机。最基本的问题是日本生产成本在战时攀升得太高，就全球市场而言，它的产品价格过高。这使得日本的出口商处于极度劣势，特别是在欧洲竞争者战后陆续返回亚洲后。要挽回劣势，其中一个方案是日元贬值，降低日元与其他主要外币的汇率。但这个方案却与主流经济思想背道而驰，当时政府主张日本维持稳定及强势的货币政策，亦即与金价挂钩。在这种想法的支配下，政府认为要增加日本经济的竞争力，最好的方案便是降低国内价格，因此政府坚持严厉政策，就是降低开支，缩减经济活动，认为只有这样才能重振经济。虽然如此，政府有时仍不得不扩大经济活动，这与其政策相违背。[3]

1922—1923年，制造业产量出现复苏迹象。但1923年9月1日发生"关东大地震"，给东京及其周边地区造成严重打击。地震发生在中午，正是午饭时候，家家户户都在生火造饭，或烧煤炭，或点天然气。东京房屋多为木造，鳞次栉比，巷道狭窄，故当邻里中的房屋一旦倒塌，火炉翻跌，火势便一发不可收拾，瞬间蔓延全城。其后两天，强烈的旋风把火舌推向城市东区。东京的特点是住宅、商业及工业楼宇混合在一起，因此导致所受创伤更重。死亡及失踪人口估计在10万至20万，地震及火灾毁坏房屋共57万间，约为全城房屋总数的3/4。[4]日本最大的城市东京，有一段时间可以说是完全陷入死寂。

在震灾以后的几年中，经济出现短暂复苏，大地震带来了"重建景气"，刺激东京地区的就业及市场。政府亦没有遵守正统经济政策紧缩财政，反而鼓励银行放松银根，以刺激经济复苏。在机械及造船等主要产业上，生产额的确稳步上扬，但由于国际价格高，基本问题仍然存在，很多制造商的基础十分脆弱。以国内纺织业为例，它无法与中国的低价敌手竞争，这其中也包括有海外投资的日本生产商。

另一方面，由于日本金融体系长期以来某些不健全缺失，最后在1927年爆发重大银行危机。首先是日本的银行数量众多，但都规模小，易受挫。不少银行投资过分分散，而且它们都不能及时消除战后不景气时期的坏账，因此仅在财务报表上无法真正看到其恶化情况。其次是大地震后所放出的贷款，很多都有偿还问题。再次是个别银行的贷款过分集中，贷款人都集中在某一地区的特定行业，而且都是少数几家企业。最后是政府没有立法保障存款人的权益。

1927 年春天的危机正如把火种扔到干柴里，顿时在日本国内及整个帝国引爆开来。当时有流言说 1923 年及 1924 年所借出的大地震贷款出了问题，不少银行濒临破产边缘，就在这时，人们谣传日本殖民地机关台湾银行即将倒闭。台湾银行是个半官方企业，其作用是推动台湾建设。它一直积极扩充业务，甚至日本一些大企业在台湾进行投机活动时，台湾银行亦给予贷款支持。1927 年初，台湾银行的客户铃木商社据说周转不灵，台湾银行的投资者纷纷取回其在银行的短期债款，台湾银行因而被迫休业。这个案例很清楚反映出帝国扩张与日本国内经济及社会的关系。这些事件引发恐慌性的连锁反应，存款者急忙跑到国内银行提款（见图 9.2），到 4 月及 5 月，政府不得不宣布银行在 3 个星期内"停止所有账户来往"，最后有数十家中小型银行倒闭。

由于倒闭和合并，日本银行数目在以后几年中锐减一半。到 20 世纪 20 年代，制造业产量虽继续增加，但整体增长率则只及过去 30 年的一半。故在 1929—1930 年的世界经济大恐慌冲击来临之前，日本的经济已经步履蹒跚地走了很长一段时间，民间舆论与知识分子指责政界领袖只顾中饱私囊，不理大众死活。

当批评者要寻找替罪羊时，财阀集团成为千夫所指的目标。很多大财阀在 19 世纪末已经创业，有些甚至可以追溯至德川时代，但直到

图 9.2 1927 年金融风暴之际，有 37 家银行倒闭，存款人蜂拥到银行提款成为司空见惯的事。图中是 1927 年 4 月，男女群众正焦躁地在东京储蓄银行外等候，希望能及时取回他们的存款。（每日新闻社提供）

第一次世界大战前后，"财阀"一词才开始被广泛使用。一般认为也就是此时，财阀掌控了经济以至政治，导致日本走上了歧途。

三菱、三井、住友、安田等集团以及其他较小的财阀的确有很大影响力，在 20 世纪 20 年代它们已经达到成熟阶段。每一个大财阀都是一个无孔不入的商业王国，包括数十个企业，经营金融、运输、贸易、矿业及制造业等各色各样的生意；每一个财阀都是由一个控股公司掌握；直到第二次世界大战前夕，这些控股公司的所有权都完全为个别家族单独拥有（三井家，安田家，住友家，三菱集团则为岩崎家），财阀家族通过控股公司彻底掌控集团内的所有事务。

财阀集团在某些方面相互支持，排斥外人。如三井属下制造业公司只委托三井物产出口它们的产品，对财团内其他企业，它们收取的费用亦较低。一个例外是财阀银行会对外贷款，不只限于集团内企业，其目的是要减低财团的风险及扩张其实力；另一个例外是人事政策，管理层人员并不是财阀的家族成员，而是由东京帝国大学毕业生充任。当然，在聘用这些精英时，其标准不只是管理能力及个人进取心，是否忠心于财阀家族也十分重要。管理层中的明日之星有时会与家族内的女性结婚，这亦会加强他们的向心力。

20 世纪 20 年代虽然面临许多经济动荡，财阀仍不断扩张其版图。1918 年，在日本制造业、矿业、贸易三大经济领域中，8 个最大财阀在私人资本中的比例约超过 20%，其中最大的两家财团三井与三菱又占上述领域所有资本的 12%。1927 年的金融风暴使财阀银行更能进一步控制金融界，并且合并了不少小型公司（见表 9.1）。因此三井及三菱帝国在最高峰时期，其影响力的确惊人。

在当时的日本社会，财阀极具争议性。20 世纪 20 年代末及 30 年代初，右翼刺客经常以财阀高层行政人员为对象，他们振振有词地表示其行为是有道理的："政党后面的黑手就是财阀大老板。"[5] 甚至历史学者对财阀亦有不同看法，至今争论不休。财阀一方面对日本工业化有重大贡献，他们能够动员各种资源及专才，包括资本、劳动力、原料及技术，这是小型企业无法办到的；另一方面，由于他们汇聚大量财富，亦造成财富及所得分配极度不均，而且情况愈来愈严重。虽然财阀大亨对帝国国会的政党慷慨解囊，他们同样也拉拢军人与官僚

表9.1　三井及三菱到战争结束时所拥有的核心子公司

	三井合名会社控股公司	三菱合资会社控股公司
第一线的子公司	三井物产	三菱商事
	三井矿山	三菱矿业
	三井信托	三菱信托
	三井不动产	三菱地所
	三井化学	江户川工业所
	三井造船	三菱石油
	三井精机	三菱制钢
	三井生命	三菱银行
	三井农林	三菱电机
	三井船舶	三菱仓库
		三菱造船
第二线的子公司	大正海上火灾保险	东洋高压东京海上火灾保险
	三井仓库	日本光学工业
	三井轻金属	日本钢结构
	热带企业	日本粮食生产
	三井油脂	三菱化工机制作
	三机工业	三菱汽船
	东洋棉花	日本铝业
	日本制粉	明治生命保险
	东洋尼龙	
	东洋高压	

资料来源：Eleanor M.Hadley, Antitrust in Japan (Princeton, N.J.: Princeton University Press, 1970), pp.63—64.

的精英。财阀的最终目的是求取自主及稳定，对于民主或自由政治，他们本不信奉其原则，亦视环境情况才决定是否给予支持。

二、地主、佃农及农村生活

20世纪初至30年代，农村生活从一定层面上看是十分安定的。地主、自耕农及佃农间的比例相对稳定，几乎没有什么变化。而前一时期佃农数目则大幅跃升，若以前后期比较，两者可说有天壤之别。同时佃农在20世纪初的生活环境亦继续改善，与19世纪70年代或80年代不同。大部分佃户收获庄稼后，除去个人所需及租税支出，仍会有口粮剩余，可以拿到市场出售。军方统计指出从19世纪90年代中期到1905年，入伍新兵的平均身高比过去增加了3厘米，他们大部分都来自农村。这个指标虽然并不精准，但亦可以清楚反映出大部分人口在生活水平及营养上得到改善。

虽然如此，20世纪20年代的日本农村仍充满不安定感。明治维新以来，日本农村的总生产量一直增加，但到20世纪20年代，其生产力则不再成长。在日本较先进的中部及西部地区，经过一连串种植工具及技术的改良，所花成本不高，效益已得到充分发挥，但当工具及技术向北方转移时，速度却非常缓慢。因此在增长停止之后，社会及政治冲突便日益严重，农村上层阶级的生活及生活方式开始与其他阶级不同，而且差距愈来愈大，结果中下层农民逐渐不满，其抗议行动比以前更为激烈。

最富有的地主占整个农村户数的2%—3%[6]，他们不用耕作，田地都放给各个佃户，靠收租过活。地主的生活舒适，居于豪门广厦，奴仆成群，一呼百诺。明治初期，地主有时候会主动改良农业技术，增加农业产量，有利于农民，亦有利于他们自己的收入。[7]在某些领域他们起到倡导作用，例如将电力引入农村。地主家中的太太群体经常推动各种妇女组织，1901年成立的"妇人爱国会"便是其中一例。她们亦动员同村妇女向海外日本部队致送慰问包之类的东西；她们经常聚在一起喝茶，抱怨她们的仆人们；她们亦为自己儿女的婚事操心，设法安排他们与门当户对的家庭结合。地主本人除管理田租外，亦会经营放贷，有时也会投资小型制造业。他们的休闲生活则比较传统，会与艺伎在温泉旅馆中寻欢作乐。有时他们也会追求一些时髦玩意，例如政治，不是自己参加地方或全国性选举，就是支持同侪好友的竞选。总而言之，无论男性还是女性，地主家庭都生活得十分惬意，他们积极进取、信心十足，认为自己是新兴日本帝国的地方梁柱，对世界有莫大重要性。[8]

至于农村中其他阶层人士，他们的经济生活则各不同，有些稍微富裕，有些则颇为拮据，更有些三餐不继。在年头好时，有些佃农可以把剩余口粮拿到市场上卖掉，谋取蝇头小利，改善生活，不过他们仍有许多问题要面对，例如田租上涨、物价波动等。较为幸运的农民可以拥有自己的土地，虽然面积一般不会太大，生活亦只能勉强糊口，假若连续两三次收成不好，便要质押田地才能够缴交地税。如果情况不能好转，他们便要面临土地被没收的厄运，失去仅有的生活工具，沦落为佃农，倚赖别人过活。

1910年，长冢节写了一本小说《土》，生动地反映出当时农民的情况。小说叙述道："贫穷的农民全心全意埋首于田里工作，希望获取足够的粮食，然而取得收成后，他们却要缴出大部分辛苦所得的粮食。事实上只有当农作物未收割，仍然生长在泥土中时，它们才属于农民所有。"[9]这些佃农居住在狭小且阴暗的房屋里，厨房的地面一片肮脏，其余地方则只是钉上木板，完全没有"榻榻米"*。房屋四壁千疮百孔，暴露在冬天虎虎北风之下，赖以为生的口粮是单调的小米糊及腌瓜，偶尔一顿大米饭加上新鲜的蔬菜便算是很好的牙祭。当老天爷不赏脸时，他们只能倚靠有钱人的好心救助。

靠救助为生正是20世纪初日本农村各种愤怒及矛盾的源泉，农民生活在一个阶级森严的世界中，社会史家安·维斯坞（Ann Waswo）便解释道：

> 佃农在村中的道路或小径中遇上任何地位比他高的人，他都要闪到一旁让路。地主的田地或是家中若有什么需要，纵然是鸡毛蒜皮的小事，他也要随传随到，就算自己有任何重要的事情也要放下。经过一天的辛勤劳动，若地主赐以饭食，他们要满怀感恩，躲在地主厨房的一个黑暗角落里进食。[10]

这种情况有如即将爆发的火山，沸腾的怒火正在表层下燃烧着。以上村秀二为例，他于1915年出生，1990年接受访问时已经75岁高龄，但童年时他父亲与地主相遇时的那种屈辱经历仍然深刻留在他的记忆中：20世纪20年代，每一年的12月，他父亲会休息一天，从田里把米租送给地主。上村有时会跟着父亲一起去，当他看到父亲向地主深深鞠躬、千多万谢时，便心生疑问，"作为一个小孩，心里不禁问：

---

* "榻榻米"指日式房间里铺的草垫，汉字为"畳"。——译者注

'这世界究竟是怎样一回事？为什么要多谢地主？他应该多谢我们才对！'"[11]

这种不平等制度能够维持下来，并非全靠强制力量。地位与权力的上下关系，很多时候另外有一些传统慈善活动作为补充。每当庆祝节日，地主通常会捐助经费；当时年不佳，地主会减免田租；若佃户生病，他亦会代付医疗费用。正因为地主承担这样多的照顾责任，故上村父亲的地主在接受其父亲道谢时，他想到的并不只是田租，还有其他各方面，是以欣然接受。另外农村亦存在一个数量相当多的中等阶层自耕农，它亦能缓冲农村中的不平等生活。自耕农较为优裕者，会有一些多余土地放租给佃农；较为贫困者，则需要向地主承租一两块地，故自耕农内部亦有级别之分。无论如何，自耕农扮演十分重要的角色，弥补了少数极为富裕的地主与极为贫穷的无地佃户的差距。

然而冲突并非一定可以化解，在20世纪10年代及20年代，地主的慈善义务似乎逐渐萎缩，不再像以往照顾同小区的社会及经济的弱势者。越来越多的地主选择居住在地方首府或大都会，这些地方无论文化、经济还是政治上的活动都较多。他们把土地管理权委托给一个农庄代理人，但代理人对佃户并无丝毫感情。部分富裕地主仍在农村居住，但其小孩则会到各地方首府或大城市接受中学甚至更高等的教育。与居住乡间的精英比较，这种"寄生地主"*不太会用传统慈善的方式救助贫苦农民，这亦成为社会对立根源之一。1930年，左翼作家小林多喜二曾出版一本名为《不在地主》的小说，深刻地指出寄生地

---

* 居所远离自己的土地，并委托别人管理，这样的地主日本历史通称为"寄生地主"。——译者注

图9.3 20世纪20年代农村的情况，一个农村佃户家庭成员正在去田里的路上。农民为了分散风险，常常从不同地主处租赁小块耕地，结果各块耕地有时会相距甚远，要从家里出发长途跋涉一番才能到。（Akira Konishi 提供）

主好像"一条奇怪的杂鱼，就好像美人鱼一样，上半身是地主，下半身是资本家，而且下半身很快便向上蔓延"。[12]

大约在第一次世界大战前后，佃农开始联合起来，要求地主减租，他们采用逐个击破的战术，成效卓著。过去佃农习惯从好几个不同地主那里承租田地，以避免过分倚赖某一个地主（就好像地主也把田地分租给不同佃户）。一群组织良好的佃农，可以趁收割时联合拒绝为某一地主的农地开工，那样地主便可能损失全部庄稼，而各佃户则损失一部分而已。大部分地主在面对此种抗争时都会让步，有时会减免一年的田租，有时更会永久减免。在 1923—1931 年，佃农与地主的纠纷每年有 1 500—2 700 件，其中 70% 的纠纷是为了减免田租，这是最常见的要求。参与人数由一个村里的几户人家到好些村联合起来的数百名佃户，总计在约 3 / 4 的纠纷中，佃农至少赢得了部分要求。[13]

农村纠纷的策动中心是佃农组织，它是日本乡村的一个全新现象。在 20 世纪 20 年代中期最高潮时，全日本约有 1 / 10 的佃农加入各地佃农组织，各地佃农组织再联合为地区性组织，甚至是全国性组织。其中最大的团体便是"日本农民组合"，它创立于 1922 年。不过法律并未给予佃农组织任何合法地位及保护，各地乡村领导人为阻止农民加入，尝试利用某种社会压力，甚至或明或暗的威吓。在这种情况下，数年内便有 10% 的佃户加入，实在是个令人印象深刻的成就。

到 20 世纪 20 年代末，地主开始进行反击，并且相当成功。他们组织起来，雇用律师，并通过创立自己的团体做出回应，这些行动的确能在某种程度上抵抗农民的要求。不过部分最富有的地主则认为经营农田实在太麻烦了，在整个 20 年代，特别是后期，很多寄生地主卖掉田地，减少手上农田数量，他们把资本转而投向股票市场或工业生产，工商业的回报率高，而且又没有沉重的人际关系负担。

20 世纪 10 年代及 20 年代的社会不安并非根源于传统封建结构，亦非经济落后所造成的极度贫穷。这基本上是由农村社会比以前更加现代化而产生的问题。20 世纪 20 年代的地主与佃农纠纷，大多数是发生在商业化程度较高的日本中部及西部，与较为贫瘠和落后的东北部相比，其比例约为两倍。抗争活动的领导人并不是最穷苦的农民，反而是那些有能力把产品运销到市场的人，他们渴望能从中发财。现代化寄生地主愈多的地方，纠纷就愈多。这种纠纷其实反映出社会关系的逐步改变，日本农村从一种互相倚赖的人际关系转变成不以人为中心的经济等级关系。

农民抗争者的目的是在走进资本主义经济的过程中取得一个更有利的位置。同时，现代社会固然比过去提供更多的机会，但要面临更大的危险，以及更少的传统社会的支持。面对这种情势，农民一方面希望继续获得过去地主的照顾及尊重，另一方面亦希望得到个人的自主及保障。但保守人士则以为农村社会的各种变化，正是近代时期社会走向崩溃的警示。

三、城市生活：中产阶级与工人阶级

20世纪初的城市就如同农村居民分化成复杂的地位系统一样，本身亦包括各色各样的阶级，不只是工薪阶层与他们有钱的雇主。中产阶级是个广大而参差不齐的范畴，他们的家庭、他们的商店，都给城市生活带来了一定程度的安定、小区以及更多的活力。

以1908年的东京为例，"商人及店家"这一类别约占受雇者总人数的41%。[14] 在日本任何一个大城市的小区散步，都会遇见小型市场，其中有卖鱼的、卖米的、卖蔬菜豆腐的、浴室、书店、理发店、美容院、巧克力店、玩具店、照相馆，再掺杂数以千计的小餐馆。在商业街背后的小巷里，亦可以看到数以千计的批发商供应各种零售货品，亦有相当多的小工厂在其住家背后生产，如木屐厂、榻榻米厂、雨伞厂、小型铸造厂、五金厂、陶瓷厂及食物加工厂。

这些小型家庭企业多半是家族经营，丈夫与妻子分工合作[15]，比较成功的企业会成为小区的骨干。他们十分活跃，不但竞选区议会或市议会议员，也会组织商会，要求政府实行各种保护政策，如减免税项等。第一次世界大战爆发后头几年，各地市政府从全日本的市镇及乡村招募这些小商人，替政府执行各种福利。到1920年，全国约有1万名这种社会领袖出任这种所谓"地区委员"，对贫穷的邻居进行家庭访问，赠送为数不多的福利金。[16]

在大企业任职的低阶事务员或工人，他们的收入也许比这些中阶以及低阶的小型企业主优厚，但宁为鸡首，毋为牛后，自己做老板总是比较好的。芝浦制作所工场部主任小林作太郎，1908年曾在《太平洋商工世界》等杂志上发表文章，他认为工厂工人多半是自怨自艾及不安于位，"教他们就像要教一头牛祈祷"。不过他也指出，这些人一旦当起老板，则浑身是劲，头头是道。他的公司便经常有些"滑头的工人"，拆开自己家里的地板，装上一两台机器，便当上了厂主，还抢走公司不少生意。[17]

这些数以百万计的零售商、批发商、小工厂老板，以及他们薪水微薄的雇员，史家统称为近代城市中的"旧中产阶级"（见图9.4）。他们有些在德川时代的平民社会中便存在，到20世纪初，亦有昔日武士加入他们的行列。不过到19世纪与20世纪之交，一群面目崭新、数量不大的"新中产阶级"接着出现，他们受教育程度高，多半受雇于大企业及政府官僚。

19世纪末，"新中产阶级"已逐渐出现。1890年前后，三井及三菱等大企业已经在大学招募未来管理人员，顶尖公私立大学的一些毕

图 9.4 在全国各城镇的所谓"旧中产阶级",其较为底层的部分是数以千百计的小型家庭企业,它们包括零售、批发和小型工厂。图中的玩偶店便是个典型,照片摄于 1920 年,店主及其女儿坐在紧靠街道的店面里,正在招呼一对顾客母女。(每日新闻社提供)

业生亦认为可以选择私人企业,前途不会比政府官僚差。在同一时间里,中等职业学校的数目亦迅速增加,一个多层次的招募制度逐渐形成,把职业学校、高等中学及大学联结到企业及政府。因此各大城市公私立领域办事人员的比例增加,在东京,他们的人数由 1908 年受雇者的 6% 增至 1920 年的 21%。[18] 这些工作人员便成为 20 世纪的"新中产阶级",他们多半是家庭的主要收入者,类似德川时代的武士行政人员,其性质有点像层层分级的科员。但在 20 世纪初,这类工作虽然不断增加,但竞争者亦愈来愈多,不单昔日武士的子女,城市中的商店老板及制造业等旧中产阶级的后代,甚至乡村里的中等农户,亦想分一杯羹，走进新城市中产阶级的行列。[19]

中产阶级办公室事务员不只有男性，亦有女性。大企业雇用女性事务员最著名的例子出现于1894年，三井银行大阪分行的经理一度访问费城的爱买百货公司（Wannamaker），受其启发，回国后他雇用了很多少女，她们都刚从高等小学堂毕业，被安置到会计部门。到20世纪20年代，百货公司雇用年轻女性负责办公室及门市工作，已蔚然成风。[20]

城市里的百货天堂外面金碧辉煌，里面有身穿制服的年轻女性在柜台服务，但只有少数城市居民能享受到这些。大多数的事务员收入微薄，是当时社会评论者笔下可怜或可笑的一群小人物。1928年，一个旁观者就当时男性事务员的薪水做了个统计，低薪者的收入每月约为20—30日元；而一个熟练的机器工人，1927年每日收入平均为2.6日元，约为事务员的2倍。一个女性纺织工人每日收入约为1日元，与女打字员同薪。[21]因此在第一次世界大战通货膨胀的最高潮时期，学校老师甚至是大贸易行的雇员，会突如其来地组成斗争团体，要求增加薪水。了解上述背景，这种情况便显然毫不突然。1919年，他们在东京组成"东京俸给生活者同盟会"，到1920年3月，东京横滨地区各公司的打字员亦成立日本第一个女性事务员工会，她们要求更高的薪水及与男性正式雇员同等的地位。[22]

这些女性打字员其实是模仿工厂工人。工人在20世纪初便汇聚在日益发展的城市内外，他们不分男女，要求愈来愈多。社会改革者铃木文治在1912年创立"友爱会"，由1916年开始，便有大量纺织女工加入。工会中的男性领袖向来认为丈夫与父亲是一家衣食的最大支持者，因此把女性放在称为"准组合员"类别中，不承认其正式会员的地位。在纺织及其他产业的工厂中，妇女的平均收入不到男性的一半，而当时男性的薪水会随其在工厂的年资而增加；年已40岁的妇女，其工酬只不过比20岁的年轻女工多10%而已。起初女性尚比较能忍受这种情况，但到20世纪20年代中后期，环境逐渐转变，她们也史无前例地积极参加各种工人运动，其原因有以下几点：

首先是产业经济发展迅速，妇女可选择的工作环境比以前多。她们不但在大纺织厂工作，也有的在小型工厂上班，特别是在化学产业及食品加工产业的则更多。在小型工厂工作者主要住在家中，通勤上班，很少住在宿舍。因此她们有更大的行动自由，也比较常与男性工人并肩工作，与纺织厂女工比较，她们更有机会接触劳资纠纷。

其次为受教育程度。愈来愈多的工人受过完整的小学教育，甚至连纺织工人也不例外。这些工人已能够阅读工人运动组织者派发的小册子及传单。

再次是政府的政策。原来法令禁止女工出席政治集会，更不准登台演讲，但到1922年政府解除此禁令，使得妇女参加工人组织及示威活动不再像以往那样危险。在以后几年中，妇女参加工会及发动抗争的次数，以史无前例的速度增长。

驱使妇女行动激进的原因，除了不满薪水太低、工作不稳定外，与主流文化的深沉的疏离感亦是因素之一，她们希望在工作环境中得到更多的尊重。作家佐多稻子在一篇小说《来自糖果厂》中，很生动地表现出这种精神。小说是以20世纪20年代后期东京的一个小区为背景，女主人公是希露子（音译），她在酗酒父亲的敦促下，十分勉强地找到一份糖果厂的工作。在上班时，她远眺到河流对岸屋顶上的一幅为肥皂做宣传的广告板，每天阳光经广告板反射出来，但照在她们工作间的则只是阴影，她对同事抱怨说："（反射在广告板上的）阳光看起来生气勃勃，但我们连新年礼物的钱都付不起。"当一天中唯一的休息时间到了，工人可以成双出外买些零食。然而衣衫褴褛的女工走在大路上，在希露子的眼中看起来已不似人形。到一天的尽头，女工下班时都要在大门旁排队，接受检查。在刺骨的寒风下，每一位女工和服的袖袋、胸袋及餐盒都要逐个搜查，看看有没有私自挟带的糖果，希露子与她的同伴都满怀怨愤地责骂检查员大刺刺的态度。[23]

一位女性工会领袖带刀贞代1929年曾在东京创立"劳动女塾"，在举办"无产阶级经济学"课程的同时，也有非常传统的妇女训练班。教导缝纫及烹饪技巧是其最大卖点。带刀贞代曾说，一般而言妇女"都说她们只想做普通人可以做的事"。[24]率先领导女性工人运动的是东京及大阪纺织工厂的女工，她们追求她们所认可的"人道待遇"，除了抗争削减工资外，她们特别关注改革严苛的宿舍生活规则。大部分的大企业都要求女性住在宿舍，其中尤以纺织厂最普遍。宿舍的管理规则可以说十分严厉，她们被严禁外出，除非是上班或偶尔参加由公司举办的郊游。20世纪20年代末大型罢工会有数以千计的妇女参加，她们最后赢得了较好的伙食，也可以有较大的自由进出宿舍。争取能像"普通人"生活是这些女性斗争的一部分，这段时间可以说是战前的高潮，基本上她们只不过要求最小限度的自由，也希望为她们对家庭或国家的贡献争取应有的尊重。

工厂及矿坑的男性工人所用的抗争语言也一样，他们争取改善待遇，要像一个普通人一样，做一个正常的国民。由于社会对正常性别角色有根深蒂固的看法，男性工人的生活方式与女性非常不同。因此他们用完全不同的方式界定"人道"，而诉求方法也不一样。

在 19 世纪末，纺织业是产业经济的重要支柱，故在产业工人中，女性人数远多于男性。其后数十年中，造船、钢铁、机械及金属等重工业不断成长，逐渐超越轻工业。而重工业以雇用男性为主，到 1933 年，全日本男性工人数达 96.8 万人，略多于女工的 93.3 万人。[25]

在 20 世纪 10 年代及 20 年代，接近一半的女工是青少年，但在男性工人方面，超过 80% 的年龄在 20 岁以上。无论男性还是女性，他们都经常离职，但转业的模式则大不相同。最常见的是女工在转换工作一至两次后便会离开职场，走上婚姻道路；男性工人换工作则如走马灯一样，这是他们长期策略的一部分，目的是希望能在工作中得到出人头地的机会。

不少男性工人渴望最后能独当一面。一个不知名的机械工在 1898 年留下一些名言，一直为 20 世纪初那些被称为"旅行工匠"的频频换工作者奉为座右铭。他说："工人就是要以其技能入世，而且要做得远、做得广……最后才能成为千古留名的工人。"[26] 在以后数十年中，内田藤七最能反映这种精神，1908 年内田刚好 20 岁的时候，他开始在东京一个颇具规模的海军军器厂工作。内田相信要出人头地，必须磨炼好技术，他在晚上又找了另一份工作，在一间小型的铸金工厂。两年后，他可以独自一人生产火炉架，虽然仍然留在军器厂，不过他说："我觉得火炉操作技术是我未来的保证，我一直没有丢弃它，只要有可能我就会尽量搜购有关它的器材。"1939 年，内田年已 51 岁，他终于创立了属于自己的金属工厂。[27]对于在日本工厂的工人而言,内田的生涯是一个十分普遍的例子,亦是一般人梦寐以求的目标。

除此之外,单单由一个工作转换到另一个,亦是工人对工作环境的抗议,表示无法接受。在第一次世界大战期间或以后,同样这些人很多加入工会或组织罢工,表示抗议,要求提高工资,改善待遇。内田藤七亦是其中一人,1913年铃本文治创立友爱会只几个月,内田便加入。其后他回忆道:

> 我的精神已濒临崩溃边缘,军器厂内上下级别森严……薪水原来规定每两年调升一次,但贿赂是决定性因素。我一向相信世界应凭真才实学,一分耕耘,一分收获,因此我感到非常不满。[28]

1919年,友爱会庆祝成立7周年纪念及会员达到3万人[29],因此更名为"大日本劳动总同盟",并采取更高姿态的战略。劳动总同盟宣布自身是个工人组织,考虑使用罢工方式以谋取其要求,那一年是日本有史以来有组织工人纠纷最多的一年,总共有497场罢工,另外有1 891件纠纷其后获得解决才没有罢工。参加这些行动的总人数达33.5万名工人,大部分都是男性。[30]

20世纪20年代,其他工会相继成立,有些是支持革命性政治,甚至有时与刚成立的日本共产党建立联系;其他则只是要求提升工人地位,无意打破整个资本主义制度,劳动总同盟亦是其中一分子。在整个20世纪20年代,罢工是家常便饭,而且不限于大工厂,亦逐渐蔓延到小型工厂中。战前最高峰是在1931年,约有8%的工人参加工会组织，人数达 36.9 万人。[31]

乍看上述数字似乎比例并不高，但若要衡量其重要与否，必须注意下面几点。首先是工会并无法律保障，这意味着参加工会是个冒险，一个工人若因参加工会活动而被开除，他是无法求助于法律的。其次是罢工人数问题，由于工会会员流转量大，另外很多罢工并非由工会发动，不少男女工人虽不是工会会员亦参与工会或罢工，因此罢工人数会在任何时候都比工会会员数高。参考其他国家，若与日本法律环境类似，工业化发展阶段类似，工会会员与罢工人数的比率大概都差不多。[32]

20 世纪 20 年代，大企业老板与管理者开始认为技术工人流动性大，会增加生产成本，他们亦颇忧心工人组织及罢工的蔓延，因此制订许多政策，希望既能与工会斗争，又可以挽留有价值的技工。他们效法西方模式，在厂内设立"工场委员会"，劳资双方可借此作为交换意见的平台，也许亦能借此削弱独立工会的支持力量；他们亦举办各种厂内训练，培养较为驯服的男性工人，并承诺给予受训者较为长期的工作保证，虽然并非由契约规定。他们还建立医疗中心及各种储蓄计划（有时候有些储蓄计划是强制性的），他们并开始分发红利给有技术而又忠心耿耿的工人，规定每 6 个月定期调薪一次。

工人的反应则是多样的，当 20 世纪 20 年代人浮于事的时候，有些人放弃"旅行工匠"的想法，希望能守住一家公司，从一而终。特别是在一些大规模工厂中，它们的福利比较优厚，那些工人为取得大老板的欢心，常常疏远工会，转而支持协调会。不过另一些工人则没有那样欢欣鼓舞或逆来顺受，他们要求老板言行一致，不要出尔反尔。一位历史学家注意到，这些工人认为"福利是他们应得的权利"。[33]

甚至在20世纪20年代及30年代初经济不景气的时代，有些工人发动罢工，要求停止解雇工人，认为这才算是真正兑现厂方所说的对工人似家人一般的照顾，他们这种策略的效果如何，值得怀疑；另一些工人则主张所有工人都应该每半年定期加薪一次，不能只惠及少数。这些工人强调"在天皇面前，每个人都是平等的"，正如英国工人大声疾呼，要求"生而自由的英国人的权利"，是同样道理，日本人所谈的"人道待遇"，是以日本国民为标准的。

有些老板很粗暴地回答说："我们很同情你们的不幸，我们没法对你们的贫困负责任。"[34]另一些人主张改革五花八门的报酬方式，实行以年资作为提薪基础，而且要制度化。虽然实际上未能做到，但到20世纪20年代末，这种想法已日渐萌芽，一个好老板必须提供长期性的稳定工作，而且对忠心耿耿的男职工应定期提升工资。

城市社会中还有三类边缘社群，他们一直在为生活而挣扎，这些年终于赢得一定的尊严。首先是朝鲜人，他们在19世纪与20世纪之交移居日本，寻找工作机会，当时人数并不多。到1910年日本并吞朝鲜半岛的时候，已经约有2 500名朝鲜人住在日本，大部分都在东京或大阪。此后二十年中，朝鲜人数目大幅增长，到1930年，人数已达41.9万。朝鲜人多半住在破落的贫民窟，所从事的工作多半具有危险性，例如建筑、煤矿、橡胶、玻璃、漂染等行业的佣工，酬劳微薄。

与世界各地的移民族群一样，朝鲜人是在种族主义及歧视下过活，日本人会说移民都是懒惰及愚蠢的，试图用这种成见来说明他们贫穷的原因。由于日本工人阶级自己也在为生活挣扎，因此对新来移民的竞争充满愤恨。1923年关东大地震出现时，由于损失惨重，长久累积下来的偏见便马上爆发出来。地震后几个小时内便有谣言流出，说朝鲜人与社会主义者纵火，又说他们在井中下毒，并图谋造反。在当权者的鼓励下，整个灾区居民组成近 3 000 个义勇队，他们的目的是维持灾区邻里的秩序，保护个人财物，以免被人趁火打劫，亦防止朝鲜人或左翼分子造反。不过部分义勇队采用极端手段，他们检查过路行人，并用简单用语盘问，如果回答者带有朝鲜或中国口音，马上便遭杀害。传媒、警察及军方亦有助长这种歇斯底里的风气之嫌。内务省的官员、陆军以及警察都扮演了一定角色在散播或间接证实朝鲜人不法行为的流言，虽然各种传说及事件的结果难以清楚说明。举例来说，在 9 月 3 日晚上，当民间纠察队开始攻击时，内务省警保局局长向全国警察机关发出电报，要求他们"严格监视朝鲜人各种活动"，因为听说东京的部分人参与纵火及叛乱行动，至于在此之前有无发出同样警告则不清楚。报纸亦应为屠杀行为负煽风点火的责任，他们经常报道未经查证的朝鲜人暴动的新闻。举例来说，一份重要报纸《东京日日新闻》在 9 月 3 日那天发出好几则报道，说"不守法的朝鲜人"参加纵火及暴乱。虽然它在 9 月 5 日版面曾提及有关朝鲜人暴动之报道是毫无根据的流言，并促请日人不要攻击或伤害朝鲜人，但其间社会上的歇斯底里效应已造成悲剧性后果。更严重的是警察及军方在东京逮捕了数百名朝鲜人，并在不知名的地方杀害了 30—90 人。虽然到现在仍无法有精确统计数字，估计因屠杀而死亡的人数达 2 600 至 6 600 人。[35]

第二类重要的边缘社群便是日本历史上常处化外的"贱民"，现在则改称为"部落民"。不过他们则能勇敢地站出来，面对社会给予他们的歧视。他们是德川时代化外社会的后代。当日本在 19 世纪 70

年代进行各项改革时，理论上他们已经被解放出来，事实上仍面临正式与非正式的歧视。部落民的人数约有 50 万，聚居在日本各个都市及农村小区中，不过以住在大阪及京都地区附近的人数最多。与过去一样，他们大多从事屠宰业，或是佛教认为不洁的工作，如皮革制造、制鞋、肉类加工、卖肉等。

不过在新的环境中，他们亦开始组织起来改变自己的命运。在 1900 年前后，年轻的男性部落民已经组成很多温和的自助会，他们主张部落民只要争取教育机会，努力工作，日本的社会主流应该会接受他们，然而效果并没有想象中大。1922 年，由于受到急进思想的影响，部落民成立了"水平社"，对于实际上歧视他们的行为，部落民要抗争及鸣鼓而攻之。他们大张声势，甚至使用暴力，而政府的监控更加严密，有时更使用公权力打击他们。

第三类边缘社群则是那些 20 世纪 20 年代末聚居日本西部城市、来自琉球列岛的数以千计的移民（1879 年以后更名为冲绳县），光在大阪府一地，冲绳人口便由 1920 年的 1 000 人左右上升至 1930 年的 8 万人。他们大部分从事低薪的劳动工作，男性多半在建造行业或小工厂出卖劳动力，女性则基本上在大阪的纺织厂工作。他们与前面两种族群同样受到歧视。雇主贴出告示，明写着"朝鲜人及琉球人不得申请"，这种情况十分常见。虽然冲绳的本土语言及文化与日本本岛有明显差别，同时琉球在近代以前一直与日本保持着政治距离，但冲绳人与朝鲜人不同，他们没有强调本身的不同族群身份，他们小区的领袖亦如部落民一样，坚持认为自身是日本人的一部分。[36]

四、社会变动中的文化回响

大部分日本人对少数社群的不幸都漠不关心。事实上这时期的经济环境虽充满不确定性，文化生活则与之截然相反，不单在繁荣的20世纪10年代，甚至整个20世纪20年代，它可以说是多彩多姿。崭新的消费产品及消费行为编织出现代生活的幻想曲，"理性""科学""文化"等流行术语，"灿烂""新鲜"等大受欢迎的形容词，均是其反映。百货公司里一行行令人目眩的消费产品，成为那时代"灿烂新生活"的象征。百货公司顾客完全无须多费脚步，他们可以一面上馆子、参观艺术展览或音乐表演，一面选择最好的国内或进口产品，例如服饰与化妆品、鞋子、高品位的食物、家具、陶漆器以及玩具，一应俱全。[37] 百货公司的地点多位于主要车站，东京或大阪周边地区正在发展，铁路网四通八达，车站新建的百货公司吸引了不少当地居民。百货公司所鼓吹及歌颂的消费方式，无疑是对一个人辛勤努力工作的回馈，尤其是那些丈夫有一份中产阶级受薪工作的，百货公司更是最好的消遣之处。[38]

是以新式家庭居住在东京周边的"花园卫星城市"，乘火车到百货公司购物，这些居所可以称作"文化家庭"，百分之百西化布置的客厅更是其标志。星期天到银座商店街之旅就是逛街购物，有时也到三井集团下属的三越百货公司买一两件最时髦的成衣。购物者有时会到咖啡屋或啤酒店歇歇脚，这两个地方亦是20世纪初城市的新生事物。一天行程将尽，他们也许会到豪华的西餐厅进晚餐。有个新名词是用来描绘这种现代休闲生活的，它就是"逛银座"。

有关日本现代生活的新术语如雨后春笋般出现，反映出这个时代的魅力所在。江户时代有个术语——"腰便"，其后也用来反映中产阶级的生活。这个术语原来是指系在武士腰间的便当盒，便当就是午餐盒的意思。到19世纪末，它被用作描绘一个办公室事务员身穿西服、手里带着便当上班的情况。另一个名词是"受薪阶级"，它源于英文salaryman一词，在20世纪10年代，有些漫画用"受薪阶级天堂"或"受薪阶级地狱"为题，该词因而得以风行。这些漫画用夸张手法刻画中级经理人的难处，工作上压力大，薪水又不算高。受薪阶级一向被视为现代城市居民的代表，这些通俗作品损害了他们的社会地位及形象。[39]整个20年代还有别的类似"受薪阶级"的术语，如"知识人""新中产阶级"，较为口语化的有"脑力劳动者"，还有常为人用的"便当族"。[40]但到20世纪20年代末，各个术语都相继消失，只有"受薪阶级"一词仍留下来，成为居住在城市的中产阶级最通用的代名词。它的含义包括接受高等教育，替政府或私人企业工作，同时完全凭自己的实力取得职位。

百货公司、郊区卫星市镇及新创的中产阶级专用名词等等，均反映出20世纪10年代及20年代初一种更宽广的政治、社会及文化的面相。好莱坞及日本电影亦开始在全国吸引大量观众到数以百计的戏院里，留声机及爵士音乐同样受到大众的欢迎。

其中一些最有趣的新文化潮流则与女性有关。在20世纪10年代及20年代初，报纸与杂志以大量篇幅刊载文章，热烈争论何谓新女性。作者包括不少明日之星的女性，她们以后在诗歌、小说、散文各领域均有出色表现。她们提出严肃的主题，譬如女性教育及其政治角色、女性在家庭及职场中的权利，以及女性性欲的控制等。不过主流媒体在报道这些争论时，大都把注意力集中在女性作家的私生活上，尤其是有关她们的性丑闻或男女关系。[41]

这些处理手法反映出现行性别角色受到质疑时，社会仍有许多不安。当另一个所谓"摩登女郎"形象的热门话题提出时，这种不安仍然继续。讨论者大部分是男性作家，反映出日本的近代话题焦点，由1925年到20世纪30年代初，它吸引了不少人的注意。"摩登女郎"被称为日本的新生事物，她们能跟上潮流，但维持个人风格，而且外形清新窈窕（见图9.5）。一篇文章颂赞她们的大胆开放行为，并

图9.5 1930年，时髦的"摩登女郎"在东京街头悠闲漫步。她们争妍斗丽的形象通过卡通、文学及图片凸显出来，代表性解放精神。对某些人来说是威胁，对另一些人来说则是新鲜事物。（每日新闻社提供）

以感叹号作结尾："加油！跳吧！大腿！大腿！大腿！"文章对"摩登女郎"持正面态度，颂扬她们刺破伪君子的面孔；在这个世界里，只有男性才能拥有经济自主、性欲自由及政治自由，但"摩登女郎"现在也享有同等自由，她们在都市的办公室做事，支持女性参政权，结交男朋友。[42]

正如 30 年前"贤妻良母"形象进入日本的文化及社会舞台一样，"摩登女郎"跨越了界线。她们的确是个全球现象，不只在美国及欧洲引起各色各样的说法及议论，在拉丁美洲，甚至从日本到印度的整个亚洲亦如此。很多人认为"摩登女郎"是好莱坞电影向世界推广的结果，完全是美国"兴奋的 20 年代"的女性形象，换言之，"摩登女郎"只不过是文化由西方向东方的单向传播的结果，这种想法完全不正确。文化历史学者近年来已指出摩登女郎的形象是多方向流转，举一个简单的例子，日本在 20 世纪 20 年代末的美容广告，其主打形象是白人外表的"摩登女郎"，但在同一时间的德国，相同广告的女郎则是个明显具有亚洲特征的女性。[43]

无论歌颂还是畏惧，"摩登女郎"为人所注意的主要是其新潮的性观念。同时出现的是"摩登男士"，虽然他们在当时的通俗文化中没有那样突出，这些摩登男士则以其新式政治激进主义闻名。1918 年，一小撮学生在东京帝国大学法学部里创立一个称为"新人会"的组织。东京帝国大学是当时体制内精英汇聚的地方，以此为基础，他们建立了战前最有影响力的学生政治组织，其他大学亦成立同样的组织。学生组织开始时比较温和，只呼吁民主改革。到 20 世纪 20 年代中期，新人会渐倾向马克思主义立场，要求经济及社会平等与政治革命。[44]

在俄国革命的影响下，他们打出"走到人民中"的口号，其成员也开始参与各种劳工及佃农组织的运动。

热烈拥抱新中产阶级、文化家庭及百货公司、电影与爵士音乐、"摩登女郎"及马克思主义男孩等新生事物，其实与内心焦虑分不开，这也是个新生现象。在亮光闪闪的现代生活中，却有着阴暗的另一面，它是个贫穷、你争我夺、社会混乱的负面论述。1900—1920年是中产阶级扩张的年代，学校数量亦同时迅速增加，为莘莘学子大开方便之门。然而教育仍无法保证一定可以出人头地，在经济不景气时，办公室大量裁员，甚至在好景时期，例如第一次世界大战的繁荣中，仍有相当数量的讨论谈及中产阶级生活的青黄不接。这种案例在报纸上屡见不鲜，1918年一位小学老师写信给报纸编辑，根据这位老师的说法，他一家五口，每月开销总共20.75日元，在列出这个账目后，他强调说：

> 我每个月扣税后所得……约为18日元及一些零头，其实20日元也不够，我们如何能靠18日元活下来？但别无他法，只好从削减米饭开销入手，每顿都要掺上一半以上的小米，每天都有一餐是小米粥。由于煤炭昂贵，全家人一个多月都无法洗澡。要喝杯清酒，吃几片肉，甚或一个地瓜，我们都负担不起，要买件和服真的连想也不敢想。一个小学老师，他的生活就是连过年时也无法为他的小孩买件和服或块糯米糕，还有比他的生活更悲惨的事吗？[45]

这样一种为生活奔波的老师有个外号，俗称"洋服贫民"，20 世纪初年，这个自相矛盾而又带有浓浓讥讽意味的名词已经十分普遍。那些身穿洋服的人，原来被认为应属新日本社会的上层分子，教养好，生活安定，而居住在贫民窟的穷人才会属于那个遥远的世界。然而上述小学老师的一番话，反映出就算有资格加入中产阶级的人，同样要面对不安定的生活及经济上的贫困。[46]没有人比政友会总裁原敬的体会更深刻，他在1910年的一番话可以说是自己的写照："要防堵（社会主义的）传播，必须由社会政策入手。像老师或警察这类人，只要走错一步，便会变成社会主义者。因此最根本的政策，必须小心在意他们的待遇，以防感染。"[47]

不过更令人担忧的不安定及激进主义的潜在源头并非中产阶级，而是工厂工人，他们的组织愈来愈具攻击力。1925 年，一位政府领导人便说，国家不应该支持工会，因为工会永不会安于一个温和的地位，"就像山上的一辆车，它一定会滚下山，不可能停下来"。[48]工人有任何集会，讲台旁一定会坐着个警察，如果演讲者逾越政府规定演说的范围，譬如提及"革命""资本主义""毁灭"等字眼，演讲者首先会遭警告，再犯演讲会被中止，演讲者可能会被逮捕。警察与演讲人的相持不下，有时会为工会的集会活动制造一些滑稽场面，不过这终究是一个严厉的限制。

另一个触发对现代性的恐惧的因素是年轻人，尤其是年轻妇女。虽然有些人歌颂摩登女郎生气勃勃的形象，亦有人担心她们反映社会堕落的开始，日后一发不可收拾。他们认为解放后的女性也许会危及社会的既成秩序，弱化整个日本，其危害性比那些愤怒的教师及好斗的劳工更厉害。报纸上有关年轻男女的报道也显得焦虑不安，说他们或她们是共产党煽动下的结果，要腐蚀大好前途的青年人，目的是弱化整个国家。他们亦担心离婚不断增多，在女性的推动下，最后导致家庭制度的崩溃。1925年，一名短头发、衣着西化的妇人被控谋杀外国人，报纸称她为"前卫摩女"[49]。利用这种污名化手段，摩登女郎被视为非日本，甚至是充满罪恶的。

20世纪初期出现一股新宗教热潮，这种文化表现亦反映出日本人在这段时间中的恐惧及竞争。新兴宗教多半为神道主流各派的分支，佛教则比较少。创教者是一些具有魅力的男女，他们常常对信徒自称是真神，有些教派是全新创造的，有些则源自19世纪。最高潮是在20世纪30年代中期，这些"新宗教"号称拥有数百万信徒，支持者大部分来自城市居民和农村中较为商业化或工业化的地区，不少信徒刚移居至城镇，他们希望寻找新的小区认同及精神慰藉。新教派与主流的佛教或国家神道不同，它们通常能给予信徒具体及实际的帮助，所提供的服务包括治疗疾病、替信徒解决经济困难，甚至私人问题。从一些信徒留下来的证言看，新教派的服务可说无所不包，上至婚姻纠纷，下至小儿尿床，均在其内。[50]

新教派也许真的能替其信徒提供各种精神及物质上的帮助，但政府官员仍视其为威胁。负责管辖劳工及其他社会问题的内务省官员，称这些新教派为"伪教"或"邪教"。在20世纪20年代，为了镇压其中一些教派，政府拘捕了他们的领导人，并控以罪名颇为严重的大逆罪，给予判刑。[51]但这些教派并没有瓦解，他们继续奋斗到20世纪30年代。

社会演变的方向、现代日本人生活的特性，上述所有有关这些问题的争论都在当时欣欣向荣的媒体市场中呈现出来。各种杂志如雨后春笋，发行量亦有增无减。其中以讲谈社出版的《国王》成为销量最大的杂志。《国王》模仿美国《星期六晚报》（*Saturday Evening Post*）*的风格，1924 年 12 月创刊时销量即达 74 万份[52]，到 1928 年 11 月增至 150 万份。该杂志特别针对妇女读者群，亦证明不输于一般性刊物（多半是男性导向），同样受欢迎。收音机广播始于 1925 年，慢慢成为一种新的文化形式，不单是政府文宣，爵士音乐及戏剧亦因此得到推广，拥有愈来愈多的听众。在 1926—1930 年，日本的收音机数量由 36 万台急剧升至 140 万台。[53]

文学作品经常以连载方式在杂志及报纸上刊出，其读者人数亦有增长。从明治时期开始，日本文学便受到西方的强烈影响，因此日本作家经历过不少西方文学思潮，包括浪漫主义及自然主义。到 20 世纪 20 年代，大部分作家已经摆脱这些思潮，寻求不同风格。这时期最突出的即为"私小说"，它类似一种忏悔式的自传体裁，借此再创造作者的心理状态。除此之外，另有两个新的文学运动，分别为"新感觉派"及"无产阶级文学"，前者是日本首次明确出现的现代派写作，后者则强调小说作者的社会任务。

这时期的文学作者在日本文学史上影响深远，经久不衰，但严格上来说，他们不属于任何派别。芥川龙之介（1892—1927）的作品动人

---

* 该杂志 1821 年创刊，标榜"家庭性，政治中立，具道德感，纯文学"，1969 年停刊。——译者注

心弦，有时亦有异常的想象力，但他并非模仿欧洲最新潮流，而是经常从日本古典文学中汲取灵感。例如其小说《筱竹丛中》便取材于日本 12 世纪文学作品《今昔物语》*，其后著名导演黑泽明借之拍成电影《罗生门》。谷崎润一郎（1886—1965）一方面赤裸裸地探讨人类的性冲动，另一方面又打破叙事的真实性，而这正是"私小说"的基础。

无论是日本文学作品还是翻译作品，其受欢迎程度有增无减，这种现象反映于"一元书籍"的推广，它亦反过来促进日本文学作品的大量生产。1926 年出版公司"改造社"发行了一套 63 册的《现代日本文学全集》，其作品有幸被收录在《全集》的作者，一夜之间顿成巨富。当作家愈成功，收入愈加丰厚时，其写作生涯便渐渐变得商业化。而《全集》则创造了一种新文化形式，把文学变成商品，提供给更多的日本民众，无论是新旧中产阶级，都被包括在内。

* * *

在 20 世纪初，日本出现了一些新的社会群体及文化趋势，但并非没有前例。在德川时代，农村由富农、贫农及处于两者中间的人组成，而城市的居民则是担任文书或警员的武士、平民商人、商店老板及穷困的制造商，文学及艺术灿烂奔放，出版事业亦已经商业化。因此到 20 世纪 10 年代及 20 年代，生活于其间的农村及城市民众，常常用昔日的语言来比喻今天的世界，例如不安其位的工人便用德川时期的用

---

* "物语"为日语名词，意指故事。——译者注

语"旅行工匠",以描绘自身的跳槽处境,办公室事务员则用江户时代的"腰便"一词自称。

但仍有些现象是新鲜的,日本与世界其他地方并无不同,今日与昔日的时代是有差别的。与德川时代比较,资本主义社会有更多的经济机会,但不安全感亦更大。市场与昔日不同,再没有国家或地方精英愿意负起缓冲责任。普及教育到19世纪与20世纪之交已差不多达成,更多人能够参加比较广阔的公共事务领域,他们自己也能意识到日本已是世界帝国的一员及其他帝国的存在。现代传媒事业日渐发达,它是个整合力量,但也是个分裂力量。传媒中有关"摩登女郎"及马克思主义学生的报道,常常歪曲事实,工人及农民的抗争亦经常出现在新闻中,无论如何,这些消息都让读者了解到国家内部存在着不少矛盾。这些社会及文化冲突有时候会产生焦虑,原因是人们害怕失去昔日的传统社群,故急着要恢复它。[54]农民与工人要求那些有财有势的人承担过去的责任,继续扶贫救困的善举,不过他们开始认为救济是应有的"权利",这是个新的现代语言,有其不同于昔日的政治及文化含义,因此工农大众所争取的已不是维系旧时传统,而是要重新界定新传统。

第十章

两次大战期间的日本帝国与民主

　　1912 年明治天皇去世，33 岁的太子嘉仁继位，改元大正。大正天皇幼时患有脑膜炎，日后虽然恢复，为太子时亦能巡访日本全国各地，但到 1918 年，其健康再度恶化，到 1919 年已无法视事。与此同时，欧洲的君主制度陷入危机，君主接二连三被推翻。首先是 1917 年的俄国革命，沙皇下野，其后德国以至奥匈帝国、土耳其诸国皇帝及国王，亦无一幸免。当时日本也同样面临政治动乱，皇室大臣忧心忡忡，认为要摆脱险境，必须有一位能支撑大局的主政者。在此情况下，诸大臣安排太子裕仁出任摄政一职，嘉仁天皇事实上是被迫退位。故由 1921 年开始，裕仁便代其父执行天皇职务，直到 1926 年大正天皇去世，裕仁才正式继承皇位。

　　与前任明治天皇相比，大正的统治时间要短得多，同时亦由于他是在特殊情况下交出权力的，故很多人都相信大正天皇一直是疾病缠身，而且精神极度不稳定。日本著名思想史家丸山真男在回忆战前历史时曾说过，他与他的小学同班同学在 1921 年便听说过大正天皇的奇言怪行，并因此伤心不已。据说有一次国会正在召开会议，天皇原要颁布一项诏令，但大正天皇却在众目睽睽下把诏令纸卷起来，把它当作望远镜，向满座大臣及议员作窥视状。[1]无论是真是假，这个故事以及大正的羸弱形象一直流传。

然而讽刺的是，名实并不一定相副，大正一朝常被视作自由主义的堡垒，传统上史家称1905—1932年的这段时期为"大正民主"，它始于1905年，时值日本民众发动政治抗争，抗议日俄战后和平条约，终于政友会内阁倒台的1932年。总括来说，这个时代可以用"帝国民主主义"*一词概括，虽然乍看有些自相矛盾。在大正时期，政治家经由选举出身，并以政党为基础组成内阁，已逐渐成为政治惯例，这是民主实践过程中一个相当急剧的变化。但仍可窥见其背后的延续性，所有热烈支持国会政治的人，他们都谨事皇室，与明治时期的独裁者及其军事、官僚支持者并无二致；他们亦同样支持大日本帝国。战前日本与大英帝国或荷兰一样，追求自由民主体制的人都相信忠君、热爱帝国及大众参与政治，三者不会互相冲突，而是互补的。但只有从历史回顾，用日后经验去衡量，才了解到它们的目的中潜伏着自相矛盾的因素。

一、政党内阁的出现

在第八章已经谈及1913年的"大正政变"，政坛因之一度产生混

---

* "帝国民主主义"为本书作者提出的一个概念，有关说明，可参看中村政则、安德鲁·戈登，《日本の近现代史を再考する：アメリカの日本研究との対话》，《世界》，第718号（2003年7月），第120—132页。——译者注

乱。海军大将山本权兵卫与政友会结盟，方得以组阁，但为时亦仅一年而已。1914年初，由于海军发生丑闻，山本不得不解散内阁。事情源起于海军高级将领收受德国西门子公司佣金，而以购买德国军火当作回报。当丑闻外泄后，一年前的骚动又再度上演，示威与暴乱相继出现。一个兴奋的街头演说家因此惹祸上身，他对聚集市中心的群众大声疾呼："山本是个窃国大盗，打倒山本！我们必须把山本枭首示众！"这位中年的裁缝师傅昔日是位民权运动者，他因此被捕，政府控以煽动暴动的罪名，但他却向法官解释道："因为这是人民的意志，我别无他法。"[2]

由于群情激愤，舆论压力太大，山本不得不因丑闻而下野。1914年到1916年的执政者则是重作冯妇的大隈重信，他是明治早期政府的领导人，亦曾经推动过民权运动。他得到国会新成立的"立宪同志会"*支持，因而出任首相，但该党在内阁中只担任5个职位。大隈的施政方针不得不屈从于军方长久以来的要求，特别是山县有朋及桂太郎一直希望国会能增拨两师团军费，它也是引发"大正政变"的导火线。到1915年及1916年，元老开始攻击大隈的外交政策，最具代表性的当然是向中国提出的"二十一条"（稍后会讨论到）。最后，长州出身的寺内正毅（1852—1919）取代大隈，出任首相。寺内内阁（1916—1918）表面上是举国一致，不分党派，实际上它与政友会及原敬均维持密切关系。

---

* "立宪同志会"创于1913年，1916年更名为"宪政会"，1927年再更名为"立宪民政党"，与战前另一大党立宪政友会相比，立场较为急进，主张普选及政党内阁。——译者注

在这种情况下，1913 年至 1918 年，政友会及同志会两党政治领袖的方针策略与 10 年前并无不同，亦即国会议员通过与官僚和军人的谈判、妥协及联盟，进一步攫取权力。不少热衷议会政治的人亦支持政党领袖，他们当时认为权归议会是立宪政府的最基本原则。

在 1918 年，一小撮元老是最关键的政策决定者，他们包括历任下野首相，以天皇名义统治日本。元老间的地位虽然相等，但以山县有朋的影响力最大。是年夏天，由于第一次世界大战的关系，日本的通货膨胀达到最高峰，米价高至前一年的两倍，一股抗议浪潮席卷全国，米商及政府均受到暴民攻击。山县是一个严肃的人，平日不苟言笑，但对近期日本国内的骚动则显得十分不满，他决定求助于政党，当时国会最大政党政友会领袖原敬政治经练丰富，是唯一可以稳定当前局面的人。

1918 年 9 月，原敬组成内阁，阁员除海陆军及外务大臣外，其他均为政友会成员，这是日本历史上第一个最完整的政党政府，而且效率不错。政友会执政时间长达 4 年，原敬行动迅捷而有力，在 1920 年迅速派出军队，解决炼铁厂的罢工问题，连一生排斥政党不遗余力的山县有朋也不得不高声称赞："原敬真有办法！电车及炼铁厂风潮已经平息，原敬政策是出类拔萃的。"[3] 可惜原敬在 1921 年 11 月被刺杀去世，元老只好委任大藏大臣高桥是清（1854—1936）继任首相一职，但政友会的政权在半年后便结束。

原敬及政友会在政坛上崛起是他们经过 20 多年努力的结果，在这段时间内，危机不断，骚动频仍，各种密室权谋政治充斥于政坛，然而政党及其民选代表终于进入权力核心，站上政治舞台的高峰。不过仍有问题存在，遴选政党领袖组织内阁的程序仍未完全建立，新任首相高桥是清便无法平息党内各派系的斗争。1922年高桥卸任首相，山县亦于是年去世，其后两年中，仅存的三名元老再次由无党派人士中挑选首相人选，由两名海军出身的将领及一名枢密院议长相继出任首相，但都很快便下野。他们都号称中立，要组成所谓"超然内阁"，与政党的关系都不很密切。海军大将加藤友三郎（1861—1923）在1923年去世，继任者是前首相山本权兵卫，接着是枢密院议长清浦奎吾（1850—1942）。清浦挑选的内阁成员主要来自贵族院，凭借选举出身的众议院议员则无法入阁。

当时政友会内部正出现派系纠纷，部分支持清浦内阁的党员脱党组成第三党"政友本党"。然而面对新内阁的挑战，大部分的政党领袖不得不放下其微不足道的分歧，共同应付新的敌人。当时另一个主要政党是宪政会，它于1916年成立，由当日的同志会转化而成。1924年，政友会的主流派便联合宪政会，与另一个小党"革新俱乐部"共同合作，发动"宪政拥护运动"，主张回归"宪政常道"。他们坚持内阁必须容纳民选国会议员，方为"宪政常道"，否则众议院会拒绝和内阁合作。

新闻界及公众舆论的态度则与20世纪10年代不同，特别在"大正政变"时，他们都强烈支持在野党，但到20世纪20年代，他们支持政党政治的热度已大为降低。虽然如此，在1924年的国会选举中，在野党以护宪为号召，最后仍取得大多数的席位。同时宪政会亦首次取得国会多数席位，清浦没有选择余地，只好下野。1924年6月三党组成联合内阁，不过主导权则在宪政会手中。首相加藤高明（1860—

1926）是宪政会的党魁，他在日本精英阶层中有相当崇高的地位。加藤出身东京帝国大学，大隈内阁时曾任外务大臣，他的妻子是三菱财阀创立人岩崎弥太郎的长女，故他在政界及财界均有一定人脉。加藤年轻时曾留学英国，亲自体验过议会民主政治，认为日本未来要寻求权力及稳定，必须走议会政治道路。

联合内阁建基于政友会、宪政会及革新俱乐部三党的合作，事实证明这只是一个短暂的联盟。1925年因对税制改革有不同意见，三党便分道扬镳。但加藤能够继续执政，组成一个清一色的宪政会的内阁，稳坐首相一席。1927年宪政会吸收部分政友会叛党分子，更名为民政党。顾名思义，20世纪20年代中期的宪政会的政治立场已接近政友会的自由主义分子，它认为要安定社会，最好的方法是支持扩大选举权。从1924年三党联合开始，直到1932年5月，民政党与政友会轮流组织

表10.1 1918—1932年的政党内阁

年份	首相	执政党
1918—1921	原敬（1918.9.29—1921.11.13）	政友会
1921—1922	高桥是清（1921.11.13—1922.6.12）	政友会
1922—1923	加藤友三郎（1922.6.12—1923.9.2）	超然内阁，阁员主要来自官僚及贵族院
1923—1924	山本权兵卫（1923.9.2—1924.1.7）	超然内阁
1924	清浦奎吾（1924.1.7—1924.6.11）	超然内阁
1924—1926	加藤高明（1924.6.11—1926.1.30）	宪政会、政友会、革新俱乐部三党联合内阁
1926—1927	若槻礼次郎（1926.1.30—1927.4.20）	宪政会
1927—1929	田中义一（1927.4.20—1929.7.2）	政友会
1929—1931	滨口雄幸（1929.7.2—1931.4.14）	民政党
1931	若槻礼次郎（1931.4.14—1931.12.31）	民政党
1931—1932	犬养毅（1931.12.31—1932.5.15）	政友会

政党内阁，稳坐权力宝座。

政党政治的出现是一项突出的成就，此前明治精英制订宪法时，他们完全没有想到这种情况。根据 19 世纪 80 年代末原来的设计，议会只不过扮演极为有限的角色，但 30 年以后，1918 年，民选的议会议员从一个寻求权力的局外人，一跃成为行政权力的核心，与官僚共商国是。政党政治之所以成功，主要是 19 世纪建设民族国家政策的结果。明治维新的改革广泛传播一个信念——人民是国家的基础，他们的意见应受尊重，这种信念为一般小老百姓广泛接受，上文提及的那位裁缝，因此便大声疾呼，要山本首相成为人民的代言人，说出"人民的心声"。人民要发声的这股风潮，在 20 世纪 10 年代最为风行，亦是日本群众积极要求"立宪政府"的原因。所谓"立宪政府"，就是民选议会议员出任首相，组成内阁。

"立宪政府"在 20 世纪 20 年代中期得以实践，但在政治制度演进过程中，却出现不少不确定及意想之外的情况。因为在政党掌握权力后，它要与党外人士妥协及合作，具有理想的政治家便批评政党为了攫取权力，不惜出卖人民。这种批评，不但来自新闻界及学术界，亦来自社会大众。

二、议会政府的结构

明治宪法所设定的政治架构，原来的目的是要把议会政治变为政党领袖与非政党精英间一个沟通及妥协的场所。首先，宪法规定天皇为神圣及主权所在，天皇的圣体不可随便触摸——天皇的随侍及医护人员要接触天皇身体时，必须要戴上手套。[4]明治天皇、其子大正天皇以至其孙裕仁，均相信在明治宪法的架构下，他们应以九五之尊积极参与政务。在1921年至1926年，由于其父身患恶疾，裕仁很早已执行君主之职，他以皇太子身份出任摄政一职，实际上是履行天皇职务。大正天皇去世后，裕仁的登基大典到1928年才举行，但早在典礼以前他已经走马上任。

昭和是裕仁天皇的年号，其意是阳光下的和平。从今天来看，这年号是有点讽刺意味，因为到昭和天皇1989年去世为止，他统治下的日本既有和平时期，亦有战争的日子。在担任摄政时，裕仁便小心翼翼地掌控教育，因为他意识到自己不久便有机会登上龙座，而明治宪法是以君主为中心，因此他身负重责。[5]日本仿照英国做法，内阁大臣定期向裕仁报告施政情况，此习惯一直沿用不衰。裕仁相信君主有责任向臣下提出指示，他的看法当然会产生严重后果。举例来说，在1927年至1928年，由于张作霖事件及山东济南惨案，导致中日两国外交的不愉快，裕仁不满首相田中义一的做法，提出质疑，田中因此被迫辞去首相一职。[6]

另一个与天皇有关的政治架构是军人与官僚的权力，他们无需向国会负任何政治责任。宪法规定天皇是三军最高统帅，可以直接指挥军队，军事将领利用这个条款作护身符，不愿意受内阁首相管辖，要独立行动。官僚亦在法理上不受国会监督，虽然他们所拟订的法律及规划的预算均需要国会通过，但他们的职位来自天皇委任，与国会无丝毫关系，故其进退亦不受国会影响。

另外尚有枢密院及贵族院两个正式机构，它们的作用是巩固天皇权力，避免其受制于国会及民众力量。枢密院成员有 14 人，他们具有至高的法律地位。枢密院是 1888 年由明治天皇下令设立，目的是审查宪法草案。宪法颁布后，它仍继续存在。枢密院院会是不公开的，天皇有时会亲临主持，其作用是备天皇咨询，内容包括宪法或其他法律上的诠释、预算分析及对外条约的批准。枢密院的成员多半立场保守，而且职位是终身的，元老伊藤博文、黑田清隆、山县有朋均曾任职枢密院。在 20 世纪 20 年代，枢密院与政党内阁的政策常相龃龉，但枢密院经常胜利，拒绝内阁的决策。另一个机构贵族院的情况也一样，它是保护天皇权力的堡垒，其成员或来自血亲，或由天皇亲自委任。

从 19 世纪 90 年代到第二次世界大战结束，日本有一个最重要的但却是体制外的组织，由一群所谓"元老"组成。他们的作用与枢密院及贵族院一样，目的是维持以天皇为核心的政治架构，元老有时亦会兼任枢密院及贵族院职位。元老作用之一是协调政党领袖与非政党精英的想法，勿令他们冲突。不过最重要的作用便是向天皇提名首相人选，这种功能并非依据法律产生，而是由 19 世纪 90 年代以后的惯例逐步形成，到后来，首相人选实际上决定于元老手中，天皇很少在这个问题上提出异议。然而到 1912 年，原来的 7 名元老相继去世，西园寺公望及桂太郎先后加入这个非正式但权力甚大的元老集团。他们分别是伊藤博文及山县有朋的代理人，是 20 世纪初政坛上的核心人物。桂太郎在成为元老的第二年便去世，再加上山县有朋及松方正义分别在 1922 年、1924 年去世，西园寺公望成为硕果仅存的元老。到 20 世纪 30 年代初，西园寺公望在政治上亦逐渐退居幕后，原因之一是其年岁日增，到 1930 年西园寺已 81 岁，无法再积极参与政治；其次则为军方影响力日渐扩大。取代元老的是一群称为"重臣"的高层领导人，参与者多半为前任首相，另加上宫内大臣及枢密院议长。

在 1924 年至 1932 年，元老或其继任者虽然原则上有权任命政党领袖出任首相，但并不一定要选取多数党党魁。事实上，元老要求国会多数党党魁出任首相的案例只有两次。一次在 1918 年，政友会在国会中占多数，山县有朋提名其总裁原敬组阁；另一次在 1924 年，宪政会在国会大选中取得多数席位，西园寺提名其总裁加藤高明组成联合内阁。在以后的 8 年中，政党政治成为常态，宪政会（后改名民政党）与政友会两政党轮流执政，其中 3 次（1927 年、1929 年、1931 年）因为现任执政的多数党面临倒台边缘，由西园寺领导的元老委任在野党党魁为首相。每当新首相上任，接着便解散国会，重新选举，结果其政党都能在众议院中赢得多数席位。少数党执政后即能胜选，关键在掌控内务大臣一职，内务省管理警政治安、监督选举，举足轻重。因此日本选民只不过在政府做成既定事实后，才投票通过，他们根本不能创造什么。

另一个体制外因素则是政治恐怖主义，它潜伏于社会底流中，不时突然爆发出来，危及代议制政府。一位美国记者称这时期的政府为"暗杀而成的政府"[7]，20 世纪 30 年代是其高潮期，但早在 20 世纪 20 年代已见端倪，首相原敬在 1921 年被暗杀，1923 年身为摄政的裕仁亲王亦遭刺杀，幸而身免。刺杀原敬的凶手年仅 19 岁，他不满原敬及政友会涉入许多政治丑闻，认为原敬内阁只注重政党利益，罔顾人民福祉。袭击裕仁的凶手则是一个左翼分子，他不满日本政府在 1911 年处决社会主义者幸德秋水，愤而报复。暗杀行动对日后的政党领袖有寒蝉效应，不过舆论却赞颂凶徒动机纯正，与只知私相授受的政党领袖相比，实有云泥之别。不过政治恐怖行动削弱了议会体制的统治合法性。

三、意识形态的挑战

暗杀行动能够在近代日本滋长，部分可归因于幕末勤王武士挥剑斩奸的政治传统，正义之士为了执行其神圣使命，点燃革命火花，采取暴力手段似乎变得顺理成章。明治维新以后，秘密政治团体相继出现，它们都主张暴力行动，借此推动各种政治及社会改革。其中最著名的便是内田良平（1874—1937），他在1901年建立"黑龙会"。内田良平是个极端尊王论者，为了巩固家长式统治及天皇的神圣地位，他一贯主张日本对内实行改革，对外扩张于亚洲大陆。他不满元老的懦弱，亦反对政党领袖及自由主义者的民主思想。

在思想上最具影响力的则是北一辉（1883—1937），他提倡激进民族主义，启发了之后的政治骚动。1919年他撰写了《日本改造法案大纲》，一方面同意内田良平的天皇至上主义，另一方面则受到左翼政治思潮的影响，要追求经济平等目标。他鼓励先知先觉的青年军官及平民起来行动，夺取政权，终止明治宪法，重新改造政治体制，使天皇与人民真正能打成一片。他亦期待这群先知先觉者重建经济秩序，新经济体制会尊重私人财产，但要设立各种"生产"部门，达成平均财富及经济增长的目的。北一辉亦主张授田给农村佃户，工人分享工厂利润，不过在两性平等上，他认为妇女仍为"人民的母亲及妻子"。

总括来说，北一辉的政治主张是国内改革，实行原则是以天皇为中心，反对政党政治，于国外则是扩张。他的看法颇受当时日本人认同，在20世纪20年代，数十个政治团体起而响应。

不过在政党领袖及无党派精英眼中，左翼运动的威胁比北一辉更严重。由俄国革命到20世纪30年代初，各色各样的左翼运动如雨后春笋，而且爆发力惊人。正如第八章指出的，社会主义、女性主义以及工人运动在19世纪末20世纪初便已出现于日本，为当时的统治阶层带来不少烦恼。到大正年间，日本社会的资本主义已进一步发展，再加上教育普及、政治理想渐深入人心，1917年共产主义者在俄国革命中夺权成功，上述因素触发日本异议者不满国内社会的不平等及贫穷，要进行更有力的活动。日本的左翼与世界其他地区的左翼分子并无不同，他们面对的不平等是一致的，而内部亦同样有策略及意识形态的争议。以大杉荣（1885—1923）为例，他在20世纪初便积极参加社会主义运动，1911年发生密谋行刺天皇的"大逆事件"，他因早已入狱，因此免受牵连，其同志则有些被判死刑。到20世纪20年代初，大杉荣转变为一个无政府主义者，他追求一个更自由、更平等的社会，要达成上述理想，大杉荣诉诸直接行动，例如罢工或攻击统治当局。

另一些较年轻的积极分子则追求一个理想的共产主义世界，他们受俄国布尔什维克的影响，要组织一个先锋革命党，其中最著名的是山川均（1880—1958）及荒畑寒村（1887—1981）。在苏联领导的共产国际的支持下，他们在1922年组成日本共产党。山川均希望通过联合战线与非共产主义者合作，把人民大众组织起来，但其对手福本和夫则有颇深的党派成见，他主张在联合战线下，日共应固守自身组织，并秘密扩大其影响力。由于日共在 1945 年以前并非合法政党，故无法得知其党员确实数目，不过到 20 世纪 20 年代末，其附从者仅有数千人。

上述小团体组织，其成员多半以大学毕业生为主，他们在 20 世纪 20 年代开始联系工人组织，希望借此扩大其群众基础。1920 年，日本首次在 5 月 1 日举办劳动节庆祝会，当日会场中红旗与标语飘扬，号召解放工人阶级。其后数年中，每逢劳动节或罢工，数以千人的集会游行已成为惯例，演讲者不但要求增加工资及改善工作环境，更不断

图 10.1　图中为 1926 年五一劳动节集会中被捕的演讲者。针对这个工人运动的年度庆祝活动，当局监控甚严，参加庆祝活动的人亦心知肚明，他们正游走在法律边缘，随时有被捕的可能性。(法政大学大原社会问题研究所提供)

引用列宁的讲话，他们大声疾呼"工人阶级必须行动起来，打倒资本家剥削"及"彻底消灭现有社会体制"等口号。[8]在战前日本，每次政治性集会都有警察在演讲台边监视，每当听到这些口号时，警察便制止发言，甚至解散聚会。

20世纪10年代及20年代亦出现另一股女性主义的新思潮，对统治阶级构成同样威胁。这些年代所发表的女性主义文章中，日本妇女都被描绘为"笼中鸟"或"柔弱的花朵"，因此焦点便集中在如何打开鸟笼或保护花朵。有些女性主义者如平冢雷鸟（1886—1971）、高群逸枝（1894—1964）等，提倡一种名为"妇女中心的女性主义"思潮。她们继承早期女性运动的看法，认为女性最突出的特征便是母亲的身份，因此需要对妇女做特别保护。高群逸枝是其中的佼佼者，她呼吁地方机构应为母亲提供小区服务，指责现存婚姻制度为害妇女。高群最不同的地方是从历史中为女性主义寻找支持证据，她认为古代日本是母系社会，妇女受尊重，母亲的工作亦得到各种方便。与高群稍有不同的是与谢野晶子（1878—1942），她是作家，也是诗人，她认为女性寻求解放，不只因为是母亲，也不只因为是日本人，而是因为女性属于全世界人类的一员，因此有解放的必要。山川菊枝（1890—1980）更进一步把女性主义与社会主义联系起来，她认为女工受到性别与阶级的双重压迫，她们必须组织起来，反抗父权式统治及老板剥削，推动"经济制度革命，因为经济才是女性问题的真正症结"[9]。因此日本的女性主义思潮与当时其他社会思想领域一样，可以分为"妇女中心"或"人文"两个方向，其中所引起的论争亦见于19世纪与20世纪的西方，两者不但相似，甚至可以说日本是由西方思想的输入而带起的。

对政党政府的严厉批评并不限于反体制的人，甚至原来支持近代资本主义体制及议会制度的人，亦开始不留余地地评论时政。最著名的便是吉野作造（1878—1933），他是一个基督徒，在东京帝国大学法学部担任教职。吉野长期以来拥护自由主义及代议政体，1916年他发表了一篇著名文章，界定何者才为适合日本的立宪政府。吉野认为政府的目的在于保护国民的福祉，通过选举及向国会负责的内阁最有可能达成此目的。因此吉野一面提出政治制度必须以民为本的"民本主义"，另一方面又尊称天皇为主权所在。但当吉野在20世纪20年代中后期检视日本情况时，发现所有主要政党都是私利当头，只知服务与它们利害密切的财阀。政党已经是一个道德败坏的团体，无法真正为人民服务。[10]

四、帝国民主主义的各种统治策略

战前日本的议会政府既受困于体制内及体制外的因素，亦面临各种意识形态的挑战，它们有的来自以天皇为中心的右翼激进者，也有的来自各色各样的左翼分子。到20世纪20年代末，议会能够掌控的社会力量并不多，只有它们所谓的"天然"友人如媒体或知识分子。既然如此，从1918年到20世纪30年代初为止，政党如何能够组成内阁，执行它们的权力？

政党能够加入统治阶层，部分原因是其领导人都是极端务实的政治家，他们视官僚及军人为盟友而非敌人。从社会层面看，他们的出身与官僚及军人精英并没有太大差别，有的出身于富裕地主及大商户；有的出身于退休官僚，但不甘雌伏，仍想在政治上一展身手；有的出身于都会区的专业人士，如律师、出版商以及记者等。在教育上，他们亦多来自相同的一流高中或帝国大学；在经济上，他们的家庭亦多为享有特权的世家门第。到 20 世纪初，高尔夫球渐成为少数人的玩意，他们甚至是同一高尔夫球俱乐部的成员，他们的子女亦相互通婚。

政党政治能存在的另一个原因是其经济基础。政党内阁实际掌控了公共工程及教育经费，地方首长、商界领袖以至学校校长均有必要支持当权政党。当地方选票投向执政党，或至少答应投票，火车线才能开通，港口才能开挖，学校才能兴建。在同时代的美国政界中，这种利益交换被称为"猪肉桶"（pork-barrel）制度，在日本亦一样无往而不利。亦是这个原因，在野党一旦执政，便会在以后选举中所向无敌。另一方面，由于媒体不断报道这种政治交易甚至是毫不掩饰的买票行动，政党政治的统治合法性遭受严重打击，亦使许多有理想的选民转而反对政党政治。

议会政治能从20世纪10年代支撑到30年代初期尚有第三个原因，因为无论政党内还是政党外的精英，都在政治上采取相同立场。大部分的政治领袖视民主为手段，而非最终目的。他们所追求的是天皇、大日本帝国以及社会伦理地位的巩固。因此只要统治阶层及广大民众相信政党政治能达成上述目的，政党政治便具有统治的合法性。

无论党员、官僚还是军方主流都同意为政之道是分而治之，故允许不同声音。当投票权扩大，有地位及实力的人便借此代表民意，出席国会。一位政友会的有力议员曾说，所谓新时代的政治就是"以民为本，从而发掘社会各种问题"[11]，但亦只限于此，所有政治精英都同意经济民主或政治上攻击天皇制度仍是禁忌，此范畴绝对不能碰触。1920年当政友会执政时，原敬在处理全国最大炼钢厂罢工事件上便毫不手软。1923年9月发生关东大地震，政府一方面容忍甚至有时纵容屠杀数以千计的朝鲜人，另一方面却不惜使用暴力镇压政治上被视为异议者，展开一连串的臭名昭彰的国家暴行。首先被警察杀掉的是著名女性主义者伊藤野枝（1895—1923）、她的无政府主义爱人大杉荣及其甥橘宗一，接着军警又联合出动，包围工会，把工人领袖平泽计七（1889—1923）及其他9名劳工杀死。这些人当时其实对日本统治者并无威胁，但不少统治精英，特别是军方及司法界，亦包括部分官僚，对所有激进思想都采取一种"誓不两立"的态度。政党领袖很多时候亦似乎采取接受姿态，在上述各种行动中，他们都不置一词。1925年宪政会执政时，国会通过一项十分严厉的《治安维持法》，规定若批评天皇，其罪可及死刑；若批评"财产私有制"，则可被判至10年徒刑。1928年政友会执政，警方发动一场大规模搜捕日本共产党人的行动，共有1 600人被捕，其中有500人被起诉。次年再进行另一场拘捕行动，有700人以共产党员罪名被起诉。

因此政党在事实上与其他精英共享权力。他们之间有共通的社会关系，彼此交换经济利益，政治上则官官相护。在思想上，他们的意识形态基本相同，亦即接受一定程度的民主参与，但前提必须是支持天皇制度及大日本帝国。

在20世纪20年代的民主化过程中，政党间以及文官与军方之间亦开始出现一些重要的策略性分歧。部分人认为日本帝国的民主制度，只适用于资产阶级及地主阶级的男性；部分人则不同意这看法，他们认为要国家富强、社会安定，最佳的办法便是把日本建设成一个更开放、更民主的社会。为达成此目的，所有男性甚至是女性，只要他们遵守一定的思想及行为规范，均可有权成为参与者。

上述两种方法都可称之为"帝国民主主义"，在20世纪20年代均尝试实践过。政友会及农商省官员比较偏向保守，这亦成为第一次世界大战结束后的主导国策。政友会小心翼翼地扩大政治参与的法律基础，首先原敬提议降低选举人的财产资格限制，1919年国会通过原敬提案，选举人口增至300万，约占当时总人口的5%。政友会同时亦承认妇女地位上升，在政治边鼓上有一定的作用。1922年政友会再提议修改1900年的选举法，不再一刀切地否定妇女的政治权利。根据新通过的法案，妇女仍不能参加政治结社，但可以出席各种政治性集会。至于普选，原敬当时仍反对全面开放，甚至是男性普选制度亦不允许："这一步走得太快了，废除选举权的财产资格限制，意即消灭阶级差别，这想法太危险，我无法同意。"[12] 原敬内阁的内务大臣床次竹二郎（1867—1935）鼓励工场成立协商机构，以争取职工的向心力，但反对准许更有自主性的工会活动。1919年床次成立一个智库型的"协调会"，得到国家及财团的资助，该会的目的就是研究各种社会问题，希望能维持劳工与资方的和谐关系。政友会亦尝试巩固农村中自耕农的地位。1920年农商省曾成立委员会，考虑改造佃农状况，给予佃农一定的法律地位，各项草案本已拟订好，最后由于大地主的反对而作罢。

政友会内阁（1918—1921）及其后的"超然内阁"（1922—1924）

亦曾草拟过一连串福利政策，要在全国及地方政府推行。原敬首先在1920年于内务省成立社会事务局，专门处理失业、劳工纠纷、佃农抗议等事务。1922年，该局在国会提出一部健康保险法及一部修订工场法。健康保险法规定中型以上的企业必须为其雇员成立健康保险，资金来源分为两种方式，一种是由企业及其员工共同支付保费，另一种则是企业准许其员工加入政府管理的保险计划。工场法则提高了伤亡意外赔偿金额及病假薪资。[13]

除此以外，以大阪为首的地方政府亦在1918年急速推动一个低成本的社会政策，为最穷苦的家庭提振道德士气，并给予各种辅导服务。该政策是给予小区领袖一个无薪水的"地区委员"名衔，把他们包揽至行政系统内。地区委员要经常走访小区内住户，进行辅导卫生环境、指引就业、劝令储蓄等方面工作，介绍各种公私立救济资源。到20世纪20年代末，内务省曾称赞地区委员制度是日本"社会工作服务的核心机构"。[14]

上述各种政策均有一定作用，但却受制于政府预算，内阁不愿意真正花钱解决社会问题。最大阻力来自枢密院，它反对拨款执行新健康保险法及工场法，连国会通过亦爱莫能助。20世纪20年代末，地区委员曾发动强大集体行动，逼迫政府加强贫穷救助，但并没有取得任何效果。

宪政会（民政党）是"帝国民主主义"另一个方向，其政治家与内务省年轻世代的关系密切，采取较为自由开放的政策。内务省官员从战后的欧洲汲取经验，了解自由开放改革有助于社会稳定，尤以英国的例子最为明显。1924年宪政会的加藤高明组成政党内阁，正式推动一个预算庞大的社会政策。加藤首先说服国会通过佃农争议中介法，在一定程度上承认佃农有权组成合法团体，在以后16年中，约2/3有案可稽的佃户地主纠纷，都是根据这个法案获得解决。[15]加藤亦打算改革华族制度，降低其权力，不过并未成功。加藤最大的成就是在1925年成功推动男性普选法，25岁或以上的成年男子，只要不是接受公共援助，都有投票资格。

1926年，宪政会提出一个有三个配套条款的所谓"工业界普选"模式：其一是给予工会法律地位的条例，其二是劳资争议调停法，其三是废除1900年治安警察法中的反工会条文。由于农商省官僚、政友会及大部分工商团体的反对，第一项的工会法未能通过，不过其他两项提议则成为法律。另外在1922年通过的健康保险法及工场法，由于政府无法拨出预算结果名存实亡，现在加藤终于成功争取到款项，正式执行。内务省官员亦在1926年通知各县政府，指出工会法虽未获国会通过，但仍应尊重该法案的精神。总括来说，上述各种政策都有一定的重要含义，它们促使社会支持工人，隐喻工人有权组织工会及罢工。

宪政会（民政党）内阁亦扩大女性的政治及公民权利，1922年的政治改革幅度相当有限，它只容许女性参加政治集会。各妇女团体不愿到此为止，要继续追求仍未得到的各种权利，包括政治结社权利、出任地方公职权利。1929年首相滨口雄幸（1870—1931）与其外务大臣币原喜重郎（1872—1951）、内务大臣安达谦藏（1864—1948）破天荒地接见女性民权领袖，要求她们支持政府的紧缩预算及财政政策。滨口对女性的开放态度，一方面缘于当时严峻的经济危机，另一方面则缘于其自由主义思想，认为扩大参与可增强长期稳定。在会晤滨口首相后，妇女团体乐观地认为女性地位已获得承认，在不久的将来可以在政治上与男性完全平等。

宪政会（民政党）的政策是让体制外的团体有发声机会，能在体制内占一席之地。在男性普选制度下，新的工人政党马上挑战传统政党的力量，然而在1928年首次普选中，其表现并不好。民政党在各大城市的工业区域取得新支撑力，执政党的劳工政策巩固了较温和工会的地位，而这些工会领袖又相对支持现存的政治体制，认为共存共荣是可能的。因此民政党的帝国民主主义更具包容性，它的政策似乎能强化社会安定，赢得选票，同时亦能获得部分官僚、军人以及商界人士的认同。

但很多统治精英却十分不满民政党的各项改革，不少财界领袖、法务省及农商省官员及政友会党员均认为上述措施过分急进，带有危险性。在知识分子方面，由于对政党政治的腐化深感失望，故对民政党的社会自由主义顶多是有限支持，部分批评者更由于不满民政党，转而攻击整个政党政治。不过只要社会达到一定的安定程度、经济没有太大危机以及日本帝国无外敌入侵，无论哪一个政党都可以按正常程序执政，官僚、军方及商界仍会继续作为政府的盟友，然而这种权力基础并不稳固。

五、日本、亚洲与西方列强

20世纪10年代与20年代的日本对外政策，与其内政的情况相似，外交基本目标与战略顺序虽然大致上有一定共识，但仍掩盖不住分歧点。主流政党及其他精英都热切支持建立一个海外帝国，他们极力争取日本与西方列强地位的平等，不过在亚洲，他们则以为日本的地位应较列强优越，因此不断促使西方承认日本在亚洲的特殊利益。在整个外交总目标上，他们与军方及报界作者看法大致相同，但无论政界还是军方内部，在实行方法上均有很大纷争。

其中争议性最强的是下面几个问题，它们之间又相互关联。首先，日本若要在中国谋求经济及军事利益，是否应与欧美列强合作还是自行其是？其次，自辛亥革命推翻清政府后，新生的中国共和政府正风雨飘摇，地方政权都不买新中央政府的账，日本究竟应支持中央政府，与之合作，还是与反对中央、被称为"军阀"的地方军人讨价还价？最后，日本是否应承认苏俄，与之通力合作，还是围堵苏俄，甚至消灭它？由第一次世界大战以至整个 20 世纪 20 年代，日本一直尝试各种可能性。

第一次世界大战的爆发引出上述所有问题。战争给日本一个在亚洲扩张的黄金机会。1902 年，日本与英国签订《英日同盟条约》，1905 年及 1911 年两次修订盟约。第一次世界大战中日本以英国同盟国身份，很快便在 1914 年 8 月加入战争，到该年年底，日本军队已经掌控德国在中国山东的所有利益，包括胶济铁路及青岛军港，德国在太平洋的岛屿亦落入日本手中。

英国既是日本盟友，故理所当然接受日本的作为，而美国因为以中立为国策，亦不太介意。但当日本向中国提出臭名昭著的"二十一条"时，事情则变得较为复杂。1915 年 1 月，当时由大隈重信任首相，在国会中与同志会结成同盟。大隈与其外务大臣加藤高明决定向袁世凯政府提出二十一条要求，内容约分为五部分，其中最激怒中国人的是第五部分，它规定中日两国合办警察业务，又要求中国政府委任日本人为政治、经济及军事事务顾问。若真的实行，中国最后会沦为日本的殖民地。

中国民间的反应很激烈，反日分子发动群众抵制日本货及航运事业。袁世凯亦不同意日本的要求，尝试寻找国际援助。由于英美两国反对日本的过分要求，日本最后答应撤销第五部分内容，袁世凯则答应其余部分，其中包括承认日本继承德国在山东的权益、让日本在山东建造铁路，甚至同意日本在南满拥有特殊地位。

日本军人本来是支持大陆政策，试图谋求日本在亚洲的经济及战略利益。但山县有朋及其他军人不满意大隈及加藤的做法，认为会激起中国人的反日情绪。令山县更忧心的——或至少同样忧心的——是加藤不但明显要强化文官的外交决策地位，亦要强化政党在内阁中的指导能力。其后由于选举买票丑闻案，加藤不得不辞去外务大臣一职，不久大隈亦被迫下台，山县才能推荐其派系内的寺内正毅出任首相，限制政党发展。[16]

寺内组阁以后，内部有关外交问题的纠纷虽减少，但日本仍趁战争机会继续扩张，与西方列强的矛盾并未消除。1917 年美国加入协约国，正式成为日本的盟友。两国政府签订《蓝辛石井协定》*，根据该协定，日本会尊重中国独立，同时答应不妨碍美国商业利益进入中

---

* 石井指当时日本外务次官石井菊次郎（1866—1945），蓝辛则指美国国务卿罗伯特·蓝辛（Robert Lansing）。——译注

国，其机会与日本完全平等；另一方面，美国则承认日本在中国东北有"特殊利益"。由实质结果看，《蓝辛石井协定》是两国同意互相保证对方在亚洲的殖民地。在这种情况下，日本 1918 年向中国提出所谓"西原借款"，目的是进一步保证日本在华特殊利益。"西原借款"的推手是西原龟三，他事实上是寺内正毅的代表，但贷款表面上是由日本私人银行借出，用以帮助中国各种经济计划，例如兴建铁路。事实上该笔贷款是用来支持段祺瑞进行内战，打击其他军阀对手，而日本则借此换取在山东及东北的经济利益。

中日问题的矛盾延伸至第一次世界大战的和平会议中。1919 年在巴黎凡尔赛宫召开和会，日本以战胜国身份参加会议，其出席代表的最重要任务，便是让国际确认日本掌控德国在山东地盘的事实，他们亦提出种族平等原则，希望能增列在国际联盟创立会章中。美国总统伍德罗·威尔逊（Woodrow Wilson）及其他协约国领袖同意日本插足山东，但却不愿在国联宪章中加入种族平等条文。威尔逊在战争中曾提出平等及自决原则，主张战后国际秩序应建基于此，西方列强立场实际削弱了威尔逊所提理想，亦加强日本的不满，认为西方政府都是心口不一。

日本的对苏俄政策亦同样引发西方列强的猜疑，其中最受瞩目的行动便是所谓"出兵西伯利亚"事件。布尔什维克 1917 年 11 月在俄国夺权成功，日本统治者一直想办法策动俄国的反革命力量，以消灭俄国新建立的共产主义政权。由于布尔什维克仍未能控制俄国远东领地，又邻近日本，故日本希望至少在此建立一个反共政权，不过寺内政府却不愿单独行动。

1918 年出现了一个可以付诸行动的机会。3 月，英国、法国及美国均同意出兵西伯利亚，目的是维护协约国储藏在俄罗斯的军需武器，同时一支亲沙皇军队正在海参崴集结，亦要协约国救助。威尔逊总统因此请求日本加入军事行动，对寺内首相来说，正求之不得，故美国原只要求 7 000 人军队，日本马上答应派出 1.2 万人，其实真正出动的军队绝不少于 7 万人！而且他们尽量扩大活动范围，最远到达极西的贝加尔湖，离海参崴几乎有 1 600 公里之遥。到 1922 年日军仍留驻西伯利亚，而早在 1920 年，列强已认识到反布尔什维克力量已日薄西山，决定撤兵，但日军仍逗留不退，继续支持海参崴的反革命政权。然而日本出兵西伯利亚，不但劳而无功，且独行其是，不断受到来自国内及国际的批评。到 1922 年末，日本终于决定撤兵回国。日军总计是役死亡人数达 3 000，最后不但一无所得，反而招致西方列强的猜忌、苏俄的不信任，可谓偷鸡不成蚀把米。

《凡尔赛条约》及西伯利亚出兵是战后各帝国主义国家协力合作的起点，亦是前途多舛的象征。在整个 20 世纪 20 年代，列强多方面寻求合作方法。在西伯利亚出兵进入尾声之际，原敬答应出席在华盛顿召开的国际和平会议。此时英国、美国及日本三国海军正如火如荼地进行竞赛，会议目的之一就是要终止此等军事对抗。原敬当时的政策是经济优先，准备削减政府开支，自然欢迎此项提议。最后华盛顿会议中的五国公约规定英国、美国及日本三国将其主力舰吨位限制在 5∶5∶3 的比例内，日本愿意接受较低比例的原因，是英、美两国答应不在西太平洋建设军事要塞。各国政府认为主力舰吨位比例的规定，既可保障各国的国防安全，亦能制止军备竞赛，收一举两得之效。

在整个 20 世纪 20 年代，日本政府一直缩编其军事力量，其中有战略因素，亦有经济因素，当时大部分将领都同意这政策。在政府一意削减军事人员及武器后，军事开支大幅度滑落，1918 年国防支出占总预算的 55%，到 1924 年降为 29%。在其后数年中，裁军仍然继续。1925 年陆军大臣宇垣一成（1868—1956，其陆军大臣任期为 1924—1927 及 1930—1931）削减 4 个师团，约 3.4 万人。但所省下的费用大部分都用来增购新式武器，宇垣亦开发民间军事资源，如在高中及初中实行军训课程，培养后备军力。上述种种是日军最高统帅部反省的结果，他们总结第一次世界大战的教训，认为未来战争是总动员体制，决胜于社会人口及资源的运用。

20 世纪 20 年代的日本一方面在军事上采取紧缩及近代化政策，另一方面在对华政策上亦较为收敛，不像第一次世界大战时那么肆无忌惮。

"一战"后日本在中国的影响力大增，究竟要如何维持已建立的强势地位？同时中国政坛山头林立，群雄并起，日本要如何应对各方势力？这些都是日本当时亟待解决的问题。在 1900 年，日本在中国的侨民不超过 4 000 人，但到 1920 年，日侨人数约达 13.4 万人，虽然居住范围以东北及华北为主，但日商到 20 世纪 20 年代中期在上海已有相当数量投资，特别以纺织业为重头。

20 世纪 20 年代的中国政局变幻频仍，颇不利于日商发展。中国国民党继承清末以来的革命传统，但在整个 20 世纪 20 年代中期，它的政治影响力仍然有限，说不稳定已是乐观看法。由左边来的障碍是城乡中蓬勃发展的共产主义运动，由右边来的障碍是被称为"军阀"的地方军人，他们拥有强大的地方军事实力，尤以华北及东北为军阀重镇，这些地区同时也是日本向来视为特殊经济及军事利益之所在。

原敬领导下的政友会内阁采取合作政策，希望能与西方列强及国民党政权共同维护日本的利益。原敬中止了西原借款，避免借此介入中国政局。在1922年华盛顿会议的带动下，原敬与中国协议归还山东，不过日本仍于主要铁路线拥有长期权益。1924—1927年的宪政会（民政党）内阁则委任币原喜重郎（1872—1951）为外务大臣，币原倾向亲西方路线，仍继续推行原有的协调政策。从1925年到1927年初，中国排外运动处在高潮，英国或美国曾三次邀请日本出兵，以提防潜在的排外危机，但币原均拒绝派遣军队。

另一方面，币原不主张日本商界纯粹倚赖市场机制，后者以为一个开放自由的中国便可以发展商机。华盛顿会议曾承诺修改中国关税税率，故1925年列强在北京召开国际关税改革会议，目的是恢复中国关税自主权，八十多年前由于中国在鸦片战争战败，外货入口中国的关税便被条约固定在一定比率上。不过币原在一开始便对关税自主采取保留态度，他怕中国取回关税控制权后，便会阻止进口日本纺织品，因此在重要问题上，币原一概不肯让步。而日本不喜多国一同会商，对双边协议更感兴趣。由于中国内战仍持续不断，在这种环境下无法达成任何协议，关税会议最后以失败告终。[17]

尽管币原在经济问题上寸步不让，但在日本国内却备受批评，国内舆论认为他的外交路线软弱，原因是他一直不肯出兵以制衡中国的反日运动。1927年，田中义一大将（1864—1929）出任首相，组成政友会内阁，采取一种与币原截然不同的政策。田中出身行伍，在军中地位甚高，1925年受邀出任政友会总裁。田中并非反对与西方列强合作，但主张一种比币原更积极的外交政策。在1927年到1928年，田中曾3次出兵中国，表面理由是保护在华侨民及经济利益，但实际情况并非如此。1927年，雄心勃勃的蒋介石率领国民革命军北伐，并已实际控制华中地区。不过他并非如日本国内报道的那样，对日本马上构成威胁。然而蒋氏的成功代表他可能会把力量伸进华北，挑战日本在华北及东北的利益。政友会及军方领袖一致认为日本应独行其是，并与地方军阀合作以保障其自身利益。

从今天的角度来看，田中首相的对华政策备受争议，其中争议最大的有1927年他在东京召集的一场会议，史称"东方会议"，会议上讨论日本对华政策。1929年，中国发表了一份被称为"田中奏折"的文件，据称它就是"东方会议"中起草的，里面详述日本要征服世界及亚洲的蓝图，中国把它翻译并发表出来。在20世纪30年代，日本与中国及西方的关系不断恶化，这份文件受到极大关注，并成为日本有侵略野心的明证。不过到现在仍找不到该文件的日文原本，因此日本及西方学者大部分认为它是伪造的。尽管如此，田中的外交政策很明显比他的前任强势得多，亦造成东亚地区的紧张局势不断加剧。[18]

日本人民反对与西方在对华政策上合作的另一个原因，则来自美国的日本移民政策。到20世纪初，日本移民夏威夷及美国本土的人数接近10万，此时美国出现一种反移民论调，在西岸更为盛行，认为"黄祸"威胁又再来临。老罗斯福总统为了平抚此种情绪，1907年与西园寺首相订立一个所谓"君子协定"，即法律虽无明文规定，但日本政府限制移居美国的日侨人数。

然而对当时已定居的日侨，美国的处理政策则不那么"君子"。根据加州新成立的法例，日本人被禁止购买土地，甚至不许长期租用土地。1922年美国联邦最高法院裁定日本人或其他亚洲移民不得归化为美国公民，1924年美国国会通过一项新移民法，正式禁止日本移民，无形中废掉原有的"君子协定"。上述措施不仅与战后弥漫国际的合作气氛背道而驰，亦妨碍美国的亚洲政策，无法再要求日本遵守"门户开放"原则，以符合美国利益。美国排斥日侨的措施的确引发日本不满，日本驻美大使埴原正直曾致函美国国务卿休斯：

　　　关键问题在于日本身为一个主权国家，它有没有获得他国的正式尊重或关注……（排斥移民条款）就是不把日本当作一个国家来看待，在美国人民眼中，日本人已被丑化得一文不值，弃之亦毫不足惜。[19]

　　第三个更重要的原因则是亚洲反对日本殖民统治及帝国主义的潮流，促使日本国内批判其外交政策。日本在1905年战胜俄国，其结果是在中国、越南以及菲律宾、缅甸、印度等地，卷起一股反殖民浪潮，亚洲各地人民均视日本为反殖民力量，认为日俄战争是近代首露曙光，显示出黄种人可能战胜白种人。然而在日本帝国主义者的强权政治考虑下，各种解放亚洲的梦想很快便烟消云散，更不用说寻求日本人的协助。举例来说，日本在1907年与法国订立秘密协议，互相尊重对方的殖民属地，最后，日本政府强迫越南留学生离境。在其后的日子里，日本先并吞朝鲜，又向中国提出"二十一条"，在亚洲人眼中，日本的扩张政策并非代表亚洲的解放力量，而是压迫的象征。

1919年更同时爆发两个震撼力强大的反日运动。1918年威尔逊在凡尔赛和会前提出"民族自决"口号，朝鲜流亡海外的爱国者闻之而深受启发，他们尝试由夏威夷派出代表，前赴巴黎，但日本拒发护照。1919年2月数以百计留学东京的朝鲜学生组成"青年独立团"，并通过一个实时独立宣言。在汉城，朝鲜末代皇帝高宗于1919年1月去世，其丧礼亦凝聚着同样的气氛。其殡礼原定在同年3月3日举行，主事者皆有强烈的民族主义思想，预估当日会有大批日本警察出现，因此在3月1日便发出一个独立宣言，此举马上触发和平示威，数十万学生、劳工及其他人士汇集汉城街头，示威并传播至全国各地。日本当局见整个事件引发的民气锐不可当，而且主事者事前组织十分周到，震惊之余，决定强力镇压。日本军队屠杀了数以千计朝鲜人，逮捕了上万人，在血腥政策下，4月底朝鲜的社会秩序终于恢复。[20]

朝鲜"三一运动"之后，中国亦马上出现大规模示威运动。4月末，列强在凡尔赛和会上拒绝中国代表的请求，中国无法从日本手中取回山东权益。5月4日，数千名学生在天安门广场举行示威，与朝鲜情况一样，示威运动马上传播至全国各地。运动的部分目标是针对中国政府本身的积弱不振，但不满日本的蚕食鲸吞仍是主要动因。"五四运动"是中国大众民族主义的里程碑，自此之后，民族主义的深度与广度便进入一个新阶段，反帝国主义活动在20世纪20年代已成为家常便饭，包括无数次的抵制日货运动。1925年又出现"五卅运动"，事件起因于上海一家日资纺织厂的罢工，5月30日英国巡捕射杀数名示威者，一个综合了示威、抵制及罢工的全国性运动顿然成形，其规模远超过 1919 年。

有鉴于中国所发生的一连串事件，20 世纪 20 年代的日本政界领袖大多实行较温和措施，以保护日本在华经济利益。亦出于同样考虑，原敬首相认为只用镇压方式无法维持日本在朝鲜的殖民统治。原敬的整体政策目标是要把朝鲜同化于日本，朝鲜人不再是殖民地臣民，而是比较平等的人民，他们可以与日本人同住在一个小区，上同样的学校，甚至通婚，通过这个方法，朝鲜人可以慢慢整合到日本社会中。[21] 故在"三一运动"之后，他马上委任海军大将斋藤实（1858—1936）为朝鲜总督，其主要任务是恢复"日本与朝鲜的和谐"。斋藤称其治朝新政策为"文化统治"，简而言之，其政策本质是分而治之，行政官员受命支持与日方合作的朝鲜人领袖及团体，但若有任何抗日活动，则要进行隔离及镇压。

"文化统治"通常被讥讽为表面文章，对外高唱改革，其背后仍是毫不留情的威权统治。斋藤上任后，警察局及派出所的数目在一年内遽增四倍，警察在全朝鲜遍布特务及眼线。在经济发展的名义下，殖民地行政人员增加预算以改善水利，农业产量的确有所增加，但大部分的收成都运往日本，朝鲜人的个人消耗米量事实上是下降了。

不过若客观评价，斋藤的改革并非完全是华而不实。他逐步增加朝鲜公立学校的数量，招募更多朝鲜人出任殖民地政府的公职，缩减朝鲜人与日人在薪资上的差距。与以前相比，朝鲜人可以出版更多种类的书籍、杂志及报纸。殖民地官员亦允许更多朝鲜人组织举办各类活动，数以千计的教育、宗教、青年、农民以及工人组织先后出现。少数的朝鲜资本家亦于此时得到新的经济机会。

虽然文化统治及同化等政策确实得以广泛实行，且持续不断，但很难想象这些政策能真正实现日本人和朝鲜人的和谐共处。殖民统治者似乎亦很清楚这一点，故全面检查及监控的政策并没有放松，只要稍微质疑殖民统治就会被关进监狱，备受折磨。因此政治上的民族活动并未稍竭，它们或用复杂的伪装，或以地下形式进行。无论如何，文化统治所开拓的空间，仍留给臣属的朝鲜人机会，让他们得以谱奏出一种变调的朝鲜式现代性。在整个20世纪20年代以至30年代初期，电影、无线电广播以及文学作品都先后出现，与日本社会一样，它们都生气勃勃、百花齐放，不过其形式当然会较日本更为曲折。

至于日本社会，它们对战后新国际环境的响应，比政府来得更多样化。部分吉野作造这样的知识分子，他们既支持国内民主制度的发展，亦支持殖民地人民逐步走上自决的道路，其变化以对朝鲜的态度最为明显，吉野等人在战前是绝对反对朝鲜独立的。除此之外，吉野与其他知识分子——如出版家兼政治家岛田三郎（1852—1923）——亦强烈支持裁军。在1921年，公众舆论都强烈反对出兵西伯利亚，报纸亦呼吁政府尽快撤兵。在20世纪20年代初还流传一些小故事，说士兵不敢在公共场所穿上军服，以免难堪。1920年，日本最大的劳工组织"大日本劳动总同盟"把其名称中的"大"字去掉，以表示反对帝国主义。总同盟亦发表宣言，支持朝鲜人自决，并不时发表文章，披露朝鲜工人的悲惨生活。劳工政治团体在20世纪20年代末亦支持中国人民的自决权利，他们一致批判田中大将及政友会的武力外交政策。

亦有其他民间人士批判西方帝国主义，不过他们却拥戴日本成为另一种强权，事实上他们是支持日本进一步对外侵略的。较为旧式的极端民族主义者可以内田良平为例，从19世纪80年代开始，他便主张日本的亚洲帝国主义，他认为要巩固天皇的统治地位，日本必须进入亚洲大陆。在思想上最具影响力的当数北一辉，他在宣扬上述看法上不遗余力。其代表作《日本改造法案大纲》（1923）反对国内实行阶级斗争，但却认为可以在国际舞台上付诸实践。他认为日本是"国际无产者"，同时提出质疑："日本应有权利以正义之名发动战争，夺取（英美）的垄断地位。"[22]

上述想法并非没有市场。神野伸一是石川岛造船所的机械工，1920年前往欧洲学习机械，途中经过上海，当他看到中国在自己土地的公园门前，却挂着"华人与狗，不得入内"的告示，不禁大为吃惊。他开始放弃其国际社会主义，自诩为"日本主义者"，要求工人支持天皇及日本帝国，与西方抗衡，追随他的人并非少数。在中国，有数以百计的所谓"中国浪人"，他们表面上支持解放亚洲，其实要从政治游戏中谋取利益。到20世纪20年代末，各色各样的民族主义政治团体已逐渐建立人脉关系，不但把国内外的民间民族主义连成一体，亦与年轻而急于行动的军官互通声气。他们亦得到高级将领的默许，有时甚至公开支持，其中最有名的是前后任陆军大臣的宇垣一成（1868—1956）及荒木贞夫（1877—1966）、朝鲜总督斋藤实，他们的口号是大亚洲团结起来，共同抵抗西方，不过他们在内心则自诩日本为亚洲霸主。

由于那时代没有民间舆论调查，无论是支持还是反对帝国主义的论调，它们的广度究竟如何，目前缺乏数据证明，能够指出的只是当时确实有一种反对军方的氛围，但肯定不是主流想法，甚至在战后国际主义最高潮时期亦只能算是支流。知识分子及民间的主流声音是拥护大日本帝国，纵然他们也批判西方帝国主义。

在整个 20 世纪 10 年代及 20 年代，由政府内部到外部，日本外交路线的主要分歧并非支持或反对帝国主义，他们所讨论的只不过是"缓进"或"急进"的帝国路线。前者主张与其他国家合作，特别是英国、美国及中国三个国家；后者则主张以独行其是政策来解决各种矛盾。两者的分歧并非以政党为界，同时民间与军方亦非截然对立，虽然民间多主"缓进"，而军方多主"急进"扩张。所以大隈重信与加藤高明虽然与同志会的关系深厚，但也正是他们两人在"一战"时提出侵略性极强的"二十一条"。直到 20 世纪 20 年代末期，日本国内正为外交政策进行激辩，一些较明确的路线才逐渐浮现。民政党主张合作政策，愿与英国及美国协商，同时亦愿意面对中国的民族主义；政友会则支持较具侵略性及较独立的外交政策。军方领袖及中下层军官则不耐烦协调外交，对民间政治家的批判愈来愈激烈。陆军认为日本在亚洲盟主地位的最大威胁来自中国，特别是关于华北及东北问题，然而亦是华北与东北问题给予了日本解决难题的最大机会；海军则专注太平洋，认为这是与西方列强决胜的场所。

我们必须认知到日本的外交策略，基本上与其他帝国主义国家没有太大差别。在 20 世纪 20 年代，所有强权仍继续竞逐殖民地或半殖民地，一些国家说要实行同化，另一些国家答应最后给予独立或自决，其实都只不过是操弄着监护有色人种、为有色人种进步等口号，真正目的是合法化它们的统治。所有强权嘴巴上都说合作，骨子里每一个都想办法在自己的势力范围内巩固其霸主地位，因此美国高唱它在美洲独一无二的权利及利益，与日本寻求它在亚洲的特殊地位并无二致。

不过西方与日本两者仍有差异，而且颇为重要。从20世纪20年代中期开始，西方列强较为愿意从其帝国主义底线让步，接受国民政府的某些自主要求，然而日本则顽固到底。亦是从这一点开始，日本与西方在对华政策上的冲突渐渐扩大，其后果十分严重。到了20世纪30年代，由于明治宪法的缺陷，政治领导人无法协调各种矛盾，原因是宪法没有制衡军人的规定，他们可以为所欲为。理论上天皇可以指挥军队，但他却无法而且也不愿意行使其权力。[23]

总括来说，帝国民主主义秩序到20世纪20年代末期及30年代初期便备受国内外挑战，而日本各界领袖都以天皇及日本帝国为重，民主被放在次要位置上。当面对经济不景气及国际纠纷时，他们则选择排外性帝国主义，而非合作式帝国主义。最后的结果是放弃议会统治的民主形式，转而走上了强化的威权政治的道路。

第十一章

经济大恐慌及其回应

从 19 世纪 90 年代到 20 世纪 20 年代的帝国民主主义下，日本产生了一种混合政治。日本天皇制度走向近代化，整个明治政治体制则建基于此。它模仿英国君主立宪制度，并以此为空间，为多元主义提供了一定活动余地。地主、商人、工人、佃农、男性以及女性组织等则如雨后春笋，它们各自有其追求目标，在一种和稀泥的政治体制下，互相冲突及妥协。

接下来的 1929—1932 年，则是连串动荡及不安——经济大恐慌、社会矛盾、军事扩张、政坛上首相及财阀迭遭暗杀，这一切改变了整个日本政治体系。到 20 世纪 30 年代末期，独立政党、商人团体、生产者合作社、工会、佃农协会，这些组织通通不见了，取而代之的是各种国家大型机构，希望能在对华"圣战"中发挥总动员作用，并带来国内和谐，维持社会治安。上述政治体制与德国及意大利的法西斯组织十分类似，它的出现使日本及亚洲陷入生灵涂炭的战火中。不单如此，经济大恐慌及战争总动员体制所带来的变化并不会随时间消逝，它们留下了一定的烙印。战争时期的国家经济社会政策，在战后仍处处可以看到其痕迹，甚至在战后日常生活中，战争踪影亦未完全消失。

一、经济及社会危机

纽约股市在 1929 年 10 月大崩盘，全球经济危机随之而来，它是日后日本政治变化的主要催化剂之一。与世界陷入不景气同时，日本亦刚好推出新的金融政策，两个因素凑合一起，给日本造成重大打击。1929 年 7 月，民政党执政，由滨口雄幸（1870—1931）出任首相，为了振兴长期低迷的经济，他决定推动两个政策。第一个是平抑国内物价，鼓励出口，方式是紧缩货币供应量，削减政府开支；第二个是恢复固定汇率，以稳定对外贸易及投资。日本与西方列强都是在第一次世界大战时脱离金本位，故恢复固定汇率便是重回金本位，其货币与黄金比率是以战前为准。上述政策在 20 世纪 20 年代均曾实行过，只是没有被很认真执行。

首先实行的是财政紧缩政策，到 1929 年下半年，它似乎进行得十分顺利，批发物价下跌 6%。因此在 1930 年 1 月，日元按照计划恢复金本位。然而这一决定却是灾难性的，因为当时全世界的物价均大幅下跌，它抵销了日本国内价格下跌的优势，而恢复金本位后，日本无法随市场调降日元汇率，出口因而大受影响。[1]

除此之外，日本各财阀银行的决策亦在政治上造成损害，虽然从经济层面说，他们的做法并没有错。银行界看出政府的金融政策必然要放弃金本位，使日元贬值，他们因此大量出售日元，换回美元。

1931 年 12 月日本决定脱离金本位，日元对美元汇率贬值达 50%，日本银行又决定用美元收购日元，一夜之间，它们的资产陡增一倍。银行固然赚了大钱，却巩固了社会上一个流行看法，即资本家与其政党盟友是自私而贪婪的。他们趁不景气的机会，出卖国家，大发私人财富，结果国内大部分人都不名一文。最早是马克思主义者发明这个理论，起初只是少数人的看法，现在却成为普遍信念，认为日本整个体制已走入死胡同，政治架构及经济似乎陷入瘫痪，社会秩序紊乱，人欲横流。

其中又以乡间农民的危机最为严重。在 1929 年到 1931 年，基本农产品的平均价格下跌了 43%，由于收入骤降，不少小地主无法缴纳田赋，只得收回佃户的耕地，由家中劳动人口下田耕作，以增加收入，同时城市失业的年轻人回流，亦增加家中劳动力。不过佃户却不愿交回田地，租务纠纷的数目因而大增。

农村纠纷的本质亦转变，在 20 世纪 20 年代，佃户是积极一方，大部分的农村纠纷是因为佃户要求减租而起；但现在佃户则状况不佳，态度消极，当时大部分的纠纷是租约问题，佃户拒绝交回田地。在 20 世纪 20 年代初，租约纠纷只占农村问题的 5%；到大恐慌年代，它上升至 50%，佃户经常在田地周围筑起栏杆，并画上防守界线，不少田地纠纷演变成暴力事件。

在大城市里，大恐慌亦威胁到小商店、工厂老板以及他们的雇员。由于减薪或失业，原有顾客的购买力减弱，不少零售商破产。东京地区零售商的破产率在 1926—1930 年差不多暴增一倍，报纸上充斥着小商人逃债的故事，在茫茫黑夜中远走高飞，破产的小型工厂亦数以千计。

图 11.1　图为 1930 年新潟县的佃农纠纷。一个农民组织领袖正站在米谷堆上，向其组员演说。在经济大恐慌年代，地主与佃农纠纷大幅增加，对立情况亦愈来愈严重。见小学馆刊《昭和の历史②》，"昭和の恐慌"。(小学馆出版局提供)

　　很多小商人不满现有政党的无能，认为其完全无法应付当前危机，因此纷纷组织起来，成立新的政党。他们指责政友会及执政的民政党是"大资本家的走狗"。其中一个名为"帝国中产者总联盟"的组织宣称："现有政党已经出卖了我们，成为大资本家的政治奴仆，把工商农业的中产者踩在脚下。"中产阶级"一直在经济上支持国家，全心全意保卫家乡"，换来的却是长期痛苦，为了挽救他们，日本应有一场

"经济思想革命"。这些团体要求出台新政策以保护"主流阶级的兴盛"。所谓"主流阶级"是指纳税人、生产者及出口商，亦只有这些人生活安定，他们才可以把日本从"劳资战争"中挽救回来。[2]

他们所描绘的可怕情境并非完全杞人忧天，由于失业率已达到空前高度，中产者要面对一群敌意甚深的雇员。根据一位历史学家的估计，1930—1932年日本全国的失业率达到整个工业界劳动力的15%，城市的失业率更两倍于此，而且肯定超过20%。[3]

与破产的小商人不同，失业男女工人无法远走高飞，是以劳资纠纷层出不穷，其影响范围亦愈来愈广，有类同时期的农民抗争。工潮发生地点包括大小工厂，女性参与的情况亦比以前多，在纺织业中尤为明显。在1930年一次东京工人示威中，一名女性演说者便向群众大声疾呼：

> 就算我们回到农村，我们的父母、我们的兄弟自己都无法吃得饱。明白到这一点，我们还要回乡吗？[4]

有组织的工人发动工潮后，争执时间比以前拖延得更长，而且转变为暴力事件的机会更多。有时候是经过计算及安排才有冲突出现，当工人被裁撤后，他们通常会在工厂门外扎营，要求资方再雇用，或是发给相当于6个月至1年工资的遣散费。他们知道警察以维持秩序为优先目的，便会先制造混乱，如与工厂警卫打架等，待警察及当局介入调停，劳方通常能赢得一个较优惠的妥协，例如3到4个月工资的遣散费，根据1926年修改的工厂法，最低的遣散费是14天工资。

这种战术运用的最佳例子便是"烟囱汉"活剧。1930年11月，东京富士纺织公司川崎工厂一群工人发动罢工，一名工人爬上烟囱，并表示工厂若不让步，他绝不下来。他出此主意的原因，是天皇会在数天后搭乘火车出游，而礼车路线刚好经过这个烟囱下。天皇是如此尊贵，警察绝对不许一个罢工工人从那么高的地方俯视游行队伍，只好全力协调这次纠纷，最后终于得到解决，而整个事件亦成为报界的热门话题，被大幅报道。

不过有时候冲突的发生不是有意的，其震撼性则一样。在1930年秋天，东京的东洋棉纺厂出现工潮，原因是厂方大规模裁员，数以百计的女工晚上举行示威，社会主义者亦有加入，当游行队伍穿过黑暗的街道时，他们掷石头、捣毁街上的电车、与警察打斗。报纸马上称之为"巷战"，用戏剧性手法描绘年轻女示威者的战斗精神，东洋棉纺厂的工人因此声名远播。

令统治当局及公众震惊的女性不只是工厂女工，还有20世纪20年代中期那些出名的中产阶级"摩登女郎"，她们最早受瞩目是因为其大胆的服装，接着是她们眩人耳目的作风，直到20世纪20年代末，她们仍引领社会新风潮。不过最令社会改革者及政府官员迷惑的便是女服务员，她们在各大城市中如雨后春笋般出现，泛滥在咖啡厅、舞厅等地方。她们并非娼妓，但其形象则极具诱惑性。她们的收入主要来自小费，故咖啡厅经理鼓励她们与客人勾搭，大送飞吻，甚至与合意的顾客发生性关系。在1929年，日本全国女服务员的人数达5万人，这个数字比合法娼妓还要多。到1936年，警方的数据更达到11.1万人。

官员及公众之所以容忍娼妓，部分原因是基于男人有性需求，必须寻找发泄的地方，这样反而可以保护贤淑妇女。他们认为贫穷的农家妇女沦落娼馆，主要是生活所需，她们把皮肉钱寄回家供养父母，这是一种孝道，值得赞扬，无需指责。咖啡厅女服务员则不同，她们的繁衍会削弱社会的两性关系及道德秩序。警方及内务省官员认为女服务员所追求的并非是家庭扶养，而是个人享受。由于有娼妓的存在，社会假设中产阶级的年轻女性不应再介入色情活动，她们现在的做法其实是纵情肉欲，"自甘堕落"。故女服务员与她们的男友有若今天的"现代不良少男少女"。从1929年到20世纪30年代，官方推动过很多次运动，清理各大城市的"红灯区及爵士世界"，被捕的女服务员都被控以无照娼妓，他们亦禁止学生进入雇用女服务员的咖啡厅。[5]

大恐慌时期的大学生行为，亦加剧社会上的普遍危机感。在1928年的大搜捕中，数以百计的大学生被怀疑为共产党员，因而被捕。文部省下令解散东京帝国大学的新人会。虽然如此，1930年至1931年，各重要大学仍出现学生抗议浪潮。虽然抗议议题不一定是全国政治，不少与校园内问题有关，不过政府仍害怕地下共产主义运动、马克思主义以及革命思想依旧有相当影响力。文部省相信日本正面临严重的"学生思想问题"，它全力监控及镇压学生的积极性，到1934年，学生运动已可以说是奄奄一息。[6]

1930年，著名社会批判者大宅壮一（1900—1970）在一篇年末文章中做出总结，认为日本社会正面临空前危机。他特别提及走上街头的纺织女工，其笔下的形象是：

在东方最大的 X 印刷厂里，管理者宣称有两种格式的纸，无论他生产多少，都会很快用光。这两种格式，一种用于"妇女"，另一种用于"阶级"。由于前者的需求在最近突然增加，假如要他印制一万张，那么在他知道之前这些纸就会用完……对这两种格式的纸的需求突然增加，是否反映出 1930 年社会的真实面相……寝室已经搬到大堂，搬到客厅，最后甚至要搬到街上。[7]

经济大恐慌带给日本的冲击是十分广泛的，整个社会陷入混乱及痛苦中，最后反映到上述文学作品中。单从失业及生产量的统计数字看，美国的恐慌程度事实上比日本严重得多。但它在日本所产生的危机感，波及范围不只是精英，也同样及于一般大众，其后果深刻而又严重。在大恐慌以前，民众对于议会政治亦只是勉强支持而已，当国际危机一并出现，大恐慌的伤痕促使日本在海内及海外走向一个新的转折点。

二、打破瓶颈：国外新出路

突破的动力之一是来自军官组织及其民间右翼盟友。在整个 20 世纪 20 年代，很多军官对日本的内政外交愈来愈感到挫折，他们及其民间同志不满政党的协调外交，认为这是懦弱的表现。更令人生气的是削减军事预算、裁撤部队，他们深恐中国的国民党会挑战日本在东北及华北的霸主地位。在国内，军队的地位日益低下，他们认为军队士气不振，是因为青年士兵的家庭日渐贫弱，成为资本主义制度下的牺牲品，而财阀与政党的密室勾结，却又是形成资本主义的基础。他们用反叛行动及个人军事行动抗议，最后终于改变了整个政治生态。

中国东北关东军成为军人骚乱的温床，它成立于 1906 年，目的是保护日本租借自中国的土地及南满各铁路线，这些都是日本在 1905 年日俄战争中的胜利果实。到 20 世纪 20 年代末期，关东军领袖重新界定其任务，并借叛乱及阴谋达成其目的。所谓新任务是关东军不再以防卫日本在东北的利益为满足，他们认为日本与西方未来终将一战，关东军担任一种战争前锋的角色；不单如此，他们更认为关东军负有社会改革的任务，应在其辖区内实验新社会。1928 年 6 月，关东军密谋暗杀中国军阀张作霖，在铁路上爆破张作霖所乘列车，然后嫁祸给其中国政敌。张作霖与日本的关系一直友善，日本亦大力支持张作霖对抗由蒋介石领导的国民政府。然而当国民党力量不断扩张时，张作霖对日本的忠诚似摇摇欲坠，关东军希望借暗杀张作霖，以促使田中首相采取更积极的满洲政策。田中内阁在路线上比民政党积极，要用军事力量保护日本的在华利益，但不愿采取太急进的策略。其后田中内阁发现关东军是张作霖死亡的真正策划者，但皇室施加压力，要求田中不要张扬此事，以免有损军威。日本政府因此开一恶例，对违反纪律的军人不采取有力行动加以规范。天皇裕仁很清楚地向身边的臣属及向田中本人表示不满意田中处理张作霖事件的方式，结果田中只好被迫辞去首相职务。有关裕仁的态度，目前史学界仍有争议，究竟他是不满田中无法审判主谋者，还是他本来便不满意田中，因此乘机借题发挥，迫使他下野。[8] 无论如何，这次事件反映出在危险关头，天皇有意愿而且有能力在幕后发挥其政治影响力。

日本不但与中国因东北问题发生龃龉，与英国及美国亦因海军问题而产生矛盾。1922年华盛顿会议规定列强要在1930年于伦敦再会面，商谈延续或修改1922年的限制海军规定。民政党在政治上犯了一个严重错误，事先宣布要增加日本军舰吨数比率，即由原来英、美、日之5∶5∶3，改为10∶10∶7，亦即日本军舰总吨数由英美海军的60%增至70%。英美两国拒绝接受日本的要求，在多方妥协后，英美最后答应让日本在某些舰种上增加吨数，但并非全部。

谈判结束后，日本代表回到国内，但却受到报界及海军交相指责，认为伦敦协议与滨口首相在事前所提要求完全不同，该协议是出卖日本的国家利益。在以后三年中，反条约派——也称"舰队派"——控制整个海军。一般认为海军条约争议削弱了民政党的合法性，甚至政党政治亦开始不受信任。[9]

对政治体制的攻击，无论是言论上还是实际上并未稍减。从1930年底至1932年，青年军官与民间志士合作发动连串暗杀或暗杀未遂事件，震惊社会。1930年11月，民政党首相滨口雄幸被一右翼青年枪击，次年8月去世，他是政治暗杀的第一个牺牲者；1932年2月及3月，前大藏大臣井上准之助（1869—1932）及三井财阀团琢磨（1856—1932）先后被极端民族主义团体"血盟团"暗杀。除此之外，年轻军官亦计划在1931年3月及10月发动政变，虽然未成事，但事前已得到某些高层将领的默许。

发动暗杀或政变的人都隶属于某些读书会或其他团体，这些组织是秘密性的，遍布全国，并且成为军官及民间意识形态者的沟通桥梁。他们认为具有合法性的政治体制应该尊重天皇及人民，并能把两者联成一体，而政党及资本家则为天皇与人民之敌。在这方面，右翼分子有点像日本 20 世纪初的政党领袖，他们当时亦批判明治元老及官僚不尊重天皇与人民。至于哪些人或阶级有资格代表天皇或人民说话，右翼分子的意见则不一，有些人主张军方，有些人主张农村里的农民地主，亦有人主张是城市里的工商业者。

关东军领导人对上述看法有很重要的贡献，他们策划在东北举事，作为突破内政外交瓶颈的手段。其中最重要的主角便是石原莞尔大佐（1889—1949），他在 1929—1932 年担任关东军的作战主任参谋。石原偏好佛教日莲宗及世界史，并从其中建立起一套神秘而又极富幻想的世界观。他相信世界会有一场"最终战争"，为人类带来宇宙统一，在此情况下，日本与美国最后难免一战。他不断向下属宣扬其想法，认为日本若要取得胜利，必须要控制东北，因为该地区矿产丰富，土地肥沃，是农民移民的好地方，同时日本亦可以借此纾解其人口压力，改善农村贫穷状态。除此之外，石原亦视东北为一个人类实验场所，在此尝试建立一个秩序良好、公平正义的社会，免受资本家剥削，人人亦效忠国家。若在东北实验成功，以后亦可以在日本国内推行。

1931 年 9 月 18 日，石原部下发起一个大胆的秘密行动，史称"九一八事变"。他们炸毁南满铁路在沈阳以北的一个路段，并声称是中国军队所为。以此为借口，关东军全面进攻东北地区的中国军队。

1931 年，关东军终于攫取了 1928 年暗杀张作霖所得不到的东西，到 12 月底，日本军队占领南满大部分地方。迄今为止，史家仍然争论东京的军事将领事前是否知情，同时有没有首肯整个行动。今天我们所熟知的"九一八事变"，无疑是一个相当秘密的行动，主要由当地关东军军官策划及指挥。不过我们可以肯定，东京的文武大臣完全了解当时关东军军官的想法，甚至事前亦知道其部分计划。因此事件爆发后，他们绝非如从五里雾中恍然大悟。

无论是否事前得知，由首相犬养毅及政友会领导的日本政府在接获事变报告后，其反应十分软弱。与其前任滨口首相比，犬养在姿态上倾向于强硬。他不同意军方吞并东北的要求，但仍让关东军寻找能合作的中国人以建立一个傀儡政权。这些向日本投靠的中国人包括军事权力掮客及社会精英分子，他们相信日本会保存他们已有地位的承诺，甚至会更好，例如可以减免税款。从长远看，这些承诺只是一纸空文，不过当1932年3月伪满洲国成立时，日本的确得到他们的支持，避免了一场可能的反抗运动。[10]然而伪满洲国只是一个徒有虚名"独立国家"而已。为何不直接在东北进行殖民地统治，而是建立一个"独立国家"？部分原因是日本的意识形态以解放全亚洲及反对西方帝国主义为主，这借由伪满洲国的建立反映出来。另一个原因则是当时世界已受到威尔逊民族自决理想的影响，故要借此将日本夺取满洲的行为合法化。但在实践上，日本人完全掌控这块被征服的土地，他们扶植清朝末代皇帝溥仪登上伪满洲国的龙座。不少历史学家——尤其是日本的历史学家，称"九一八事变"为"十五年战争"的起源，所谓"十五年战争"，始自1931年，终于"二战"结束的1945年。从事后来看，"九一八事变"的确成为以后纷争的出发点，不解决东北问题，进一步的冲突似无法避免。

虽然关东军占领东北未经正式批准，但军方高层将领支持"九一八事变"所代表的新方向，日本帝国主义决定要在亚洲独行其是。以宇垣一成大将为例，他算是军方中的温和派，在1927—1931年，他先后担任政友会及民政党内阁的陆军大臣。当1930—1931年大恐慌情况恶化时，宇垣开始相信日本正面临体制危机，他不满意左翼及右翼激进分子的暴力行径，但亦认为资本主义及民主制度要为日本的衰弱及混乱负全责。与其他官僚一样，他与一些军事将领惧怕日本分裂，变成一大群贫穷的无产阶级与一小撮的资本家在对抗。放眼世界，宇垣认为把"国防安全只限于（日本）领土内"是不够的。他在1930年写道，世界贸易体系正在崩溃，全球市场的自由竞争已不可能，日本要寻求市场，只能倚赖扩张的外交政策，如此才有可能提升生产力、减少失业及避免"社会悲剧"。[11]

在"九一八事变"发生后，日本警察及军方亦加强监控及镇压本国内的异议分子，其实这是多此一举，要将占领东北正当化十分容易，无须任何武力。一般日本民众都欢迎日本1931—1932年在中国的军事行动，他们在事变后的雀跃之情溢于言表。报纸大量报道日本军队的进展，新闻短片及收音机争相播放战场上的各种情况，而且充满感性。昔日的左翼分子亦改变其论调，称占领东北并非是资本帝国主义行为，因为它可以纾缓失业压力，有利于整个国家。为了歌颂取得日本帝国耀眼的"皇冠明珠"，流行歌曲谱新词，歌舞伎演新剧，甚至餐厅亦摆出新菜单，以示庆祝。[12]

甚至最敏感的政府官员亦松了一口气，司法省在其1932年"危险思想"年度报告中说，"九一八事变"是"神风"，扫清了社会上的各种不满情绪。1932年5月，陆军省亦认为事变培养出一种新的"团结气氛"，取代了过去的社会矛盾。

"九一八事变"是日本近代内政外交的一个重要分水岭，不过它并未稳定日本的国家边界，反而开创了一个扩张的新时代。它亦未稳定日本国内的政治及社会情况，暴力行为仍继续出现。1932 年 5 月 15 日，首相犬养毅被一群海军年轻军官暗杀，时年 76 岁，任政友会总裁，而这个暗杀行动亦为日本议会政治画上了休止符。

"五一五事件"策划者希望通过暴力手段，迫使政府颁布戒严法及实行"革新"政策。他们同时攻击三菱银行、政友会总部、内务大臣官邸及六个电力站，不过他们的举事并未引发大规模革命。

虽然如此，他们的行动已近乎政变。在暗杀行动后，陆军与元老西园寺公望亲王举行多次协商，以决定继任首相及内阁各大臣职位人选。军方领导层目前已包括那些在过去几年间定期会面、意图推动各项东北扩张策略及国内革新的军官。他们认为"导致（暗杀等激烈行动）的主因在于政治、经济及社会等各方面问题，一场全面革新势在必行"[13]。为了推动革新并提拔能掌控年轻军人的官员，他们反对由政友会组阁，虽然当时国会是以政友会占多数。5 月 26 日，海军大将斋藤实继任首相，组成举国一致的内阁，在 15 名阁员中，只有 5 人是政党出身，其他 10 人都是军方高层或官僚出身。

在此后数年中，内阁领导人很少花时间去重建军中纪律，更不要说改变外交政策的扩张倾向。不断升级的思考模式驱使日本的策略有进无退，每当西方或中国对抗日本新的蚕食时，日本就以此为理由，说服人民支持日本另一轮侵略中国的行动。以 1933 年 2 月为例，李顿调查团经过几个月的调查后，向国际联盟提出报告，指出伪满洲国是个不合法的傀儡政权。国联在接受该报告后，要求多边会商，成立一个非军事区。日本外交官则以一声绝不妥协的咆哮作为回应，认为日本已成为敌对世界环境的牺牲品，决定在 1933 年 3 月退出国际联盟。

在中国东北南部，日军与中国军队仍继续冲突，关东军步步进逼。1933 年 5 月，日军占领热河，并把热河吞并到伪满洲国中。日本的实质占领地已伸展到长城，离北京只有约 60 公里。其后两年，在日本内阁的支持下，日本军队利用边界冲突及反日活动为理由，不断蚕食中国国民政府的华北领土。1935 年 6 月，关东军迫使国民政府军队撤出长城以南地区，北平及天津等大城市落入日本势力范围内，成为伪满洲国与国民政府间的缓冲区。11 月，日本在冀东成立傀儡政权，由军阀殷汝耕（1883—1947）管理这一战略地区，日本的做法进一步削弱了国民政府力量，并激化了中日间的矛盾。

日方的行为导致他们与西方列强的冲突加剧，英美两国均支持国联谴责日本占领东北。虽然有些美国企业希望与日本合作，投资东北地区，但美国政府仍拒绝承认伪满洲国。在日本方面，海军在 1930 年勉强同意三国裁军协议，但对武器限制愈来愈感到不耐烦。1934 年 12 月日本政府决定废弃三国海军协议，次年 12 月三国在伦敦再度开会商议，仍于事无补。日本内阁决定扩建海军，战略上采取北守南进政策，在北方对抗苏联、美国及中国三个国家，在南方则以东南亚为目标。

当日本统治阶层逐步形成其新"满洲国"政策之际，其对朝鲜、中国台湾等旧有殖民地之战略亦进行重新厘定。过去日本的殖民政策以安定、自给自足为主，现在则认为殖民地应为其宗主国提供人力及物质资源，它们亦应编入动员体制。宇垣一成在 1931 年出任朝鲜总督，他推行的殖民政策无孔不入，同时十分苛刻。在农业方面，殖民地政府不准农民种植本地需要的农作物，却规定生产日本需要的棉花及放养羊群。在工业上，宇垣鼓励日本工业家投资，包括战略性矿产、水力发电、化肥、钢铁等，亦有部分朝鲜资本家因投资工业而获利。然而无论何人投资，所有工业均倚赖朝鲜的廉价劳动力，而所得的产品及资源均用来供应日本军事化经济。为动员人力资源，宇垣在学校推行强迫性的同化教育，日本语成为必修课程，而且被不断扩充；朝鲜语教育则大受限制，到 20 世纪 30 年代末，朝鲜语完全被禁止。

殖民地官员对台湾的看法亦同样改变。台湾总督在 1936 年便成立一家半官方的"台湾拓殖株式会社"，主要是推动岛内的蔗糖生产，以增加对日本的输出。在 20 世纪 30 年代末期，台湾拓殖株式会社已经成为台湾最大企业，它的业务亦进一步拓展，负责对中国沿海省份的工业投资，并且成为日本南向政策的跳板。在 20 世纪 20 年代，台湾的政治自治运动尚被容忍，现在台湾当局则开始进行镇压。

中国东北是日本新增势力范围，由国家支持的各种战略性投资亦在此出现。从 1932 年到 1936 年，伪满洲国政府在各个主要工业领域成立垄断公司，总数有 26 个，范围从矿业、航运到飞机生产都有，资金分别来自国家与私人机构。东京政府相信世界已经分裂成各个互相敌视的武装集团，它把日本统治下的殖民地视作一自给自足的贸易共同体，伪满洲国所扮演的角色尤为重要。政府官员及军方领袖相信资本主义的市场法则不但导致浪费，而且不道德。他们希望能设计出一种国家主导的发展战略，而中国东北在这场实验中承担先行任务。

三、走向新的社会及经济体制

与侵略中国东北同时，日本国内经济亦出现急遽变化，两者其实有关联。从 1931 年到 1934 年，日本从经济大恐慌中复原的速度比西方快，它的工业产量在这段时间内增长了 82%；从 1930 年到 1936 年，日本帝国的对外输出亦增长了近一倍。日本不但成为世界主要棉产品出口国，亦开始制造各色各样产品，种类由玩具、轮胎到自行车，甚至是简单的电机产品，它们大举进入美国百货公司及亚洲市场。有人认为日本从 1930 年到 1936 年经济增长了 50%。1937 年，日本最知名的经济学者有泽广巳（1896—1988）便认为日本在 20 世纪 30 年代的表现简直是"经济奇迹"。到 1938 年，老板则开始投诉人力短缺，工资上扬太多。

日本经济之所以能实现飞跃发展，其原因有二。首先是日元贬值。大藏大臣高桥是清实行脱离金本位政策，结果是日元汇率大跌。1931 年，美元对日元的比率是 1∶2，一年以后，两者比率下跌至 1∶5，日本出口产品因此能争取到新市场。不满的批评当然亦随之而来，欧美竞争者指责日本的做法为"社会倾销"，他们认为日本出口的增长不在汇率而在工资低廉，工人被大幅剥削。很多国家因此纷纷提高日本产品的关税或实施配额制度。但在日本人的眼中，外国的抗议恰好证明长期以来军方所持看法：世界是互相敌视的，日本必须建立一个自给自足的帝国。

日本 20 世纪 30 年代繁荣的另一个原因是实行凯恩斯的经济政策，不过这政策是出自实际需要，而非理论。1936 年，著名英国经济理论家凯恩斯发表他的名著《就业、利息和货币通论》，他认为在经济不景气时，赤字预算可以扮演"水泵"角色，振兴经济。在该书发表的四年前，大藏大臣高桥是清已经凭借自身经验实施此项政策。[14] 由于东北的军事扩张行动，高桥同意大规模赤字预算。正如凯恩斯估计的，高桥的赤字债券奏效，日本经济因而受到激励。政府开支特别资助生产武器的重工业与化工业，并支持朝鲜以及中国东北的重大工程建设。在廉价日元的帮助下，这时期工业制造产品增长速度比消费品还快[15]，到1937年，军事开支占整个中央政府预算的3 / 4，与1930年的1 / 3实不可同日而语。

经济虽日趋发达，但在执政当局眼中，日本其时正处于"危急之秋"。西方各国一面高筑关税壁垒，一面指责日本占领中国东北，而中国的抵制日货运动亦如火如荼。当局认为日本正面临空前危机，有必要推动各种新措施，这些措施后来改变了国家与社会的关系。

在经济领域，国家介入经济活动日益强化，即产生战后所谓"产业政策"，它于大恐慌及其复原中逐步浮现，亦是贯穿第二次世界大战的政治经济体系的重要构成部分。它约起源于20世纪20年代末，当时部分商工省官僚研订"合理化"经济政策，希望提升生产效率。商工省于1925年成立，从原来农商省分化而来，目的是加强政府在工业生产中的作用。1930年，商工省成立"产业合理配置局"，其任务是推动托拉斯及卡特尔组织，以避免自由竞争导致的生产浪费。该局其中一个重要成就是向国会提出《重要产业统制法》，1931年获通过。该法案为成立卡特尔提供法律根据，规定每一行业卡特尔的成员资格，以及各成员的产量、价格及市场分配比例。其后数年中，日本共设立

26 个卡特尔，包括煤矿、电力、造船及纺织等行业。

由于对自由市场怀有根深蒂固的猜疑，上述改革规模不断扩大。日本政府内的文武官员，他们一直害怕无规范的投资只会便宜财阀，对国家毫无好处。所谓"国家"利益，当然是由官僚界定的。举例来说，国家需要为农村地区提供电力，但若农村消费者贫穷，资本家不会有兴趣投资。世界经济的不景气似乎证实了官僚们的忧心，因此资本主义必须改革，否则其无效率经济将危及社会。然而政府官员无意以国家经营取代整个私人领域，事实上亦不可能。他们希望摸索出一条介于左右之间的路线：左方是苏联的社会主义，一切由国家管理，硬性地依照计划运作；右方是美国或英国的经济自由主义，以市场放任为主。路线摸索持续到战争时期，甚至到战后仍在进行。

在 20 世纪 30 年代政府官员推动新政策的初期，他们做决定时仍小心翼翼，不过由于大企业掌控了卡特尔，故事实上财阀老板成为真正主导者，这与他们的原意相左。其后政府愈来愈直接介入经济事务。1936 年，掌控内阁的官僚及军人决定制定国有化电力工业法令，虽然企业界及政党强烈反对，法令仍获通过。1937 年，陆军与官僚开始实行五年计划，希望能扶植若干工业的发展，并引导投资流向政府既定的方向。同年，政府将现行的"资源局"及"企划厅"合并成"内阁企划院"，成为国家在战争时期的超级统合机构，有学者称之为日本的"经济参谋本部"。虽然财阀反对政府干涉私人公司的运营，但内阁企划院事实上与军方参谋本部及财阀领导层有密切联系。[16]

军方同时亦支持一些新财团，企图在商界培养亲军人力量。这些所谓的"新财阀"尤其活跃于中国东北。它们以重工业及化工业为中心，因应付军方需求而迅速成长，例如"日本窒素肥料"及"昭和电工"等，均成为业界龙头，有些存活到战争结束以后。新财阀的影响力在朝鲜最为显著，但它们的问题是缺乏自己的银行体系，在整个20世纪30年代，中国东北的直接投资仍然以旧财阀为主。在这种情况下，无论新旧财阀都是政府的跟随者，他们在与官僚及军人的紧密合作下方能染指东北。

国家在20世纪30年代与农村的关系更形密切。与工业政策一样，经济大恐慌是新关系的催化剂，不过政府向来重视农村的重组，这种心态由战争期间到战后有其延续性。从1929年到20世纪30年代初期，由于粮食价格崩溃，无论佃户还是小自耕农都要靠借贷来支付田租或税金。政府在1932年估计整个农村债务达国民生产总值的1/3，为解决此问题，内阁迅速增加农村的公共工程预算，以扩大就业机会；政府亦立法提供农民信贷或转贷办法，以纾缓还债压力。政府的各项计划收到显著成效，它们不但有助于佃户及中等农户解困，地主亦同时受惠。由于地主在农村地区有相当高的政治权力及社会影响力，此举有助于农村稳定。

政府的农村政策背后有股农民民族主义思潮在支撑着，该思潮认为没有一个和谐而团结的农村，日本是不可能强大的。爱慕农村的思想家指责城市及贪婪的资本主义，认为它们必须为农村危机负责任。这股思潮促使青年军官在1932年刺杀犬养毅首相，也是这股思潮刺激农林省采取新的农村政策，不再以公共工程及解救债务为限。从1932年开始，农林省把资源大量灌注到所谓"农山渔村经济更生运动"中，它宣扬重振日本农村的合作精神，指责西方个人主义，认为城市把这些腐败思想传播到农村，使其社会涣散。强化农村意识的结果，是城乡差别逐渐成为主题，取代过去的阶级斗争学说。为了复兴农村，更生运动策划了连串广泛措施，包括工业合作社、农作物多样化、成本会计训练及长期社会规划等。更生运动领导人不断在全国各地区告诫农民，所谓吉日晦日或风水都是迷信，千万不要以此作为办事标准，或安排农事，应采用科学及理性的方式。数以千计的农村参加这个运动，政府亦设立模范村，作为其他地方的效仿对象。[17]

一方面宣扬传统以作为团结口号，一方面以现代管理方式改善农村，就是更生运动重新改造日本农村的最突出特色。与20世纪20年代一样，改革者亦以女性为特别对象，赋予她们崭新的希望。他们呼吁妇女尽力改善厨房的设施及卫生环境，把日常生活安排得更有效率、更科学，又指出妇女的责任与村中公共角色一样的重要，很多妇女十分热烈地投入到运动中。

无论工业政策还是农业政策，国家似乎不断扩大它在社会中的角色，管得愈来愈紧，不过这只是表象，带有误导性。官僚把相当多的权力留在财阀手中，而农村原来的领导层仍保有很大的自主权，更生运动的领导人包括大小地主、男性及女性。国家虽已经不断扩张其活动范围及关注点，但在20世纪30年代中期，它仍只不过是现存各种社会组织的协调者，还谈不上是个独裁者。

在社会事务上，政府官员愈来愈想插手，这点是十分清楚的，不会有问题。最明显的是政府对劳工态度的转变，在20世纪20年代，内务省与民政党都支持工会，认为它是安定社会的力量。到20世纪30年代初期，内务省仍然容忍工会的存在，特别是总同盟已放低身段，答应在紧急状况下，工会会放弃罢工，同时承诺会合作增加生产及改善工作条件。不过政府很快便改变原有维持秩序的看法，主张动员工人以服务国家为先。

1936年9月，陆军害怕工会与无产阶级政党会在军事工厂组织"反法西斯统一阵线"，于是强迫8 000名军火厂工人从总同盟的公务员工会中退出。军人及官僚决策者企图设计一个不需要工会的劳资协调机制，以增加生产。1937年，他们决定在各地工厂成立全国性的"职场恳话会"网络，恳话会包括工人及管理层代表，双方共同协商，防止矛盾发生。这些组织取法于法西斯模式，例如1934年纳粹的全国劳工组织法便规定全德国的工厂若雇用20名以上工人，便需要成立"信任委员会"，扮演咨询者角色。虽然日本设计者一直拒绝承认是学自德国，日德两国的设计都是追求一个无阶级的民族国家社群，两者亦企图建立一个全厂性的委员会，扮演咨询者角色，并以之取代工会。同时两者也都利用虚拟村庄、伙伴或家庭的模式，提出和谐而团结的有机体的响亮口号，宣扬要建立一个类似的工业"车间共同体"。日本的所谓工业和平促进者拒绝了自由主义及阶级斗争，他们宣扬企业"共同体"的理念，这种看法有深远影响，在战时以至战后仍持续不衰。他们的理念是公司等于小区，所有成员在天皇面前均平等，各有其职能，贡献则一样，使用当时流行的一个比喻，工人与管理层就好像一只鸟的两翼。经过几年的策划，政府在1938年7月成立"产业报国中央联盟"，在日本全国各地推动"报国会"。

四、走向新的政治体制

国家不但在经济及社会中扮演更重要的角色，亦加强对政治生活的控制。全国性"选举肃正运动"的出现，便是转变的明显象征。内务省从1935年开始推动这个运动，目的是清除政治或政党贪污，例如防止政党候选人与官僚交换利益或收买选票。该运动一方面对公众宣传"选举肃正"，另一方面亦加强警察的选举监督。到1937年，"选举肃正运动"不再限于中立形式的监督，内务省干脆直接介入，要求各政党候选人的选举诉求必须配合国家政策。当时的内务大臣后藤文夫曾在中央报德会发行的杂志《斯文》上发表文章，指出："宪政下国民投票，实荷翼大政，巩固国础，图国运昌隆之重大责务。"[18]警察监视选举活动，若听到其言论与军方或官僚的方向不同，有误导选民之嫌，警察经常会干扰活动的进行。演说中若有人批评"法西斯主义"，或提到"军人与人民有差距"，警察一定会提出警告，甚至直接终止活动。

选举肃正运动并未驱使日本选民远离主流政党，以妇女组织为例，它们一方面支持肃正运动，另一方面仍继续支持主流政党。在整个20世纪30年代，民政党及政友会两政党在历次选举中的总得票率从未低于90%，两党在国会的联合席位亦未低于九成。虽然如此，政党的影响力节节下降，投票率到20世纪30年代中期更是大幅减少。在都会地区，合格选民投票率最低达到60%。与20世纪10年代及20年代不同，没有多少人要为维护"正常"的立宪政府而发声，政党虽在选举中取得绝对多数，但执政者却非多数党，且从没有公众举行抗议活动。

在 1932 年到 1937 年，5 任首相都不属于任何政党，且愈来愈多的官僚及军人进入内阁，担任公职，职业政治家的人数则日益减少。斋藤实任首相时组建了第一届非政党内阁，他在所谓"非常时期"组阁，有 1 / 3 的阁员出自政党，其后担任首相的有：1934—1936 年是海军大将冈田启介（1868—1952）、1936—1937 年是外务官僚广田弘毅（1878—1948），其政党阁员分别只有 5 人和 4 人。到 1937 年陆军大将林铣十郎（1876—1943）及 1937—1939 年亲王近卫文麿（1891—1945）组阁时，国会议员入阁者则仅有 1 至 2 人而已。

由于军人及官僚在整个政治体制内已攀至权力高峰，他们未感到政党领袖构成任何威胁，无需使用逮捕或镇压等过激手段。大部分的政治人物都支持海外扩张，有些在事前，有些在事后。政党人物亦为了维护其职位或其支持者的利益——尤其是财阀领袖及地主的利益，宁愿与新统治阶层合作，也不愿采取对抗态度，从该角度看，他们是相当成功的。政党有时会设法阻碍或弱化某些军方政策，例如战略产业的国有化，此举会危及企业界的自主性。总的来说，主流政党是弱势一方，但他们仍赢得选举，扮演中介角色，协调官僚与军人及政党背后的支持者的关系，故他们虽非位于权力核心，但并非全无权力。

20 世纪 30 年代另一个新的政治现象是下层阶级出现统一性的政党，要为贫苦大众发声。1932 年，社会主义者领导人安部矶雄及麻生久（1891—1940）等创立"社会大众党"，把 1925 年以来冒升的各个小型"无产阶级政党"团结起来，这些小党原来支持男性普选，而且相互竞争。到 1936 年及 1937 年，社会大众党在地方及全国选举中都取得一定成果，1936 年有 18 个候选人进入国会，在 1937 年选举中更赢取 37 个席位及 9% 的选票，在 1937 年的一次都市选举中，社会大众党在选举上领先，取得 20% 的选票。

由于没有一个主流政党在 1937 年选举中赢取多数，社会大众党成为一个关键性"小党"，可以与其他政党联合，控制政局。但它却选择与军方接近，原因是大家对资本主义都不信任，亦讨厌现有政党利字当头，只知谋取"自私"的利益，故两者联合。社会大众党采取"不入虎穴，焉得虎子"策略，要执政当局支持它的维护群众政策。它要求限租、削减水电费用等地方性改革，亦要求给予工人健康保险、退休金及法律保护等全国性政策，它用"只有群众生活富足，国防安全才完整"等口号作为政纲。[19] 社会大众党因此亦接受日本控制中国东北以至整个中国的前提，认同反抗西方的种族自决想法。

20 世纪 30 年代政治上最具关键性的特征有二，其一是军队内部持续性的动乱，其二是军队力量凌驾于官僚、法院及政党之上，这两者其实又互相关联。政党政治之所以逐渐衰退，是因为元老间认为只有军方领袖才能制衡军队中下层的狂热分子。从 20 世纪 20 年代末期到 1936 年，军中大部分的激进分子都汇聚在所谓"皇道派"之下，该派军官及其民间同志不但想清除财阀及政党的影响，连打算维持现状的元老及法界人物亦在其整肃之列。他们认为想要日本富强，最重要的基础在精神教育及效忠天皇，这一派的年轻分子得到高层将官的支持，其中最著名的是荒木贞夫，他在 1932—1934 年任陆军大臣。

皇道派的同路人发动了许多次恐怖行动，如在 1930 到 1932 年暗杀政界财界领袖，甚至军中的反对者亦不能幸免。由于有高层支持，行刺者有时候可以利用在法院作证时侃侃而谈，法院成为宣扬其纯正动机及政治理想的地方。这种表演式审判赢得报纸及民间的同情。一个最著名的例子便是 1935 年相泽三郎（1889—1936）的审判。相泽是皇道派的一个年轻军官，他刺杀了当时陆军省军务课课长永田铁山大佐（1884—1935）。相泽不满意皇道派领袖之一的教育总监真崎甚三郎（1876—1956）被永田等人排挤。永田他们的看法与皇道派有异，主张国防安全建基于经济及物力近代化，并非精神教育。

永田这一群与皇道派对立的人被称为"统制派"，他们多半为较高级的军官，东条英机亦为其中一人。统制派最重要的目标是动员各种社会资源，为日后日本与西方进行总体战做准备。从这个角度看，统制派成员很少属于温和派，不过他们想通过合法手段掌控国家机器，与现有精英合作。他们排拒恐怖行为，因为这亦会挑战军内纪律及上下级体制。

统制派与皇道派的矛盾最后达到临界点，引发日本战前最大的政治动乱——"二二六事件"。1936 年 2 月 26 日，在一个大雪的早上，约 1 500 名忠于皇道派荒木贞夫的军人占领东京市中心，他们同时派出小组刺杀内阁成员、前任首相斋藤实以及其他在军中和朝廷王公中的反对者。他们要求元老委任同情皇道派的人出任首相及阁员。"二二六事件"的发动者称这次行动为"昭和维新"，从文字即可知道，他们以明治维新的继承者自居，目标是尊崇天皇、保卫帝国及改善一般大众生活。

在事变当中，冈田首相因躲在家中储藏室，得以逃过一劫，但叛兵以为他的襟兄便是冈田，将其误杀。他们亦杀害前首相斋藤实、大藏大臣高桥是清、军队教育总监渡边锭太郎。不过他们的真正目标却没有达成，虽然得到部分高层支持，但裕仁天皇强烈指责这次行动，并责令叛兵投降。事件发生后没有进行公开审判，而且处理得十分迅速，指挥整个事件的19人被判死刑，包括现役军人17名及北一辉、西田税这两名意识形态强烈的民间人士，死刑是秘密执行的。虽然政变不成功，但军人的影响力反而比以前更大，军中领袖会商后，终于下定决心清除以暗杀为志的激进分子，官僚及民间政治家亦震惊于此次政变，衷心欢迎军队重振军纪。

20世纪30年代的日本，一方面是国内权力分布版图发生变动，另一方面则是与中国及西方的紧张关系升级，在这种背景下，官僚及军人对思想的管制比以前更为严苛。共产主义与马克思主义向来是日本精英的禁忌，除了20世纪20年代末期大事搜捕共产主义分子外，左翼文学当时亦成为注意对象。小林多喜二（1906—1933）是一位才华洋溢的无产阶级文学家，他有潜力在文学上做出突破，但可惜他在1933年被谋杀于狱中。[20]

到20世纪30年代中期，连一些向来受到支持的保守思想亦成为清查目标，最著名的是所谓"美浓部事件"。美浓部达吉（1873—1948）是东京帝国大学一位很受尊重的法学教授，他过去曾提出著名的"天皇机关说"理论，认为天皇的角色由宪法所规定，是国家体系中的一个机关，而非超越国家以上或以外的神圣不可侵犯的制度。数十年来日本国内各精英大学都以此种理论教授学生，也未产生什么特别争议。然而在20世纪30年代这一敏感的"非常时期"，部分与皇道派有关的学者及军人则指责美浓部，认为他所提倡的理论是"大逆不道的作品"。整个事件到1935年达到高峰，美浓部本人为贵族院议员，但在院内亦受到猛烈攻击，一个贵族院议员甚至称他为"学术流氓"。[21] 国会两院均要弹劾他，认为他侮辱天皇。虽然美浓部从未被控告触犯法律，但他的书则因"违背国体真实意义"而遭禁，他本人亦在威吓中退出贵族院。

在日渐严苛的政治环境中，还有如泷川幸辰（1891—1962）及河合荣治郎（1891—1944）等受害者，虽然受迫害情况没有那么严重。泷川是京都帝国大学法学部教授，河合则为东京帝国大学经济学部教授。1932年，右翼意识形态者攻击泷川的自由思想，文部省屈服于压力，次年强迫他从京都大学退休。河合的专业是英国自由主义哲学，1938年他被控触犯出版法及输入"危险的"西方思想，被迫退休。此外新成立的宗教团体的命运亦如此，虽然新教派在20世纪20年代开始便遭受攻击，但这时期的迫害最为严重。1934年大本教、1938年天理教、1940年耶和华见证会先后遭起诉，接着被解散。[22]

20世纪20年代民主思想虽经受争议，但它仍成为立宪政府及民众参与的理论基石，与天皇及帝国共存共荣。然而在20世纪30年代的正统思想下，天皇被视为超越一切，其包容性更弱。1937年文部省向全国学校颁发一份著名的指南，称为"国体之本义"。它把日本的社会及意识形态危机归罪于西方思想，称后者是个人主义、共产主义等思想的本源。它强调"服务天皇，体奉天皇御心，实为今日我等历史生命存在之所以，亦为全体国民道德之根源"，并以之作为社会生活及道德原则，取代西方思想。它把效忠及军人精神提升为国家的核心价值，而自上而下的家庭组织则成为核心制度。

因此监视阴影无处不在，正统思想一枝独秀，它们都以各种不同形式散播在整个政治生活中，所谓传统日本道德被歌颂到极端程度。不过以上各点不能过分夸张，一般日本人民的社会及物质生活在各方面仍十分现代，甚至在1937年中日战争全面爆发后，西方影响仍为大众接受。有时候国家会与现存组织合作，成立由财阀控制的商会或农村各种互助组织；在别的情况下，国家又会推动新组织，例如"爱国劳动组合"或"国防妇人会"等。无论如何，以功能为基础的各种组合仍存在，并且继续发展，打造近代社会的努力仍未稍懈。

物质文明机械化的发展仍大步向前，尤以中产家庭为然。美容院遍布全日本的各个城市，数以千计的中产阶级妇女烫出时髦发式，到1939年，光是东京便有850家美容院。不少企业及私人家庭都申请电话服务，1926年日本电话用户为55万，到1937年几乎已倍增至98.2万。城市街道上充斥着公共汽车及出租车，亦有少数私用汽车出现，与自行车、电车及行人在道路上争路。日本第一条地铁于1927年在东京开通，受到热烈庆祝。1933年大阪市亦开始使用地铁。到1939年东京已建成一条连贯的地铁线路，从较为平民化的浅草区通至高级的银座区，再直抵涩谷区，把东京各个商业及购物中心连成一体。

各色各样的大众文化仍在发展中，收音机已成为中产阶级不可或缺的用品。在1932年，约26%的都会家庭拥有收音机，不过农村家庭拥有者则不超过5%；到1941年，约有660万台收音机通过电波把新闻与娱乐节目传送到全日本45%的家庭中。[23] 无线电广播及留声机推广了爵士音乐及西方的古典音乐，日本流行歌曲及军歌亦得以流传。小津安二郎（1903—1963）等著名导演亦开始拍制极受欢迎的电影，描绘一般老百姓的生活，而另一些导演则致力于经久不衰的武士道题材

图 11.2　1933 年东京街头一景。城市的外貌反映出近代化仍然持续发展：新的商用大厦愈来愈高，街道上到处都是汽车、有轨电车及行人，东京的地铁系统亦在这时候开始运营。（每日新闻社提供）

的历史通俗电影。好莱坞制作吸引了大量观众。查理·卓别林（Charlie Chaplin）在 1932 年 5 月访问日本（见图 11.3），虽然正遇上首相犬养毅被刺身亡，但仍成为大众话题的焦点。在 1931 年与 1934 年，美国棒球联盟重要球员先后两次访问日本，并与日本各棒球队进行表演赛。在 1934 年的访问中，美国队带来当时最红的球员，包括贝比·鲁斯（Babe Ruth）及卢·格里克（Lou Gehrig），激发了日本球迷极高热情（见图 11.4）。在为期一个月的访问中，棒球明星在 12 个大城市与日本的明星队对垒，入场观看的球迷有数千以至数万人。其首场比赛在东京举行，6.5 万人座位的棒球场被挤得水泄不通。这次巡回表演赛带来的热情，促成日本在当年组成了第一支职业球队，到 1936 年职业球队

　　　　　　　　现代日本史：从德川时代到21世纪

图 11.3　1932 年 5 月日本电影界知名人士招待查理·卓别林，卓别林在照片的最右边，其身旁是著名艺妓市丸，她抱着的小女孩是著名电影制作人木户四郎（右三）的女儿。卓别林在日本电影界享誉多年，他的日本之旅本来备受瞩目，但在其访问日本期间，刚好遇上首相犬养毅被刺杀去世，使他的旅程蒙上阴影。（迫本君江女士提供）

图 11.4　美国著名棒球队于 1934 年来日本，与日本棒球队进行巡回表演赛。图中是美国球员鲁斯与日本明星投手伊达正男合照。在整个 20 世纪 30 年代，甚至到太平洋战争时期，虽然官方曾打算限制，但棒球仍然极受大众欢迎。（每日新闻社提供）

联盟已正式开始比赛。[24]所有这些娱乐活动的盛行都反映出不少人对谴责所谓不道德的西方文化并不热衷甚至漠然以对。

总括来说，20世纪30年代的日本有一股"传统主义"的热潮，表面上它大张旗鼓，强调以古为尊、万古常新的日本行为原则及理想，并以此作为日后的道德及行动基石。但这些日子里并未真的回到以前的传统社会，民间文化仍然十分具有世界性且生气勃勃，物质文化也包容全球最新潮流，甚至20世纪30年代的主流政治力量亦自认是明治维新的继承者。因此天皇制度正在改革中；官僚以能力为晋身之阶，故自视甚高，信心满满地掌理整个社会；军方则拥有先进技术，效率甚佳。这一切都显示出19世纪80年代以来民族国家欣欣向荣的特征。

强调各方面的连续性并非否定变革，暗杀、镇压、军人—官僚体制、文化正统主义、片面的亚洲大陆扩张，这一切一切累积下来的政治效应，都足以改变日本近代化过程的特质，这种改变亦为数百万人带来悲剧性的后果。

总结20世纪30年代的特征，我们能否说日本在这时候出现了法西斯主义？我的答案是"是"，虽然有史家不一定同意。不过若仔细思考当时的历史，我们不应为区区定义所困扰。有人把20世纪30年代的日本称为"法西斯主义"，有人则称之为"军国主义"，其实这都不重要，更重要的是了解当时日本的政治及文化生活的各种状态及实相，它与欧洲的法西斯国家确实有许多共通的地方。

从德国、意大利及日本的经验，我们可以找到一个共同的特点，它们代表第二期近代化国家的反应。欧洲法西斯模式启发了20世纪30年代日本的统治者，三国的统治者均通过一个光荣的国体激发国民潜

图 11.5 上图为日本最著名评论性及讽刺性杂志《东京红孩儿》1936 年 2 月号的封面，它恰巧是在"二二六事件"发生前出版。图画讥笑当时的军方影响力无处不在，漫画家笔下的人物是两个欧洲妇女，也许是英国人，她们视军方徽号为另一种时髦玩意。不过该期文章的语调中带有批判性，暗示日本社会正走向军国化。（小野耕世先生及川崎市民博物馆提供）

能，以达成军事上称霸、帝国经济自足以及国内既反民主义自上而下的政治、文化和经济体制。然而在面对各种现存政治及经济权力单位时，日本及意大利均无法全面瓦解它们以建构一个极权体系，希特勒也许好一些，不过仍不能说是成功。

三个国家相互之间当然有重要的差异，日本从未有过一个掌权的法西斯政党，它亦缺乏如希特勒或墨索里尼那样具有个人魅力的人物。不过三国法西斯夺权的经过则如出一辙，他们都面临同样的情况，如经济危机、左右两翼极端分化、工场与农村内部各种矛盾、右翼恐怖行动；三国的知识分子都有种文化失落感，认为传统文化的消逝会危及国家；对传统两性角色岌岌可危的疑惧亦十分普遍；三国的精英及公众舆论都认为英美强权妨碍本国在国际上应有的发展空间。其实20世纪30年代日本真正的困难所在，并非是传统一元化的同构型，或是封建社会及思想，而是如何解决现代社会的多元化及紧张性。日本对上述问题的回应方式导致了战争的灾难，战后（日本社会）因而对法西斯主义和军国主义十分憎恶。但战前开始的各种政治经济改革和动员，也推动了日本工业、农业和社会政策的转变，这些转变及其影响一直持续到了战后。

第十二章

战时日本

1937 年 7 月 7 日，日本与中国在北平西南面的卢沟桥发生轻微冲突，7 月 11 日，双方地方负责人协议停火。虽然如此，日本内阁仍决定从朝鲜及中国东北增派军队。中国不甘示弱，随即抗衡日本的决定，冲突进一步扩大。7 月底，日本军队进攻并占领北平及天津，在短短一个月内，卢沟桥事变演变为中日两国间的全面战争。

一、中日战争的扩大

目前仍无法确定是哪一方在卢沟桥开的第一枪，但与 6 年前导致东北失陷的"九一八事变"不同，由近卫文麿首相领导的内阁很明确地颁下通令，要发动一场大规模的军事攻势。日本陆军内部意见分为两派，一派主张扩大战争，另一派反对，但反对派人数较少，他们担心冲突演变为长期战争，主张协商停火。近卫最后接受扩大派的意见，目的是要掌控华北的煤铁资源，同时亦认为蒋介石的国民政府是日本控制华北及东北的绊脚石。扩大派希望消灭南京国民政府，由一个较亲日的政府取而代之。

近卫虽然决定扩大战争，但他最初的目的是用军事压力促使国民政府让步。1937 年秋天，日军推进至北平以南地区，占领山东半岛及部分黄河流域的大片土地。在海军协助下，日本亦攻取上海，到 12 月中旬，他们即迅速占领南京，但协商却遥遥无期。到 1938 年初，日方已很清楚地看到国民政府不会承认日本所扶植的伪满洲国，也不会接受日本掌控最近侵略所得地区。中国虽已丧失 3 个大城市，蒋介石仍然决定继续向西撤退，要打一场防守式抗战。而近卫首相则在 1938 年 1 月发表新政策，强烈声明关闭所有和平谈判之门，他表示日本"不承认国民政府"，并恐吓称会继续作战，直至"消灭"国民政府。

当近卫发表其新政策时，南京却正进行 20 世纪中最大规模的屠杀之一。日军在 1937 年 12 月中旬进入南京，他们开始大批集中平民及投降军队，到次年 1 月底的 7 个星期内，他们屠杀了数以万计的人，不同年龄层的女性遭到强暴。"南京大屠杀"的死亡人数到现在仍有争论，部分日本史学家坚持一个较低数字，认为约有 4 万人被杀，而中国政府则强调死亡人数为 30 万。也许永远不可能得到一个被各方都接受的数字，但无可否认，日本士兵的确执行过一场惨绝人寰的屠杀。

如果说难以估计屠杀人数，则解释屠杀的原因也同样不易。由于进军南京路上战况激烈，再加上不易分辨中国军队与平民的差别，游击队攻击的阴影也经常存在，日军第一线部队肯定已充满怨气。就日军内部而言，其纪律严厉，同时军事教育也不断宣扬不要对敌人仁慈。在这种环境下，士兵杀红了眼，对平民或投降军人做出了疯狂攻击行为，这虽是可悲的，却并不出人意料。在近代战争史上，这种例子实在太多了。

不过"南京大屠杀"更大的困惑——或者可以说更大的罪恶——就是日军南京最高指挥官为何准许连续数星期的围捕、强奸以及杀戮。东京执政当局大概亦有所耳闻,但却没有采取任何决定以约束士兵。也许由于无法从中国政府那里得到较优厚的停战条件,南京及东京的日方高层领导人大概以为用这种屠杀的例子,可以毁灭中国人的抵抗意志。如果他们真的这样想,则与屠杀一样,又犯了另一个错误。

在以后数月中,日军扩展迅速,占领了更多的大城市及铁路线。不过到1938年秋天,军事形势便陷入胶着状态。日本其时已投入60万军队到战场,但仅能控制沦陷区的城市及交通线,对在此以外的农村地区则毫无办法,士兵更要面对持续不断的游击队突袭。在整个战争中,日军在多起事件中杀戮平民及士兵,尤以华北地区最明显。用恐怖手段制服民众是日本"平定"中国的军事策略之一,结果却证明行不通。

国民政府最后撤退到西部遥远的山城重庆,险峻山岭及相当遥远的距离保护它少受日本的攻击。除此以外,1939年夏天,日本与苏联在诺门罕(Nomonhan)爆发重大冲突,进行了多次战役。苏军装备较佳,击败了不可一世的关东军,日本总共出动了6万部队,战争伤亡却达2万人。[1]

当日本发动战争,并继续扩大战争规模时,其在东京的政府或在战场上的军人并没有一个细密的计划控制其治下的3亿中国民众。在战争初期,日本是随现实而为,没有统一做法:首先是1937年在内蒙古及华北建立数个地方傀儡政府,到1938年初则在华中建立另一个傀儡政权。经过长期谈判,日本最后于1940年3月在南京建立最重要的一个傀儡政权。[2]该政权由汪精卫领导，他是国民革命中蒋介石的政敌，亦不信任苏联及其他西方列强，故与日本"志同道合"，认为双方都主张泛亚细亚团结，共同反对外来力量，因此中日两国军事合作是最好的选择。不过日本人却强迫汪精卫政府签署"屈辱"条约，这个基本条约没有给予汪精卫控制华北的权力，汪对其他"特殊地区"的统治能力亦非常有限，与汪精卫宣称他有广大民众支持及统治合法性的说法背道而驰。汪精卫政权软弱无力，若没有日本军人的支持，根本无法生存。

自20世纪30年代中期，日本少数战略家一直提出警告，日本不能分散其军事力量，而这一说法的最有力支持者便是石原莞尔。石原虽是"九一八事变"的发动者，但在高层中是极力反对占领中国的人。他认为日本缺乏应有资源，而最大敌人则是苏联及西方列强，并非中国。他一直敦促日本政府集中力量建设东北，保持实力与主要敌人对抗。不过石原的观点并没有被接受，在1937年秋，石原被调职，外放到一个冷门职位。然而他最害怕的事情终于发生，日本统治者既不能建立一个具有合法性的友好中国政权，亦无法瓦解国民政府及中国共产党的抵抗，他们把自己及士兵卷入了大陆战争的泥淖之中。

二、往珍珠港之路

由于无法解决对华战争的僵局，近卫首相在1939年1月下野。在其后一年半中，先后的继任者为极右派的平沼骐一郎（1867—1952）、陆军大将阿部信行（1875—1953）及海军大将米内光政（1880—1948），他们使用各种方法以求打破对华战争僵局。对于蒋介石，他们企图孤立蒋以打击其生存能力或意志；对西方列强，他们则运用外交手段以说服其承认日本在华所获一切。在北方，他们的外交官想办法缓和苏联的威胁，让关东军有余力在中国采取行动；在南方，他们面对掌控马来西亚的英国、印度支那的法国及印度尼西亚的荷兰，采取外交及军事行动并进的方式，企图中立化或消灭三者的根据地。日本南向政策的原因有二，若东南亚成为掌中物，则其石油、橡胶及锡等天然资源成为军队战略物资来源，同时它亦可以作为包围及攻击中国的基地。

当希特勒政权逐步迈向战争边缘时，欧洲的紧张形势吸引了平沼内阁的注意，他因而突发奇想，要联合纳粹德国以对抗苏联及亚洲的西方强权。日德两国原来便有合作基础，1936年日德曾签订反共协议，规定两国共同反对共产主义，1937年意大利亦加入。三国均承诺没有其他两国同意，不能单独与苏联达成任何协议。但希特勒破坏此协议，在1939年8月日本军队在诺门罕与苏联作战而且吃了大亏的时候，德国却突然与苏联签订互不侵犯条约，平沼的联德策略彻底失败，他亦因希特勒不守信用，愤而辞职。

第二次世界大战在1939年9月初开始，希特勒宣布德苏签订互不侵略条约，随即马上挥兵进军波兰。英法信守盟约，若波兰遭受侵略即给予援助，同时立即向德国宣战。对于欧洲的最新事态发展，阿部及米内内阁对欧洲谨守中立，同时转移其外交目的，结好英美，并借两国之力调停中日战争。但陆军看法却不同，仍希望与德国结成轴心同盟，结果米内首相一力主张与英美妥协，最后被迫辞职。

1940年夏天，因为精英及民间都希望政府能加强其领导能力，在国内外建立一个真正的"新秩序"，近卫文麿重组内阁。近卫身为华族，与天皇又有血缘关系，在这个动荡的时局中，他有一定的号召能力。1940年9月，近卫踏出第一步，决定与德意两国签订三国轴心协议，该协议规定若美国参与战争，三国共同合力对抗。日本领导人希望这协议能为日本打开南进之路。在此之前，希特勒军队已于1940年6月进入巴黎，并建立傀儡的维希政府以统治法国沦陷地区。由于维希政府亦统治法国原来的殖民地，三国轴心协议有助于日本的南进计划，最后日本与维希政府达成协议，日军可以进驻越南北部。若法国是一独立国家，无疑它不会允许日军驻守北越。

但日本南进计划能否成功还要看美国政府的反应。日美关系一直处于紧张状态，在整个20世纪30年代中，美国口头上都强烈支持中国自主，但实际上却没有采取多少行动以援助国民政府。美国部分商界人士希望与日本合作，共同开发中国东北。然而在1939年7月31日，罗斯福总统为了表示阻吓日本扩张的决心，废除了日美两国的商业协议。该协议中止后，美国可以视情况需要，随时禁止对日本的出口。

当日本驻兵北越时，美国逐步扩大其禁运范围，这亦同时刺激了日本内部的鹰派。日本的强硬派认为必须先下手为强，打击美国及其盟友。德国的行动使日本的计算更形复杂，1941年6月希特勒打破其与苏联互不侵犯的承诺，挥军东进，但日本却没有跟随希特勒的步骤对苏宣战。日本当前的策略是南进，它必须与苏联维持友好关系，因此在1941年4月，仅于德苏开战的两个月前，近卫与苏联订立互不侵犯条约。日本随即扩展在印度支那的势力，1941年7月在维希政府允许下派遣军队进入南越，日本与维希政府的协议实际让日本掌控有整个印支半岛。

美国对此的反应很强烈，而且对日本具有威胁性。罗斯福马上号召国际禁运行动，各国不再出口石油到日本；他亦向中国提供廉价军事物资。日本面临非常困难的抉择，没有石油，日本在军事上及经济上都无法支撑下去，它的一个选项是依从美国条件，从中国撤兵，以换取禁运撤销；另一个选项则是依从本国强硬派提议，攻击英美两国，以武力夺取东南亚油田，再在此优势下提出停火谈判。

在某一时间段内，日本是外交与军事两个方法并举。外务省提出从中国部分撤兵的方案，希望在外交上能同时满足军方及美国的要求；而军方则策划一个突击性军事行动，借此迫使西方列强承认日本在亚洲的优势地位。日美谈判一直维持到1941年的秋天，其间日本内阁首相人事虽有变动，由东条英机替代近卫文麿，但谈判仍没有中止。只是日本高层领导者考虑到全面战争的可能性，认为应由军方出掌政局，在此情况下，东条英机可以说集大权于一身，同时兼任首相大臣及陆军大臣两职，有时亦短暂兼任内务大臣。

到1941年11月，日本内阁领导人物了解到已无法由外交手段达成协议，只愿意由印度支那撤军，而美国则要日本撤出"九一八事变"以后自中国取得的土地。11月5日，在天皇亲临的御前会议上，核心内阁决定美国若在最后回合的谈判中仍不肯接纳日本在亚洲的地位，则陆军会攻击英国与荷兰在东南亚的殖民地，以及美国的亚洲属地菲律宾，海军则会同时攻击美军驻守珍珠港的舰队。日美最后回合的谈判当然无法达成任何协议，外务省原意在偷袭珍珠港前一刻，向美国递交一份长篇备忘录，正式中止两国谈判，此举当然与宣战无异。但由于电文过长，日本驻华盛顿大使馆要花不少时间解密、翻译及打字，故实际上在 1941 年 12 月 7 日（日本时间 12 月 8 日）珍珠港被袭击后才送出。

珍珠港事变是过去无数外交及军事互动的结果，日本最后终于发动太平洋战争，为全亚洲人民带来深重灾难。回顾历史，日本领导人不幸于关键时刻常常计算错误，莽然行动，铸成大错。在 1937 年，日本大部分的军人、文官、政治家、知识分子以及舆论界人士低估了中国的民族主义，无法理解它所能产生的抵抗力量。同样在 1940 年到 1941 年，日本仍未进入太平洋战争阶段，但其领导人不能了解美国的决心，后者为了保护英国及荷兰的殖民地，会不惜中断与日本的贸易。到 1941 年秋天，当他们决定发动战争时，日本领导人清楚地知道美国的经济实力，日本不可能在长期战争中获胜，然而他们仍天真地相信美国不会在地球遥远的另一端参战。

在 1940 年与 1941 年，美国的确采取了积极行动阻止日本扩张，亦因此使日本部分人认为日美战争是无法避免的。若干日本史家认为责任在美国，是它的动作导致战争爆发。不过上述观点亦无法证明美国若采取消极措施，战争即可避免。假设美国低调回应，鉴于日本过往的扩张模式，其军人也许会视此为示弱，从而实行进一步侵略。日本领导人完全不设想对方有不屈从的可能性，从 1931 年开始，日本对所有领土冲突问题都以强烈推进手段作为回应，从没有思考过原地不动，甚或后退一步的方式。假如所有冲突都是无法避免的，追踪溯源，则"九一八事变"无疑是日后连串事件的源头，最后只有拼死一战。

三、太平洋战争

太平洋战争开战之际，日本海陆军的推进如摧枯拉朽，攻无不克。珍珠港的偷袭摧毁了美国太平洋舰队的核心力量，9艘主力舰中有6艘被击沉，2艘严重损坏。另一方面，日军一鼓作气攻下马来半岛，赶走英国人，新加坡亦背后受敌，无招架之力，在1942年2月落入日本手中。菲律宾之役则在5月结束，美国将军道格拉斯·麦克阿瑟（Douglas MacArthur）被迫率领败军退往澳大利亚。在战争发动的6个月后，日本亦由英国人手中取得缅甸。日本也控制了荷兰东印度群岛属地——西起印度尼西亚，东至婆罗洲及西里伯岛——稍后中太平洋及南太平洋岛屿亦落入其手中。

在美国人的记忆中，珍珠港事件已成为一个"偷袭"的代号，含有不道德及鄙视之意。日本人表面上是给予事前通知，但其实时间有限，根本不让美国有足够时间防卫夏威夷。无论日本的做法如何，美国领导人至迟到1941年秋天已有足够情报证明日本人正准备发动战争，而且会在短时间内攻击亚洲某个地区。在1905年的日俄战争中，日本亦以同样方式突袭旅顺港，故在1941年，美国军方不应该不虑及这点，但美国太平洋舰队司令部过分自满及大意，毫无准备。其实若再回顾1905年日俄战争，当时西方的观察者不单没有指责日本的突袭行动，反而赞扬其战略高明。

根据上述理由，今天若再指责日本偷袭行为不当，其实是没有什么意义的。不过就当时而言，美国人对日本的手法非常愤怒，再加上偷袭导致损失惨重，美国人死伤达3700多人，要求报复的怒火席卷全美各地。"毋忘珍珠港"成为战时口号，其影响一直延续至战后，日本人的形象被简化为不可信任。珍珠港事变所产生的民愤，亦使罗斯福总统得以宣布参战，成为欧战中正式对抗轴心国的一员。若没有珍珠港事变，美国公众对战争是犹豫不决的，罗斯福亦不敢贸然行动。

偷袭珍珠港一战成功，在日本当然是万家欢动。日本政府与媒体强调日本对美国的战争是正义之战，日本所追求的是把亚洲归还给亚洲人，但从实际层面而言，日本政府所面临的任务十分重大。日本帝国统治范围扩张迅速，从北到南约有 6 400 公里，从东到西亦约有 9 700 公里，日本应采取什么样的理由及方式去统治它呢？ 1938 年近卫首相曾宣称日本要建立"东亚新秩序"，中日两国共同平等合作；1940年当日本要进军中南半岛时，日本扩大原来说法，声言要建立"大东亚共荣圈"，把东南亚包括进来。但事到临头，真的要管理这些区域时，无论日本的军人还是官僚事前均完全没有真正准备。

官方政策可以说是仓促出炉，且战且走。对于旧有殖民地，其政策比以前更为严苛。朝鲜总督府动员学生到工厂工作，此外约有400万朝鲜人被迫离乡背井，他们部分被送到日本，从事采矿工作；部分则被送到中国，担任监狱管理或建筑飞机场的工作；数以千计的妇女更被送至亚洲各地成为"慰安妇"，在日本军队中从事皮肉生涯。台湾男性则应召入"自愿团"，在亚洲各地及太平洋地区提供各种军事及后勤服务，大部分的分派是强制性而非自愿性的；留在岛内的则被动员参加"奉公团"，在各工厂或地区工作。

至于东南亚新征服的地区，日本的统治政策则因地而异。日本占领军直接统治中南半岛及印度尼西亚。至于缅甸、泰国及菲律宾等国，由于日本在姿态上指责西方帝国主义，同时又希望动员亚洲人支持战争，起码在表面上支持其独立建国。直到 1942 年春天，日本才开始策划一个统筹性部门[1]——"大东亚省"，该省于同年 11 月正式成立，但其权力一直不张，无法有效整合统治各地。1943 年 11 月东京举办"大东亚会议"，出席者有缅甸、泰国、汪精卫政权、菲律宾及伪满洲国等"五国"代表，这是战时唯一有关会议，会上强调亚洲的团结并谴责西方帝国主义，不过却无具体政策以整合或发展整个地区的经济。

在现实层面，真正主导政策的是当地日本指挥将领。他们一方面镇压反对日本的民族主义运动，另一方面则资助反对西方帝国主义及效忠日本的民族主义分子。在缅甸，一群反英的缅甸民族主义者组成缅甸独立军，并得到日本陆军支持。他们在 1942 年初即加入日方，共同协力作战，但到 1944 年却转而反抗日本，并进行地下游击活动。至于印度，日本在攻下新加坡时俘虏了大批印度军人，日人动之以民族主义，并答应帮助印度人驱逐英国，一名狂热的印度民族主义者苏巴斯·钱德拉·鲍斯（Subhas Chandra Bose，1897—1945）成立印度国民军，与日军合作。1944 年春鲍斯率领 1 万名印度国民军，与 8 万日军合作，共同进攻印度，展开所谓英帕尔战役（Imphal Campaign）*，希望能由缅甸进入印度。但日军无法提供足够的后勤支持，结果损失惨重，或因战争，或因环境恶劣染病，约 7.5 万人伤亡。越南的情况则全然不同，在整个战争中，日人都严厉镇压越南民族主义运动，1944 年日军为供应驻菲律宾部队的需要，强迫征收越南当年稻米收成，导致越南

---

* 英帕尔位于印度境内，邻接缅甸边境。英帕尔战役被称为日本在亚洲的最后一次攻势。——译者注

大饥荒，死亡人数接近百万。

在开战之初，日本打着团结亚洲、赶走西方殖民地者的旗号，的确赢得一些善意，但在占领区先后出现的连串残酷事件，使得日本最后徒劳无功。印度尼西亚、菲律宾、越南等地的民族主义者，在开始时抱有一定希望，以为日本会助其民族解放运动，最后知道是受骗了。虽然如此，日本的短暂统治仍有其深远影响。战时风起云涌的各个民族独立运动，无论是受日本支持还是镇压，战后仍然存续，它们打破了法国、荷兰及英国的希望，以为战后可以重新恢复过去的光荣及殖民地所有的一切。

"大东亚共荣圈"无法产生作用还有另一个原因，就是日本的战事逆转太快。1942 年 5 月日军企图进攻珊瑚岛（Coral Islands），结果无功而返。6 月，日军在中途岛（Midway Island）大败，其时距珍珠港事变只不过半年而已。在中途岛战役中，日本失去 4 艘航空母舰，它们是日本海军的主力。自此之后，美国及其同盟国便展开逐个击破的长期策略，一步步地迫向日本本岛。同盟国使用潜艇及飞机重创日本的运输船队，日占区与日本本岛被分割开来，岛内经济亦因此无法正常运转。美国撇开日本驻守在中国、印度支那及印度尼西亚的大量部队，集中力量于海上，其战略是在太平洋展开一个钳形攻势：一边是麦克阿瑟将军，他从新几内亚反攻菲律宾；另一边是切斯特·尼米兹（Chester Nimitz，1885—1966），他率领美国海军进攻日本在中太平洋领有的岛屿。1944 年 7 月美国取得塞班岛（Saipan），从此日本四岛落入美国空军的轰炸范围。日本空军亦无法防御飞行高度超高的 B-29 轰炸机，它们不分民居或工厂，实施地毯式轰炸，所投下的燃烧弹给日本造成极大损失。日本在此刻其实已经是大势已去，距离其正式投降还有一整年。

四、总体战的动员

当日本在东亚要建立一个新秩序之际，其官僚、军人、政治积极分子及知识分子亦大声疾呼要在国内建立另一个新秩序。各色各样的改革分子——包括一些热衷政治的妇女——都把未来寄托在近卫文麿亲王身上，希望他能整合各派系，重建日本秩序。"新秩序"这个口号首见于 1938 年近卫第一次组阁的时候，其目的是统合自 20 世纪 20 年代以来的各种思潮，那些自命为"革新分子"的人企图创造一个新的经济、政治及社会体制，重建工业及农村结构，甚至改良文化生活。

支持新秩序分子拟想一个繁荣灿烂的本土实践，能够超越堕落的西方。不过他们所使用的方法，在有意无意间极类似德国的纳粹分子及意大利的法西斯分子。新秩序支持者鄙视多元主义，以其颠顶无能，认为必须用中央计划经济取代。中央式计划是权威体制，它需要一个单一团结的政党及强力的社会规范。与西方法西斯分子一样，他们歌颂战争动员，认为它是"创造发明之母"。因此战争既促进变化，同时亦是变化的结果。

"新经济秩序"是商工省及企划院的"经济官僚"及军人共同商议而成，另一个参与机构则是"昭和研究会"，它是近卫亲王的智库。"新经济秩序"主要领导官员之一是岸信介。在东条内阁中，岸信介出任商工省次官。1943 年商工省改组为军需省，他亦继任军需省次官

（20世纪50年代末，岸信介曾出任内阁首相）。如岸信介等不少人不满唯利是图的恶性竞争，希望"合理化"控制工业。他们认为工业有其"公共"目标，就是服务国家，私人企业并非其最终服务对象。在自由竞争的经济制度下，最后会导致不景气及社会矛盾，国家力量则受到削弱，只有在国家控制下，资本主义才能避免冲突，解决危机。

近卫先后两次出任内阁首相，第一次从1937年6月至1939年1月，第二次从1940年7月至1941年10月（1941年7月近卫内阁曾改组），这段时间经济统制发展最快。其中最关键的是1938年3月国会通过《国家总动员法》，该法规定若国家宣布进入"紧急时期"，则政府可以无需国会同意，随时依需要发布命令以"掌控所有物资及人力资源"，近卫为赢得国会同意，曾明示对华战争并未进入"紧急时期"。但在法案通过不到一个月，他便实施《国家总动员法》，国家因而得以攫取新增权力，建立新体制以动员"所有物资及人力资源"，事实上大部分社会及经济活动都无法置身于该体制外。

近卫政府在1941年利用总动员法设置"统制会"，成为新经济秩序的基石。所谓"统制会"是按照"重要产业统制令"设立，该法令授权商工省在各行业成立一个类似超级卡特尔的"统制会"。统制会的功能是分配原料及资金，设定价格，规定生产量及市场占有率。在实际操作层面，各大财阀的总裁均入选为统制会成员，与其中的官员共同决策，因此大企业在与国家共度时艰的名目下，对各卡特尔及统制会保有相当大的控制权力。

在经济新秩序成立的头几年，小企业尚能独立运作，但到1943年初政府在各生产事业设立全国性组织，称为"工业组合"，而且是强制入会，数以千计的小厂商遂丧失其独立地位，在资源共享的政策下变成"工业组合"的一员。以纺织业为例，小厂商奉命封存机器，转而生产空军飞机所需零件，不得不沦为大企业的承包商。

这种自上而下的动员方式是要追求经济效能及社会安定，然而其支持者认为经济改革无法完全达成上述目的，需进一步推动"劳动新秩序"。从20世纪30年代中期开始，内务省官僚及警察人员便曾策划设立以工厂为单位的"恳谈会"，分别由工人及管理层派出代表组成，这些协调会成为全国及各地区金字塔式组织的一环。

1938年7月内务省及厚生省推动"产业报国联盟"（简称"产报"），表面上这是一个独立及自发性组织，与当时仅存的一些劳动团体共存。开战以来，劳工团体并无怨言，大部分一致支持战争，与管理层合作无间。不少大企业原来在20世纪20年代曾成立职场恳谈会，以与工会分庭抗礼，现在均更名为报国会，加入"产报"，成为其辖下单位。至于小型工厂，原来既无工会，亦无其他组织，然而老板亦不得不加入"产报"。管区警察经常介入，强迫该地工厂组成"产报"单位，到1939年末，全国各地已有1.9万个企业组成"产报"，涵盖300万名雇员。在今天看来，"产报"至少是个令人心烦意乱的组织，甚至可以说是外来干扰力量。

1940年，第二次近卫内阁改组"产报"，成立"大日本产业报国联盟"，强迫当时500个现存工会解散，有关会员总数达36万人。它亦命令全国工场都要成立报国会，到1942年，在全国约8.7万个工厂中已成立该等组织，拥有会员约600万。

产业报国联盟支持者希望报国会能提升士气，团结雇主及雇员间的精神，同时为亚洲"圣战"扩大产能。他们所致力的模式，在几年前已见诸纳粹德国的"纳粹劳工阵线"。在实际层面上，雇员对报国会是冷淡以对。一名受薪者事后回忆指出："每次会议我们都是打瞌睡度过。"另一名雇员则说会议"完全是浪费时间"。老板及管理阶层亦没有给予报国会太高评价，当然亦不会赋予太多权力，"产报"最后对战时动员的帮助其实非常有限。[3] 虽然如此，报国会仍为日后职场组织形态立下楷模，它提出一种冠冕堂皇的论调，亦即强调企业所有员工的价值，他们的贡献均有功于公司以至国家，这种强调员工价值的精神一体适用于白领和蓝领阶级，亦为战后工人团体运动所采用及转化。

战争动员严重限制管理层及雇员各方面的自主性。1938年通过总动员法后，内务省及厚生省官员与各校校长合作，分配应届毕业生到各军用工业中。到1941年，其时战况已愈来愈紧张，必须征用男性成年工人入伍，因此政府又要征召一批新劳工以取代他们的工作，遂下令16到40岁的成年男子及16到25岁的未婚女子均须接受政府指派的工作。其后数年中，进入职场工作的男女人数各约100万，女性原来多半为家庭主妇，而男性则原来多半从事"和平性质"的工作，新任务则是在军火或战略性企业工作。在1943年至1945年，约有300万男女学生应征到工厂，为战事做贡献；另外有100万朝鲜及中国工人来自亚洲大陆，从事工厂及矿场业务，他们的工作环境恶劣，而且受到严厉监管。

一旦到新工作报到后，要转换便不容易，而且随着战况发展，要变动更难。在1939年至1941年，政府根据总动员法授权，推动职业登记及工作证制度，其内容复杂，但实际效果是禁止转换工作。国家同时逐步制定严厉法规限制工资，政府官员的目的是要稳定人力成本，借此帮助雇主及稳定物价。

政府之所以设计上述种种限制措施，原因之一是不相信自由市场制度。这些规定所隐含的意义表明雇佣关系已不再是劳资双方的私人契约，无论是管理层还是劳工，他们对国家都负有一定的责任。政府认为雇主的责任是给予工人"足以维生的工资"，由于年纪愈大，工人的家庭负担便愈重，故工资应随其工龄递增，这种做法才可以提升雇员的士气及生产力。1943年，厚生省官员强迫数以千计公司的管理层更改其人事规定，每两年为其工作人员加薪一次。雇主的人事权力因此大为削弱，不但无法奖赏突出的工人，亦不能惩戒工作表现不佳者。以年资作为提高薪水的准则，是当时奖励工人的一个不成文做法，但日本政府所建立的法令把上述非正式规定制度化，同时更推广到数百万工人中，而战后的劳工运动亦以此为出发点。

国家对战时农业亦实施前所未有的强力管制，其出发点同样是以排斥自由市场制度为据。1939年农林省开始管制米价，同时亦限制田租。与管理工资一样，农林省的目的是消灭通货膨胀，鼓励生产，不过其手段则以保护佃农为主。1942年通过《粮食管理法》，政府实质上完全控制稻米的买卖，连其他谷物亦不例外。政府不但设定稻米批发价格，亦掌控其运销与零售，它直接从农民处购买稻米，再转售给各城镇的消费者。

政府的农村统制政策采用各种方式刺激生产，对实际下田的农民有好处，但对地主则不利，因为粮食管理法设立一双重农价制度。一种是所谓"地主稻米"价格，是地主从其佃户收取稻米，然后再转卖给政府；另一种是"生产者稻米"价格，是佃户或小自耕农直接将其所有稻米卖给政府。政府给予"生产者稻米"的价钱较高，开始时政府把"地主稻米"价格定为 50 日元 1 石（150 公斤），给予生产者的价格则加 5 日元补贴价，然而到战争末期，地主稻米的价格仍保持不变，生产者稻米的补贴价已增至 200 日元。因此自耕农及佃户可以得到每石 250 日元的收购价，比地主整整多 5 倍。[4]这时已有 2 / 3 的米谷在政府掌控之下。政府所实行的政策是富裕了自耕农，而地主的经济基础遭到削弱，其社会声望亦因此而降低。

上述各种工业生产及农业措施，目的是要为战争动员，然而在实行这些措施的过程中却充满矛盾。例如劳动规则制订的目标是提供安稳的"生活工资"，可是为了让年轻者更勤快地工作，政府的现场督导员却容许各公司实施奖金鼓励方式。农业中喊出的口号是村内和谐，但政府的鼓励方式却促使佃户及其他种植者反对地主。政府在经济政策上的矛盾，反映在妇女的角色上最明显。当数百万的男性由原来的工作岗位调上战场，让妇女加入工作行列补充原有人力是刻不容缓的事。但男主外、女主内这种传统性别想法仍然根深蒂固，1942 年内务省便拒绝征用妇女到工厂去，原因是"虑及家族制度"。首相东条英机（1884—1948）的解释更冠冕堂皇：

> 承担守护家庭、养育子弟的责任，又为前线后盾，激发丈夫、儿子及兄弟报效国家，此等温馨泉源均建基于家族制度之上。其为帝国妇女之当然天职，将来亦应永久保存。[5]

到 1943 年底，政府官员虽了解两者先天上的矛盾性，但仍要知其不可为而为之，设法找出调和两方面的答案，正如一个官员说："一面要动员妇女，一面亦要尊崇她们在家庭中既有的责任。"因此他们首先推动一个未婚女性政策，鼓励她们到职场工作，事实上是强迫的。方法是规定所有12岁至39岁的单身女性都要加入所谓"妇人勤劳挺身队"，成为日后工人的后备队伍，由于街道团体"町内会"的压力，实际上所有女性都被迫参加。在1943年至1945年，约有47万女性通过该团体进入职场工作，占战时整个女性劳动力增长部分的1/3。

到1943年，动员力量已经达到最高峰，东条首相仍坚持原来的想法，他企图用不断灌输的力量去强调，征用女性"反映了短视的西方式的个人主义……我们一定不能东施效颦，毁灭日本特有的家族伦理……我们一定要避免毁灭日本的家庭制度，它可以说是我们国家的基础"。[6]由于高层持有这样的看法，整个妇女劳动力动员便无法有效展开。在1941年至1944年，约有150万年轻成年女性成为劳动力，意味着在战时经济最高峰时期，总共有1 400万女性在家庭以外的地方工作，占整个民间劳动力的42%。妇女工作人数的增长，既反映市场需要，亦反映国家压迫力。虽然增长数目颇大，但若与美国的50%比较，仍较为落后，更不用说苏联、德国及英国，那些国家妇女工作数目的增长更惊人。

与经济改革同时，日本在战时亦推行"政治新秩序"，但与经济改革一样，不是设计者过于野心勃勃，无法达成目标，便是内部矛盾重重，因而遭受挫折，其成果可以说是好坏参半。政治改革始于一些官僚及军人有瓦解现行政党之意，希望建立一个以希特勒为师的单一大众政党，其目的可说只达到一半。到1940年，日本所有政党均被取消，但却创造不出一个有活力的大众政党。取代原来政党的是所谓的"大政翼赞会"，然而它的工作其实是替政府敲边鼓，扮演花瓶角色。

1937年，支持新大众政党的人汇聚在近卫首相旗下，敦促他发动群众运动，对抗现行政党，他们主要的目标是压制民政党及政友会。民、政两党虽在肃杀的政治气氛中，但百足之虫，死而不僵，在1937—1938年度国会中，两党仍有足够力量阻延政府法案，甚至修改其内容。大众政党支持者认为投票率低迷不振，是选民抗议政党的表现，他们认为无论个人主义还是社会主义，都会毒害老百姓的思想，无法使一般民众全心全意配合各部会大臣的政策。"政治新秩序"运动试图将民众对政治的冷漠情绪转化为对国家的狂热支持。

在其第一次出任首相时，近卫致力于拉拢各个山头的精英，建立共识，因此采取低姿态，不希望为创立新政党而产生冲突。此后数年中，"新秩序"的支持者与反对者对峙激烈，引发一连串权力斗争。军方及官僚的主要领导人、社会大众党、民间右翼分子，他们支持较为纯粹的法西斯体制，希望近卫首相能扮演火车头作用。他们的主要观点认为若要达成国家的目标，则必须有一个能强力动员大众的组织，以发挥一般人民的经济与精神力量。他们的反对者主要是政党及其支持者，其中以财阀领导人最为明显。

1940年7月，近卫第二次组阁，他终于宣布"政治新秩序"政策，并成立"大政翼赞会"作为推动工具。在这个新秩序下，所有政治政党均要解散，当选议员的政治家则要以个人身份加入"翼赞议员同盟"。然而正如财阀之于经济统制体系，政治人物表面上接受，实际上却"上有政策，下有对策"，民政党及政友会在新的政治态势里亦保有部分自主性。

这种"半吊子"的新秩序，在 1942 年的国会选举中便十分清楚地反映出来。选举中约有 1 000 个候选人，竞逐 466 个席位。在政府同意下，翼赞会提出一份刚好有 466 人的名单，其中包括 247 名现任国会议员，20 名前国会议员，骨子里其实就是上一届国会政党势力的延续。除翼赞会提名者外，尚有 550 名独立候选人，其中 150 人属于其他政党。选举结果，翼赞会候选人在 466 个席位中取得 381 个，胜选率为 82%。事实上由翼赞会推荐的现任议员均再次当选[7]，政党成员的影响力仍在，无论他们是翼赞会的一分子还是独立候选人，其地方支持者仍效忠如故。概括来说，原来政党的成员并未完全失落，仍属统治体系的一部分。

虽然依旧是权力的一部分，但政党的影响力远远比不上过去。国会中新当选议员有 199 名，替换率比以前选举高出不少，但国会议员现今所扮演的角色，不再是人民利益的代表，只不过是政府利益的传声筒，负责向人民做说明。他们不再是一个独立或有组织的力量，国会中大多数都支持东条首相，反对者只能私下表达不满，否则即遭拘捕，银铛入狱。

整体而言，国家动员体制虽然雄心勃勃，有意全面统制各种资源以"革新"整个国家，但距离成功阶段仍有距离。民主因素虽受到限制，但基本态势还在。所谓"新经济秩序""产业报国联盟"以至"大政翼赞会"，它们均无法把国家统制力凌驾于日本人民之上。

虽然如此，为了战争动员社会并从而重新打造社会，在这个过程中，动员体制的确改变了国家、社会和个人三者的关系。国会的作用被边缘化，社会主义、妇女、工人、佃户、商人、政党政治家各个团体，其地位本来较为独立，到战时不是被解散，就是被改造，国家影响力史无前例地深入各个阶层，政治言论尺度亦愈来愈窄，动辄得咎。

新秩序的推广得益于最新的科技，包括收音机、新闻短片以及电影。日本在进入近代社会形态后，便出现不少新式组织，最新的科技利用它们把人民整合到国家及天皇的框架中。到战时，国家体制已严密控制每个组织，青年、妇女、乡村邻里、职场、农业及工业产业工会等各方面，无一漏网。战时体系经常宣传天皇亲政，回到其古代的荣耀，但其实这只是以传统作为表面的装饰，实际上当时的日本在许多方面极为现代化，不如想象中保守。

五、战争阴影下的生活

在整个 20 世纪 30 年代，日本对华战争的规模不断升级，开支亦逐步扩大，然而大部分的日本人仍生活得相当优裕，物质无甚匮乏。从 1937 年到 1941 年，工业生产增长达 15%，重化工业因为军事需求的关系，发展更为明显；公共讨论空间的确受到钳制，但文化生活仍颇为蓬勃而有生气。因此当日本领导人把日本内政外交带往一个新方向时，从个人的周围环境观察，大部分人民实无需怀疑其领导人的智慧。

正如上面所提及的，太平洋战争在 1942 年发生逆转，日本开始陷入劣势，然而早在 20 世纪 30 年代末，一些令人不安的迹象其实已逐渐浮现。在经济方面，1937 年以后的增长速度很明显地放缓，通货膨胀率在战前是 6%，虽不理想，但仍在控制范围。然而 1937 年中日战争全面爆发后，通货膨胀率开始加剧，遽增至两位数；征税额亦在 20

世纪 30 年代下半叶急升；到 1938 年，军事开支已占去政府预算的 3 /
4、国民生产总值的 30%。如果与苏联在 20 世纪 70 年代及 80 年代的
经济状况相比，日本的失衡情形有过之而无不及，在此后数年中，其
严重情况更是变本加厉。到 20 世纪 40 年代初，消费经济实质上已消失。
为了严格掌握资源去向，纺织及其他消费工业绝无其他渠道可以取得
任何原料及资本，总动员计划更迫使其设备转为战时生产服务。不过
物价与工资管制产生意想不到的恶果，它迫使消费者、雇员及工人转
向黑市求取所需货物及工作，最后导致生活水平大幅下降。从 1934 年
到 1945 年，日本实质工资下跌 60%，而美国及英国同期的实质工资则
上升 20%，德国则是维持原状。到 1944 年初，当时各大都会仍未遭燃
烧弹空袭，民间生活已经好几年陷入物资匮乏状态，政府亦实施管制。

这种每况愈下的情形可见于一个老板娘的平实回忆，她原来生活
相当富裕，与丈夫在东京经营面包店。根据她的自白：

> 有一阵子我们只能买到一种上海（假）鸡蛋……它们不像真
> 正的鸡蛋可以起泡沫，因此糕点也发不起来了，不过到后来也没
> 法买到了，我们只好改卖三明治，其后糖又无法供应了。我们买
> 来 10 条面包，能切多薄便多薄，由于买不到火腿肉，只好用鲔鱼
> 作材料……不久，我们这些小老百姓连鸡蛋也买不到了，更不用
> 说鲔鱼，我们只好放弃三明治生意……到后来，我们连烤面包的
> 机器也给了军部，因为它们是铁制的……我们身边也没有多少东
> 西剩下，飞机空袭又一天比一天紧，最后我们决定离开东京……
> 我们门前中町的家是在 3 月 9 日那一天的空袭中被烧毁的……不

过我们还算幸运，家里的人都在战争中活了下来。[8]

当动员与战争的阴影逐步笼罩一般平民百姓的生活时，日本的文化领袖却扮演着各色各样的角色。或是为自保，或是为不满时局，有些人便投入到艺术工作及非政治性活动中，借以逃避现实。著名的作家谷崎润一郎（1886—1965）致力于将古典文学名著《源氏物语》翻译为现代日语，约于1938年完成。一些左翼学者亦由积极变为消极，转而翻译欧洲古典社会科学名著。久留间鲛造（1893—1982）就是在这时期开始编纂马克思著作辞典，最后完成这项巨细无遗的浩大文化工程，有类今天因特网时代的搜索引擎，其不同之处仅在于它是计算机问世以前的产物。[9]

有少数异议者虽未有互相交流，但各自企图躲过言论检查，发表其批判性看法。下面一首诗发表于1944年，很明显未被当局检查出来，因此得以宣扬其和平主义观点：

鼠

抛弃生死之生

一只老鼠有若浮雕

挺立于热闹街道之中

俄然老鼠压得扁平一块

来往如织的

车轮

一起飞滚而来

像熨斗压向老鼠

把它熨得扁平

老鼠

一只的老鼠

不但老鼠没了，一只也没了

死亡阴影顿时销声匿迹

有一天，在熙来攘往的街道

只看见一块扁平之物

于阳光下遭受践踏与蒸烤[10]

　　然而这首诗的作者究竟属于少数人，大部分的知识分子多半热烈支持战争。他们加入政府主办的艺术家与作家团体，或是撰写文章，或是发表演讲，主张战争动员及革新是一个伟大任务，目的是"超克近代"。

　　战争爆发以后，思想界最重要的工作便是批判现代性及西方文化，其努力到1942年7月达到高潮，亦即当时在京都大学所召开的"近代之超克"研讨会。日本国内不少著名学者聚首一堂，希望能把他们在学术上的贡献与地缘政治学联结起来。在他们看来，思想工作其实是整个战争的一部分，应为进行得如火如荼的"圣战"尽一番力量。对他们而言，中国与太平洋战争有其"世界史的意义"，这意义不外乎"日本人的血与西方知性之间的相克过程，西方知识至今已形成一个体系，横行霸道，而日本人的浴血奋斗才是我们知性活动的真正原动力"，与西方思想扞格不兼容，两者必须做殊死决战。正如在实际战争中，日本要解放亚洲，不要接受西方霸权；在文化战争中，亦要反抗近代性及西方，不要屈膝于西方的文化理想中。[11]

"近代之超克"的支持者认为文化上的真正敌人是理性的"科学"，它可以溯源至希腊、犹太及基督教，日后逐渐成为西方传统。西方传统文化是以人神对立为中心，然而日本则相反，它从来没有人神矛盾或紧张的关系，因为日本精神源于神道，其基础为一个"知的统一性"，强调存在、生命以至万物的"全体性"。[12]

反近代性者认为自 19 世纪 80 年代以来，明治维新便遭出卖。他们认为明治维新真正的精神是承担东方的责任，联合各东方国家反抗西方。从某一层面而言，日本是成功的，因为当印度遭凌辱、中国被瓜分之际，日本却屹立不倒，成为反抗西方的中流砥柱。然而其后却不是这回事，明治日本稍后的"近代化"政策导致全国陷入西方物质主义中，日本人民变得自私自利，看不到他们真正的目的是在天皇仁爱的领导下，共同创造一个不分阶级、和睦相处的社会。反近代性者认为日本到 20 世纪 20 年代更泥足深陷，大家浑浑噩噩，只知追求个人利益及快乐，而"摩登女郎"、美国电影、速度、纵情声色，均成为这些生活的特征。上述所谓商业化及庸俗化的生活，其实已存在于德川时期的大众文化中，不过当时把一切过失均诿之于西方文化的侵略，特别是美国输出的毒素，美国民主被指责为一种掩人耳目的手法，这种小恩小惠却欺瞒了许多无知大众。

下面一首诗可以说是上述批判精神的总结，它是竹村健太郎于 1941 年 12 月 4 日所作，刚好是珍珠港事变发生前夕，当时社会的气氛是期待战争扩大。也许是偶然，这一首诗刚好发表在 12 月 8 日，珍珠港事变发生的日子。

> 我立于义与生命
>
> 彼立于利
>
> 我可说捍卫正义
>
> 彼可说利之侵略
>
> 当彼藐视四方
>
> 我则打造大东亚家庭[13]

战争的目的被神圣化，它要解放亚洲，使其不再受西方操纵的现代主义压迫，重新恢复亚洲社会的和谐。长谷川如是闲（1875—1969）*是著名作家，1942年初他曾在《日日新闻》上写道："东亚民族将会以大东亚战争为开端，建立一个共通文化区域，与自中古时期以来的欧洲类似……而第一步就是要将西方影响力逐出东亚。这伟大的任务现在正落到日本的肩膀上。"[14]

日本政府的战时文化政策是上述精神的反映，国家政策公然排除英美文化的影响力。德法电影虽仍准许上映，但只限于那些歌颂英雄事迹的电影，爱情片则被拒之门外。所有"敌国音乐"都在禁止之列，特别是那些靡靡之音的爵士音乐。日本音乐文化协会是由政府控制的一个组织，拥有相当多的教师及音乐家会员。由于爵士音乐在日本十

---

* 长谷川如是闲，日本著名媒体人，主张自由主义，20世纪20年代积极支持大正民主。——译者注

分风行，它在 1943 年 1 月宣布，要"将美国爵士音乐的影响横扫出日本"，规定每个月的第三个星期五都开会讨论"消灭颓废爵士音乐"的方法。自 20 世纪 20 年代出现的美容院，其后日益普遍，到战时亦被指责为污染女性的纯洁，烫发因而被列为禁止项目。棒球在 19 世纪 90 年代后便十分受欢迎，亦成为被禁目标，在 1943 年 4 月文部省下令停禁"东京大学棒球联盟"间的大学比赛，主要是配合大学体育课程以军事训练优先的目标。日本政府同时发动一个净化语言的运动，要改变多年来英语及其他西方语言混杂于日语的情况，故棒球中的"打击"及"出局"等外来语要用本土词汇取代；"日本阿尔卑斯山"等用词亦要重新命名为带有本土气息的"中部山岳"；政府也不鼓励民间使用"爸爸""妈妈"等西式称谓。[15]

无论知识分子还是政府都大声疾呼，要求全民抛弃堕落无耻的西化生活方式（见图 12.1），用牺牲精神取代之，称这才是真正的日本皇道。他们的呼唤确实努力不懈，而且是无处不在。因为消费品愈来愈短缺，刻苦而又自我牺牲的生活事实上是无法避免的。西方的奢侈品已从商店货架上消失，城市妇女亦不再穿着时髦服装，换上所谓传统日式女性工作服，美容用的吹风机则送往军方，作为再生军用物资使用。

然而当文化行为与物资短缺或军事需求无关时，其限制的效果则不太彰显。人们对棒球的兴趣仍然维持不减。1943 年 10 月，军方开始征召大学生入伍，当时在文部省强制下，大学间的棒球比赛已经被禁 6 个多月。即便如此，早稻田大学及庆应义塾大学的校方仍认为两校间的棒球比赛是最好的送别方式。两校的比赛吸引了一大批观众。至

图 12.1 日本政府的政策之一是鼓励日本价值，回归"传统"文化，其实施方式为限制西方文化的各种影响，从音乐、运动以至服色均在其内。图中背景是 1940 年东京银座闹市区，一位军人督察员正在告诫烫发妇女，让她们配合政府政策，回归日本的发式。（每日新闻社提供）

于职业比赛，球员都换上军队制服及军帽。1944 年 1 月，联盟名称亦改为"日本棒球国家服务协会"，但球迷依旧蜂拥到球场去。甚至在 1944 年，当比赛在后乐园球场（今东京体育馆所在位置）进行时，看台上方要布置高射炮防守，平均仍有 2 500 名球迷观看这个敌国的全民娱乐项目。直到 1944 年 11 月，职业赛事才完全被禁止。[16]

音乐界的情况亦如此。当爵士音乐被禁时，咖啡厅只是把留声机关上几天而已。但很快，老板又开始播放旧流行曲，开始还把声音调低，后来便愈来愈大胆。甚至在军队内亦无法完全禁止"敌国音乐"。四个神风特攻队队员在等候任务分配时偷空参加了一个传统诗歌创作比赛。在他们创作的和歌中，有两句这样写道：

与美国人拼命的男人在听爵士音乐。

久违了爵士乐，真希望和平快点来临。[17]

所谓超克近代文化的工作是充满矛盾的，与新政治及社会经济秩序事业的打造如出一辙，无法产生一贯的政策，在执行时亦漏洞百出。在思想层面，反近代主义事实上源于西方，日本当时所用的观念性语汇，均为欧洲的尼采及海德格尔等人所提倡。而且的确，当声嘶力竭地喊出"超克近代"的口号时，所反映出的现实就是日本的近代化已根深蒂固；在一般大众层面，西方的潮流、品味及习惯已深深打进日本社会，无法轻而易举地割弃。口号虽然叫得震天响，但要打仗，则必须倚赖"理性科学"以生产飞机，也要用它来应付生产及战场上的各种需要。事实上，日本工程师所设计的零式战斗机十分出色。另一方面，臭名昭著的"731部队"细菌战专家把冷酷的"近代"理性应用于生物战争计划中。这支部队亦被称为"石井部队"，以其创立人石井四郎命名。该部队于1935年创立于中国东北哈尔滨郊区，日本军方在此实施大量人体试验，基本上以中国人为对象，过程相当残酷，目的是要开发和试验细菌对平民大众的影响，例如鼠疫、肺结核等传染病。[18]最后，我们必须了解到近代性及传统价值的丧失所引起的不安并不限于日本或轴心国家，它是近代生活的一种明显特点，全世界皆然。战时日本使用极端方式以应付这种挥之不去的近代性难题，最后造成灾难性后果。

六、战争的结束

在整个战事过程中，日本人民私底下虽然有不少疑惑，但在公开场所，他们仍十分沉着，显现出其坚忍的一面。不过到战争的尾声时，社会崩溃迹象与日俱增。就算在大空袭以前，工人还未需疏散到乡村地方，日本各个大城市内工厂的缺勤率已达到20%，而且成为常态。1944年到1945年大空袭开始，缺勤率常为整个劳动力的50%，因薪资及工作环境引致的突发性纠纷层出不穷。宪兵亦注意到消极抗拒陆续出现，例如反政府涂鸦等，情况令人担心。一个皇室家庭的助理在其日记中写道，1943年12月他曾遇上一件令人惊心的事，一个喝醉的绅士在电车里大声唱歌并叫吼道：

他们发动战争

他们肯定要输

却死口说必胜、必胜

大混蛋！瞧瞧，我们哪里会赢

失败的欧洲变红

亚洲亦早晚成为共产世界

当这时刻来临

正是俺之出头天[19]

战争胜负趋势愈来愈明显，日本人了解到大势已去，难以逆转，皇室、外交圈子、企业界甚至军方少数将领，都有人考虑到彻底投降，它总比宁为玉碎的最后一战好。近卫文麿亲王便是持有这种想法中的佼佼者。在几年前，近卫前首相曾经是急进改革者所寄望的中流砥柱，但到今天，近卫和相当一部分人都害怕苏联会参战，成为日本的敌国（在整个战争中，日本与苏联在1941年所签订的中立条约仍然有效）。另一方面，近卫身边的人最害怕战争胶着不前，最后可能会损害天皇制度，他们所拟想的是个三箭齐发的情况：外国入侵、下层民众的骚乱、上层的革命行动，最后毁灭了日本整个精神及文化的核心世界。

他们的恐惧有点言过其实，特别是对军方及官僚急进分子发动国内革命的恐惧。有关战争结束的方式的确存在着派系对立，尤其是近卫一派与陆军领导层间的矛盾更为明显。但他们间的差异并非是皇室近亲者支持天皇，军方革命者反对天皇。他们争论的核心是究竟要附和美国或苏联哪一方，亦即哪一方对天皇制度的威胁性最大。陆军将领不喜美国人，他们甚至一度计划在最后关头时，一面在日本本岛进

图 12.2 "二战"快要结束之际，日本政府为了保卫本岛及皇室，大力宣扬"玉碎"政策，与敌人决一死战，其动员亦空前广泛。图中是长崎妇人自卫会成员，正在受训使用竹竿，为 1945 年的最后决战做准备。（每日新闻社提供）

行殊死战，一面将天皇迁至亚洲大陆，由苏联庇护。而近卫一派则主张接受美国的和平条件。

在终战第一阶段中，陆军的策略占上风。首相东条英机已失去皇室、海军及自身内阁官员的信任，于 1944 年 7 月辞职。不过统治阶层认为他们无法取得陆军信赖，故继任的首相小矶国昭（1880—1950）仍出身于陆军。1945 年 2 月近卫见事无可为，决定做最后一次尝试，企图由陆军强硬派手中取得主导权。他亲自向天皇提出一份名为"近卫上奏文"的文件，建议向美国谋和，纵使接受无条件投降亦在所不惜。近卫强调这个方法是唯一可以"救民于战争之水深火热中，同时亦为维持国体、谋皇室之安泰"之道。[20]天皇似乎颇为动容，但无法接纳其建议，因为没有可用之人出任首相以实行近卫的主张。结果帮助近卫拟订上奏文的人被捕入狱，其中包括战后任首相的吉田茂及其他一些外交官员。小矶在公众面前仍摆出信心满满的姿态，要继续进行战争，不过私底下他却向苏联示意，希望能得其协助，开展和平协议。

但到1945年春天，小矶的工作明显失败了。由于美国一直强烈要求苏联参战，苏联宣布不会与日本再续中立协议。1945年4月小矶辞职，由海军大将铃木贯太郎（1867—1948）出任首相。当时整个环境十分恶劣，美军已于冲绳展开激烈攻势。6月，美国终于取得冲绳，但战场上的牺牲人数达1.25万人，而日本阵亡人数更达25万人，其中15万人是冲绳当地的平民。这时德国已经投降，飞机空袭亦几乎将日本各大城市夷为平地。

那些能够阅读真实消息的人很清楚地知道，再继续打下去是没有结果的。铃木本人及天皇周围的元老重臣虽然了解继续作战的结果只是造成更多的死亡及损失，但和谈又没有底线，皇室可能因此而消亡。从7月到8月初，日本统治者一面准备一场未来的侵略，在祖国大地上决一死战；但另一方面，他们仍尽一切外交努力，期待苏联能起协调作用，日本投降后仍可以保有天皇。

到8月6日、9日，美国先后在广岛及长崎投下两枚原子弹，8月8日苏联向日本宣战，8月9日苏联出兵中国东三省，天皇本人知道必须结束战争。纵然面临上述各种重大打击，日本仍差不多花了近一星期才达成投降决定。8月9日最高军事指挥官及内阁整日开会协商，到将近午夜12时再开会，裕仁天皇本人亦有出席。甚至到此时此刻，陆军参谋总长、海军军令部总长及陆军大臣仍坚决拒绝盟军的"无条件投降"要求。天皇最后投下决定性一票，同意首相及"最高战争指导会议"另两名成员的提议*，即投降的唯一条件是保有天皇制度。然而当时美国的答复并不具体，只说天皇的命运应由日本人民自行决定。事实上华盛顿的高层决策者早已决定保留天皇，让占领能更顺利进行。到8月14日，也许认为美国占领较苏联占领为佳，裕仁天皇再次打破另一僵持的会议，决定接受美国的投降条件。8月15日，天皇亲自通过广播向全国宣布此消息。9月2日，日本代表与同盟国在停泊于东京湾的"密苏里号"战舰上正式签署受降文件。

七、战争的责任及遗产

这场战争留下一个复杂的遗产，无论在日本本身还是日本以外地区，其所产生的具体的以及心理上的伤痕，仍然刻骨铭心；战争结束至今已超过70年，伤口并未完全愈合。另一方面，战争亦为战后世界奠定了一个与往昔非常不一样的基础。

日本在战争中一度把英国、荷兰、法国及美国统治者赶出东南亚及菲律宾，结果在有意无意中加速了亚洲殖民主义的崩溃；日本亦在其殖民地发展近代工业，因而为朝鲜、中国东北以及台湾地区孕育了战后工业化基础。但这些大东亚共荣圈的执行者并没有赢得任何掌声，他们在殖民地及战时占领区所实施的高压政策，其带来的仇恨至今未熄，尤以韩国及中国最显著。一波又一波的帝国扩张及战争，其手段

苛刻，数以百万计的人民因而陷入水深火热中。若一个个地细数下来，其中包括南京大屠杀、无数其他在华暴行、越南饥荒、惨淡无望的印度独立军之役。与此同时，约 3.6 万名英美战俘死于战俘营中，约占当时战俘总数的 1 / 4 [21]，有幸生还者在数十年后仍余愤未消。

在战争中或战争结束之际，尚有另一群被社会忽视的受害人，她们就是数以万计被称作"慰安妇"的年轻女孩及妇女。她们被迫开赴前线，在其附近设立的所谓"慰安所"工作。其中约八成是朝鲜人，余下的包括中国人、日本人及少数欧洲妇女。她们中有些是受骗，招募者告诉她们是去当服务员或佣人；很多则是在枪口下被强行押走。在到达前线后，所有女性都沦为日本军中的娼妓。从日本军人的观点看，"慰安所"与日本国内的合法娼馆并无两样。表面上日本士兵在召妓后必须付费，但实际上很多妇女并没有收到分文，另一些则会收到军票作为报酬，它可以用来购买肥皂或食物等日常生活必需品。因此她们的生活环境与一般娼妓不同，反而类似奴隶。当然，在一般战争情况中，也会有娼妓出卖自己的身体给士兵。"慰安妇"最与众不同的地方是日本当局的介入程度，上至内阁大臣，下至地方司令官，各级官员亲自颁布命令、订立管理规则，有时候甚至直接管理。[22] 至于"慰安妇"的数目与大屠杀死亡的人数一样，无法得出一个准确的数字，估计有 10 万到 20 万妇女被迫沦为性奴。

对日本人民来说，战争也带来了重大创伤。在 1937 年至 1945 年，约 170 万日本士兵阵亡；另外战后也有大批俘虏在苏联的战俘营失踪，最高估计有 30 万之多。大空袭让 900 万日本人无家可归，死亡的平民约 20 万人，另外再加上死于两枚原子弹爆炸的 20 万人。原子弹爆炸是个恐怖的经历，在爆炸半径两公里内，所有人类刹那间尽成灰烬，广岛及长崎两城市顿时成为火场及死亡炼狱，建筑物亦化为颓垣败瓦。由于后续放射性疾病的影响，在以后数月以至数年间，尚约有 10 万人以上成为原子弹的牺牲者。整体来说，日本死亡总人数约达 250 万。最重要的是经历了史无前例的原子弹爆炸，这使日本人有一种战争受害者的强烈感觉，而不认为自己是加害者，战败的感受亦瞬间改变了数百万日本人对战争的看法，深深体会到所有战争的可怕。

战争期间实施的各种政策，亦巩固了一直以来所称的"20 世纪 40 年代体制"。不过更准确地说，"20 世纪 40 年代体制"是战争期间一连串措施的集合体。[23] 战后最为人所知的产业政策，就是源于经济大恐慌至 1945 年间的各种尝试，是在不断实践与修正后才摸索出来的。在这段时间，负责官员设立的各种指导及控制私人企业的机制，颇耐得起考验，最终能延续至战后；他们也孕育了大企业与下游供货商之间的网络，让其运行无阻，为战后开了先河；战争动员措施同样改变了农村中的地主佃农关系、职场组织及男女角色等体制。战争中地主权力日益衰退；蓝领工人虽然在物质方面得不到什么好处，但在意识形态上则地位大为提高，号称与管理层平起平坐；妇女进入职场的数目亦是空前的。日本战败投降无疑是其现代史上的重大转折点，然而无论是社会文化生活、国内政治还是国际关系，战后各领域要重新出发时，亦会建基于战时经验，其方式是错综复杂的，有时甚至是出人意表的。

第十三章

美国占领下的日本：新出发点及延续的旧结构

1945 年 8 月 15 日，日本天皇在其第一次收音机广播中宣布日本向盟军投降。这消息对某些日本人的冲击十分大，根据他们日后回忆，8 月 15 日中午这一刻是"再生"的开始，过去的价值及经验立马失去了其合法性，他们决定无论为个人也好，还是为整个民族也好，都要探求一个全新方向；另一些人原来已为空袭所困，天天挣扎于粮食与居住问题中，显得一片绝望与消极；还有一些人决心要保卫传统世界，其中又以在高位者为然。因此败战虽为全国共同经验，但每个人的感觉并不相同。

甚至在战争结束以前，不少皇室、政界、商界等各方面人员，均惧怕战败会带来革命，消灭天皇制度，并用苏联模式的社会主义取代之。在投降后，这种恐惧有增无减，因为美国似乎要来播下革命种子。虽然有些人衷心欢迎它，有些人则畏之如蛇蝎，但这种原以为上天注定的革命并未真正实现。当然，日本战后的特征仍是充斥着各种深刻的冲突与矛盾，但我们在说明日本在 20 世纪下半叶的历史时，核心命题是解释其安定化过程，以及如何化解各种冲突。换言之，保守政治及社会秩序如何及为何能崛兴于战后日本？它们在 1945 年后又怎样延续下来？

一、忍其所难忍

当日本数以千万的人民聆听天皇广播投降的消息时，这是他们第一次听到其最高元首的声音。高频率的讲话通过收音机电波传送出来，他们不得不十分讶异，然而更令日本人民大吃一惊的是广播的内容。*八年以来，日本的统治阶层一直劝导本国子民不断牺牲以完成这场所谓伟大战争，这不但是服务天皇，更是为了从残暴的"英美恶魔"手中把亚洲解放出来，最后胜利必属于日本。日本军人在整个亚洲杀戮了数以百万的士兵及平民，而 1 700 万日本人口中，死亡人数达 250 万。然而刹那间，天皇用一种官方式且有意含糊的语言告诉他们，战争已经结束，日本已经被打败了。

裕仁在其"玉音放送"中说明日本为何决定投降，这可以说是历史上最轻描淡写的文献之一："然交战已四岁，虽陆海将兵勇战，百僚有司励精图治，一亿众庶各各尽善奉公，战局未必好转，世界大势亦非有利于我。"他强调敌方所使用的新式"残虐爆弹"的破坏力，若继续交战，"不只会招来我民族之灭亡，亦进而破坏人类文明"。至于与日本合作的国家，他认为其"与帝国始终致力东亚解放诸盟邦，不得不表遗憾之意"。裕仁表示其目的是"为万世开太平"，并勉励其

---

* 天皇裕仁的战败广播被称为"玉音放送"。——译注

子民"堪其所难堪，忍其所难忍"，团结一志，"倾力将来建设，笃道义，巩志操，誓发扬国体精华，不落后于世界进运"。[1]

裕仁的广播颇引人注目，这是他与其宫内顾问首次尝试肯定战争的无私，又当此日本面临天翻地覆的转变之时，他却为其日后权力基础做辩护。整个广播内容视日本人民甚至国家为战争及残酷武器的受害者，虽然裕仁在广播结束时引用明治时代的术语，要求日本模仿西方世界的进步，但重点则是忍辱负重，而非追求大改革。

对少数人而言，他们无法接受一个战败的前景，当广播发表后，约有350名军官自杀。不过军方领袖一向强烈呼唤士兵要在决一死战时为国牺牲，若由此标准衡量，约600万军人中仅350人在战争结束时殉身，则比例并不算高。大部分的平民及士兵对于战败的态度，或实事求是，或消极，并无极端行为出现。

在官僚、军事及企业机构中，有一项最现实而又最急迫的战后工作：战争是在1945年8月15日正式结束，而麦克阿瑟将军及其占领部队则在9月初才到达，在这两个星期的空窗期中，数以百计的火头腾烧在东京各处。因为官员及企业经理害怕盟军秋后算账，必须毁灭战时相关证据，故数以千计的各方面文件因而遭到毁灭。

另一个实际而又迅速执行的措施是招募娼妓，这本来是日本战时政策的一部分，但现在的服务对象则转为盟国军队，目的是"保卫及维系我大和民族的纯粹性"。官方慰安所于8月18日开始策划，到1945年底，所谓"特殊慰安施设协会"（Recreation and Amusement Association，RAA）已经遍布全日本各大城市，数以千计的妇女出卖其肉体，其中大部分从未当过娼妓。1946年1月，占领当局责难官方慰安所，认为其违反妇女基本人权，因此立法禁止。不单是官方慰安所被禁，亦包括日本公娼执照制度。但同年12月，日本政府使用另一个名称恢复颁发公娼行业执照，红灯区再度死灰复燃。政府认为有必要防止性病在无执照的私人妓院传播，故承认特种餐厅及酒吧的合法地位，让其在昔日红灯区营业，同时容许女性在这些地方从事性交易。

占领军士兵是红灯区十分稳定的客源，而身为娼妓的女性有时候会与嫖客建立较为长久的关系，她们会面临双重歧视。美国官方虽容许娼馆开门营业，但不鼓励美国大兵与日本女子结婚，然而这仍无法避免日美混血儿童的出现，他们在日本颇受歧视。

第三个对战败的实际回应是企业精神，无论它合法也好，不合法也好，都充满了活力。小川菊松就是个明显的例子，他的职业是编辑，当天皇宣布投降后，他马上意识到英语会话书籍会有大量需求，因此临时编纂了一本《日美会话手册》，到1945年年底，该书发行量已达350万册，到1981年，它仍经常名列日本最畅销书之一。[2]更典型的便是地下市场的兴起。日本战时实行粮食分配及物价管制，当战争结束后，这政策仍未改变。市场上的食物及家庭用品供应奇缺，很多男性及少部分妇女从事地下市场生意，大发黑市财，其中不少朝鲜人及中国台湾人亦有插手。这种被称为"青空市场"的黑市并不合法，但为当局所容忍。事实上很多黑市由黑道操纵，为保护地盘，黑道经常诉诸暴力，演变为流血事件。到1945年10月，全国各城镇共有约1.7万多个"青空市场"。供货商想尽办法搜求货源：农村、战时物资的秘密仓库、在供应丰富的美国基地有门路的美国大兵或娼妓，不一而足，有些衣服及毯子甚至是从死人身上剥下来的。[3]

数以千万计的日本人民几年来一直面对饥饿，事实上已有数以千计的人死于粮食不足。[4]1946年春天，由于农业失收，口粮分配制度运作失衡，城市面临严重粮荒。在1946年，每个家庭平均花费68%的收入在食物上，小学学童平均身高及体重一直递减，到1948年才稍微歇止。[5]新闻纪录片中常出现些不忍卒睹的镜头，小孩身体干瘪，腹部鼓胀，而厚生省人员正焦累地为他们做健康检查。不论成人还是儿童，妇女还是男性，他们都一窝蜂地挤上开往乡村的火车，希望用手上的和服换回糊口的白菜（见图13.1）。一部当时的回忆录诉说道："剥掉身上的衣服去换取食物，我们开始时把它比喻为像蛇蜕皮一样，但后来又把它比作削洋葱，因为一边做，一边忍不住地掉下眼泪。"[6]

日语中医学上的"虚脱"一词，用来形容战后初期日本人民的心理状态最贴切不过。当时大众传媒指出酗酒与毒品是最严重的社会问题，报纸刊载很多有关饮用自酿酒而致死的新闻，与20世纪20年代或30年代相比较，武装抢劫及盗窃案件增加很多。虽然如此，谋杀案并没有增加。根据焦虑的政府及传媒有关人员的记录，社会正陷入空前混乱，其实这只是一种错觉，有相当程度的夸大。

另一个象征当时情况的名词是"粕取"文化。"粕取"原意是指一种流行于大众的廉价酒，它用酒糟渣滓酿成，质量低劣；当时则指一种心理上的自怜状态，因未来看似无望而只活在当下。正如一个黑市的买卖人说："我一天所赚的钱等于白领阶层一个月的薪水，这使我很难摆脱这种生活。但我丝毫没有考虑到存半分钱，我只留一些第二天会用到的钱，然后今朝有酒今朝醉。我一直在喝酒，生活就像一片飘扬在半空的浮萍。"当时好些著名作家——其中最具代表性的是太宰治（1909—1948）及坂口安吾（1906—1955）——无论在其笔下还是实际生活中，都不断歌颂和平时期的人性堕落，言下之意是反对战时非人性的忠诚。在其久为人知的散文《论堕落》中，坂口写道：

> 我们可不可以说出神风英雄只不过是场幻梦？可不可以说出人类历史是开始于我们走进黑市市场？我们只不过回归到人类的本性，人类走向堕落——忠心耿耿之士及圣洁的女性亦走向堕落。[7]

图13.1　图中是战争结束后两年中日本最常见的仓皇景象，城市居民要挤上火车，急着前往农村寻找粮食。他们手里拿着一袋袋个人物品，如和服之类，希望与农民交换蔬菜或大米。（每日新闻社提供）

二、美国的布局：非军事化及民主化

与日本人民截然相反，在 1945 年 9 月开始陆续进驻的美国人，他们营养充足，装备优良，每个人都信心十足，满怀彻底改造日本的理想。美国人统治下的 7 年是日本有史以来第一次被外国人占领，统治者运用他们的权力重订法律，改革经济及政治体系，甚至要改变日本的文化及价值观念。

理论上，占领是同盟国各国的集体事务，1946 年初成立一个由四强组成的同盟国日本委员会，目的是作为"联合国最高司令部"（Supreme Commander for the Allied Powers，SCAP）的咨询机构。同时另有一个远东委员会，成员共 11 人，负责制定占领政策及监督联合国最高司令部。[8]然而在实际执行过程中，由于最高司令部的领导人是麦克阿瑟，他的作风强硬，其下属又多半是美国人，故最高司令部可以说直接听命于美国政府，其他机关根本起不了什么作用。简而言之，所谓最高司令部指的便是麦克阿瑟本人及其下属各级官僚。[9]

美国对日本的占领策略可以用两个词概括：非军事化及民主化。为达成第一个目标，最高司令部马上瓦解了日本的海陆军组织。在 1945 年 11 月 30 日，日本的武装力量正式被解除，不过真正的后续工作却更为艰巨，因为复员军人数目庞大，总共要遣返约 690 万人回日本本岛。当战争结束时，日本人口约有 1/10 身处海外，即有 370 万军人及 320 万平民分布在朝鲜半岛、东三省在内的中国大陆、台湾，甚至远居在南方极端遥远的占领区。除了约 40 万人被羁留在苏联成为战俘外，又有少数人留在中国东三省，到 1945 年底，复员与遣返工作大致完成。要处理如此大量的人员是一个十分复杂的任务，它的影响为何，到今天仍未有充分的了解及研究。不过总的来说，整个过程是相当迅速及顺利的。无论是军人还是平民，遣返者在回到"家园"后，都有种百感交集的失落情绪，一方面是回来时身无长物，一贫如洗，因此有点自卑；另一方面是因为曾参与战争，结果一败涂地，自然被冷眼看待。在 20 世纪 50 年代及以后，不少复员军人参与政治，而且颇出风头，他们一直强烈要求政府恢复军备，并且修改美国在占领时期强加于日本的各种变革。

其他非军事化政策则主要集中在那些支持战争但却不属于军方的人。1945 年 10 月，美国人解散"特别高等警察"，它简称"特高"，是战前监控思想的组织，具有镇压人民的作用。在 1945 年到 1948 年，占领当局亦从政府及企业内清除 20 万人以上，理由是他们都在战争中担任领导角色，国家神道亦被解散。战争结束不久，同盟国召开传统战犯法庭，审判约 6 000 名军人，罪名包括虐待战俘等，约 900 人以上被判有罪，并被处以死刑。占领当局亦推动一项庞大的战争赔偿计划，相当一部分的日本工业设备遭拆卸装载上船，运到日本在亚洲扩张时的受害国家。

战后对日本的惩戒，最重要的舞台便是远东国际军事法庭。它从 1946 年 5 月到 1948 年 11 月将日本战时领导人送上审判台，该审判简称"东京审判"。法庭控告以东条英机大将为首的 28 人，其罪名除了战争中所犯的各种传统恶行外，亦包括"破坏和平罪行"。这是新创立的罪行形式，于 1946 年定着，首次在纽伦堡审判中用于审判各纳粹领导人，第二次便用在东京审判上。传统的所谓战争罪行多半指在战争时期所犯的各种罪行，但"破坏和平罪行"则是指计划及发动"侵略战争"。在上述审判以前，无论因为哪一种原因发动战争，都没有被国际法视为罪行。而所有在东京审判中受审的人都被判有罪，东条与其他6名战犯被判死刑，其余16人则被判终身监禁。[10]

美国1945年在日本要做的事不只是非军事化及惩罚其领导人，其目的是用自己的方法改造整个世界，日本只不过是其中一环。在这种精神下，最高司令部在1945年秋天至1946年强制实行一连串改革，他们的基本逻辑十分简单：军国主义导源于财阀垄断、政治专制及经济贫乏，因此要建设一个和平、非武装化的日本，瓦解其军事力量只是第一步，接着必须有更大规模的改变，包括粉碎权威式统治，政治以及财富必须平等化，价值观当然亦在改造之列。

最高司令部在1945年10月宣布第一波改造运动，保证言论自由、出版自由、集会自由，工人及农民亦有权利组织自己的团体。它亦命令日本政府开放各种公民及政治权利给女性。到12月，占领当局通知日本政府进行土地改革，让佃农能购买他们自己的土地。

通过上述政策，美国人传递了一个很清楚的消息，就是未来日本必须建基在民主制度上，而民主的支柱又仰赖宪法的订立。故在1946年冬天，也许是怀抱着《圣经·创世纪》的宗教感情，麦克阿瑟将军下令占领人员成立一个小型委员会，在6天内起草一部日本新宪法。翌年春天草案提交帝国国会（它在战后仍然存在，直到新宪法通过，它才被取代），经激烈讨论后通过。新宪法在1946年11月公布，1947

年 5 月生效。[*]

战后宪法削弱了天皇的绝对权威地位，他只是"国家及人民统一的象征"（第 1 条）。新宪法第 3 章亦给予日本人民一连串"国民之权利及义务"，包括美国人权法案中所包含的各种人民权利，如言论自由、集会自由及宗教自由。同时权利观念亦被引用到社会范畴，新宪法保证教育权利，"全体国民在法律规定范围内，人人在其能力内有接受教育的权利"（第 26 条）；同时"全体国民有权谋取最低限度的健康及文化生活"（第 25 条）；它亦保证工作、组织团体及集体交涉的权利与义务；它禁止基于性别、种族、信仰、社会地位及家庭出身的歧视；它给予女性在婚姻、离婚、财产、继承及"其他与婚姻及继承有关事项"上平等地位的明确保证。最后在宪法第 9 条中规定，"日本国民衷心谋求基于正义及秩序的国际和平，永久放弃以国权发动的战争、武力威胁或以武力作为解决国际争端的手段"，成为日本和平宪法的最大特征。

一方面，日本精英阶层颇惊骇于上述各项广泛而深刻的保证，特别是美国人坚持日本政府必须以本身名义向社会大众提出宪法草案；另一方面，社会对草案的反应则十分热烈。虽然宪法的目标或理想是自上而下，但其企图心甚强的条文从此规范了当代日本的各项制度及论述。

---

[*] 新宪法共 11 章 103 条，开头另有前文。第 1 章《天皇》、第 2 章《放弃战争》、第 3 章《国民之权利及义务》、第 4 章《国会》、第 5 章《内阁》、第 6 章《司法》、第 7 章《财政》、第 8 章《地方自治》、第 9 章《改正》、第 10 章《最高法规》、第 11 章《补则》。——译者注

从 1945 年到 1947 年，占领当局亦强制实行其他重要改变。早在 1945 年 10 月 4 日，最高司令部便将狱中所有共产党员释放；它废除了日本监督言论的机构，容许比同时期美国国内尺度更宽的政治表达空间，虽然内容颇具争议。另一方面，最高司令部自己却制定政策，监视最近得到"解放"的言论世界，以防止军事或战争体制苟延残喘，这与其解放言论的政策相对，颇为自相矛盾。

占领改革者亦攻击财阀企业无孔不入的势力，财阀家族倚靠控股公司维系其庞大事业，如三井、住友、岩崎（即三菱公司所有人）、安田、浅野等均为其中的佼佼者。为削弱财阀力量，占领当局夺去其在控股公司的所有权及控制权，同时进一步分解财阀属下的一些大企业。他们亦鼓励工会组织，甚至给予指导，在占领之初，最高司令部十分欢迎工会组织活动及罢工。在农村方面，最高司令部实施土地改革，地主的领地被没收，分发给原有佃户，创造出乡间的小家庭农村体系，亦为日本农村的社会及经济权力分配带来革命性改变。

学校也是改革对象。最高司令部命令文部省不准在学校上课时宣扬战争及尽忠国家的道理，取而代之的是有关和平及民主的主张。在战争结束的第一年前后，旧课本仍在使用，有关坦克及战舰等刺眼的句子则要涂掉，由于有些课本要删改的地方实在太多，结果变成墨淋淋一片（见图 13.2）。不过新教科书很快便出现，取代了战时课本。1947 年义务教育延伸至初中三年级，大学教育亦急剧发展，战前只有少数精英国立大学挂上"帝国大学"招牌，现在都把"帝国"两字除去，简化为东京大学或京都大学。至于新成立或扩充成立的四年制大学则如雨后春笋，充斥日本全国。1947 年，日本女性被准许进入公私立大学就读。学校管理方式亦采用美国制度，在各地成立学校委员会，教育控制权转移到地方。

上述各种措施的影响广泛而深远，它改变了思想气氛，亦改变了经济及社会权力分配的结构。一股"民主化"热潮席卷日本，其支持者用极端广义的解释说明各种政策的民主及平等含义，民主已不只是选举及土地改革，它等同于人类灵魂的再造。这种诠释有其积极意义，但也形成一种威胁。思想界热切参与，他们在摸索，并深入探讨，究竟在一个真正民主人身上，自主主体性是如何孕育出来的。很多人转向马克思主义寻找答案，亦希望日本共产党站出来领导，因此左翼政治团体及政治思想获得史无前例的支持度。成群成群的人在旧书店里流窜翻找，他们如饥似渴地寻求思想源泉，另一些人则在大书店外彻夜守候，目的是购买最新出版的政治哲学巨著，改造、重建、转化等讨论课题回响震荡于整个日本上下。

在强制实施大规模改革中，麦克阿瑟将军成为美国权力的个人象征。麦克阿瑟是个魅力很强的领袖，极度充满自信。他善于运用他个人形象的象征意义，不过却不会滥用，在平常日子里他尽量维持与一般日本人民的距离，很少做直接接触。然而麦克阿瑟在其统治日本时，却公开发表了一幅政治性照片，它可以说是在世界史或日本史上最震撼人心的照片之一（见图13.3）。1945年9月27日，天皇裕仁拜访麦克阿瑟，这是两人首次见面，地点在东京美国大使馆，并非皇宫。到第二天，所有主要报纸均发表两人合拍的一张照片，该照片传达出日本一国及其人民处于屈从地位的讯息，对全日本产生很大震撼。

虽然麦克阿瑟的个性倔强，在日形象有如皇帝，我们仍要注意

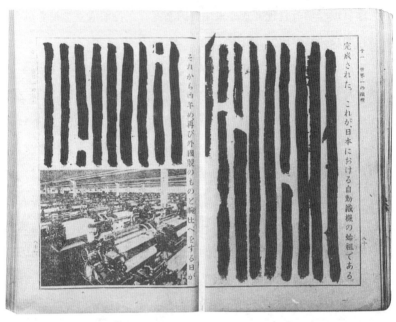

图 13.2 在新教科书印行以前，战时教科书是学校唯一能使用的教材。但里面充斥着对日本帝国及军人光荣的宣传，占领当局只好命令老师及学生把刺眼的地方涂掉，有时候因为要涂掉的地方太多，结果整版都被涂得不能用。很多人年轻时都亲身经验过，亦一直无法忘记美国人这种日本民主化的政策，即便不是虚伪的，起码也是个笑柄。见小学馆刊《昭和の历史⑦》，"占领と民主主义"。（小学馆出版局提供）

他并非是个完全自主的统治者，可以随自己的意思推动政策。最高司令部的政策是战争时期由华盛顿官员设计，并得到哈里·杜鲁门总统（Harry Truman）的批准。无论是终战后的改革，还是 1947 年美国政策的明显转向，都是美国主流设计者政策的反映。

只有一个领域是麦克阿瑟发挥了其个人影响力，这就是宗教。麦克阿瑟是个虔诚的基督徒，他希望利用其名声及权力改变日本人的精神面貌，把他们感化为基督徒。麦克阿瑟鼓励传教士重回日本，他要求印刷1 000万册日文版《圣经》，以派发给日本人民。[11]然而到最后，他的努力并无任何结果。虽然的确有人转信基督教，但原因多半是他们面对战后的荒凉颓败要寻求精神上的慰藉或解脱。整体而言，日本的基督徒数量仍不多，变化也不大，约为全国人口的1%。

麦克阿瑟个人观点有比较长远影响力的是有关天皇制度的部分，他的确帮助了美国政府订立此方面的政策。华盛顿一群被称为"软和平"的人支持保有天皇，利用他的声望使占领当局的改革更具合法性。不过直到占领开始，这一问题仍未得到最后解决，到1945年秋天，麦克阿瑟转而成为天皇制度的大力支持者。在其送回美国的报告中，他提出警示，若天皇被迫退位或要接受战犯审判，日本可能会出现动乱，社会秩序及美国要实施的政策可能因此不保。在他的游说下，日本战后的政治体制成为一个驳杂不纯的体系，有人称之为"帝国民主主义"。[12]

三、日本人的回响

在占领日本期间，美国人的权力表面上是至高无上的，但无论精英还是一般平民，仍能够保有他们自己解释占领者各种改革的空间，因为最高司令部只是间接统治，它必须倚赖现存的日本官僚体制以推动各种改革。最高司令部只能这样做，原因是人手不足，语言能力也是问题，要负担整个政府的任务，执行各项政策，根本是不可能的事。最高司令部设立一总部（General Headquarters，GHQ），它是日本政府各官僚机构的影子政府，不过编制则较小。最高司令部／总部设立一联络处，人员则是会英语的日本官员，它通过联络处把其决定传达给

图 13.3 麦克阿瑟将军于 1945 年 9 月 27 日在东京美国大使馆与裕仁天皇的首次会面，翌日这幅照片便在全日本各大主要报纸上刊登。照片中的两位政治人物对比鲜明，高矮明显不同，麦克阿瑟衣着随便，裕仁则服装端正。这幅照片产生了很大冲击，它向日本国内传递的信息是确认日本已经战败，日本与其占领者是一个上下屈从的关系。（每日新闻社提供）

日本政府同级官僚。这种形式给予政府官员及其他战时精英操作空间，可以不执行占领当局的命令，就算执行也可以阳奉阴违。

一般老百姓也同样拥有相当程度的自由，视需要才配合美国的政策。在这种情况下，占领当局虽然不遗余力地推动改革，但也只是影响成功与否的众多因素之一而已。更重要的因素是历史，战前的各项战争准备及战争期间的各种措施，对改革仍有很大影响力。日本社会及政府内，原来有不少个人及团体关注制度的现代化，他们至今仍努力不懈，虽然在其内部或与占领当局之间矛盾仍然不断。

第一个最明显的例子便是土地改革，它是占领时期最彻底而又最长寿的政策之一，但该改革政策自有其历史根源。远在20世纪20年代及30年代初期，地主已经采取守势政策，组织起来的农民不断冲击地主，要求减租或保障其租佃权，地主均无法抵抗，最后只好把田地卖掉。在战争时期，政府亦曾介入农村问题，原来的目的并非要改造社会，只是要促进生产。政府补助收购佃户稻米，这一政策更削弱了地主的力量。除此之外，农林省官员从20世纪30年代便开始呼吁土地改革，希望借此稳定农村社会。最后，佃户当然亦希望能拥有自己的田地。

因此土地改革是个在战前便开始的工作，只有在掌握这一历史背景后，才能理解最高司令部为何能推动此影响深远的计划。另一方面，最高司令部所提出的构想，其涉及的范围亦肯定超乎日本官员的想象。1945年12月，日本政府通过其自身的土地改革法，最高司令部认为它力度不足，要求日本政府重新订法。1946年10月新法律出笼，它规定地主只能保留家庭限度内的土地，其余均要以1945年的价格卖给农民。

有人曾开玩笑说，当农民真的付款购买，由于通货膨胀的关系，地主实际所收到的钱只够买一条香烟，这看法并非完全与当时的情况脱节。

第二是社会政策，战前的战争准备措施在这方面亦有重要作用。在 20 世纪 20 年代后期，内务省一些官员便曾推动一部工会法，这些人到 1945 年仍在任上。而最高司令部则视内务省为一个镇压国内异议的机关，故在占领期间，它是除军事机构外唯一被解散的官僚机关。但上述这些官僚却转任到新成立的劳动省（1947 年设立），结果占领时期的劳工改革是由他们掌管，他们要求工人与管理层合作，做法有时与战时的产业报国联盟并没有两样。因此他们只不过是恢复 20 世纪 20 年代政策，就是工会及集体交涉必须受一定的制衡，社会才能在长远利益下达到最大稳定度及最高的经济生产力。

第三是组织工会问题。少部分产业工人在战前便具有组织工会的经验，战后他们很快便成为火车头，带动工会组织、交涉及罢工等各色各样的活动。工人运动很快便号召数以百万的男女工人参加，他们不满意工资卑微、工作缺乏保障、在职场毫无发言权，因此十分积极参与。到 1946 年年底，工会会员人数由零成长到 500 万。工会里临时工人的比例到 1949 年达到高峰，约为整个劳动人口的 56%。

在战后 1945 年到 1947 年，企业界领袖毫无其他选择，只能对强势的工人运动让步。在工会的集体交涉下，他们同意大幅增加工资。企业界也签下数以千计的合约，承认新成立的劳工—管理层协调会，工会代表亦可以出席。虽然企业环境恶劣，但面临风起云涌的罢工行动，日本国内一些大公司亦只好决定取消裁员计划。

但与土地改革的情况不同，在劳工改革运动过程中，强大的抗衡力量仍处处可见。企业界虽然做出相当多的妥协，但他们与政府部分官员都害怕斗争性强的工会主义冲过头，最后会走向共产主义。企业家因此决心改变过火的形势与工会的性质。另一方面，美国人从1947年及1948年开始，亦逐渐转移其政策重心，由偏重民主化到偏重经济复苏，管理层趁此机会取回主导权，与温和的工会首领沟通，培养持久的合作关系。

第四是女权问题。一群人数不多的女性自20世纪20年代便大力提倡选举权及其他民权，由于最高司令部总部与她们合作，妇女政治地位得以大为改善。甚至在新宪法通过以前，美国当局在1945年便命令日本政府给予女性选举权。在战后的首次选举中，有39名女性进入国会，为当时国会席位的10%，反映出妇女普选权是颇受欢迎的改革。

除政治改革外，最高司令部亦在宪法中强调妇女的社会及法律地位。有关妇女宪法条文的起草人是贝娅塔·西罗塔（Beata Sirota，1923—2012）[*]，她在20世纪30年代生活于日本，当时还是小孩，故她的日语十分流利。1945年她刚好从大学毕业不久，以研究者身份随同最高司令部到日本。1946年冬天，西罗塔做梦也想不到会入选最高司令部的委员会，担任草拟日本新宪法的任务。趁此机会，她在宪法中写入条款，保证在婚姻及其他有关继承及家族法律事务上，"两性能基本平等"。

在妇女问题上，日本当时的思考方式及权力结构均无法与上述急

---

* 她是一名犹太裔俄国人，其父为著名钢琴家，十月革命后流亡奥地利，后到东京教音乐。1938年西罗塔到美国大学受教育，战后随占领当局返回日本。——译者注

剧改革产生共鸣。虽然有些日本女性主义者极力支持两性角色及权力架构做根本改革，但宪法并没有改变家庭以至整个社会里的男性优势地位。尽管这样，西罗塔所拟的宪法条文最后成为白纸黑字，成为一个新的出发点，给予男女双方以后数十年的讨论空间，让他们重新看待男女关系转变后的优点及缺点。

在某些范畴中，占领当局的改革并未得到日本内部的认同。美国人来日本时，便认为财阀是日本扩张及发动战争的主要因素。最高司令部开始时的政策是规定大公司财阀把自己手上的股票卖出，其下属子公司亦要分解为规模较小的公司，并且各自独立。但战后负责经济事务的日本政府官员，原来与财阀关系便十分密切，从经济大恐慌到战争时期的总动员运动，双方都合作无间。这些官员认为国家官僚与大企业合作才是经济复原的最好保证，他们认为美国人要瓦解财阀，完全是个天真而且不切实际的想法。日本的政界领袖亦同意此等看法。甚至左翼政党，他们虽然反对资本家垄断，但并不反对大规模经济体本身，他们以为一个强大国家才能产业国有化，亦这样才能有利于工人及人民。无论从思想上还是社会上，要彻底走上市场自由及经济力量分散的模式，并没有太大的支持力量。

因此瓦解财阀的进度十分缓慢，同时当美国人的政策焦点由改革转向复原后，财阀所承受的压力便大为减少。结果财阀拥有的控股公司的确被消灭了，但它下属的企业又以原来财阀银行为中心重新凝聚起来。新集团同样愿意与国家官僚合作，亦成为日本战后的起点。在此后数十年中，日本资本主义以银行为中心，同时亦在官僚的指导下发展。

占领当局企图瓦解警察及教育的集权模式亦同样不成功。这种做法源于美国人地方自治的思考模式，但在日本找不到类似的因子。最高司令部强制地方的市、町及村提供本地警察部门的经费，当然亦连带负上督导的责任。不过到实际执行时却障碍丛生：政界人士害怕警力会因此削弱，无法应付左派的挑战；地方纳税人则毫无意愿缴付警察所需预算，其中以小地方尤为明显。因此当占领结束时，政府让地方自行决定是否继续资助本地警察的工作，大部分地方都不愿意继续，故到 1954 年，便成立了一个全国性的警务机关。教育的情况亦如此，1948 年的改革是在日本各地成立教育委员会，以选举方式产生，但日本政府迟迟未执行。当占领结束时，教育法令重新修订，教育委员会的产生由委任取代选举。在战后数十年中，教育制度的内容一直是争论的重点，有时达到白热化程度，然而无论是保守派、自由派还是急进派，他们在争论中都很少谈到地方自治问题。

上述争论有其政治意涵，它们经常是左派政党与右派政党的分界线，然而两者的对立其实亦可以上溯至战前。日本战前政友会及民政党两个政党，在经过五年的大政翼赞会时期后，在战后分别重组。政友会原来剩下的成员组成"自由党"，而民政党的成员则大部分加入"进步党"，稍后更名为"民主党"。这些政党在占领期间虽然极力依附权力机构，但一开始便困难重重，占领当局以各党的创党元老不少属于战争时期的统治阶层为由，把他们大部分清洗出局，故两党的战后势力，与战前相差甚远。

至于左翼中的非共产党部分，他们原来是时薪工人及佃农的代言人，而在战争期间都是政府的拥护者，部分成员在战后亦遭占领当局清洗。虽然如此，剩余下来的社会主义领导人在1945年末组成"日本社会党"。由于他们批判战时体制，亦批判其战后继承者的企业界精英、官僚及政界人士，因而得到相当一部分人的支持。"日本共产党"在战后首次能公开合法活动，他们在战前便反对帝国主义及对外扩张，在战时亦同样，虽然无法公开反对，但因其立场一贯，故赢得道德上的正当性。

在20世纪20年代及30年代的选举中，政友会及民政党两党控制80%—90%的选票，无产阶级政党在男性获普选权后的第一次选举中，其得票率只有3%—4%，到20世纪30年代中期，则增长至近10%。社会主义者及共产党在战后保持了这种增长趋势。1946年首次战后选举中，社会主义者赢得92个席位，得票率18%；1947年4月举行的总选举中，社会主义者的席位达143席，得票率为28%。共产党在工会及知识分子间影响力较大，在一般大众中则不怎样。在战后初期选举中，它的得票率仅有3%—4%，席位也只有四五席。除此以外，独立候选人的力量也不小，其得票率及席位均颇可观，在1946年4月首次战后选举中，其得票率高达20%。随着左派及这些独立候选人的发展，老牌政党的得票率下滑到50%。

反对力量虽不断增长，吉田茂（1878—1967）领导的自由党在1946年选举中与其他保守政党合作，最后仍取得组阁权。吉田茂是位资深外交官，20世纪30年代末曾出任日本驻英国大使。他是日本帝国的积极支持者，曾企图说服英国接受日本在中国的优势地位，不过在战争时期吉田与军部保持一定距离。1945年初，当近卫文麿直接向裕仁天皇建议及早投降时，吉田是近卫看法的主要支持者之一，亦出于这缘故，吉田在 1945 年 4 月被关到监狱里，不过时间不长，反而因为有过反抗军部的经历，战后他被视为自由分子的一员。

吉田的权力并不稳固，在组阁以后一年中，工会接二连三地成立，罢工及示威抗议相继出现，社会党及共产党亦趁势而起，它们特别针对政府，指责其贪污及经济政策的无能。1947 年，在各工会组成的"全国劳动组合共同斗争委员会"（简称"全斗"）领导下，全日本工人准备在 2 月 1 日发动所谓"总罢工"，吉田内阁岌岌可危。但事情急转直下，最高司令部在 1 月 31 日晚下令禁止罢工，这对企图推动革命的共产党及左翼社会党是个重大打击。虽然如此，两个月后，亦即 1947 年 4 月，当日本根据新宪法首次举行选举时，日本社会党取得多数选票，并与民主党组成联合内阁，由社会党党魁片山哲（1887—1978）*出任首相一职。1948 年 3 月，片山被迫辞职，内阁寿命仅 8 个月。片山内阁倒台，表面上是他希望根据生活指数为公务员调升薪金，却无法获得国会通过其补充预算。但真正原因是社会党的内部斗争，片山为了实现煤炭工业国营化目标，决定与联合政党妥协，但遭党内激进派反对。继任的内阁仍是联合政权，社会党亦有参与，但出任首相的则是民主党的芦田均（1887—1948），芦田内阁一直维持到 1948 年底。在此时，社会主义是个政治趋势，它在日本似乎有掌握政权的可能性。

事实上，片山内阁所代表的只不过是社会主义者分享权力的插曲

---

* 片山哲，和歌山人，东京帝国大学法学部毕业，1930 年当选为众议院议员后，历任 12 届议员，曾组织社会民众党，属社会民主派系。——译注

而已。到 1949 年选举，自由主义者在吉田茂的领导下又东山再起，取得重大胜利。他们在众议院赢得过半议席，可以自行组阁。自由党是以战时政友会势力组成的"旧有政党"，它能够媲美反对党社会党初期的发展，的确令人印象深刻。事实上在日本 1931 年到 1932 年对外扩张之初，政友会当时便是执政党；另一方面，自由党党魁吉田茂虽然在战时曾建议及早投降，但在整个 20 世纪 30 年代，他是帝国外交政策的忠实执行者。我们可以预估不少人指责这些政治家，认为他们身为战时领导精英，应为日本无数的家破人亡负责。

无论如何，战前政党是百足之虫，死而不僵，它仍维持可观实力，大概是日本人对未来怀有恐惧，极度希望能在某种程度下回到自己熟悉的"正常状态"。自由党及民主党在 20 世纪 30 年代及 40 年代都位于政府权力的边缘，它们可以解释说战时与政府合作只是迫不得已。它们可以宣称自己是温和改革者，有决心建立一个和平的日本，亦有决心逐步改革，不会过分急进。除此之外，更重要的一点是战前大小企业、农民甚至新近获分土地的旧佃户，与两党人士都有亲密关系，只有这些两党老朋友出来，才有可能提供昔日旧友的各种国家资助或保护网。

因此在美国人占领时期及之后，旧有政党能重新执掌权力，其基础建立在战前经验，同时亦在能承诺恢复正常状态及政治分赃。社会党及共产党则以反对党领袖的姿态出现，充满战斗性，但经常处于少数地位。

四、逆转的过程

当日本的改革达到高潮时，亦是美国及苏联的关系出现空前紧张的阶段。当温斯顿·丘吉尔（Winston Churchill）在其1946年的著名演说中提到铁幕于欧洲已经降下，"冷战"算是正式浮现在国际政治舞台上。1947年美国国务卿乔治·马歇尔（George Marshall）正式宣布其著名计划，准备援助欧洲经济复兴。在亚洲，中国的国民政府原被美国视为战后亚洲的安定力量，但到1947年，它的优势逐步为中国共产党所取代。在日本，社会党在选举中正取得上风，街道上大规模示威一波接一波，共产党掌控了劳工组织，不断策划罢工以达成其政治目的。

上述趋势使得美国政府官员不得不重新思考其战略及权力布局结构。其实在计划受降以前，华盛顿一些决策者已经质疑全面改革日本的构想，怀疑它究竟是不是保证日本稳定的最佳方式。华盛顿有一群所谓日本通的人，他们的首领是美国前驻日大使约瑟夫·格鲁（Joseph Grew），直到战争结束为止他一直担任副国务卿一职。他们主张较为温和的改革，麦克阿瑟在东京的主要助手也采取同一态度，特别是他的情报部部长查尔斯·威洛比将军（General Charles Willoughby，麦克阿瑟称其为"我所宠爱的法西斯主义者"）。

根据他们的看法，日本是一个相当不错的国家，整个体制都井井有条，战争只是一时失误，主要是受到少数军人的胁持，因此瓦解军部，建立政治民主的基本法则便可。若进一步走向以社会为基础的大众民主，可能会过了头，产生危险。他们主张把政权交给战前精英中的"稳健分子"，包括商界领袖、外务省比较亲西方的官僚，如币原喜重郎和吉田茂等。他们支持利用天皇作为稳定力量，让日本社会倾向保守及团结一致。

上述态度由1947年开始产生影响，塑造华盛顿及东京的各种政策。这种新出发点被称为占领当局的"逆转过程"。1948年美国人很快便减缓其改革速度，不再大规模瓦解各财阀集团下属的子公司，到1949年他们甚至连战争赔偿权利亦放弃。1948年最高司令部鼓励日本政府修改劳工条例，禁止公务人员罢工，弱化保护工人的法规。当1950年朝鲜战争爆发时，它便鼓励日本成立全国性警察队伍，让驻日美军得以派遣到韩国，亦成为以后美国持续推动日本恢复军备的出发点，同时军备的上限亦逐步放宽。

美国人亦打击日本共产党，在最高司令部的鼓励下，日本政府在1950年发动"红色清洗"，约有1.3万名在公私立机构工作的人，因被怀疑为共产党员而失去职务，解雇的理由是他们的政治活动妨碍占领当局执行其政策。最高司令部的做法与1945—1946年对待战时日本领导层一模一样，但对象却逆转过来。当进行"红色清洗"时，原来被清洗的战时领导人则得到解放，他们很快地在政治舞台上重新呼风唤雨，这是所谓"逆转过程"中最突出的事例。

美国日本政策的回转，在当时造成很大争议，至今仍是史学界争论的话题，在日本各方的意见冲突尤为激烈。有人指责美国政策的逆转，违背战后初期要建立真正民主的承诺，其结果是容许日本精英在占领结束后施行连串反动及逆转政策。有人则认为占领当局的新方向是实事求是，它维持日本稳定，让早期改革能日后开花结果，故逆转政策是必要的。

美国改变其占领政策，再加上原来保留天皇制度的措施，的确令战后日本改革的规模缩小，没有原来预想的大。"红色清洗"亦改变了政治生态，各种劳工及文化组织的影响力因此减小。不过逆转过程并非全面，早期改革的许多重要措施仍得以保留，例如新宪法及土地改革等，仍原封不动。它没有介入选举，影响舆论，或禁止宪法第9条和平条款支持人士的活动。占领当局的新政策的确改变了整个政治环境，但对于当时政治或文化生活中各方面激烈争辩不休的派系活动，占领当局并未直接规定答案。美国改革方向的改变，部分原因是为追求安定的临时措施，因为它既把政治开放到一个史无前例的程度，最后不得不把旧势力的现存分子安插回来。

五、走向复苏及独立：另一个不平等条约？

经济复原是战后安定的一个基本因素。在占领之初，最高司令部不肯担负恢复日本经济的责任，日本商界领袖在这个前途渺茫的环境中要自己做出决定，承担所有后果，一面固然不安，另一面亦认为是发财的好机会，结果最后却造成了惨重的损失。战后初期，政府给予大公司重建补助，希望所花经费能作为复兴生产之用。但商人却认为把资金花在生产制成品上，不如买入原料，再把它卖给黑市中介商人，获利更丰。其结果是一方面战争中存活过来的工业设施闲置不用，另一方面物价飞涨，在1945年到1949年达到失控的情形。一个居住在日本的美国人事后回忆说："战后四年中，物价狂涨笼罩整个日本，是个挥之不去的巨大阴影……到 1949 年，通货膨胀终于受到控制，但物价在四年间已上升了 150 倍。"[13]

在这些年中，个人的经济条件及国家的整体经济状况都到了绝望境地。日本在 1946 年的实际国民生产总值（除去通货膨胀）为 116 亿日元，只不过是该国 1934—1936 年年平均国民生产总值的 69%。在投降以后的几个月内，产生活泼黑市的能量同样亦推动了经济增长，很快由低水平开始上升。从 1946 年到 1947 年，经济增长了 9%，1948年达到 13%。增长的来源是消费者的支出，最重要的是食物，但亦由于要重新建造最基本的居住条件。相对而言，商业投资于工厂或设施并不多，不过看起来修理及重启机器的商业机制能在盟军轰炸中存活下来，有部分仍安然无恙。[14]

日本政府计划恢复商业信心及重启工业生产，其中一个早期的重要措施见于 1947 年，经济决策者观察到主要物资出现短缺的恶性循环，而货物生产的复苏会因此受阻。最明显的是煤炭业，煤炭生产受限制，结果阻碍了钢铁工业的复苏，但钢铁产量无法提升，对煤炭的需求又减少。"倾斜生产方式"成为解决此难题的方案，根据战时经验，商工省官员制订一个优先级名单，按照顺序把煤及进口燃料分配给钢铁厂，钢铁厂在重振生产后，可以供应钢材给煤炭业，煤炭业者又因此可重建矿坑及各种设施，提升产量。这个计划在振兴产业上颇为成功，亦为其他的需求提供更多煤炭。

但到 1949 年经济复苏的步伐突然减缓，全年经济增长只有 2.9%。与战后时期相比，虽然通货膨胀明显放缓，价格上涨仍有 24%。不过套用陆军部部长肯尼思·罗亚尔（Kenneth Royall）的话，美国人已决意扶植日本作为亚洲的"反共产主义支柱"。他们非常忧虑经济复苏会遭遇困难。乔治·凯南（George Kennan）是战后美国最重要的战略家，在1949年10月他直截了当地说：

> 最突出的问题就是日本人要怎样才可以过得了关，除非他们某一程度上重启帝国机制，向南发展。很明显，我们应做的事……就是打开贸易机会，给予日本一个前所未有的商业机会，其规模是他们从未见过的，这个任务十分艰巨。[15]

作为此方向的第一步，美国在1949年2月派遣底特律一名银行家约瑟夫·道奇（Joseph Dodge）到东京，担任特别财政顾问。道奇是个正统经济学家，反对政府介入经济，亦反对政府规范经济。他在美国占领德国的经济政策方面亦曾扮演十分重要的角色。1949年春天，道奇在东京与日本大藏大臣池田勇人及首相吉田商议，并签订协议，为日本开了三道颇为辛辣的处方：平衡预算、停止所有政府对工业界的贷款、取消所有国家津贴。道奇的建议亦导致日本实施固定及单一汇率（取代当时不同工业有不同的汇率制度），即360日元兑换1美元，这对日本出口贸易极为有利。

这被称为"道奇路线"，其影响有多重要到目前仍有争议。有位著名政治学者认为道奇严苛的做法无异于要"扼杀"日本的经济，幸而朝鲜战争在1950年6月爆发，它所产生的需求替日本打了一支强心针，克服了道奇带来的通货紧缩。但另外两位美国经济学者则认为道奇的建议"为日本的复苏及成长打下了坚实的基础"。[16]两种不同的看法各有其正确的地方。政府削减开支的直接结果是使大概30万公务员或半公务员的人失去工作，同时主要私人公司亦削减工作机会。接二连三的措施，不但广为社会各界所知，而且营造出一种艰苦现实的气氛，尤其是直接受到影响的人的感受更深，故道奇就是"扼杀"日本经济，也使1949年的经济增长放缓下来。同时朝鲜战争的悲剧无可否认为日本带来了机会，当时日本的通货膨胀受到抑制，各个企业急着找地方投资，在某种程度上配合了战争带来的需求。

随着战事的发展，由于日本地缘上接近军事前线，有地利之便，美国军方向日本工厂采购的订单数量急速上升。在1951年到1953年，军事采购价值约为20亿美元，约等于当时日本出口的60%。[17]日本领导人欢呼吉田首相所说的"天赐良机"，商界亦称之为"老天的及时雨"。[18]从1949年到1951年，出口增长达3倍，生产额亦增加近70%。自投降以来，日本大公司首次出现利润，它们亦相对大幅度增加新厂房及设备的投资，国民生产总值开始以两位数字增长，日本正迈向复兴之路。

就某种意义而言，复苏很早便已开始。在道奇计划实施以前，通货膨胀已日渐消失，道奇所要求的裁减亦没有被完全执行。1946年以后经济便缓步增长，1949年的低迷只是短期现象，有其相对性。"道奇路线"没有扼杀日本，而朝鲜战争也没有挽救日本，它们只是加速了原本的前进步伐，例如通胀降低，企业对抗劳工的能力提升，以及工业投资与出口不断增长。[19]

当日本的改革已经上路，经济亦开始复苏，另一方面美国又面临朝鲜战争的压力，需要投入大量军事资源，因此要求终止占领的压力在华盛顿逐渐滋长。不过占领结束步伐之快，却出乎不少人意料。1945年时，一些美国高层官员曾说过需要占领日本20年，甚至1个世纪，而结果正式占领时期仅仅7年。

美国一些战时盟友不想太快签订和平条约，更不想太快地结束占领。英国政府、中国政府以及东南亚各国政府均期待一个苛刻的和平条约，不单要有战争赔偿，更要有效保证日本军国主义不再复活。在国务卿约翰·福斯特·杜勒斯（John Foster Dulles）的领导下，美国极力游说各方面尽快缔结和约。美国与菲律宾、澳大利亚、新西兰等国家订立防卫协议，以消解它们的恐惧。和约亦规定亚洲各国可以在日后与日本订立双边协议，以解决赔偿问题。1951年9月，48个国家在旧金山举行会议，签订和约，正式结束与日本的战争状态，占领在1952年4月正式结束。

很多重要问题仍未解决：美国仍保有琉球的控制权，虽未明言占领期限，然而大部分日本人仍视该群岛为日本的一部分；无论中国大陆还是台湾，都要求以中国唯一代表的身份签署和约，两者都未被邀请至和会中，美国让日本自行决定与哪一个政府商议；苏联与其他欧洲共产主义国家则在会议中途退席，它们最不满意的是在占领终止后，仍有大量美军驻守日本。俄罗斯到今天仍控制北海道北面四个小岛，与日本有疆界纠纷。

《旧金山和约》签署两小时后，美国与日本批准争议甚大的《美日安全保障条约》，它容许美国有权在日本保有军事基地及驻兵。美军驻留的任务，正式说法是保护日本不受外国攻击，同时亦作为维持国际和平及安全之用。从美国及亚洲许多国家的观点视之，美军的作用既是保护日本，同时亦是制衡它。安保条约在日本国内遇到极大反对力量，一些政治上的左倾人士认为安保条约触犯日本的中立地位，亦违反写入宪法内的非武装和平原则，这点看法有它一定的道理。他们亦害怕美国军队会利用日本作踏脚石攻击其敌国。其他的左翼分子则认为安保条约不但触犯日本的中立地位，更侵犯日本的主权；此点也有它的道理，保守阵营亦有部分人士同意此点，他们指责吉田首相接受了"从属性独立"。吉田在过去几年的确认为在美国驻军及美国主导的安全网下，纵然是从属地位，亦是日本最好的选择。吉田的所愿终于得偿，不过有些人却将安保条约视为"第二次不平等条约"，它在以后数十年间，一直成为激烈争论的焦点及政治斗争的目标。

* * *

占领当局在 1945 年进驻日本，从一开始便决心为日本铺展一场由根挖起、逐步推广的改革，他们的确带来了巨大变革。即便如此，当美国人在 1952 年打道回府时，旧日本帝国原来的部分体制以及战时动员政策所造成的改变仍然存在。

占领者视财阀为军国主义的经济基础，曾尝试毁灭它；他们亦企图消灭官僚的中央集权力量，特别在教育及治安等范畴上；他们也策划清洗海陆军中的军国主义者、其民间的支持者、政界及商界人士，有意将其永远驱逐出公共领域。

美国占领者在日本上述领域中都曾做过努力。不过到 20 世纪 50 年代初期，战前财阀下属的子公司虽失去其控股母公司，又重新以银行为中心结集；战前政党亦存活下来，掌控国会及内阁；文人官僚体制的影响力一如往昔，甚至有过之而无不及，这种政治及经济力量的延续性，贯穿战前、战中以及战后，有历史家称之为旧体制的"连贯性"。[20]

虽然本书中曾指出战时政策的延续性十分重要，但战后日本的安定并非纯粹倚赖旧体制的力量，战后秩序亦是根源于各种巨大及持续的变革。宪法在民权、土地改革、劳工运动、妇女法律制定等方面均有贡献，若光靠日本统治者本身是绝对无法完成的，同时人民亦因此成为整个体系的一个重要组成部分。战后日本逐渐走向安定，并非说它纹风不动，一成不变，事实上只有在巨大变迁后才可以得享安定。改革加速了变迁的进行，亦重新启动了斗争。政治与社会范畴最后定着于三方势力的相持不下：社会、文化及政治三者间的关系十分紧张，影响日本甚大，有时可以说是爆炸性的，不过仍始终规范在临界点内。

在以后数十年间，经济日趋繁荣，大企业、政党政治体制、官僚机构，三个盘根错节的系统取得主导地位，而且长期高踞上位。战后的稳定固然建基于旧体制的"连贯性"，不过整个社会的安定性亦根源于中产阶级的成长与壮大，他们凭借教育及进入工厂或办公大楼的职场，经过不断奋斗，终于在整个体系中取得一席之地，这些都是改革的遗产。

第四部分

战后与当代的日本，1952—2012

第十四章

战后经济及社会的转变

1950年到20世纪70年代初期，日本经济以惊人的步伐向前迈进。从朝鲜战争带来的繁荣开始，史学家称日本的这20年为"高度成长时期"。日本由一个颓垣断壁、一贫如洗的地方，转眼变得繁荣兴盛，其转变速度是史无前例的。它是如何发生的？这个所谓经济奇迹部分是源于市场自身的转化能力，不过其市场模式稍有不同，它是个管理下的奇迹，由日本国家本身主导。高度成长的代价也相当大，工作因为时间长、纪律严苛，常有职务龃龉；城市与乡村、男性与女性、大企业与小公司，它们之间的福利分配并不平均；环境污染亦十分严重。上述成长过程产生种种代价及矛盾，在这一章，我们会谈及由此而生的许多政治斗争。

在社会范畴里，人们所体会到的变化比较慢，然而当战后经济开始起飞的那几年中——约从20世纪50年代后期到60年代——一个"战后"的社会逐渐形成，与战争期间及战争结束期的"过渡期"的日本社会截然不同。一种新的生活方式开始主导日本，有人称之为"新中产阶级"模式。所谓日本中产阶级，只不过是某种特定生活价值的反映，然而无疑愈来愈多人亲身感受到这种体验，它已经成为社会"主流"，亦即中产阶级社会模式。虽然如此，别的社会阶级仍然存活，而且相当重要，亦有一些阶级被重新打造，不过仍未遭消灭。

政府机构及执政党的领导人是日本的双驾马车，在大企业管理层的合作下，积极把上述价值打造为中产阶级的共同生活方式。通过各色各样的计划，家庭、学校及职场均被装嵌到既定的生活形态内。日本战后的社会史就如同经济史一般，它由无数国家计划所打造，影响到每一个公民的思想与行为方式。

一、战后的"经济奇迹"

1950 年到 1973 年，日本的国民生产总值（即 GNP，为一年内产品及服务的总值）平均每年以 10% 以上的速度增长，在世界经济史上，已经很久没有看到这样快速增长的记录（只有在 20 世纪 80 年代以后中华人民共和国的发展速率可以与之媲美）。由表 14.1 看，日本自 1950 年以后的经济发展是顺畅的，而且是大幅上升，只有几次轻微回跌，例如 1954 年因为朝鲜战争结束而导致的不景气。若以美元为单位，日本的国民生产总值在 1950 年约 110 亿美元，到 1955 年已经倍增至 250 亿，到 1973 年更增至 3 200 亿，约为 1955 年的 13 倍。若与其他国家相比，日本经济在 1955 年为美国规模的 7%，而且落后于同期欧洲所有国家。到 1973 年，日本的国民生产总值已达到美国的 1 / 3，成为全世界第三大经济体，仅次于美国及苏联。

同样令人印象深刻的是，日本对新科技及生产设施持久、大量的

表14.1　1951—1980年5个主要国家的名义国民生产总值
（Nominal GNP，单位为10亿美元）

	日本	美国	西德	法国	英国
1951	14.2	328.4	28.5	35.1	41.4
1955	22.7	398.0	43.0	49.2	53.9
1960	39.1	503.8	70.7	60.0	71.9
1965	88.8	688.1	115.1	99.2	100.2
1970	203.1	992.7	184.6	145.5	124.0
1975	498.2	1 549.2	418.2	339.0	234.5
1980	1 040.1	2 633.1	816.5	657.1	525.5

资料来源：经济广报セソター一，*Japan: An International Comparison*（Tokyo: Keizai Koho Sentaa,1983），p.5。

投资。了解基本投资最好的数据是资本形成总额。1955 年到 1973 年是日本高速发展的核心时期，其资本形成率平均每年超过 22%。与国民生产总值一样，这亦是史无前例的，而且没有一个国家可以与之媲美。

虽然说这样的发展是空前的，但从历史上仍可以找出其经济结构变化的根源。战后的景气中最领先的产业是钢铁、造船、汽车及电子，它们占尽优势。然而就是这些产业在 20 世纪 30 年代带领军事化的经济走向繁荣，甚至连生产企业也是那几家。我们现在可以看出，这些重工业能在战时发挥繁荣经济的作用，在和平时期也可以担任同样角色。从 1955 年到 1970 年，重工业在整个生产中的比重从 45% 跃升为 62%，而纺织业等轻工业的比重则大幅下滑。

早在 1962 年，英国杂志《经济学人》曾刊出一篇专文讨论所谓日本的战后"经济奇迹"。[1] 这个名词已经成为通称，它描绘战后经济高度成长的年代。历史学家及经济学家都曾尝试找出一套成长理论，

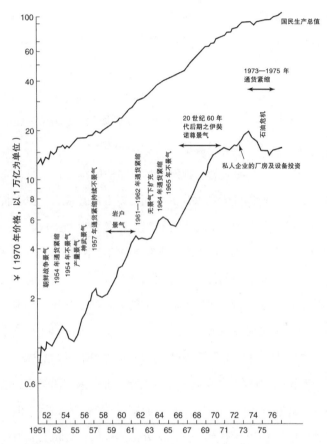

图表 14.1　1951—1976 年实质国民生产总值及资本形成

资料来源：经济企划厅，《国民所得统计年报》，引自 Nakamura Takafusa, *The Postwar Japanese Economy*（Tokyo: Tokyo University Press, 1981），p.35。

为这个令人惊异的发展做一个既合乎逻辑又合乎现实的解释。

战后奇迹出现的一个重要原因，是其特殊有利的国际环境，经济繁荣在其他国家亦有出现，"经济奇迹"一词不只是用于日本，同时亦用于德国。在20世纪50年代及60年代间，全球经济整体增长非常快，年增长率约为5%。美国在这方面起领导作用，它带头协商一个比较开放的贸易体系，例如1947年的关税及贸易总协议（General Agreement on Trade and Tariff，GATT）。结果在短短20年内，世界贸易总额陡增3倍。另一方面，石油成为一种廉价且可靠的能源，它来自中东及世界其他地方，工业因此无需太高成本而得以发展。最后，由于世界经济的开放，日本及其他国家的商界可以倚赖各种专利协议，不用花太高费用便可以获取大量最新科技，从半导体到炼钢高炉，应有尽有。

不过，这场及时雨的好运气是面向整个资本主义世界的，为何唯独日本的经济发展会特别迅速？有几个国际因素更有利于日本：首先是朝鲜战争在关键时刻刺激日本出口。其次是美国长期驻军及宪法限制日本发展军力，使日本不用负担太高的国防费用。假如日本从20世纪50年代开始，其税收与国防开支与其他工业国家如西德达到同等水平，有人估计它到1974年的经济也许会减少30%。[2]最后是汇率，从1949年到20世纪70年代初，日元对外汇率较低，实际上成为一种出口补贴。

不过要说明日本经济成长的原因，仍要再加上国内因素，方算全面。企业经营能力是其中一个因素，无论是旧有还是新成立的公司，一群新世代而又充满干劲的管理人员已出掌大局。他们的崛起，部分归因于占领时期的清洗行动，不少战时经济的高层管理人员被迫提早退休。在一些著名例子中可以看到，虽然在世界其他地方已有经验老到的竞争者，年轻的管理人仍不听政府官员的警告，决心投资在新领域及新技术上。

举例而言，政府曾劝汽车制造商进行合并，认为只有这样才有能力与美国底特律三大汽车厂竞争，但丰田、日产、三菱、五十铃及东洋工业（马自达）均决定要自行设立生产线。更令人印象深刻的是本田车厂，一个新兴摩托车制造公司，它由本田宗一郎（1906—1991）设立，他不听官员警告，于1963年进入汽车产业，从长期观点看，他最后获得成功。同样情况，果敢的西山弥太郎（1893—1966），原为川崎重工董事长，1950年将该公司的金属产业分出，另外成立川崎制铁所，他计划利用庞大投资建立一个整合完全、技术先进的炼钢厂，但政府官员拒绝帮助他向国内寻求资金，最后他只得改向日本以外的世界银行贷款。1961年，川崎制铁所成为日本国内第四大钢厂。另外一个例子为索尼公司（Sony），其创立人是两个富有冒险精神的年轻人盛田昭夫（1921—1999）及井深大（1908—1997），他们向日本政府申请购买生产半导体的专利，结果经过好多个月的奋斗，才在1953年得到官员勉强批准。索尼公司在20世纪50年代开始制造收音机，开始时只不过是间小公司，很快便成为全球电子消费品大制造商，质量及技术改良均为同行楷模。

总的来说，日本的私人公司扩展迅速而且大胆，不惜从银行大举借款，故负债颇为沉重。至于私人银行以及工业发展银行等公共机构，它们的资金来源则倚赖个人存款，再转贷给大小企业。在高度成长时代，一家日本公司的负债与纯资产的比例通常为75：25，与战前情况大不相同，那时的负债比率都只是接近40%。不过由于生产额增长快，同时收入亦由于通货膨胀增加幅度甚大，企业都有能力偿还债务，没有太大困难。

另一个有利战后经济的因素是人力资源的优良质量。在美国占领时期，义务教育延伸至中学，职场中年轻工作人员的受教育程度愈来愈高，各年龄层的雇员都乐于看到回到正常工作的可能性，可以有机会为自己的前途奋斗，无须再为军方牺牲。劳动者加入工会的比例史无前例得高，在20世纪40年代末及50年代初，其数字超过50%。组织起来的工人无论在行动上还是要求上都勇于出头，但他们同时亦朝气蓬勃，全力投入工作岗位，自动自发延长劳动时间并学习新技术。当新技术用于生产线，而且能获得有效运用时，生产力便大大提升。从1955年到1964年，制造业的劳动生产力上升了88%。

一般日本人除了辛勤生产外，他们在储蓄及消费上也扮演重要的角色。与收入相比，战后日本受薪阶级一般都有相当高的储蓄率，此情况与战前大为不同，但却是战争时期的延续。在20世纪50年代初，平均每户的储蓄率是其收入的10%，然而经济愈发展储蓄率则愈高，1960年达到15%，20世纪70年代初更升至20%。一直至20世纪90年代初，储蓄率都维持在家庭年收入的10%以上。从那时开始，家庭储蓄率大致都超过20%，这些资金不是存在商业银行的储蓄户头，便是存在政府经营的邮政储蓄系统，形成了一股庞大资金，成为工业投资的生力军。

一般人民虽然喜欢储蓄，但他们仍毫不吝啬地花费其日益增长的薪水，买各色各样的消费品。出口市场无疑是重要的，是经济的命脉，出口所赚的美元成为投资外国技术的关键性财源。但若由国民生产总值看，从20世纪50年代到70年代初，出口总值只占11%。同一时期的西欧各国，它们的出口总值却占国民生产总值的21%。[3]因此国内需求——包括零售消费市场——是经济增长的重要火车头之一，消费者经济与生产者经济一样，都于20世纪20年代及30年代见其端倪，其间一度为战争所中断。消费者一窝蜂地到商店购买各种家用及休闲产品：洗衣机、电饭锅、收音机、电唱机，稍后是电视机。这些产品都所费不菲。在1957年，一台新电视机售价约为8.5万日元，差不多是当时一个中等城市家庭两个半月的收入。虽然如此，日本在1965年已有超过4/5的家庭拥有电视。整体而言，1955年至1973年，国内个人实质消费约以每年7.5%的速度上升。[4]

在日本战后经济史中，国内最受争议的因素便是国家的角色，日本政府并不采用苏联模式实施"统制经济"。私人企业有相当大的自主权，有时甚至无视政府的劝告。然而战后日本经济也非全然是一个自由市场经济的奇迹。在战前及战争期间日本便已尝试各种国家管理措施，它们所涉及的范围其实是相当广泛的。这些措施其后总称为"产业政策"，它产生了非常大的作用。

在占领时期联合国最高司令部的协助下，日本政府从一开始便保留战时重要的经济权力，包括外汇及技术专利权等。它利用这些权力作为操作杠杆，选择性地支持某些特定企业，或消极地抵制某些企业。在战争终结之初，这些制度所赋予的权力扮演了重要角色。然而随着时间的推移，国家干涉的重心逐渐不再以成文法律为依据，改以非正式形态，被称作"行政指导"。而最重要的指导机关便是"国际通商产业省"，英文名称为 Ministry of International Trade and Industry，省略为 MITI。它的前身是战前的商工省，战争最高潮期间改为军需省，到 1945 年更名为通商产业省，1949 年再改至现在的名称。其他政府机构亦同样扮演了重要角色，其中包括大藏省、运输省、建设省、邮政省及经济企划厅。

在最一般的情况下，政府只在经济运作中扮演支持者的角色，借此营造充满信心的氛围。从 1948 年开始，经济企划厅便公布一连串的"五年计划"，然而并无约束力，它们只不过具有告知作用，让私人投资者了解政府正关心某些特定产业的发展，并且愿意提供各种协助，或是信贷，或是协助私人企业获得外汇、原料以及技术特许，或是纾解企业面临的困难。日本政府勇于协助企业，有时会受到外国人一定程度的责难（也许是妒忌）。最著名的例子发生于 1962 年，当时日本首相池田勇人正访问法国，戴高乐总统称其为"半导体推销员"。

在较为直接的情况下，国家机构会保护及培养正处于萌芽阶段的产业。20 世纪 60 年代，国家机构比较传统，会利用关税以限制进口。另一个方法是操作外汇，一家公司若要进口货物，一定要将日元换成美元，然而购入美元又必须经政府批准。日本政府便可以利用这种权力操纵国内市场中的进口货，因此得以排斥外国竞争者，保护日本企业。国家亦利用各种优惠政策以培育其关爱的日本企业：政府借贷机关会给予特定产业低息贷款；至于计划要发展的产业，政府则会为有关企业安排技术专利及各种税务优惠。由于企业为赶搭列车而蜂拥投资，很多时候造成产能过量，在这种情况下，通产省会介入，诱导成立"不景气卡特尔"。这是某一产业内各主要公司间的协议，根据协议，它们会降低产量，以免恶性竞争，确保大家都能生存下去。

上述做法的确产生了实质效果，同时也没有限于拥有特权的内围人士。举例来说，20世纪50年代奥地利人发明一种技术卓越的碱性氧气炼钢法（BOF转炉法），真正自由市场的做法是有兴趣的生产商自行与发明者协商，各自付费取得自己的专利权。但通产省力图说服各主要钢铁生产企业共同买下这项技术专利，不但可以分担成本，亦可以共享利益。日本生产企业用这种方法取得一项重要的技术，而所花费用却比美国钢厂少了许多。[5] 在这种情况下，日本企业终于能迅速发展新世代的生产设施，超越世界各地的对手。

国家以非正式机制介入经济活动被称为"行政指导"，它其实在战争期间已出现，而且是当时政治经济的主要基石。"行政指导"的雏形初见于20世纪20年代及30年代的政策及实践，当时为合理化工业生产，因此在主要产业中鼓励甚至强迫成立各种卡特尔。到了战后，政府进一步发展这个管理式资本主义的作用，不过在态度方面则较战时缓和，主要靠说服方式，并非完全是强迫性的，因此仍给予市场运作空间；那些能有效运用政府优惠政策的企业，可以在市场中获得回报，而政府与企业间的互动方式也证明有其正面作用。

二、"跨战争"模式的社区邻里、家庭、学校及职场

前面已提及过所谓政治及经济方式的"跨战争"体制，它形成于经济大恐慌，贯穿于战争期间以及战后时期，具体而言，可见诸产业政策及企业财团的重组、劳资关系、劳动阶级中的女性新角色以及农

村土地改革。不过从社会角度而言，"跨战争"体制亦同样从20世纪20年代延伸至50年代，也发挥了一定作用，产生了一系列社会模式。因此在第二次世界大战结束以至其后10年间，仍可以看到社会结构及人民的生活方式中带有跨战争痕迹。这个异质化的社会以多元性和分裂性为特征，这种持续的多元性和分裂性表现在社区和家庭生活里，也体现在学校和工作场所中。

在20世纪40年代初期，战时物资匮乏、轰炸及疏散等因素，无疑短暂地摧毁了都市社会，不过生气勃勃的城市生活很快便重现，甚至在经济复原之前。日本在19世纪便有人口流向城市，现在这一趋势亦已恢复。在20世纪50年代及60年代，每年约有100万人离开农村，移居城市。由于城市铁路支线在20世纪10年代及20年代已开始建造，故郊区新社会陆续出现，市郊生活亦慢慢成形。东京及大阪等大都会在20世纪50年代及60年代继续发展，成为那些追求灿烂、新鲜、现代生活的人的向往之地，日本的城市人口在1950年占全国人口的38%，到1975年增至75%。

人口流向城市这一现象并未妨碍农村，由于数以百万计的士兵在战后复员，有些回家团聚，有些则创立新家庭，总括来说，日本与世界其他地方一样，出现一个戏剧性的婴儿潮。最高潮是在1947年到1949年，每年出生人数达270万。在1945年到1955年，日本整体人口增加了1860万。因为增加速度快，虽然数以百万人口流向城市，农村的人口数仍相当高。在战争结束时，日本农村人口约为3600万，占全国人口的50%。10年以后，亦即1955年，农村地区的人口比例已经下降，但绝对数字却没有减少。跨战争时期日本生活的异质性是造成都市及农村社会活跃的原因。

跨战争社会的另一个特征是日本人民接受教育的多元性及赚钱方式的多元性。占领时期，盟军总部虽在教育上实施改革，然而整个教育制度到 20 世纪 50 年代仍上下分明，其中又有三个十分重要的分水岭：初中毕业、高中毕业、大学或学院毕业。虽然从 20 世纪 40 年代末期到 50 年代，愈来愈多人接受高中教育，但到 1955 年，约有半数青年完成其初中教育后便不再继续进修，另外有 1 / 3 完成高中教育，能进入高等教育学校的则只有 15%。

以受教育程度作为社会阶级指标的做法可以溯源至战前及战争期间，但其差别在 20 世纪 50 年代的职场最为清楚。初中毕业生，无论其为男性还是女性，他们的工作主要为蓝领操作层次，其发展前景则十分有限。男性高中毕业生则可以找到生产技术工作或事务员职位，一般而言，他们至少都可以晋升到主管职位，有时会更上一层楼；女性高中毕业生则可以担任大企业秘书职位。男性大学毕业生很多会在大企业及政府机构担任管理精英职位；至于女性大学毕业生则与其他资本主义工业国家女性一样，在战后初期面临巨大障碍，不容易找到工作，只有小部分能在公立学校中执教。因此性别与教育程度成为决定每个人职业的标准，不同性别或不同受教育水平的人会负担不同层次的工作，薪酬亦当然因此不同。

工作形态亦与战前差不多，是高度分散的。只有小部分人因为其受教育程度可以在家庭以外的地方工作、领取工资，这些地方包括工厂矿坑、政府机构、大小公司等；至于大部分人的工作环境，无论是城市还是农村，都空间狭小，他们或从事以家庭为基础的家庭事业，或务农。20 世纪 50 年代的劳动力分布情况与战前差不多，超过一半的劳动人口所从事的工作与家庭有关，如家庭农场、家庭渔船，或小型家庭零售、批发及制造业。一个企业，无论是农场还是菜市场、理发店，老板通常是丈夫，妻子会从旁协助，通常称为"家庭劳工"，但在政府统计上永远不会把这些妇女算作"雇员"，因为她们没有薪水，家庭的总收入中包含她们的收入。从 20 世纪 30 年代到 50 年代，超过 2 / 3 的女性属于上述"家庭劳工"类别。这些女性及其家庭成为日本战前或跨战争时期"旧中产阶级"的核心，它们包括小商店、小型贸易商及小型工厂。在战后日本各个城镇的小区里，它们一直是一支重要力量。

在跨战争社会模式中，家庭类别亦五花八门。在 20 世纪 20 年代，核心家庭占所有家庭数目的 54%，其余大部分为三代同堂的延伸家庭，通常住在同一个房屋中。这两种家庭彼此共存是跨战争社会的特征。

20 世纪 50 年代的日常生活物质条件与旧式跨战争社会较为类似，并不像我们今天所了解的战后新世界，观看图片便可获得此种感受。20 世纪 50 年代的照片比较像 20 世纪 30 年代，与 20 世纪 70 年代的明显不一样：农村日常衣着主要仍是凉鞋及和服式样的家居服，房子屋顶多半是茅草，道路还未铺上水泥，稻田上仍有成群的耕牛在犁地，当时农村的机械化仍未普及。1963 年拍摄的一个年轻女子的手部照片，其粗糙程度与 20 世纪初所看到的妇女的手并无二致（见图 14.1），这反映出农村劳动十分吃力，而且非常容易受伤，是以疤痕累累。一些令人兴奋的消费产品已经在各城市及农村地区流行，在 20 世纪 50 年代后期，这些消费品包括电灯、收音机、电唱机及电话，与 20 世纪 20

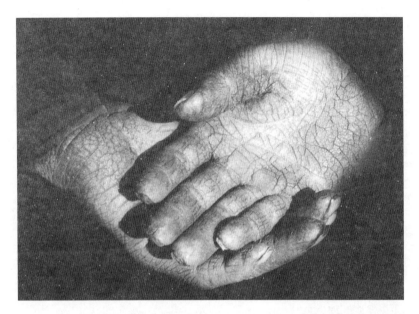

图 14.1　1963 年拍摄的一名 21 岁农家女子的手部，其田里及家里劳动的艰辛程度，光从各条纵横交错的手纹便可以想象出来。这照片反映出从 20 世纪初期到 50 年代，农村社会的生活及耕作技术仍有很强的连续性。直到 20 世纪 60 年代高度成长开花结果后，农民能实现操作的机械化，农村社会的工作习惯才真正改变过来。（南良和先生提供）

年代及 30 年代的消费品并没有太大差别。

　　战前那种世界风及本土风混杂一起的日常生活方式，到 20 世纪 50 年代仍同样延续下来。1950 年东京地区曾举行一个"劳动家庭"的社会调查，大部分妇女平均每天都要花上两小时以上在缝纫工作上，有些是使用缝纫机，她们模仿商店出售的时装款式裁制衣服。这种风气在 20 世纪初便出现，由于百货公司大力促销，一个时装商业世界便逐步形成。不过妇女的大部分缝纫工作仍是修补旧衣服，无论用手还是用缝纫机，这仍是一个耗费时间的工作，同时身为家庭主妇，她仍需要一定手艺才能胜任。因此一方面存在一个现代消费领域，以成衣供应客户需求；另一方面亦存在一个以家庭为基础的领域，进行非商业性的生产活动。

本土世界是以家庭为基础，部分商业化；与此相对的另一个世界则是大众化、官僚化及利润化的体制。在整个 20 世纪 50 年代，本土文化及休闲活动也一如战前，与社区庆典有密切关系，例如神社及佛寺各种祭典、假日时到邻近的胜地或古老村落游玩。个人及家庭的各个重要日子，例如婚嫁、生日、丧礼等等，都在一个亲切的环境中庆祝。直到 20 世纪 50 年代末，大部分的日本人是在家中出生，接生者不是医生，而是接生婆，大部分人亦死在家中。婚丧喜庆诸事，通常在农村较大的家宅或寺庙中举行，很少会在专门为婚丧喜庆服务的商业化场所办理。[6]

三、战后的共同体验及一体化生活方式

在高度成长的年代中，整个社会发生了十分深刻的变化。战争及战后时期接二连三所发生的事件，如大空袭、联合国最高司令部实施的土地及劳工改革、摧毁战前精英财富的大规模通货膨胀，原有的经济基础因此在很大程度上受到冲击。在这种背景下，当经济再趋向成长时，共同化生活方式很快便成为一种潮流：城市与农村间的落差减少；更多人口成长于核心家庭，不再以延伸家庭为重心；学历高低的差距亦逐渐缩减；职场内上下级的僵化关系比以前好转。当然，过分强调社会阶级的衰落是个错误的看法，把 20 世纪 70 年代以后的日本

说成是个同质社会天堂亦是个虚幻的假象。但无可否认，从20世纪50年代到70年代，日本民间的共同体验的确是有所增长，亦见证了跨战争时代为战后时代所取代。

共同体验的发展与日本地理环境的变化有关，它让人民之间能更容易且更迅速地相互接触。在1946年，日本的90万公里公路中，仅有1%铺有水泥。到1970年，已有15%的公路铺上水泥，且其中更约有640公里为收费高速公路。到1980年，水泥公路长度已跃增3倍，达到总公路长度的46%。东京与大阪间的高速"子弹列车"在1964年开始服务，使两大城市的来往时间由8小时缩减为3小时。在国外，它是以"子弹列车"闻名，但日语则称其为"新干线"，它代表的含义更为平实。事实上新干线十分惊人，它不但改变了日本两大都会间的距离感，也是日本技术成就的骄人象征，位于全球前列。

在表面环境迅速获得清理改善的同时，农村的内涵则不断萎缩。全职农民的数目及比例急剧下降，而且持续不断。1955年全职农户的数目是210万，到1970年降为83万，不到原来的一半。农业雇佣劳动力的比例，到1970年已跌至20%以下，不过同期兼职农民的数目则在增长。造成这种现象的原因有三，首先是农业机械化，其次是日本农户平均规模不大，再次是农村出现新的雇佣模式。由于道路改善，摩托车及汽车成为普遍的交通工具，适龄工作者能够由农村前往附近城镇的工厂或办公室工作，而祖父母则留在家中照顾孙子及种植蔬菜或稻米，成年子女亦可以在周末帮忙。农村愈来愈像郊区社会，只是成年男女在平日均外出，不会留在家中。到20世纪70年代，农村的改变缩短了乡村、城市及郊区间生活形态的差距。在最极端的例子中，有全部人口均外移到城市，村落顿成鬼墟。不过总体而言，农村还是靠上述方式存活下来。

社会经验共同化覆盖日本全土，然而其核心则是大规模的官僚式商业机构渗入平民百姓生活，涉及程度可以说是史无前例。自 19 世纪以来，所谓现代社会经验是以公立教育及军事服役为主，不过到二战以后，其他体制亦迅速扩大其范畴。医院成为诞生与死亡的必经之地：在 1955 年，约 82% 的小孩出生于家中，然而到 1975 年其比例减至 1.2%。[7] 婚礼场面亦愈来愈铺张浪费，全国各地的饭店及婚宴礼堂如雨后春笋，数以千计，它们积极拉拢顾客，婚礼亦变得十分专业化。[8] 这种事业亦扩展至丧葬及每年各种佛教纪念活动，趋势有增无减。当新干线、汽车及航空交通成为中产阶级日常生活的一部分时，大规模的国内外观光事业便急速发展，标准商业旅游套餐遽然而兴，而且大受欢迎。在 1960 年，只有 12 万人外出旅游，到 1970 年便增至 100 万，到 1980 年，约近 400 万日本人出国旅游。

学校及工作场所是共同化社会体验的两个最重要范畴。20 世纪 50 年代末到整个 60 年代，教育变革十分巨大。高中入学率急剧提升，1955 年其入学率约为 50%，到 1970 年增至 82%，到 1980 年更增至 94%。进入二年制及四年制大学的学生比例亦大幅跃升，到 1975 年为止，日本每年进入大学的高中生比例约为 35%，这个数字领先不少欧洲社会，亦接近美国水平。连高中教育也无法接受的人可以说是微乎其微，原来的教育差别分为三个层次，现在已缩减为两个。

公立大学仍然是最受人向往的地方，为平步青云的必要阶梯。然而由于大众高等教育的出现，这时期的教育与跨战争时期（甚至以后

表14.2　1961—1974年接受日本高等教育的平等情况
（公立大学全国录取人数中5个收入所得层次的学生百分比）

	1961	1965	1970	1974
Ⅰ（最低所得层）	19.7	16.3	17.3	14.4
Ⅱ	20.2	15.1	13.9	11.2
Ⅲ	15.4	18.6	17.7	16.0
Ⅳ	18.5	22.5	21.2	24.3
Ⅴ（最高所得层）	26.2	27.6	29.2	34.1

附　　注：由第Ⅰ层到第Ⅴ层，都以家庭所得为分类基础，每一层次均代表 20% 的户数。
资料来源：转引自 Thomas Rohlen, "Is Japanese Education Becoming Less Egalitarian?" *Journal of Japanese Studies*, Vol.3, No.1 (Winter, 1977), p.41。

时期）有个显著不同的地方就是，进入大学之门是相当平等的。在 20 世纪 60 年代，最贫苦家庭的小孩进入大学的比例，与其在全国人口中的比例相同（见表 14.2）。[9] 学生背景能分布得如此均匀，是相当令人惊叹的，它的成功并不是如美国那样实行强制平等入学政策，而是因为全国公立高中教学水平的提升，同时升幅均其整齐。它也呈现出一个事实，考试完全以成绩为录取标准，家财万贯的父母用捐赠方式以"买取"进入一流大学的门票，这种现象在日本不会发生。另一个可能因素是战争的破坏及战后初期的通货膨胀，昔日精英阶层的地位受到动摇，财富分配得以更加平均。

新建立的学校制度较往日平等，但也成为中产阶级的淘汰标准，它的结果就是名闻遐迩的"受验地狱"。要进入精英高中以及第一流大学，唯一的衡量标准就是入学考试的成绩，学生不得不夜以继日地把精力消耗在考试中。如果考不上心目中理想的精英学校，他们通常会在毕业后再花一到两年时间准备并重考，这些年轻人浮游在高中与大学之间，被称为"浪人"，这是套用对自德川时代失去主人的武士的称谓。很多老师不满意这种以考试为中心的教育制度，希望寻找不同的学习方式。他们认为传统教育制度的重点是让莘莘学子优胜劣汰，使学生驯服在制度内。最后在这种不断重复的沉闷考试压力下，学生取得经验，好在日后成年时养成在紧张及竞争环境下的工作习惯。

日本的职场出现同样新鲜的"战后"共同化特色，大部分的工人不再以家庭作为其工作场所，他们要离开家庭，外出赚取薪水。总体劳动力中的家庭工作比例不断下降，从 20 世纪 50 年代末的 2 / 3 降至 60 年代末的 1 / 2 以下。这种变化对男女两性均有影响，在 1960 年至 1970 年，在家庭以外受雇的女性工人，其比例由 42% 增至 53%。[10]

战后日本职场的另一个重要转变与学校情况一模一样，昔日的上下阶层差别受到压缩，平等精神成为普遍现象。在 20 世纪 60 年代及 70 年代，几乎每个人都有受高中教育的机会，高中毕业文凭已没有特别优势以晋身社会，它成为一个必要的凭证，结果之一是提升了劳动力的教育水平，强化了工作纪律；另一个结果则是缩短了白领与蓝领工人间的差距，其中以男性尤为明显。在战前，管理层是大学毕业，技术人员则是高中毕业，他们共同管理的工人则是中小学学历，彼此泾渭分明，际遇及前途均截然不同。到 20 世纪 70 年代，所有职场雇员大体上都接受义务教育至 18 岁，而大学又以通才训练为主，较少进行新知识或新技术的传授，因此由高中招募的蓝领工人，与由大学聘用的白领毕业生，彼此间在技术上的差距并不算太大。

在高度成长年代的新社会秩序中，家庭生活体验亦被共同化到一定程度。核心家庭在整个 20 世纪 60 年代中增长至 60%，到 1975 年，更上升至 2 / 3 弱。与此同时，一人住户由 1955 年的 3% 增加至 1975 年的 14%，他们多半是年轻、未婚的受薪阶级，居住在公司提供的宿舍或公寓。延伸家庭的数字则下跌，由总数的 1 / 3 递减至 1 / 5。不过"延伸家庭"的界限有点模糊，大部分上了年纪的父母亲并非与其儿女同住一地，但多半距离不远，只要花一点时间走路或开车便可以到其孩子及孙子的居所。[11] 我们也许可以称之为"核心延伸家庭"。然而无论如何，一人住户数字的增加及延伸家庭的减少，使两代同堂家庭的形式逐渐成为组织家庭的主流趋势，大异往日。

核心家庭是日本"新中产阶级"的骨干。"新中产阶级"是 20 世纪 50 年代末社会评论者所创造的一个名词。[12] 其曰"新"即表示有异于旧中产阶级，旧中产阶级是指乡村的家庭农户、城市的商人及小生产者。新中产阶级不断扩大，居住于东京、横滨、名古屋及大阪等城市中欣欣向荣的郊区。从 20 世纪 50 年代到整个 80 年代，由于经济好转，原来种植稻米蔬菜的田地或山坡，纷纷转换为高耸的公寓大楼，日本称之为"团地"。其中约有 100 万个单位是由公共房屋部门建造的。私人地产商亦在各大城市四周兴建独户房屋，以满足成功的中产阶级的需求。

新建筑物吸收了战前的各种新理念，为居住者提供了一个"现代"生活空间。睡房与餐厅 / 厨房的空间已区隔开来，桌子亦配上座椅，不必再坐在地板上。小孩们亦可以拥有自己的睡房。在高度成长年代，一个典型的核心家庭的丈夫每天都搭火车通勤，从上述类型的住宅到办公室或工厂上班，从事紧张忙碌的全职工作。太太则会兼职赚外快，但她主要的工作则是照顾小孩，孩子的数目通常不会超过两个。

当人们追求一种新的家庭形式时，他们亦追求家庭内一种新的关

图 14.2 战后的房屋热潮，主要导因有二：一是政府的公共房屋投资，二是战后婴儿潮中的父母们省吃俭用地存钱，然后做私人投资。图中摄于大阪府近郊的枚方市，类似的公寓小区在全日本比比皆是。（每日新闻社提供）

系。在 20 世纪初的日本，上层及中产阶级的婚姻多半凭媒妁之言，虽然以爱情为婚姻的基础这种反叛性理想已经出现，但毕竟是少数。到 20 世纪 50 年代，在白领受薪新中产阶级工人中，相亲仍然是主要形式。父母、亲戚、朋友甚至职业婚姻介绍所会提供各色各样的对象，两位当事人会见上几面，日语中称为"见合"，之后便会论及婚嫁。[13] 不过在同一时间段的大学生及年轻社会人士，交男女朋友的风气已逐渐流行，日语中的"约会"是外来语，模仿英语 date 的发音。"爱情婚姻"的理想逐渐被接受，而且愈来愈受欢迎（见图 14.3）。在这种情况下，豪华宴会成为这种婚姻的见证，亦成为战后家庭共同形态建立的起点。

图 14.3 从 20 世纪 50 年代后期开始，男女约会及对"爱情婚姻"的追求变得愈来愈普遍。上图摄于 20 世纪 60 年代东京皇宫附近的和田仓桥，桥上双双对对，展现出男女间的热情。（Tomiyama Haruo 提供）

同时，职场与家庭对许多中产阶级的男女性而言，仍是两个截然不同的世界。男人必须一心为公司服务，这种情况以白领阶级尤为明显，因此在下班以后，他通常要到有女性服务员的酒吧，与同事或客人饮酒及交际。这种由女性做伴的应酬被称为"水商卖"，意指女服务员所提供的混合饮料，它是两种文化的混合体：一种是 20 世纪 20 年代的咖啡厅文化；另一种则是流行于精英阶层的艺妓，她们多才多艺，以色笑娱人，通常不会与客人发生性关系，亦不排除偶然间有进一步的交往。20 世纪 60 年代以后，日本的水商卖十分蓬勃，出现数以千计的"妈妈生"（通常是年纪较大的妇人，都出身于女服务员），为自己及其雇员赚取了数十亿元的财富。[14]

四、分歧的持续与重组

战后社会共同体验有实质的增加，这固然是我们要留意的地方，但亦不能忽视重要的社会分歧仍然持续，只是有时会以新形式呈现，这些分歧包括：新旧中产阶级之间，能入读大学预备学校的高中学生与以职业训练为目的的"落榜"学校的学生之间，男性与女性之间，日本人与"其他"少数族群之间，包括朝鲜人、部落民、北方的阿伊努原住民及南方的冲绳人。

其中一个持续不断的现象便是各城镇里新旧中产阶级间的分歧。城市内个体经营的旧中产阶级与农村一样，并没有因高度经济成长而消失，仍有大批人口存在，它们只是被改变而已；与此同时，新中产阶级则快速增长。各地方的零售及贸易商人与"受薪阶级"家庭一样，为了布置房子，大量购买消费商品，他们的小孩亦接受同等基本教育，其进入著名高中的机会亦无不同。小商店及小型工厂的绵密地方关系，成为城市邻里的凝固剂，为各社区提供安全而又热闹的空间，让居民放心生活及购买日常用品，城市内的蓬勃生气亦得赖以维持。[15] 因此表面看来，两者的生活方式似乎有合流的可能性，不过旧中产阶级与大公司的受薪阶级相比，其经济前景仍稍有不如，小企业的破产率相当高：在整个高度成长时代，每年倒闭的小企业为总数的 3%—5%。[16]

在教育方面，主要分歧点则以新形式出现。由于高中教育已大致普及全民，初等教育与高等教育的差距因而逐渐消失，但新分歧点却出现于高等中学及大学内。因为高中及大学入学试是以成绩作为录取依据，而初中及小学公立教育又相当平均，结果高等教育的竞争情况反而比过去激烈，故无论从个人角度还是集体角度看，平等的机会最后造成不平等的结果。在所有大城市的公立高中内，都会造就一些明星学校，它们是所谓大学"预备校"，只要能通过激烈的入学试，一朝有幸录取，便能够安安稳稳地渡过三年高中，再经过大学入学试进入著名大学。其他高中则亦按照考试成绩建立其位阶次序，接收那些在考试中成绩较为不理想的学生。

日本蓬勃发展中的制造业亦重组其部门，由于教育制度改变、工会力量扩张及新的管理政策出现，大企业对待其蓝领及白领男性雇员的态度亦日渐平等，不过这些属于幸运儿，他们只占所有劳动力的 1/4 到 1/3 而已，其他劳动人口则仍然接受偏差待遇。在 20 世纪 60 年代，中小企业中的受薪男性，其薪水为大企业工人的 50%—60%[17]，他们的工作保障当然亦不及大企业的工人。

整个战后年代中最重要的社会差距在性别关系领域。举例来说，在高度成长年代的职场内，男女劳动者的分工与以前相比，并无太大改变，这是令人十分讶异的。在战前的制造业中，重工业工人都以男性为主，而 2/3 的女工则留在纺织业中。到 20 世纪 50 年代初，制造业中的女工最高仍约有 55% 从事纺织业工作。与此同时，由于大规模电子零件厂商出现，而且成长迅速，它们雇用了数以千计的年轻女性（见图 14.4）。从 20 世纪 50 年代中期到 60 年代，首先是半导体收音机公司，其后是电视机公司，它们的生产线聘用了大批女工，亦成为国际间日本经济奇迹出现的象征。女性工人在纺织业的比例因而下降，1955 年约有 55% 的工厂女工从事纺织业，到 1965 年只剩下 18%，而昔日纺织操作的特征亦为电子工人所取代：企业直接向义务教育的初

图 14.4　1958 年精工手表公司的女工正在生产线上工作的情况。当时成百上千的女性在初中毕业后，或进入欣欣向荣的高科技行业，如电子业、精密制造业等，或进入纺织业等传统行业。（每日新闻社提供）

中雇用少女，她们住在公司宿舍，而企业则用父权管理方式给予女工各种规限性的福利。事实上，电视生产线的劳动强度与纺织业工作并无很大的不同。

　　各日本企业的办公室亦在扩充，但聘回来的女性只被视作"办公室花瓶"，为职场中营营役役的男同事增添明亮的气氛而已。所有女性执行的工作，多半层次甚低，只属事务性，升级希望不大，但聘用之初，即被谆谆告诫要摆出笑脸迎人的姿态。每一位女性在雇用时都要签契约，保证结婚后马上放弃工作。有妇女挑战这种职业歧视，她们有些通过集体交涉，但最重要的还是通过法律途径，要求司法仲裁。

最著名的案例是 1966 年的住友水泥诉讼，法庭裁决女性工人获胜，结婚后仍可保有工作。但不少企业仍坚持执行职场中的男女性差别待遇，为了钻法律漏洞，它们修改雇佣策略，尽量避免聘请那些有强调其工作权利倾向的女性，例如四年制大学的女毕业生；它们比较愿意雇用二年制学院的学生，由于环境使然，纵然公司不要求，这些学生结婚后也多半会辞职不干。[18]

宗教信仰也是战后日本社会的分歧点，呈现出日本人不同的生活面貌。在发财立业的竞争过程中，有些人是失败者，为了寻求社会及精神慰藉，遂转向各种令人沉迷的新宗教。有些宗教团体在 19 世纪及 20 世纪初便创立，有些则是在战争结束后不久出现，有些规模细小，而且昙花一现。对俗世的人而言，这些宗教看起来像异端团体，它们有时候会通过双手接触以增强信仰，或通过一位法力无边的圣僧以传送神力。

有几个宗教团体十分成功，吸引了数百万的信徒。最大的一个是"创价学会"。它约在 20 世纪 30 年代末出头，原来只是日莲正宗的一个小支派，然而到 20 世纪 50 年代势力渐大，到 1960 年末，已号称拥有 700 万信徒。其他如日莲分支的立正佼成会、天理教，都是战后新兴的宗教，影响力甚大，亦号称拥有百万信徒。原来的佛寺及神社仍墨守成规，虽然是大部分日本人的信仰所在，却没有什么作为。新宗教团体无论在争取信徒还是规划财源上，都较为积极进取。它们在现世中给予信徒慰藉，亦宣扬来生的救赎。创价学会在新兴宗教中以积极传道闻名，它的礼拜仪式包括每天要在佛坛前诵经三十分钟，如果够虔诚，创价学会认为无论信徒遇上感情上还是经济上的任何问题，都可以立刻迎刃而解。新宗教告诉其信徒，宗教类似信用卡"先买后付"的观念，信徒可以"先祈祷，后信奉"，亦即在祈祷时可以有怀疑精神，然而一旦洪福降临，信念自会油然而生。由于信奉者组成一个强大的关系网，新信徒在其帮助下很容易便找到职业，结交新朋友，满足其经济及精神需求，宗教团体自然坐大。

战后社会的另一个分歧领域是少数族群及种族，其情况亦由来已久。在战争结束时，约有 200 万的朝鲜人居住在日本，他们或是自愿移居，或是被迫前来。当美国占领结束时，大部分人都回国，留下来的约有 54 万人，他们的法律地位由天皇臣民转变为外国居民。1945 年 10 月在日朝鲜人组成"在日朝鲜人总联合会"（日文简称为"朝鲜总联"），其宗旨是协助遣返及经济互助。到 1947 年，该组织亦发展出一个教育网络，包括近 600 所学校，服务对象约 6.2 万人。开始时该组织并无党派意识，然而当朝鲜半岛分裂为朝鲜及韩国时，"朝鲜总联"便自然逐渐政治化。该组织的主流是向朝鲜效忠，因此在最高司令部的支持下，日本政府便在 1949 年解散该组织。然而到 20 世纪 50 年代，该组织再次出现，首先使用"在日朝鲜统一民主战线"的名称，简称"民线"，到 1955 年正式恢复"在日朝鲜人总联合会"称谓。20 世纪 50 年代，朝鲜政府对"朝鲜总联"给予相当大的财政资助。在 1960 年，在日 61.3 万名朝鲜侨民中，约 3 / 4 登记为朝鲜人民民主主义共和国公民。[19] 当日本经济高速成长时，日本朝鲜侨民仍保留有力的朝鲜侨民小区，也有自己的私办学校网，不过经济环境并不好，社会上亦受歧视。职业选择空间并不大，多半从事艰苦及低薪工作，如按日计薪的工作或从事建筑行业的工作。

另一个少数"族群"是部落民，他们的卑贱身份名义上在明治时代已被废除，但到 20 世纪中叶，时间已近百年，歧视仍然存在。在 20 世纪 50 年代及 60 年代，有名气的企业在聘用新晋人员时，通常会检查申请工作者的户籍，若是部落民则马上出局。所谓部落民，顾名思义是以其聚居的传统村落或小区为标志，再加上明治时期便实行户籍登记制度，每个人的社会出身均有官方记录，故要找出部落民身份并不困难。"部落解放同盟"是个十分健全的组织，而且敢于挺身反抗，它曾经施加极大压力，要求政府禁止将上述数据作为歧视用途。政府亦有行动，在 20 世纪 60 年代末立法禁止无关系者取得个人户籍资料。但歧视情况并未改善，有若干私人机构自行搜集部落民地址，制成非正式的清册，并卖给私人企业。政府指责此种行为，但并没有立法禁止。在 20 世纪 70 年代末，这种清册约有 8 份在全日本流通。

面对这些歧视，"部落解放同盟"推动一个类似美国战前"隔离而平等"的改革运动。他们要求政府实行发放津贴、兴办公共工程及改善教育等措施，目的是希望为部落民小区取得较好的集体待遇，这些资助计划于 1969 年立法通过，统称为《同和对策事业特别措置法》。经过一段时间，部落民小区的生活水平的确有重大提升，逐渐类似主流社会的情况，但歧视仍未能消除，部落民要进入大企业工作，发展个人事业，依然困难重重。[20]

五、维持社会的稳定及其变迁

日本国家官僚及执政党一直积极关心社会矛盾，经常与商界精英联手合作减少矛盾，以维持社会变迁过程。因此他们实施大量计划，推动无数运动，目的是维持社会运作，其用心程度与经济政策不相伯仲。举例来说，政府的房屋政策除用在重建部落民的贫民窟外，亦向中产阶级家庭提供低息贷款。政府亦成立"日本住宅公团"，用来发展大量高楼林立的"新市镇"。到20世纪70年代初期，住宅公团已建造近200万单位，其中包括公寓型及单户型住宅。中产阶级都蜂拥前来申请，政府不得不抽签选择，其概率有时只有1%，只有幸运儿才可以入住这些租价低廉的津贴居所。

社会及经济政策的交集点是政府鼓励人民提高其储蓄率，由于战前及战争期间已有各种储蓄计划，以此为基础，大藏省在20世纪50年代推动民间储蓄。大藏省与各种妇女团体合作，以家庭主妇为目标，进行有力的说服工作，因为家庭开支多半由她们掌控，故效果甚佳。到20世纪60年代，日本家庭平均每户的储蓄率约为15%，这是当时全世界最高的储蓄率，亦比战前储蓄率高出不少。有了这笔资金，日本银行便可以做各种投资，刺激经济繁荣。导致储蓄率高的原因十分复杂，部分原因是日本人平均寿命延长，不得不储蓄以作退休之用，然而归根到底，传统的储蓄习惯仍是最重要因素。[21]

教育亦是社会政策中的重要领域。由于新工人数目不断增加，早在20世纪60年代初期，企业界顾问委员会即与教育官僚合作，要求以考试为中心的公立学校系统增加基本技术训练，好让他们有一技之长。主要因为生产及办公室科技革新速度太快，企业界都希望其蓝领或白领雇员能在最短时间内适应。他们希望高中、二年制大学以及四年制大学的教育系统，能按照需求比例颁发文凭，因而可分配男女工作人员到职场中合适的岗位，扮演合适的角色。企业界的要求通常都能得到响应。故大展宏图的公司，都可以有系统地直接由学校招募所需要的长期人才。同时根据各个学校与企业录取标准的难易度及人气指数，杂志会刊登详尽的排名录，是以媒体进一步强化大众的共同想法，点出何谓主流，何谓人生成功之道。

无论是国家还是企业界，其强有力的机构均一致关注性别问题，要为其订出"恰当"界限，亦会想尽办法实行。文部省及商界领导人设计学校教育纲要，用一种男女有别的观点，以宣扬标准化的家庭及职场生活。在初高中学校里，女学生被安排学习家政及保健等科目，男生一律不得参与，两性关系井然有序，这些科目都是教人如何做一个贤妻良母。在高度成长年代的高等教育中，约九成的二年制大学学生是女性，她们主修的专业包括家政、教育或文学等，大部分都被认为是妇女所长。在四年制的大学里，3／4的学生是男性，大部分的专业是工程或社会科学。

为了确立职场及家庭中的男女分工，有些政策是以经济利益作诱因，并以国家实施形式出现。从20世纪50年代到70年代，政府推行社会保障体系，且其规模不断扩大。这个体系鼓励"标准"核心家庭的两性分工形式，其利益亦以此为分配基础，方法是假设每个家庭中，丈夫都是主要赚取所得者，其税制亦以此为前提建立，配偶的收入在1万日元以下，则免征所得税；主要收入者（通常都是丈夫）亦可以因为有"扶养配偶"而享受减免税收的政策。如果低收入配偶所得超越此数，在日本社会多意指太太由兼职转为正式工作，不单她的收入要缴税，她的丈夫亦无法再享受针对有"扶养配偶"者的减税政策。在这种双重打击的办法下，已婚女性无法外出工作，最多只能兼职。

政府及企业的另一些政策更直接鼓励妇女投身家庭主妇的角色，不主张其进入职场。20 世纪 40 年代末开始，政府各部门与妇女团体合作，进行各色各样不太相关的活动，最后合流成一场"新生活运动"。事实上在战前及战争期间，日本在 20 世纪 20 年代便曾针对城市妇女推出许多活动，目的是为她们"改善日常生活"，到 20 世纪 30 年代进一步推广到农村。基于上述各种经验，战后在农村重新开展新生活运动，当时主要的焦点是厨房设计及处理垃圾的卫生方式，因此招来不少讽刺，讥笑运动只不过是教女性拍打苍蝇。新生活运动办讲座，刊行小册子，组织数以千计的地方学习小组，教授各种"开明"及"现代"的家庭管理方式，包括：新式卫生习惯，如隔离食物与害虫，尽快扔掉垃圾；现代厨房设计，如维持充足光线；家庭会计，亦即保存收支记录。农林省、厚生省以及文部省等政府部门亦与各地方妇女组织合作，把他们自认为"现代"的方式向农村推广。从 1955 年开始，首相官房成立一总合组织，以协调各种新生活活动，大公司亦踊跃参与。20 世纪 50 年代及 60 年代，有 50 个以上大企业参加，它们拥有员工超过 100 万，在公司鼓励下，属下雇员配偶组成各个新生活小组。一家钢铁公司的人事经理曾做如下说明：

> 对一个人的社会生活而言，职场与家庭两者是表里一体、缺一不可的关系，同时家庭生活是第二天职场生活的晴雨表。家庭生活原则上由主妇管理，视乎她的主动性才能有所发展，丈夫可以说是在此环境下才得以休息，培养活力。因此有计划提升主妇

的主动力，营造基础，以创造一个明亮的家庭，进而创造一个明亮的社会，更因此有一个明亮的工作职场。[22]

在政府及各大企业的新生活计划中，最受关注的是生育率控制。政府及商界领袖于战后初期，一直惧怕人口增长会消耗掉战后复原的经济成果，出于这个考虑，1948 年宣布堕胎合法化，到 20 世纪 50 年代末的高峰期，每年堕胎数目超过 100 万宗。有人指责堕胎其实是个头痛医头的生育控制办法，另一些人则是以道德理由反对堕胎，更有人认为堕胎为女性带来不必要的健康危险。一个比较实际的替代方案是推广保险套，不是发给丈夫，而是发给参加新生活小组的太太。虽然新生活运动组织自上层，但它使用各种不同方法强化其参与者的能力，例如教授她们新形式的实用知识，让她们在家庭里发出新的声音。不少女性其后参加公民运动，积极投入许多正义活动，其中包括环境保护、反对核扩散，故新生活小组可以说是公民运动的第一声。

六、社会安定及变迁下的各种意象与意识形态

20 世纪 20 年代及 30 年代是日本社会陷入迷失的时期，它最后导致日本走向一场教训惨痛的战争。在社会方面，各种冲突亦是当时迷失的一部分，其中包括地主与佃农、财阀老板与一贫如洗的工人、城市与农村等等。第二次世界大战以后的高度成长时代中，新旧社会冲突没有战前那样严重，首先是政府政策尚能勉强平衡原有及新形成的矛盾，其次是各种社会矛盾为日本的有力文化形象所掩盖，它宣扬居

于日本土地上人民属于同一种族，在现代不断发展的中产阶级生活中，每一个人都共享它带来的美好果实及安全感。

在战后社会史中，大众传媒扮演着一个关键角色，把上述日本人之间的共同体验传播开来。这种角色并不新鲜。自19世纪末以来，报纸及出版事业便十分发达；到20世纪20年代，新闻影片、电影及收音机，已提供给人民一种强烈归属感，创造一个共通的民族社群。20世纪30年代政府控制的媒体已界定出民族国家的任务，是为战争动员做准备；其后到美国占领时期，则是为支持民主做准备；到高度成长时代，虽然媒体形式较以前多样化，但各媒体所宣扬的"日本民族"形象，彼此间仍然无大差别。

出版事业则十分蓬勃，战争刚结束时，只有少数几份杂志，但其后新闻及娱乐周刊等各种类型的刊物如雨后春笋般大量涌现。新刊物多半针对特殊读者群，譬如年轻女性、年轻男性、家庭主妇以及成年男子等。到1960年，这些杂志的销量平均每星期约1 150万本。此外，日本报纸发行量，每天约为2 400万份。仅在1960年，出版商发行书籍达2.4万种，总销量为1.25亿册。由上述数字推算，日本人大概是全世界最渴求阅读的人。以个人阅读量计算，日本出版事业发达的程度大概只有英国、德国、苏联及美国可与之相比或稍微超越。

与此同时，电视广播事业亦在起飞，涌现出大批电视台。日本放送协会（NHK）是公共营运机构，在1953年初开始广播。同年第一个商业电视台亦出现；到20世纪60年代，电视已经普及到一般家庭中，根据民意调查，平均每人每天大约花两个半小时在电视上。

在这个媒体充斥的环境中，中产阶级生活被定型化，其形象通过媒体在社会上广为流传。重大新闻的报道亦有助于塑造一般百姓的美梦，以1959年皇太子明仁选择皇妃为例，他打破传统，自行挑选终身伴侣，对象是与传统贵族圈子毫无关系的正田美智子。她的父亲是一位企业家，论出身仍算是一介平民。为了观看皇太子婚礼，据说电视机空前热卖，大众传媒在提供日本人民共同体验上，扮演了一定的角色。[23] 各个新闻报道都强调这次结合象征战后现代婚姻理想，两人是以爱情为出发点，婚后会组织一个核心家庭，但与整个家族成员仍然维持密切的关系。

媒体所制作的各种日常节目，亦同样以城市家庭为中心，宣扬中产阶级的生活及教育方式，并以之为全日本人民的典型体验。长谷川町子是一名前卫型女漫画家，在战后不久创造了一个卡通人物"海螺小姐"（Sazae-san），在她的笔下，海螺小姐成为理想家庭的代表人物。漫画《海螺小姐》在20世纪40年代末至1974年连载，1969年以来又被改编为长篇电视动画节目，历久不衰。海螺小姐不但吸引了无数日本人的注意，更塑造了大众的想法。作者用温馨的幽默手法，描绘了一个中产阶级家庭里三代间的生活：父亲在一个十分普通的企业事务所工作，每天通勤上班，下班后，亦会习惯先在外面喝上两杯才回家；母亲则每天烧饭，主持家务，与邻居打交道，还有喝止孩子的吵闹，唠叨他们的功课，好让他们的学习能更进一步。

无论是日常节目制作，还是重大新闻报道，都反映出日本战后现代生活已成为全球现代生活的一部分，与先进的资本主义世界接轨。好几件20世纪60年代及70年代的重要活动，都被大力宣扬为代表日本已经重新回到国际社会，它的地位不但与其他国家一样，而且各方

图14.5 日本女子排球队在1964年奥运会夺得金牌，全队欣喜若狂，同时亦成为全国英雄。本次奥运会让全世界看到日本不但已从战争废墟中重新复原，同时亦展现出其国内各种成就。就在奥运会开幕之际，日本的高速子弹列车亦正式营运。（每日新闻社提供）

面的成就均十分骄人。执政当局亦利用这些机会巩固社会秩序，促进爱国精神。上述活动包括1970年的大阪世界博览会，1972年札幌的冬季奥林匹克运动会，最重要的当然是1964年在东京举办的第18届奥林匹克运动会（见图14.5）。

上述活动并非如理想中的十全十美，例如有关日本奥林匹克运动会的财政状况便曾引起争论，外国观光者的人数亦未如预期。另一个例子是政府利用举办上述活动的机会，乘势加强其社会管理，进行一连串的社会改革运动，例如呼吁国民改善公共卫生及防疫措施，促使商店简化其零售事业技巧。文部省亦趁此机会推广"爱国主义",加强学校里的"道德教育"及"公民"等课程内容,宣扬其必要性。

不过奥林匹克运动会之所以成为一个冲击性甚大的文化活动,传媒的力量功不可没,尤其是电视所扮演的角色。奥运会的收视率是空前成功的:开幕典礼的收视率是84%,而女子排球决赛的收视率是85%。日本女子排球队赢得了金牌,因此成为国家英雄。参与奥运会的选手总共有7 500人,代表94个国家;设计师丹下健三(1913—2005)为奥运会建造了地标性的运动场及游泳池;通往大阪的"子弹列车"开通,高速公路网亦已完工;最重要的是日本运动员的空前表现,总共赢得29枚奖牌,其中金牌16枚。在传媒的大力鼓吹下,日本人认为他们在经济、科技、运动及文化各方面均以和平方式达成骄人成就,民族光荣感油然而生。

庞大的广告行业亦有助于"日本人"观念的成长,认为日本的确是个社会文化同质的世界。在整个20世纪50年代,广告行业的收入增加9倍。到20世纪50年代末,广告开支约占日本国民生产总值的1.5%。通过印刷品、收音机及电视,各式广告呼吁大众踊跃参与现代的"光明新生活",消费者因而被说服购买日本工厂大量生产的各色产品,其中又以家用电器最受欢迎。消费者商业文化在20世纪初便已出现,不过当时只限于城市的中产阶级,然而到20世纪70年代,它已经成为大多数人民生活的一部分。日本社会已非昔日吴下阿蒙,大部分老百姓已不甘只为衣、食、住等基本生活需求而营营役役。事实上,家庭各项开支的比重已发生变化,食物一项在20世纪50年代初约占一半,到20世纪70年代末则降至1/4以下。[24]

在大众广告的鼓吹下，日本人正获得"解放"，能恣意追求自己的需求及欲望。过去许多曾可望而不可即的一大堆耐用消费产品，现在则是有机会实现的梦想。在20世纪50年代中期，熟悉日本历史的人利用皇室三种神器（玉、镜、剑）的说法，提出现代生活的"三种神器"：电视机（黑白）、洗衣机、电冰箱。到了20世纪60年代中期，90%以上的人口已经拥有上述用品，观察者又开始谈论"新三种神器"，有时亦称为"3C"，即汽车、冷气机及彩色电视机（三种产品的英文名称，均以英文字母C开头）。

当愈来愈多人拥有上述产品，亦即代表愈来愈多人有能力负担"典型"的现代生活，或起码有理由相信自身以及下一代即可达到这种生活水平，日本的中产阶级主流社会便隐然成形，并获得大部分日本人认同，自认为是其中一员。这种社会意识的转变亦很清楚地反映于社会调查中。从20世纪50年代开始实行的社会调查，持续询问受访者是否自认为属于"中产阶级"，其中包括所谓上层、中层及下层的"中产阶级"，认同比例随时间变化而不断增加。到20世纪70年代中叶，一份权威社会调查的数字更高，约75%的受访问者自认为是中产阶级（见图表14.2）。在其他社会调查中——其中包括首相官房的结果——有时候自认为是中产阶级的比例更高达90%以上。另一个值得注意的地方是自认为是"下层中产阶级"的比例一直在急剧下降，至于自认为是"中层中产阶级"的比例，则由35%上升至60%。在阅读上述及有关调查后，不少观察者会诧异于日本社会转变的急剧，在不久之前，日本社会因地位、财富以及权力因素，深刻分裂为许多不同的阶级，现在一个普世性的中产阶级意识却大步发展。[25]

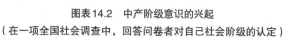

图表14.2　中产阶级意识的兴起
（在一项全国社会调查中，回答问卷者对自己社会阶级的认定）

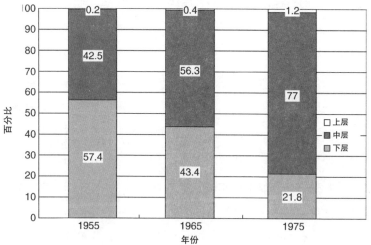

资料来源：1975 年 SSM 全国调查委员会编，《社会阶层与社会移动：1975 年 SSM 全国调查报告》（东京：1975 年 SSM 全国调查委员会，1978），第 310 页

　　有些作家及知识分子歌颂战后各种社会变化，认为个人在这个新环境中获得解放，有机会发展光明而又不同的生活，并得以追求及实现个人的欲望。吉本隆明（1924—2012）在政治光谱中属于左派，也是一个非正统的哲学家，他于 1960 年便写道："个人利益成为战后'民主'（资产阶级民主）的基础，如果我们不能认识到这种感受的积极性是今日发展的根源，则我们无法认识第二次世界大战结束后，日本社会所出现的各种进步性发展。所谓'私'的意识既没有神化组织，也没有崇拜国家权威。"吉本下笔之时，正是大规模群众抗议日本与美国订立安全保障条约的日子，他的说法恰好与丸山真男（1914—1998）等

所谓自由主义者的观点相左。丸山认为追求物质的欲望，结果会产生"私心自用"的精神，因而变得"冷漠"，结果为"统治精英开了一条便道，得以实现其'遏制'"政治积极性的目的。[26]

其他文化评论家，无论是属于政治光谱上的左翼还是右翼，他们的观点均类似丸山，既反对维持现状，但又对未来感到忧虑。日本左派其中一个思潮求助于欧洲"法兰克福"社会理论学派，他们激烈攻击日本式的"行政社会"，指出大众传媒、企业老板及诸如学校等国家机器，使用各种方式规范所谓正常公民应有的社会行为，最后消灭了个人的积极性，毁掉了多元性。他们不满意一味歌颂国民生产总值的增长，最后却牺牲了团结社会的努力、环境保护甚至本土文化及个人的自发性。到1970年前后，"摆脱受薪阶级"成为最受大众欢迎的说法。它反映了某些人的困境，他们希望不再当一切唯组织是命的受薪阶级，逃离压榨式的剥削，因而产生这些另类理想。吉本亦似乎徘徊于上述的欲望与信仰之间，一方面他尊重一般人民的个人奋斗，另一方面他亦认为同样的人民亦正感受到"一股不断增长的压力，其形成的气氛是不知所以的沉闷、物质生活膨胀风带来的欢愉以及相对改善的生活水平，然而归根到底，人们仍处在绝对的贫穷状态"[27]。

在右派方面，不满者虽仍称赞经济发展所带来的影响，但他们认为富裕生活会威胁到日本的传统价值，削弱为更大团体忍耐与牺牲奉献的精神。据说当时汽车业巨子曾一度抱怨他们的孩子太娇气，想要拥有一辆自己的汽车，从这件事看，右派的看法颇具讽刺甚至是可笑的。无论是左派还是右派，这些评论家的看法都相当一致，他们害怕物质主义及消费主义会腐蚀政治价值的信念，这些价值也许是复活的民族主义，也许是人文资本主义。

有关战后时期各种文化变迁的争论，一个较早的焦点便是1959年的皇室婚典，它反映出战后社会变化的复杂性，批评与赞美都交汇在一起。从左翼的观点看，"美智子"热潮是个恶兆，它象征天皇崇拜的复活；但部分人士则积极看待，认为"大众天皇制"已经走向民主化，他们强调皇室已经成为生活乐趣的一部分，不再需要恐惧或害怕。[28]

十年之后，即1970年，作家三岛由纪夫戏剧式的自杀引起社会的注意，日本战后的现代及物质文化再度受到批评。三岛自20世纪40年代开始写作小说，直到1970年仍有作品面世。他要探索的主题包括爱情、执迷、男性内涵以及同性恋追求，他亦企图界定甚至坚守日本的"传统"美学价值。为达此目的，三岛重倡对天皇与国家的军国主义崇拜。到20世纪60年代末，三岛组织一个小型右翼团体，以强身健体及武术训练为号召。1970年11月，三岛用一个标新立异的方式结束其生命，他闯进东京自卫队本部，向自卫队员演说，煽动他们造反，重建战前的政治秩序。然而听众的反应却相当冷淡，最后他用传统的"切腹"方式自杀死亡。三岛的行动震惊整个日本社会，不过大部分人对其回归传统价值的戏剧性呼吁并不表示同情。

虽然三岛的反动文化政治并没有很多跟随者，有关战后时期变迁的争议及焦虑却并未歇止，到20世纪70年代又出现两个成为焦点的事件。最令人讶异的地方是第二次世界大战已经结束25年以上，仍有两名日本军队"最后的士兵"相信战争依然继续，他们在悲惨的孤立的环境中持续作战，最后被人发现：横井庄一于1972年由关岛回国，而小野田宽郎则于1974年由菲律宾回国。当战争结束时，他们两人远离自己的部队，自此便藏身于遥远的山区或丛林里，他们有时会潜入村庄觅食，甚至干脆就地觅食过活。传媒戏剧性的报道引发了一股小型乡愁式的热潮，评论者借此做比较，两名士兵甘心无私奉献，一往无前，而战后日本年轻一代则沉醉于个人主义及物质消费主义。这些议论当然会引导出另一个问题：什么才是日本人共同的民族性以及它在战后的改变和衰颓。有关年轻一代颓废的问题并不限于日本一地，其实它是全球现代性议题的一部分。当人类日益富裕时，我们应如何处理及共享财富？在今日时代里，生活愈来愈丰富，但人类的分割亦愈来愈深刻，什么样的社会价值及信念才能把人类结合在一起？

第十五章

高度成长时代的政治斗争及其调解

　　如果要理解什么是差异，战后日本的政治及经济史是个非常好的例子。在整整三十年中，日本经济的发展是如此迅速且连续不断，甚至美国也有兴趣要了解"日本模式"的成功经验。然而日本在政治世界中则是深陷无休止的激烈斗争：人人争论如何分配经济成长的果实，也争论日本在国际上要与谁结盟。从20世纪60年代进入70年代时，政治冲突的紧张情况稍有缓和，但新议题又冒出来，内容主要围绕着富裕生活所产生的代价及衍生的问题。在国内，由于经济增长过于迅速，环境的代价亦非常沉重，日本面临让人民免于环境污染的问题；在国际上，虽然冷战持续，日本在资本主义及共产主义之间的角色已没有像以前那样有争议性，但因为资本主义阵营内的贸易逆差及经济摩擦，日本与其他资本主义强国的关系颇为紧张。因此战后经济的发展与战后扰攘不已的政治斗争及解决方案，两者是无法分开的。

一、政治斗争

当占领时期结束，日本国内的政治版图仍然划分为两大势力范围，当时称之为"保守"阵营及"进步"阵营。它们互相激烈对立，两者间的全面冲突是 20 世纪 50 年代中最重要的政治事件。然而在各自阵营内部，同样存在着严重分歧，若不了解其内部重要分歧所在，亦无法明白上述政治斗争所产生的结果以及其稍后所带来的新情况。

保守力量的龙头是"自由党"，与政界及企业界精英的关系密切，其领袖吉田茂于 1951 年签订《旧金山和约》时担任首相之职。1952 年 10 月，日本举行占领结束后的第一次总选举，自由党赢得 48% 的选票及 52% 的国会议席，但由于人事及政策问题，自由党仍存在不同声音。鸠山一郎（1883—1959）领导党内的反对派，他的立场与其左翼敌人有类似的地方，即反对吉田茂接受美国霸权，甘心认可日本的"从属独立"地位。

"民主党"的态度虽保守，但社会倾向较浓，主张以国家为中心，其立场可以追溯至战前的民政党。1948 年，民主党曾与社会党合作组阁，但为时甚短。到 20 世纪 50 年代初期，民主党更名"改进党"，重组内部。在全国选举中，它拥有约 1 / 5 的选票及席位。改进党领袖如三木武夫（1907—1988）等，其立场与自由党不同，愿意与社会党内一些成员合作。1954 年，鸠山与 37 名国会议员脱离自由党，与改进党重组"日本民主党"。在社会党的支持下，他们推动对首相吉田茂的不信任案，迫使其下台，最后由鸠山组阁，出任首相。

进步力量同样是四分五裂，从 1951 年到 1955 年，"日本社会党"

正式分裂为"左派"及"右派"。"左派"要在国内实行资本主义的革命性改变，它亦反对旧金山不公正的《旧金山和约》及《日美安全保障条约》。"右派"则只想改良资本主义，它接受不完整的和约，但反对美国在《日美安保条约》下在日本驻兵。左右两派各自推选自己的候选人，相互竞争得十分厉害。在1952年及1953年的选举中，两派平分了约1/4的选票，到1955年选举，两个社会党派系仍然互不兼容，不过整个支持力则有所增加，它们共取得29%的选票，席位亦稍高于1/3。[1]

日本共产党的运气到20世纪50年代大幅下滑。1949年日共史无前例地得到发展，它赢取10%的选票，在国会拥有35个席位。但在1950年初，苏联尖锐批评日共的国会策略，斯大林要日本共产党采取更激烈的行动，甚至使用暴力亦在所不惜。盟军最高司令部利用这一机会进行"红色清洗"，不少日共领袖转入地下活动。其后朝鲜战争爆发，日共事实上组织了一些恐怖及怠工的行动，但这一策略招致反弹，日共失去一般大众的信任。到20世纪50年代末期，日共的得票率从未超过3%，而国会议席亦从未超过2席。虽然如此，由于知识分子大力支持日共，故支持人数虽少，但相对来说有较大影响力。

政治版图到1955年进一步简化，社会党两个派别重新整合，与此同时，自由及民主两党也许是响应社会党的变革，亦合并为"自由民主党"。商界精英注意到社会党新一波的团结以及民众支持度的增加，因此利用本身是保守阵营候选人主要金主的关系，力促两个保守政党合并。自民党此后牢牢掌握政权达38年，它不但与商界领袖维持长久同盟友谊，亦与重要政府官员合作无间。官员为自民党提供人力及各种政策建议，自民党所推动的法案，大都出自他们手中；一些重要中级官员有时亦会放弃职务，在自民党旗帜下竞选政治性公职，并在党内担任重要职务，到20世纪50年代末，有些官员更出任首相。政客、商人及官员三者关系密切，有人称这批政治精英为日本"铁三角"，自民党独领风骚时期亦被称为一党独大时期。

在1955年以后，无论保守还是进步阵营，它们虽然在形式上更为团结，事实上各个阵营内的差异并不比两个阵营间的差异小。保守阵营的目标大体以经济安定及发展为主，然而对于达成此目标的方法，官员、自民党政客及其经济顾问的看法并不一致。在整个20世纪50年代中，最重要的争论就是日本的经济发展应如何与全球整体经济挂钩，有泽广巳、都留重人（1912—2006）等著名经济学者以及经济企划厅官员都强调发展日本国内天然资源的重要性，尤以煤炭及水力发电更受注意。他们借鉴美国田纳西河川局（Tennessee Valley Authority）的经验，主张由国家资助这些计划；他们亦支持减少倚赖进口，以免外国发生冲突时会危及石油供应。从今天看来，上述想法似乎稍微短视，但当时鉴于对不久以前战争的阴影以及未来战争的可能性，认为日本经济应独立自主，不要介入世界事务太深的主张受到相当程度的支持。这种过分倚赖外国供应的恐惧，特别是能源及食物方面，在此后数十年间对日本人的心理及政治均有重大影响。

另一面的意见则是支持国际贸易及相互依存，主张最力者是中山伊知郎（1898—1980），他是决定战后时期有关政策的最重要的经济学者。从20世纪40年代到60年代，中山多次出任与劳动问题及经济问题有关的政府咨询委员会委员。他同意日本拥抱全球性经济会导致一定的风险，但这是日本唯一的选择，日本的天然资源太少，无法独立自主。中山认为20世纪50年代的日本类似于100年前的英国，日本要走向经济成长，唯一的通路便是进口原料，再出口加工制成品。[2]

政治策略是保守阵营中另一个议题，其争论性不下经济问题。鸠山及其派系希望日本不从属于美国，自行摸索出一条自主外交路线。他们希望与苏联外交正常化，1956年终于达成此目标。他们亦尝试与中国建立经济联系，但并不十分成功。吉田茂的后继者虽然不满美国的专断独行，但仍较愿追随美国的领导，围堵共产集团。

在国内，争论性最强的议题是宪法。自民党大部分党员都有意修改宪法，认为它是部强行加在日本人头上的"麦克阿瑟宪法"。鸠山首相（1954—1956年在任）是最强烈支持修改宪法者之一，他甚至想把天皇地位明确地提升至"国家元首"，同时要废除宪法第9条，该条禁止日本对外使用武力。鸠山的追随者亦忧心左翼激进主义，希望在宪法中增修限制人民自由的条款，即在危险时期行政机关享有紧急权力。

1956年，国会在鸠山的敦促下成立宪法咨询委员会，包括30个国会议员及20个专家，于1957年开始运作。不出所料，社会党员抵制该委员会，他们强力支持现行宪法。委员会中大多数委员都同意宪法应做某些程度的改变，但其报告为了不偏不倚，结果是模棱两可，读起来像是既同意改变，又反对改变。根据宪法规定，自民党要有2/3的多数才能通过修宪，就算自民党在其1960年的最高峰阶段，在国会亦只有63%的席位，远远跨不过修宪门槛。同样重要的因素是保守阵营内一群重要少数人物，他们支持战后宪法。他们认为天皇作为一个象征性的君主并无不可，天皇因此可以避免介入政治斗争，同时又可以成为国家认同及政治安定的象征。他们甚至认为禁止使用武力亦有其附加的理想价值，如果坚持修宪，其换回来的政治代价可能更沉重。这样慢慢地到了 20 世纪 60 年代，修宪运动渐次失去其冲击性。虽然如此，它仍然是一个热门话题，随时会引发激烈争论。

社会党全面抵制宪法委员会，是 20 世纪 50 年代政治上左右两翼激烈对立的一个十分明显的例子。在国会殿堂外，一些互相重叠的左翼政治团体则从事其他方面工作，它们一方面要保卫并深化战后日本各种改革，另一方面要废弃《日美安全保障条约》。

最大的挑战来自劳工运动。1949 年是战后劳工运动的高峰，工会的男女会员共计 670 万人，是雇佣工人总数的 56%。不过各工会在主要问题上意见并非一致，部分工会较为同情管理层的要求，认为有必要减缓加薪要求，亦可以适当接受工作分配与新技术，因为只有在劳资合作下才能够改善生产力并提升利润，才能真正长远地维持工作与薪水。上述工会领导人亦不太愿意看见他们的成员加入政治斗争，反对安保条约。在 20 世纪 50 年代几个著名的典型劳资纠纷中，上述工人在某些企业内组织了另一个工会，发出不同声音，他们与管理层勾结，在薪水及工作问题上削弱罢工力量。在罢工失败后，这些分裂工会通常都能逐渐取得优势，它们慢慢地形成一个占多数的工会，并与企业采取合作态度。

不过到 20 世纪 50 年代末，激进与温和的工会的胜负仍未见高下，大部分的工会仍然不愿轻易妥协，同时对政治亦十分热衷。这些工会共同组成"日本劳工组合总评议会"，简称"总评"。"总评"于

1950年成立，由一些反共工会共同组织。它的成立得到美国占领官员的支持，故一开始与日本共产党保持一定距离，但"总评"很快便转化为日美安保条约的有力反对者，亦成为左翼社会党的同盟者，同时支持在工场提出各种强烈要求，组织激进行动。

"总评"在炼钢厂、船坞、公私营铁路、化工工厂、汽车厂及煤矿等工人汇聚的地方，提出一种工场斗争的方式。在整个20世纪50年代，工会成员鼓励工人在生产车间就地发出声音，直接提出如工作环境安全、工作职务分配、超时工作等问题。在许多主要企业中，他们通过自下而上的草根方式建立有力的工会，其最后目标是建立新政治体制，工会在体制内可以参与工厂管理。

各工会同时要求大幅增加薪水，罢工成为家常便饭，而且冲突十分尖锐。从1955年始，"总评"开始在全国各公司及行业中推动一个加薪运动，然而组织十分松散，因此各企业管理层成功地将其拒之门外，没有参加它所发动的各行业正式劳资谈判，不过这亦成为日后每年"春斗"的源起。因此到20世纪50年代末，"总评"以企业具体工资谈判为中心，成功地设定了有效的奋斗目标。

20世纪50年代"进步"运动的第二个核心构成是和平运动，除了工会、社会党及共产党外，各色各样的公民、妇女以及学生团体，先后挑起战后和平运动的大旗。这个运动最核心的议题就是日美安保条约及该条约所准许的美军基地。1960年是反日美安保条约的最高峰，当时美国在日本本土有数百个军事设施，驻守美军人数达4.6万名，另外在冲绳则驻有3.7万人。

军事基地附近的居民痛恨基地造成的干扰声浪，对美军长期带来的暴力及强奸案件亦深表不满。从 1952 年开始到 20 世纪 70 年代，除了数万起交通事故，涉及美军与日本人的犯罪案件则约有 10 万宗，大部分是暴力事件，包括强奸及谋杀。在这些年中，约有 500 名日本人因事故或暴力遇害；最令批评者不满之处是这些案件都归美军司法系统管辖，基地因而成为治外法权的象征，亦唤回对 19 世纪不平等条约的回忆；基地四周酒吧及按摩院林立，抗议者的行为实际反映出外国人侵犯日本女性的暴力形象；最后，抗议者认为美军基地会成为明显的军事目标，美苏间一旦开战，它会让日本再次成为原子弹的牺牲者。

第二个触发和平运动的原因是裁减核武器运动。广岛及长崎遭原子弹夷为平地，数十万被称为"被爆者"的原子弹受害者，他们在战败后仍要忍受各种痛苦，这些都给予日本反核运动更具体的动力。1954 年，美国在太平洋中部的比基尼岛（Bikini Island）进行热核氢弹试验，其所产生的辐射尘刚好降落在附近捕鱼的一艘日本渔船"福龙丸"上。"福龙丸"事件催生出一股有组织的反核武器及核试验浪潮，其中最著名的反核组织便是 20 世纪 50 年代出现的"原水爆禁止日本协议会"，简称"原水协"。原水协每年在广岛及长崎原子弹爆炸纪念日都举办大型会议，反对核武器。虽然由于左翼政治团体的分歧，和平运动亦产生分裂及矛盾，但在各个对立团体的正式会员之外，广大日本群众间强烈的反战、反美军基地及反核武器的情感仍然十分有力。在"福龙丸"事件之后，有超过 3 000 万日本人签名反对核武器试验。

女性及学生自发组成各类政治团体，接受左翼政治运动的核心议题，包括反美军基地及反核武器等运动。女性及学生自明治以来便一直活跃于政治舞台上，早至 20 世纪之初便出现了重要的女性团体，

"基督教妇人改革会"便是其中之一。战后，新女性团体陆续出现，如1948年成立的"主妇连"及1955年成立的总合组织"母亲会议"，其下属团体涵盖形形色色的议题，从劳动权、和平主义及教育，到毒品、卫生以及消费者安全，无所不包。[3]

与世界各地的女性主义者一样，这些妇女团体存在许多分歧：在提出要求时，她们究竟应该从普世人权出发，还是从具体女性需求及特色出发？应该要求工资绝对平等及女性有权担任所有工作，还是应该强调保护女性工人？如果是后者，则女性便不能从事某些劳动量大的工作。在某些情况下，日本女性主义者会使用普世人权观念以呼唤女权，但纵使是这些女性主义者，她们很多时候亦把其要求联系到"母性"立场，强调母亲是女性的独特角色。这种情况在反战团体中尤为明显，当它们发表反对核试验或安保条约意见时，便常常提及母亲的特殊情感就是"要确保自己孩子的快乐"。[4]这种诉求根源于战前政府的"贤妻良母"说法，战后女性主义者只不过把旧口号改头换面，套用到女性的新角色及新权利上。

女性在劳工运动中亦十分活跃。在20世纪50年代，男性工会领导人虽然激进，但行动却常失败，反而是女性工人曾领导过几个成功的个案。1954年，一家丝织厂的1 500名女工罢工，要求厂方承认其工会的合法地位，废除诸多限制性的宿舍规则，不准工厂检查信件及私人物品，以及婚后有权工作。由战后民主的标准来看，很多人认为女工的要求其实是日本人民的基本人权，不论男女均应如是。丝织厂工人赢得广泛关注及支持，最后如愿以偿。另一个成功的例子是1960年及1961年东京及其他地方的护士及医院工人要求组织工会，除了加薪外，她们亦要求同样的基本人权，特别是婚后的工作权，最后获得胜利。在1958年，已婚护士的比例只不过是2%，到20世纪80年代则增加至69%，女性主义的行动改变了整个护士职业，它再不是年轻妇女的短期工作，结婚后便要"退休"，护士已成为一个成年人的事业。

学生运动是进步运动的另一个重要因素。核心组织是"全日本学生自治会总联合"，简称"全学联"，它成立于1948年，其组织结构类似硬性规定入会的劳工团体，所有雇员都自动加入，故全学联由所有大学的"自治会"组成，而自治会又包括所有学生。在全学联成立之初，日本共产党的学生党员掌控了该组织。到20世纪50年代初，由于日共受到攻击，并逐渐失去群众基础，全学联亦因此遭受严重打击。直到"福龙丸"事件发生，才为学生运动以及反战运动打了一剂强心针。到20世纪50年代末，学生运动扩展到校园外，成为政治动因及示威的主要力量。

直到20世纪50年代末，上述各个"进步"力量都信心十足，充满活力，其影响力看起来如日方中。虽然工会活动并非一帆风顺，但仍维持一定的冲劲；学生及妇女团体则有一群热烈的支持者；和平运动的同情人数数以百万计；社会党得到重新整合。在小市镇、乡村以及城市，小团体公民被组织成各色各样的"圈子"，举办各种文化活动，如音乐欣赏及诗歌创作，不过它们亦组成更大的网络，与工会及政党有千丝万缕的关系。

就是在这种精神下，20世纪50年代末出现一连串的群众示威，最后汇成1960年的重大危机。这一连串事件的第一声是《警察官职务执行法》，它在1958年提出，结果引发抗议活动。自民党立法的原意是加强警察的"紧急权力"，用以限制示威，监控左派活动，结果它不但无法限制，反而引发更大的风暴。工会及其他政党领导了一场强有力的示威活动，由于公众支持及国会内在野党的联合反对，自民党终于让步，该法律并未在国会提出。

接着到 1960 年，两股庞大的抗议运动汇聚一处，使该年成为战后日本史上最动乱的一年。矛盾的始发点是日美安保条约，它首次签订是在 1951 年，此后一直成为日本保守分子及进步分子的批判对象，虽然两者的动机并不相同。进步分子反对日本与美国在冷战中结盟，认为这样会拖日本下水，使日本有可能成为战场，或成为开战时的标靶。民主党的政治家都不喜欢安保条约，特别是鸠山与岸信介，他们认为安保条约把义务片面加在日本身上，但日本却收不到任何回报，因此他们成为推动修改条约的主要力量。

1955 年，鸠山提出修改安保条约，原则是要求"日美平等"，但却遭到美国国务卿约翰·福特斯·杜勒斯拒绝。1955 年，岸信介成为新近成立的自由民主党党魁，继而担任首相，他的优先政策就是要修改安保条约。他说服了美国驻日大使道格拉斯·麦克阿瑟（他是占领时期最高司令官的侄子），令其相信修改条约的重要性，即可以减少国内日益增长的反对条约的力量，减少来自左翼或右翼的攻击。经过好几年的谈判，两国政府终于达成安保修约的协议，并在 1960 年 1 月签订。

比较新旧两条约，旧约没有具体规定美国要保护日本，而日本却要为美国提供军事基地；新约则规定美国军事基地可以用作保护日本，而日本有义务资助基地开支，同时在紧急时期保护它。除此之外，旧约并无限制美国在基地中储藏武器的种类，亦没有规定美国在基地进行活动的类别；而新约则规定美国在基地举行活动前必须告知日本，若要携带核武器进入日本港口或领土，亦同样要告知，不过条约中有漏洞，即美国可以逃避规定责任。最后是旧约中并无规定时限，亦是当时争议的所在；新约则以 10 年为期，但若到期，它可以自动延续，除非任何一方要求废除它。

讽刺的是，新约并没有减少条约的反对力量，当岸信介决定要签署这个他所谓的"双边"条约时，反对运动愈加扩大。1960 年 1 月，日美首脑在华盛顿会面签署条约。双方安排艾森豪威尔（Dwight D. Eisenhower）总统在长久计划的亚洲之旅中访问日本，参加 6 月 19 日的签约仪式，条约在日本国会通过后会在当日生效。

当 1960 年 6 月逐渐迫近时，一股强力暗流不断冒出，反对新修安保条约。社会党、学生团体、妇女团体甚至自民党内的一些成员都反对新安保条约，他们认为签约以后日本无异于永远处在美国霸权下，成为一个"从属独立"国家；他们反对的另一个理由是日本可能会身陷于当前危机，被拖进更大的战争中。抗议活动从 1959 年春开始，1960 年 4 月规模不断扩大，东京街头涌现出一波又一波的示威。5 月 19 日半夜，在公众的怒吼声中，岸信介政府形式上在国会通过新日美安保条约。当时众议院的议长就像一个人球一样，在反对党议员的层层包围下，被国会警察强行带到议坛走道，在那里宣布召开国会，匆匆投票通过该条约（见图 15.1）。

为了报复政府的做法，示威规模急速扩大，紧张气氛亦升温。国会附近地区每日都出现庞大示威，连续好几个星期。据保守估计，最大规模的群众示威可能超过 10 万人，甚至可能达到 20 万人。6 月 10

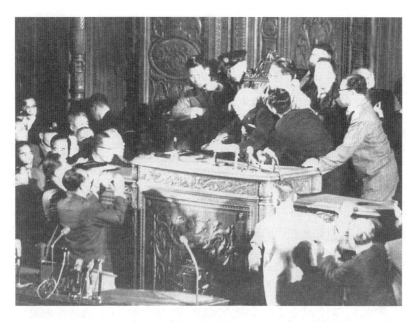

图 15.1　1960 年 5 月 19 日，自民党要直接强行通过修正的日美安保条约，警察助其一臂之力，在日本社会党的极力抗拒下，警察将众议院议长带到国会会议堂的走道上，在那里强行举行投票。安保条约修改之争是战后冲突最大的政治斗争。（每日新闻社提供）

日，艾森豪威尔总统的新闻秘书詹姆斯·哈格蒂（James Hagerty）到日本，准备替他安排访问的细节，以庆祝新条约生效，这亦是美国现任总统的首次访日。然而当哈格蒂踏出机场，准备乘车前往美国驻日本大使馆时，一群愤怒的群众包围他，并要推翻其座驾。最后哈格蒂要搭乘美军直升机才能离开机场。在 6 月 15 日的另一场示威中，一名妇女死亡，示威者指责警方使用暴力，但警方则说她是在退下来的示威者蜂拥人潮下被推挤致死。无论如何，由于害怕无法确保安全，艾森豪威尔终于在最后一刻决定取消访问日本。岸信介的信用因此受到质疑，不得不辞去首相一职，不过他达到了目的，新安保条约终于通过，从长远来说，确保了日美间的军事同盟关系。

当安保新约在6月19日生效后，示威群众逐渐退潮，但反对党的政治力量又转移到远方——南边的九州岛，在那里，三井公司的三池炭矿正在发生裁员问题的劳资斗争。

日本矿业面临严重衰退已经是好几年的事了。本来经济繁荣，能源需求应日益增加才对，然而到20世纪50年代末，石油的价格已明显比煤炭低廉，同时外国供应也稳定无虞。为了寻求生存之道，包括三井在内的各煤炭企业便希望通过购入新设施及裁减员工数目提升其生产力。面对如此恶劣的环境，三池工会在"总评"下属的激进工会的支持下，站上车间第一线，采取斗争策略。三池矿工是个与外界隔绝但内部相对一致的社群，他们在20世纪50年代便曾经历好几次劳资纠纷，因此建立了一个颇为团结的有力工会。工会的"车间委员会"已经能够掌控工作及超时任务的分配，也可以设定安全标准。这种草根性的积极参与成为其他工会的楷模，但对全国工业家亦形成威胁，故1960年的三池罢工有其更深一层的含义。有观察者使用战争时期的政治术语，称它为"劳资间的总体战"。

触发争议的导火线是三池炭矿的裁员计划，它准备在其1.3万名工会员工中裁撤2 000人。三井的决心不单是要"合理化"炭矿，亦即购入新设施及裁减员工，更重要的是它有意开除工会积极分子，瓦解工会，重新夺回车间管理权。1959年10月，工会发动第一起有时效性的罢工，要求工人反对公司的合理化计划，以后尚有几起罢工。12月，三井公司宣布裁员，其中特别针对工会领导人。到1960年1月，三井索性关闭炭矿，工会则以宣布罢工作为报复。约4 000名矿工在公司支持下立刻成立另一个工会，以支持公司作号召，并有意回到工作岗位。

但大部分的矿工仍与原来的工会站在一起，在令人刮目相看的纪律及团结精神下，工会会员挣扎了 10 个月，工会所提供的津贴只是其正常薪资的 1/3。到 1960 年 6 月及 7 月，日美安保新条约已顺利通过，约 1 万至 2 万名条约抗议者及工会同情者汇聚在三池，为罢工工人打气加油。工会纠察队则尽力阻止另一工会会员复工，几个月来发生不少紧张冲突，随时有转化为大型暴力冲突的可能。公司雇用一些类似黑社会的保安人员，在整个纠纷过程中，1 名矿工被杀，另外超过 1 700 名矿工受伤（见图 15.2）。

为了维持秩序，政府派出 1.5 万名警察进驻，为当时日本全国警力

图 15.2 1959—1960 年的三池炭矿纠纷是日本激进工会与管理层冲突的最高峰，资方因而决意要瓦解工会势力。双方长年斗争的焦点主要在于工作保障及工厂的控制权，亦因此把整个小区动员起来。图中是三池工会的家属协会会员与三井矿山的行政人员抗争。（朝日新闻社提供）

的 1/10。其他煤矿仍然开工，并临时抽调煤炭以供应三池炭矿的客户，纵然此举有碍本身正常客户的需要。由于管理层团结一致，且国家明显支持，煤炭公司最后取得胜利，压倒工会。1960 年秋天，原来的工会被迫接受政府做中介的解决方案，经过 313 天的罢工，公司终于取得权力，实行全面合理化计划。

同年 10 月，一个属于极端右翼组织的年轻人行刺日本社会党委员长浅沼稻次郎（1898—1960），浅沼最后不治去世。他颇得民众好感，曾在上一年访问北京，并在北京攻击新安保条约草案，宣称"美帝国主义是中日人民的共同敌人"。此举引起极大争议。浅沼的死亡引发如此大的冲击是因为该事件是在全国注目之下：浅沼被行刺时正在一个各政治党派集会的选举辩论中发言，由电视全程转播。当时三池煤矿罢工正走向尾声，恐怖行动只会加重政治危机的气氛。

二、调和政治

经过 1960 年的戏剧化行动与创伤后，政治气氛逐渐平静下来。在右翼方面，自民党、官僚以及商界领袖的主要人物相率降低修改宪法的调子，同时避免与工会发生冲突，他们强调经济发展政策，亦力图改善民众福利，希望借此至少赢取部分反对党的支持。他们在国会亦采取新策略，在提出新法案时与在野党事先做非正式的咨询，同时表面上也进行了一些修改以取得对方的支持。在左翼方面，工会运动中一些比较倾向合作的少数人，再加上日本社会党较保守分子，积极响应自民党的新姿态，同意放弃工场里及国际议题上的冲突策略。其结果是形成一种新式的高度成长政治，其特征就是折中与妥协。

自民党新政策的核心是池田勇人（1899—1965）首相的"所得倍增计划"。该计划于1960年9月正式宣布，其设定的目标是到1970年迅速"让国民生产总值翻一番，以达成充分就业及急剧提升人民生活水平"[5]。这个计划亦成为国家指导市场经济的典型，一些学者认为"发展型国家"就是其核心指导思想。[6]该计划设定具体目标以投资优先产业，要求公司之间进行合并或合作，政府亦主动扮演积极角色以指导私人领域达成上述目标。池田更进一步降低税率及利率以刺激经济，结果经济规模在1967年扩大了1倍，进度比预估提前了3年。

所得倍增计划是保守派的一个政治策略，早在政局动荡的20世纪50年代中已进行拟定。保守派战前的权力基础在地主及商界精英，然而到20世纪50年代，自民党希望扩大基础，广泛与各种社会构成结成联盟。自民党设计好几个类似社会契约的政策，首先实行的对象是数以百万计的农民，他们刚从土地改革中取得自己田地的所有权。在整个20世纪50年代中，政府一直在操作米价，以免农民受市场价格波动影响。到1961年，《农业基本法》更导入一个新的价格支撑体制，对农民尤为优惠。自民党亦因而获得农村选民的全力拥护。其后人口逐步流入都市，但自民党却迟迟不愿重划选区，造成由农村选出的议员过多，在国会内比例失衡。

自民党的第二个核心构成是人数众多的中小企业老板及其附属者。在整个战后时期，制造业、零售业及批发业各行业中，雇用人数在30人以下的中小企业仍属多数，估计约占非农业劳动力一半以上。这些中小企业以战前组织为基础，组成各种有力的游说团体，自民党在20

世纪 50 年代初便与之暗通款曲，提供各类有帮助性的政令。例如政府对中小企业实行低税率，甚至连这些税政府也无意积极催收。自民党又在 1956 年通过《百货业者法》，该法令实际上让大型零售业者或超级市场无法进入市区或郊区内数以千计的商店街，这些商业地带实际为形形色色的"阿妈阿爸"小商店所掌控。在高度成长时期，日本大都市愈来愈兴旺，但这些小商店则提供一种小镇的温馨感受，同时它们的老板及雇员亦成为自民党都市地区重要的选票来源。[7]

自民党政权的第三个重要社会构成则在大家意想之外，他们是白领及蓝领受薪工人，这群工人不但任职于大企业，而且都身处高度工会化的体制内。美国在这方面扮演重要角色，积极为自民党、商界管理层及工会工人创造联系。由 1953 年开始，美国帮助日本政府成立一个半独立机构，名为"日本生产力中心"，并且提供经费。该中心宣称提升生产力可以"扩大市场，增加就业机会，提高实质薪水及生活水平，更可以促进工人、管理层及消费者三者的利益"，生产力中心很快便外出接触日本全国各地工厂。[8] 在成立头两年，生产力中心亦派出 53 个由管理层及工会领袖组成的小型团队前往美国，目的是学习生产力技巧，这种交流步伐以后愈来愈频密。

部分重要工会支持上述的生产力运动，这些劳动团体逐渐成为统治体制的一个非正式构成，"日本劳动组合总同盟"（简称"总同盟"）及"全日本劳动组合会议"（简称"全劳"）这两个比较保守的劳动联盟同意接受新技术，所换取的承诺则是工作受到保护，同时当生产力有所增长时，工人可以提高薪水作为回报。另一方面，"总评"则是强烈反对日本生产力中心，它认为工会若无足够强大的声音可以设定工作环境，新技术引进只会牺牲工作机会，甚至恶化工作环境。不过各工会整体反应却使劳动省喜上眉梢，它在1957年指出在各大厂商内，"对生产力运动的反应，呈现出一种务实而非茫然的态度"[9]。

这种合作精神当然不会在一夕之间成为主流，产业间紧张的冲突曾在1957年及1959年一度使钢铁业的生产停顿下来，更不用说1960年的三池炭矿事件。"总评"的冲突策略及进步政治目标仍获得事业单位雇员一定的支持，各个国铁工会成员、邮政人员、各地方县市政府公务员以及公立学校教师，均要求增加薪水，并且在工作环境及调配上有更大发言权，他们最不满的是1949年以来其罢工权利一直遭受压制。在20世纪50年代及60年代，每年都有所谓加薪的春斗，他们不采取全面罢工，反而采取怠工策略，这一方式颇为有效。公营铁路工会要求职场民主化，有权介入监督管理事务；亦可以在设定薪水时，对年资及绩效的比重有发言权。1967年，工会强迫铁路当局成立"职场讨论协议会"，加强其在调配工作及晋升方面的发言权。到1970年初，工会进一步要求铁路管理层强化年资为晋升及加薪的主要条件。[10]

然而20世纪50年代到60年代间的私人领域与欧洲情况相同，劳工运动的激进力量正日渐萎缩，他们要面临的挑战是日本版的全球化"生产力政治"。[11]在经过激烈斗争后，私人企业的工会大部分由比较合作的工人领袖掌控。他们辩称在严酷的国内与全球竞争的环境下，若要长期获得工作及稳定薪水，则在短期内对薪水的要求不得不温和，同时对工作环境及技术亦应采取弹性态度。公营领域的工人，其工作与全球经济关系通常不大，多半无视上述诉求；但私营领域的工人则要面对上述各种消极或积极的诱因，通常会被说服，跟着大环境走。

大企业的劳工管理人员则会用各种方法吸引工人，例如扩大企业内各色各样的福利措施，这是一种有意识的做法，目的是防止工会设立同样的福利计划以吸引工人，同时企业更可借此建立工人对公司的归属感及责任感。有些福利措施可以追溯至战前或战争期间，有些则是全新的。到 20 世纪 60 年代，任何大企业的雇员都可以享用从摇篮到坟墓的福利，其广泛程度令人印象深刻，例如企业经营的医院、健康中心及商店，单身工人宿舍，有眷属的已婚公寓，企业下属各个度假休憩场所，企业资助的旅游、运动队及音乐节，各种家属组织，等等，不一而足。同一时间，对那些桀骜不驯的异议者，企业在晋升及加薪上都给予歧视，前途一片黯淡。

管理层在工作保障上亦有不成文的保证。在整个高度成长时代及以后时期，除了极少数例子，企业一般不会直接裁减人员，纵使经营面临不景气。在与工会协商后，它们会尽所有力量将多余的员工转至其他部门或下属子公司，这个政策经常通称为"终身雇佣制"，不过这一说法有误导之嫌。误导之一是以为大企业雇员都乐于"终身雇用"之职，他们是在自己决定之下从事此"终身"工作的。事实上在 20 世纪 60 年代的制造业中，男性雇员在出任第一份工作后，通常约 1 / 3 至 2 / 3 的人会在 5 年内辞职。误导之二是不少公司建立了一种所谓"自愿退休"的策略，目的是赶走那些不需要或不想要的雇员，只不过没有直接使用"解雇"一词而已。

当企业逐步推动上述政策后，管理层与雇员间的敌对意识亦得以缓和。全国性政治层面亦发生相应变化，倾向合作秩序的支持者诱发重要转变。1960 年 1 月，日本社会党的右翼再度失控，这次他们要成立民主社会党。成立之初，该党在众议院拥有 41 个议席，至于原有社会党，它在进步阵营中仍占多数，拥有 125 个议席。劳工运动的两个保守组织"总同盟"及"全劳"支持民社党的做法，1962 年，两者合并成为一个名为"同盟会议"的新组织，拥有会员 140 万人，与"总评"410 万会员相比，它的规模当然小得多。[12]故无论在政党还是工会方面，"进步"政治力量均分裂为多数的左翼与少数的右翼。虽然如此，少数的右翼作为自民党的潜在同盟，它的人数虽较少，其作用则不能小觑。

到 1964 年，政治上走向非正式温和联盟的趋势更为明显。汽车、造船、电子及钢铁业这些行业中一些倾向合作的工会，跨越"总评"与"总同盟"两个全国性工会的界线，自行组织起一个联盟。这个组织到 1966 年得到"总评"中有力的钢铁组织支持，结成"国际金属劳联日本协议会"，简称 IMF-JC，与北美及西欧反共的"国际金属联会"挂钩。其政策是要求温和的薪水调整，同时限制使用罢工作为谈判策略。

自民党策略家有意化敌人为盟友。他们非常了解人口结构的变动——人口不但由农村地区流向城市，亦由农业转向制造业及服务业。他们指出社会党是这种趋势顺理成章的受惠者，但不一定是必然的。这些策略家要求自民党提出"劳工一揽子政策"，好与倾向合作的工会建立沟通管道，亦可以向大部分工人提出一个稳定而向上的生活愿景。[13]1964 年，池田首相受 IMF-JC 成立的鼓舞，史无前例地会见"总评"领导人太田薰（1912—1998），共同商讨薪水事宜。两人同意把公营企业雇员的薪水与私营企业关联起来，其增幅视乎私人企业争取多少。池田急于利用私营企业工会的合作态度，以软化公营企业的要求；而太田则希望凭借坐上谈判桌，为未来发声奠定更坚实的基础。自民党现在变成一个广纳各路英雄好汉的政党，而政治世界亦由抗衡政治转变为折中政治。

虽然如此，紧张仍旧存在，"总评"势力依然大于同盟，日本社会党影响力亦大于民主社会党。事实上民社党在选举中的表现不佳，1960年是民社党成立后首次参加总选举，结果一败涂地。民社党议席由41席锐减至17席，而社会党则增加至145席。民社党虽在以后的选举中重来，但还是未能收复其最初实力。激进的工会活力依旧，继续组织春斗，要求加薪，支持原来的政治理想。

除此之外，社会运动逐渐冒升出新的主要矛盾，政治行动亦浮现新的形式，观察者称此为"公民运动"政治。这种积极活动有其特色，精神上无党无派，组织上相对缺乏中央核心，以草根为主。公民积极性到20世纪60年代末及70年代初达到高峰，但有些团体的重要性仍持续到以后时期。

触发公民运动的因素有二，首先是和平主义，其次是不满日本政府对主权的让步，两者均与20世纪50年代反安保运动有关联。这些精神到20世纪60年代中期整合为别出心裁的抗议运动形式，反对日本成为美国越南战争的后勤基地即为该运动的一环。抗议者害怕日本会因此被拖进更大的战争中，他们亦认为越战只是个内战，但美国以残酷且帝国主义的方式介入。1965年，各个草根公民团体组成"致力越南和平：市民联合！"，简称"越平联"。它其实只是个松散、无严密组织的联络网。[14] 以东京为基地的几份刊物作核心，把各地团体汇聚在一起，在 20 世纪 60 年代末的高峰时期，这些团体约有 500 个之多。"越平联"突出的地方是它完全没有正式会员清单，没有会章，也没有会费。有人估计在 1967 年到 1970 年的高峰期，至少有 1 800 万人以不同形式参与反战活动，最大的单个示威活动出现于 1970 年 6 月，有 77 万人走上街头，反对日美安保条约的自动续约。"越平联"有一个较少为人知但却并非不重要的活动，就是援助美国的越南逃兵，同时亦组织美军基地士兵举行反战活动。[15]

当越战结束，"越平联"亦在 1974 年解散。它令许多支持者最失望的地方是在 1970 年之际，日美安保条约即将再续约，而"越平联"无法串联一场成功的反对运动。在 1960 年安保条约修改斗争时，日本政府希望取消所谓"单边"条约，代之以一个更平等且更周延的条约，但必须得到国会同意才能通过。到 1970 年，10 年期限已满，根据安保条约自动条款，除非日本国会或美国国会决定废除它，否则安保条约会自动延续。因此日本国会中的条约反对派反而备受压力，虽然他们推动一系列大规模示威反对续约，但很明显他们在国会缺乏足够的票数否决，同时 1970 年反条约运动的影响力远远比不上 10 年前。虽然反条约运动没有成功，不过许多曾参与反战及反美军基地的学生及成人，他们日后转向其他议题及不同形式的公民运动。

与"越平联"同时进行的是另一些紧张甚至是暴力性的抗议活动，主事者多半是 20 世纪 60 年代末的日本大学生，其实亦与当时的世界学运同步。在过去十多年，学生运动的核心组织是"全学联"，但"全学联"一直纠缠于内部派系斗争，一边是与共产党有关的团体，另一边则是非共产党的"新左派"。即便如此，在反战运动最高潮的 1968

年至 1969 年，激进学生汇集在一起，发动史无前例的示威与抵制运动。他们与过去有完全不同之处，运动领袖大部分跟当时共产党分子或反共分子没有任何关联，亦与"全学联"无关。他们联合组成一个称为"全学共斗会议"（简称"全共斗"）的组织。*这些学生反对增加学费，要求在大学管理中扮演更重要的角色。他们也把地方斗争和全球政治联系起来，主张课程改革与反对帝国主义相关，因为大学可以利用教学及学术研究阻止日本成为资本主义超级强权，不令其与美帝国主义结盟。

1969 年春季，不少大学实际上陷入停课状态。"全共斗"与"新左派"联合，转而采取一种暴力斗争战术，以对抗镇暴警察。他们将这种武装斗争手段称之为"力"（该词在日语中对应的罗马音为 geba。源自德语词 gewalt，日语中发音为 gebaruto）。示威者头戴钢盔，使用分散队形占领教学大楼及宿舍。当年春天，东京大学在其历史上首次停办入学试，不招考新生。†运动到 1969 年夏天开始走下坡，社会大众不再认同学生的做法，政府亦呼吁回归常态，并派出镇暴警察进驻全国大学校园，逮捕学生领袖，再度掌控整个局势。

在暴力抗镇及随之而来的镇压以前，各著名大学虽然亦有学生积极分子，但他们毕业后通常都可以进入企业界或政府机构工作，据说主流雇主都颇欣赏他们在学运中的"领导"才能，纵然这些政治抗议活动是针对现行体制的。但在 1969 年危机以后，他们的态度便有所改

---

* 日本的学运约开始于 1965 年，当年有御茶水女子大学反对学生宿舍不良规则，早稻田大学反对增加学费。——译注

† 日本学制是春季开学。——译注

图 15.3 1968 年东京大学学生罢课，使该大学瘫痪一年多，上图为学生示威一景。学生群都支持革命的马克思主义派别，他们正在校园中心地区的安田讲堂前集会。(每日新闻社提供)

变。企业间流传一份报告，将学生积极分子列入黑名单。因此在 20 世纪 70 年代以后，学生运动的力量及影响力急速下降。但仍有部分激进团体将运动转而针对内部，进行残酷甚至是致命的派系斗争，这又是另一个阶段。

公民运动新领域中最有成效的便是环境保护。当工业毫无节制地扩张，有时甚至不计后果，空气与用水质量自然会急剧恶化。环境受损的代价，又或工人与居民的健康受害，乍看似无关轻重。这与生产者无直接关联，政府亦无需马上付出代价，欣欣向荣的国民生产总值也不会因此而有所减损。事实上假若环境受损，反而会刺激经济活动，如建造滤水厂或送污染受害者到医院治疗，这些产品与服务又会被看作"不断成长"的经济的一部分。

在 20 世纪 50 年代已经出现一连串因环境污染所造成的疾病，情况颇为恶劣。在九州岛熊本县水俣市及本州岛新潟县所设立的化学工厂附近，先后出现水银中毒事件，有居民死亡。[*]日本中部神通川流域的富山县富山市妇中町亦出现镉中毒状况，患者骨脆易折，周身痛楚不堪，故日语称其为"痛痛症"。[†]本州岛中部太平洋沿岸的三重县四日市，由于炼油厂造成空气污染，导致居民发生严重呼吸困难。[‡]同样病症亦出现于工业集中的城市，如横滨、东京附近的川崎市及大阪附近的尼崎市。无论是上述事件还是其他公害案件，受害者都马上要求赔偿，但在 20 世纪 50 年代及 60 年代初，所得到的反应十分缺乏效率。制造污染的人都千篇一律否认其责任，同时多方妨碍调查，而地方政府与中央政府则相对很消极。

其后到 20 世纪 60 年代中叶及 70 年代初，当地污染受害者使用与反战抗议者同样的方式，主动对外联系，成立全国性的强大网络，他们使用静坐及抵制等随机应变的策略，又买入制造公害的企业的些微股票，借此出席该企业年会，干扰股东年会，同时亦向法庭提出诉讼，要求赔偿。从 1971 年到 1973 年，法庭对上述所谓"四大公害"事件做出一连串里程碑式的判决。四大公害是指水俣市及新潟的水银中毒、

---

[*]　1955 年水俣市新日本窒素肥料工厂附近不少只猫突然死亡，到 1956 年人亦出现同样情况，后查明为该工厂流出的水银造成，该病亦称为"水俣病"。——译注

[†]　由明治时期开始，岐阜县飞驒市的三井金属矿业制造亚铅，将镉金属排入神通川，造成污染，1960 年才断定出病因。——译注

[‡]　1964 年出现呼吸不顺的死亡事件，日本称为四日市病，与水俣市水俣病、新潟水俣病、痛痛症统称为战后四大公害病。——译注

镉中毒及空气污染引发的哮喘。在每一个案例中，受害人不但赢得赔偿，而且建立重要先例，迫使政府及企业担负起赔偿责任，并要采取预防的措施。

其中一场特别紧张的环保抗争运动，把学生运动与一般的农民家庭联系起来，它就是新成田国际机场建造时所发生的绵长抗争。成田机场位于东京以东 60 公里的千叶县，由于了解到羽田机场已有设施无法应付快速增长的交通需求，1966 年政府开始策划建造新的成田机场。政府选择该地，因为它半数面积原来是皇室用的狩猎区域，征用起来比较方便。但对于其余地段的农民，政府却采取一种高压而又笨拙的方式，试图强迫当地农民出售其土地。学生活跃分子与农民很快便串联在一起（见图 15.4），前者认为兴建机场所造成的矛盾是大好良机，趁此可以攻击傲慢而又高压的国家官僚机器，而它正是战后资本主义体制的核心；后者的目的较为单纯，只是想要回土地、保卫家园而已。就在这时，不少人支持学生对政治的批判，愿意伸出援手。抗争者一开始便摆出长期斗争的姿态，他们在争议土地上建造复杂的隧道系统，拒绝迁出。机场在 1969 年开始建造，但抗争者阻延飞机跑道完工，从 1971 年拖至 1975 年，其后 3 年又阻止机场真正营运，直至 1978 年为止。在全副武装的警察与激烈反抗的学生、农民公开的激烈战斗下，再经媒体大力渲染，机场才得以开通。虽然大部分人民没有使用某些积极分子所倡导的暴力手段，但成田抗争确实迫使政府关注人民的反应，在以后进行同类规划时，不得不采取更妥协的态度。[16]

在 20 世纪 60 年代及 70 年代亦出现了其他的公民活动形式，而且有其重要意义。[17]其中包括产品安全监督、民间消费网络合作以确保

图15.4 当东京要于成田建造新国际机场时，农民与学生为了反对机场的兴建，结成了一个不寻常的联盟，而且在长期斗争中十分有效率。上图是抗议者于农地四周打桩，以阻止政府取用土地改建为新机场。（每日新闻社提供）

食物新鲜及价格合理。由反对战争、学生运动到环境保护等各种形式的公民抗争，妇女与男性同样活跃，不过在与家庭生活有关的领域，她们所扮演的角色特别突出。支持消费者的人并不同意毫无批判性且物质至上的"消费主义"，与其强调低价，她们宁愿重视高质量及产品的纯粹性。她们亦与农业合作社及政府机构建立联系，保障各种家用产品，然而国外有时会批评她们所推动的安全标准，认为这是另一种保护主义，排斥外国货，这说法也并非毫无根据。

从20世纪60年代后期到70年代，上述新公民运动政治与旧政党政治汇聚到一起。在全国各地大小城市间，居民在环保问题下组织起来，要求更高水平的公共住房，还有反美军基地斗争，这些都让社会党及共产党政客有崛起的空间。1975 年为其高峰期，在全国 175 个都、市及县中，其市长及县长均由左翼政党成员担任，其中包括东京、大阪、京都、横滨、名古屋、川崎、神户等 7 大都市。[18]

这种趋势称被为"进步地方政府"时代，在近代日本史上，地方政府能领先中央政府，其所代表的意义颇不寻常。地方政府在很多方面走在前面，如环保立法及采取社会福利措施。其中最著名的进步地方领袖是美浓部亮吉（1904—1984）[19]，他在 1967 年到 1980 年担任东京都知事*。由于推动各种先进福利计划，如为东京市民提供免费医疗保险，美浓部当时赢得大众的支持及全国知名度。

对于在野党在地方上史无前例的斩获，自民党及中央政府并未采取对抗行动，反而积极响应。自民党采纳地方政府的做法，转化为中央政策，它宣布 1973 年为"福祉元年"，大力推展各种退休及健康保险计划。同年，为了加强环境保护法令，通过了《公害健康被害补偿法》，让受害者能够较容易得到经济援助及健康照顾。虽然在 20 世纪 70 年代末期因经济衰退，自民党与政府机构删除新措施，例如提高保费或削减福利，没有以前慷慨，但其做法的确有助于保守派在都市地区夺回民众的支持。

尚有另一因素促使政治走向更中庸的方向，就是"公明党"的兴起。公明党顾名思义，以公正廉明为号召。它的基础来自民间广受欢迎的宗教团体"创价学会"。该宗教的领导人在 20 世纪 50 年代末

---

* 东京都知事即东京市市长。日本地方政制为 1 都 1 道 2 府 43 县，都指东京市，为日本首都。——译者注

以"廉明政府"为政纲，开始参与公职选举，其正式创立公明党是在1964年。到20世纪60年代末，公明党已经成为国会中第三大政治力量，紧跟自民党及日本社会党之后。与此同时，有人批评该党触犯战后宪法政教分离的原则，公明党马上斩断与创价学会所有正式关系，当然事实上该党的候选人及选区的支持仍然来自创价学会的信徒。公明党自称为"中道政党"，它主张更多社会福利措施及支持战后宪法，但接受资本主义基本结构。在地方选举中，它通常支持社会党候选人。当自民党及社会党要争夺公明党支持者选票时，公明党自然也把两党拉到了政治中立路线。

20世纪60年代草根活动的百花齐放盛况并不只限于左翼及中道政治，右翼亦有其草根活动，其中最突出的运动是鼓吹确定日本建国纪念日。在19世纪70年代，明治政府曾指定2月11日为"纪元节"，据说该日传说中神武天皇即位并建立大和朝廷，时为公元前660年。这个说法并没有太强的根据，1948年占领当局便将其废除。从20世纪50年代到60年代，有人倡议要恢复原来的节日，最初的支持者是吉田茂，于1951年提出。此后保守派领导人对这个运动的支持固然值得注意，更重要的是它采取"公民运动"形式，通过不同的网络动员大量支持者，其中扮演重要角色的有神社的神官组织、各地方町村的保守派市长及议员。到1966年该运动表面上达成目标，国会通过法案，定2月11日为"建国纪念日"，不过实际上与原来的意识形态期待有异，建国纪念日并没有像战前一样，采取强烈的宗教方式来崇敬天皇。

三、全球关联性：石油危机与高度成长的终结

日本两位数字的经济增长速度傲视全球，但到1973年秋天却戛然而止。当年10月中东爆发以色列—阿拉伯战争，阿拉伯的主要石油生产国限制石油出口，日本亦在限制之列，油价因此在短短数周内暴增4倍。日本政府马上与以色列保持距离，并且突然认同巴勒斯坦人的说法，支持他们回家的权利，日本人因而被讥为胆小如鼠。然而当前危机得以稍缓，阿拉伯石油出口国答应重开油源，不过由于石油进口价飞涨，日本的国际收支出现赤字，不断增长的能源价格导致经济严重衰退，亦引发20世纪40年代以来最严重的通货膨胀。在1974年，消费者物价上升25%，而且自20世纪40年代以来国民生产总值首次出现下降，在1974年减少1.4%。

日本称石油危机为"石油震撼"，它亦产生重要的社会及文化冲击。维持日本生命线的能源有断绝供应的危机，进一步证实主张经济自给自足者一向以来的最大忧虑。石油危机凸显出当今互相依存的世界里，假若经济资源缺乏，其弱点便十分容易暴露；它亦再度唤回对战时及战后初期物质匮乏的回忆，对年过40岁的成人而言，当时的体验仍然历历在目，挥之不去。消费者突然兴起囤积各种货物的热潮，开始时的目标是洗衣剂等石油化工产品，也有人称它为"卫生纸恐慌"，因为数以千计的家庭主妇挤到超级市场，抢购这种每天的必需品，架上的卫生纸被一扫而空。

石油危机亦刺激政府制订长远的计划，减少日本对石油的倚赖，尤其是不要把油源集中到中东。政府加快建立核发电厂及水力发电设

备，同时资助开发各色各样的新能源，例如页岩油、太阳能、海洋波浪产生的能源。政府亦再度求助于战争时期的克难精神，大声疾呼"节约能源"。通商产业省官员以身作则，冬天不开暖气，夏天不开空调，他们亦要求学校及政府建筑物看齐，同时敦促所有机构同步执行。在夏天，他们不打领带，穿短袖衬衣上班，令办公室同仁耳目为之一新。节约能源及分散来源两大政策可以说相当成功，日本对中东石油的倚赖度急速下降，1970 年它占日本石油总供应量的 85%，到 1980 年则下降至 73%。

两位数字的通货膨胀率一度触发工人抗争的再现及对立严重化。在整个 20 世纪 60 年代，工人组织在其要求及形式上已变得比较温和，然而到 1974 年春斗，又在各行业形成大规模的加薪要求，而且颇具威胁力，结果他们赢得史上最大的加薪幅度，在起薪点上平均达到 33%。

公营事业雇员特别彪悍，与私营领域有异。公营企业工会的冲击性从 20 世纪 60 年代开始便愈来愈厉害，到 20 世纪 70 年代初达到最高点。但工会领导人忽略了一个警讯，即社会大众对工会的做法渐表不满。1973 年春斗期间，铁路工人依旧沿用消极怠工战术，造成交通尖峰时间的班次阻滞及极端拥堵，引发愤怒乘客的暴动，他们在 27 个车站殴打司机，捣毁车厢。

1975 年末是个转折点。公营企业工会发动百万人参加所谓"为争取罢工权"的罢工[20]，但这次公营领域雇员总罢工可说以失败告终，工人运动无法在广泛层面上动员群众。例如私人铁路工人没有参加，公众反应冷漠，与 15 年前的三池炭矿罢工相比，只有少数学生集结支持。一星期后，工会宣布中止罢工，但没有取得任何成果。政府对参与罢工的百万工人采取惩戒处分，有1015名领导者以非法罢工罪名被开除，公营领域工会从此走向漫长而缓慢的萎缩。[21]

同一年中，私营领域工会由前一年的积极要求变成大幅度后退。管理层及政府官员声称为了控制通货膨胀、恢复企业利润及保证工作的长期稳定性，薪水不能做过大的调整。各主要出口工业工会在IMF-JC的领导下，设定私营领域薪水年度调整幅度，他们都同意政府的说法，1975年加薪幅度平均只有13%，为前一年水平的1/3而已。在一些如造船业的衰退行业中，他们也同意大量削减工人数目，数以千计的资深工人被迫提前退休。工会向其会员解释，之所以要牺牲部分工人，主要为保证更长期的稳定以及其他人可以分享到更多的福利。工人会质疑这种逆来顺受的合作究竟是否聪明，不过当工会领导者决定后，异议者便没有置喙的余地。因此从环保到福利政策，以至劳资关系，一个以妥协及折中的政治体制逐步形成。

由贫穷到富裕、由冲突到折中，这是日本在20世纪50年代到70年代所走过的道路，它与世界各地的战后历史大致相同。欧洲在战后一片颓垣败瓦，其中以德国及意大利尤为明显，但在以后几十年间都同样出现所谓"经济奇迹"。在所有例子中，美国的援助都扮演关键角色，同时美国亦积极推动一个开放性的世界贸易制度。无论在欧洲还是日本，美国的电视及电影都在刻画一个富裕之梦，以及中产阶级消费者的美丽新生活。美国出口的技术，再加上促进各种非共力量的冷战活动，它们影响了战后世界各地的经济及政治历史。

美国与日本的接触有些是隐秘的。20世纪50年代，美国中央情报局资助自民党内的反共盟友。[22]秘密活动的目标是发展亲企业工会，破坏激进思想及造反性活动。美国在日本以及世界其他各地如何开展这种秘密工作，我们今天无法得知全貌。不过至少可以肯定地说，当折中政治逐步发展之际，它一定会插上一脚，并有助其成功。

在冷战高潮之际，其他形式的接触则较为明朗。1961年，美国新任总统约翰·肯尼迪（John Kennedy）委派埃德温·赖肖尔（Edwin O. Reischauer，1910—1975）出任驻日本大使。赖肖尔之所以被选中，有其不寻常的意义，他是哈佛大学教授，亦是日本史专家。*他之所以引起肯尼迪的注意是他在1960年所发表的一篇文章，当时正为日美安保条约危机之际，日本发生连串暴动，艾森豪威尔访日之行被临时取消，赖肖尔在文章中呼吁与日本修补"已中断的对话"。[23]赖肖尔担任驻日大使至1966年，在任期间，他努力消除政治上左右两翼的反美情绪，他亦致力于影响文化及思想生活，赖肖尔反驳马克思的批判性日本史观，用一种乐观态度看待日本史，认为它是非共产现代化的一个成功模式。

由于当时日本人强烈反对美国介入越战，减轻了赖肖尔对日美关系的影响力。另一方面，美国军事基地继续存在，特别是美国仍然控制冲绳，反美情绪依旧存在于整个政治光谱中。1968年，美国总统林登·约翰逊（Lyndon Johnson）承诺交还冲绳给日本。到1972年，经过美国22年的占领，冲绳终于回到日本手中，该事件是个里程碑，使日后两国友好关系跨出了一大步。不过大量美军仍然留驻冲绳，直至

---

* 赖肖尔之父为长老会传教士，在日本传教，故赖肖尔在日本出生，到16岁才回美国读大学。——译注

今日，美军基地依旧拥有冲绳中部及南部最适宜耕作的20%的土地。[24]对冲绳及日本本土而言，它仍是日美关系的一个痛点。

总括来说，一方面日本在美国战略保护伞下"从属独立"，日本人民常因为这个尴尬地位而不安；另一方面，由于美国主导整个经济环境，日本亦得以制造各种产品，营销非共世界，社会才能日渐富裕，因此日本高度成长时代是具有上述国际政治背景，才能够在政治上实行制约，在经济上重新组合，释放能量。

不过有些事应该值得注意，日本人民所经历的这种共同体验，它并非完全是美国首府华盛顿或金融中心华尔街的独角戏。从20世纪50年代到70年代，日本人民所面临的各种议题，其实是当时新世界秩序所共有的，这个新世界秩序一方面互相依存，另一方面则意见不一致。学生抗争、妇女运动、环境保护运动在某种程度上是全球现象，是同时发生的。"生产力政治"也是个全球现象，世界各地工人组织的立场也在转变中，由抗争形式转为体制内交涉，有时工人甚至成为统治阶层的一部分。大约同一时间，各先进资本主义国家的政府发展出更广泛的社会福利计划，延伸到中产阶级内，日本毫无疑问是其中一员。日本政府及其人民亦与其他地方一样，希望一方面能求取利益，一方面维持稳定、健康及有意义的生活，如何在两者间求取平衡，是他们一致努力的方向。

第十六章

两极化世界中的全球大国：20 世纪 80 年代的日本

日本能以一个富裕、信心满满、爱好和平的姿态崛起，在战后全球史中是令人讶异的发展。从 20 世纪 70 年代到 80 年代，日本国内有些人以本国成就为傲，甚至可以说达到傲慢的边缘，他们亦因为外国人忌妒性的批评而感到不安；有人则叹息旧日生活方式的消逝，他们担心年轻一代已经失去老一辈锲而不舍的责任感；亦有人主张日本应更开放，应更容忍不同事物，男女应更平等。他们不满地说，日本普通民众拼命工作，天天从距工作地点遥远而又狭窄的家庭外出上班，他们其实无法完全分享富裕的成果。

世界各地的态度也是矛盾不一，有妒忌，有赞赏。在一些人的眼中，日本的形象由经济奇迹瞬间转为经济威胁。另一些人则视"日本模式"为资本主义的另一个形式，比起西方或美国模式更为成功。从这方面看，20 世纪 80 年代的日本是令人满意且值得庆贺的，在战后初期完全想象不到，但在今日看来则显然是有点言过其实。

一、世界新角色及新冲突

1972 年美国归还冲绳给日本，清除了美国占领所留下的重要法律阴影，虽然美军仍然留驻该岛，然而日本终于得到长期以来渴望的主权，日美关系得到新的平等机会。不过前一年有两件美中不足的事件发生，削弱了两国关系，可以称之为"尼克松震撼"。首先在 1971 年 7 月，美国总统理查德·尼克松（Richard Nixon）宣布访问中华人民共和国，该消息震撼世界，而且美国与中华人民共和国很快建立正常的外交关系。其次在同年 8 月，尼克松宣布美国放弃金本位，准许美元随其他货币汇率浮动，日元汇率因此急剧上升，它固然反映出日本的经济实力，但亦使日本出口付出更惨重的代价。

两件事情对日本均有重大影响。尼克松在做决定之前，不但没有咨询日本，连事先通知也没有，令日本政府及公众非常不满。他们认为美国并非百分百信任日本，也没有把它当作一个平等的伙伴，这个看法亦非完全没有道理。最令日本政府痛心的是在过去 20 多年，国内的反对声浪虽然一直强大，但日本仍忠实跟随美国的政策，全力孤立及"围堵"中国的共产主义政权，而美国政策却在一夜之间翻盘，不但使日本狼狈不堪，还要匆匆忙忙转向。1972 年日本与中国建立正式的外交关系，双方的经济往来在 20 世纪 70 年代逐步发展，到 20 世纪 80 年代中国实行改革开放后，两国的经济更急速起飞，中国成为日本主要的贸易国家之一。

因此即便冲绳归还日本，"尼克松震撼"仍象征着日本与美国新冲突时代的来临，这个时期横跨 20 世纪 70 年代与 80 年代，尤以经济

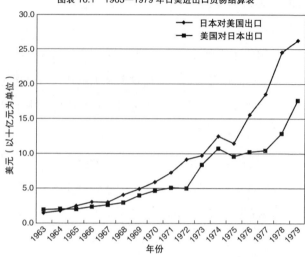

图表 16.1　1963—1979 年日美进出口贸易结算表

资料来源：U.S.Department of Commerce, *Statistical Abstract of the United States* (Washington,D. C.: US Government Printing Office,1963—1979).

问题最为严重。从 1965 年开始，日美贸易平衡已经出现变化，过去日本对美贸易长期赤字，而 1965 年日本对美出口开始有少量盈余。到 20 世纪 70 年代，日本产品大量涌到美国，完全压倒美国对日本的出口（见图表 16.1）。到 80 年代中期，日本对美出口总值为美国对日本出口的 2 倍，美国每年对日本贸易的赤字约为 500 亿美元。

　　日本整个贸易的基本形态一直无法改变，它输入巨量石油、原料及粮食，输出制成工业产品，而且质与量均陆续有所增长。其结果不但是使日本在资本主义世界中长期占有贸易顺差地位，也形成了长期政治冲突。这方面对美国冲击尤为严重，美国最著名的生产商无法在价格及质量方面与日本产品竞争。以电子产品为例，1955 年美国有 27

　　　　　　　　现代日本史：从德川时代到21世纪

间电视机制造工厂，然而到20世纪80年代只剩下一间真力时（Zenith）继续在美国生产电视机。

面对残酷竞争，美国企业的行政人员及工会在20世纪60年代初便强烈表示不满，他们认为日美贸易是不公平的。他们指责日本生产商在国内市场受到保护，并以高价出售产品，但在国外市场则以低于成本的价格"倾销"，借此以垄断市场。他们认为日本公司在开始进入市场时都会赔本，而当美国对手退出或关门大吉时便会提高价格，最后都能补回损失，有利可图。他们的说法并非完全虚构，但这究竟是一种不道德的商业行为还是一种聪明的生意手腕，就见仁见智了，事实上微软公司在20世纪90年代亦使用同样的营销策略。

无论如何，美国使用其政治力量堵住日本贸易的发展，经过一连串激烈的谈判，双方终于达成协议，日本出口商"自动自觉"限制其对美国的贸易量，最著名的是1972年对纺织品、1969年及1978年对钢铁产品、1977年对彩色电视机、1981—1993年对汽车的限制。1988年美国国会通过贸易法案，其中包括所谓"超级301"条款，授权该国政府可以单方面认定日本或其他外国政府用不公平手段垄断该国国内市场。若该国不公平贸易裁定成立，而它又没有采取任何措施纠正贸易失衡，则美国有权单方面对该国出口实施惩罚。该贸易法案无疑是针对日本，引发日本人的强烈批判，认为美国无疑是使用19世纪的炮舰政策，当时英美等国出动战舰，强迫世界各地的弱国接受它们的贸易条件。事实上在该法案通过后，美国人以"超级301"条款作威胁，强迫日本在超级计算机、卫星及木材等产品上打开其国内市场。

在各种产品的争议中，汽车配额最能突出日本与美国两国财富的转换。通用汽车及福特一向是美国工业的核心，亦为美国人的骄傲，战后的繁荣，它们也是火车头之一。在过去数十年，它们的产品象征丰衣足食的"美国梦"。但在当时，这两个被打得抬不起头的巨人却无法说服美国人选用它们的汽车，唯一的方法就是要求美国政府为它们设立贸易限额。因为数以百万计的消费者都正在转向既经济而又日渐耐用的丰田、日产、马自达或斯巴鲁汽车。[1]贸易冲突有时会以象征性行动呈现出来，感觉是非常不愉快的，例如美国汽车工人会在电视镜头前把日本制的汽车砸得粉碎，以示抗议。这些冲突至少引发一起悲剧性的种族暴行。1982年，两名底特律汽车工人用棒球棍殴打一名美籍华人致死*，大概他们误会死者是日本人，故动手攻击他。审判的结果令人意外，两名被告被判缓刑3年及不算多的罚款，可以说是极度轻判。[2]

在20世纪70年代及80年代间，美国政府亦致力于全面改变日美贸易及经济的结构性关系。在1979年，两国政府同意委任一小批所谓的聪明人士，为长远的措施提出建议，目的是减少两国间的贸易摩擦。10年以后，从1989年到1990年，一般性结构议题仍然为日美两国贸易谈判代表的焦点。所谓《日美结构协议》（*Structural Impediment Initiative*）的目标是改变两国贸易不平衡的结构性因素，在美国是预算赤字及低储蓄利率，而日本方面则是各种进口障碍，例如痼疾难消的营销制度打击了价格竞争。上述谈判产生了一些不同想法，有一定意义，但出于政治考虑，没有几个是能付诸实践的。

---

* 被杀华人是陈果仁，时年27岁，正在结婚前夕。行凶者最后判罚3 780美元，缓刑3年。——译者注

当日本银行及企业累积大量外汇存款时，投资便跟随贸易路线而至。日本机构开始投资美国财政部的证券，这些投资对美国 20 世纪 80 年代不断膨胀的预算赤字不无帮助。除此之外，日本企业亦承诺大量投资美国、欧洲及亚洲，建立生产线。日本的全球性外国直接投资（Foreign Direct Investment）在 20 世纪 60 年代中期只不过 10 亿美元，1975 年达 150 亿美元，到 20 世纪 80 年代末，累积的外国直接投资约为 500 亿美元。北美洲占日本外国直接投资的 40%，其次为欧洲，随后为亚洲与拉丁美洲。当时日本经济很景气，土地价格飞涨，日本投资者曾做过几个举世瞩目的决定，就是收购美国著名建筑物。因为对日本人而言，这些房地产仍相对便宜，其中最著名的是 1989 年收购纽约曼哈顿区的洛克菲勒中心，1990 年收购加州的圆石滩高尔夫球场。这些交易成为美国报纸的头条新闻，日本人"买下"或"侵略"美国之声不绝于耳。如果时光倒流至 20 世纪初至第二次世界大战，批评者的语气可以模拟昔日反移民的声调。著名记者西奥多·怀特（Theodore White）便是其中的佼佼者，他在 1985 年为《纽约时报》写了一篇头版报道《来自日本的危机》。怀特的文章指责日本有意"瓦解美国工业"，他宣称日本的经济成就是源于其长期阴谋，目的是控制全球经济。[3]

尽管受到种种指责，日本与美国间的经济关系比以前更为紧密。决策者非常了解这点，甚至当双方政府谈判者继续为贸易问题吵闹不休时，两国官员已经在双边以及多边经济政策上合作。日本曾在 1964 年加入"经济合作发展组织"，该组织的基本任务是协商先进工业国间的共同经济问题，亦讨论它们与世界其他国家的关系。接着从 1975 年开始，包括日本在内的七个主要资本主义国家首脑，定期举行年度

"高峰"会议。[4]主办国则由会员国轮流担任，会议被称为"七国高峰会议"或"G-7高峰会议"。它们讨论宏观经济政策，希望能控制通货膨胀，促进经济成长及贸易。除此之外，"G-7"会员国的财政官员及包括日本在内的"G-5"核心国家，亦在20世纪80年代中定期见面。日本能参与这些会议，反映出日本在全球经济中的核心地位，这一方面固然值得骄傲，另一方面亦成为压力来源。日本所设定的政策不但要为国家利益着想，也要为国际利益着想。

G-5成员国最重要的决定之一，是1985年各国部长在纽约的广场大酒店订立的协议，通常称为"广场协议"（Plaza Accord）。该协议的目的在振兴工业，各国财政大臣因此约定合作性购入货币，提升日元币值，借此增加对日本的输出。他们亦要求日本刺激内需。日本大藏大臣不得不订立一低利率及财政扩张政策，他大方送出巨额补助金给地方政府以刺激内需，故上自公路、桥梁，下至游乐场、博物馆，各色各样的投资纷纷动工。唾手可得的预算带来复杂后果，一方面它帮助企业投资于世界一流技术，因此日元汇率虽不断升高，由于生产成本降低，日本全球竞争力依旧强劲；另一方面，它亦让20世纪80年代末的资产快速膨胀，最后形成日本所谓的泡沫经济。

日本与亚洲及世界其他国家亦维持一种既紧张又合作的关系，十分复杂。战后日本与亚洲各国的经济关系发展得十分缓慢，在20世纪50年代，日本与东南亚各国签订战争赔偿协议，恢复两者的经济联系。在与缅甸、菲律宾、印度尼西亚及南越所签的条约中，日本公司赠予上述政府价值15亿美元的工业制品，而背后真正的付款者是日本政府。借着赔偿条约所建立的关系，贸易持续增长，到20世纪80年代，日本约有 1／3 的出口前往美国，但中国、韩国及东南亚各国计算出口总额的话，则为日本第二大贸易伙伴，远远超越欧洲。

回顾历史，这种发展颇具讽刺性。当盟国占领日本即将告终之际，美国战略家主张恢复日本的"南向帝国"。他们原来估计东南亚会成为日本最重要的贸易伙伴，是日本工业产品的顾客，也是日本自然资源的供应地，颇有半殖民地的味道，其后亦证明日本确实与亚洲建立了牢固的经济关系。20 世纪 80 年代末"广场协议"签订后，日元不断升值，大藏省及通商产业省希望日本的科技及投资能与东南亚厂商联手，目的是建立低成本的生产线，将其作为出口欧洲及美国的基地。

日本在东南亚的投资的确发展非常迅速，但从 20 世纪 50 年代直到 90 年代，美国依然是日本最重要的贸易及投资伙伴。比较讽刺的是美国这些年在日本领土上实行帝国式驻军，不但卖原料给日本，亦是日本工业产品的主要购买者。

战争时期所遗留下来的问题很多仍未解决，它成为战后日本与亚洲其他国家及人民关系的主要议题，亦是后殖民时代不愉快经验的来源。苏联与日本虽然在 1956 年建立正式的外交关系，并且有贸易往来，但两国一直未签订和平条约。最大的障碍是领土争执，在千岛群岛南端有日本人所称的"北方四岛"*，两国政府均宣称拥有该地的主权，有关领土纠纷，到今天仍无法解决。

---

* 北方四岛是指择捉、国后、色丹、齿舞四岛。1855 年日俄两国签订《通商友好条约》时，千岛群岛中四岛归日本，其余归俄国。1875 年日俄签订《千岛群岛及库页岛交换条约》，日本得全部千岛群岛，俄国得库页岛北部。到"二战"，苏联占领千岛群岛，包括北方四岛，双方因此争执不休。——译者注

东南亚方面，日本在战争时期统治东南亚的时间相当短，虽然颇为粗暴，但战后双方的关系却更为密切。虽然签订了战争赔偿条约，且双边贸易不断增长，但当地国家仍批评日本企业界，认为它们的贸易及投资行为类似掠夺，对当地并没有什么好处。1974年日本首相田中角荣访问曼谷及雅加达，结果爆发大型反日暴动，这一事件震惊了日本社会。

最复杂的后殖民关系是与韩国，由于日本左派、朝鲜及韩国内部派系等各方面的反对，日本与韩国政府一直到1965年才签订《日韩基本条约》。据该条约规定，大韩民国为朝鲜半岛唯一合法政府，1910年日本并吞朝鲜半岛的条约及在此之前的所有条约均属无效，韩国放弃以后索取赔偿的权利，但日本给予8亿美元的经济援助。双方的经济关系从此蒸蒸日上，直到20世纪70年代。20世纪80年代发展更快，到1990年，韩国是日本第三大贸易伙伴。

有一个颇为复杂的因素最终促成日本与韩国恢复关系，这就是日本的朝鲜侨民大部分都支持朝鲜政府，而且持续不断。在20世纪60年代，可以说看不出韩国会在经济上优胜于朝鲜；在政治制度上，南方的大韩民国也没有比北方的朝鲜人民民主主义共和国更民主。此外，朝鲜政府1959年在日本已取得一定合法性地位*，再加上日本政府同意与朝鲜签约，用比较慷慨的条款同意遣返在日朝鲜人回朝鲜，其地位更

---

* 1951年《旧金山和约》签订以后，日本基本上与韩国交往，但双方仍无正式关系，由1952年开始日本与韩国展开谈判，但直到1965年双方才签订《日韩基本条约》，建立正式外交关系。日本虽不承认朝鲜，但1951年后朝鲜在日本的活动逐渐增加，到1959年遣返朝鲜侨民达到高潮。——译者注

为巩固。1959 年与 1960 年，超过 5 万名在日朝鲜人接受朝鲜援助回国，虽然其中大部分人来自韩国。日本政府的动机也并非完全出于人道，当时日本与韩国正在谈判订定条约，日本希望借此施压，希望韩国为取得合法性与北方对抗，因而对日让步。最后一个原因是归国朝鲜人在日本多半是贫苦大众，日本政府亦希望减轻社会福利负担。[5]

关系正常化以后，日本与朝韩的紧张关系仍然持续。1973 年韩国中央情报局人员绑架金大中，他是韩国独裁政权总统朴正熙的重要反对者。韩国以武力把金大中从东京一间旅馆带走，这种做法明显侵犯日本主权，亦触怒日本社会大众。另一方面，韩国人仍然无法谅解日本人在殖民时期及"二战"时的做法。1974 年朴正熙总统遇刺，结果朴正熙的太太却遭误杀，刺客是朝鲜人，长期居于日本，再与历史敌意连在一起，新仇旧恨，更为日本人涂上一层罪恶色彩。当日本政府了解到刺客是得到日本亲朝鲜团体的支持时，便实施多种政策修补与韩国的关系，同时进一步限制"朝鲜总联"的活动。

在 20 世纪 70 年代中期的低潮时期，日本政府做出实质努力，改善与东南亚各国的关系。1977 年，福田赳夫首相在东南亚国家联盟一次会议中表示，日本强烈希望加强与东南亚合作，日本与东南亚组织官员随即定期召开会议。日本政府在 20 世纪 80 年代大幅度增加海外援助的经费，该计划称为"政府开发援助"（Official Development Assistance，简称为 ODA）。到 1991 年，日本成为世界上最大的对外捐赠者，数额超逾美国。从那时候开始，日本在每年开发援助的美元总额上一直领先其他国家。日本 ODA 援助最多的地方是亚洲，约占60%。另一方面直接投资亦增加甚多，为当地提供就业机会。

首相中曾根康弘亦在 20 世纪 80 年代初主动强化与韩国的关系，他答应提供实质援助，总值约 40 亿美元。在中曾根首相任内，日本曾做出一个十分重要的象征性行动，1984 年韩国总统全斗焕访问日本时，裕仁天皇对殖民地时期的残暴行为谨慎地表示歉意，对于"不幸的过去"，他表达"深切遗憾"。

然而日本政府及人民要清除亚洲人民的不信任感，并不容易办到。虽然花了不少力气修补与东南亚的关系，20 世纪 80 年代末在泰国进行的民意调查显示，近 50% 的泰国人并不认为日本是友国，70% 认为日本的经济利益带有"帝国主义性质"。1989 年泰国外交部的一名官员对《纽约时报》表示，日本正通过经济手段及美国的保护，逐步实现它在"二战"时期的"大东亚共荣圈"美梦。[6]

教科书问题在中国及韩国仍犹如一颗不定时的炸弹一样，1982 年教科书事件首次爆发。当年 6 月底，日本各重要报章均报道：负责审查及批准日本各学校历史教科书的文部省曾要求某些作者修改其教科书，把 1937 年"侵略"中国华北的字眼改为意义较弱的"进出"，这些报道不用说马上激怒韩国及中国政府，并为此事件正式向日本政府提出抗议。两国获得内阁官房长官宫泽喜一承诺，日本政府在未来处理近期与亚洲邻近各国历史时，必定考虑"国际理解与合作"的必要性。[7] 1986 年文部大臣藤尾正行（1917— ）称，在 1910 年日本并吞朝鲜半岛的事件中，当时的朝鲜人亦应负有一部分责任，因此进一步激怒韩国，藤尾最后被迫辞职。

从 20 世纪 80 年代到 90 年代，重要政治人物对日本近代历史先后做出出人意表的发言，有一次是缩小南京大屠杀的范围，另一次则强调韩国被殖民并非被强迫，是心甘情愿的，这种发言每一次都引发海外抗议，发言者通常都要被迫辞职。

稍后，首相中曾根康弘引发了另一个争议，他在1985年前往靖国神社祭祀战殁者。事实上1975年以来好几位首相便曾参拜靖国神社，事后都没有引起争议。但在1978年靖国神社僧侣私下举行仪式，将东京审判中的14名被控为战犯的亡灵入祠，直到第二年才向社会公布。与其前任不同，中曾根在1985年称其参拜为"官式访问"，这种分辨其实没有什么特别法律根据。由于没有公开入祠，再加上中曾根公然的访问态度，在国内外都引起激烈批评。

参拜靖国神社的争议以及政治人物有关殖民地与战争的刺激性评论，其主要起因可追溯至对日本在二战中的责任问题的两极化看法，不只日本人民与他国人民之间存在分歧，就算日本国内也存在不同看法。

在日本内部，左翼分子通常指责军事精英、官僚精英再加上贪污专制的政客及垄断的资本家，他们为了扩张及军事征服，完全不考虑人力成本。他们认为战争在战略上是愚昧的，道德上是不能接受的，不过他们所用的道德标准主要是质疑领导人，并不涉及一般平民百姓。他们认为人民支持战争，只因为整个教育制度及媒体均被监控及操作，而异议声音则完全遭镇压。[8]

相反，不少政府官员及保守的知识分子则对近代历史建立起完全不同的史观。保守立场最早的一部重要作品是林房雄的《大东亚战争肯定论》，完稿于1963年。林房雄在20世纪20年代是个作家，专门写作无产阶级小说，其后转变为极端民族主义者。林房雄及其他保守者主张日本的战争动机是纯洁的，他们宣称日本发动战争，是要把亚洲从西方帝国主义的魔爪中解放出来。他们指出历史事实，日本占领东南亚，其结果是终结荷兰及英国的殖民统治，亦开启了赶走法国人离开越南的历程。至于日本自己统治下的朝鲜或中国台湾，以及稍后的中国东北与其他地区，其所发生的不愉快的史实，他们则很少提及。

无论如何，当战争离现在愈来愈远时，有关"战争责任"的争吵反而愈来愈激烈。事实上当经济摩擦出现的时候，接受否定战争责任的人却逐渐增加，日本人认为他们之所以遭受指责，只不过因为勤奋工作，而且在全球经济中出人头地。因此在整个20世纪80年代，亚洲人对日本仍然充满敌意，并非只由于历史记忆使然。它之所以再度成为问题，是很多日本人在回顾历史时，无法以同情态度看待别人的经历，这点连内阁官员也无法避免。

二、经济：石油危机下的繁荣

从20世纪70年代到80年代，日本与亚洲及西方的冲突持续不断，但却未至不可收拾。它们没有在国内引发严重危机，部分理由可以归结于经济继续增长以及分配财富的果实，这些都有缓冲作用。在第一次石油危机时，日本经济曾面临短暂的衰退，不过复原得很快。从1975年到20世纪80年代末，日本经济的增长步幅持续而稳定，其国民生产总值的年平均增长率有4%—5%。

与其他先进资本主义国家的同期经济相比，日本的表现可以说有天壤之别，至于苏联更不用提。在20世纪70年代到80年代，西欧的经济增长有气无力，通货膨胀率及失业率居高不下，劳工抗争如春风野草，几个欧洲大国的经济增长速度只有日本的一半，甚至等而下之。在美国，20世纪70年代末被称为滞胀时代，即增长率停滞不前，而通货膨胀率则以两位数上升。1980年至1983年是罗纳德·里根（Ronald Reagan）总统执政初期，工业地带面临严重衰退，故今天称之为"生锈带"，中西部主要各州的失业率在这段时期攀升至10%—13%。

在日本，不单经济欣欣向荣，通货膨胀亦不高，失业率也维持在2%以下。除此之外，日本工业生产力在20世纪70年代与80年代也是全世界增长率最高的地方。[9]在20世纪80年代末，整个日本无论在国内还是在国外，都显得生机勃勃，充满进取心。企业在新厂房及设备上的投资是空前的，在1985年到1989年，年固定资本形成总额接近国民生产总值的30%，至于投资案的数量亦类似20世纪60年代高速成长时代的高峰期，无怪当时日本以其成功及富裕傲视全世界，信心日益增长（见表16.1）。

令很多日本人特别引以为傲的是所谓"日本式管理制度"，在20世纪60年代，日本制造商已经证明在一个扩张及全球增长的时代，他们有能力生产质量良好的商品。其后大环境更加恶劣，他们亦显示出适应能力，并且可以进一步发展。在20世纪70年代，他们面临高涨的能源成本及衰退中的外国需求；在20世纪80年代，由于日元汇率飙升，他们要面对增长的出口成本，他们的适应方法后来被称为"减量经营"运动。[10]

日本公司要面对的问题颇多，如过大的生产能力、停滞的需求以及昂贵的成本，它们不得不与工会合作，裁减数以千计的工人。以造船业为例，在1974年至1979年，共损失工作11.5万个，约为整个造

表 16.1　20 世纪 80 年代各主要国家的实质国民生产总值的增长

（增长率以前一年为基数）

	日本	英国	美国	法国	西德
1980	4.3	-2.6	0.2	1.6	1.5
1981	3.7	-0.5	1.9	1.2	0.0
1982	3.1	1.4	2.5	2.5	-1.0
1983	3.2	4.1	3.6	0.7	1.9
1984	5.1	2.2	6.8	1.3	3.3
1985	4.9	3.1	3.4	1.9	1.9
1986	2.5	4.3	2.7	2.5	2.3
1987	4.6	4.4	3.7	2.2	1.7
1988	5.7	4.3	4.4	3.9	3.6
1989	4.9	1.5	3.0	3.8	4.0
平均	4.5	3.5	3.4	2.8	2.7

资料来源：Foreign Press Center, Japan, ed., *Facts and Figures of Japan, 1991* (Tokyo: Foreign Press Center, 1991), p.31.

船业就业人口的 1 / 3。在 20 世纪 80 年代末，韩国新建成钢铁厂的竞争能力与日俱增，日本最大的 5 个炼钢厂同样要裁掉 1 / 3 的雇员。在这两个例子中，很少工人是直接被解雇，那些面临解雇的工人，或被调到公司下属承包商中，或公司给予优惠，让其"自动"提早退休。大企业为了能弹性扩张，大量雇用女性临时工人，故企业一旦要瘦身，可以马上裁撤她们。亦因为同样理由，企业把一些辅助性业务委托外面公司经营，对于留下来的工人则加强管理，无论升职还是加薪，年度业绩考核都占愈来愈重要的地位，不再以年资为主。

企业一方面整顿工作队伍，另一方面管理层则推动工作场所改良运动，目的是改善质量，控制成本，这个改革的象征就是所谓质量管理运动（quality control，QC）。质量管理运动始于 20 世纪 50 年代，当时称为"质量统计管理"（statistical quality control，SQC）。这种管理方式完全是个美国货，20世纪50年代首先出现于美国，其后推广至日本。所谓质量统计管理是专职职员利用统计图表及复杂的分析方法，检查整个工作程序，提出改善生产力及质量的意见。

日本在生产管理上的改革能获得全球注意的原因，主要是它把整个工作队伍都纳入到质量管理运动中。从20世纪60年代到70年代，首先是工头的督导层，接着是第一线的操作工人及文书职员，他们组成数以千计的所谓"质量管理圈"，大约8到10个男女一组，他们定期碰面，甚至有时在下班时间。通过集会，他们学习到解决基本问题的方法及统计技巧，接着他们会分析其职责，并总结出一些策略，让工作更具生产力及效率，或有时候提升工作安全性，减少问题。

质量管理运动能够成功，应归功于雇员的受教育水平较高，同时亦由于管理层重视工作保障。因为质量管理小组为了工作效率，常常建议减少某一特定工作小组的人数，这些"多余"人员通常会被分配到其他工作岗位。到20世纪80年代末，日本有超过200万男女工人在不同时刻参与26万个质量管理小组。[11] 批评者认为并非如管理层所说，质量管理小组的参与完全是自发性的，这种看法有一定的道理，因为不参加的人会在晋升或加薪上受阻。调查亦显示，相当一部分的参与者认为小组是个"沉重负担"或"令人情绪紧张"。无论如何，这些小组的确给予工人一个难得的机会，一方面利用各组员丰富的工作知识以提升自己的技术，另一方面可以促进生产力及改善质量。

由于20世纪80年代的富裕，本来在企业内部有异议声音的激进工会，其声音已显得微弱，很少听得到，在企业外的公民活跃分子亦较以前安静。外国人蜂拥到日本工厂，考察管理制度的秘诀，日本人顾问在高薪聘请下，亦把修正版的"总质量管理"（total quality control，TQC）模式转输往美国。

日本已经变成一个极端以企业为中心的社会，大部分的人相信只要有利于企业，亦等于有利于整个社会。专家大肆鼓吹日本制度的成功，日本式质量管理的著名推销者唐津一在1986年宣称："我相信日本在工业管理的体验，其成果应推广于全世界……因为西方的企业形态是以笛卡儿的假设作为它的前提，日本可以从根本上给予正面挑战。"[12]

唐津的分析并不新奇，他可以被归类到所谓"日本人论"这一派。这派的作品都强调日本人的独特性，它的范畴广泛，从思想传统、美学、社会或经济组织、政治文化以至生物神经构造，据说日本人用某一侧大脑比较多。"日本人论"历史悠久，至少可以追溯至明治中期思想家，其中包括三宅雪岭、冈仓天心及当时的外国人观察者欧内斯特·费诺罗莎。当日本经济在20世纪80年代欣欣向荣时，文化工业亦同时出现各种"日本人论"。"新日本人论"与以前一样，强调日本人民的一体性及团结一致，无视内部的明显分歧及矛盾。当时的书店大都有一角书柜，专门陈列有关"日本人论"的出版物。

有些作品十分浅薄甚至无知。作者举出种种日本人的特征，例如使用洗手间的方式、被称为"柏青哥"的日式弹珠游戏，都成为日本独特文化的象征。[13]这种思维鼓励日本贸易代表在谈判时发表一些令人咋舌的言论，其中一位主张限制牛肉进口的代表说，由于日本人的小肠构造特别，故无法接受进口的牛肉；另一位代表则要维护国内运动器材产业，因此说日本冰雪有其独特性，故无法进口外国雪橇。

"日本人论"中比较有趣的说明可见于《甘之构造》一书，意译为《倚赖的结构》，书中指出日本文化的一个特色，就是心理层面的"倚赖"。作者土居健郎（1920— ），是一位著名的精神分析家，不过他特别指出不要把"倚赖"看作日本独有，世界上很多社会均有此现象。[14] 这时期畅销的外国作品则为《日本第一》[15]，作者为傅高义（Ezra Vogel，1930— ），他是哈佛大学的教授，书中反映出当时日本人信心满满的精神。傅高义认为日本成功地综合出一套社会及经济制度，美国及其他社会可向日本借鉴。这本书在美国十分畅销，但真正的欣赏者则在日本，当该书翻译成日文时，日本读者十分高兴有人点出他们成就的正面价值。

三、政治：保守派的风光日子

在这种一帆风顺的情况下，自民党继续执政是毫无疑问的事。当时有两种人掌控执政党：第一种是资深政治人物，他们在其选区建立起牢固势力，而且多半位于农村地区。对于有力的支持团体如农民或建筑行业等，他们会保护其利益，而相对亦会得到这些基层的支持。这种政治人物的最大典型便是田中角荣（1918—1993），他出身低微，靠自我奋斗成功，而且精力充沛，故外号为"计算机化的推土机"。他的事业从家乡新潟县开始，在那里他建立起一个建筑事业王国，再发展到全日本，并以此为基础开始他的政治生涯。田中在1972—1974年担任首相一职，他利用其个人财富及获得的企业捐助金，统一了自民党几个有力的派系。他的战略十分简单：他全力支持其部属的选举事务，而跟随者则会感恩图报。因此田中角荣虽然由于面临丑闻而不得不辞去首相之职，但在其下野后的20年内，田中派仍在幕后掌控政局。他的两个派系成员竹下登及桥本龙太郎，先后在1987—1989年及1996—1998年担任首相一职，而其他首相亦是在田中派支持下才能出任，其中以中曾根康弘最明显。1982年，当自民党选出中曾根为首相继任人选时，中曾根便感叹地说："这是我以前从没想过的，田中大军竟会把我带到目的地。"[16]

自民党的第二种领导人则出身于资深官僚，其后转到政界。他们的力量多半建基于其精英背景，其另一个优势则是与原任省部仍维持密切关系，其中以大藏省及通商产业省最具影响力。从20世纪50年代到20世纪60年代，岸信介在1957—1960年、池田勇人在1960—1963年、佐藤荣作在1963—1972年先后出任首相一职，三位政治领导人都出身于各省或是战时省部的精英官僚。在20世纪70年代两个最著名的首相亦出身于官僚，他们是福田赳夫及大平正芳，福田在1976—1978年任首相，大平则在1978—1980年任首相，两人均曾领导自民党度过石油危机，复苏经济。官僚政治家需要资深议员在财政及选区内的协助，而后者则需要官僚的技术。不过两者常互相觉得看不顺眼，福田派与田中派间的斗争是其中的典型案例。1972年田中竞选首相的前夕，所谓"福角战争"几乎把自民党一分为二。

但自民党最后还是保持团结，直到20世纪80年代末，在野党仍无法打破自民党在国会占多数的局面，亦无法动摇首相或各省的权力。在野党表面上有选民人口的优势，社会党、共产党及公明党，它们的票源并非来自有组织的保守派地盘，其支持主要来自城市的"游离"

选民，而且数目不断增加。到 1967 年，自民党在众议院选举中所得总票数首次跌到 50% 以下，自此之后，它便无法在众议院选举中取得绝对多数票。但自民党在国会仍然能维持多数党地位，因为在选区划分上，自民党给予其农村地盘过大比重。20 世纪 70 年代一位观察家指称，日本并非两党制，应是"一又二分之一政党制"。官僚与政党关系密切，为其起草法律，制订预算；而政党则保证所有法案能在国会通过；大企业则提供经费给自民党作选举用，但从政府政策中捞回好处。这个"铁三角"似乎是永不生锈，千年永固。

在这些日子中，统治"铁三角"的权力似乎如日方中，团结一致，但仍有两个漏洞，为它们添加了少许烦恼。第一个是贪污，这亦难以避免，因为执政党长期掌握政权，而且与其金主有互惠性活动，故丑闻不时浮上桌面。1974 年，一个非主流记者在一本著名杂志上爆出一件严重丑闻，他详细描述田中角荣如何通过庞大的幕后交易，为其政治版图建立财源，其中又以建筑业介入最深。主流媒体马上跟风，面对严厉的追究及公众舆论的批评，田中最后在同年宣布辞职。两年之后，田中的政治问题扩大为国际事件，在美国参议院委员会作证供的一名证人，指控田中在 1972 年收下美国洛克希德公司（lockheed corporation）数百万美元的贿赂，据说田中因此把民用及军用飞机的订单给予洛克希德公司，而该公司的领导人又是尼克松总统的伙伴。1983 年，田中受贿罪名成立，但他在冗长的诉讼过程仍未结束时便去世，从未进过监狱服刑。

20 世纪 80 年代末，政治丑闻成为政治舞台上历久不衰的话题。1988 年爆发的"瑞可利事件"，据说是战后最大的贪污案件，前首相中曾根康弘及其大部分阁员都被卷进去。这件丑闻亦牵涉数十名政治人物，甚至包括在野党成员。瑞可利（Recruit）是家即将上市的公司，其业务包括出版、人力资源及地产信息，其后亦经营房地产业务，不少政治人物被控在该公司正式上市前接受其领导者赠予的股票。另一件丑闻则涉及一家颇为成功的公司"佐川急便"，在1992年该公司便遭指责与田中角荣的亲密盟友有不正常的交往。虽然没有一个高层政治人物因为这些丑闻而获罪，但连续不断的丑闻加深了公众对自民党以及一般政治人物的不满。

另一个侵蚀自民党权力基础的来源是人民的不满，他们认为富裕的果实并没有被平均分配，同时过分追求富裕不但破坏环境，也忽略社会福利。在1976年及1983年的两次选举中，由于上述不满再加上田中丑闻的余震，自民党损失不少选票。自民党在两次选举中都差几个议席才能过半，几乎无法掌控国会。但每一次自民党都成功拉拢少数独立议员，最后仍勉强可以达成多数。虽然如此，几个在野党合起来的议席已大致与自民党相若，根据国会议事法则，它们有权掌控国会中的一些委员会，新闻界称此为一个"平等政治"的新时代来临。

在野党虽然已有较大的讨价还价实力，但整个政策方向却没有重大转变。因为20世纪70年代转向折中政治的时候，自民党已经吸收在野党所要求的社会福利扩大政策，中道政治的崛兴，同样消磨了不少政治争议的尖锐性。日本社会党仍然是最大的反对力量，但其批判性已愈来愈颠顸。在某种意义上，社会党反而成为保守政治的一个最大因素，它要维持战后民主宪法的现状，激烈反对不时提出的宪法修正案。所有党派的领导层均已各安其位，很少能够积极提出大胆的想法。1980年众议院有512个议席，其中有140个被称为"世袭"议席，他们都是资深国会议员的儿子、女儿、孙子甚至也有曾孙一代。约90%的"家族"政治人物属于自民党，另外7%是日本社会党。

这段时期的重大政策，其发动力量都来自保守一方。日本政府的走向与英国及美国的联动性甚高，其中尤以美国的影响力更大。英国首相玛格丽特·撒切尔（Margaret Thatcher）及美国总统里根均全面删减福利计划，同时对主要产业实行自由化及私有化政策。20世纪80年代中期的日本政府亦推动同样计划，称为"财政及行政改造"运动，其中以中曾根任内尤为不遗余力。1987年，中曾根把年度预算赤字删减一半，此举颇获选民认同，在1986年众议院选举中，自民党重新获得稳定多数。到1990年，由于新的消费税及经济荣景，政府收入大增，故预算得以维持平衡。

中曾根政府亦把几家大型公营事业私有化，特别是负债累累的"日本国有铁道"（JNR）及"日本电信电话公社"。这些政策的主要目标固然是希望迫使新成立的公司自行运作，不再需要补助，政府因而省去一大笔预算；不过更重要的是瓦解日本国铁工会，它仍是工人激进运动的大本营。社会党及日本国铁工会当然誓死反对私有化，前者在国会施加政治压力，后者则在工厂中举行各色各样的示威。数以千计的工人领袖被控非法实行劳资纠纷策略，因而失去工作。反对私有化的人宣称，铁路与通信是重要公共服务，政府有必要拨款补助，但中曾根的看法占了上风。公营的铁道及通信事业最后被改组为私人公司，分别称为"日本铁道"（JR）及"日本电信电话"（NTT），日本铁道管理层采取一连串重要措施，如关闭亏损的乡间路线，加强有利可图的城市线路。至于新成立的私有企业日本电信电话，则继续扮演一个半垄断的角色，在日本国内无人能及，它亦多年来为日本人所诟病，指责它收费高，在提供新式通信服务上则慢如蜗牛。

20世纪80年代另一个关键性的政治议题是老龄化社会的福利开支。由于医疗护理水平日益进步，日本人的平均寿命不断上升。在1977年，日本人的平均寿命已达到世界最高标准，超过瑞典，当时日本男性平均活到73岁，女性则为78岁。在20世纪80年代及90年代，日本人的平均寿命持续增长。另一方面，生育率（即平均每一名妇女在其一生中所生的婴儿数目）亦逐步下降，1990年达到最低潮的1.5，引发一阵热烈讨论，担心会有"无下一代为继"的恶果。很多评论者把趋势归因到晚婚及小家庭制度；政府内部的人则指责年轻妇女过于自私；女性主义观察者则指出不少妇女推迟结婚及生育时间，目的是要避免同时照顾小孩及年老父母的双重负担，而她们的丈夫则要忙于每天搭车到很远的地方上班，下班后亦要超时工作。

寿命延长及婴儿荒这两个趋势，再加上日本老年人与青年的比例较世界任何地方都增长得快，中曾根因此呼吁需要更"有效率"的社会福利制度，亦即在照顾老人方面，家庭及邻里组织可以发挥其功能，特别是家中妇女的作用，而政府亦会提供各种资助计划。中曾根的提法并非首创，仰赖家庭与社区的社会福利政策，可以远溯至日本战前时期。[17]因此到20世纪80年代中叶，政府提升医疗保险费用，其他社会福利开支亦逐步由政府转嫁到市民身上。

20世纪80年代另一个引人注目的政治改革亦是20世纪70年代的延续，即保守派同样吸纳进步者的政纲。两性平等的要求在20世纪70

年代逐渐成为全球性趋势，联合国因此订立公约，禁止歧视女性。日本自身的宪法亦明文规定男女平等，故日本政府亦无法躲避，于1980年签署了这个公约，不过它本身却毫不热衷于做任何重大改革。然而由于日本女性运动的锲而不舍，再加上本身亦曾做过实践承诺，日本政府亦实施了一些措施。日本政府修订了国籍法，假若日本女性与外国人结婚后，她可以为其子女取得日本国籍。在新国籍法实施之前，只有日本男性与外国人结婚，其子女才能有取得日本国籍的资格。日本政府亦草拟《男女平等雇佣机会均等法》，1985年在国会通过，它要求所有雇主为女性提供平等的雇用、训练及晋升机会。但法案并没有给予政府实质执行的权力，也没有列明违反该法者应受何种处罚，不过作为一个象征性的声明，列出社会的理想所在，这法案对某些雇主仍有一定的影响。大部分的重要企业重新分类其工作，过去职务分类表面上是性别中立，事实上以前存在两种工作，只给男性的有晋升前途的工作称为"总合职"，只给女性的事务性工作称为"一般职"。无论如何，男女现在理论上都有资格担任两种工作中的任何一种，少数妇女终于能进入"总合职"类，在私营领域中与男性追求同样的生涯。

四、20世纪80年代富庶中的社会与文化

在战后的复原与成长时代中，大多数的日本人都了解到他们努力的目的，其中一环就是恢复国家经济力量，为自己及家人创造更美好的生活。但到了富裕的20世纪80年代，流行的则是另一种非常不同的精神，年轻人与城市居民特别着迷于拥有及消费所得到的兴奋。在整

个消费经济中，单身年轻女性是个新兴的重要力量，她们通常有份薪水不太差的工作，不过完全没有晋升希望，社会上称她们为"办公室小姐"（OL，为英文 Office Ladies 的简称，有点贬义）。她们多半居住在家中，不用付房租。当媒体谈到她们的生活时，一方面羡慕其多金，一方面带有鄙视之意，与 20 世纪 20 年代谈到"摩登女郎"时的口吻一模一样。20 世纪 80 年代的"办公室小姐"有相当多的收入可以支配（见图 16.1）。在其空余时间，她们会挤到大城市的商店里，搜求最新的时装。她们亦会与男朋友到处访求美味食肆，而餐厅为了招徕客

图 16.1 20 世纪 80 年代后期经济景气达最高峰之际（本图摄于 1989 年 12 月），年轻的"办公室小姐"与其男性同事（不像女性，他们没有一个响亮的外号）都会趁即将来临的假期到海外旅行，图中显示她/他们正在东京一个政府办事处柜台前排队等候领取护照。（每日新闻社提供）

人，亦竞相提供异国情调的环境及奢侈的菜色，甚至用金叶包装寿司。她们亦追求各种最新的电子消费品，从传真机到随身听，不一而足。

各种年龄层的人都喜欢到海外旅行，外出人数达空前纪录。在1965年，只有30万日本人到海外旅游，大部分是因公外出。到1980年，日本每年约300万人往海外观光．到20世纪80年代末，该数字更骤升至1 000万人。[18] 而大部分的旅行者都是休闲观光客，其中约40%是女性，有老的也有年轻的。团体观光仍最普遍，但愈来愈多人愿意冒险一试自助旅行。旅游时间一般不长，平均仅有8天，反映出大部分雇主对员工假期仍颇为吝啬。但由于日本观光客出手大方，成为世界各地旅馆及商人的宠儿。在夏威夷及亚洲各地的观光店，会说日语成为工作必备的能力。到1990年，日本海外旅游的总消费额每年超过200亿美元。

对于20世纪80年代已到中年的一群人来说，他们经历过紧张的政治动乱及意想不到的经济转变，有些看不习惯上述潮流。他们虽然也出国旅游，也会购买更大的冰箱及强力的冷气机，但他们害怕自己的小孩不再像上一代一样以严肃的使命感作为其核心价值。他们称年轻一代为"新人类"。这群"新人类"的做法与上一代完全不同，一个最常引用的例子就是一个年轻的企业男子，居然为了与其女朋友约会，拒绝在公司加班工作。20世纪80年代的另一个新名词是"自由自主人"，这是个英语与德语混合的外来语，代表年轻一代的新现象，他们拒绝接受企业稳定而又可以按部就班晋升的工作机会，宁愿希望自由自在一些，找个不固定的临时差事，这些工作到处都有。

上述现象与老一代的做法可说是两个极端，也不可能再有更大的分歧。20 世纪 80 年代也出现了另一个新流行用语"过劳死",它象征着当时年纪已是中年的男子,有着近乎病态的工作狂热。这个名词主要描绘不少男性没有任何特别病史,却突然死于心脏病或中风,主因是他们花太多时间在压力甚大的工作上,有时每周达 100 小时以上。社会积极分子设立"过劳死热线",提供法律援助给过劳死者的家属,或是那些害怕自己走上这条路的人。1987 年,日本政府扩大对职业病的解释,开通一条门径以让过劳病患者亦可以提出赔偿要求。从打给热线的电话观察,社会积极分子估计从 1988 年到 1990 年,每年约有 500 个类似个案,但正式获劳动省承认得以要求赔偿的则只是少数:1987 年有 21 件,1988 年有 29 件,1989 年有 30 件。[19]

纵然有上述那些过劳死的极端案例,或者出现像"新人类"的青少年文化,日本人仍无法改变其生活方式,不得不继续超时工作,埋头苦干。日本的超时工作多半无法统计,因为雇员都面临压力,要向公司提供所谓"超时服务"。因此官方的统计数字一定会低估工作时数,不过就算政府数字亦显示从 20 世纪 70 年代末到 80 年代,每年平均工作时数不断增加。到 1990 年,日本雇员的工作时数每年约为 2 200 小时,只有韩国远远超越日本;与美国相比,则日本约多 10%;与西欧比较,日本工作时数则平均超过 30%(大约每年 12 星期)。

由于外国人不满日本的贸易顺差,看到上述工作时数,当然有所批评,同时亦发出以自身利益为前提的同情。他们说:"日本人工作太勤劳了。"这也是日本人在竞争上取得优势的原因。[20] 在国内,某些批评反映外国人的看法,呼吁各大企业减轻员工的压力。有些日本人的响应则是防卫性的傲慢,他们问:"勤奋工作有何不好?"他们转过头来指责西方人太懒惰，自以为是。举例来说，日本众议院议长樱内义雄（1912—2003）在1992年宣称："（贸易）问题起源于美国劳工素质低下……美国工人太懒，他们想要高薪，却不想工作。"[21]樱内的说法受到海外各方面的批评，不过讽刺的是它与一个欧美古老的想法相若，亦即殖民地的劳工是不事生产的。

对于大众文化，同样存在上述的批评与颂赞两种意见。当日本社会日益细分成"小型群体"时，日本的知识分子及社会批判者一直争论社会多元性的意义。小型群体在20世纪80年代已经存在，不过当时视为整个社会中的一些不同次体而已，现在由于社会变得富裕，市场体制及生产体制也较以前更有弹性，次体得以自由解放，追求自己的兴趣和嗜好。出版界发行数以百计的专业周刊及月刊，针对各个年龄层及多元化的趣味，批评者认为这种多元化十分肤浅。一般大众为了维持身份地位，工作起来像疯子一样；也是因为同样无谓的竞争，一味追求最新及最近的，其实只不过因为一个虚假的信念：要突出我们小小的差别。[22]对于一些保守人士而言，工作伦理是日本战后崛起为世界强国的重要基础，虽然从国际标准衡量，雇员的工作时间实在太长，但随富裕而来的消费主义，却把昔日的工作伦理空洞化。对于进步分子而言，物质至上的大众已经变得不关心政治，以自我为中心，实在值得哀叹。

不是每个人都同意这些批评，鹤见俊辅（1922— ）是一位著名的知识分子，他认为日本普通百姓都会在工作过劳及玩乐太多两者间维持健康的平衡，他们会瞧不起"过分热衷的会社人"及"太过执着的教育妈妈"，"这些人拼尽力量，只是为了争取更高地位"。鹤见赞扬一般百姓"会有自己的看法，知道如何过一种中庸的生活方式，而足够便是生活的意义"。[23] 在支持 20 世纪 80 年代社会各种转变的异议者中，最重要者应为思想家吉本隆明（1924—2012）。在 1960 年，吉本曾与丸山真男就安保条约危机有过激烈争论，其后他转而同情日本在 20 世纪 80 年代的变化。对于大众一般文化中的玩乐、个人及反偶像精神，吉本及一些人欣然接受，同时更鼓励年轻人拥有这些个性。他们认为普通人民把个人欲望释放出来，也许更能超越物质主义。他们指出广告的目的虽然是要宣传某种产品或某公司的好处，但其打出的诱人象征，有时与其实际宣传的目的完全无关。他们所写的文章在日本引起连串争论，其实这与其他先进资本主义社会的争论一样，亦即"后现代"的社会及文化，其特征应该是什么。[24]

日本后现代社会的特征与其他社会并无二致，其中之一就是新信息科技所产生的"虚拟"消费文化。在 20 世纪 60 年代及 70 年代的高成长时期，日本为消费者生产的产品是硬件，例如收音机、电视机及汽车，并且行销全球。但到 20 世纪 80 年代，如社会学者吉见俊哉所称，"后战后"时期已经来临，日本成为全球计算机游戏等软件产品的重要产地，反映出地区创造能力，而且在不断发展中。高成长时期索尼及本田等公司所创造的出口，虽然无论在质量还是设计上都有创新性，但产品本身如收音机或汽车都由西方发明。在"后战后"时代，日本开始使用本地观念，创造如凯蒂猫（Hello Kitty）及其周边产品、变形金刚以及漫画、动画等文化产品，并出口到世界各地。新闻记者道格拉斯·麦克格雷（Douglas McGray）在一出具有创造力的戏剧中提及高成长时代疯狂追求的是国民生产总值。在几年后，他又在一篇非常有名的文章中称上述产品是日本文化的表现，称其为"国民酷总值"（Gross National Cool, GNC）。[25]

　　广告打出的形象，有助于日本重新界定其自然风貌。到1985年，日本农业在雇用劳动力方面已低于全国总工作人数的10%，同时农村地区转变为都市郊区的步伐亦逐步加快。在高度成长时代，日本全国走向同质化，现在广告行业与观光业及交通行业共同发挥作用，翻转了整个趋势。在20世纪70年代，一个著名的广告推广运动敦促大众乘坐火车到农村"发现日本"。到20世纪80年代，现代城市与"传统"农村的距离愈来愈远，又有一个运动鼓吹前往"异国情调的日本"，努力鼓吹其迷人的地方。由于经济繁荣，地方税源充足，各个县、市、村加入私人地产商行列，竞相建造高尔夫球场、博物馆、主题公园，让观光客享受"回家"的感觉。[26]

　　针对高度成长时代的社会同质化趋势，第二个翻转方向是教育领域。在20世纪70年代及80年代，高中及大学入学试以成绩作为录取标准，但这个令人印象深刻的平等制度亦逐渐受到剧烈的侵蚀，部分令人讶异的原因是不满公立学校，认为它们只着重应付考试，教法过于简单及刻板。私营领域马上迎合这些需求，为课余而设的"塾"如雨后春笋，在各大都市尤其兴旺。进取心强的高中生在下课后再到补习班的"塾"，每天都花上4到5个小时以加强其考试能力，回到家里已经是晚上9点或10点，全身筋疲力尽，还要应付白天学校的正常功课。除此之外，私立高中甚至私立初中及小学纷纷出现，以学校毕业生均能进入著名公私立大学作号召，随之又有一些专门化的"塾"，以担保送学生到这些私立学校为其特色。在这种出人头地的竞赛中，父母家境富裕当然占有优势，因此在著名大学中，出身优裕家境的学生比例急剧上升。

另外有些社会现象更令人担心，例如校园内学生间残忍的威吓事件不断增加，专家归咎于学生在考试竞争的压力下受到挫折，因此将较为赢弱的同班同学作为发泄对象。又由于20世纪80年代初房地产价格不断攀升，有房子的人与没有房子的人，其财富差距明显扩大。

不过在20世纪80年代的大部分时间中，虽然富者与贫者的差距愈来愈大，但对大多数日本人而言，这些只不过是小瑕疵，要处理并非问题。从民意调查及不断下降的投票率观察，愈是富裕的国家，其民众对政治愈冷感，自我满足感则愈强。在1985年到1990年，当日本经济继续超越北美洲及西欧其他先进资本主义国家时，日本企业的财务及生产能力亦达到令人目眩的高峰。

自我满足很快便变成傲慢。由于股价不断上升，不少人亦加入投机行列。他们创造一个新名词"财技"，意即财务技巧，是从"高科技"一词转化而来。到1989年末，日经股价指数在短短3年内增长3倍，在东京股票市场上市的企业，其总值是当时世界股票市场总值的40%以上。地价在20世纪80年代初已经涨了2倍，几年之后，它又涨2倍，有些地方更是3倍。黑社会亦参与土地投机行业，全副武装强迫居民出售房产，又迅速转售以谋取巨大利润。在1989年，一些统计指出东京市总地产价值已经高于整个美国的房地产价。日本投资者参与欧洲艺术市场的投标亦达到史无前例的地步，他们特别喜爱法国的印象派名画，一名商人用令人吃惊的1.6亿美元的价格，买下凡·高及雷诺阿的作品各一幅。

过火的做法并不限于青少年、黑道或自以为是的商人，如住友或富士等在银行业中享有盛名的企业亦投身到这些冒险中，而且是完全不假思索的。最著名的例子是日本工业银行，它可以说是日本蓝筹股中的蓝筹股，在20世纪50年代到60年代的日本经济奇迹中，它在财务上扮演十分重要的角色。但在这段时间，它却借了20亿元给一名妇人，该名妇人在大阪经营一个小型连锁餐厅，顾客则多半是黑道兄弟及他们的女友。借钱的凭证原来是一张伪造的本地信用公司的存款证，而且伪造手法拙劣。该妇人在算命先生的通灵方法指引下，把钱拿到股市投机。从今日来看，上述各种趋势合并为一，就创造出危险而无法持久的投机泡沫，但在当时，很多人都认为好日子可以继续下去。

由战后复原到梦想不到的富裕，这段历史是个奇迹还是个模式？或者，这故事是否反映着一个威胁全球妖魔的出现？又或者，它代表着道德失落或传统价值侵蚀的悲哀？无论在日本还是世界各地，都有人表达过上述的看法。它们反映出一种错误的思想，以为日本是个非常与众不同的地方，甚至可以说独一无二。日本所经历过的体验，我们可以说有其引人之处，不过不能以特殊概括之。当现代性及富裕逐渐成为全球主题时，日本其实只不过是其中的一个变体。

第十七章

日本"失去的二十年"：1989—2008

以 1990 年作为日本与全球历史一个断限时间，同时又是昭和时代的终结，其所包含的意义十分深远。无论从全球性语境还是从日本国内精神状况观察，从 20 世纪 90 年代到 21 世纪最初 10 年这段时间，与 20 世纪 80 年代是两个截然不同的世界。柏林墙在 1989 年被拆毁，次年东西德统一。苏维埃帝国在 1989 年崩溃，而苏联本身亦在 1991 年烟消云散。在日本，裕仁天皇于 1989 年 1 月去世，正是欧洲革命的前夕。同年 7 月，自民党在参议院选举中受到重创，这是该党自创立以来首次在国会中失去多数议席。20 世纪 80 年代的投机泡沫亦在 1990 年爆破，举世瞩目，经济停滞从此展开，一晃便超过 10 年。一方面是见怪不怪的政治混乱，另一方面是经济问题，所以国内外的评论家在 1999 年前后便为日本创造了一个广受注意的名词"失去的十年"，用以描述日本 1990 年以来的情况。它的英文名词首见于 1998 年《新闻周刊》一篇报道的标题；至于日文名词，碰巧在同一周见诸日本报纸的某专栏，它说这名词来源于"一位外国投资者的体验，日本在 20 世纪 90 年代就是一个失去的年代"。[1] 该名词的准确源起并不重要，就好像 1962

年在英语世界出现"经济奇迹"这一名词一样。"失去的十年"引起不少人的共鸣，因为这名词点出这个时代的特点，是在日本近代史上的一段不同于以往的新时代。"失去的十年"不久便被广泛使用。当同样的困难延续至21世纪的头十年，评论者便开始在谈两个"失去的十年"。该名词的确能点出日本人民所面临的新困难，而且十分严峻，但在使用时应加上引号，因为纵然它广泛流传，在很多方面它具有误导性，所谓失去或衰落，事实上扭曲及夸大了经济的衰败程度。

一、昭和时代的终结

1987年9月，裕仁天皇的胰脏肿大，要接受手术治疗。1988年9月，他因内脏出血而一病不起。在天皇病发后4个月内，日本人民要旁观一场死亡的历程，直到1989年1月7日政府宣布天皇去世，昭和时代正式结束。它是日本君主制有史以来最长的一个朝代。裕仁去世前谣传他染上癌症，但一直到事后才确认。日本政府马上定立新年号为"平成"，皇太子明仁在1990年11月12日正式接任天皇之职。

裕仁的去世反映出日本天皇制度在战后仍有某些重要的连续性，在他病危的那段日子，主要报纸每日都刊出关于其生命迹象及身体状况的报告，包括体温、脉搏、吐血、肛门出血、输血。有关天皇死亡的报道颇为异常，可以说它逾越了界限；终裕仁一生，其个人活动、思想、健康状况，几乎都被隐藏起来，不对外透露。战后的民主改革，亦从来不会触犯皇室隐私权。把天皇的健康状况向大众陈示这种做法是近代才出现的传统，它起源于1912年大正天皇去世的时候。政府官员提供这些新闻，是趁天皇生命结束之际，用这种异乎寻常的手段把他陈示在人民之前，希望为人民与现代君主间建立一个密切联系，作为团结之用。

当天皇病入膏肓时，政府呼吁人民"节哀"是明治时期创造的另一个传统，到1988年再度重现。天皇在病榻上奄奄一息时，官员敦促人民"自行"节制日常的庆祝活动。文学学者诺尔玛·菲尔德（Norma Field）便非常生动地道出当时的气氛是"压力下的共识"，地方节日活动及学校的课外活动均要取消，电视广告的欢乐性语词亦被删除。1988年12月，长崎市市长本岛等（1922—2014）曾表明，他相信"天皇负有战争责任"。这个看法并不新颖，亦无特别之处，但拥护天皇者则用强烈语言指责本岛。好像又回到了20世纪30年代的镇压政治，本岛在1990年遭到刺客枪击，幸而大难不死。[2]

如果比较裕仁与其父亲及祖父去世时的情况，除了延续性，亦有很大分别。首先是人民有不收看各种报道的自由，当时电视节目全天候播放天皇丧礼的情况，但录像带出租店架上的影带则被一扫而光，他们希望在丧礼以外找点别的来看。其次有人批评政府推动"节哀"有些过分，也有人抗议政府资助丧礼，因为丧礼中有宗教成分。"长崎市民追求言论自由委员会"强力支持其市长，该委员会准备了一份请愿书，要求不再以政治上谈论天皇为禁忌，几个月内有40万人签名支持[3]，这些对天皇无动于衷或公开批评的行为在战前是无法想象的。

1990年11月平成天皇登基大典继续引发争议，亦即皇室典礼若包含宗教性质，政府支持的界限应该在哪里。政府官员及保守知识分子从宽解释政府对皇室典礼的参与程度。但自由主义者及左翼分子则反对国家与神道宗教有任何关联。新任天皇则宣称尊重战后宪法，君主只扮演象征角色。民意调查亦显示大部分人民支持天皇作为象征性君主，不要多，亦不要少。至于谁为即位大典付账，则似乎不是多数人关心的问题。

不久之后又出现另一项重要的皇室活动。1993 年 6 月明仁天皇的长子德仁皇太子追随其父的做法，没有在狭窄的皇室贵族小圈子中寻找终身伴侣。他的新娘是小和田雅子，一位外交高官的女儿，皇太子当时已 30 岁。小和田雅子所受的精英式教育令人惊叹：小和田分别在 3 个不同大洲接受教育，她的本科学位来自哈佛大学，研究生则在牛津及东京大学学习。作为皇家媳妇，她的职业生涯也同样不平凡，她在订婚以前是外交官，在外务省任职达 7 年。而社会大众对订婚及婚宴仪式的反应不同，有些人出奇地冷漠，有些人则对国家名流崇拜非常。媒体用迪士尼灰姑娘的故事来描述这场"皇家婚礼"，但社会大众则怀疑这根本就是门当户对的结合。不少年轻妇女提出批评，她们认为女性放弃自己美好的职业生涯是种"浪费"，纵然是为了嫁入皇宫也不值得。有些人则担心宫廷生活是一入侯门深似海，这对未来皇妃会有影响。虽然如此，与 1959 年明仁皇太子与正田美智子的婚宴相比，它所受的关注程度并没有那样广泛。

21 世纪初，平成天皇即位已 10 年，皇室面临继承难题，同时亦引发性别问题。2001 年 12 月皇妃产下一女，即雅子公主。但皇室法规规定只有男孩才有继承权，而皇太子的弟弟亦只有两个女儿，故在新一代中没有男性继承人。皇太子与其弟弟年龄尚不过 40，未来数十年内绝不会有皇位空悬的危机，不过早定大统的压力已日渐增加，唯一合理的解决方法就是让女性也有皇位继承权。女性出任天皇，自古已有先例。据历史记载，总共有 8 个天皇由女性担任，明治政治官员在 19 世纪 80 年代撰写宪法时，曾认真考虑过允许女性出任天皇。

根据 1947 年的宪法，国会有权改变继承法。到 2005 年及 2006 年，专家的看法及主流政治思潮逐渐趋向修改法律，无论男性还是女性均可继承皇位，次序则以出生先后为准。但到 2006 年，皇太子的弟媳川嶋纪子产下一男，继承问题便被搁置，短期内似不会再被提出。虽然当前压力已经消解，但要不要修改皇室惯性做法的问题仍存在，因为整个社会规范逐渐接受两性平等。另一方面，宫内厅在 2004 年宣称皇妃雅子因焦虑导致"适应障碍症"（adjustment disorder），翌年，她便无法出席正式活动。2010 年，雅子女儿爱子公主亦出现焦虑症状，据说起因是班上男生的行为粗暴，因此不愿意上学。上述种种问题在社会上广为流传，因而产生相关质疑，即日本君主制度是否适合于今日的民主及媒体竞逐的社会情况。虽然天皇制度不会像战前或战争时期那样引起不安或疑惧，但它的前景仍招致各方面的注意。

除了上述宪法框架内皇位继承的具体法律问题外，在 20 世纪 90 年代末与 21 世纪初之间，战后宪法是否要大幅度修改亦成为各方面高度争论的问题，它的源起可以追溯至 20 世纪 50 年代末。[4] 修改涉及的范围十分广泛，有人要求进一步巩固人民各种权利及加强国家的责任，例如环境保护等。但修宪的主流想法却有来自对 1947 年宪法中和平主义的批判，亦有来自不满宪法给予人民太多权利，却没有赋予责任。在小泉任职的末期及安倍第一次担任首相期间，修宪的呼声达到最高峰，其后便逐步减弱。

二、社会分裂的阴影

对政治决策者及社会大众而言，20 世纪 90 年代及 21 世纪初的问题不只是皇室，老龄化及年轻人的出路等社会问题更为迫切，需要马上解决。20 世纪 80 年代的低生育率仍然持续，直到 20 世纪 90 年代及以后，仍无回升迹象。为了鼓励年轻夫妇生育下一代，厚生劳动省实行各种措施以改善全国托养制度，同时延长有薪产假。但这些措施并不够，无法带来一场婴儿潮。已经低下的生育率继续下降，根据世界银行统计，在 20 世纪 90 年代初，日本一名女性的生育率是 1.5 个小孩，到 2005 年则降至 1.26 个，到 2011 年稍微好转，回升至 1.39 个。从 2004 年开始，日本的人口数基本上停滞不动，一直维持在 1.278 亿左右。根据政府的预估，除非出生率大幅回转或移民增加，到 2050 年，总人口会下跌至 9 500 万，一个更长期的预估是到 2100 年，人口会降至5 500 万。

有人认为人口减少有它的好处，城市不再拥挤，居住情况也可以得到改善。女性雇员的地位更加重要，她们可以讨价还价，以争取更好的工作条件，她们的男同事当然亦应得到同样的好处。日本列岛的人口减少，对四周环境亦有帮助。[5]

要说人口趋势会在整个世纪中一成不变，这种看法似乎不太可能，但在短期内，上述预估大概没有错误。社会高龄化是世界问题，无论在韩国还是欧洲国家都可以明显看到。21 世纪初的日本公民要面临一个萎缩及高龄化的社会，恐惧在所难免。从1995年到2004年，整个社会保障开支增幅达1/3，但交税的成人数目却日渐减少。2000年政府通过一个减少福利的年金改革法案，到2004年又提高强制缴纳的数额，然而上述措施并无法消除财政缺口的威胁。

人口不断下降的另一个威胁是劳动力缺乏。联合国在2000年3月发表报告宣称，日本若要维持其目前劳动力数字，它在可见的未来中必须每年输入约60万移民工，该报告引起热烈讨论，不过其内容稍有夸大之嫌。日本政府其实对移民已实施略微开放政策，1990年日本对移民法有一重要修正，即海外日裔人士回日本定居时将享有优惠权利，数以万计的巴西日裔便利用此条款回国。另外不少外来非法移民工人，他们来自伊朗、孟加拉国、中国及亚洲其他地区，寻找他们在本国无法得到的工作机会。移民工多半从事本地日本人不愿承担的工作，特别是日语所称的"3K"体力劳动，"3K"是危险、肮脏、艰难三个日语词的略称。

媒体监督人亦批评大众传媒经常报道外国人的负面消息，把他们与罪案联系在一起。2000年4月，以民族主义情绪见称的东京都知事石原慎太郎向自卫队演说，警告自卫队要为维持法律秩序做更大的准备，因为犯案的外国人人数正不断增加。他重提"第三国人"这一名词，许多罪案都由他们所为，"第三国人"是战后初期日本对朝鲜人的称谓。石原表示，在地震等天然灾害中，"他们甚至可能暴动"。[6]他的态度毫无疑问反映了1923年关东大地震时的一种看法，当时有数千计的朝鲜人被杀。在石原提出该议题后，大部分的意见都指责石原的态度偏颇，但仍有少数人同意石原的惊人之言，认为他的意见没有什么错。[7]

联合国 2000 年报告所预计的移民潮虽然并未发生，但在以后几年中，合法登记的外国人数字不断增加，他们中有学生，也有长期居民，2005 年达到最高的 200 万，其中增加最多的则是来自中国、菲律宾及巴西（主要为日裔）移民。不过虽然是合法居民，不少外国人仍抱怨遭受歧视。至于非法移民，2004 年估计人数为 25 万，可以说为数不少，他们大多从事危险性工作，发生工伤或遭到虐待时难以得到保护，连薪水也拿不到。当外国人不断流入，日本人与非日本人通婚的数字亦有相当增长，这是个令人鼓舞的指标，代表他们能融合到整个社会里。在 2006 年，日外通婚数字占全体的 6%。

由于孩童人数减少，有人也许认为社会一定给予他们更多的关怀，会用各种方法帮助他们有一个更成功的人生。但尽管年轻人人数减少，教育与青年却似乎一直处于危机状态。在 20 世纪 90 年代及 21 世纪初，大学一直备受指责，认为它们无法教年轻人批判性地思考，无法引导他们适应不断变动的全球化环境。其实从 20 世纪 60 年代开始，这种批评就一直不绝于耳，然而到 21 世纪初，在人口因素与政策因素的相互影响下，各大学的面貌发生了天翻地覆的转变。21 世纪伊始，大学适龄学生的人数便持续下降。到 2007 年，所有日本大学都有足够的名额，只要学生申请便可以入学，约有 3 / 4 的高中生继续升学。这并非代表高等教育全面普及的黄金时代的来临。除非是真的想进入竞争性很强的名校，否则入学竞争不激烈，没有压力迫使高中生学习。排名靠后的大学无法招收足够的学生，有些私立大学不得不倒闭。从 2000 年到 2005 年，高等院校的总数减少了一点，不过预计未来会有更多学校关闭。

当学生入学的竞争性减少后，政府便迫使各大学彼此竞争国家的拨款，以此谋求教育质量的改善。以英国等国家为榜样，政府在2004年出台了一项有重大潜在影响的举措，将100所公立大学改制为"独立行政机构"。在理论上，该政策给予学校更大的自由，它们可以自由确定教育目标、学费水平及教师薪资水平，亦可以自行筹措校务基金。这项改革的冲击究竟有多大，要经过一段时间才能看清楚。但这个新"自由"有其限制，文部科学省对各校的长期计划保留最后决定权。同时公立大学顶尖名校如东京大学，或私立大学如庆应义塾大学，纷纷面向企业展开大规模筹款运动，而这些企业又为它们的毕业生掌控，可能的结果是少数名校与其他学校的差别会越来越大。

同时，中小学教育因为多种过错遭到抨击，官方有时需要给予学生更少的压力和更多的选择，有时又得对教育的内容加以限定。由于过分倚赖死读书，同时考试又占很高比重，当政者都害怕这些因素会扼杀学生的创造力，因此从20世纪90年代到21世纪初决定减少高中的必修科目，学习时间也加以缩短，每周上课时间从6天减为5天。课程虽然更有弹性、更为自由，结果却使学生在知识上倒退，缺乏训练以应付挑战性的任务，而且没有足够进取心克服这些挑战。不少政府官员及社会大众称20世纪90年代末至21世纪初为"教室崩坏"的年代，主要问题包括老师无法掌控学生，学习进度不佳或可以说全无进度。根据全国校长协会在2006年估计，小学中约有8%—9%的教室陷入"崩坏"状态。[8]

小学及中学教学之所以受到批评，不单是因为它无法教授规范的学科，亦因为它无法灌输合适的价值观。观察者忧心忡忡，他们在很多地方看到社会失衡的现象。从20世纪80年代开始，学校中的肆意"霸凌"和"厌学症"便成为社会问题，给校园笼罩上了一层恐怖气氛，到21世纪初仍是大众的关注点，据说此类事件的数字一直在上升。在20世纪90年代发生一连串耸人听闻的罪案，学校好像成为这些疯狂行为的温床。1997年，一名14岁的中学生杀害了一名11岁的男童，把他的头割下，放在自己学校的前面，并没有什么明显的杀人动因。*1999年发生好几起谋杀或凌虐案件，都是青少年犯案，成为媒体的头条新闻。

　　另一个相关的社会问题亦在20世纪90年代出现，引人注目，它就是青少年卖淫问题。日本为它起了个较含蓄的语词——"援交"，即青少年女子向成人提供性服务。在21世纪初，由于手机普及，加上互联网发展迅速，无论你要找朋友还是别人找你，匿名接触比以前容易得多。研究这种现象的人都表示十分讶异，援交的少女从各方面看都十分"正常"，她们不算贫穷，她们看上去也有安稳的家庭生活。媒体喜欢炒作的是一个基督教学校9年级女生的案例，该校是女校，而且外间的风评一直很好。援交者的目的只不过是要赚钱买名牌衣服或吸引别人的注意。一名评论者说："哪怕她们把头发染色，或鼻子和舌头上穿金属环，我倒会觉得好过一点。"[9]

　　自民党及文部科学省在2006年首次修正1947年通过的《教育基

---

* 本案发生于神户，由于犯人尚未成年，按日本法律，最高只能判7年教养，已于2003年释放。——译者注

本法》，它在国会及专门委员会已经过好几年的讨论，部分原因就是要应付上述令人困扰的发展趋势。1947 年的《教育基本法》被认定符合宪法，为战后日本教育厘定原则。它主张教育的目的是以新宪法为核心，宣扬和平及民主理念。修正后的《教育基本法》，加入了"继承传统"及培养"对国家及乡土之爱"等教育目标。虽然新法没有放弃和平和民主理念，但它强化了保守观念，主张若要社会稳定、国家发展，学校则必须更积极灌输传统及爱国的价值观。新法引来不少批评，它们害怕新法会促使学校教导盲目服从政府，日本又再回到战前及战争期间的高压气氛。新法的确给予政府更大权威，例如规定学生及老师必须唱国歌及参加升旗典礼，这些都是左翼人士长期反抗的规定，但若要说新法对学生的思想有很大冲击，能强制他们尊重国家权力或正统思想，其效果则并不明显。

社会失序的真实状况是否就如保守派所说，是因为社会规范的崩坏，或者是传媒追求新闻的结果，这很难说。1997 年，焦虑的评论者常以神户少年杀人事件为例，认为这是一个史无前例的年代，其实神户事件并非"二战"以后首宗少年罪案，事实上 20 世纪 50 年代及 60 年代的少年罪案的发生率可能更高。[10] 在 21 世纪初，年轻人整天忙着打手机、发短信及照片，相对而言，他们根本无心听老师讲课，只会炫耀他们的性魅力和奇装异服，这种青少年男女到处都可以看见。其实上述情况在近代日本历史以及世界历史上并不罕见，在 20 世纪 20 年代便出现所谓"摩登女孩"及"摩登男孩"，他们就是要与父母唱反调（目的就是要激怒父母）。[11]

从整体上看，20 世纪末 21 世纪初的年轻人相当有责任感，与年长的成年人相比他们不惶多让，但他们的政治情感不轻易显露出来。1995 年发生神户大地震，神户港及其周围损失严重，约 6 400 人丧生，30 万人无家可归。在一个地震常发的国家，中央及地方官员居然没有做足够准备，无法第一时间应对灾情，使人民对政府的信心有所动摇。但年轻人在此次救援中赢得不少掌声，志愿救援队的人数虽然不多，但救助工作却十分突出。在灾后 1 个月内，每天最多会有 2 万人参加救灾，在其后的日子，每天亦有 500 到 1 000 人参与，他们对灾民的态度亦佳，完全是无私地帮忙。一般的志愿工作在 20 世纪 90 年代末便不断扩大，政府在 1998 年订立新法，让人民更容易创立非营利组织。当然，正如某些批评者正确地指出，与世界其他社会相比，日本政府在界定与监督相应的公民活动方面，仍扮演较重的角色。[12]虽然如此，新法通过 10 年以来，非营利组织不断增加，在日本的公民社会中，公民参与，包括青年的参与，情况是令人印象深刻的。

在跨世纪之际，成人人口最热门的社会话题便是贫富差距的扩大化。20 世纪 90 年代末是经济开始衰落的时候，一些热门图书的作者指出，日本的中产阶级在竞逐教育、收入与财富的当下，正在快速分化为成功者与失败者两个对立的群体。[13]代表胜利一方的是少数白手创业、亿万身家的企业家，他们成为自由经济秩序的急先锋。失败者的涵盖范围则较广，从无法在毕业后找到一份稳定工作的年轻人，到因为公司裁员而被排挤出职场主流的前高阶职员。

资料证实因为担忧而产生各种有关年轻人的讨论并不是多余的，很多评论者点出这些具体指标反映出所谓"格差社会"的出现。"格差社会"意即社会分化，亦即所谓"新贫"与"新富"的出现。但上述各种指标并非完全指向同一方向。在 2000 年，日本的贫困指数是 13.5%（个人收入低于全国平均的一半的百分比），是先进国中的倒数第二，最差是美国的 13.7%。[14] 但在 2004 年，日本最富有的 20% 与最贫穷的 20% 相比，有钱人的收入只高出 2.3 倍，这个比值与 10 年前一样，而美国的比值则是 8 至 10 倍，中国更高至 12 倍，美国与中国这两个社会的贫富差距可以说在过去 10 年中急剧增加。[15] 由此看来，日本的收入差距是世界上最小，是值得引以为傲的。

从上述数字来看，所谓日本"格差社会"逐步扩大的说法在某一层面而言，只是一种文化建构。这对工作中的贫苦大众是一个心灵慰藉[16]，虽然贫穷的确存在，他们在奋斗改善生活的过程中亦遇到不少困难，然而这些年来成长最快的其实是焦虑，而非不平等。在一个经济停滞的年代，大声疾呼要执行新自由主义改造，给予企业管理人更多权力掌控下属，股东要凌驾企业经理人之上等说法，都无异于火上浇油，加剧社会分化的恐惧。

虽然男性与女性间的合适角色仍是有争议的问题，但在 21 世纪初，性别角色无疑比以前更多元化。无论出版界还是学术界，女性作品的阅读群体比以前扩大得多。在家庭里，离婚率虽然在 2002 年到 2005 年稍微下跌，整体而言创造了新高，水平大概与法国、德国、瑞典相若，不过与美国比较则约只及其一半。有人认为离婚增加代表社会的崩坏，但亦有人认为代表妇女地位的上升。离婚在年纪大、结婚久的夫妇间增加最快，有人认为法律制度改变，妇女更容易在离婚诉讼中取得财产是促成这一趋势的原因。[17]

在职场里，反对性别歧视或性骚扰的人逐步得到认同，不再如过往被视为麻烦制造者。1996年东京地方法院曾做出判决，要一所银行赔偿其13名离职女性工作人员，总数约100万美元，原因是"男女职员升职的差别过于明显、极端"，故银行必须给予补偿。法庭很清楚地做出结论：现行法律肯定不容许该银行的人事政策。[18] 社会大众对性骚扰采取更严肃的态度则见于1999年，一名参与选举事务的年轻女子指控大阪府知事横山勇行为越轨，横山勇原来是喜剧演员，当时两人前往参加一个政治活动。社会大众对此案紧追不舍，最后横山认罪，并辞去知事一职，在以后的刑事审判中，法庭裁决他入狱18个月，缓期执行。

到20世纪末，日本政府公开宣言要在法律上实行性别平等，1997年国会通过一个法案，强化1985年的《平等就业机会法》。政府亦提出《男女共同参划社会基本法》，1999年在国会通过。该法概括地承诺，未来会立法给予男性及女性参加社会各项活动的平等地位。不可否认，很多政治及商界精英仍相信当贤妻良母是女性的本分，而男性则应该努力工作，养活家庭，该想法不易动摇。另一方面，一些保守派也开始考虑性别平等以及更多女性应出来工作，因为当生育率不断下跌时，预计未来人力会相应短缺，故性别平等在经济上有它的好处。[19]

在以后几年中，虽然不一定是《男女共同参划社会基本法》的结果，但政策上的确有所改善，一些重要的性别平等措施陆续出现。有相当多数量的妇女在婚后仍能留在工作岗位上，比过去好得多。女性担任管理层职位的百分比亦有所增加，在2004年首次超过10%，不过大部分的增长发生在1985年至1995年。同时这个比例仍远低于西欧、美国甚至东南亚（新加坡），另一些平等的重要指标如男女薪酬比例亦是同样情况。[20]

1995 年宗教的地位在日本社会成为极富争议性的题目。日本人向来对其低犯罪率、城市管治及有效能的警察服务引以为傲，但当年东京地铁遭受恐怖袭击，其冲击颇大。实行恐怖袭击的是一个名为奥姆真理教的教派，3 月 20 日在上班高峰期，它的教徒在东京市中心一列地铁内施放沙林毒气，导致 12 名乘客死亡，近 5 500 人受伤。奥姆真理教创立于 1987 年，教主麻原彰晃（1955—），原来曾担任瑜伽教师的工作，天生目疾，由法律标准看，他可以算是个盲人。麻原出身卑微，故愤世嫉俗，再加上其"东方式宗教想法"及对西方的不满，这些便成为奥姆真理教的创教背景。该宗教组织在 20 世纪 90 年代初发展非常迅速，到 1995 年宣称有 5 万名信徒（该数字无法证实，而且自此时人数应已经有所下降）。在具有领袖魅力的麻原诱导下，奥姆真理教教徒发动沙林毒气恐怖袭击，认为通过这次行动，预计的世界末日可以提前来临。事实上奥姆真理教亦被怀疑涉及较早一些死亡及失踪事件。由于本案发生，再加上该组织轻而易举地取得非法武器及化学药品，日本警方因此受到极严厉的批评。

奥姆真理教事件亦促使法例的修订，以加强对各宗教组织的管理。原来的宗教组织法是界定宗教与国家及社会间的关系，后来重新修改，赋予文部科学省更大权力，可以搜集各宗教组织的财务数据。捍卫宗教自由者生怕为了社会大众安全而牺牲人民自由，不过从国际标准而言，日本政府所采取的措施其实相当温和，政府并没有增加太多权力，主要是针对奥姆真理教本身，对其他宗教团体几乎没有影响，事实上政府亦没有利用这条法律压迫其他宗教团体。虽然如此，在沙林毒气事件之后，法例的修订亦代表日本有关宗教法律前提的改变。战后以来的一般前提是必须防范国家权力，以免其侵犯宗教自由；然而新看法则是国家有责任保护公民不受宗教团体的侵害。

其后到20世纪90年代及21世纪初，日本人民有很多方面的担心，因为在过去数十年中，日本一直安享着中产阶级生活，现在却面临社会不断分裂的恐惧。近年得到的平等，以及对现在与未来分裂莫名的恐惧，这些观点无疑是被夸大了。但可以肯定的是，大家都认为日本正面临新的社会问题，疑虑普遍存在，它们包括来自各方面的冲突，如主流宗教与邪教、考试精英与名落孙山者、日本人与外国人、年轻人与老年人、富人与穷人，再加上各种与经济有关的问题，种种社会关注便构成一个"失去的年代"的特征。

三、第一个"失去的十年"的经济

20世纪90年代开始时仍是一个黄金期，日本对美国、欧盟的贸易顺差仍继续。在1990—1991年，日本的国民生产总值仍保持着4%的快速年增长率，企业的资本开支从1990年到1991年则有10%的年增长率。与20世纪80年代末的过度投机相比，现在工业的基础似更为稳固，未来只要专注生产便可以。世界各地的专家都开玩笑说："冷战已过去，而赢家是日本。"

美国与其他G-7成员国的谈判官员则没有这份幽默，他们继续施压，要求日本开放国内市场。在20世纪90年代初各国举行多边谈判，准备扩大关税与贸易总协定（GATT），废除所有目前存在的贸易限制、关税及国家补助。在各生产行业中，日本农民算是最受保护的群体，他们受补助亦最多。因此日本农民及其政治盟友一直拼命不让国内市场开放。但在1993年末新GATT协定所达成的最后条款，要求日本承诺逐步开放稻米及其他农产品的进口。GATT谈判的另一个结果是世界贸易组织（WTO）的成立，它是一个推动自由贸易的国际组织，同时亦用以调解成员国的纠纷。在世贸组织成立的最初几年，它特别针对日本，要求它继续开放其国内市场。

日本与美国的双边谈判主要集中在高科技产品，美国对所谓"自由贸易"原则采取一种断章取义的态度，嘴巴上把它捧到天上，到实践时则不是那么回事。美国要求日本设定贸易限额，输往美国的汽车及钢铁不能超过此限度。1991年日美两国订立的商约被认为是最有争议性的条约之一，其中规定日本半导体市场中美国产品的最小占有率到1992年末不能少于20%。日本的谈判代表同样采取断章取义的方法，与美国对手不相伯仲。在自由贸易辞藻的包装下，他们声称该条约所规定的只不过是民间生产商准备追求的"目标"：言下之意，条约内容并非承诺。美国政府认为日本政府会如数执行进口，日本则拒绝直接介入，不过到最后规定的期限时，目标基本上达成了。

美国政府亦强迫日本在军事同盟上扮演更积极的角色。到1991年海湾战争时，该问题终于爆发出来。根据当时的解释，无论公众舆论还是日本宪法的和平条款，都不允许日本出兵海外。然而在美国与其盟国轰炸伊拉克，把伊拉克人赶出科威特时，他们亦敦促日本在一定程度上给予支持。最后日本政府资助130亿美元作为战争经费，这是波斯湾地区以外国家的最大一笔捐赠。但由于日本在决定此拨款时拖拖拉拉，各方都很不愉快。日本人感觉劳而无功，不被感激，而美国人则认为日本人自私，因为日本仰赖中东石油，但它却让别的国家出生入死以保持油路畅通。

到 20 世纪 90 年代初，日本与美国在贸易及军事事务上已建立一个定型化互动模式，亦即美国施压，日本初而抗拒，继而让步。有一位学者称所谓的"美国玻璃屋"无法使日本免于国际压力。[21] 批评者注意到，在野党如日本社会党（JSP）或公明党（CGP）在国内的反对力量是如此薄弱*，因此戏称美国是"日本最大的反对党"。不过在谈判时，虽然双方不断用威胁与反威胁的手段，气氛十分恶劣，但经济对立从未发展为全面贸易战争，双方最后总能解决大部分的争议，没有诉诸报复性关税或单方面设限的手段。来自美国或国际上的其他压力是否是导致日本以后的经济问题的原因，两者似没有很大关联。相反，一直存在的政治上的紧张或不稳定性，反而由于日本经济的弱化而得到纾缓。

日本长期以来令世界瞩目的经济增长，到 20 世纪 90 年代初宣告终止。衰退的第一个象征是股票市场熊市的出现，这是大藏省高层官员有意识的政策所造成的结果。1985 年 G-7 部长会议决定广场协议后，大藏省官员开展新政策，要刺激投资及国内消费，但到 20 世纪 80 年代末，他们认为土地及股票价格的狂飙已达到危险地步，大藏省逐渐收紧信贷，希望能阻止投机性资本，减少泡沫。从 1989 年秋天到 1990

---

* JSP 是日本社会党（Japan Socialist Party）的简称；CGP 是公明党的英文简称，因为它号称自己是"Clean Government Party"。——译者注

年夏天，他们实行连串升息措施，把借贷利率从 2.5% 提升至 6%。东京股票市场的日经指数跌幅达到一半，从 1989 年 12 月的接近 4 万点下跌至 1990 年 10 月的 2 万点左右。[22]

狂跌不止的股价套牢了投机者，令他们无法偿还债务。在上一章提到的大阪餐厅的老板娘，在 1991 年因为伪造银行票据被捕；一家钢材贸易公司因为投资股票买卖而破产。高利率同样冲击数十个地产开发计划，因为地产开发商原来预估的收入无法支付急剧高涨的贷款成本。地产公司经营问题引发地价下跌，而土地作为借贷保证的价值亦因而下降。1990 年末，从伊藤万（Itoman）高尔夫球场公司开始，房地产公司一家接一家地倒下，恶性循环已经形成，公司破产引致价格下跌，结果又导致更多的破产。以前的房地产价格与股票价格齐扬的荣景已销声匿迹，泡沫真的被戳破了。

股票及房地产的投机客从最高点摔下来，受伤不轻，但基本经济面并没有马上显示出任何问题，经济官员宣称不需要的部分已经被清理掉，至少在 1991 年一整年中，他们的说法看起来并没有错。无论国民生产总值还是企业投资额仍然继续上升，同时日本股市虽然在 1990 年下挫，到第二年便回稳。

然而到 1992 年，股票市场投机泡沫爆破的影响，渐渐散发到其他部分，经济不景气终于出现。工业生产指数、房屋开工指数及批发物价指数纷纷下跌，消费者及企业的信心亦同样动摇。股票市场再度倾泻，到 1992 年夏天，日经指数下跌至 1.4 万点。这时候日本政府认为货币紧缩政策已经走过头，决定降低利率，借此振兴经济。借贷利率所跌至的水平，在日本以及其他地方均十分罕见。

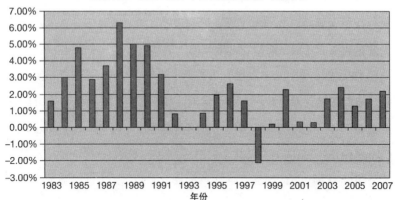

图表 17.1　1983—2007 年日本实质国民生产总值增长

资料来源：世界银行

日本银行在四年内把官方贴现利率下调 8 次，由 1991 年的 5.25%
下调至 1993 年的 1.75%，到 1995 年 4 月更是只有不过 1%。虽然如此，
投资依旧停滞，从 1991 年至 1994 年，工业生产实际下跌 11%，国民生
产总值在 1992 年只上升 1%，到 1993 年事实上停止不动。

为什么在过去 10 年以上一直维持如此低的利率，但却无法刺激投
资及经济复苏？"坏账"是其中一个主要障碍，它的问题不单是坏账
本身，而是银行或政府无法发挥真正作用。因为利率虽然低，大部分
银行的财务报表却是不堪入目，限制了它们放贷新债的能力。甚至它
们纵然有资金放贷，各银行亦由于去年的大量坏账而忧心忡忡，即使
对象是实力不错的客户亦不愿放贷。在这种环境下，非常宽松的货币
政策也无法推动增长。

日本经济这些年面临的困难可以追溯至 20 世纪 80 年代美国的储
蓄与贷款危机，以及随后的 2008 年次贷危机。由于外在监督制度不

够，银行可以轻易进行冒险性借贷，尤其是房地产投资最显著。很多银行在技术层面已经周转不灵，面临破产。银行无法运作，其原因是失败企业不能还钱，而作为抵押品的土地及股票，其价值又一蹶不振。早在1992年夏天，日本高层官员已经了解到要整理银行必须清除其坏账。他们开始计划由政府出面担保消除坏账，该想法是模仿美国在20世纪80年代的金融重建计划，"美国重组信托公司"（Resolution Trust Company）花了美国纳税人数十亿美元的税金，用以消除面临破产的储蓄公司及财务公司的坏账，一连串负责企业的经理人亦遭逮捕、起诉及判刑。日本要做同样的事，其基本条件是首先日本官员、银行及大企业要公开承认其过失，亦即某些重要金融机构必须倒闭。然而在此关键时刻，无论政府还是私人企业都不愿意接受此种结果。

受衰弱的金融体系拖累，日本经济在20世纪90年代前期步履蹒跚。政府希望恢复消费者及私人领域的信心，重振它们的活力，因此转向公共工程以刺激企业，从1992年至1994年，国家支出数十亿美元的预算以建造新水坝和高速公路。

但这些公共投资并不够，与他们要挽救的停滞经济的规模相比，只不过是杯水车薪。再加上从1992年至1995年美元对日元的汇率大幅度下降，1992年1美元可以换算约125日元，到1993年它跌至100日元，它的最低点是在1995年4月的80日元以下。这种不寻常的汇率变动亦大幅度增加了日本产品的美元成本，出口增长因而减慢，不复以往那种带动经济复苏的力量。

从1995年至1997年中，整个经济状况稍有好转。1995年7月，美国与日本合作干预外汇市场，日元对美元的汇价开始下降。同月，日本银行再度调降贴现利率，达到史无前例的 0.5%。到 9 月，日本政府宣布一个新的政府开支方案，内容颇有创新，其总额亦超过国民生产总值的 3%。这些措施都有助于出口及鼓励国内投资、消费。1995 年国民生产总值增长率为 2%，到 1996 年接近 3%。

但复苏的基础仍很脆弱。虽然经济有所增长，但就业却没有。各企业都没有意愿扩充人力，以免增加新成本，它们宁愿增加现有雇员的工作时数。物价仍继续下跌，消费者依旧不愿增加开销，故消费指标在 1995 年及 1996 年仅上升 3%。受薪阶级害怕公司会因为削减成本而辞退他们，或者至少也会削减奖金，停止调薪。银行或如农业合作社等非银行放贷机构继续持有大量无法流动资产，因此报表上好看，实际上却并不是如此。这些资产，基本上是地产发展商人仍未归还的贷款，但归还亦似乎遥遥无期。虽然官方对坏账问题提出种种声明，但都无法取得人民信赖，因为不少管理层官员在退休后都出任借贷机构董事会董事。1995 年，问题依旧扩大，好多小型银行倒闭，这都不是很好的征兆。

在上述不稳定的环境下，日本政府采取冒险性政策，在谨慎财政的名义下开征消费税。大藏省一直支持开征消费税政策，目的是减轻公共债务的负担，最后在 1988 年决定引进消费税。首相桥本龙太郎（1996—1998 年在任）等政府高层领袖关注到控制财政赤字问题，在过去几年中赤字不断上扬，部分原因可归结于短期政策，如财政刺激计划；部分原因为社会老龄化的长期趋势，使得社会保障成本大增。为解决上述问题，1994 年政府决定将消费税从 3% 提高至 5%；同时准备在 1997 年实施，不过没有比这个时间点更为倒霉的，消费者的信心本来已忐忑不安，增税更如雪上加霜，结果降低了他们的消费意愿，刚露起色的复苏马上烟消云散。

漫长的不景气开始了。从1997年至1998年实质国民生产总值下降2%，到1999年增长率实际上是零。一个外国观察者写到日本，称之为"走了样的体制"。同时美国《新闻周刊》在1998年发布一篇分析报道，其标题"失去的十年"已成为很具代表性的用词。[23]

为治疗上述经济病征，日本政府先后采取三个步骤。第一步是在1996年11月，桥本首相公开宣布一个全面开放金融市场的计划，俗称为"大爆炸"。该计划的预设是日本的工业科技无法进步，主要是受缺乏效率的金融体系的拖累。桥本的计划与美国及英国实行的政策完全一样，目的是简化繁杂的法规，让银行、保险及证券等行业能解放出来，有效运作。

第二步大约在1998年秋天，国会通过《金融再生关联法》。由于当时情况紧急，该法案是两党协议的产物，由自民党与最近成立的在野党日本民主党共同合作通过，并成立金融再生委员会（Financial Reconstruction Commission，FRC），负有全权重建银行体系的任务。金融再生委员会模仿20世纪80年代的美国重组信托公司，设立清拆讨偿公司（Resolution and Collection Corporation，RCC）。方式是金融再生委员会运用公共资金接收不良银行，然后再把其坏账交给清拆讨偿公司清盘。在清理债务后，这些银行便可以复业，亦有些情况是由其他机构收买，通常政府会给予补助以便合并。

当国会审查此法案时，日本金融界终于开始认识到有积极处理坏账危机的必要。从1996年至1999年，日本银行消除了50万亿日元无法收回的坏账（约合5 000万亿美元），但当1997年至1998年经济再度放缓，新坏账又出现时，其增长速度与消除旧坏账一样。到2002年为止，日本前六大银行所累计的静止不动的债务总数（约占整个银行业界半数），实际上已增至全体坏账的8%。[24]

第三步则是对付不景气，政府很爽快地实施赤字预算，希望能为停滞的国内经济打入强心针。从1997年到2000年，政府预算每年的赤字超过国民生产总值的8%。积极支出的确防止不景气进一步深化，到2000年，经济复苏迹象已有表露，日本的高科技"新经济"及某些产业生机勃勃地成长，电子设备公司的劳工生产力在1999年一年就急升将近20%。但农业、运输、零售业及重工业等"旧经济"仍在衰退中，而生产效能顶多持平，但亦有减弱者，国内需求依旧微弱。因此新经济与旧经济间的差距仍然很大。

另一方面，由于财政赤字不断累积，政府变得负债累累，到2000年底，中央及地方政府积欠的债务数字已经超过国民生产总值的1.4倍。与此同时，社会退休系统同样是长期赤字，它要靠政府从一般收入中大量拨款，方能够苟延残喘下去。当老人比例升高时，退休经费又要继续增加。

经过这些年互相矛盾的表现及政策，学者不再敦促美国、欧洲以及世界其他地方向日本学习。面对日本"失去的十年"的悲剧，他们归因于深层结构问题及整个体系的张皇失措。他们指责国家过度介入私人经济领域，呼吁"放松管制"。以私人企业为模范，他们创造了一个日语名词"リストラ"，它原来是英语"再建造"（restructuring）。所谓"再建造"即裁减雇员数目，关闭不营利的部门。日本体系原来一直强调经营部门的自主性，忽视股东的控制权。华尔街专家及他们在日本的信徒不断告诉各企业管理层，股东才是老板，只要利润下降，员工必须走人。[25]

其实日本的经济在原有体制中已走过 40 年的欣欣向荣之路，也许 20 世纪 90 年代的问题并非一个体制问题，只是政策不佳，再碰上一个循环的低点，更令情况雪上加霜。但要解释是什么原因导致经济长期停滞，或什么因素会带来最终复苏这些有关问题，则必须转向检视同时期的混乱政治背景。

四、自由民主党的衰落与复兴

昭和时代的终结，亦象征自民党长期霸权开始走向尾声。它的有力后台老板田中角荣于 1985 年患中风，不得不完全退出政坛，其后于 1993 年去世。田中中风后，其派系各员大将继续控制自民党，但由于派系内部斗争，故自民党一片混乱。更重要的是冷战的结束，虽然党内各派系一直未停止过对立，冷战的压力一直迫使自民党不得不团结一致。第一个重大打击出现在 1988—1989 年，首相竹下登及其同党收受瑞可利公司的好处，因而受到社会严厉批评。除此之外，在竹下登任职期间，国会在 1988 年通过消费税，这使其声誉受损不少。接着由于向外国压力让步，进一步开放外国食物进口，亦引发农民不满。1989 年 5 月举行的民意调查中，竹下登的支持率只有 4%，实在微不足道，这是日本有史以来的最低数字，竹下只好在羞辱中辞职。

竹下的继承人是宇野宗佑（1922—1998），1989 年 7 月参议院改选，宇野面临一场艰苦的挑战。参议院任期6年，每3年改选一半议席。当参议院改选之际，自民党在参院内仅仅过半。加重宇野负担的另一件事是他维持多年的婚外情丑闻，更糟糕的是结束这段关系时，宇野对待绯闻中的女子颇为粗暴，使他在公众的眼中更为不堪。

性丑闻、黑金丑闻及不受民众欢迎的新税这三个负面因素，成为在野党的非凡助力。更凑巧的是，日本社会党在1986年选出一名女性土井多贺子（1928—2014）出任社会党中央执行委员会委员长，这是社会党首次由女性担任该职位，亦是该党的运气。在土井领导下，社会党在选举中大胜，当时媒体称之为"麦当娜热潮"。民意测验亦显示投票时有明显的性别差距：女性选民都反对宇野的行为及消费税。在参议院126席选举席位中，女性获得22席（社会党女候选人获得12席）成为关键票数，而社会党在这次选举中总共获得46席，而自民党则只有36席，这是自民党有史以来首次在两院选举中的其中一院失去多数议席。

日本社会党虽然大有斩获，但无法确保其对自民党的挑战力量，社会党在上议院选举中崛起仅不过7个月，自由民主党在1990年2月的总选举中便大举扩大其在众议院的票数，而众议院在政治上更具影响力。自民党对此次胜选喜上眉梢，却被胜利冲昏了头脑，忽视1989年失败所展现的警讯。金丸信（1914—1996）是资深的政治人物，亦是田中角荣的长期追随者，此时他已接手竹下派（其前身是田中派，自民党内最大派阀），成为政局幕后真正的操控者。金丸所领导的派系左右自民党总裁选举，而当选自民党总裁又是出任首相的必要条件，因此外号"领袖"的金丸信事实上是幕后总指挥。以后虽然先后在

1989—1991 年由海部俊树及 1991—1993 年由宫泽喜一任首相，金丸才是真正穿针引线的人。

宫泽可以说是金丸的一个极端对照人物，在进入政界以前，他是个资深的大藏省官员。宫泽可以说流利的英语，亦深切了解全球财务及政治。宫泽非常讨厌幕后交易及金钱至上，而金丸信却完全是这一号人物。然而为了登上首相宝座，成为台面上的第一号人物，宫泽愿意在政策及人事上受金丸指挥。

1992 年，"佐川急便事件"爆发，宫泽的前途开始晦暗不明。佐川急便的高层不单用金钱收买政治人物，好让法令有利于其行业发展，同时更利用黑社会关系以支持其政治盟友，威吓反对者。1987 年竹下登能成为首相，便是佐川急便领导层的力量。金丸是这件舞弊案的核心，他会见黑社会组织头子，对他们的协助表示感谢。金丸也大量逃税。还有另外一些罪行，他被发现从其东京市中心的豪华寓所中偷运出 100 公斤的金条。

金丸的贪污虽然是个极端的例子，但在自民党统治多年下，黑幕交易本来就是其桌底下活动的一部分。但冷战已经结束，自民党的支持者不再介意批评该党，媒体也受到鼓励攻击腐败的政治人物。1992 年末，金丸被迫辞去国会议员职位，宫泽亦面临各方压力，要求他改革选举制度，打击政治黑金问题。但宫泽一直强调腐败问题只在个人，与整个制度无关。自民党既然仍在自我陶醉中，也没有做出任何重大改革。

1993 年夏天，自民党这个城堡终于土崩瓦解。在野党以自民党无法提出一个可靠的改革方案为由，提出一个不信任案。在野党并非多数党，没有足够票数，原来认为只是行礼如仪，没有期待什么。但一位名叫小泽一郎（1942—）的政治人物突然跳上改革列车，小泽是20世纪90年代及21世纪初期的一位重要政治人物，尽管其立场有时过于自相矛盾。他与金丸信一样，同属田中派。但他比金丸年轻，不甘常居人下，因此在继承其前辈的想法时常使用大胆的手法。小泽与其党羽放弃他们自己的党，反而支持在野党的不信任票。在这突如其来的急转弯下，不信任案通过，宫泽内阁被迫辞职，举行大选。

自民党在选举中表现甚差，以较大差额失去其多数席位。在选举之前，小泽及其同党离开自民党组成"新生党"，誓言政治改革，在选举中胜出。其他的改革政党同样表现不错，由细川护熙（1938—）领导的"日本新党"于1992年成立。细川是位具有个人魅力的政治领袖，他出身于上层阶级，先世可以追溯至室町时代，为九州岛力量最强的大名之一，其外祖父为战时首相近卫文麿。他的作风十分开放，其论调也关注民众所需，故颇受人欢迎。细川主张整顿政治的黑幕运作，其经济政策也以一般人民的福祉为依归。在选举以后，各路人马竞逐政权，1993年8月小泽及细川两个新政党与其他旧在野党联合起来，共同组成自1955年以来的第一个非自民党内阁。这个联合阵线主要由小泽在幕后穿针引线，细川则担任内阁首相。不过细川虽然致力于改革，他仍要面临许多经济及外交问题，同时自民党仍是百足之虫，死而不僵，随时会做政治反扑。然而无论如何，后者原来稳如磐石的政治垄断权力已经被打破。

1993年，自民党破例组织联合内阁，大部分的观察家预估一个类似两党制的政治体系可能出现，他们以为自民党的对手会联合起来，成为政治及经济的改革力量，克制那些根深蒂固的既得利益者，例如农业或中小企业，他们都长期受到自民党保护。至于这个第二政党领导人的构成，应该包括脱离自民党的改革派，如细川及小泽，再加上公明党的温和反对派、民主社会党及部分日本社会党。

在以后几年中，旧政治地图的确重新翻整，这在高层中尤为明显，形成极大的不稳定性因素。事实上20世纪90年代日本的政治世界，其领导层是20世纪40年代末以来最无法捉摸的。自民党在1955年创党，直到1989年动乱，在这44年中共有12人担任首相，平均任期为3.7年。而从1989年到2000年的12年中，共有10人出任首相，平均任期只不过1.2年。直到2000年底，一个有力的第二政党并没有出现，自民党反而卷土重来。从表面上看这极为讽刺，自民党从2001年到2006年在首相小泉纯一郎的领导下，不但重振声势，而且有效地推动政治及经济的各项改革。

自民党的东山再起颇为怪异，细川护熙出任首相仅18个月便于1994年4月辞职。自民党能够翻盘的原因，是指控细川内阁财政业务有不正之风。事实上细川向以廉洁自持，他迅速下台有更深层的原因，主要是他从心底讨厌每日无休止的政治斗争，因此由羽田孜（1935—）接掌联合大位。羽田也是改革派，与小泽一郎是盟友，一起脱离自民党。然而自民党一面攻击当权内阁，一面收编脱党党员，最后成功削弱新联合政权的单薄基础，羽田在任仅2个月便宣告下野。

1994年6月反自民党力量被击倒，取而代之的政治新形势却看得日本国民目瞪口呆：自民党决定与日本社会党组织联合政府。社会党是最大的在野党，也是自民党长期以来的意识形态宿敌，现在两者不但合作，而且自民党同意由日本社会党委员长村山富士出任首相。用美国的说法，这个同盟就等于共和党的总统提名民主党党员为副总统。

这对同床异梦的伴侣为了政治权谋而结合，其基本因素有两个。第一个因素是百分百的实用主义，社会党认为自民党的邀约，是其执掌政权千载难逢的最后机会。对自民党而言，它需要在野党的支持才能在国会掌握多数，但自民党领导层对叛徒小泽一郎深恶痛绝，宁愿与一度羞与为伍的社会党合作，也不愿意请小泽回老巢。第二个因素是国内外政治气候的变化，这有长期以来世俗化的倾向，也有最近戏剧性事件产生的效果。首先撇开选举时相互攻击的语言不谈，自民党与日本社会党的国会议员已经有相当长一段时间的合作经验，目的是要在国会草拟及推动法案。20世纪60年代以后国会所通过的法案，大部分是两党合作的结果。这种两党合作投票的情况到20世纪70年代更为频密。其次是工会与企业关系愈来愈协调，消除了不少左右对立的矛盾。再者是20世纪70年代以后，两党在地方选举上经常支持同一候选人。最后是冷战的结束及全球资本主义的胜利，消除了两党互不信任的基础。

自民党与日本社会党的结盟，纵然可以用上述因素解释，但对日本选民来说这仍然是件讶异及困扰的事。最受损害的则是社会党的支持者，一般人均已把自民党看作一个务实、以利益交换为主的政党，自民党的支持者期待的是政治及经济利益，并非贯彻始终的意识形态。但日本社会党则不一样，其选举支持度多半倚赖原则，如保卫和平宪法、反对日美军事同盟、质疑企业与政府的紧密关系。

日本社会党答应加入联合政府时，的确获得某些自民党员不太情愿的让步。村山富士首相在第二次世界大战结束 50 周年的 1995 年，对战时暴行表达了最率直的道歉，其中包括性奴役"慰安妇"，自民党本身绝不会如此直接。尽管如此，一般的看法仍以为社会党为了权力甘愿放弃其原则。简而言之，它的政治生命正逐渐消亡。

1996 年 1 月，村山辞去首相一职，主要原因是面临来自自民党那些只能共安乐的盟友的强大压力。其继任者是自民党主将桥本龙太郎。日本社会党改名为"社会民主党"，虽然仍属联合政府一员，其发言能力显然降低。联合政府的另一个成员是小型的"先驱新党"，由菅直人等改革派政治家领导。

在 20 世纪 90 年代末期，当自民党走向衰落之际，另一股重要风潮亦逐渐出现，菅直人在其中扮演了十分重要的角色。这股风潮的主角是政府官僚，他们长期以来是自民党的盟友，但由于连串新丑闻，官僚名声大受打击，变成过街老鼠，人人喊打。最臭名昭著的案件揭发于 1996 年，主要是厚生省疏于防堵导人至死的血液制剂。这些产品制造于 20 世纪 80 年代初，当时艾滋病刚出现，研究人员初步结论是血液与艾滋病传播有关，为了防止该病传播，血液在用于输血前必须加热。然而只有美国医药公司才生产加热血液制剂，但厚生省其中一个委员会开始时阻止其进口到日本，稍后虽准其进口，但厚生省继续准许使用国内未加热血液制剂。因此在一年半时间内，虽然有比较安全的外国产品可供使用，但日本厂商仍继续以未加热血液制剂供应待输血的病人。到 20 世纪 80 年代末，约 2 000 名输血者有人体免疫缺陷病毒（HIV）阳性反应，约占输血病人总数的 40%。部分受害者也许是在加热产品问世前已经受到感染，不过厚生省的作风却令人质疑，也就是说官僚及医生为了保护日本国内医药供货商，增加其对外商的竞争力，结果却牺牲了社会大众的健康。[26]

1996年，厚生省大臣是菅直人（1946—），他是个政治活跃分子，曾在20世纪60年代参加反对越战运动。由于他能公开厚生省的血液污染问题，承认政府所负责任，当时颇获好评。绿十字公司领导人虽然知道未加热血液制剂的危险性，但仍继续向市场提供该项产品，最后不得不以郑重方式向社会及艾滋病人道歉，但已严重损害职业官僚的声誉。其后数年中，由于接连暴露官员不法挥霍公款，作为个人享

图17.1 由于未加热血液制剂带有人体免疫缺陷病毒，其受害者因此控告医药品供应公司，打了7年官司。最后在1996年3月，绿十字公司及其他3名被告与受害者达成和解。图中为绿十字公司董事长及董事下跪，向原告受害人表示歉意。政府官员负有管理私人企业的职责，向来受社会大众信赖，而20世纪90年代各种接二连三的丑闻，使得商界领导人及政治人物成为社会质疑的目标，整个社会对他们都丧失信任。该丑闻中的绿十字公司的前身是血液银行公司，最初是由731部队中的重要人物在二战后成立。关于731部队参见第十二章，该部队在中国东北地区开展过细菌战实验。（每日新闻社提供）

乐之用，公众对政府官员进一步失去信心。

1996 年秋天众议院选举即将来到，政党又再面临另一波重组。前日本社会党（现在是社会民主党）大部分成员，与菅直人在内的先驱新党成员与细川新党，三者联合组成"日本民主党"，这个新组合是希望取代小泽一郎的"新进党"，成为自民党的主要对手。但在 10 月的选举中，小泽一派的表现优于日本民主党，取得 156 个席位，而日本民主党则只有 52 席。至于不愿加入民主党而仍留在日本社会党的议员，其人数由原来的 70 席掉落至 15 席，日本社会党可以说已在国会中消失，已失去了其长期以来所扮演的反对党角色。至于自民党则有少许收获，在众议院中有接近多数的席位（500 席中的 239 席）。

总选举后，经桥本首相多方设法，成立了清一色的自民党内阁，这是 1993 年以来自民党首度重掌政权。社会党虽然离开联合政府，但答应在个别议题上支持桥本内阁。在其后数年中，自民党强化其多数政治基础。1998 年，小泽的新进党一分为二，出走者加入民主党，其余留下来与小泽共进退者（自称为自由党）则加入自民党的联合政府。小泽五年来致力于建立一个有力的反对力量，现在却不得不重返其老巢。1999 年公明党亦加入联合政府。除此之外，小泽的部分支持者干脆直接重回自民党，使自民党六年来首次在众议院中获得多数席位。表面上日本政局又走回老路：自民党是执政党，所面对的在野反对党规模小且力量分散。

然而与过去比较，20 世纪 90 年代末自民党的统治地位大为削弱。纵使它在众议院的议席有所增长，1998 年参议院选举中，自民党的表现并不佳，其所得议席有史以来最低，只有总议席的 37%。桥本首相的加税政策不为选民所喜，认为会把日本经济再带回不景气，投票结果反映出选民唾弃其经济政策，桥本只好辞职，由自民党另一位资深党员小渕惠三（1937—2000）在1998—2000年出任首相。开始时小渕被视为另一个密室政客，只不过时来运转，在冷板凳上被捡回来而已。在小渕领导的两年中，内阁企图通过大量赤字预算以振兴日本经济，但效果有限。[27]2000年5月，小渕突然中风去世，有人认为他是过度劳累致死。其继任者为森喜朗。2000年7月举行众议院总选举，由于经济依然不振，自民党因无有效对策而受指责，选举结果并不理想，自民党再度以大比数失去众议院的多数议席。它能继续组阁，主要是靠小泽的自由党及公明党的支持。

到2001年春天，首相森喜朗的支持率下跌至个位数字，自民党害怕若不在领导层做一定改变，选举结果将惨不忍睹，森喜朗在党内的压力下不得不辞去首相职务。小泉纯一郎（1942—）继森喜朗后出任首相及自民党总裁，这在日本政坛上可以说是出人意料的结果。小泉颇受民间支持，在自民党内却属非主流派系，最后则以颇大比数当选。小泉就任后，他誓言大幅度改革经济。更令人惊讶的是他史无前例地委任五名女性进入内阁。在其五年任期内，小泉推动的政策获得广泛支持，主要原因是其个人风格的魅力，与历任首相大异其趣。他尽量避免与党内各派系领袖进行密室政治，他对媒体的声明充满个人风格，简短有力，成功地制造出一个果断形象。同时到其任期一半，当时约在2003年，经济再度恢复增长，小泉亦因此受惠。

小泉对外政策亦赢得美国支持，与亚洲关系则较为逊色。在2001年9月11日恐怖袭击之后，他积极推动日本作为美国军事盟友的角色，并与布什总统建立起紧密的私人关系。日美间在 20 世纪 80 年代及 90 年代的紧张关系到小泉任内已大部分消解。不过由于小泉多次参拜靖国神社，恶化了日本与中国及韩国的关系。在其任内，小泉每年都拜祭靖国神社内的战殁者（总共 6 次），并且连续公开强调参拜靖国神社的重要性，认为这是向为国牺牲的士兵表达尊重的方式，历任首相从来没有这样做过。

在国内，小泉首相发动了一波有力改革，希望通过自由化及私有化政策改善经济。小泉政府在与工会及反对党协商两年后，2004 年终于通过新的《劳动者派遣法》。小泉及其商界盟友总认为过去对正规雇员给予了较多法律及常规保护，结果无论大型还是小型公司在要裁减或增加人力以应对外在商业环境转变时，会遇到重重困难。因此，新法放宽人力中介公司的业务范围。在过去，人力中介公司只为少数服务行业提供人力，现在则可以为任何种类的职业选择派遣工人，甚至包括制造行业。

小泉改革运动最核心的事业就是私有化日本的邮政储蓄系统。从明治时代开始，日本的邮政系统便为数以百万人提供方便而又安全的储蓄系统及人寿保险。到 21 世纪初，邮政储金总资产累积数字庞大，总值超过 300 万亿日元（当时约合 3 万亿美元）。在战后数十年中，政府为了经济复苏及增长，成立"财政投融资计划"（Fiscal Investment and Loan Program，FILP），亦称之为"第二预算"，运用各种基金以支持所有公共投资。[*]到 20 世纪 80 年代，市场派改革者批评"财政投

---

[*] 1875 年明治政府开办邮政储蓄，1878 年大藏省开始运用邮政储蓄办理各种投资事业，到 1953 年始以预算方式向国会提出，称为"财政投融资计划"，除了邮政储蓄外，还包括工伤保险、国民退休金等基金。——译者注

图 17.2 2006 年 8 月 15 日，首相小泉纯一郎及一名神道僧侣向日本战殁者亡灵进行祭拜，小泉在任 5 年中曾 6 度参拜靖国神社，这是他最后一次参拜。小泉一而再再而三的参拜，尤其引致中国及韩国越来越多的抗议。参拜靖国神社同时亦引发国内争议，但分歧与党派界线并不完全相同。花坛竖立的木牌中有一个为反对党民主党所敬献。（Corbis / 东方 IC 提供）

融资计划"毫无效率，其所有开支既无法如正常国家预算一样，由国会实行（在理论上）监督，亦无法对私人银行贷款，由股东实行（在理论上）监督。通过感性诉求，小泉认为只有私有化邮政储蓄及保险体系，才能保证它的资产能有效投资到最具生产力量的领域及企业，他主张这次改革是经济复苏及长期繁荣的关键。

为达成其目标，小泉把自己扮演成为既得利益者的敌人，他们包括各式各样的官僚、自民党的政客，仰赖"财政投融资计划"各种基金以维持他们的部门或选区，结果是苟且过活，毫无竞争力。最有效的明证是 2005 年夏天及秋天的选举。在 8 月的选举中，由于自民党内反对分子的跑票，小泉的私有化计划无法在国会通过。为了应付党内的反叛，小泉在 9 月实施提前选举（snap election）*，但这次选举背后的意义却是要对付自民党内的反对派。他在自民党内提名一批新人，取代原来反对私有化的国会议员。媒体称这批新人为小泉的"刺客"。被排斥的议员为保持其席位，便用独立候选人的名义参选。由于采用冲突手段，小泉只能直接向选民申诉，要求他们不再投票给自民党中的改革反对者。9 月选举的结果是自民党大胜，不过小泉的"刺客"亦同样当选。第二个月，国会通过邮政改革法案，主要条文在 2007 年开始生效，但私有化要到 2017 年才能真正完成。

小泉在任五年半，是明治以来历届首相中任期第二长的，仅次于佐藤荣作（1964—1972）。在任期长久度、受欢迎度及国会推动改革的程度上，其后继者都无法与小泉相比，安倍晋三（2006—2007）则让其选民与日本的邻国更加疏离。在 20 世纪 90 年代，日本政府有计划地把国民年金计算机记录重新整理，但整理结果却有差不多 5 500 万笔记录不知所终，选民得知此事后，十分愤怒，他们指责安倍及执政党对此问题冷漠以对。同时安倍的强硬态度亦开罪日本在亚洲的邻国，安倍一

---

* 提前选举的原意为执政党为保有原来的国会多数，故意提前解散国会，趁执政之利，维持国会多数。——译者注

直有意减轻日本对如"慰安妇"等"二战"时期的暴行的责任。

2007 年上议院举行选举，民主党由于暴露国民年金问题，取得选民信任，因此大获全胜。安倍要为选战失败负责，故辞去首相一职。继任者福田康夫（2007—2008）略微缓和了日本与邻近国家的关系，但一般认为他的领导力不够。由于小泉开创先例，身为一党领袖却不对党内主要派系妥协，再加上其后继者在领导上相互矛盾，因此给予反对党可乘之机。好斗的小泽又转换跑道，在 2003 年加入民主党，而且在 2006 年出任该党党魁。民意调查显示，在小泽带领下，民主党有机会在未来选举中取得下议院多数议席。日本再一次有机会让两党制落实下来。

五、评估改革、说明复苏

虽然小泉的后继者在政治上没有取得太大成就，但他在任期间，经过 10 年衰退的日本经济的确首度开始好转，而且在其后两年中继续增长，没有中断。从 2003 年至 2008 年春天，国民生产总值年平均增长率约为 2%。由于人口比以前略减，故日本在这时期的人均增长优于除英国外的 G-7 所有国家。同期失业率则由 5.3% 跌至 4%。在 2004 年，日本的家庭收入自 1998 年以来首次见长。

如何解释这个转变？小泉的改革就长期而言也许会产生效果，但要说它是转变的关键则似乎言之过早。邮政私有化是其核心改革，而早在实行邮政私有化前，复苏已经明显来到，至于其他一直被讨论的结构性改革亦似乎难以被认为是决定性因素。改革是长期以来的呼声，自由市场派改革者亦提出许多方案，然而在 21 世纪头十年中，日本许多核心经济制度的变化速度仍十分缓慢。

事实上从 20 世纪 70 年代开始，日本的雇佣制度已开始变得更有弹性。在一段时间内，企业已经逐渐倚赖兼职工人（主要是女性）、固定合约的雇员及在一些行业中由中介公司提供的派遣工人。到 1999 年，上述种类的雇员约占全体员工 1 / 4。到 2007 年，部分由于派遣工劳动市场规范的放松，这些临时或"非正规"工人的比例已大幅上升至全体员工的 1 / 3。[28] 在员工薪酬结构中，企业亦继续提升其与工作表现的比例，减少以年资作为设定薪水甚至升迁的标准。虽然在 20 世纪 90 年代末有数以百计的大公司提出"重建"计划，但步伐仍十分温和。新闻标题会大张旗鼓地说"某公司已经裁撤员工 3 000 人"，但若仔细观察数字背后，所谓"裁撤"其实是在 3 年至 5 年间，方式也是逐步消化或提前退休。在 1993 年至 1997 年，大部分离开工作的人多半是退休或自愿离职。只有 8% 是"遭雇主主动辞退"，这种非自愿离职的比例比 1975 年石油危机时期还要低。[29] 故从 20 世纪 90 年代至 21 世纪初，任何一年整体工人转换工作的比例几乎没有变动。[30] 日本仍不是一个随便转换工作的社会。商界领袖对劳动市场的各项改革忧乐参半，他们希望能在雇用及裁撤员工方面有较大自主空间，另一方面，他们仍重视老员工的价值，希望能维持一个核心长工体系。在 2006 年及 2007 年，因为面临人口下降问题，企业有意建立一支稳定的工作队伍，陆续把兼职工人转化至正式员工的地位。这些步骤都会强化传统承诺，走向长期雇佣体制。

要转向以股东为主体的做法同样没有太大效果。东京股票市场的确引入不少外国投资者，最多约占股票总值 1 / 4，不少企业逐渐感受到压力，要把焦点转到资本回报。虽然如此，日本企业并没有放弃所谓"交叉持股"的传统做法。所谓"交叉持股"是指结盟企业无论在任何状况中都互相持有对方股份，以防止外人操纵。整体而言，只能说商界比过去稍微留意股东的利息收入。[31]

总括来说，20 世纪 90 年代日本经济的困难主要是宏观政策的决策所导致的灾难性后果。而到 21 世纪初，由于实行不同政策，再加上全球经济的变化，经济才因此复苏。[32] 日本的国际贸易在 2000 年到 2006 年大幅增长，而过半的出口增长是朝向东亚，到 2004 年中国已经超越美国成为日本最大的贸易伙伴，它亦占日本进出口总额的 1 / 5。从这点观察，中国的快速成长十分重要。另一方面，在 1999—2000 年及 2001—2006 年，日本银行把优惠利率调降至零。因为全球环境顺畅，日本银行的做法有助于投资与出口，企业利润开始上升。到 2007 年，许多银行已经连续好几年能够消除旧有坏账，同时亦不再有新坏账出现。日本最大的 6 家银行所持有的沉寂不动债项，其比例由 2002 年最高峰的 8% 下降至仅 1.2%。2007 年日本政府已经可以稍微调升利率，企业亦可以提高薪水，幅度比过去数年都来得高。从 2003 年到 2008 年初，失业率不高，人均收入提升，成长虽轻微但持续不断。上述的经济趋势都点出，用第二个"失去的十年"一词来形容 21 世纪初的日本，是与事实背离的。

六、在亚洲与西方之间

虽然中国的经济对日本十分重要，但在 21 世纪头几年，两国关系却出现许多问题。面对中国经济及军事力量的持续增长，日本各届领袖及一般大众都显得忧心忡忡，虽然他们了解两国的经济是互相倚赖的，以后这一趋势会有增无减。新的摩擦是中国大气层污染的输出，随着气流漂洋过海到日本。贸易纠纷不绝如缕，再加上中国向日本的输出品检查出有毒害的食物及危险的玩具，触发日本社会的恐惧，使两国的关系更冰冷。近年来，在中日之间又出现了钓鱼岛主权归属之争。当中国开始与美国竞争并成为日本最重要的伙伴国家时，如何解决这些长久以来的紧张关系是一个极大的挑战。

日本与朝鲜的关系更具挑战性。1994 年，由于多国力量介入，阻止朝鲜开发核武器，最后美国克林顿政府与朝鲜政权签订协议，规定朝鲜停止其核计划。另一方面，美国在韩国及日本的协助下，同意帮助朝鲜建立核电站，这些发电站不会生产核武器级的铀，但足够供应其所需的电力，该协议亦规定美国及其两个东亚同盟国家与朝鲜走向正常的经济与政治关系。

在其后数年中，建造工程远落后于规定进度，正常化关系亦没有太大进展。最重要的是朝鲜必须面对长久以来的经济危机，这对它的损害相当严重。2002 年，朝鲜与日本重新开始停滞后的关系正常化协商，目的是希望在妥协达成后能得到经济援助。对日本人而言，最重要的长期目的是消除朝鲜的攻击威胁，但另一个关键性的问题是日本人质问题。估计在 1978 年到 20 世纪 80 年代初，至少有 13 名日本男女在日本西岸被挟持至朝鲜。

2002 年夏天，小泉首相突然宣布访问朝鲜，要与朝鲜金正日商谈两国所有仍未解决的问题。9 月 17 日小泉在朝鲜停留一天，这在东北亚地缘政治的舞台上是不平凡的一刻。金正日为朝鲜政府劫持人质的行为表示抱歉，亦说出 13 个人质中有 8 个已经去世。除了道歉外，他亦保证以后不再会发生此类事。到今天仍不清楚为什么朝鲜要劫持那些年轻日本人，也许朝鲜政权里某些党派认为这是培养翻译骨干的最好方法，事实上这就是活下来的人质的工作。

虽然人质事件令人震惊，小泉与金正日初步同意双方开始协商关系正常化，但日本人民认为 8 个去世人质年纪不大，不可能因自然疾病死亡，这种推断亦可以说合乎常理。日本政府在大众民意的支持下，要求朝鲜交代死者生平的更详细状况，但朝鲜则认为此事已经了结，结果正常化关系无法有进一步发展。

日本与韩国的关系则相对平静。"边界纠纷"不时出现，其中一个涉及主权的问题是两国间海面上的一个小岛（日本称为"竹岛"，韩国称为"独岛"），实际上无人居住。另一个是两国间海洋的国际命名问题，韩国认为它应该称为"东海"，而日本则努力游说国际仍然维持"日本海"的原来名称。这些政治议题仍相对较轻微，事实上在21 世纪初，两国文化互动是前所未有的密切，主要是日本文化产品无论在亚洲还是在西方均大受欢迎，成为日本的"国民酷总值"的重要构成。道格拉斯·麦克格雷利用约瑟夫·奈（Joseph Nye）有关文化层面在国力上的作用的观点，认为上述文化产品成为"潜在软实力的重要基础",有助于日本成为世界强国。[33]*

上述论点不容易评估,但从近年流入日本或由日本输出的消费艺能事业来看,其在亚洲甚至在其他地区的流通,的确能把各地人民的文化世界从某层面上联结在一起。数以百万计的韩国年轻人十分热爱日本流行歌曲(20世纪90年代称之为"日本流行曲")。这种文化沟通逐渐成为双向性的,数以百万的日本女性被韩国年轻男明星裴勇俊所吸引,为他的特立独行疯魔不已,裴勇俊所主演的电视剧《冬季恋歌》在日本也取得极高收视率。裴勇俊代表着1999年出现的所谓"韩流",即韩国流行文化在中国、日本以至东南亚都受到热烈欢迎。

这些文化联系对不少人十分重要,但却无法使彼此对20世纪的共同过去产生相互理解。当日本试图与亚洲建立较积极关系时,历史议题本身仍然是个障碍。讽刺的是,当有日本帝国及亚洲太平洋战争直接体验的人群逐步减少时,无论在日本国内还是国外对历史理解的紧张性反而增加。1991年,3名韩国前"慰安妇"在日本妇女团体的支持下向日本政府提起诉讼,争议迅即爆发。为前线士兵在中国及东南亚设立妓院的行为,这点是大家都承认的事实,并非争议所在;同时也没有否认大部分的"慰安妇"是朝鲜女性。争议的地方是政府否认妓院是由日本军方设立及管理,另一方面"慰安妇"的工作也并非强迫性的。1992年初,一名历史学者发现政府有关档案,证实军方在设

---

* 本概念源于2002年,道格拉斯·麦克格雷在《外交政策》(*Foreign Policy*)上发表题为"Japan's Gross National Cool"的论文,指出日本在20世纪90年代虽为"失落的年代",但其在文化上的影响力却有增无减,此观念后来逐渐为日本国内外使用。奈为哈佛大学教授,曾在克林顿总统任期内担任副国防部长,提倡国家软实力。——译者注

立及管理某些所谓慰安所中扮演直接角色。首相宫泽喜一改变官方立场，承认日本政府曾在类似性奴隶事业中有一定参与程度，1992年在其对汉城的访问中正式表示道歉。仅存的慰安妇纷纷走出来，要求赔偿及道歉。

各种指控及道歉引发民族主义者的反扑，这场对立一直延续至今。自称为"翻案者"的历史学者指责所谓"自虐史观"夸大了日本过去的黑暗面，有些人甚至否认1937年至1938年出现过的南京大屠杀，他们呼吁历史应该培养"日本人"的尊严，尤其教科书应承担此种责任，着重强调日本的成就，例如日本在近代能迅速成为一个独立现代国家。他们的立场基本上与20世纪60年代的林房雄无异*，他们认为第二次世界大战是一个神圣事业，目的是从西方帝国主义的枷锁中解放全亚洲，亦因此他们反对向青年人讲述像"慰安妇"或屠杀平民这类历史。

2001年，"编纂新教科书协会"从狭隘的民族主义观点出发编写教科书，日本文部省强迫作者群调整书中用语，并改正了许多史实错误，不过最后仍准许该书由学校选用。历史学者、教师及许多日本公民以及公众舆论都强烈批评政府接受该教科书，中国及韩国政府当然亦在抗议行列，但事后来看，只有少数学校真正采用该教科书。

有关战争历史的怒火爆发于2005年4月，终至一发不可收拾。当时文部省宣布批准上述协会所写的新版教科书。在中国许多城市马上出现反日暴动，日本企业、大使馆、领事馆以及日本公民个人都有受

到攻击；韩国亦出现示威行动。日本政府抱怨当示威走向暴力时，中国官员没有介入；而不少日本人则相信是中国政府首先挑起抗议运动。

无论中国当局扮演了什么样的角色，很明显中国与韩国的愤怒有其深厚原因，他们背后的想法是日本对战争及殖民地统治缺乏反省。只要日本领导人碰触到下列三个热点中的任何一个，历史议题马上可以转化为重要争议，它们包括：参拜靖国神社、批准新版教科书弱化日本在"二战"中的侵略角色、公开否定过去对战争的道歉，历史让日本无法在亚洲政治及经济事务上扮演领导性的角色。在这种情况下，过去依然是不断延伸的现在，亦令日本与其邻国的关系复杂化。在体会到日本的情况后，亦应该了解世界其他地方同时期的历史问题，这点十分重要。一方面希望维持过去的光荣，另一方面需要检讨不正的过去，对全世界人民来说，要平衡两者都不是件容易的事。如何回忆血腥的过去，在近代是件极具争议的事，亦是今天全世界通有的现象。仅举一件相关例子，在美国首都华盛顿的史密森尼国家空军及太空博物馆（Smithsonian National Air and Space Museum），曾在一个展览中展出在广岛投掷原子弹的飞机，有关原子弹是否应该使用曾引起广泛讨论，最后美国的退伍军人组织在1995年介入，讨论才终止。正如日本从19世纪开始便参与全球化，到21世纪初亦同样，历史及文化传统的议题无法只局限在本国范围内。

在文化及经济上，日本与亚洲的关系比过去更为紧密，但政治上却十分脆弱，因此21世纪初与数十年前一样，日本与亚洲的关系仍建立在它与美国非比寻常的紧密关系之上。对一般日本公民而言，日美同盟最具说服力的原因是它可以长期保护日本，免受来自苏联、中国及朝鲜的威胁。美国在日本的军事基地一方面合乎美国的战略目的需求，例如保护由中东到东亚的输送石油管道，另一方面亦合乎日本利益。最后一点是日本的邻国，虽然第二次世界大战已结束60年，但他们仍对日本不断增长的军事实力表示恐惧；他们的看法与美国一些战略家的看法一样，若美国维持其在亚洲的军事力量，日本便不可能擅自行动，在某个意义上，美国在保护日本的同时，亦在"制衡"它。

冷战结束后，美国基地保护日本免受共产主义威胁的说法已相对行不通，这亦反映了20世纪90年代中期反基地运动的具体社会力量。美国在冲绳的庞大基地一直是批评军事同盟的重要攻击点。到20世纪90年代为止，美国在日本的军事力量约有3/4在此，而美国的设施亦占有该岛1/5的面积。1995年3个美国军人绑架及强奸1名12岁冲绳女孩，触发数十年中在冲绳及日本岛内最大规模的反基地运动，最大一次示威聚集了8.5万人。美国及日本官员为了安抚抗议者，答应削减兵力，同时在1996年达成协议，把陆战队的空军基地由岛南人口较为稠密的市区最后迁移到人口较为稀少的普天间，这场风暴终于算是平息了下来。

日本在亚洲及其他地区的军事角色一直在争论中，在第一次伊拉克战争后，日本政府授权自卫队参加联合国的维和行动。自卫队的首次行动是1992年前往柬埔寨，在其后数年，自卫队参加联合国行动监督各国选举，包括安哥拉（1992）、莫桑比亚（1993—1995）、厄瓜多尔（1994）、东帝汶（2002、2007）、尼泊尔（2007），同时亦担任停火观察员，包括以色列与叙利亚间的戈兰高地（1996）、尼泊尔国内政府军与毛派反政府军的冲突（2007）。上述联合国行动，再加上其他自卫队海外灾难救援行动，都扩大了自卫队的国际角色。2007年，自卫队所属的防卫厅升格为防卫省，正式成为内阁国务大臣一员，亦象征性地反映出自卫队的重要性。

在联合国架构外，美国政府亦极力迫使日本容许自卫队扮演更积极的军事伙伴角色。1998年两国政府订立新的《日美防卫指南》，扩大《日美安保条约》的涵盖地区。为配合新指南，日本政府通过《外围有事法案》，重新划定自卫队的活动边界。新活动包括检查第三方的运输工具，同时亦容许自卫队搜索及救援美国人员或海外日本国民。2001年9月11日美国遭受恐怖袭击后，虽然国内有反对声音，日本政府迅速通过一个新的反恐法，准许自卫队参与美国在阿富汗的行动，包括给予各种后勤支持。从2003年到2007年，虽然国内反对激烈，日本仍多次派遣自卫队到伊拉克执行非战斗任务。在2008年初，同样在国内有相当力量反对的情况下，自民党在国会内推动立法以支持美国在阿富汗的部队行动，授权海上自卫队执行海上加油任务。

虽然美国非常欢迎日本的积极军事姿态，但当日本要求一个更主动的经济角色时，美国却有很多疑虑。1997年亚洲金融风暴时，日本政府领袖曾建议设立亚洲货币基金，以帮助韩国及其他国家渡过难关，但美国却反对这一提议，甚至可以说不屑一顾。虽然如此，日本官员仍然继续追求更积极的对外经济政策。他们提供一笔相当可观的债务基金，帮助本地区有问题的企业渡过难关。国家利益当然扮演一定的角色，因为这些基金的支持对象是与日本公司有联系的企业。但这些贷款的条件一般都比由美国控制的国际货币基金来得宽松，故亚洲其他国家一般都欢迎日本更积极的经济姿态。[34]

从 20 世纪 90 年代至 21 世纪初，日本私人企业与亚洲的经济联系，无论在投资、生产以及贸易方面都日益加深，这种情况大小公司都一样。批评者称这情况为潜在性的排外"生产联盟"，即日本公司有计划地保留最先进技术以维持它们的优势地位。事实上，纯粹倚赖排斥外来者，维持其霸主地位似乎难以做到，亦不可能做到，因为全球性的联系网络已经形成，日本与亚洲的经济整合及互相倚赖正日益加深。但若称日本在 21 世纪初与亚洲其他国家进行的如经济方面那样的政治整合，有若欧洲在过去数十年间的进程，则似乎言之过早。[35]

* * *

从昭和时代终结的 1989 年到 2008 年初已经将近 20 年，这段时期与日本战后的高速成长、日渐富裕、国际地位持续上升显著不同。20 世纪 90 年代初期的金融危机长期延宕，主要原因是政治及经济领袖企图否认不景气且应对缓慢。整整十年里不断面对衰退、短期复苏及再度衰退，社会不平等增加，工作保障萎缩。2008 年全球金融风暴与日本并无关系，难以把"信用"（或责任）归咎于它，事实上到了金融风暴前夕，日本已经体验了 5 年的经济增长，虽然十分温和，但值得注意。同时在这 20 年里，对宜居现代社会基础设施的投资一直持续，并没有减少，新的城际高速列车已投入服务，东京亦有新的地铁开通，其步伐不亚于欣欣向荣的上海。无论东京市中心还是其近郊，都在继续发展，新的高楼大厦出现，新的住宅区不断向外扩充。从上述各种不同的趋势来看，这时期最大的失败是对未来的改善及进步充满悲观情绪。

第十八章

震荡、灾难及其后续：2008 年以来的日本

日本的 2008 年至 2011 年是个危机年代。一开始是不寻常的金融危机，接下来是摇摆动荡的政局，最后是天然加上人为的复合灾难，不但史无前例，目前仍未知伊于胡底。金融危机从一开始便具全球性，至于"3·11"灾难则因福岛核电厂的核反应堆融解而消息远播于全世界。因此无论从日本国内还是国外来看，这些年所发生的不平凡事件都应成为未来日本及世界的记忆。

一、雷曼震荡

2008 年上半年，美国房屋贷款因过分积极且违背业内规范，连累数以百万的美国人，而房贷占经济比重甚大，足以导致美国经济基础的塌陷。即便如此，日本经济仍延续了过去 5 年温和而稳步的增长。在 2008 年由夏入秋之际，日本的失业率仍徘徊在低档的 4% 附近，经济年增长率亦接近 2%。然而当雷曼兄弟公司破产后，由美国次贷市场所引起的美国国内危机突然发展为全球性问题。雷曼兄弟总公司设于纽

约，不过其分部遍及全世界，它是世界上最显赫的金融服务机构之一。

美国问题的发生是多方面的，不只因为雷曼兄弟公司的破产，亦因为其他大型金融机构濒临倒闭、更深层的房贷坏账问题，以及这些房贷和相关金融工具被打包后重新卖给一个大家都搞不清楚的市场。上述一连串事件在美国被称为"2008年金融危机"，或亦有特别称之为"次贷危机"，而在日本或世界其他地方则称其为"雷曼震荡"。雷曼公司的破产对这些国家的影响尤大，因为日本或德国等出口导向国家的公司特别倚赖短期贸易贷款（即所谓信用状），这只有雷曼公司才能大量提供。一旦雷曼公司破产，短期贸易信用市场便无法运作。短期利率因而急升，全球贸易则迅速收缩。在2008年8月与2009年1月间，日本出口剧减近40%。在这种令人意外的倒闭潮中，美国经过一段时间才逐步出现的危机在日本似乎是一夕之间便到来。[1]在2008年最后一个季度，日本的国民生产总值若以实质计算则下跌了3.3%——这数字若转化为年增减率更为触目，下跌幅度超过13%，到2009年其下跌幅度又增加了2.4%。[2]失业率则在2009年1月增至4.5%，同年7月更达5.5%。

在这种突如其来的局势下，5年来的温和经济增长戛然中止。事实上20世纪90年代至2000年初的所谓"失去的十年"带来的金融危机及经济衰退，其有关论争仍未有着落，雷曼震荡又接踵而至。在第十七章中便已提及，"失去的十年"曾带来关于跟随英美市场自由化模式的各种新政策的辩论。有人认为此方式会导致社会贫富差距及经济不稳定，但亦有人认为市场导向的改革仍不够。当新政策仍争论不休时，雷曼震荡重新牵动日本公众舆论，削弱对自由市场的信心，不再认为它是社会经济问题的万灵丹。

反映国内冲击的最活生生的案例是 2008 年底"派遣工过年村"的建立。在第十七章便曾说明，日本生产企业在过去 10 年中利用劳动力走向市场化的机会，从人力中介雇用大批短期合约工人。当雷曼震荡导致出口萎缩时，数以百计的企业便利用此种弹性措施大量裁撤工人。由于记录不完整，无法准确统计有多少人失去了工作。但 2009 年冬天一个较为可信的估算指出，从 2008 年 9 月到 2009 年 3 月间，制造业约失去了 40 万个派遣工作。[3] 这些工人主要是男性，在雇用期间大多住在公司的宿舍，然而一旦失去工作，他们便无家可归，流落街头。

在 2008 年至 2009 年的新年假期中，民间非营利组织、律师、小区团体及媒体风闻流浪者问题，他们在很短时间便在日比谷公园建造了一个 500 人的帐篷村，收容那些失业的派遣工人。过年时大部分的流浪者之家都会关闭。这个非常规的新年村受到社会极大关注，大部分人都同情工人，强烈谴责企业及政府把工人搞得如此凄惨。厚生劳动省迅速响应，通过非常规程序开放该官厅在日比谷公园对面的办公大楼，准许工人在新年期间临时居住。[4]

露宿街头一事本来不至于在社会上引发如此大的反应。事实上在这些年间，无家可归者栖身在蓝色帐篷中的景观在东京已司空见惯，隔田川岸边尤其引人注目。然而日比谷新年村却得到广泛注意，主要是因为这些工人都是一下子被开除出公司的。在某些例子中，公司驱逐工人离开宿舍的行为事实上违反工作法例；在另一些例子中，一些公司非法中止与派遣公司工人的合约。就算所有解雇都合法，如此大规模的动作亦违背日本社会长久以来的做法：企业即使在经济最艰难的时刻亦应保留工作机会。派遣工人及其支持者的力争不懈，使大部分传媒指责政府的自由化政策及企业的无情解雇，处处反映出以下信念：职场工作者（特别是男性），他们即便不在法理上拥有工作权，至少亦在道德上有一定的工作权。以一名九州岛初中生为例，他在2009年1月写信给《朝日新闻》："我对最近有关企业开除派遣工人的新闻感到十分气愤，他们一直努力工作以支持公司，结果一下子便被开除……这些企业不应负责吗？"[5]

新年村事件亦反映出一些新趋势，其中之一是新式运动的出现。它建基于非政府组织、小区团体及媒体网络的形成，成为受薪者的后盾，在某种意义上，它为数年后占领华尔街的抗议运动开创了先例。[6]10年前劳动市场自由化亦产生第二个讽刺性的结果，由于修改劳动法，亦促使工人，特别是那些积极寻求小区团体协助的工人，意识到法律可以成为他们的有效工具。[7]

新年村事件不但促使派遣工人及其支持者关心日渐恶化的劳动环境，亦引发国家官员及政治家再次要求规范劳动市场。参与者主要是民主党，亦有些是自民党党员，他们希望能改变小泉纯一郎首相上任以来的风气。[8]2010年，民主党及厚生劳动省向国会提出法案，要求废除2004年法例，重新禁止制造业雇用派遣工。2012年3月，在两党支持下终于通过派遣工修正法例。虽然在企业利益的反弹下，最后仍容许制造业雇用派遣工，削弱了原修正条文内容。但新法例禁止短期派遣工（30日以内），要求派遣中介机构公布其支付派遣工薪水后的财政收益，同时亦规定企业可以把派遣工人转任为正式员工。[9]虽然这些新规定仍十分温和，但起码代表着不断自由化过程中的一个中止符。

若由雷曼震荡的国内响应转到其国际响应，一个最令人注意的课题就是人们常常很快将 20 世纪 90 年代及 21 世纪初的日本金融危机与 21 世纪前十年末期的美国经济危机相比较。早在 2008 年 11 月，东京摩根士丹利公司的首席经济学家便提出报告，列出 2002 年至 2004 年为日本带来复苏的 5 个因素（及 21 个次因素）。他指出日本花了 10 年时间找出金融危机发生的原因，但美国决策者若能紧跟日本先例，从中汲取教训，则美国可以避免经济陷入长期停滞——事实上美国采取了不少相同措施。[10] 在 2010 年，当美国经济复苏正跛足前进时，《纽约时报》及《华尔街日报》经常刊出标题耸动的文章，如《美联储主席将应用日本的历史经验》。这一类文章亦会刊出令人焦虑的图表，把日本的数据放到美国的统计图表中，显示出美国经济的走势与 20 世纪 90 年代的日本何其类似（见图表 18.1）。[11] 不少观察家认为日本解决其在 20 世纪 90 年代过量借贷造成危机的方法为美国提供了一个先例，而美国的长期性危机亦可以帮助重估日本在 20 世纪 90 年代以至 21 世纪初所面临的问题。一个评论家在 2010 年指出："现在已十分清楚，日本决策者当时未能挽救日本的经济萎缩，并非是因为他们顽固或愚蠢，而是因为他们面临的问题极其困难。"[12]

到 2012 年夏天，不少人讨论美国从日本经济危机中究竟能学到什么，各路人马看法不一。一方面，2009 年末美国经济再度开始复苏，很多企业重获利润，股票市场在 2010 年及 2011 年初显著上升，同时金融市场亦不再沉寂不动。但在另一方面，这轮复苏并没有新增太多的工作机会，最多只能说是中看不中吃。在最重要的房地产市场中，坏账及查封的房屋仍占很大比重，消费者需求仍然薄弱，失业率依旧维持在 8% 左右。政治世界形势一潭死水，政治债务维持在高水位。

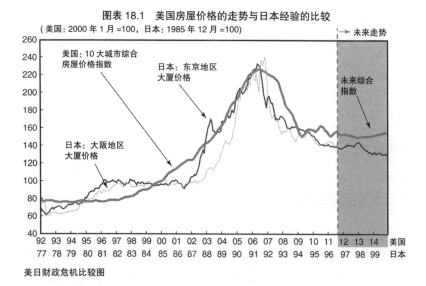

图表 18.1　美国房屋价格的走势与日本经验的比较
（美国：2000 年 1 月 =100，日本：1985 年 12 月 =100)

美国：10 大城市综合房屋价格指数

日本：东京地区大厦价格

日本：大阪地区大厦价格

未来走势

未来综合指数

美日财政危机比较图

资料来源：Bloomberg，日本不动产经济研究所，B&P，S&P/Case-Shiller 房屋价格指数，
　　　　至 2011 年 6 月 29 日为止。

甚至较为保守的经济学者亦担心过分强调长期债务的现实存在，最后
会压抑短期政策，无法刺激经济。

　　在美国危机持续存在的同时，欧洲又出现主权债务危机（2009 年
末欧盟成员国如希腊、西班牙等濒临无法偿还债务的困境，出现所谓
主权债务危机），愈来愈多的人将其与日本最近的经验相比。2011 年
10 月，《福布斯》杂志的读者来信栏目提出"美国'失去的十年'会
延续到 2016 年"。11 月，英国《经济学人》杂志的一篇文章《谁的"失
去的十年"？》表示，日本的情况不如欧洲或美国糟糕。同月《大西洋》
杂志《欢迎美国"失去的十年"》一文称，美国日本化或许已经来到，
美国已经开始出现长时间的微弱增长。12 月，《时代周刊》杂志强调

"当今全世界最流行的用语就是'失去的十年'"。这篇在线专栏将日本的早年经验与英国和正在进行中的美国危机相比，提出的模拟令人"不寒而栗"。2011年，两位美国政治经济学家出版了一本分析美国危机的书籍，题曰"失去的十年：美国债务危机的出现及其遥遥无期的复苏"。[13] 宣称欧美已步入"失去的十年"三分之一的道路已成为一种陈词滥调，但也不是毫无意义。

二、希望政治与迷惘政治

美国与日本最近的第二个类似的历史经验是所谓"民主派"政党出现史无前例的政治胜利，分别在2008年及2009年。在美国，民主党赢得总统宝座或国会多数并没有什么特别之处，所谓史无前例是指一名非裔美国人当选这个国家的最高职位。在日本，2009年8月民主党亦横扫下议院的选举，虽然并非完全出乎意料，但仍是历史创举。民主党在480个议席中取得308个，近乎2/3多数，在单一选区选举中取得47%的票数，在全国比例分配的选举中则取得42%的票数。这是1955年自由民主党（自民党）成立以来，由另外一个政党首次在国会两院都取得多数（民主党在参议院中取得多数，但并非过半）。民主党党魁鸠山由纪夫出身于日本的政治世家，按辈分则属于第4代，其祖父在20世纪50年代曾出任首相。* 鸠山得到大众普遍支持，而其家

---

* 其祖父为鸠山一郎（1883—1959），战后组织自由党，出任总裁。1955年自由党与民主党合并为自由民主党，鸠山一郎出任总理大臣，而自民党亦长期执政，被日本政界称为万年政党。——译注

庭背景则类似肯尼迪、布什等政治世家，9月16日他正式接任首相一职。民主党不但采用奥巴马总统的"希望与改革"这一用语，无论在其选举政纲还是执政初期的措施，都有意实践这些伟大词语背后所包含的思维。

在几个方面，这一发展方向并不奇怪。早自20世纪90年代初，由于冷战结束，同时自民党在1989年失去参议院多数议席，在1993年失去众议院多数议席，1994年选举法又遭修改，观察家已预估日本会走向两党政治，各自有其政纲，并基于此赢得选举，组织政府。新选举法取消了众议院的大选区制度，代之以300个单一选区。此举无疑助长两大政党的趋势：小党在过去可以在大选区的3至4个名额中争取到1个议席，然而在小选区制度下，胜者全拿，小党的地位因此受到削弱。事实上，民主党在2009年选举中所得席位的比例（2/3席位）远远超过其所获选票比例（47%）。这反映出在单一选区制度中，只要选民情感稍微倾向两个大党中的其中一党，国会中的席位便会产生极大变动。

虽然自民党在1993年失去多数议席，选举法亦在1994年做出修正，包括规范候选人的公共献金（此有助于其他政党挑战自民党），但反对党仍无法凝聚力量。经过差不多快20年，一直预期的政治重组始终无法实现。原因有二：一是反对党的颠顿及内讧，二是自民党政治操作精明，领导能力强，尤其是在小泉出任首相的年代。然而小泉在2006年任满，其后继者都是些效率不彰、任期短暂的首相：2006年的安倍晋三、2007年的福田康夫、2008年的麻生太郎。后小泉时代自民党的弱势，其实反映出小泉之所以受欢迎、连选连捷的基础，主要建立在其反对自民党主流的立场上。再加上在第十七章里所提及的年金失窃丑闻，实在伤害自民党与选民的关系。最后在 2007 年 7 月选举浪潮终反扑自民党，民主党在参议院选举中取得多数。

到 2009 年 9 月，众议院大选距上次已有 4 年，自民党应要举行总选举，不过仍可以挑选选举日期。麻生首相是 2008 年 9 月接任，当时全球性金融危机已经出现。由于上次 2005 年大选中小泉及其自民党以大比数胜出，故自民党在这次选举中必然有所损失。但麻生知道情况会更糟，因为社会大众正逐渐不满自民党领导人的软弱无力。前任首相福田突然毫无预警地辞职，有损党的形象，雷曼震荡的阴影更弱化了自民党的前景。麻生把选举日期一拖再拖，直到最后一刻的 2009 年 8 月。民主党提出一个极具吸引力的宣言，誓言由民选政治家加强监督官僚政治，承诺各种福利，包括废除昂贵的高速公路收费、慷慨补贴贫苦家庭儿童（每一小孩津贴 321 000 日元，直至完成中学教育为止），以及地方及地区政府拥有更大自主权。除此之外，民主党亦在意日美关系。它主张两国建立更对等的地位，并希望重新签订冲绳美军基地协议，尽管这在选举中并非主要议题。1996 年自民党曾与美国协议，将争议不断的普天间空军基地迁移至人迹罕至的边野古地区，它位于冲绳岛北岸，自然环境优美。该协议却一直未执行。在竞选期间，鸠山承诺若民主党胜选而他又当上首相，一定会把军事基地完全迁出冲绳。选民一直不满后小泉时代自民党的颟顸无能，希望求新求变，再加上民主党的承诺更有吸引力，选票自然都倒向民主党。

然而，民主党很快运数殆尽。一方面，鸠山上任不久即受到选举财务丑闻的打击；另一方面日本的公共负债沉重，民主党在选举时提出各种花钱的承诺，实在无力履行。更重要的是鸠山无法说服美国协商迁移普天间基地，这使其领导能力大受质疑。美国认为冲绳基地是历届政府的承诺，具有约束力，因此无意大幅修改原来的规定。美国人说得很清楚，任何日本当政者都不可以强硬推动该议题，纵使民主党能以压倒性选票取得政权；他们亦重申日本虽然在经济实力上已有长足进步，其地缘政治地位并未改变——这一点同时受到右翼与左翼的批评，从20世纪50年代起，他们便一直不满日本的从属性独立身份。

不到一年，鸠山便失去党内及公众舆论的支持。2010年6月鸠山不得不辞职，由菅直人取而代之。在选举承诺无法兑现，同时领导层又陷入混乱的情况下，民主党在次月参议院选举中大败，这丝毫不奇怪。连同未改选议席，民主党在参议院仍勉强维持多数（240个议席中有106席，紧随其后的自民党则为84席），但纵使与其他小党联盟，亦无法取得过半票数，在政府分裂的情况下，实在不容易推动有力措施。

另一个值得注意的趋势是新民粹主义的兴起，它代表地区的保守力量，这一情况令两个大党派更加举步维艰。最典型的代表是桥下彻（1969— ），一位极具魅力的年轻政治家。他毕业于早稻田政治经济学部，其后成为律师。桥下最初在关西地区的电视节目上提供法律咨询，因而受到注目，此后日渐在全国广播中声名鹊起。2008年1月，他开始参加选举并赢得大阪府知事一职，时年39岁，是有史以来最年轻的大阪府知事。桥下出身中下层家庭，在大阪部落民小区长大。*他视自

---

* 部落民即日本传统社会的贱民，明治维新时虽实施四民平等，但因户籍制度关系，其社会地位并未得到改善，多聚居一处，后被称为部落民，在大阪地区尤为明显。——译注

己为一般公民的代表，反对教师公会及薪水优渥的公务员，认为他们是既得利益者，而当时一般民众却要为一份安稳的工作与收入而日夜打拼。他的一些议题与日本民粹主义右翼长期以来的诉求相同，例如立法要求教师在学校典礼中必须面向国旗唱国歌。桥下亦激烈要求改革地方政府结构，例如把大阪市及大阪府重叠的边界整合，这一诉求赢取了名古屋市长及邻近爱知县知事的支持。2011 年 11 月，为了推动合并，他把大阪府知事的工作交给他的政治盟友，本人则去参加大阪市长竞选并顺利当选。他同时成立一个政党（大阪维新会），目标指向全国。

三、在衰颓的气氛中寻找意义

中央政治的弱点，再加上这些年的经济困难，只会加深当时整个社会的悲观情绪。不过正如"国民酷总值"这一概念指出的，日本国民对本国的文化成就仍抱有强烈信心。事实上在这个危机年代，不少人仍热衷于新形式文化的生产及消费，例如"手机小说"（用手机短信的方式写的小说，常夹杂火星文），还有一直受全球欢迎的动画、漫画以及日本流行音乐，这些都被视为日本的活力。

然而日本正走向一条社会及经济的死胡同，这种看法日益普遍。不只政策专家及学者，甚至一般大众都认为日本正受困于各种令人不安的社会趋势，它们彼此关联而又互为因素，不易摆脱。例如兼职、契约以及派遣等各种临时性就业方式的出现，都是这种困境下因果关系的产物，最后不只是成年的已婚女性，甚至是追求终身事业的年轻男性都无法找到一份正规工作。从 1995 年到 2009 年，非正规男性雇员的人数从 189 万增至 415 万，增幅超过 1 倍。若从年龄 25 岁到 34 岁的男性这一族群看，非正规工人数目更从 21 万人升至 90 万人，增幅达 4 倍，与同年龄的正规工人比较，他们大概只有一半人会结婚（见图表 18.2）。在过去，这些人会在中型甚至大型企业中开始其职业生涯，至少有一个能实现的梦想，即由正规雇员做起，慢慢在企业中发展出一个长期事业。

对这些年轻男性失落的极大关注，正反映了过去长期存在的一种主流性别意识形态，亦即男性应该是衣食生活的支柱。对社会媒体评论家、一般大众、教育者以及劳工官员而言，很多原来应该是本国未来衣食生活支柱及一家之主的年轻男性，现在却无法进入正规工作主流，反映出深远的社会及经济变化，不可以掉以轻心。这个收入低微、工作不稳定的阶层，包括不少年轻男性，他们既无法亦无信心消费，亦即无法增加国内需求，更强化了近年来的负面通缩循环及经济停滞。

图表 18.2 2002 年正规与非正规男性雇员的结婚百分比

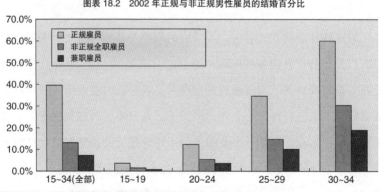

资料来源：总务省统计局，《商业构造基本调查》（2002）

事实上当他们失去了工作，只能请求失业救济，同时企业亦会向国家申请补助以维持就业，这些都会增加政府的财政压力。在公众及官员的脑海中，失业者的情况又明显地关系到结婚率与生育率的下降，还有人口萎缩及高龄社会的问题。

男性雇员的情况其实只不过是整体故事的一部分而已，21世纪前十年后期的非正规工作就业逐渐忽视女性的经济情况，而女性又是重要的少数族群。传统里女性几乎都只从事兼职工作，多数认为主要原因是大部分女性都要结婚及生儿育女，她们从事兼职的目的是贴补家用，家中主要经济来源仍是丈夫的收入。然而随着离婚率增加，女性单亲家庭的数目不断上升，不少从事各种非正规工作的职业妇女再不是过去那种贴补家用的妻子。到2009年，有720万妇女从事"兼职"工作，而身为一家之主或独自生活的妇女的人数超过100万（差不多有14%）。在派遣工或契约工的类别中，女性约有280万人，其中超过1／5（21%）的人是一家之主或自食其力。虽然女性的情况很少在公开讨论时拿出来作话题，但不少人视其为日本所面临的各种令人困扰的社会问题中不可分割的一部分。

对这些社会问题的看法，其背后的理路并非不可置疑。晚婚、小家庭以及老龄化社会各种问题，都可以上溯至20世纪70年代非正规就业急速冒升以前。当雷曼震荡出现时，各种临时就业形式及女性单亲家庭等现象已存在二十多年，同时不只是日本，其他先进资本主义国家亦所在多有。就业与事业前景的不稳定性无疑是年轻男女结婚率及生育率下降的因素，但对2009年至2010年的后雷曼震荡年代而言，它们并非崭新的社会经济趋势，只不过是在不断衰落过程中的日本国内的自画像及国外观感而已。

　　另一个经常被谈及的问题便是日本海外留学生人数的急剧下滑，其实这不只是日本，世界其他大学都有同样现象。在20世纪90年代末期，美国的日本留学生数量开始减少，而来自中国或印度的学生则大幅增加。这种下降趋势在2002年开始无法返转，当时尚有45 000名日本学生在美国。不到10年，到2011年这一数字便降至21 290人，比以前减少不止一半，下滑率最大是在2010年及2011年。日本往亚洲留学的学生人数减幅较少，但整体仍下滑。[14]

　　有关上述趋势并没有经过深入研究的解释，但说法却不少。有人认为这起因于企业或政府不肯支持年轻雇员到海外学习，亦有人认为现在年轻人缺乏进取心，无意向外发展。无论哪一种理由，这种现象经过被不断反复讨论后，结果都归因于国家失去方向，人心暮气沉沉。最能反映甚至强化这种想法的便是大众媒体的流行术语。约在2008年"草食系男子"这一名词突然红遍一时，它的含义根据使用者不同而有不同说法。但总的来说，该名词所塑造的是一个有着女性化倾向的年轻男子形象，缺乏事业心和战后那代人的朝气。[15]

　　在日本大众的眼里，中国以个人的朝气和国家的富强冒升为一个地区及经济的重要力量，与日本的形象形成鲜明对比。2010年，中国的国民生产总值正式超越日本，成为世界第二大经济体，这并未完全出乎人意料。2011年2月中旬，当世界各地媒体都大幅报道此消息时，日本政府官员有意降低其重要性。内阁府特命担当大臣（经济财政策担当）与谢野馨便说："在经济上，我们不是要竞争排名，而是要改善公民生活。"同时亦指称："中国是日本的邻居，我们非常欢迎其经济繁荣这类消息。"[16]虽然说得大方，但在国民生产总值排名中掉至第三位，这对不少人来说是十分痛苦的。甚至那些对经济前景比较乐观的人也认为这对日本而言是一个"警讯"。[17]

外国媒体亦反映出日本人这种低落的情绪，甚至可以说强化这一说法。最典型的例子是 2010 年 10 月《纽约时报》头版的一则报道，标题是"日本由朝气蓬勃到萎靡不振"。新闻提及日本当前通货紧缩及消费停滞等经济问题，但焦点则是作者所称的"日本信心危机"，日本到 20 世纪 80 年代仍是"一个生机勃勃的国家，充满活力及进取心，自满得会有点傲慢……但今天这种远大的进取心已被丢到一旁，取而代之的是对未来的焦虑与恐惧"。[18]

全球金融危机对日本经济及社会的冲击无疑十分深远，在这种情况下某种程度的悲观是难免的。但若与其他先进经济体相比，我们对日本的观感有点过度负面。在雷曼震荡之后，日本的失业率其实比欧洲及美国低很多。欧盟的整体失业率在 2008 年第三季是 6.74%，两年后升至 9.6%；在法国，失业率由 7.6% 升至 10.1%，而英国则由 5.2% 升至 7.9%，只有德国的失业率相对稳定，然而其失业率到 2010 年亦高至 7.3%。美国的失业率在 2009 年夏天达到 9%，而且维持此水平至 2011 年，到 2012 年才降至 8%。日本的失业率则较低，升幅亦较低，主要因为依据法律解雇工人不易，同时雇主的传统责任感亦让他们难以下手。日本经济到 2010 年下半年及 2011 年初已露出一些复苏迹象。不可否认，在这些年日本的公共债务是沉重的，它与国民生产总值的比例全世界最高，因而妨碍政府刺激经济。但日本国内大量储蓄可以用作国家赤字预算的保证金，得以平衡债务。日本的失业率最高是在

2009 年 7 月，达到 5.9%，然而到 2010 年 7 月跌至 5.3%，2011 年 3 月更跌至 4.6%。从 2009 年后期到 2011 年初，国民生产总值正面增长，虽然各季成长率大体温和，在 1%—2%。至于国民个人平均产值的恢复率更是美国及欧元区国家的 2 倍。[19]

四、"3·11"灾难及灾后

当对现在与未来怀有悲观情绪的说法到处流播、被炒作得沸沸扬扬的时候，日本人民在 2011 年 3 月 11 日下午遭遇有史以来最强烈的地震。它亦是世界上有史以来第 5 大地震。地震强度为 9 级，震中位于日本东北宫城县海上离海岸不远的地方，它的威力是 1923 年关东大地震的 100 倍，而后者死亡人数已远超 10 万。幸好建筑规范严格，同时建筑技术亦容许高层大楼能吸收地震，居屋与办公室的毁坏程度与地震强度相比仍属温和。但相继而来的海啸却带来高达 15 至 16 米高的海浪，直扑广大海岸线，捣毁了防波堤。原来预估的设计根本没有发挥作用，结果造成数以千计的人被淹死。在某些地区，由于海岸线地形作用，波浪甚至高达 30 至 40 米。[20] 由于不少受害者被波浪卷到海上，准确死亡数字无法核实。截至 2012 年 7 月，死亡数字接近 19 000，另有 2 906 名失踪者，估计他们事实上已不能存活。[21] 约有 27 万人无家可归，他们或因住所被毁，或依照政府命令撤出家园，只能居住在临时设施内，重建新居的希望则遥遥无期。[22]

海啸后存活下来的人大多无法描述他们在海啸打击中的见闻：很多市镇完全被淹没，一度是那些市镇大动脉的道路、建筑物等，如今毫无踪影可寻。在日本东北福岛县岸边的核电设施，其冷却系统为海啸破坏，更使情况雪上加霜。福岛第一核电厂离东京241公里，由东京电力公司（TEPCO）经营管理，其部分电力输送给东京市居民。由于冷却系统失灵，产生连串令人心惊胆战的爆炸，最后是核燃料棒融化，向空中释放大量辐射尘，然后飘落至泥土及水源中。到现在没有接到报告说有人因暴露于辐射中而死亡，只能希望辐射的长期影响减至最低限度。但只能说是希望，无法肯定。

东京电力到2011年12月才宣布完成核电厂的"冷关闭"。然而至少到2012年夏天仍有少量的辐射铯由厂内漏出，福岛县及附近各县河流及湖泊仍可以探测到含辐射的泥土，其污染程度及所产生的危险，至今仍未有定论。[23]辐射不断外泄究竟有多严重实在不易判断，不过要完全清理福岛核电厂本身，大概要好几年，何况核燃料泄漏后，辐射会扩散到福岛及其邻近各县的水源及泥土中。在此后几十年中，无法不担忧数以百万计人口的长期健康问题（灾害发生时，只福岛县的居民便超过200万）。

在3月13日的记者招待会上，以及在两星期后对国会发表的演说中，菅直人首相称这次复合式灾难为"二战"结束以来"我们国家最深重的灾难"。明仁天皇似乎支持菅的说法，3月16日他史无前例地通过全国电视网发表意见。这是在其父裕仁天皇于1945年8月在广播中宣布日本投降以来，天皇首次在广播中发表演说。明仁天皇呼吁人民"在未来的日子里，永远不要放弃希望并好好照顾自己"，类似其父在1945年广播中所说的"忍其难忍"。他的演说最值得注意的地方是对第一时间参与援救者的感谢，第一个便是自卫队，此亦是日本天皇第一次公开提到自卫队。[24]

到 2011 年春夏间，"3·11"整个事件过程更为清楚，它是由两个相关但截然不同的灾难造成的，而其所产生的结果亦很不一样。一个是海啸产生的灾难。生存者在哀痛其损失时，亦要奋力重建他们的生活及小区。他们一面讨论把居处搬到高地的优缺点，同时亦谈及长久以来的问题，即人口老龄化及缩减，以及年轻人工作机会的减少。另一个灾难是核灾及其多重影响。约有 8.8 万名居民被迫撤离他们的家园，6.2 万人甚至要搬离福岛县，回来的机会微乎其微；另外有 200 多万名居民要长期暴露在低度辐射中，这可能对他们的身体不利；还有就是全国能源供应及能源政策问题。

一年之后，关于灾难后果的各种故事仍在平面及广播媒体中广为流传，甚至是在更新式的网络以及社交媒体世界中。在 2012 年 2 月至 7 月间，至少有 4 份重要报告讨论核燃料泄漏的原因及影响，写作班子由一个重要的独立调查团队（2 月）、东京电力公司（6 月）、国会调查委员会（7 月初）和一个政府顾问小组（7 月末）组成。[25]在关键问题上，他们的看法有分歧，例如对首相应对的评价——除了东京电力公司的报告外，他们一致指责政府的应对动作错乱、政府及东京电力公司的颟顸，以及未能实时公布重要信息。

要解读这些灾难并非易事，在事发后最为普遍的一种想法是与其他危机做比较，甚至直接联系起来。简而言之，可以用"没想到"这三个字总括，灾后人们不断听到这三个字。因为一直以来人们预估下一次大地震会发生在日本东海（名古屋地区），从来没想到会发生在日本东北部；也没想到海啸能破坏沿东北海岸线的防波堤及示警系统——它们都是花了无数金钱与血汗建立起来的，一直被引以为傲；也没想到在地震与海啸的双重打击下，一个核电厂会转化为一个与"原子弹"差不多的东西；更没想到在灾难前供应大东京及东北地区25%的电力网络会停摆多月，而该地区的生产力占日本国民生产总值的40%；另一个意想不到的地方是生产供应链如此脆弱，地震直接影响所及的东北地区，其生产力只占日本国民生产总值6%，但却让日本其他地方，甚至欧美的生产设施停摆。故"3·11"事件也在华尔街金融专家的预料之外，在2008年，他们原本宣称的金融安全阀工具却因为次级贷款引发了全球金融崩溃；换个比喻，"3·11"事件成为针对金融市场的大规模杀伤性武器。这正如2001年恐怖主义者将飞机变成一种武器般难以想象。

亦有另一种解读，它把上述情况联系起来，角度却有不同。到2011年春末，日本舆论主流已认为灾难发生不是意外，而是人们没有"意愿"面对其后果，特别是重要人物。其实这种想法在灾难发生几天后便出现，尤其涉及受损核电厂的问题；舆论也批评地震学家的预言过分自信，只着重其他地区；同时亦批评工程师及灾难科学家对堤坝结构过分乐观。有部分专家及社会活跃分子事前便曾提及核危机的警示，他们人数虽少却有一定的知名度。[26]有些人事后声名大噪，好像要补偿他们过去所受的冷遇，以及人们不愿意面对他们曾提及的"不中听的真相"。

因此灾难以前不是没想到，缺乏政治及经济上的行动力成为灾难的关键因素，上述事实不可否认。2012年3月曾有报道，2004年东南亚海啸发生后，东京电力公司做过海啸演习，其规模与"3·11"类似。[27]

这个演习准确地预计到所受损失的程度。据说由于要准备应对这种紧急状况所费不菲，最后便未采取任何行动。核灾难的根源其实相当深远，事发后，记者、社会活动家与学者不但指责东京电力公司及政府，更创造了"原子力村"这个名词，提醒社会大众长期以来它背后隐含的政治及企业利益。从20世纪50年代开始，无论全国还是地区的政治领袖、官僚、科学家及私人企业都提倡并支持核电（同时亦支持大水坝发电）。他们认为这是个双赢的发展构想，不但为发展城市及全国经济提供所需能源，而且为日本农村带来就业机会及经济发展。[28]现在当然可以了解，这种发展策略与安全机制背道而驰。不过纵然及早戳破核电安全的神话，能否为本国找到更好的能源来源却是另一个问题。

要通过什么样的政策来发展什么样的能源？要设立更安全的核电厂还是放弃核能发电？应该在什么地方、实行哪一种重建方案？无论对个人还是家庭，企业还是国家，答案完全要看人民愿意承受多大的风险，所谓危险都是凭空想象，但却不一定发生。在灾难发生后的短短几个星期中，冲突便出现，一方面是在重建过程中致力于改良，另一方面则是要维持原来的生活方式或继续走生意发财之道。有人想重建釜石市那样更大的防波堤，而且获得不少支持。可事实上在海啸过程中，堤坝只能稍微减轻其力度而已。[29]亦有人主张扩大沿岸森林区及填土区，它在某些地区的确发生作用。另外一些意见是增加更方便的逃生路径，重新设计市中心及高地住宅区。[30]有关上述各种意见，纵使各方面都愿意尽其最大善意配合，也难以下决定。

在灾难后的好几个月，当日本人民一直思考上述各种问题时，一个重要的叙事出现。这种叙事把草根阶层及日本各地方看作"好人"，抗衡社会上层的"坏蛋政客"及企业行政人员,这些人自私而又枉顾人民利益(尤其是东京电力公司的人)。无论在日本还是世界各地,几乎同时广泛流传着一些故事,指出东北地区灾民遵守秩序、忍耐、置苦乐于度外及拥有强韧生命力等特性。在撤离中心,他们尽量把事情办得井井有条,不会侵夺别人财物,亦愿意把仅有的东西与别人分享。强烈的对照面则是那些政客,他们没有到灾区慰问,亦没有公开表示同情或支持,甚至趁机在政界争权夺利,在救灾过程中攫取利益,其实政客间的政策基本上差异不大。在整个受灾过程中,中央政府内唯一能脱颖而出的只有自卫队,其名声不但更巩固且赞誉有加。民意调查显示人们对自卫队在救援及赈济工作上的表现几乎一致赞扬。在日美军亦与自卫队配合,参加一个"友情行动"计划(Operation Tomodachi),社会上一般反应都不错。[31]

好人的草根阶层与冷冰冰的政客、官僚及企业精英,这种黑白分明的两极化分法无疑过分简化。若仔细观察,从灾民家中失窃到救济组织诈骗赈灾捐助,这些事时有耳闻。当地民众自身亦常有龃龉,甚至互相斗争。在中央,很多公务员勤勤恳恳、努力不懈地工作——并不限于自卫队,他们提供救济,为复原计划编列预算与寻找财源,并且调查问题发生的原因。[32]当然,所谓有责任感及道德感的大众与无责任感及坏透了的领导人,这些说法对很多人来说并非没有根据。

具体而言,政治人物狗咬狗的戏码来得十分迅速,令人讶异。不只自民党与民主党之间出现斗争,民主党内部也同样产生纷争。2011年6月2日,离震灾还不到3个月,国会对首相营直人便投下不信任票,主要是由他自己党内的投机分子背叛造成的。原因之一固然是不满其应对灾难的方法，但也是由于党内反对派长期累积的不满所造成的，最显著的例子便是权力不断走下坡的小泽一郎。为了阻止不信任案的成立，菅直人承诺"只要灾害处理有一定进度"，便会辞去首相一职。2011 年 8 月，他依约辞职，次月其首相及民主党总裁职务由野田佳彦担当，野田是一位低调却更保守的政治老手。因此在史无前例的灾难面前，大家会好奇地追问：究竟这群对旧游戏乐此不疲的政治家内心在想什么？

野田内阁无须面对救援及赈灾的危机，但却要化解更长期性的复原及外交上的挑战。民主党仍身处危机四伏的政治及政策环境中。为了不增加政府债务而能支付灾害复原建设，野田在 2012 年夏天与自民党妥协，以换取国会通过两阶段加税案，把消费税提高至 2 倍，亦即由原来的 5% 提升至 2015 年的 10%。不过加税与民主党 2009 年的竞选政纲相抵触，小泽宣称他反对野田的原因与反对菅直人一样。2012 年 7 月，小泽脱离民主党，49 名民主党议员跟随他，另行成立一个小党，但有相当实质性的影响力。结果民主党在国会的众议院中仅以微弱优势成为多数党。为了取得自民党的支持，野田承诺在短期内举行大选。

除了国内的挑战，民主党亦需面对三个邻国，化解久悬未决的领土问题：北方领土（俄罗斯）、无人居住的竹岛／独岛（韩国）、无人居住的尖阁／钓鱼岛列岛（中国）。这些问题随时有可能为国内或国际政治带来麻烦，事实上 2012 年就爆发了钓鱼岛列岛问题。8 月，中国的保钓分子试图绕过日本的巡逻艇，游泳到岛上，但未成功便遭逮捕及驱离。几天后，一小群日本人成功游泳上岸，作为宣示主权的象征。东京市长石原慎太郎已经主张好一阵子要从私人地主手中买下岛屿，并在岛上建造修船及贮藏设施，而地主是个上了年纪的日本人。野田为防止该行为进一步激化冲突，决定由日本政府"购买"钓鱼岛列岛。但中国政府及人民视此为挑衅，中国不少城市出现反日游行。两国政府虽然都互出恶言，以避免国内群众指责其示弱，但稍后都为此事件降温。

在经济及亚洲区域环境不稳定的情况下，野田首相在2012年12月依约举行众议院大选，其结果毫不意外是民主党败选及自民党卷土重来。但转变幅度之大则出乎意料，自民党在其前任首相安倍晋三领导下，席位由118席上升至294席（占下院全部480席之61%）。民主党的损失是灾难性的，由230席跌到只剩下57席。由小泽领导脱离民主党的党团派出61人参选，只有9人当选，情况更难看。自民党在与公明党再度合作后，可以确保众议院内2/3的多数，换言之，它可以

图18.1　2012年8月19日，少数日本民族主义者把船停泊在钓鱼岛列岛的其中一个小岛外，由于日本海防队不准其船只靠岸，他们便游泳上岸。4天前，中国的民族主义者亦采取了同样的冒险行动，游泳上岸。上述行动在两国舆论界都引起轩然大波，使两国关系急剧紧张。（美联社提供）

否决参议院内任何反对声音（在参议院中，自民党仍是少数，除非到2013年7月选举才有改变可能）。

国会生态转变如此急剧，其含义好坏参半，有时可以说是互相矛盾。从意识形态层面看，这次选举反映出激烈向右转的形势，安倍代表自民党内的极端民族主义一派：不愿反省过去的战争；主张在岛屿纠纷中的日本主权；决心修改和平宪法，以期达到自卫队合法化的目的，并给予天皇正式元首的地位（虽然仍维持人民主权）。另一个选举中的大赢家则是政治光谱中的更右翼团体，2012年9月大阪府知事桥下彻与东京都知事石原慎太郎合作，组成"日本维新会"。在12月选举中，石原辞去都知事一职，参加选举，并得以进入众议院。"日本维新会"号称日本"第三势力"，共取得54席，事实上它已能立足为日本第三大政党。无论桥下还是石原，其言论都具有浓厚的民族主义色彩，攻击对手时语言锋利，因此他们的批评者称这位大阪府知事的政纲为"桥主义"——它的日语发音事实上与法西斯主义差不多。维新会的政纲与安倍的自民党相近，主张修改宪法，其成员甚至支持扩充军力，不少人希望日本能拥有核武器。

至于安倍的经济政策，若与小泉纯一郎在21世纪初的新自由主义相比，或与"日本维新会"的全面经济自由化相比，则显得不太急进。他的经济政策与自民党过去的立场类似：大量增加公共建设预算以刺激经济，制定刺激型的货币政策，并对农业实施保护主义。

就广义而言，安倍可以说是个实际型政治操作者；就短期而言，无论他要实施任何大胆行动，都会遇到困难。在外交上，他倾向于与美国维持亲密关系。然而若日本对亚洲邻国采取太强硬的政策，导致

图18.2 2012年春，东京每周都有反对核电的示威活动，在几个月内参加人数不断增加。5月5日是日本儿童节，属全国性假期，当天参加示威者庆祝最后一个核电厂终于关闭。他们打出一个鲤鱼形状的旗帜，传统上它是儿童节的代表符号，但今天已成为反核运动的符号，象征保护儿童的必要性，尤其不能让他们受到辐射伤害。这些示威的长期影响仍有待确定。7月，好几个核电厂又恢复运作。（美联社提供）

地区情势紧张，则又会危及日美关系。在国内，出口民调显示大部分选民支持自民党并非因为拥护该党或其意识形态，而是因为唾弃不知所措的民主党，因此安倍的政治空间并非如表面看来那样好。与2009年的民主党一模一样，小选区制度对自民党有利，纵使选民情绪只是稍微变动，其在选举中却是大有斩获：自民党在选举中的得票率仅43%，却取得国会61%的大多数。安倍梦寐以求的是修宪，他必须取得参议院及众议院2／3的多数席位才能达成此长期目标。也就是说安倍必须维持甚至扩大自民党的选票，直至 2013 年 7 月参议院选举为止。亦即在此期间内，安倍不应在亚洲地区或国内措施中采取挑衅的做法。安倍及其政党在现实操作与意识形态层面的冲突所导致的结果仍未明确。

＊ ＊ ＊

2011 年 3 月 11 日的灾难无疑是"二战"结束以来日本面临的最严峻危机，福岛核燃料泄漏尤为突出。日本称之为"3·11"灾难，在先进工业国中，它是否是 1945 年以来（或之前）最严重的自然及人为复合灾难，目前仍在争论中。再加上发生不到 3 年的雷曼震荡，其规模及对全球的影响类似 1929 年的世界大恐慌。这些事件遗留下来的影响甚多，所涉及领域包括：全球互相关联的经济供应及生产链、能源政策、都市及地区设计的策略、劳工及社会政策、对市场和政府规划的态度，以及宗教及其他文化形态所产生的自我了解，这些在未来很多年里都可以看到。

这些严重的灾难加深现存社会及政治上的分裂，但亦有可能赋予其关键性刺激，令日本社会产生新的变化。日本在第二次世界大战后便发生很多深刻改变，最令日本人深恶痛绝的便是军部假国家之名行事。今天会不会有类似的深刻变化出现呢？与 1923 年的关东大地震不同，当时的环境是对未来进步充满乐观情绪，然而在 2011 年灾难发生时，整个国家的气氛都十分悲观（虽然这些悲观不一定是事实）。在此情况下，无论国内还是海外，很多日本人都希望崩坏与危机也许能刺激新的动能与创造力，彻底改变国家发展的方向（所谓方向，当然是指各个评论者自己的目标）。

例如有关沿海防波堤重建的问题，很难斩钉截铁地说未来可以出现创造性的答案。核能源的未来同样不清楚，在灾难发生后头几个月，首相菅直人便提出一个无核日本的目标，他的继任者野田开始时也同意其看法。在灾难发生时约有 50 个核反应堆在运作，占全国电力供应量的 30%。在灾难发生的第一年，只要有核电厂因正常维护而停工，政府便会禁止其再启动，直至通过压力测试及安全检查为止。因此到 2012 年 5 月，所有核电厂都没有运作。2012 年 7 月 1 日，在一定争议及当地的反对下，日本中部福井县大井核电厂首先重启反应堆。同月，又有两个核反应堆恢复运作。出于长期考虑，政府在 2012 年 1 月宣布现存核发电厂只要超过 40 年便要退役。由于没有建设新核电厂的计划，意味着在 40 年内日本即成为一个无核国家。在过渡期间，支持未来无核化的人呼吁双管齐下，一面全面实行节约能源措施，一面积极寻求绿色替代能源。日本政府亦尝试财政上援助一个具有潜力的制度——政府电力收购制度（feed-in tariff）*，它能为替代能源的发展直接提供资金。[33]

2012 年选举时，节约能源的不方便、高电价的经济效应、投资替代能源的成本昂贵等因素造成能源不足。在此残酷现实的打击下，野田首相无法兑现数十年内放弃核发电的诺言。由安倍率领的自民党内阁走得更远，他同意减少倚赖核能源，但只说"尽力而为"。当然，

---

* 政府电力收购制度是政府以保证价格向绿色替代能源生产者购买电力，并规定实施年限，让投资者可以得到收益。——译者注

若日本电力公司要择地兴建一全新核电厂，其获准机会是微乎其微。但在灾难发生时，日本有3个核电厂正在施工，另外有9个核电厂已快要完成企划阶段，它们的未来会如何？前述3个核电厂在灾难发生时便停工，然而到2012年10月青森县的大间核电厂已经复工。安倍内阁亦打算恢复其他2个核电厂的建造，至于仍在计划阶段的9个核电厂，则正考虑其复工问题。

过去曾相信在这个不能预知的世界中可以创造出一种安全机制，核电厂便是基于此一想法而出现的，以后此信念会死灰复燃吗？这一问题的答案最终取决于日本大众舆论及政治动员的情况。从2012年3月开始，反核活动者每星期五都会在东京举行示威，最初只有数百人参加，但人数不断增加，当野田内阁下令重新启动福井县的反应堆后更为明显。示威者每逢星期五便聚集在首相住宅前，与国会大厦距离不远。有多达1万人参加2012年7月的示威，这可与20世纪60年代的大规模民众运动相比。

在2012年选举后，有关核电问题的看法仍有分歧。安倍的自民党以大比数获胜，其政纲是支持核电。大众舆论的主流则反对以核电作为长期能源，《朝日新闻》的出口民调显示，78%的选民支持马上或逐步达成"零核电"。[34] 从更一般角度而言，日本人对专家的言行以及居上位的权力者采取更批判性的态度。日本民众一直以来对政治家都抱有冷嘲热讽的态度（其实不独日本为然！）。但在最近数十年中，这种怀疑态度有增无减，并扩大至官僚层中的技术精英。2011年3月11日是一个重要分水岭，日本人民对权力者的猜疑更深更广，科学家与政客及中央官员通通包括在内。[35] 对掌权者的言行完全失去信心是

"3·11"灾难最重要的后遗症。

最后一点是要把"3·11"灾难后日本的情况放到世界史的语境里，分辨清楚全球趋势与具体地区灾祸间的关系。在全球层面上，雷曼震荡可以说是近30年来市场派势力兴起及市场自由化政策的结果。在本书第十五章所提及的生产力政治，20世纪80年代以来开始在全球各地失效，包括北美、日本、欧洲及拉丁美洲部分地区。上述地区从20世纪50年代至70年代都是在经济发展、政治吸引力强的循环高点上，故消费者需求强劲，企业获利并扩大投资，导致薪酬上升，再产生另一波需求。然而这种管理式的市场经济却为新自由体系所取代，它倾向于投资者及雇主的利益，置受薪阶级及消费者于不顾。当新趋势在全球各地逐步形成之际，日本却出现一系列独特的长期社会形态：人口老龄化、人口萎缩及工作保障制度减弱。故雷曼震荡及其后的复合灾难与上述形态交错出现，便触发政治运动的活跃，但无论是2009年对就业困难的抗议，还是2012年对核电的抗议，它们所累积的政治能量是否可以改变上述长期形态？又或是对权力的持续失望，反而使人民走向冷漠及退缩？

虽然历经多次选举，在2011年的灾难过后，日本似乎在改革上仍未有一个清晰而有力的方向，亦让人看不到能迅速恢复的信心。虽然如此，纵使经过雷曼震荡及"3·11"灾难，日本仍非国内外记者所描绘的那样是一个失败国家——与20世纪80年代把日本褒扬为史无前例的成功同出一辙，这都是媒体的夸大与误导。日本社会早期的飞速发展及最近的崩落，这些宏观叙事并非全无根据：结婚率及生育率的确在下降，稳定工作亦相较过去减少。不过在经济高度成长及企业高利润的年代，公司亦并非大量增加正式雇员，消费者的确不太愿意花钱。但若把阴暗面单归于日本自身则是昧于该国问题实际是全球问题的一部分。这和之前日本经济高速增长时，（媒体描绘的）"日本是第一"的浪漫图景一样，是片面的。人类已经进入了一个在资源有限的条件下生活的年代，我们可以看到日本在这方面的经验及改革，这亦是值得世界各国好好学习的地方。

目前要谈的已不只是清理应对金融危机的策略，而是要更进一步，日本可以说是站在后灾难、后现代情境的前沿，它所得到的教训对世界而言不仅仅是负面的。若以二氧化碳在国民生产总值的单位输出量计算，日本是世界上最干净、最有效利用能源的国家；日本犯罪率一如过去保持在低水平；城镇治安一般而言较为良好；公共交通有效而方便；城市的基本建设欣欣向荣；在2000年，日本是全球第一个实施由政府资助的全国性长期照顾老人体系的国家，到2013年仍只有少数国家可以实行这样的政策；其人口是全世界最长寿的。因此纵然日本被视为日渐衰落的社会，世界各国仍有很多地方可以向它学习。也许我们应该重新思考对于国家、社群和个人，应该如何定义"成功"及其要素。

附：记忆东日本大地震

东日本大地震、继之而来的海啸以及2011年3月11日的核灾难，三者所带来的生命损失及毁坏程度都令日本与世界各地为之震惊。"3·11"灾难是一个复杂且复合的灾害，它的出现夹杂了自然环境与人类无知的因素。自然因素是指活跃的地表断层及汹涌的海水，人类的无知则指过度信赖核安全神话及混凝土防波堤，最后产生了悲剧。

"3·11"自然及社会灾难的史无前例，亦在于受打击的日本是全球经济的领头羊，同时灾难发生于一个崭新的数字时代。所谓"崭新的数字时代"，不单指信息化时代，亦指在虚拟的网站及社会媒体世界中，快速成长的社会互动是如此多元及全面。在今日的世界，几乎所有历史事件的记录都是"原生数字"（born digital）。因此必须要搜集这些记录，保存它们，并公开让大家使用，才能上者了解重大灾难与政治动乱，下者为生还者、公民、学者以及决策者保留一份记录或回忆。

在"3·11"这一案例中，它的三重灾难与接踵而来的后果在全球范围内产生了一大批博客、推特、声音记录、非政府及救济组织间的通信、照片、视频、新闻报道、与灾难有关的政府网站以及其他数字文献。日本有不少组织，再加上旧金山的网络数据库（Internet Archive）、哈佛大学赖肖尔日本研究所（Edwin O. Reischauer Institute of Japanese Studies），它们都已开展数字档案工作，希望借此保留及整理这些记录，让学者及社会大众得以使用。读者可以造访赖肖尔日本研究所的"东日本大震灾数据库"，网址为 jdarchive.org。

保存对数字记录而言尤其重要，原因在于它们缺乏永久性。没有数据库收藏这些材料，未来若有研究者想了解网络对海啸的响应，其搜索各种记录的工作会十分困难。"东日本大震灾数据库"先把几千个网站在旧金山"网络数据库"中整理好，再与其他档案计划连接，里面包括无数照片、访问记录、个人证言及新闻报道，这样有关"3·11"响应的记录便可永久保存，不再只是一些暂时性的、散乱无章的数据。

"东日本大震灾数据库"亦要努力创造活泼的公共空间，不单数据库内许多项目来自公共网站、博客或讨论群，搜集得到的资料亦开放给全球在线网民串联及评论。因此它不再只是一个硬件数据库，而是一个去中心化、群策群力的事业。它最重要的创新是建立起一个平台，让使用者可以管理私人化的多媒体数据集，甚至可以上传他们自己的数据。我们邀请本书读者登录这个网站，一探究竟，除了可以搜寻数据外（数据以英文及日文为主，亦有一些中文及韩文资料），亦可以创造个人资料集，让别人使用。

下面的图片便选自"东日本大震灾数据库"。地图 AA.1 显示本州岛北部数百公里海岸线及冲击沿岸海啸的波浪高度，值得注意的是海啸波及范围十分广泛，而且各地波浪高度差异亦大，甚至接近震中的地区，波高呈现同样差异。地图 AA.2 以石卷市为焦点，假如根据第一个图，袭击石卷市的海啸波并非最高，然而其损失仍相当惨重。在"3·11"发生前，日本的灾难科学家曾推算海啸侵袭情况，制作出一预估模型，本图是把预估模型与实际损失情况放在一起以做比较。深粉红色地区预估会受到比较低的海啸波袭击，而灰色及蓝色地区则会受较高海啸波袭击。填满颜色的地区是真正灾区，两块黑色地区预估会受海啸波袭击，结果则幸免于难。故"3·11"前预估模型与实际灾区相当吻合。至少在这方面，灾情并没有超过科学预估或想象的范围。因此无论日本还是任何地方，若预估有类似事件发生的危险，小心准备及灾难教育则是十分重要的。

上文由两位作者合写，包括本书作者安德鲁·戈登和汉普顿 - 悉尼学院历史系副教授埃里克·丁摩尔（Eric Dinmore，2011—2012 年曾为哈佛大学赖肖尔日本研究所博士后）。地图则由哈佛大学地理分析中心的莱克斯·伯曼（Lex Berman）制作。

地图 AA.1　2011 年 3 月 11 日海啸高度（Lex Berman 提供）

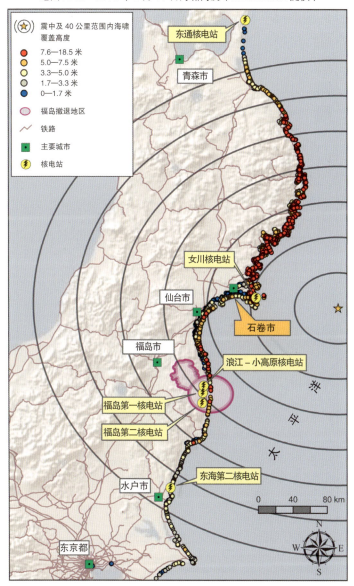

震中及 40 公里范围内海啸
覆盖高度
- 7.6—18.5 米
- 5.0—7.5 米
- 3.3—5.0 米
- 1.7—3.3 米
- 0—1.7 米

福岛撤退地区

铁路

主要城市

核电站

东通核电站

青森市

女川核电站

仙台市

石卷市

福岛市

浪江－小高原核电站

福岛第一核电站

福岛第二核电站

东海第二核电站

水户市

东京都

太　平　洋

0　　40　　80 km

N
W　　E
S

地图 AA.2　石卷市损失评估（Lex Berman 提供）

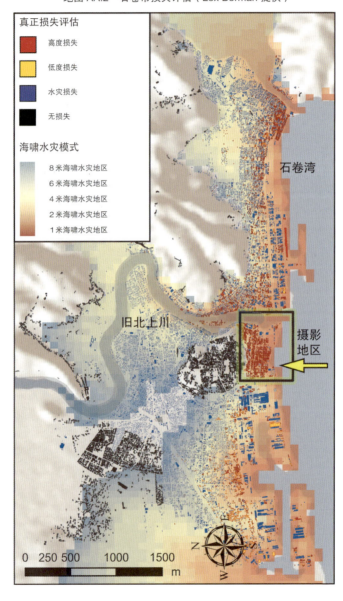

真正损失评估

高度损失

低度损失

水灾损失

无损失

海啸水灾模式

8 米海啸水灾地区
6 米海啸水灾地区
4 米海啸水灾地区
2 米海啸水灾地区
1 米海啸水灾地区

石卷湾

旧北上川

摄影地区

0　250 500　　1000　　　　1500
m

图 AA.1　海啸前石卷市港湾的鸟瞰图（数字地球公司［Digital Globe］提供）

图 AA.2 　海啸后石卷市港湾的鸟瞰图（数字地球公司提供）

附录 1885—2014 年日本历届总理大臣（首相）

总理大臣（首相）	任职日期	离职日期
伊藤博文	1885年12月（明治十八年）	1888年4月（明治二十一年）
黑田清隆	1888年4月（明治二十一年）	1889年12月（明治二十二年）
山县有朋	1889年12月（明治二十二年）	1891年5月（明治二十四年）
松方正义	1891年5月（明治二十四年）	1892年8月（明治二十五年）
伊藤博文	1892年8月（明治二十五年）	1896年9月（明治二十九年）
松方正义	1896年9月（明治二十九年）	1898年1月（明治三十一年）
伊藤博文	1898年1月（明治三十一年）	1898年6月（明治三十一年）
大隈重信	1898年6月（明治三十一年）	1898年11月（明治三十一年）
山县有朋	1898年11月（明治三十一年）	1900年10月（明治三十三年）
伊藤博文	1900年10月（明治三十三年）	1901年6月（明治三十四年）
桂太郎	1901年6月（明治三十四年）	1906年1月（明治三十九年）
西园寺公望	1906年1月（明治三十九年）	1908年7月（明治四十一年）
桂太郎	1908年7月（明治四十一年）	1911年8月（明治四十四年）
西园寺公望	1911年8月（明治四十四年）	1912年12月（大正元年）
桂太郎	1912年12月（大正元年）	1913年2月（大正二年）
山本权兵卫	1913年2月（大正二年）	1914年4月（大正三年）
大隈重信	1914年4月（大正三年）	1916年10月（大正五年）

总理大臣（首相）	任职日期	离职日期
寺内正毅	1916年10月（大正五年）	1918年9月（大正七年）
原敬	1918年9月（大正七年）	1921年11月（大正十年）
高桥是清	1921年11月（大正十年）	1922年6月（大正十一年）
加藤友三郎	1922年6月（大正十一年）	1923年9月（大正十二年）
山本权兵卫	1923年9月（大正十二年）	1924年1月（大正十三年）
清浦奎吾	1924年1月（大正十三年）	1924年6月（大正十三年）
加藤高明	1924年6月（大正十三年）	1926年1月（大正十五年）
若槻礼次郎	1926年1月（大正十五年）	1927年4月（昭和二年）
田中义一	1927年4月（昭和二年）	1929年7月（昭和四年）
滨口雄幸	1929年7月（昭和四年）	1931年4月（昭和六年）
若槻礼次郎	1931年4月（昭和六年）	1931年12月（昭和六年）
犬养毅	1931年12月（昭和六年）	1932年5月（昭和七年）
斋藤实	1932年5月（昭和七年）	1934年7月（昭和九年）
冈田启介	1934年7月（昭和九年）	1936年3月（昭和十一年）
广田弘毅	1936年3月（昭和十一年）	1937年2月（昭和十二年）
林铣十郎	1937年2月（昭和十二年）	1937年6月（昭和十二年）
近卫文麿	1937年6月（昭和十二年）	1939年1月（昭和十四年）
平沼喜一郎	1939年1月（昭和十四年）	1939年8月（昭和十四年）
阿部信行	1939年8月（昭和十四年）	1940年1月（昭和十五年）
米内光政	1940年1月（昭和十五年）	1940年7月（昭和十五年）
近卫文麿	1940年7月（昭和十五年）	1941年10月（昭和十六年）
东条英机	1941年10月（昭和十六年）	1944年7月（昭和十九年）
小矶国昭	1944年7月（昭和十九年）	1945年4月（昭和二十年）
铃本贯太郎	1945年4月（昭和二十年）	1945年8月（昭和二十年）

现代日本史：从德川时代到21世纪

明治宪法下的战后总理大臣

总理大臣	任职日期	离职日期
东久迩宫稔彦	1945年8月（昭和二十年）	1945年10月（昭和二十年）
币原喜重郎	1945年10月（昭和二十年）	1946年5月（昭和二十一年）
吉田茂	1946年5月（昭和二十一年）	1947年5月（昭和二十二年）

新宪法下的战后总理大臣

总理大臣	任职日期	离职日期
片山哲	1947年5月（昭和二十二年）	1948年3月（昭和二十三年）
芦田均	1948年3月（昭和二十三年）	1948年10月（昭和二十三年）
吉田茂	1948年10月（昭和二十三年）	1954年12月（昭和二十九年）
鸠山一郎	1954年12月（昭和二十九年）	1956年12月（昭和三十一年）
石桥湛三	1956年12月（昭和三十一年）	1957年2月（昭和三十二年）
岸信介	1957年2月（昭和三十二年）	1960年7月（昭和三十五年）
池田勇人	1960年7月（昭和三十五年）	1964年11月（昭和三十九年）
佐藤荣作	1964年11月（昭和三十九年）	1972年7月（昭和四十七年）
田中角荣	1972年7月（昭和四十七年）	1974年12月（昭和四十九年）
三木武夫	1974年12月（昭和四十九年）	1976年12月（昭和五十一年）
福田赳夫	1976年12月（昭和五十一年）	1978年12月（昭和五十三年）
大平正芳	1978年12月（昭和五十三年）	1980年7月（昭和五十五年）
铃木善幸	1980年7月（昭和五十五年）	1982年11月（昭和五十七年）
中曾根康弘	1982年11月（昭和五十七年）	1987年11月（昭和六十二年）
竹下登	1987年11月（昭和六十二年）	1989年6月（平成元年）

总理大臣	任职日期	离职日期
宇野宗佑	1989年6月（平成元年）	1989年8月（平成元年）
海部俊树	1989年8月（平成元年）	1991年11月（平成三年）
宫泽喜一	1991年11月（平成三年）	1993年8月（平成五年）
细川护熙	1993年8月（平成五年）	1994年4月（平成六年）
羽田孜	1994年4月（平成六年）	1994年6月（平成六年）
村山富市	1994年6月（平成六年）	1996年1月（平成八年）
桥本龙太郎	1996年1月（平成八年）	1998年7月（平成十年）
小渕惠三	1998年7月（平成十年）	2000年4月（平成十二年）
森喜朗	2000年4月（平成十二年）	2001年4月（平成十三年）
小泉纯一郎	2001年4月（平成十三年）	2006年9月（平成十八年）
安倍晋三	2006年9月（平成十八年）	2007年9月（平成十九年）
福田康夫	2007年9月（平成十九年）	2008年9月（平成二十年）
麻生太郎	2008年9月（平成二十年）	2009年9月（平成二十一年）
鸠山由纪夫	2009年9月（平成二十一年）	2010年6月（平成二十二年）
菅直人	2010年6月（平成二十二年）	2011年9月（平成二十三年）
野田佳彦	2011年9月（平成二十三年）	2012年12月（平成二十四年）
安倍晋三	2012年12月（平成二十四年）	2014年11月（平成二十六年）
安倍晋三	2014年12月（平成二十六年）	现任

注　释

绪　论

［1］参看网页 "Tectonics and Volcanoes of Japan," 2012-7-16, http://volcano.oregonstate.edu/vwdocs/ volc_images/north_asia/japan_tec.html。

第一章

［1］参看 Mikiso Hane, *Peasants, Rebels, and Outcastes: The Underside of Modern Japan* (New York: Pantheon Books, 1982), p. 8。

［2］Engelbert Kaempfer, *Kaempfer's Japan*, ed. and trans. Beatrice M. Bodart Bailey (Honolulu: University of Hawaii Press, 1999), p. 271. Kaempfer 是德国学者，1690 年至 1692 年间随荷兰商人到长崎。

［3］James Murdoch and George Sansom 语，参看 George Elison, "The Cross and the Sword," in *Warlords, Artists, and Commoners: Japan in the Sixteenth Century*, ed. George Elison and Barwell L. Smith (Honolulu: University of Hawaii Press, 1981), pp. 67–68。

［4］A. L. Sadler, *The Maker of Modern Japan: The Life of Tokugawa Ieyasu* (1937; reprint, Rutland, Vt.: Charles E. Tuttle Company, 1984), p. 25.

［5］由于有些名藩会细分，又有些家臣升格为大名，故大名整体数字会随时增加，到 18 世纪大概已稳定为 260 个大名。

［6］1 石约等于 180 公升。

［7］*The Journal of Townsend Harris* (Tokyo: kinkōdō shoseki, 1913), pp. 468–480.

［8］James L. McClain, *Kanazawa: A Seventeenth-Century Japanese Castle Town* (NewHaven, Conn.: Yale University Press, 1982), p. 151.

［9］这些法令产生意想不到的效果，对史学工作者尤其重要。正如近代欧洲初期教会所收藏的档案一样，日本寺院所收集的人口记录，近数十年成为深入了解人口及社会史的原始材料。

［10］Kikuchi Seiichi, "The Seventeenth Century Maritime Map of Jiaozhi Bound Junk Ships: Archaeological Investigation in Hoi An," 2012 年 5 月 11 日—12 日香港学术会议 "Nguyen Vietnam (1558—1885): Transnational Connections" 发表的论文。

［11］Bob Tadashi Wakabayashi, *Anti-Foreignism and Western Learning in Early-Modern Japan: The*

New Theses of 1825 (Cambridge: Harvard Council on East Asian Studies, 1986), p. 149.

［12］John W. Hall, "Rule by Status in Tokugawa Japan," *Journal of Japanese Studies* 1, no.1(Fall 1974): 39–49.

第二章

［1］参看 John W. Hall, "The Castle Town and Japan's Modern Urbanization," in *Studiesin the Institutional History of Early Modern Japan*, ed. John W. Hall and Marius Jansen (Princeton, N.J.: Princeton University Press, 1968)。

［2］Engelbert Kaempfer, *The History of Japan, Together with a Description of the Kingdom of Siam, 1690–1692*, vol. 3, trans. J. G. Scheuchzer (Glasgow: J. MacLehose and Sons, 1906), p. 306.

［3］所有引文均来自八隅芦庵,《旅行用心集》(1810),转引自 Constantine N.Vaporis, "Caveat Viator: Advice to Travelers in the Edo Period," *Monumenta Nipponica* 44, no. 4 (Winter 1989): 461–483.

［4］Thomas C. Smith, *Native Sources of Japanese Industrialization, 1750–1920* (Berkeley: University of California Press, 1988), p. 51.

［5］有关识字率的讨论,参看 Ronald Dore, *Education in Tokugawa Japan* (Berkeley: University of California Press, 1965)。

［6］Smith, *Native Sources*, pp. 20–21, 46–47.

［7］参看 Thomas C.Smith, *Nakahara: Family Farming and Population in a Japanese Village, 1717—1830* (Stanford, Calif.: Stanford University Press, 1977)。Daniel Scott Smith 在 Journal of Japanese Studies 5, no.1 (Winter 1979) 曾写过本书书评, 对资料提供了另一种解释。

［8］杉田玄白的看法,参看 Harold Bolitho, "The Tempō Crisis," in *The Cambridge History of Japan, vol. 5, The Nineteenth Century,* ed. Marius Jansen (Cambridge: Cambridge University Press, 1989), p. 128.

［9］参看 Smith, *Native Sources*, pp. 25–26。

［10］参看 Smith, *Native Sources*, p. 29。

［11］Stephen Vlastos, *Peasant Protests and Uprisings in Tokugawa Japan* (Berkeley: University of California Press, 1986), p. 46. 亦可参看 James W. White, *Ikki: Social Conflict and Political Protest in Early Modern Japan* (Ithaca, N.Y.: Cornell University Press, 1995), p. 157。

［12］Jennifer Robertson, "The Shingaku Woman," in *Recreating Japanese Women, 1600—1945*, ed. Gail Bernstein (Berkeley: University of California Press, 1991), p. 91.

［13］Kathleen S. Uno, "Women and Changes in the Household Division of Labor," in *Recreating Japanese Women*, p. 33.

［14］Uno, "Women and Changes in the Household Division of Labor" 一文引用 Isabella Bird, *Unbeaten Tracks in Japan* (New York: G. P. Putnam, 1880)。

第三章

［1］要进一步了解这题目, 可参看 Herman Ooms, *Tokugawa Ideology Early Constructs, 1570–1680* (Princeton, N.J.: Princeton University Press, 1985)。

［2］Samuel H. Yamashita, "The Writings of Ogyū-Sorai," in *Confucianism and Tokugawa Culture*, ed.

Peter Nosco (Princeton, N.J.: Princeton University Press, 1984), pp. 161–165.

［3］ Tetsuo Najita, *Visions of Virtue: The Kaitokudō Merchant Academy of Osaka* (Chicago: University of Chicago Press, 1987), pp. 1–17.

［4］ 参看 Haruo Shirane, *Traces of Dreams: Landscape, Cultural Memory, and the Poetry of Basho* (Stanford, Calif.: Stanford University Press, 1998), p. 13.

［5］ 参看 Chushingura: *The Treasury of Loyal Retainers,* trans. Donald Keene (New York: Columbia University Press, 1971), pp. 2–3.

［6］ Thomas C. Smith, " 'Merit' as Ideology in the Tokugawa Period," Ch.7 in *Native Sources of Japanese Industrialization, 1750–1920* (Berkeley: University of California Press, 1988), pp. 156–172.

［7］ Kate Wildman Nakai, "Tokugawa Confucian Historiography," in *Confucianism and Tokugawa Culture*, ed. Peter Nosco (Princeton, N.J.: Princeton University Press, 1984), p. 86.

［8］ Tsuji Tatsuya, "Politics in the Eighteenth Century," in *The Cambridge History of Japan*, vol.4, ed. John W. Hall (Cambridge: Cambridge University Press, 1991), pp. 468–469.

［9］ Kären Wigen, *The Making of a Japanese Periphery* (Berkeley: University of California Press, 1995), p. 169.

［10］ Peter F. Kornicki, *The Book in Japan: A Cultural History from the Beginnings to the Nineteenth Century* (Leiden: Brill, 1998), pp. 300–306.

第四章

［1］ Harold Bolitho, "The Temp ō Crisis," in *The Cambridge History of Japan*, vol. 5, *The Nineteenth Century*, ed. Marius Jansen (Cambridge: Cambridge University Press, 1989), p. 157.

［2］ Edward Yorke McCauley, *With Perry in Japan: The Diary of Edward Yorke McCauley*, ed. Allan B.Cole (Princeton, N.J.: Princeton University Press, 1942), pp. 98–99.

［3］ McCauley, *With Perry in Japan*, p. 98.

［4］ William G. Beasley, ed., *Select Documents on Japanese Foreign Policy, 1853–1868* (London: Oxford University Press, 1955), p. 102.

［5］ Patricia Sippel, "Popular Protest in Early Modern Japan: The Bush ū Outburst," *Harvard Journal of Asiatic Studies* 37, no. 2 (1977): 273–322.

［6］ 参看 Anne Walthall, *The Weak Body of a Useless Woman: Matsuo Taseko and the Meiji Restoration* (Chicago: University of Chicago Press, 1998), p. 98。

［7］ 参看 George Wilson, *Patriots and Redeemers in Japan: Motives in the Meiji Restoration* (Chicago: University of Chicago Press, 1992), pp. 105–106。

第五章

［1］ Basil Hall Chamberlain, *Things Japanese* (London: K. Paul, Trench, Trubner & Co., Ltd., 1891), p. 1.

［2］ 史家 Thomas C. Smith 曾就此主题写过一篇精彩短文 "Japan's Aristocratic Revolution," 参看 Thomas C. Smith, *Native Sources of Japanese Industrialization, 1750–1920* (Berkeley: University of California Press, 1988).

［3］Yokoyama Toshio, *Japan in the Victorian Mind: A Study of Stereotyped Images of a Nation, 1850–1880* (Houndmills, Basingstoke, Hampshire: Macmillan, 1987), p. 109.

［4］Tokutomi Kenjirō（德富健次郎，笔名芦花），*Footprints in the Snow,* trans. Kenneth Strong (New York: Pegasus Books, 1970), p. 271. 1901 年以"思出の记"为题出版（东京：岩波书店）。

［5］Tokutomi, *Footprints in the Snow,* p. 107.

［6］Takeshi Fujitani, *Splendid Monarchy* (Berkeley: University of California Press, 1996), p. 36.

［7］Kido Takayoshi, *The Diary of Kido Takayoshi,* vol. 2, trans. Sidney D. Brown(Tokyo: University of Tokyo Press, 1982).

［8］Stephen J. Ericson, *The Sound of the Whistle: Railroads and the State in Meiji Japan* (Cambridge: Harvard Council on East Asian Studies Monographs, 1996), pp. 66–73.

［9］大久保的意见引用自 Sidney D. Brown, "Ōkubo Toshimichi: His Political and Economic Policies in Early Meiji Japan," *Journal of Asian Studies* 21, no.2 (February 1963), p. 194. 有关"日本人连锁都不懂"一语出自前田正名，参看 Thomas Smith, *Political Change and Industrial Development in Japan: Government Enterprise, 1868—1880* (Stanford Calif: Stanford University Press, 1955), p. 39.

［10］有关出兵中国台湾及殖民计划，参看 Robert Eskildsen, "Of Civilization and Savages: The Mimetic Imperialism of Japan's 1874 Expedition to Taiwan," *American Historical Review* 107, no.2 (April 2002): 388–418.

［11］有关日本北方领土居民的情况，可参看 Tessa Morris-Suzuki, "Becoming Japanese: Imperial Expansion and Identity Crises in the Early Twentieth Century," in *Japan's Competing Modernities: Issues in Culture and Democracy, 1900–1930,* ed. Sharon Minichiello (Honolulu: University of Hawaii Press, 1998), pp. 157–180.

［12］一位史学家建议称明治维新为"服务知识分子"的革命。Thomas Huber, *The Revolutionary Origins of Modern Japan* (Stanford, Calif.: Stanford University Press, 1981).

第六章

［1］古岛敏雄，《日本封建农业史》（东京：光和书房，1947），第 83 页。

［2］Bob T. Wakabayashi, *Anti-Foreignism and Western Learning in Early Modern Japan: The New Theses of 1825* (Cambridge: Harvard Council on East Asian Studies Monographs, 1986), p. 211.

［3］Soyejima Tameomi et al., "Memorial on the Establishment of a Representative Assembly," in *Japanese Government Documents,* ed. W. W. McLaren, published in *Transactions of the Asiatic Society of Japan* 42, Part1(1914), pp. 426–432.

［4］Irokawa Daikichi, *The Culture of the Meiji Period* (Princeton, N.J.: Princeton University Press, 1985), p. 101.

［5］Irokawa, *Culture of the Meiji Period,* p. 111.

［6］参看 Stephen Vlastos, "Opposition Movements in Early Meiji," in *The Cambridge History of Japan,* vol. 5, *The Nineteenth Century,* ed. Marius Jansen (Cambridge: Cambridge University Press, 1989), p. 411。

［7］参看 Richard Devine, "The Way of the King," *Monumenta Nipponica* 34, no.1(Spring 1979): 53。

［8］参看 Masao Miyoshi, *As We Saw Them: The First Japanese Embassy to the United States (1860)* (Berkeley: University of California Press, 1979), p. 71.

［9］《明六杂志》文章，可参看 William Braisted, ed. and trans., *Meiroku Zasshi: Journal of the Japanese*

Enlightenment (Cambridge: Harvard University Press, 1976)。

［10］Braisted, *Meiroku Zasshi* no. 32, p. 395, 引用版谷素 1875 年 3 月 8 日文章《妄说の疑》。

［11］参看 Sharon Seivers, *Flowers in Salt* (Stanford, Calif.: Stanford University Press, 1983), p. 36.

［12］新渡户的看法转引自 Sally A. Hastings, "The Empress' New Clothes and Japanese Women,1868–1912," *The Historian* 55, no. 4 (Summer 1993): 689。原文可参见 Nitobe Inazō, *The Intercourse between the United States and Japan: An Historical Sketch* (Baltimore: Johns Hopkins Press, 1891), pp. 154–155。

［13］井上清,《条约改正：明治の民族问题》（东京：岩波书店，1955），第 117 页。

［14］关于"元老"，参见 Roger Hackett, "Political Modernization and the Meji Genrō," in Robert E. Ward, ed., *Political Development in Modern Japan* (Princeton, N.J.: Princeton University Press, 1968), pp. 68–79。在 19 世纪 90 年代的报纸上有诸多关于哪几位领袖人物算"元老"的讨论，大家逐步达成一致，认为以下 7 位是第一代"元老"：伊藤博文、黑田清隆、松方正义、大山岩、西乡从道、山县有朋和井上馨。20 世纪伊始，桂太郎和西园寺公望成为两位新"元老"。

第七章

［1］参看 James Nakamura, *Agricultural Production and the Economic Development of Japan, 1873—1922* (Princeton, N.J.: Princeton University Press, 1966), and Henry Rosovsky, "Rumbles in the Rice Fields," *Journal of Asian Studies* 27, no. 2(February 1968): 347–360。

［2］Steven J. Ericson, "The 'Matsukata Deflation' Reconsidered: Currency Contraction in a Global Depression, 1881–1885," 2012 年 7 月南非斯泰伦博斯举办第 16 届世界经济史会议上所发表的论文。

［3］参看 Eleanor Hadley, *Antitrust in Japan* (Princeton, N.J.: Princeton University Press, 1970), p. 35.

［4］Alexander Gerscenkron, *Economic Backwardness in Historical Perspective* (Cambridge: Harvard University Press, 1962), Ch. 1, pp. 5–30.

［5］更详细的记载可参看 Steven J. Ericson, *The Sound of the Whistle: Railroads and the Statein Meiji Japan* (Cambridge: Harvard Council on East Asian Studies, 1996)。

［6］涩泽荣一与森村市左卫门说法，均可参看 Byron Marshall, *Capitalism and Nationalism in Prewar Japan* (Stanford, Calif.: Stanford University Press, 1967), pp. 35–36。

［7］报告转引自间宏,《日本劳务管理史研究：经营家族主义の形成と展开》（东京：御茶の水书房，1978），第 277 页。

［8］E. Patricia Tsurumi, *Factory Girls: Women in the Tread Mills of Meiji Japan* (Princeton, N.J.: Princeton University Press, 1990), pp. 93, 97, 99.

［9］Thomas C. Smith, *Native Sources of Japanese Industrialization 1750–1920* (Berkeley: University of California Press, 1988), p. 257.

［10］参看 Andrew Gordon, *The Evolution of Labor Relations in Japan* (Cambridge: Harvard Council on East Asian Studies, 1985), p. 83。

［11］Donald Roden, *Schooldays in Imperial Japan: A Study in the Culture of a Student Elite* (Berkeley: University of California Press, 1980), pp. 165–173.

［12］William P. Malm, "Modern Music of Meiji Japan," in *Tradition and Modernization in Japanese Culture*, ed. Donald Shively (Princeton, N.J.: Princeton University Press, 1971), pp. 259–277.

［13］John M. Rosenfield, "Western Style Painting in the Early Meiji Period and Its Critics," in *Tradition and Modernization in Japanese Culture,* pp. 181–219.

〔14〕参看 Stephen Vlastos, ed., *Mirror of Modernity: Invented Traditions of Modern Japan* (University of California Press, 1998)。

〔15〕Henrietta Harrison, *China: Inventing the Nation* (New York: Oxford University Press, 2001), pp. 132–134, 138–139.

〔16〕参看 Irwin Scheiner, *Christian Converts and Social Protest in Meiji Japan* (Berkeley: University of California Press, 1970)。

〔17〕Helen Hardacre, *Shintō and the State, 1868–1988* (Princeton, N.J.: Princeton University Press, 1989), pp. 22–24, 36–39.

〔18〕栅桥一郎的说法，可参看 Kenneth Pyle, *The New Generation in Meiji Japan: Problems of Cultural Identity, 1885–1895* (Stanford, Calif.: Stanford University Press, 1969), p. 66。

第八章

〔1〕《脱亚论》最先发表于《时事新报》（1885 年 3 月 16 日）。此文英译版参见 David Lu, ed., *Japan: A Documentary History: The Late Tokugawa Period to the Present* (Armonk, N.Y.: M. E. Sharpe, 1996), pp. 351–353。福泽谕吉把日本看作亚洲的英国，参见 Fukuzawa Yukichi, *The Auto-biography of Fukuzawa Yukichi,* trans. Eiichi Kiyooka (New York: Columbia University Press, 2007), p. 334。

〔2〕*The Times,* April 20, 1895, p. 7.

〔3〕参看 Carol Gluck, *Japan's Modern Myths: Ideology in the Late Meiji Period* (Princeton, N.J.: Princeton University Press, 1985), pp. 135–136。德富苏峰引文参见 Kenneth Pyle, *The New Generation in Meiji Japan* (Stanford, California: Stanford University Press, 1969), p. 175。

〔4〕参看 Gluck, *Japan's Modern Myths,* p.137。

〔5〕参看 Howell, "Visions of the Future," p.117。

〔6〕有关上述贸易港的情况及其重要性，有一个相当具启发性的研究，可参看 Catherine Phipps Mercer, *Empires on the Waterfront: Japan in the Age of Informal Imperialism* (Cambridge: Harvard Asia Center Publication, 2013)。

〔7〕参看 William Lockwood, *The Economic Development of Japan* (Princeton, N.J.: Princeton University Press, 1968), Ch. 6。

〔8〕由夏威夷汇回款项，光是正式汇款便占日本出口的 1.6%，如果把政府统计以外的汇款也算进去，再加上前往美国大陆地区的移民，其汇款数字亦颇可观，则总数可能超过 3%。参看铃木让二，《日本人出稼ぎ移民》（东京：平凡社，1992），第 67 页。

〔9〕参看 Akira Iriye, *Pacific Estrangement: Japanese and American Expansionism,* 1897–1911 (Cambridge: Harvard University Press, 1972), Ch. 5。

〔10〕参看 J. M. Winter, "The Webbs and the non-White World: A Case of Socialist Racialism," *Journal of Contemporary History* 9, no. 1 (January 1974): 181–192。

〔11〕关于"一进会"的此一新观点，参看 Yumi Moon, "The Populist Contest: The Ilchinhoe Movement and the Japanese Colonization of Korea, 1896–1910," Ph.D. Dissertation, Harvard University, 2005。

〔12〕关于孙中山及其他留日学生的研究有 Marius Jansen, *The Japanese and Sun Yat-sen* (Stanford, California: Stanford University Press, 1954), pp. 104–130。关于引渡博斯的失败举动，参看 Ian H.Nish,

Alliance in Decline: A Study in Anglo-Japanese Relations, 1908–1923 (London: Athlone Press, 1972), pp. 184–185。

［13］Bob Tadashi Wakabayashi, *Anti-Foreignism and Western Learning in Early-Modern Japan: The New Theses of 1825* (Cambridge: Harvard Council on East Asian Studies, 1986) , p. 149.

［14］原敬到 1914 年才正式成为政友会总裁，但从 1904 年开始，他已实质上成为国会领袖，西园寺公望则只是名义上的政友会总裁。

［15］Tetsuo Najita, *Hara Kei and the Politics of Compromise* (Cambridge: Harvard University Press, 1967).

［16］Natsume Sōseki, *Kokoro* (New York: Regnery, 1957), p .245.

［17］参看 Tetsuo Najita, *Hara Kei in the Politics of Compromise*, p. 147。

［18］Tetsuo Najita, *Hara Kei in the Politics of Compromise*, 引用阿部慎之助所言。

［19］参看 Andrew Gordon, *Labor and Imperial Democracy in Prewar Japan* (Berkeley: University of California Press, 1991), pp. 106–107。

［20］坂野润治，《大系日本の歴史 13: 近代日本の出発》（东京：小学馆，1989），第 338 页。Tetsuo Najita, *Hara Kei in the Politics of Compromise*, p. 168.

［21］宫地正人，《日露戦后政治史の研究：帝国主义形成期の都市と农村》（东京：东京大学出版会，1973），第 226 页。

［22］Vera Mackie, *Creating Socialist Woman in Japan: Gender, Labour and Activism, 1900–1937* (Cambridge: Cambridge University Press, 1997), pp. 60–62.

［23］《社会新闻》，1908 年 3 月 8 日，第 4 页，引自 Gordon, *Labor and Imperial Democracy*, pp. 74–75。

［24］松元克平，《日本社会主义演剧史：明治大正编》（东京：筑摩书房，1975），第 406 页。

［25］有关妇女组织，参看 Sharon Nolte and Sally Hastings, "The Meiji State's Policy toward Women," in *Recreating Japanese Women*, ed. Gail Bernstein (Berkeley: University of California Press, 1991), pp. 163–164. 有关地区改造运动，参看 Kenneth Pyle, "The Technology of Japanese Nationalism: The Local Improvement Movement, 1900–1919," *Journal of Y Asian Studies* 33, no.1 (November 1973): 51–65。

［26］引自 Richard Smethurst, *A Social Basis for Prewar Japanese Militarism: The Army and the Rural Community* (Berkeley: University of California Press, 1974), p. vii。

［27］宫地正人，《日露戦后政治史の研究》（东京：东京大学出版会），第 24 页。

［28］见《我之个人主义》，1914 年 11 月 25 日的演讲，引自 Natsume Soseki, *Kokoro: A Novel and Selected Essays* (Lanhan, Md.: Madison Books, 1992), p. 313。

［29］Gluck, *Japan's Modern Myths*, p. 250.

第九章

［1］工业生产数字是根据 5 人以上的工厂统计出来的。参看 William Lockwood, *The Economic Development of Japan: Growth and Structural Change* (Princeton, N.J.: Princeton University Press,1968), pp. 38–39。

［2］Lockwood, *The Economic Development of Japan*, pp. 39,56.

［3］有关该问题的分析，参看 Hugh T. Patrick, "The Economic Muddle of the 1920s," in *Dilemmas of*

Growth in Prewar Japan, ed. James Morley (Princeton: N.J.: Princeton University Press, 1971), pp. 211–266。

［4］Edward Seidensticker, *Low City, High City, Tokyo from Edo to the Earthquake* (New York: Knopf, 1983), pp. 3–7，是有关关东大地震的英语文献。作者指出灶火并非大火的唯一原因，化学成品及电线亦是重要凶手。

［5］1932 年三井物产董事长团琢磨被暗杀，这话是该名刺客所说，见 John G. Roberts, *Mitsui: Three Centuries of Japanese Business* (New York: Weatherhill, 1973), p. 276。

［6］参看 Ann Waswo, *Japanese Landlords: The Decline of a Rural Elite* (Berkeley: University of California Press, 1977), pp. 99, 108–109；又参看中村政则，《大恐慌的农村问题》，《岩波讲座：日本历史 19》（东京：岩波书店，1976 年），第 145 页。

［7］参看 Ronald P. Dore, "The Meiji Landlord: Good or Bad," *Journal of Asian Studies* 18, no.3 (May 1959): 343–355。

［8］有关地主及农村民众对帝国的看法，可参看 Michael Lewis, *Becoming Apart: National Power and Local Politics in Toyama, 1868–1945* (Cambridge: Harvard University Press Asia Center, 2000)。

［9］Nagatsuka Takashi, *The Soil: A Portrait of Rural Life in Meiji Japan*, trans. Ann Waswo (Berkeley: University of California Press, 1993), p. 47.

［10］Ann Waswo, *Modern Japanese Society, 1868–1994* (Oxford: Oxford University Press, 1996), p. 66.

［11］作者访问上村秀二，1992 年 10 月 14 日。

［12］Kobayashi Takiji, *The Absentee Landlord* (Tokyo: University of Tokyo Press, 1973), p .147.

［13］Waswo, Japanese Landlords, pp. 99, 108–109. 在 74% 的争议中，佃农可以全部或部分实现他们的要求。

［14］约为 70 万的雇员中的 28 万，东京当时总人口略少于 200 万。

［15］她们被视为家庭劳工，并没有被算在当年社会统计中，但工厂女工则有收入。因此在 41% 的"商人及店家"类别总数中，它低估了实际比例。

［16］Sheldon Garon, *Molding Japanese Minds* (Princeton, N.J.: Princeton University Press, 1997), pp. 52–57.

［17］Andrew Gordon, *Evolution of Labor Relations in Japan* (Cambridge: Harvard Council on East Asian Studies, 1985), pp. 83, 85. 引自芝浦制作所小林作太郎，《太平洋商工世界》，1908 年 11 月 15 日号，第 42 页；《实业少年》，1908 年 9 月 1 日号，第 9 页。

［18］松成义卫等，《日本のサラリーマン》（东京：青木书店，1957），第 31 页。

［19］松成义卫等，《日本のサラリーマン》，第 35 页。

［20］松成义卫等，《日本のサラリーマン》，第 27—31 页；Margit Nagy, "Middle Class Working Women during the Interwar Years," in *Recreating Japanese Women, 1600–1945*, ed. Gail Bernstein (Berkeley: University of California Press, 1991), pp. 199–216。

［21］有关男事务员薪酬，引自竹内洋，《サラリーマンという社会的表象》，《岩波讲座现代社会学 23: 日本文化の社会学》（东京：岩波书店，1996），第 133 页；前田一，《サラリーマン物语》（东京：东洋经济新报出版部，1928），第 1—2 页。有关工厂工人薪酬，引自内阁统计局，《劳働统计实地调查报告》（东洋书林，1990，1927 年复印版），第 4 卷，第 6 页。

［22］有关男女雇员的组织工会过程，参看松成义卫等，《日本のサラリーマン》，第 46—57 页。

［23］《佐多稻子集》，第 25 卷《近代日本の文学》（东京：学术研究所，1971），第 255—256 页。

［24］有关带刀贞代的说明，参看渡边悦次及铃木裕子编，《たたかいに生きて：戦前妇人労働运

动への证言》(东京：ドメス出版，1980)，第 206 页。

［25］劳働运动史料委员会编，《日本劳働运动史料》(劳働运动史料委员会，1959)，第 10 卷：统计篇，第 122 页。

［26］参看 Gordon, *Evolution of Labor Relations in Japan*, p. 36。

［27］参看 Gordon, *Evolution of Labor Relations in Japan*, pp. 85–86。

［28］参看 Andrew Gordon, *Labor and Imperial Democracy in Prewar Japan* (Berkeley: University of California Press, 1991), p. 96。

［29］Stephen Large, *The Rise of Labor in Japan: The Yūaikai* (Tokyo: Sophia University Press, 1972), p. 142. 引自松尾尊兊，《大正デモクラシーの研究》(东京：青木书店，1966)，第 228 页。

［30］劳働运动史料委员会编，《日本劳働运动史料》，第 10 卷：统计篇，第 440 页。

［31］劳働运动史料委员会编，《日本劳働运动史料》，第 10 卷：统计篇，第 424 页。此处所谓高峰，是指总劳动力的百分比，1931 年为 7.9%，若以绝对数字计算，工会力量高峰期则在 1936 年，有 42.06 万人加入工会，百分比为 6.9%。

［32］直到 1935 年美国国会通过《瓦格纳法案》(*Wagner Act*)，在承认工会的合法地位之前，全美约 13% 的非农业劳动人口加入工会。

［33］Thomas C. Smith, *The Native Sources of Japanese Industrialization* (Berkeley: University of California Press, 1988), pp. 236–270.

［34］参看 Gordon, *Evolution of Labor Relations in Japan*, p. 146。

［35］根据吉野作造的独立调查估计，朝鲜人死亡人数约为 2 613 人，相对其他数字较低。吉野对日本的对朝及对华政策提出严厉批评，为当时知识分子中少有。流亡上海的韩国政府的机关报纸亦曾发表其调查，估计遭屠杀人数为 6 661 人。日本法务省在其报告中则称被杀人数为 264 人，但这数字并不可靠。有关死亡数字估计、纠察队组成的问题、媒体角色以及传播朝鲜人暴力流言的官方文件，可参看姜德相，《关东大震灾》(东京：中央公论社，1975)，第 73 页；姜德相，《关东大震灾·虐杀の记忆》(东京：青丘文化社，2003)，第 225—238 页；姜德相、琴秉洞，《现代史资料〈第 6〉关东大震灾と朝鲜人》(东京：みすず书房，1963)，第一部分。至于在震灾期间，警察杀害工会活跃分子及朝鲜人的龟户事件，可参看二村一夫，《龟户事件小论》，《法政大学大原社会问题研究所资料室报》，第 138 号（1968 年 3 月）。

［36］有关冲绳移民及其认同形成的政治，参看富山一郎，《近代日本社会と"冲绳人"："日本人"になるということ》(东京：日本经济评论社，1990)。

［37］有关百货公司，参看 Louise Young, "Marketing the Modern: Departments Stores, Consumer Culture, and the New Middle Class in Interwar Japan," *International Labor and Working Class History* 55 (Spring 1999): 52–70。

［38］Young, "Marketing the Modern," p.56.

［39］竹内洋，《サラリーマンという社会的表象》，第 127 页。

［40］有吉广介、浜口晴彦编，《日本の新中间层》(东京：早稻田大学出版部，1982)，第 1 页。

［41］Laurel Rasplica Todd, "Yosano Akiko and the Taisho Debate over the 'New Woman,'" in *Recreating Japanese Women*, pp.175–198.

［42］Miriam Silverberg, "The Modern Girl as Militant," in *Re-creating Japanese Women*, pp. 239–266；有关"大腿"的原文，引自 p. 242。

［43］关于此专题的重要著作有 *Modern Girl Around the World Research Group* (Alys Eve Weinbaum,

Lynn M. Thomas, Priti Ramamurthy, Uta G. Poiger, Madeleine Yue Dong, Tani E.Barlow), ed., *The Modern Girl Around the World* (Durham, N.C.: Duke University Press, 2008)。

［44］Henry DeWitt SmithⅡ, *Japan's First Student Radicals* (Cambridge: Harvard University Press, 1972), p. 137.

［45］《东京朝日新闻》，1918 年 2 月 18 日，引自松成义卫等，《日本のサラリーマン》，第 44—45 页。もち是糯米饼，传统作庆祝新年用。

［46］竹内洋，《サラリーマンという社会的表象》，第 131 页；田沼肇，《现代の中间阶级》（东京：大月书店，1958），第 6 页。

［47］《原敬日记》，1910 年 7 月 23 日，引自有吉广介、浜口晴彦编，《日本の新中间层》，第 4 页。

［48］吉野信次，《劳働法制讲话》（东京：国民大学会），第 14 页。

［49］Miriam Silverberg, "The Modern Girl as Militant," pp. 248, 258–259, 264.

［50］Garon, *Molding Japanese Minds*, pp. 60, 71.

［51］Garon, *Molding Japanese Minds*, pp. 73–74.

［52］稻垣达郎、下村富士男编，《日本文学の历史》（东京：角川书店，1968），第 11 卷，第 364 页。

［53］Gregory J. Kasza, *The State and the Mass Media in Japan* (Berkeley: University of California Press, 1988), p. 88.

［54］有关此课题，参看 Harry D. Harootunian, *Overcome by Modernity: History, Culture and Community in Interwar Japan* (Princeton, N.J.: Princeton University Press, 2000)。

第十章

［1］大正天皇终其一生，生理及心理均不甚正常，这是通常说法，最近有学者表示不同意，参看原武史，《大正天皇》（东京：朝日新闻社，2000）。有关丸山真男的回忆，参看同书第 11 页。

［2］参看 Andrew Gordon, *Labor and Imperil Democracy in Prewar Japan* (Berkeley: University of California Press, 1993), p. 56。

［3］引自升味准之辅，《日本政党史论》第 4 卷（东京：东京大学出版会，1968），第 366 页。

［4］John W. Dower, *Embracing Defeat: Japan in the Wake of World War Ⅱ* (New York: W. W. Norton, 1999), pp. 314–315.

［5］有关裕仁的教育及世界观，参看 Herbert Bix, *Hirohito and the Making of Modern Japan* (New York: Harper Collins, 2000), Part I。

［6］Edward Behr, *Hirohito* (New York: Vintage, 1990), p. 65; Bix, *Hirohito and the Making of Modern Japan*, pp. 214–220.

［7］Hugh Byas, *Government by Assassination* (New York: A. A. Knopf, 1942).

［8］Gordon, *Labor and Imperial Democracy*, p. 136.

［9］参看 Vera Mackie, *Creating Socialist Woman in Japan: Gender, Labour, and Activism 1900–1937* (New York: Cambridge University Press, 1997)。另 Laura Rasplica Podd, "The Taishō Debate over the 'New Woman,'" in *Re-creating Japanese Woman, 1600–1945*, ed. Gail Bernstein (Berkeley: University of California Press, 1991), p. 194, and E. Patricia Tsurumi, "Visions of Woman and the New Society in Conflict: Yamakawa Kikue versus Takamure Itsue," in *Japan's Competing Modernities: Issues in Culture and Democracy, 1990–*

1930, ed. Sharon Minichiello (University of Hawaii Press, 1998), pp. 335–357。

［10］参看 Tetsuo Najita, "Some Reflections on Idealism in the Political Thought of Yoshino Sakuzo," in *Japan in Crisis: Essays on Taishō Democracy*, ed. Bernard S.Silberman and H. D. Harootunian. (Princeton, N.J.: Princeton University Press, 1974), p. 56。

［11］金原左门引用横田千之助的用语，参看江口圭一主持，《シンポジウム日本历史 20: 大正デモクラシー》（东京：学生社，1976），第 129 页。

［12］原敬语，参看吉见周子，《近代日本女性史 2: 妇人参政权》（东京：鹿岛研究所出版会，1971），第 146 页。

［13］Sheldon Garon, *The State and Labor in Japan* (Berkeley: University ofCalifornia Press, 1987), pp. 49–54; Andrew Gordon, *Evolution of Relations in Japan* (Cambridge, Mass.: Harvard Council on East Asian Studies, 1985), pp. 210–211.

［14］Sheldon Garon, *Molding Japanese Minds: The State in Everyday Life* (Princeton, N.J.: Princeton University Press, 1997), pp. 52–53.

［15］大原社会问题研究所编，《日本劳働年鉴》（东京：法政大学出版局，1960，复刻自 1925 年版），第 6 卷，第 509—513 页；Richard Smethurst, *Agricultural Development and Tenancy Disputes in Japan, 1870–1940* (Princeton, N.J.: Princeton University Press, 1986), p. 355。

［16］有关日本与第一次世界大战的关系，参看 Fred Dickinson, *War and National Reinvention: Japan in the Great War*, 1914–1919 (Cambridge: Harvard University Asia Center, 1999), pp. 93–116。

［17］Akira Iriye, *After Imperialism: The Search for a New Order in the Far East* (Cambridge: Harvard University Press, 1965), pp. 68–80.

［18］John J. Stephan, "The Tanka Memorial (1927): Authentic or Spurious?" *Modern Asian Studies* 7, no. 4 (1973): 733–745.

［19］引自 Roger Daniels, *The Politics of Prejudice: The Anti-Japanese Movement in California and the Struggle for Japanese Exclusion* (Berkeley: University of California Press, 1962), p. 101。

［20］有关死亡人数并无定论，日本当局主张 500 人被杀，1 400 人受伤，1.2 万人被捕。韩国人则估计死亡者高达 7 600 人，被捕者则为 5 万人。

［21］关于同化政策，参看 Mark Caprio, *Japanese Assimilation Policies in Colonial Korea, 1910–1945* (Seattle: University of Washington Press, 2009)。有关日本拓殖者与朝鲜精英不稳定的结盟关系，参看 Jun Uchida, *Brokers of Empire: Japanese Settler Colonialism in Korea, 1876–1945* (Cambridge: Harvard Asia Center, 2011)。

［22］George Wilson, *Radical Nationalist in Japan: Kita Ikki, 1883–1937* (Cambridge: Harvard University Press, 1969), p. 82. 原文见北一辉，《国家改造案原理大纲》。

［23］参看 Bix, *Hirohito and the Making of Modern Japan*。

第十一章

［1］有关大恐慌时期经济政策的详尽讨论，参看 Hugh T. Patrick, "The Economic Muddle of the 1920s," in *Dilemmas of Growth in Prewar Japan, ed. James Morley* (Princeton, N.J.: Princeton University Press, 1971), pp. 252–255. 有关大恐慌时期的国际金融及汇率，可参看 Mark Metzler, *Lever of Empire: The International Gold Standard and the Crisis of Liberalism in Prewar Japan* (Berkeley: University of California

Press, 2006), Part 3.

〔2〕江口圭一,《都市小ブルジョシ运动史の研究》(东京 : 未来社, 1976),第 418—419、431—432、438—439 页。

〔3〕隅谷三喜男编,《昭和恐慌 : その歴史的意义と全体像》(东京 : 有斐阁, 1974)。

〔4〕铃木裕子,《女工と劳働争议 : 一九三〇年洋モス争议》(东京 : ヌレンガ书房新社, 1989),第 16—17 页。

〔5〕有关引文及更深入的讨论,参看 Sheldon Garon, *Molding Japanese Minds: The State in Everyday Life* (Princeton, N.J.: Princeton University Press, 1997), pp. 106–111.

〔6〕Henry D. Smith, *Japan's First Student Radicals* (Cambridge: Harvard University Press, 1972), pp. 199–230.

〔7〕大宅壮一,《1930 年の颜》,《中央公论》, 1930 年 12 月号,第 303—304 页。

〔8〕有关前者立场,参看宫地正人,《日本通史Ⅲ,近现代 : 国际政治下の近代日本》(东京 : 山川出版社, 1987),第 211 页。第二种立场,参看 Herbert Bix, *Hirohito and the Making of Modern Japan* (New York: Harper Collins, 2000), pp. 215–227。

〔9〕有关本事件,参看 Stephen Pelz, *Race to Pearl Harbor: The Failure of the Second London Naval Conference and the Onset of World War Ⅱ* (Cambridge: Harvard University Press, 1974)。

〔10〕有关日本占领中国东北的地方反应,参看 Rana Mitter, *The Manchuria Myth: Nationalism, Resistance, and Collaboration in Modern China* (Berkeley: University of California Press, 2000)。

〔11〕参看宇垣一成,《宇垣一成日记》(东京 : みすず书房, 1968),第 1 卷,第 747、758—760、766—767、782—783 页;又参看 Andrew Gordon, *Labor and Imperial Democracy* (Berkeley: University of California Press,1991), pp. 266–267。

〔12〕Louise Young, *Japan's Total Empire* (Berkeley: University of California Press, 1998), pp. 55–114, "War Fever" 一章。

〔13〕伊藤隆、佐佐木隆,《铃木贞一日记 : 昭和八年》,《史学杂志》,87 卷 1 号(1978 年 1 月),第 93 页。

〔14〕不过,凯恩斯的一些基本理念早已发表,高桥有可能曾直接触过这些思想。

〔15〕有关这一时期的经济详细情况,参看 William Lockwood, *The Economic Development of Japan* (Princeton, N.J.: Princeton University Press, 1968), pp. 64–77。

〔16〕Chalmers Johnson, *MITI and the Economic Miracle* (Stanford, Calif.: Stanford University Press, 1982).

〔17〕有关农业政策及其影响,参看 Kerry Smith, *A Time of Crisis: Japan, the Great Depression, and Rural Revitalization* (Cambridge: Harvard Asia Center, 2001)。

〔18〕Susan Beth Weiner, "Bureaucracy and Politics in the 1930s: The Career of Got ō Fumio" (Ph.D. diss., Harvard University, 1984), p. 144.

〔19〕Gordon, *Labor and Imperial Democracy*, pp. 310–315.

〔20〕小林多喜二其中两部小说《蟹工船》及《不在地主》有英译本,参看 Takiji Kobayashi, *The Factory Ship and the Absentee Landlord* (Seattle: University of Washington Press, 1973)。

〔21〕Frank O. Miller, *Minobe Tatsukichi: Interpreter of Constitutionalism in Japan* (Berkeley: University of California Press, 1965), pp. 217–218.

〔22〕Garon, *Molding Japanese Minds*, pp. 61,70–76.

［23］Gregory J. Kasza, *The State and the Mass Media in Japan: 1918–1945* (Berkeley: University of California Press, 1988), pp. 252–253.

［24］铃木武树，《批判的日本プロ野球史》（东京：三一书房，1971），第28—33、44—63页。

第十二章

［1］有关诺门罕战役最可靠的研究是 Alvin Cox, *Nomonhan: Japan against Russia 1939* (Stanford, Calif.: Stanford University Press, 1985)，至于伤亡总数可参看 pp. 914–915。

［2］参看 John Boyle, *China and Japan at War, 1937–1945: The Politics of Collaboration* (Stanford, California: Stanford University Press, 1972)。

［3］Andrew Gordon, *The Evolution of Labor Relations in Japan* (Cambridge: Harvard Council on East Asian Studies, 1985), pp. 300–310.

［4］中村隆英，《昭和史,1926—1945》（东京：东洋经济新报社,1993），第295页；后藤靖等，《日本资本主义発达史》（东京：有斐阁，1977），第297—299页。

［5］参看 Thomas R. H. Havens, *Valley of Darkness: Japanese Society in World War Ⅱ* (New York: W. W. Norton, 1978), p. 108。

［6］东条此次发言及上一条政府官员的发言，引自 Havens, *Valley of Darkness*, p. 109。政府官员为企划院调查官美浓口时次郎。东条英机在国会议事堂上的发言，其日文内容见《读卖新闻》，1943年10月28日。

［7］有关选举结果，参看 Ben-Ami Shillony, *Politics and Culture in Wartime Japan* (Oxford: Clarendon Press, 1981), p. 26。

［8］Haruko Cook and Theodore Cook, *Japan at War: An Oral History* (New York: New Press, 1992), p. 180.

［9］久留间鲛造当时担任大原社会问题研究所所长，战争期间所做的索引数据卡毁于空袭，不过战后继续完成，其所编之《马克思主义用语索引》于20世纪70年代以日语及德语出版。

［10］《鼠》一诗的作者为冲绳诗人山之口，英译参看 Steve Rabson, *in Stone Lion Review* 1 (Spring 1978): 28。

［11］战争时期有关近代性的论争，参看 Tetsuo Najita and H. D. Harootunian, "Japanese Revolt against the West," in *The Cambridge History of Japan*, vol.6, ed. Peter Duus (Cambridge: Cambridge University Press, 1988), pp. 758–767。本段引文取自第759页，一个更重要但内容较为难懂的研究为 Harry Harootunian, *Overcome by Modernity: History, Culture, and Community in Interwar Japan* (Princeton, N.J.: Princeton University Press, 2000)。有关研讨会记录，刊于杂志《文学会》1942年9月及10月号，翌年又以书籍形式刊出。

［12］Najita and Harootunian, "Japanese Revolt against the West," p. 763.

［13］高村光太郎，《记录：诗集》（东京：竜星阁，1944），第34—35页。

［14］长谷川如是闲，《南进と文化性》，《东京日々新闻》，1942年2月11日，第4页。

［15］每日新闻社，《昭和史全记录》（东京：每日新闻社,1989），第274—276页。铃木武树，《批判的日本プロ野球史》（东京：三一书房，1979），第86页。

［16］有关早庆战，参看每日新闻社，《昭和史全记录》，第282页。有关职业棒球，参见铃木武树，《批判的日本プロ野球史》（东京：三一书房，1979），第85—91页。

［17］这些诗歌收录于白鸥遗族会编《云ながるる果てに：戦没飞行予备学生の手记》（东京：日本图书センター，1992），第162页；亦见于昭和战争文学全集编集委员会编，《昭和战争文学全集》（东京：集英社，1964），第141页。

［18］到今天，有关731部队的活动范围及受害人的数目仍有争议。在冷战时期，美国对利用该部队的成果十分感兴趣。该部队一名成员曾做简短说明及相关令人毛骨悚然的报道，参看 Ted Cook and Haruko Cook, *Japan at War: An Oral History* (New York: The New Press, 1992), pp. 158–167。

［19］参看 John W. Dower, *Empire and Aftermath: Yoshida Shigeru and the Japanese Experience* (Cambridge: Council on East Asian Studies Mono-graphs, 1979), p. 290。

［20］参考 Dower, *Empire and Aftermath*, p. 265。

［21］John W. Dower, *War without Mercy* (New York: Pantheon Books, 1986), p. 48.

［22］有关"慰安妇"的确实人数，我们无法得知。George Hicks, "The 'Comfort Women,'" in *The Japanese Wartime Empire, 1931—1945*, ed. Peter Duus, Ramon H. Myers, and Mark R. Peattie (Princeton, N.J.: Princeton University Press, 1996), pp. 305–323，估计数字约10万人；Watanabe Kazuko, "Militarization, Colonialism, and the Trafficking of Women: 'Comfort Women' Forced into Sexual Labor for Japanese Soldiers," *Bulletin of Concerned Asian Scholars* 26, no. 4 (Oct.–Dec. 1994): 3–17, 估计约为20万人。

［23］野口悠纪雄，《1940年体制：さらば"戦时经济"》（东京：东洋经济新报社，1995）。本书提出"1940年体制"概念，成为当时最畅销的书之一。过去15年中，日本国内外不少学者提出"跨战争期政经济体制"概念，已有一定程度的发展。

第十三章

［1］有关投降一事更完整的论述，参看 John W. Dower, Embracing Defeat: Japan in the Wake of World War Ⅱ (New York: W.W. Norton, 1999), pp. 34–39. 有关投降文件，参看 Robert J. C. Butow, *Japan's Decision to Surrender* (Stanford, Calif.: Stanford University Press, 1967), pp. 1–4。

［2］Dower, *Embracing Defeat*, pp.187–188.

［3］Dower, *Embracing Defeat*, pp.139–148.

［4］举例来说，参看 "Drastic Steps Set to Fight Food Lack," *Japan Times,* June 6, 1946。

［5］川崎劳働史编さん委员会，《川崎劳働史》（川崎：川崎市，1987），第7—8、410页。

［6］Theodore Cohen, *Remaking Japan: The American Occupation as New Deal* (NewYork: Free Press, 1987), p. 179.

［7］有关本段引文，参看 Dower, *Embracing Defeat*, pp. 145, 156。

［8］同盟国日本委员会包括美国、英国、苏联及中国四强，远东委员会成员则为澳大利亚、加拿大、中国、法国、印度、荷兰、新西兰、菲律宾、苏联、英国、美国。缅甸与巴基斯坦其后也加入，使成员国增加到13个。

［9］最高司令部的行政部门简称为 GHQ（General Headquarters），因此占领当局有不同的简称，如 SCAP，SCAP-GHQ，或更简单地称为 GHQ。

［10］三人死于审判期间，两人只被判阴谋发动战争罪名成立，分别判徒刑7年及20年。

［11］有关麦克阿瑟在日本宣扬基督教，参看 Ray A. Moore, "Reflections on the Occupation of Japan," *Journal of Asian Studies* 38, no. 4 (August 1979): 724, 729, and Richard Finn, *Winners in Peace: MacArthur, Yoshida, and Postwar Japan* (Berkeley: University of California Press, 1992), pp. 62–63。

［12］Dower, *Embracing Defeat.*

［13］Cohen, *Remaking Japan*, p.171.

［14］Juro Teranishi and Jeffery Sachs, "Economic Recovery, Growth, and Policies: 'Gradualism' in the Japanese Context," *Economic Policy* 9, no. 19, *supplement: Lessons for Reform* (December, 1994): 137–144.

［15］参看 Bruce Cumings, "Japan in the World System," in *Postwar Japan as History*, ed. Andrew Gordon (Berkeley: University of California Press, 1993), p. 40。

［16］有关 "勒杀" 说，参看 Chalmers Johnson, *MITI and the Japanese Miracle* (Stanford,California: Stanford University Press, 1982), p. 198. 有关 "坚实基础" 说，参看 Hugh Patrick and Henry Rosovsky, "Japan's Economic Performance: An Overview," in *Asia's New Giant: How the Japanese Economy Works, ed. Hugh Patrick and Henry Rosovsky* (Washington: D.C.: Brookings Institution, 1976), p. 73。

［17］Thomas R. H. Havens, *Fire across the Sea: The Vietnam War and Japan,1965–1975* (Princeton, NJ.: Princeton University Press, 1987), p. 93. 日本钢管株式会社编，《日本钢管株式会社四十年史》(东京：日本钢管，1952)，第 382 页。

［18］John W. Dower, *Empire and Aftermath: Yoshida Shigeru and the Japanese Experience* (Cambridge: Harvard Council on East Asian Studies, 1980), p. 316. 日本钢管株式会社编，《日本钢管株式会社四十年史》，第 382 页。

［19］关于道奇计划及其影响，以及 1945 年至 20 世纪 50 年代日本的总体经济趋势，我参考了 W. Temple Jorden 两篇未发表的研究生论文，包括 "The Endof Occupation" (2011) 和 "Economic Recovery during the U. S. Occupation of Japan" (2012)。

［20］Dower, *Empire and Aftermath*, p.306.

第十四章

［1］参看 Chalmers Johnson, *MITI and the Japanese Miracle: The Growth of Industrial Policy* (Stanford.: Stanford University Press, 1982), p. 3. 在本书第十一章已提及过，日本经济学者有泽广巳曾用相同术语描绘 20 世纪 30 年代的日本经济，不过英国杂志《经济学人》则是战后首先使用 "经济奇迹" 这一术语。

［2］Hugh Patrick and Henry Rosovsky, *Asia's New Giant: How the Japanese Economy Work* (Washington: D.C.: Brookings Institution, 1976), p. 46.

［3］Johnson, *MITI and the Japanese Miracle*, p. 16.

［4］有关电视价格及其普及程度，参看 Simon Partner, *Assembled in Japan: Electrical Goods and the Making of the Japanese Consumer* (Berkeley: University of California Press, 1999), pp. 140, 166, 247。1953 年日本一台电视约为 8.5 万日元，若以美国在 2000 年的收入为标准，则一台电视约为 8000 到 1 万美元！有关整个消费趋势，参看 Charles YujiHorioka, "Consuming and Saving," in *Postwar Japan as History*, ed. Andrew Gordon (Berkeley: University of California Press, 1993)。

［5］Leonard Lynn, "Institutions, Organizations and Technological Innovation: Oxygen Steelmaking in the U.S. and Japan," Ph.D dissertation, University of Michigan, 1980, pp. 124–133, 252.

［6］色川大吉，《昭和史世相篇》(东京：小学馆，1990)，第 25—32 页，谈及出生、婚宴、死亡、丧事及其他礼仪。

［7］色川大吉，《昭和史世相篇》，第 27 页。

［8］Walter Edwards, *Modern Japan through Its Weddings: Gender, Person, and Society in Ritual Portray* (Stanford, Calif.: Stanford University Press, 1989).

［9］Thomas P. Rohlen, "Is Japanese Education Becoming Less Egalitarian? Notes on High School Stratification and Reform," *Journal of Japanese Studies 3*, no.1 (Winter 1977): 41.

［10］See Sakiko Shioda, "Innovation and Change in the Rapid Economic Growth Period," in Technology *Change and Female Labor in Japan*, ed. Masanori Narkamura (Tokyo: United Nations University, 1994), pp. 163–164.

［11］Erdman Palmore, *The Honorable Elders: A Cross-Cultural Analysis of Aging in Japan* (Durham, N.C.: Duke University Press, 1975), p. 48.

［12］Ezra Vogel, *Japan's New Middle Class: The Salary Man and His Family in Tokyo Suburb* (Berkeley: University of California Press, 1963). 本书首先介绍"新中产阶级"一词到英语世界，此后才开始受到外界重视。

［13］Vogel, *Japan's New Middle Class*, pp. 175–178.

［14］参看 Anne Allison, *Nightwork: Sexuality, Pleasure, and Corporate Masculinity in a Tokyo Hostess Club* (Chicago: University of Chicago Press, 1944).

［15］有关日本郊区中产阶级研究经典之作及最新著作，可参看 Ronald Dore, *City Life in Japan: A Study of a Tokyo Ward* (Berkeley: University of California Press, 1958); Theodore C. Bestor, *Neighborhood Tokyo* (Stanford, Calif.: Stanford University Press, 1989); and Jennifer Robertson, Native and Newcomer (Berkeley: University of California Press, 1991)。

［16］参看 Takafusa Nakamura, *The Postwar Japanese Economy: Its Development and Structure* (Tokyo: University of Tokyo Press, 1981), p. 183。

［17］Koji Taira, *Economic Development and the Labor Market in Japan* (New York: Columbia University Press, 1970), p. 175. 本研究指出在 4—9 个雇员的公司，其职员薪水约为 1 000 人以上大公司职员薪水的 50%，至于 50—99 个雇员的中型公司，其职员薪水则为大公司的 63%。

［18］有关法律诉讼及其结果，参看 Frank Upham, "Unplaced Persons and Struggles for Place," in *Postwar Japan as History*, ed. Andrew Gordon (Berkeley: University of California Press, 1993), pp. 335–337。

［19］Dewayne J. Creamer, "The Rise and Fall of Chōsen Sōren: Its Effect on Japan's Relations on the Korea Peninsula," master's thesis, (U.S. Naval Postgraduate School, Monterey, California, 2003), pp. 13–22.

［20］参看 Upham, "Unplaced Persons," pp. 327–332。

［21］Sheldon Garon, "Luxury Is the Enemy: Mobilizing Savings and Popularizing Thrift in Wartime Japan," *The Journal of Japanese Studies* 26, no.1 (Winter 2000): 41–78. 本文曾谈及战后储蓄问题。

［22］有关新生活运动，参看 Andrew Gordon, "Managing the Japanese Household: The New Life Movement in Postwar Japan," *Social Politics* 4, no. 2 (Summer 1997): 245–283。

［23］说是直接因果关系也许并不准确，但皇太子婚礼举行时，的确是日本电视机制造业起飞的时候。

［24］食物支出占家庭总开支的比重被称为"恩格尔系数"（Engel coefficient），Charles Horioka, "Consuming and Saving," in *Postwar Japan as History*, pp. 264–273。

［25］有关阶级结构及其认同问题，有两个重要调查，内阁总理大臣官房广报室，《国民生活に关する世论调查》(东京：内阁总理大臣官房广报室，1958 年—现在)；1975 年 SSM 全国调查委员会编，《社会阶层と社会移动：1975 年 SSM 全国调查报告》(东京：1975 年 SSM 全国调查委员会，1978)。

有关讨论上述调查内容及其含义的英文文献，参看 Koji Taira, "The Middle-Class in Japan and the Uited States, " *Japan Echo* 6, no. 2 (1972): 18–28, and Shigeru Aoki, "Debunking the 90%- Middle-Class Myth," *Japan Echo* 6, no. 2(1979): 29–33。

［26］引文出自吉本隆明，《拟制の终焉》,《民主主义の神话》(东京 : 现代思潮社，1960)，第 71—72 页。及丸山真男，《八・一五と五・一五》,《中央公论》，1960 年 8 月号，第 51—52 页，均 见 于 Theodore DeBary, *Sources of Japanese Tradition* (New York: Columbia University Press, 2005)，pp. 1094–1100。

［27］吉本隆明，《拟制の终焉》，第 75 页，英译见于 DeBary, *Sources of the Japanese Tradition*。

［28］松下圭一，《大众天皇制论》,《中央公论》，74 卷 5 号（1959 年 4 月），英译见于 DeBary, *Sources of the Japanese Tradition*。

第十五章

［1］1955 年选举，日本社会党总体赢得 467 个席位中的 33.4%，右翼社会党取得 67 席，左翼社 会党则取得 89 席。

［2］Laura Hein, "Growth versus Success," in *Postwar Japan as History*, ed. Andrew Gordon (Berkeley: University of California Press, 1993), pp. 111–112.

［3］有关这些社群的活动情况，以及在行动中所谓"物质主义"及"平等"之争，参看 Kathleen S. Uno, "The Death of 'GoodWife, Wise Mother'?" in *Postwar Japan as History*, pp. 308–312。

［4］Uno, "The Death of 'Good Wife, Wise Mother'?" p. 309.

［5］Economic Planning Agency, *New Long-Range Economic Plan of Japan (1961–1970): Doubling National Income Plan* (Tokyo: The Japan Times, 1961).

［6］Chalmers Johnson, *MITI and the Japanese Miracle* (Stanford, Calif.: Stanford University Press, 1981). 本书是有关发展型国家的最重要著作。

［7］Sheldon Garon and Mike Mochizuki, "Negotiating Social Contracts," in *Postwar Japan as History*, pp. 148–155.

［8］Andrew Gordon, *Wages of Affluence* (Cambridge: Harvard University Press, 1988), p. 47.

［9］Andrew Gordon, "Contests for the Workplace in Postwar Japan," in *Postwar Japan as History*, p.377.

［10］熊泽诚，《スト权スト :1975 年日本》，清水慎三编，《战后劳働组合运働史论 :企业社会超 克の视座》(东京 : 日本评论社，1982)，第 486—488 页；有关公务员工会 1949—1975 年的情况，参 看兵藤次多务（名音译），《职场の劳使关系と劳働组合》,《战后劳働组合运働史论》，第 245—258 页。

［11］有关全球背景，参看 Charles Maier, "The Politics of Productivity: Foundations of American International Economic Policy after World War Ⅱ," in *Between Power and Plenty: Foreign Economic Policies of the Advanced Industrial States*, ed. Peter Katzenstein (Madison: University of Wisconsin Press, 1978).

［12］"同盟会议"是全日本劳动总同盟组合会议的简称。

［13］石田博英，《保守党のビジョン》,《中央公论》，78 卷 1 号（1963 年 1 月），第 88—97 页。

［14］日语是"ベトナムに平和を！市民连合"。

［15］有关反战抗争，参看 Thomas R. H. Havens, *Fire across the Sea: The Vietnam War and Japan, 1965–1975* (Princeton, N.J.: Princeton University Press, 1987)。有关示威人数，参看第 133、207 页。

［16］有关成田机场抗争，参看 David Apter and Sawa Nagayo, Against the State (Cambridge: Harvard University Press, 1984)。

［17］这些市民运动都可以在战前找到先例。

［18］Masumi Junnosuke, *Contemporary Politics in Japan*, trans. Lonny E. Carlisle (Berkeley: University of California Press, 1995), p. 391.

［19］美浓部的父亲是美浓部达吉，曾任东京帝国大学法学部宪法学教授，本书第十一章已经介绍过他。在 20 世纪 30 年代，由于美浓部达吉对天皇在宪法上的地位采取自由主义看法，被当时右翼分子批评，结果被迫辞去教职。

［20］8 个参加罢工的事业单位工会为：日本国有铁道、日本电信电话公社、日本专卖公社、邮便局、大藏省印刷局、大藏造币局、酒精专卖局、林野厅。

［21］熊泽诚，《スト权スト :1975 年日本》，《戦后労働组合运働史论》，第 491—503 页，本文谈及罢工的整个过程及其失败原因。

［22］有关中央情报局的活动情况，参看 "CIA Spent Millions to Support Japanese Right in '50s and '60s," *New York Times* (October 9, 1994), and "CIA Keeping Historians in the Darkabout Its Cold War Role in Japan," *Los Angeles Times* (March 20, 1995)。

［23］E. O. Reischauer, "The Broken Dialogue with Japan," *Foreign Affairs* (October 1960): 11–26.

［24］Chalmers Johnson, *Blowback: The Cost and Consequences of American Empire* (New York: Metropolitan Books, 2000), p. 36.

第十六章

［1］有关汽车工业的发展，其最详尽的说明参看 David Halberstam, *The Reckoning* (New York: William Morrow, 1986)。

［2］有关陈果仁事件，由崔明慧及 Renee Tajima 在 1988 年所监制的纪录片《谁杀死陈果仁》(*Who Killed Vincent Chin?*）中有最详尽的说明，该片曾获奥斯卡纪录片提名。

［3］Theodore H. White, "The Danger from Japan," *New York Times* (July 28, 1985), pp. 18–23, 27, 37–43, 57–58.

［4］G-7 成员包括加拿大、法国、德国、英国、意大利、日本及美国，加拿大是在第二次会议中方才加入的。

［5］Dewayne J. Creamer, "The Rise and Fall of Chōsen Sōren: Its Effect on Japan's Relations on the Korea Peninsula," master's thesis (U.S. Naval Postgraduate School, Monterey, California, 2003), pp. 23–24.

［6］Steven Erlanger, "In Southeast Asia, Japan Dominates in Aid, Trade, and Old Resentments," *New York Times*, July 2, 1989, p. E2.

［7］第二轮争论出现于 1982 年 9 月。一些媒体报道宣称政府并未强制修改教科书，有些教科书从一开始就已使用"进出"华北一词。真正事实如何仍有争议。某些教科书被政府责令从"侵略"改为"进出"华北的情况并不属实，然而有些教科书编者的确在文部省要求下做了修改。

［8］有关左翼的看法，最有力的代表作是 Saburo Ienaga, *The Pacific War* (New York: Pantheon, 1978)。译自家永三郎，《太平洋戦争》（东京：岩波书店，1968）。

［9］Ronald Dore, *Stock Market Capitalism, Welfare Capitalism: Japan and Germany versus the Anglo Saxons* (Oxford: Oxford University Press, 2000), p. 225.

［10］"减量经营"在日语中为"genryō keiei"。

［11］Paul Lillrank and Noriaki Kano, *Continuous Improvement* (Ann Arbor: Center for Japanese Studies, the University of Michigan, 1979), p. 1.

［12］Karatsu Hajime, "Japanese Know-How for American Industry," *Japan Echo XIII,* no.4 (1986): 64. 翻译自《米国经济の破绽》，*Voice* (1986 年 10 月)，第 115—125 页，注意英文题目比日文温和得多。

［13］有关"日本人论"的分析及概述，参看 Peter N. Dale, *The Myth of Japanese Uniqueness* (London: Croon Helm & Nissan Institute for Japanese Studies, University of Oxford, 1986)。有关具体例子，可参看第 16、23、65—67、72—73、189—190 页。

［14］Takeo Doi, *The Anatomy of Dependence* (Tokyo: Kodansha International, 1973). 翻译自土居健郎，《"甘え"の构造》(东京 : 弘文堂，1971)。

［15］Ezra F. Vogel, *Japan as Number One* (Cambridge: Harvard University Press,1979). 日文版于同年出版，据说销量超过 100 万册，是日本非小说类翻译作品有史以来最畅销的。

［16］Jacob Schlesinger, *Shadow Shoguns: The Rise and Fall of Japan's Postwar Political Machine* (New York: Simon and Schuster, 1997), p. 120.

［17］参看 Sheldon Garon, *Molding Japanese Minds* (Princeton, N.J.: Princeton University Press, 1997)。

［18］总理府编，《观光白书》(东京 : 大藏省印刷局，1991)，第 37—40 页。

［19］参看 National Defense Council for Victims of Karoshi, ed., *Karōshi: When the "Corporate Warrior" Dies* (Tokyo: Mado-sha, 1990), pp. 7, 12。

［20］参看 "Friendly New U.S. Line in Trade Talks Strikes Some Japanese as Self-Serving," *Wall Street Journal,* September 14, 1989, p. A17。

［21］*New York Times*, January 21, 1992, Section D, p. 1.

［22］Kumazawa Makoto, *Portraits of the Japanese Workplace* (Boulder, Colo.: Westview Press, 1996), p. 249.

［23］鹤见俊辅，《战后日本の大众文化史》(东京 : 岩波书店，1984)，第 189—190 页，引自 Kumazawa Makoto, *Portraits of the Japanese Workplace*, p. 249。鹤见俊辅的书有英译本，见 *A Cultural History of Postwar Japan, 1945–1980* (London: KPI, 1987)。

［24］有关争论，参看 Marilyn Ivy, "Formations of Mass Culture," in *Postwar Japan as History*, ed. Andrew Gordon (Berkeley: University of California Press, 1993), pp. 253–255。

［25］吉见俊哉，《ポスト战后社会》(东京 : 岩波书店，2009)；Douglas McGray, "Japan's Gross National Cool," *Foreign Policy* (May-June 2001): 44–54。

［26］有关广告运动，参看 Ivy, "Formations of Mass Culture," pp. 251, 256。有农村旅游发展计划，参看 Jennifer Robertson, "It Takes a Village: Internationalization and Nostalgia in Postwar Japan," in *Mirror of Modernity*, ed. Steven Vlastos (Berkeley: University of California Press, 1999), pp. 110–129。

第十七章

［1］Bill Powell, "The Lost Decade," *Newsweek*, July 27, 1998, 28. 滝田洋一，《国富 : 失われた 10 年の教训》，《日本经济新闻》，1998 年 7 月 21 日，夕刊，第 3 页。按照惯例，杂志会在其出版日期的前一星期便印刷好，因此 *Newsweek* 的报道会比滝田的文章早一天，滝田也许早就得知这一新闻。

［2］有关天皇生病过程及所产生之"自制"，参看 Norma Field, *In the Realm of a Dying Emperor:*

Japan at Century's End (New York: Vintage Books, 1991), pp. 19–29。第 3 章谈及长崎市长本岛所发表的声明及其后续争论。

〔3〕Field, *In the Realm of a Dying Emperor,* pp. 233–234.

〔4〕有关修改宪法的争议，比较有系统的叙述，可参看 http://www.fas.harvard.ed/~rijs/crrp/index.html. 关于 20 世纪 50 年代末的争议，可参看本书第 15 章第 1 节。

〔5〕参看 B. Meredith Burke, "Japan's Baby Bust: A Brighter Prospect Than Ours?" *Japan Digest*, July 11, 2000, p. 5.

〔6〕《三国人ら凶悪犯罪》，《朝日新闻》，2000 年 4 月 10 日，夕刊，第 1 页。"第三国人"是占领时期的用语，意指那些既非日本人雇员，也非最高司令部雇员的前殖民地居民，通常特指朝鲜人及中国台湾人。

〔7〕有关日本的族群及外国人比较完整的研究，参看 John Lie, *Multiethnic Japan* (Cambridge: Harvard University Press, 2001)。

〔8〕《学级崩壊状態にあるのは 9 パーセント》，《教育新闻》，2006 年 4 月 5 日。

〔9〕原见于黑沼克史，《援助交际》（东京：文艺春秋，1996），转引自河合隼雄（Kawai Hayao），"The Message from Japan's Schoolgirl Prostitutes," *Japan Echo* 24, no. 2 (June 1997)。河合是位有名的精神医生及公众评论家，日本有人认为援助交际源于浅薄的感情关系及精神的危机感，河合属于这一派中较著名者。

〔10〕《少年凶悪事件、ピークは 40 年前》，《朝日新闻》，2000 年 10 月 11 日，第 38 页。

〔11〕有关近现代日本青年的长时段研究，参见 David Ambaras, *Bad Youth: Juvenile Delinquency and the Politics of Everyday Life in Modern Japan* (Berkeley: University of California Press, 2005)。

〔12〕Akihiro Ogawa, "When the NPO Law Sinks In; Japanese Civil Society and Neoliberalism," 2005 年 3 月 2 日夏威夷檀香山 International Studies Society 会议论文。

〔13〕要理解所谓"格差"社会，有两本著作是入门必读书，请参看橘木俊诏，《日本の経済格差》（东京：岩波书店，1998）及佐藤俊树，《不平等社会日本》（东京：中央公论新社，2000）。

〔14〕Office of Economic Cooperation and Development, *Economic Survey of Japan, 2006,* 本书提供 2000 年以后的此项数据，日本新闻界亦经常引用。

〔15〕International Monetary Fund, *World Economic Outlook* (October 2007).

〔16〕Philip Brasor, "Japan Stands Back as the Poor Get Poorer," *Japan Times*, December 16, 2007, 本文描述了几部有关日本穷人困境的获奖电视纪录片。

〔17〕*Japan Digest*, June 30, 2000, pp. 3–4.

〔18〕《升格男女差別許されぬ》，《朝日新闻》，国际卫星版，1996 年 11 月 28 日，第 22 页。

〔19〕Mari Osawa, "Government Approaches to Gender Equality in the mid-1990s," *Social Science Japan Journal* 3, no. 1 (2003): 3–19.

〔20〕Gender Equality Bureau, Cabinet Office, "Gender Equality in Japan, 2007," 更多具体细节，参看内阁府男女共同参画局，《男女共同参画白书》（2007），http://www.gender.go.jp/。

〔21〕Donald Hellman, "Japanese Politics and Foreign Policy: Elitist Democracy within an American Greenhouse," in *The Political Economy of Japan*, vol. 2, The Changing International Context, ed. Takashi Inoguchi and Daniel I. Okimoto (Stanford, Calif.: Stanford University Press, 1988), pp. 345–378.

〔22〕有关大藏省的决定及其影响，参看 Richart Taggart Murphy, *The Weight of the Yen: How Denial Imperils America's Future and Ruins an Alliance* (New York: W. W. Norton, 1996), Part 3。

　　［23］Richard Katz, *Japan: The System that Soured: The Rise and Fall of the Japanese Economic Miracle* (Armonk, N.Y.: M.E. Sharpe, 1998), and "The Lost Decade," *Newsweek*, July 27, 1998.

　　［24］Se Hark Park, "Bad Loans and Their Impacts on the Japanese Economy," Discussion Paper Series A, No. 439, Institute of Economic Research, HitotsubashiUniversity, June 2003. "Fishing for a Future: Healthy at Last, the Big Banks Now Need a Strategy," *Economist*, June 28, 2007.

　　［25］各种治理方案的总结，可参看 Ronald Dore, *Stock Market Capitalism, Welfare Capitalism: Japan and Germany versus the Anglo Saxons* (New York: Oxford University Press, 2000)。

　　［26］有关日本对艾滋病及该事件的反应，参看 Eric A. Feldman, *The Ritual of Rights in Japan: Law, Society and Health Policy in Japan* (Cambridge: Cambridge University Press, 2000)。

　　［27］这句话出自一位居于日本的美国政治经济分析家 John F. Neuffer，很快便广为流传，参看 *New York Times*, July 23, 1998。

　　［28］*Japan Digest*, June 27, 2000, p. 3.

　　［29］Dore, *Stock Market Capitalism:Welfare Capitalism*, p. 105.

　　［30］*Japan Digest*, June 27, 2000, p. 4. 厚生劳动省网络数据库"雇用动向调查"显示，在 1992 年有 9.5% 的工人换工作，而在 2006 年更换工作的人比例增加到 10.4%。

　　［31］Dore, *Stock Market Capitalism:Welfare Capitalism*, pp. 111–123.

　　［32］有关这一情况比较扼要的说明，可参看 Sanford Jacoby, *The Embedded Corporation* (Princeton, N.J.: Princeton University Press, 2007)，平装版序言。

　　［33］Douglas McGray, "Japan's Gross National Cool," *Foreign Policy* (May-June2001): 44–54. Joseph S. Nye Jr., *Soft Power: The Means to Success in World Politics* (New York: Pubic Affairs, 2004). 奈在 20 世纪 80 年代晚期便开始在不同场合使用"软实力"这一名词，但直至本书出版，他才对软实力的重要性做出了清楚论证。

　　［34］参看 Edith Terry, *How Asia Got Rich: Japan and the Asian Miracle* (Armonk, N.Y.: M. E. Sharpe, 1998)。

　　［35］有关批评意见，可参看 Walter Hatch and Kozo Yamamura, *Asia in Japan's Embrace: Building a Regional Production Alliance* (Cambridge: Cambridge University Press, 1996)。有关最新评价，可参看 *Regional Integration in East Asia* 特集 , Takatoshi Ito, Akira Kojima,Colin McKezie, and Shujiro Urata, eds., *Asian Economic Policy Review* 1, no.2 (December 2006)。

第十八章

　　［1］有关雷曼震荡，比较有用的撮要说明，可参考 "The Lehman Shock," *Newsweek*, September 18, 2009。

　　［2］关于 2008 年最后一季的国民生产总值，见《日本の GDP 成长率、35 年ぶりの大幅な落ち込み》，http://mag.executive.itmedia.co.jp/executive/articles/0902/16/news069.html. 有关 2009 年的国民生产总值，见内阁府，《平成 21 年国民经济计算のポイント》，http://www.esri.cao.go.jp/jp/sna/data/data_list/kakuhou/files/h21/sankou/pdf/point.pdf。

　　［3］《制造业派遣，请负，40 万人失业见通し业界团体试算》，《朝日新闻》，2009 年 1 月 29 日，第 7 页。

　　［4］本事件详情，可参考 Toru Shinoda, "Which Side Are you On?: Hakenmura and the Working Poor as a Tipping Point in Japanese Labor Politics," *Asia-Pacific Journal*, April4, 2009。

［5］《若い世代者側には冷たさ感じた》,《朝日新闻》, 2009 年 1 月 18 日, 第 6 页。

［6］竹信三惠子,《ルポ雇用劣化不況》(东京：岩波书店, 2009), 参考第 5 章及第 6 章。

［7］竹信三惠子,《ルポ雇用劣化不況》。

［8］五十岚仁,《労働再规制：反転の构図を読みとく》(东京：筑摩书房, 2008)。根据五十岚解释, 去自由化行动早在两三年前便已开始。

［9］《派遣労働改善への一步：改正派遣法今日成立》,《朝日新闻》, 2012 年 3 月 28 日, 第 3 页。

［10］Robert A. Feldman, "Japan Economics: How Japan Got Financial Reform Right," *Morgan Stanley Research Japan*, November 27, 2008.

［11］Jon Heilsenrath, "Fed Chief Gets Set to Apply Lessons of Japan's History," *Wall Street Journal*, October 12, 2010, pp. A1, A18. Martin Fackler and Steve Lohr, "U.S. Hears Echo of Japan's Woes, Striking Parralletls Seen in Economic Slump," *New York Times,* October 29, 2010, pp. A1, A5.

［12］亦可参见 R.Taggart Murphy, "Japan as Number One in the Global Economic Crisis: Lessons for the World?" *Asia-Pacific Journal*, November 1, 2010, p. 2。

［13］Robert Lenzner, "America's Lost Decade Will Last Until 2016," *Forbes*, October 13, 2011, http://www.forbes.com/sites/robertlenzner/2011/10/13/americas-lost-decade-will-last-until-2016/. "Japan's Economy: Whose Lost Decade?" *Economist*, November19, 2011, http://www.economist.com/node/21538745. Daniel Indiviglio, "Welcome to America's Lost Decade," *Atlantic*, November2, 2011, http://www.theatlantic.com/business/archive/2011/11/welcome-to-americs-lost-decade/247762. Michael Sivy, "How the US Can Avoid a Lost Decade," *Time: Moneyland*, December 6, 2011, http://moneyland.time.com/2011/12/06/how-the-u-s-can-avoid-a-lost-decade. Menzie D. Chinn and Jeffrey A. Frieden, *Lost Decades: The Making of America's Debt Crisis and the Long Recovery* (New York: W.W. Norton, 2011).

［14］有关学生到美国留学, 可参见日米教育委员会,《アメリカ留学の基础知识（大学・大学院）》(2011), http://www.fulbright.jp/study/res/tlcollege03.html。有关学生到其他国家留学的情况, 可参看文部科学省,《日本人の海外留学状況》, http://www.mext.go.jp/b_menu/houdou/24/01/__icsFiles/afieldfile/2012/02/02/1315686_01.pdf。

［15］该名词似乎在 2006 年的出版物或网络上已经出现, 但真正普遍使用应在 2008 年及以后。

［16］见《日本经济新闻》, 2011 年 2 月 15 日, http://2009.itainews.com/archives/cat40/archives/49086。

［17］参见社论《景气の行方——攻めの机运をそぐなかれ》,《朝日新闻》, 2011 年 2 月 25 日, 第 3 页。

［18］Martin Fackler, "Japan Goes from Dynamic to Disheartened," *New York Times*, October 16, 2010, pp. 1,14.

［19］根据经济合作及发展组织（OECD）2009 年至 2010 年统计, 假如用固定美元价格及固定购买力平价（PPP）计算, 日本的个人国民生产值上升 3.9%, 而美国则只有 2.15%, 欧元区 17 个成员国为 1.6%。参见 http://www.oecd.org/statistics/。

［20］有关海啸波浪高度估计, 参见《东日本大震灾で确认された津波の高さ》, http://www2.ttcn.ne.jp/honkawa/4363b.html。

［21］日本警察厅 2012 年 7 月 25 日报告的资料, 见 http://www.npa.go.jp/archive/keibi/biki/higaijokyo.pdf。

［22］《假设生活なお 27 万人》,《朝日新闻》, 2012 年 7 月 27 日, 第 1 页。

［23］有关核辐射外泄，参见 Takashi Sugimoto, "After 500 Days, Fukushima No. 1 Plant Still Notout of the Woods," *Asahi Shinbun, Asia Japan Watch*, July 24, 2012。有关河流湖泊，参见 Takashi Sugimoto, "Radioactive River Mud Threatens Lakes, Tokyo Bay," *Asahi Shinbun, Asia Japan Watch*, July 5, 2012。有关泥土，参见 Shoji Nomura, "Radioactive 'Black Soil' Patches: A Scourge or a Solution?" *Asahi Shinbun, Asia Japan Watch*, June 14, 2012。上述文献均可见于 http://ajw.asahi.com/category/0311disaster/fukushima/。

［24］天皇演讲的英文文本，可参见 http://www.kunaicho.go.jp/e-okotoba/01/address/okotoba-h23e.html。

［25］有关这些报告及其结论的比较，可参见《福岛第一原発事故の调查报告书比较》，《朝日新闻》，国际卫星版，2012 年 7 月 24 日，第 3 页。

［26］青木理，《熊取六人众》，《周刊现代》，2011 年 4 月 14 日，第 14 页。

［27］《东电、06 年にも大津波想定》，《朝日新闻》，2012 年 6 月 13 日，第 1 页。

［28］Yoshimi Shunya, "Radioactive Rain and the American Umbrella," *Journal of Asian Studies* (May 2012): pp. 319–331. 吉见俊哉此文其后用日文发表于《万博と戦后日本》（东京：讲谈社，2011），第 3—22 页。有关 20 世纪 40 年代后期及 50 年代之水力发电，见 Eric G. Dinmore, "Concerte Results? The TVA and the Appeal of Large Dams in Occupaton-Era Japan," *The Journal of Japanese Studies* 39, no. 1 (Winter 2013), pp. 1–38。

［29］"Reconstruction Efforts Should Focus More on Livelihoods," editorial, *AsahiShinbun*, 以英文发表于 *Asahi Shinbun, Asia Japan Watch, March* 10, 2011，提及岩手县釜石市的分水堤及其他计划，"仍按照旧日做法展开重建"，参见 http://ajw.asahi.com/article/views/editorial/AJ201203100037。

［30］有关此类议题的讨论，其例案可参见 "Fukushima Prefecture to Restore Destroyed Coastal Forests," *Asahi Shinbun, Asia Japan Watch,* April 29, 2012, http://ajw.asahi.com/article/behind_news/social_affairs/AJ201204290009。

［31］有关自卫队在灾难中的角色，及其对社会大众所造成的形象冲击，参看 Richard Samuels, *3・11: Disaster and Change in Japan* (Ithaca: Cornell University Press, 2013)。

［32］御厨贵，《"战后"が终わり、"灾后"が始まる》（东京：千仓书房,2011），第 64—66 页，作者对中层官僚的救灾工作，给予了相当正面的评价。

［33］Andrew DeWit, "Fall out from the Fukushima Shock: Japan's Emerging Energy Policy," *The Asia-Pacific Journal*, 9 (November 7, 2011), http://www.japanfocus.org/-Andrew-DeWit/3645.

［34］《ゼロ求める世论と沟》，《朝日新闻》，国际卫星版，2012 年 12 月 29 日，第 3 页。

［35］Hiroshi Ishizuka, "Report: Public Trust in Scientists Plummeted after 3/11Disasters," *Asahi Shinbun, Asia Japan Watch*, June 19, 2012, http://ajw.asahi.com/article/behind_news/social_affairs/AJ201206190106.

参考书目

一、总　论

Dower, John. *Embracing Defeat: Japan in the Wake of World War* Ⅱ. New York: W.W.Norton and Co., 1999.

——. *Japan in War and Peace: Selected Essays*. New York: The New Press, 1993.

Duus, Peter, ed. *The Twentieth Century. Vol.6 of The Cambridge History of Japan*. Cambridge: Cambridge University Press, 1989.

Gluck, Carol, and Stephen R. Graubard, eds. *Shōwa: The Japan of Hirohito*. NewYork: W. W. Norton and Co., 1992.

Goldman, Merle, and Andrew Gordon, eds. *Historical Perspectives on Contemporary East Asia*. Cambridge: Harvard University Press, 2000.

Hardacre, Helen. *Shintō and the State, 1868–1988*. Princeton, N.J.: Princeton University Press, 1989.

Iriye, Akira. *China and Japan in the Global Setting*. Cambridge: Harvard University Press, 1993.

Jansen, Marius B., ed. *The Nineteenth Century. Vol.5 of The Cambridge History of Japan*. Cambridge: Cambridge University Press, 1989.

Johnson, Chalmers. *MITI and the Japanese Miracle: The Growth of Industrial Policy, 1925–1975*. Stanford, Calif: Stanford University Press, 1982.

Molony, Barbara, and Kathleen Uno, eds., *Gendering Modern Japanese History*.Cambridge: Harvard University Asia Center, 2005.

Najita, Tetsuo. *Japan*. Englewood Cliffs, N.J.: Prentice Hall, 1974.

——. and Victor Koschmann. *Conflict in Modem Japanese History: The Neglected Tradition*. Princeton, N.J.: Princeton University Press, 1982.

Totman, Conrad. *Early Modern Japan*. Berkeley: University of California Press,1993.

二、德川日本

（1）社会、人口与经济

Bix, Herbert P. *Peasant Protest in Japan, 1590–1884*. New Haven, Conn.: Yale University Press, 1986.

Crawcour, S. "The Tokugawa Period and Japan's Preparation for Modern Economic Growth." Journal of Japanese Studies, no.l (Autumn 1974): 113–115.

Howell, David L. Capitalism from Within: Economy, Society, and the State in a Japanese Fishery. Berkeley: University of California Press, 1995.

Jannetta, Ann Bowman. Epidemics and Mortality in Early Modern Japan. Princeton,N.J.: Princeton University Press, 1987.

McClain, James L. Kanazawa: A Seventeenth-Century Japanese Castle Town. NewHaven, Conn.: Yale University Press, 1982.

Smith, T. C. The Agrarian Origins of Modern Japan. Stanford, Calif.: Stanford University Press, 1959.

———. Native Sources of Japanese Industrialization, 1750–1920. Berkeley and Los Angeles: University of California Press. 1988.

Stanley, Amy, Selling Women: Prostitution, Markets, and the Household in Early Modern Japan. Berkeley: University of California Press, 2012.

Totman, Conrad. The Green Archipelago: Forestry in Preindustrial Japan. Berkeley: University of California Press, 1989.

Vlastos, Stephan. Peasant Protests and Uprisings in Tokugawa Japan. Berkeley: University of California Press, 1986.

Wigen, Kären. The Making of a Japanese Periphery, 1750–1920. Berkeley: University of California Press, 1995.

（2）政　治
Bolitho, Harold. Treasures among Men: The Fudai Daimyo in Tokugawa Japan. NewHaven, Conn: Yale University Press, 1974.

Botsman, Daniel V. Punishment and Power in the Making of Modern Japan. Princetion: Princeton University Press, 2004.

Hall, John W., and Marius B. Jansen, eds. Studies in the Institutional History of Early Modern Japan. Princeton, N.J.: Princeton University Press, 1968.

Howell, David L. Geographies of Identity in Nineteenth-Century Japan. Berkeley: University of California Press, 2005.

Nakai, Kate Wildman. Shogunal Politics: Aral Hakuseki and the Premises of Tokugawa Rule. Harvard East Asian Monographs 134. Cambridge: Harvard University, Council on East Asian Studies, 1988.

Toby, Ronald. State and Diplomacy in Early Modern Japan: Asia in the Development of the Tokugawa Bakufu. Princeton, N.J.: Princeton University Press, 1984.

Totman, Conrad. Politics in the Tokugawa Bakufu. Cambridge: Harvard University Press, 1967.

Webb, Herschel. The Japanese Imperial Institution in the Tokugawa Period. NewYork: Columbia University Press, 1968.

（3）思想与文化
Dore, Ronald. Education in Tokugawa Japan. Berkeley: University of California Press, 1965.

Elison, George. Deus Destroyed. Cambridge: Harvard University Press, 1974.

Harootunian, H. D. *Things Seen and Unseen: Discourse and Ideology in Tokugawa Nativism*. Chicago: University of Chicago Press, 1988.

Kelly, William W. *Deference and Defiance in Nineteenth-Century Japan*. Princeton,N.J.: Princeton University Press, 1985.

Maruyama, M. *Studies in the Intellectual History of Tokugawa Japan*. Translated by Mikiso Hane. Princeton, N.J.: Princeton University Press, 1974.

Najita, Tetsuo. *Visions of Virtue in Tokugawa Japan*. Chicago: University of Chicago Press, 1987.

Ooms, Herman. *Tokugawa Ideology: Early Constructs, 1570–1680*. Princeton, N.J.: Princeton University Press, 1985.

Wakabayashi, Bob Tadashi. *Anti-Foreignism and Western Learning in Early-Modern Japan: The New Theses of 1825*. Cambridge: Harvard University, Council on EastAsian Studies, 1986.

三、幕末与明治维新

Craig, Albert M. *Chōshū in the Meiji Restoration*. Cambridge: Harvard University Press, 1961.

Harootunian, H. D. *Toward Restoration: The Growth of Political Consciousness in Tokugawa Japan*. Berkeley: University of California Press, 1970.

Huber, Thomas. *The Revolutionary Origins of Modern Japan*. Stanford, Calif.:Stanford University Press, 1981.

Jansen, Marius B. *Sakamoto Ryoma and the Meiji Restoration*. Stanford, Calif.:Stanford University Press, 1961.

Walthall, Anne. *The Weak Body of a Useless Woman: Matsuo Taseko and the Meiji Restoration*. Chicago: University of Chicago Press, 1998.

Wilson, George M. *Patriots and Redeemers in Japan: Motives in the Meiji Restoration*. Chicago: University of Chicago Press, 1992.

四、明治时代

（1）社会、人口与经济

Hirschmeier, Johannes. *The Origins of Entrepreneurship in Meiji Japan*.Cambridge: Harvard University Press, 1964.

Moulder, Frances. *Japan, China and the Modern World Economy*. New York: Cambridge University Press, 1977.

Reischauer, Haru Matsukata. *Samurai and Silk: A Japanese and American Heritage*. Cambridge: Harvard University Press, 1986.

Rosenstone, Robert A. *Mirror in the Shrine: American Encounters with Meiji Japan*. Cambridge: Harvard University Press, 1988.

Smith, Thomas C. *Political Change and Industrial Development in Japan: Government Enterprise, 1868–1880*. Stanford, Calif.: Stanford University Press,1955.

Tsurumi, E. Patricia. *Factory Girls: Women in the Thread Mills of Meiji Japan*. Princeton, N.J.: Princeton

University Press, 1990.

Wray, William D. *Mitsubishi and the N.Y.K., 1870–1914: Business Strategy in the Japanese Shipping Industry*. Cambridge: Harvard University, Council on East Asian Studies, 1984.

（2）政治与外交政策

Akita, George. Foundations of Constitutional Government in Modern Japan,1868–1900. Cambridge: Harvard University Press, 1967.

Conroy, Hilary. *The Japanese Seizure of Korea, 1868–1910*. Philadelphia: University of Pennsylvania Press, 1960.

Hackett, R. F. *Yamagata Aritomo in the Rise of Modern Japan, 1838–1922*. Cambridge: Harvard University Press, 1973.

Hall, Ivan Parker. *Mori Arinori*. Cambridge: Harvard University Press, 1973.

Jones, Hazel L. *Live Machines: Hired Foreigners and Meiji Japan*. Vancouver: University of British Columbia Press, 1980.

Kim, Kyu-Hyun. *The Age of Visions and Arguments: Parliamentarianism and the National Public Sphere in Early Meiji Japan*. Cambridge: Harvard University Asia Center, 2007.

Phipps Mercer Catherine. *Empires on the Waterfront: Japan in the Age of Informal Imperialism*. Cambridge: Harvard Asia Center Publications, 2013.

Pittau, J. *Political Thought in Early Meiji Japan, 1868–1889*. Cambridge: Harvard University Press, 1967.

（3）思想与文化

Bartholomew, James R. *The Formation of Science in Japan*. NewHaven, Conn.: Yale University Press, 1989.

Clancey, Greg. *Earthquake Nation: The Cultural Politics of Japanese Seismicity, 1868–1930*. Berkeley: University of California Press, 2006.

Gluck, Carol. Japan's Modern Myths: Ideology in the Late Meiji Period. Princeton, N.J.: Princeton University Press, 1985.

Irokawa, Daikichi. *The Culture of the Meiji Period*. Translated and edited by Marius B. Jansen. Princeton, N.J.: Princeton University Press, 1985.

Ketelaar, James Edward. *Of Heretics and Martyrs in Meiji Japan: Buddhism and Its Persecution*. Princeton, N.J.: Princeton University Press, 1990.

Kinmonth, Earl H. *The Self-Made Man in Meiji Japanese Thought: From Samurai to Salary Man*. Berkeley: University of California Press, 1981.

Pyle, Kenneth. *The New Generation in Meiji Japan*. Stanford: Stanford University Press, 1969.

Thal, Sarah. *Rearranging the Landscape of the Gods: The Politics of a Pilgrimmage Site in Japan, 1573–1912*. Chicago: University of Chicago Press,2005.

五、王权时代

（1）政治、外交政策、殖民主义与帝国主义

Berger, Gordon. *Parties Out of Power in Japan, 1931–1941*. Princeton, N.J.: Princeton University Press, 1977.

Bix, Herbert. *Hirohito and the Making of Modern Japan*. New York: Harper Collins,2000.

Borg, Dorothy, ed. *Pearl Harbor as History: Japanese American Relations,1931–1941*. New York: Columbia University Press, 1973.

Caprio Mark. *Japanese Assimilation Policies in Colonial Korea: 1910–1945*. Seattle: University of Washington Press, 2009.

Choi, Chungmoo. *The Comfort Women: Colonialism, War, and Sex*. Durham, N.C.: Duke University Press, 1997. [*Positions*, special issue 5, no.1 (Spring 1997)].

Coox, Alvin D. *Nomonhan: Japan against Russia, 1939*. Stanford, Calif.: Stanford University Press, 1985.

Crowley, James. *Japan's Quest for Autonomy*. Princeton, N.J.: Princeton University Press, 1966.

Dickinson, Frederick R. *War and National Reinvention: Japan in the Great War,1914–1919*. Cambridge: Harvard University Asia Center, 1999.

Dower, John. *Empire and Aftermath: Yoshida Shigeru and the Japanese Experience*. Cambridge: Harvard University Council on East Asia Studies, 1979.

Duara, Prasenjit. *Sovereignty and Authenticity: Manchukuo and the East Asian Modern*. Lanham, MD: Rowan and Littlefield, 2003.

Duus, Peter. *The Abacus and the Sword: The Japanese Penetration of Korea,1895–1910*. Berkeley: University of California Press, 1995.

——. *Party Rivalry and Political Change in Taishō Japan*. Cambridge: Harvard University Press, 1968.

Fogel, Joshua, ed. *The Nanjing Massacre in History and Historiography*. Berkeley: University of California Press, 2000.

Fujitani, T. *Race for Empire: Koreans as Japanese and Japanese as Americans during World War Ⅱ*. Berkeley: University of California Press, 2011.

——. *Splendid Monarchy: Power and Pageantry in Modern Japan*. Berkeley: University of California Press, 1996.

Iriye, Akira. *After Imperialism: The Search for a New Order in the Far East,1921–1931*. Harvard University Press, 1965.

Jansen, Marius B. *The Japanese and Sun Yat-sen*. Stanford: Stanford University Press, 1954.

Lewis, Michael. *Becoming Apart: National Power and Local Politics in Toyama,1868–1945*. Cambridge: Harvard University Press, 2000.

——. *Rioters and Citizens: Mass Protest in Imperial Japan*. Berkeley: University of California Press, 1990.

Mimura, Janis. *Planning for Empire: Reform Bureaucrats and the Japanese Wartime State*. Ithaca, N.Y.: Cornell University Press, 2011.

Mitter, Rana. *The Manchurian Myth: Nationalism, Resistance, and Collaboration in Modern China*. Berkeley: University of California Press, 2000.

Morley, James W., ed. *Dilemmas of Growth in Prewar Japan*. Princeton, N.J.:Princeton University

Press, 1971.

Najita, Tetsuo. *Hara Kei and the Politics of Compromise, 1905–1915*. Cambridge: Harvard University Press, 1967.

Nish, Ian H. *Alliance in Decline: A Study in Anglo-Japanese Relations, 1908–1923*. London: The Athlone Press, 1972.

Ogata, Sadako. *Defiance in Manchuria: The Making of Japanese Foreign Policy*. Berkeley: University of California Press, 1964.

Peattie, Mark. *Ishiwara Kanji and Japan's Confrontation with the West*. Princeton, N.J.: Princeton University Press, 1975.

Pelz, Stephen. *The Race to Pearl Harbor*. Cambridge: Harvard University Press, 1971.

Silberman, Bernard, and H. D. Harootunian, eds. *Japan in Crisis: Essays on Taishō Democracy*. Ann Arbor: Center for Japanese Studies, University of Michigan, 1999.

Siniawer, Eiko. *Ruffians, Yakaza, and Nationalists: The Violent Politics of Modern Japan, 1860–1960*. Ithaca, N.Y.: Corell University Press, 2008.

Smith, Henry D. *Japan's First Student Radicals*. Cambridge: Harvard University Press, 1972.

Titus, David. *Palace and Politics in Prewar Japan*. New York: Columbia University Press, 1974.

Uchida, Jun. *Brokers of Empire: Japanese Settler Colonialism in Korea,1876–1945*. Cambridge, MA: Harvard Asia Center, 2011.

Wilson, George. *Radical Nationalist in Japan: Kita Ikki, 1863–1937*. Cambridge: Harvard University Press, 1969.

Yamanouchi, Yasushi, Victor J. Koschmann, and Ryūichi Narita, eds. Total War and"Modernization." Ithaca, N.Y.: East Asia Program, Cornell University, 1998.

Young, Louise. *Japan's Total Empire: Manchuria and the Culture of Wartime Imperialism*. Berkeley: University of California Press, 1998.

（2）经济

Barnhart, Michael A. *Japan Prepares for Total War: The Search for Economic Security, 1919–1941*. Ithaca, N.Y.: Cornell University Press, 1987.

Ericson, Steven J. *The Sound of the Whistle: Railroads and the State in Meiji Japan*. Cambridge: Council on East Asian Studies, Harvard University Press, 1996.

Lockwood, William M., ed. *The State and Economic Enterprise in Japan*. Princeton, N.J.: Princeton University Press, 1965.

Marshall, Byron. *Capitalism and Nationalism in Prewar Japan: The Ideology of the Business Elite*. Stanford, Calif.: Stanford University Press, 1967.

Metzler, Mark. *Lever of Empire: The International Gold Standard and the Crisis of Liberalism in Prewar Japan*. Berkeley: University of California Press, 2006.

Molony, Barbara. *Technology and Investment: The Prewar Japanese Chemical Industry*. Cambridge: Harvard University, Council on East Asian Studies, 1990.

Patrick, Hugh, ed. *Japanese Industrialization and Its Social Consequences*. Berkeley: University of California Press, 1976.

Smith, Kerry. *A Time of Crisis: Japan, the Great Depression, and Rural Revitalization*. Cambridge: Harvard University Press, 2001.

Wray, William D., ed. *Managing Industrial Enterprise: Cases from Japan's Prewar Experience*. Cambridge: Harvard University, Council on East Asian Studies, 1990.

（3）社会与文化

Ambaras, David. *Bad Youth: Juvenile Delinquency and the Politics of Everyday Life in Modern Japan*. Berkeley: University of California Press, 2005.

Atkins, E. Taylor. *Primitive Selves: Koreana in the Japanese Colonial Gaze,1910–1945*. Berkeley: University of California Press, 2010.

Barshay, Andrew. *The Social Sciences in Modern Japan: the Marxian and Modernist Traditions*. Berkeley: University of California Press, 2004.

Barshay, Andrew E., *State and Intellectual in Imperial Japan: The Public Man in Crisis*. Berkeley: University of California Press, 1989.

Bernstein, Andrew. *Modern Passings: Death Rites, Politics and Social Change in Imperial Japan*. Honolulu: University of Hawaii Press, 2005.

Bernstein, Gail. *Japanese Marxist: A Portrait of Kawakami Hajime, 1879–1946*. Cambridge: Harvard University Press, 1976.

Brandt, Kim. *Kingdom of Beauty: Mingei and the Politics of Folk Art in Imperial Japan*. Durham, N.C.: Duke University Press, 2007.

Dore, Ronald. *British Factory-Japanese Factory: The Origins of National Diversity in Employment Relations*. Berkeley: University of California Press,1973.

Dower, John W. *War without Mercy: Race and Power in the Pacific War*. New York: Pantheon Books, 1986.

Faison, Elyssa. *Managing Women: Disciplining Labor in Modern Japan*. Berkeley: University of California Press, 2007.

Fogel, Joshua. *Politics and Sinology: The Case of Naitō Konan (1866–1934)*. Cambridge: Harvard University Press, 1984.

Fruhstuck, Sabine. *Colonizing Sex: Sexology and Social Control in Modern Japan*. Berkeley: University of California Press, 2003.

Garon, Sheldon. *Molding Japanese Minds: The State in Everyday Life*. Princeton, N.J.: Princeton University Press, 1997.

——. The State and Labor in Modern Japan. Berkeley: University of California Press, 1987.

Gordon, Andrew. *The Evolution of Labor Relations in Japan: Heavy Industry,1853–1955*. Cambridge: Harvard University, Council on East Asian Studies, 1985.

Andrew, Gordon. *Fabricating Consumers: The Sewing Machine in Modern Japan*. Berkeley: University of California Press, 2011.

Andrew, Gordon. *Labor and Imperial Domocracy in Prewar Japan*. Berkeley: University of California Press, 1991.

Harootunian, Harry D. *Overcome By Modernity: History, Culture and Community in Interwar Japan*.

Princeton: Princeton University Press, 2000.

Havens, Thomas. *Farm and Nation in Japan*. NewHaven, Conn.: Yale University Press, 1975.

Hoston, Germaine A. *Marxism and the Crisis of Development in Prewar Japan*. Princeton, N.J.: Princeton University Press, 1986.

Jones, Mark. *Children as Treasures: Childhood and the Middle Class in Early Twentieth Century Japan*. Cambridge, MA: Harvard University Asia Center, 2010.

Kawashima, Ken. *The Proletarian Gamble: Korean Workers in Interwar Japan*. Durham, N.C.: Duke University Press, 2009.

Lewis, Michael. *Rioters and Citizens: Mass Protest in Imperial Japan*. Berkeley: University of California Press, 1990.

Mackie, Vera. *Creating Socialist Women in Japan: Gender, Labour, and Activism,1900–1937*. New York: Cambridge University Press, 1997.

Maruyama, Masao. *Thought and Behavior in Modern Japanese Politics*. London: Oxford University Press, 1963.

Minichiello, Sharon, ed. *Japan's Competing Modernities: Issues in Culture and Democracy, 1900–1930*. Honolulu: University of Hawaii Press, 1998.

Mitchell, Richard H. *Thought Control in Prewar Japan*. Ithaca, N.Y.: Cornell University Press, 1976.

Modern Girl Around the World Research Group (Alys Eve Weinbaum, Lynn M. Thomas, Priti Ramamurthy, Uta G. Poiger, Madeleine Yue Dong, Tani E. Barlow), ed. *The Modern Girl Around the World*. Durham, N.C.: Duke University Press, 2008.

Nolte, Sharon H. *Liberalism in Modern Japan: Ishibashi Tanzan and His Teachers, 1905–1960*. Berkeley: University of California Press, 1986.

Pyle, Kenneth. *The New Generation in Meiji Japan: Problems of Cultural Identity 1885–1895*. Stanford, Calif.: Stanford University Press, 1969.

Roden, Donald. *Schooldays in Imperial Japan: A Study in the Culture of a Student Elite*. Berkeley: University of California Press, 1980.

Sand, Jordan. *House and Home in Modern Japan: Architecture, Domestic Space, and Bourgeois Culture*. Cambridge: Harvard University Asia Center, 2003.

Sato, Barbara Hamill, *The New Japanese Woman: Modernity Media and Women in Interwar Japan*. Durham, N.C.: Duke University Press, 2003.

Sievers, Sharon L. *Flowers in Salt: The Beginnings of Feminist Consciousness in Modern Japan*. Stanford, Calif.: Stanford University Press, 1983.

Silverberg, Miriam. *Erotic Grotesque Nosense: The Mass Culture of Japanese Modern Times*. Berkeley: University of California Press, 2006.

Smith, Kerry. *A Time of Crisis: Japan, the Great Depression, and Rural Revitalization*. Cambridge: Harvard University Asia Center, 2001.

Smith, Robert J., and Ella Lury Wiswell. *The Women of Suye Mura*. Chicago: University of Chicago Press, 1983.

Tanaka, Stefan. *Japan's Orient: Rendering Pasts in History*. Berkeley: University of California Press, 1993.

Tsutsui, William M. *Manufacturing Ideology; Scientific Management in Twentieth Century Japan*.

Princeton, N.J.: Princeton University Press, 1998.

Uno, Kathleen S. *Passages to Modernity: Motherhood, Childhood, and Social Reform in Early Twentieth Century Japan*. Honolulu: University of Hawaii Press, 1999.

Vlastos, Stephen, ed. *Mirror of Modernity: Invented Traditions of Modern Japan*. Berkeley: University of California Press, 1998.

Waswo, Ann. *Japanese Landlords: The Decline of a Rural Elite*. Berkeley: University of California Press, 1977.

Waswo Ann, and Nishida Yoshiaki, eds. *Farmers and Village Life in Twentieth Century Japan*. London; New York: Routledge Curzon, 2003.

六、战后与当代日本

（1）政府与政治

Allinson, Gary D. *Japanese Urbanism: Industry and Politics in Kariya, 1872–1972*. Berkeley: University of California Press, 1975.

——. *Suburban Tokyo: A Comparative Study in Politics and Social Change*. Berkeley: University of California Press, 1979.

Avenell, Simon. *Making Japanese Citizens: Civil Society and the Mythology of the Shimin in Poster war Japan*. Berkeley: University of California Press, 2010.

Cohen, Theodore. *Remaking Japan: The American Occupation as New Deal*. New York: The Free Press, 1987.

Dower, John. *Embracing Defeat: Japan in the Wake of World War II*. New York: W.W.Norton and Co., 1999.

Dusinberre, Martin. *Hard Times in the Hometown: A History of Community Survival in Modern Japan*. Honolulu: University of Hawaii Press, 2012.

George, Timothy. *Minamata: Pollution and the Struggle for Democracy in Postwar Japan*. Cambridge: Harvard Asia Center, 2000.

Gordon, Andrew, ed. *Postwar Japan as History*. Berkeley: University of California Press, 1993.

Gordon, Beate Sirota. *The Only Woman in the Room*. Tokyo: Kodansha International, 1997.

Hein, Laura E. *Fueling Growth: The Energy Revolution and Economic Policy in Postwar Japan*. Cambridge: Harvard University Press, Council on East Asian Studies, 1990.

Masumi, Junnosuke. *Contemporary Politics in Japan*. Translated by Lonny E.Carlisle. Berkeley: University of California Press, 1995.

——. *Postwar Politics in Japan, 1945–1955*. Translated by Lonny E. Carlisle. Berkeley: University of California, Institute of East Asian Studies, Center for Japanese Studies, 1985.

Moore, Joe. *Japanese Workers and the Struggle for Power, 1945–1947*. Madison: University of Wisconsin Press, 1983.

Nakamura, Masanori. *The Japanese Monarchy, 1931–1991: Ambassador Grew and the Making of the "Symbol Emperor System."* Armonk, N.Y.: M.E. Sharpe, 1992.

Packard, George R. *Protest in Tokyo: The Security Treaty Crisis of 1960*. Princeton. N.J.: Princeton

University Press, 1966.

Pempel, T. J. *Policy and Politics in Japan: Creative Conservatism*. Philadelphia: Temple University Press, 1982.

Pharr, Susan J. *Losing Face: Status Politics in Japan*. Berkeley: University of California Press, 1990.

Ruoff, Kenneth James. *The People's Emperor: Democracy and the Japanese Monarch 1945–1995*. Cambridge: Harvard University Asia Center, 2003.

Samuels, Richard J. *"Rich Nation, Strong Army": National Security and the Technological Transformation of Japan*. Ithaca, N.Y.: Cornell University Press, 1994.

Sasaki-Uemura, Wesley Makoto. *Organizing the Spontaneous: Citizen Protest in Postwar Japan*. Honolulu: University of Hawaii Press, 2001.

Ward, Robert E., and Yoshikazu Sakamoto, eds. *Policy Planning during the Allied Occupation of Japan*. Princeton, N.J.: Princeton University Press, 1981.

（2）经济与社会

Allinson, Anne. *Nightwork: Sexuality, Pleasure, and Corporate Masculinity in a Tokyo Hostess Club*. Chicago: University of Chicago Press, 1994.

Bestor, Theodore C. *Neighborhood Tokyo*. Stanford, Calif.: Stanford University Press, 1989.

Brinton, Mary C. *Women and the Economic Miracle: Gender and Work in Postwar Japan*. Berkeley: University of California Press, 1993.

Dore, Ronald P. *British Factory–Japanese Factory: The Origins of National Diversity in Industrial Relations*. Berkeley: University of California Press, 1973.

———. *Stock Market Capitalism: Welfare Capitalism: Japan and Germany versus the Anglo Saxons*. New York: Oxford University Press, 2000.

Edwards, Walter. *Modern Japan through Its Weddings: Gender, Person, and Society in Ritual Portrayal*. Stanford, Calif.: Stanford University Press, 1989.

Feldman, Eric A. *The Ritual of Rights in Japan: Law, Society and Health Policy in Japan*. Cambridge: Cambridge University Press, 2000.

Fowler, Edward. *San'ya Blues: Laboring Life in Contemporary Japan*. Ithaca, N.Y.,and London: Cornell University Press, 1996.

Gordon, Andrew. *The Wages of Affluence: Labor and Management in Postwar Japan*. Cambridge: Harvard University Press, 1998.

Hardacre, Helen. *Marketing the Menacing Fetus in Japan*. Berkeley: University of California Press, 1997.

Hunter, Janet, ed. *Japanese Women Working*. London: Routledge, 1993.

Ishida, Hiroshi. *Social Mobility in Contemporary Japan*. Stanford, Calif.: Stanford University Press, 1993.

Jacoby, Sanford. *The Embedded Corporation*. Princeton: Princeton University Press, 2007.

Johnson, Chalmers. *MITI and the Japanese Miracle: The Growth of Industrial Policy, 1925–1975*. Stanford, Calif.: Stanford University Press, 1982.

Kondo, Dorinne K. *Crafting Selves: Power, Gender, and Discourses of Identity in a Japanese Workplace*. Chicago: University of Chicago Press, 1990.

Kovner, Sarah. Occupying Power: Sex Workers and Servicemen in Postwar Japan. Standford: Stanford

University Press, 2012.

Kumazawa, Makoto. Portraits of the Japanese Workplace: Labor Movements, Workers and Managers. Edited by Andrew Gordon and translated by Andrew Gordon and Mikiso Hane. Boulder, Colo.: Westview Press, 1996.

LeBlanc, Robin. Bicycle Citizens: The Political World of the Japanese Housewife. Berkeley: University of California Press, 1999.

McCormack, Gavan, and Yoshio Sugimoto, eds. Democracy in Contemporary Japan. Armonk N.Y.: M.E. Sharpe, 1986.

Nakamura, Takafusa. The Postwar Japanese Economy: Its Development and Structure. Tokyo: University of Tokyo Press, 1981.

Nakane, Chie. Japanese Society. Stanford, Calif.: Stanford University Press,1972.

Norbeck, Edward, and Margaret Lock, eds. Health, Illness, and Medical Care in Japan: Cultural and Social Dimensions. Honolulu: University of Hawaii Press,1987.

Ogasawara, Yūko. Office Ladies and Salaried Men: Power, Gender, and Work in Japanese Companies. Berkeley: University of California Press, 1998.

Partner, Simon. Assembled in Japan: Electrical Goods and the Making of the Japanese Consumer. Berkeley: University of California Press, 2000.

Patrick, Hugh, and Henry Rosovsky, eds. Asia's New Giant: How the Japanese Economy Works. Washington, D.C.: Brookings Institution, 1976.

Pharr, Susan J. Political Women in Japan: The Search for a Place in Political Life. Berkeley: University of California Press, 1981.

Price, John. Japan Works: Power and Paradox in Postwar Industrial Relations. Ithaca, N.Y: Cornell University Press, 1997.

Robertson, Jennifer. Native and Newcomer: Making and Remaking a Japanese City. Berkeley: University of California Press, 1991.

Rohlen, Thomas P. Japan's High Schools. Berkeley: University of California Press, 1983.

——. For Harmony and Strength: Japanese White-Collar Organization in Anthropological Perspective. Berkeley: University of California Press, 1974.

Smith, Robert J. Kurusu: The Price of Progress in a Japanese Village, 1951–1975. Stanford, Calif.: Stanford University Press, 1978.

Upham, Frank K. Law and Social Change in Postwar Japan. Cambridge: Harvard University Press, 1987.

Vogel, Ezra F. Japan's New Middle Class: The Salary Man and His Family in a Tokyo Suburb. Berkeley: University of California Press, 1971.

（3）思想与文化

Burkman, Thomas W. The Occupation of Japan: Arts and Culture. Norfolk, Va.: Liskey Lithograph, 1988.

Cary, Otis, ed. War-Wasted Asia: Letters, 1945–1946. Tokyo: Kodansha International, 1975.

Field, Norma. In the Realm of a Dying Emperor: A Portrait of Japan at Century's End. New York: Pantheon Books, 1991.

Kersten, Rikki. Democracy in Postwar Japan: Maruyama Masao and the Search of Autonomy. London:

Routledge, 1996.

Koschmann, Victor. *Revolution and Subjectivity in Postwar Japan*. Chicago: University of Chicago Press, 1996.

Krauss, Ellis S. *Japanese Radicals Revisited: Student Protest in Postwar Japan*. Berkeley: University of California Press, 1974.

Lifton, Robert J. *Death in Life: The Survivors of Hiroshima*. New York: Random House, 1968.

Olson, Lawrence. *Ambivalent Moderns: Portraits of Japanese Cultural Identity*. Lanham, Md.: Rowman and Littlefield Publishers, Inc., 1992.

Treat, John Whittier. *Writing Ground Zero: Japanese Literature and the Atomic Bomb*. Chicago: University of Chicago Press, 1995.

Tsurumi, Shunsuke. *A Cultural History of Postwar Japan, 1945–1980*. London: KPI Limited, 1987.

（4）日本与世界

Buckley, Roger. *U.S.-Japan Alliance Diplomacy, 1945–1990.* Cambridge: Cambridge University Press, 1992.

Encarnation, Dennis J. *Rivals beyond Trade: America versus Japan in Global Competition*. Ithaca, N.Y.: Cornell University Press, 1992.

Havens, Thomas H. *Fire across the Sea: The Vietnam War and Japan, 1965–1975.* Princeton, N.J.: Princeton University Press, 1987.

Hatch, Walter and Kozo Yamamura. *Asia in Japan's Embrace: Building a Regional Production Alliance.* Cambridge, UK: Cambridge University Press, 1996.

Hein, Laura, and Mark Selden, eds. *Living with the Bomb: American and Japanese Cultural Conflicts in the Nuclear Age.* Armonk, N.Y.: M.E. Sharpe, 1997.

Miyoshi, Masao. *Off Center: Power and Culture Relations between Japan and the United States.* Cambridge: Harvard University Press, 1991.

Nagai, Yōnosuke, and Akira Iriye, eds. The Origins of the Cold War in Asia. New York: Columbia University Press, 1977.

Pyle, Kenneth B. *The Japanese Question: Power and Purpose in a New Era*. Washington, D.C.: The AEI Press, 1992.

Schonberger, Howard B. *Aftermath of War: Americans and the Remaking of Japan, 1945–1952.* Kent, Ohio: The Kent State University Press, 1989.

Terry, Edith. *How Asia Got Rich: Japan and the Asian Miracle.* Armonk, N.Y.: M.E.Sharpe, 1998.